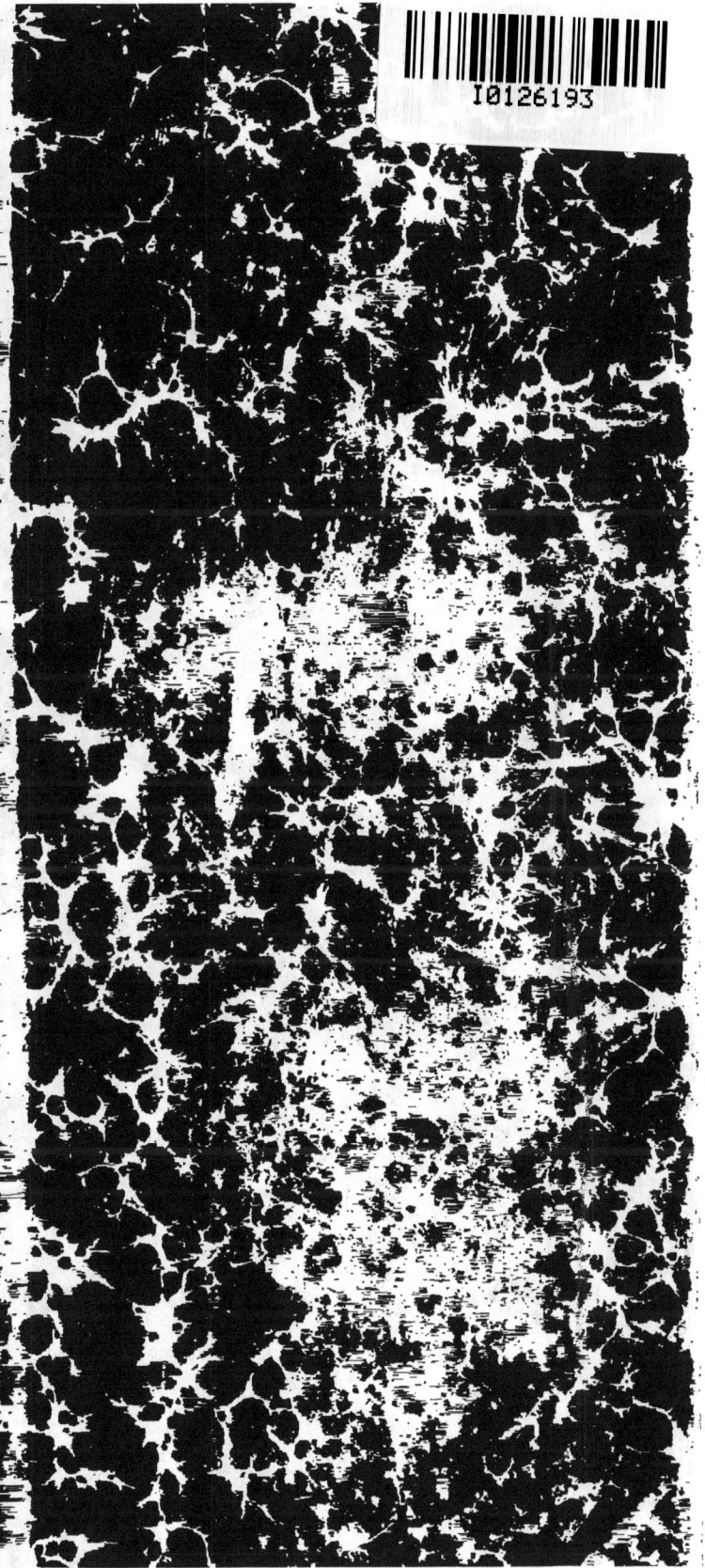

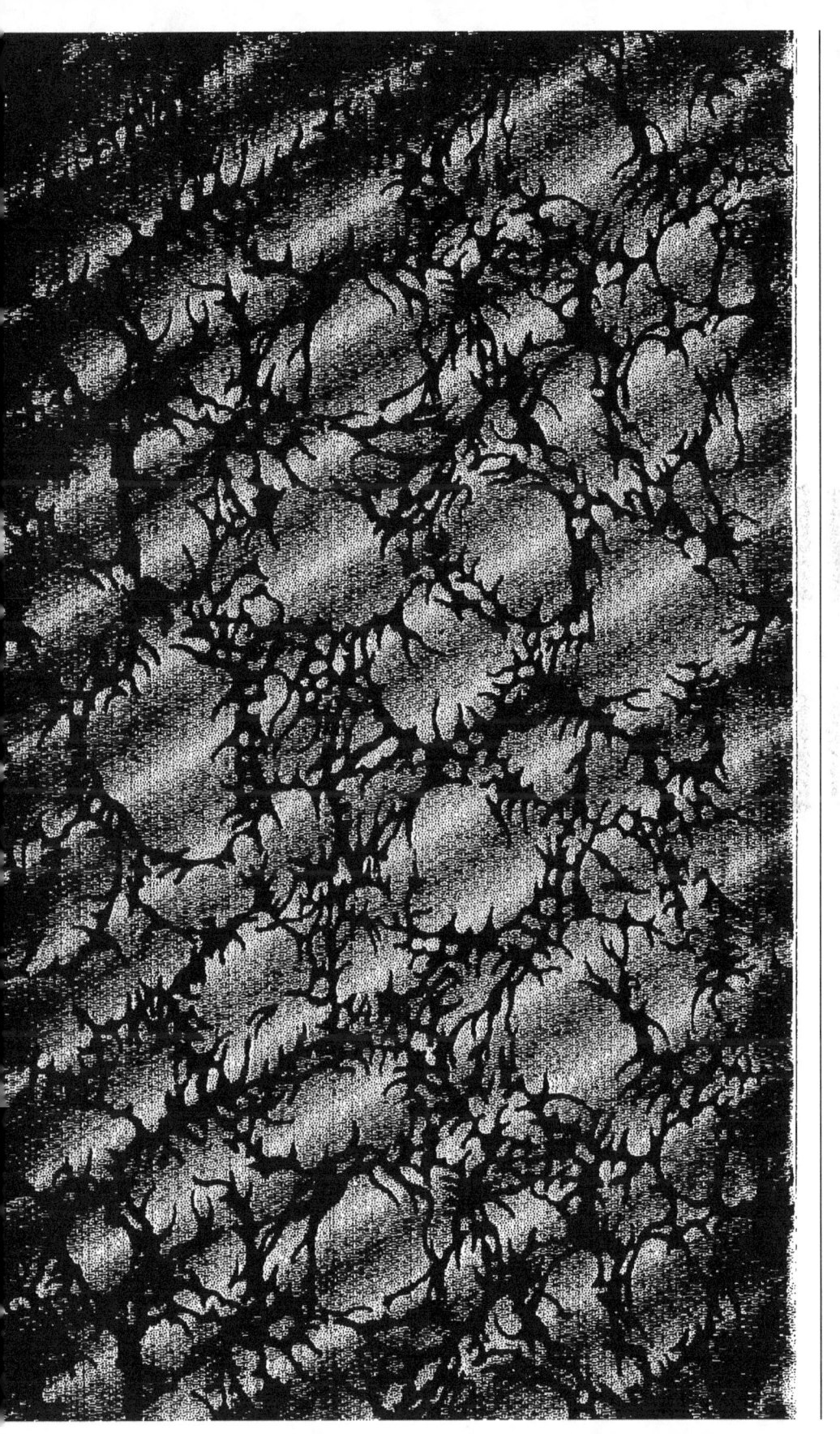

CAMPAGNES
D'AFRIQUE

1835-1848

LETTRES ADRESSÉES AU

MARÉCHAL DE CASTELLANE

PAR LES MARÉCHAUX

BUGEAUD, CLAUZEL, VALÉE, CANROBERT
FOREY, BOSQUET

ET LES GÉNÉRAUX

CHANGARNIER, DE LAMORICIÈRE
LE FLO, DE NÉGRIER, DE WIMPFFEN, CLER

ETC., ETC.

PARIS

LIBRAIRIE PLON

E. PLON, NOURRIT ET Cⁱᵉ, IMPRIMEURS-ÉDITEURS

RUE GARANCIÈRE, 10

1898

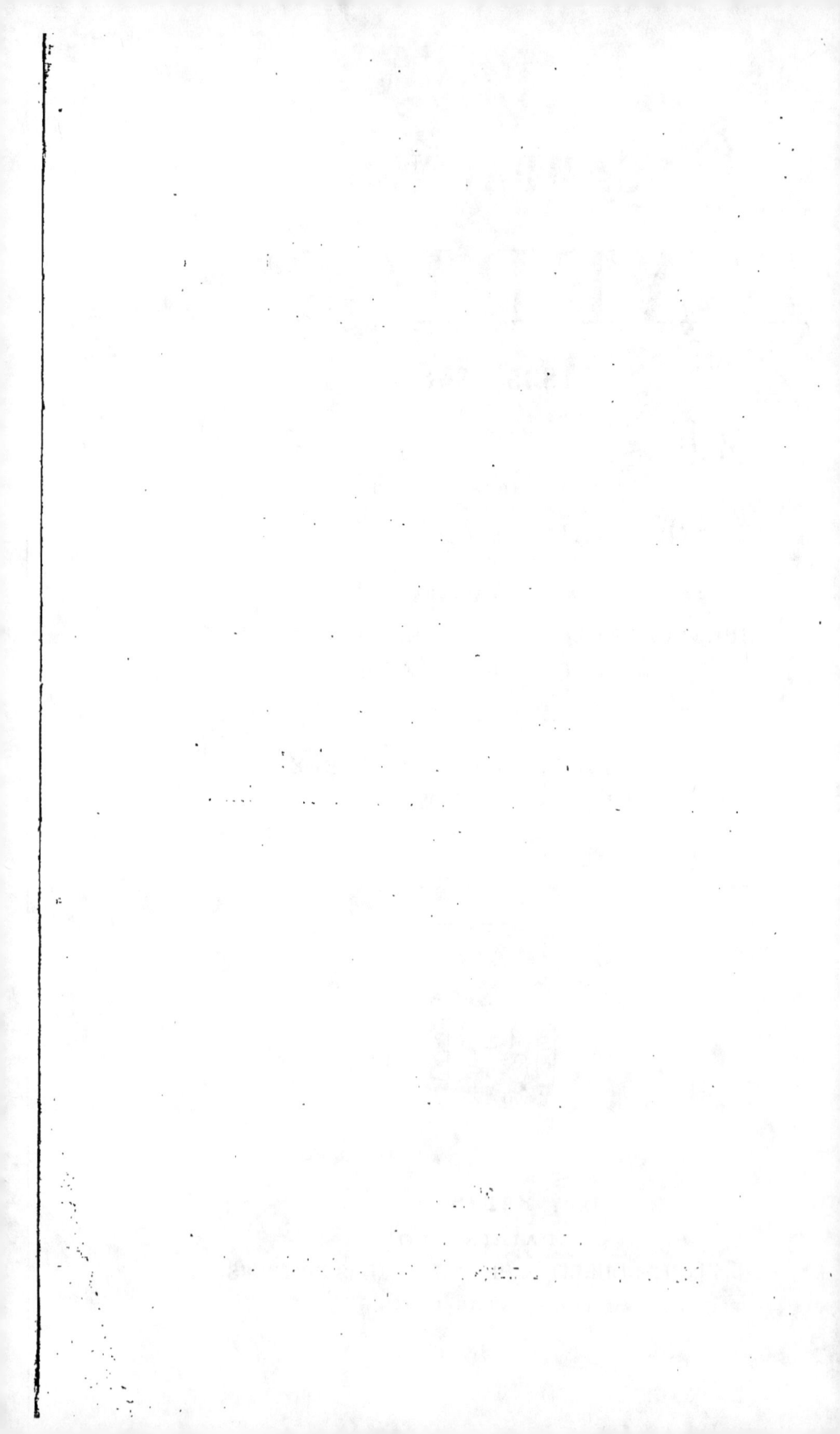

Ce volume a été déposé au ministère de l'intérieur (section de la
librairie) en janvier 1898.

PARIS. — TYP. DE E. PLON, NOURRIT ET Cⁱᵉ, 8, RUE GARANCIÈRE. — 2912.

PARIS. — TYP. DE E. PLON, NOURRIT ET Cie, 8, RUE GARANCIÈRE. — 2912.

Lettre d'Abd-el-Kader au Maréchal de Castellane.

TRADUCTION

TRADUCTION

A l'homme de la couronne de la gloire, à l'excellence de la source des félicités, au généreux

MARÉCHAL DE CASTELLANE.

QUE DIEU LE CONSERVE !

Après avoir imploré la grâce de vos prières et exprimé nos vœux les plus ardents au sujet du bonheur de vous voir et nos remercîments pour votre cordiale affection, votre lettre nous est parvenue à la date du 13 courant. (Que Dieu vous chérisse !) Nous avons prié Dieu pour votre salut, qu'il vous récompense en vous accordant une félicité constante. J'ai rempli mon devoir (1); d'ailleurs Dieu a dit : « Protège la faiblesse contre

l'oppression et l'innocence contre le crime. » Nous dans l'abandon. Dieu s'est retiré de nous. Que Dieu pour nous des merveilles, car nous espérons par le vrai Je n'ai jamais mérité les éminents services que vous rendus. Que Dieu accorde gloire, puissance et pro au généreux Souverain de la France qui ne cesse combler de ses bienfaits! Que Dieu le récompense! Que le Très-Haut répande aussi sur vous ses bénédict

De la part de votre fidèle ami Abd-el-Kader ben M Dine

Damas, le 22 Safer 1277
(septembre 1860).

(1) Au mois de juin 1860, au moment des massacres de Syrie, Abd-el-Kader avait pris courageusement la défense des chrétiens, et, à ce sujet, l'empereur Napoléon III l'avait fait grand-croix de la Légion d'honneur.

CAMPAGNES
D'AFRIQUE

1835-1848

LETTRES ADRESSÉES AU

MARÉCHAL DE CASTELLANE

PAR LES MARÉCHAUX

BUGEAUD, CLAUZEL, VALÉE, CANROBERT
FOREY, BOSQUET

ET LES GÉNÉRAUX

CHANGARNIER, DE LAMORICIÈRE
LE FLO, DE NÉGRIER, DE WIMPFFEN, CLER

ETC., ETC.

PARIS

LIBRAIRIE PLON

E. PLON, NOURRIT ET Cⁱᵉ, IMPRIMEURS-ÉDITEURS

RUE GARANCIÈRE, 10

1898

Le maréchal de Castellane exerça pendant quatorze ans à Perpignan le commandement de l'armée d'observation des Pyrénées Orientales. Dans ce poste important, il eut beaucoup de troupes sous ses ordres, et, suivant son habitude, il s'appliqua à les former.

Lorsqu'en 1835 la guerre d'Algérie devint plus sérieuse, on commença à lui prendre les régiments si bien exercés qu'il avait près de lui (1).

Les officiers auxquels il avait témoigné de la bienveillance lui étaient attachés. Beaucoup d'entre eux, célèbres depuis, lui devaient leur avancement; ils savaient qu'avec la fidélité que le Maréchal avait dans ses affections, sa sollicitude les suivrait au loin; ils savaient aussi le profond intérêt qu'il portait aux choses de l'armée : leurs lettres sont vivantes et confiantes, elles n'ont pas la sécheresse de comptes rendus militaires. La chaleur des sentiments du Maréchal avait son reflet sur eux, sa simplicité aussi : aucune vantardise dans ces lettres qui souvent racontent de si beaux faits d'armes, de si nobles actions. Dans des moments suprêmes, blessés, sortant à peine du combat, ses anciens subordonnés pensaient d'abord à lui; plusieurs belles lettres en sont la touchante preuve.

Le premier volume raconte l'histoire de la conquête de l'Algérie presque complète, de 1835 à 1848. Le deuxième contient des lettres de Crimée et d'Italie. On

(1) Le même fait se reproduisit plus tard, au moment des guerres de Crimée et d'Italie, lorsque le maréchal de Castellane commandait à Lyon.

a joint à ce recueil quelques lettres adressées au Maréchal par l'émir Abd-el-Kader; des sentiments de grande sympathie existaient entre ces deux soldats.

L'habitude que le maréchal de Castellane avait de rester en contact avec les officiers qu'il avait eus sous ses ordres était bien sentie par eux.

Le maréchal Niel, qu'il avait connu simple capitaine du génie à Constantine, en 1838, lui écrivait à ce sujet en 1849 :

« Mon général, je suis extrêmement flatté du souvenir « que vous voulez bien me conserver et des témoi- « gnages d'intérêt que je reçois de vous chaque fois « qu'un grade m'est accordé. Puisse votre exemple trou- « ver beaucoup d'imitateurs ! L'armée formerait une « famille militaire si chacun savait trouver un appui « dans celui qui l'a commandé. Vos félicitations ont un « grand prix pour moi, mon général; vous avez pensé à « moi et vous avez voulu me le faire savoir, j'en éprouve « une vive reconnaissance. »

Les plus jeunes, les moins connus, s'adressaient au maréchal de Castellane avec la confiance qu'ils auraient eue en un père. Ces mêmes hommes devinrent plus tard des têtes d'armée, mais, alors comme au début de leur existence militaire, ils rendent compte au vieux chef, à leur ami dévoué, à celui dont le cœur, jusqu'au dernier moment, battit pour la France.

Comtesse DE BEAULAINCOURT-MARLES,
née CASTELLANE.

Acosta, septembre 1897.

CAMPAGNES D'AFRIQUE

Depuis la prise d'Alger, en 1830, par le maréchal de Bourmont, les Français s'étaient peu à peu établis autour de cette ville, dans la Métidja, et étaient parvenus à occuper successivement certains points importants comme Blidah, Bône, Oran. Le général Clauzel, le général Berthezène, le duc de Rovigo, avaient tour à tour exercé le commandement en chef des troupes d'occupation. Les Français jusqu'alors ne s'étaient trouvés en présence que de tribus agissant presque toujours isolément, quand, le 25 novembre 1833, un marabout nommé Mahi-ed-Dine, usant de son influence sur différentes tribus, leur présenta son fils Abd-el-Kader, qui entreprit de les réunir pour les opposer aux Français.

Le duc de Rovigo étant mort, le général Voirol le remplaça comme commandant intérimaire du corps d'occupation d'Afrique. Le général Desmichels, qui commandait à Oran, après une suite d'opérations militaires contre Abd-el-Kader, conclut avec lui, le 26 février 1834, un traité qui reçut l'approbation royale.

Une ordonnance du 22 juillet 1834 nomma le comte d'Erlon gouverneur général des possessions françaises dans le nord de l'Afrique. Le général Desmichels, accusé d'avoir trop favorisé l'émir Abd-el-Kader, fut remplacé à Oran par le général Trézel, le 5 février 1835. Bientôt les hostilités recommencèrent, sur le refus de livrer à l'émir les Douairs et les Smélas, tribus arabes qui s'étaient révoltées contre lui. Le général Trézel, s'étant laissé surprendre par Abd-el-Kader le 27 juin 1835, au passage de la Macta, fut complètement battu.

Le maréchal Clauzel remplaça immédiatement le comte d'Erlon comme gouverneur général, le général d'Arlanges

prit le commandement d'Oran et, pour venger le désastre de
la Macta, il fut décidé que quatre régiments d'infanterie, envoyés de France, viendraient renforcer la division d'Oran. Le
47ᵉ de ligne, pris dans la division active des Pyrénées-Orientales, que commandait le général de Castellane, arriva le premier
à Mers-el-Kébir, le 2 septembre 1835, bientôt suivi par le 11ᵉ de
ligne, le 2ᵉ et le 17ᵉ léger, tous pris dans la même division.

Ces troupes allaient faire partie du corps expéditionnaire
que le maréchal Clauzel avait l'intention de diriger contre
Mascara, où Abd-el-Kader avait établi son quartier général

EXPÉDITION DE MASCARA

1. — *Lettre du colonel Combes (1), commandant le 47ᵉ de ligne,
au général de Castellane.*

Oran, 2 septembre 1835.

Mon général,

Les assurances flatteuses que vous daignâtes nous donner,
et dont nous garderons longtemps le souvenir, me sont un
sûr garant de l'intérêt que vous prendrez à la position dans
laquelle se trouve mon régiment et dont sont menacés les
autres régiments de votre division qui viennent en Afrique (2),
si votre philanthropie et l'attachement que vous leur portez
ne l'améliorent.

On était porté à croire qu'une expédition qui avait pour but
de réparer l'échec que nos armes reçurent à la Macta ne
laisserait rien à désirer sous le rapport de la prudence et des
sages dispositions; malheureusement, par une incurie qu'on
a de la peine à concevoir, il n'en est pas ainsi.

---

(1) *Combes* (Michel), né à Feurs (Loire) en 1787, entré au service en
1803, officier dans la garde en 1811, suit l'Empereur à l'île d'Elbe et, pendant les Cent-jours, sert en Amérique et ne revient en France qu'en 1830.
Colonel du 66ᵉ de ligne, il s'empare d'Ancône en 1832; désavoué par le
gouvernement, il arrive à Perpignan comme commandant du 47ᵉ de ligne,
il passe en Afrique, et il est tué devant Constantine le 15 octobre 1837.

(2) Le maréchal de Castellane, à la date du 28 juillet 1835, écrit dans
son *Journal* : « Je reçois l'ordre de former deux bataillons de guerre au
2ᵉ léger et au 47ᵉ de ligne ; je ne doute pas que leur destination ne soit pour
l'Afrique. Il m'est pénible de me voir enlever ainsi deux beaux régiments, quelque bien qu'ils soient remplacés, leur ayant depuis vingt-deux
mois consacré tous mes soins et les ayant mis sur un pied remarquable. »
Journal du maréchal de Castellane, tome III. p. 109 et suiv.

Le magasin de campement est vide (1), et les troupes qui arrivent ne peuvent obtenir ni gamelles, ni bidons, *ni marmites.* Seulement, on va mettre à ma disposition, ce matin, les seules douze cents couvertures qui existent. Mes grenadiers, qui sont débarqués depuis trois jours, n'auraient pu manger la soupe si les sapeurs du génie et le 66ᵉ ne leur avaient prêté quelques marmites. Les quatorze autres compagnies qui étaient embarquées sur les vaisseaux et qui débarquent en ce moment n'ont pas un seul vase, et la ville n'offre *aucunes ressources* en ce genre comme en bien d'autres. Tous les chenils qui étaient libres ont été mis à ma disposition; il n'en reste plus pour ceux qui nous suivent. M. le général d'Arlanges, pour leur faire place, se propose de nous porter en avant et d'établir un camp retranché à trois ou quatre lieues; mais on ne peut effectuer ce mouvement, dans le dénuement où nous nous trouvons. On ne peut disposer que de cent cinquante tentes et de quelques marquises. M. le maréchal Clauzel en annonce cent cinquante d'Alger.

M. le général d'Arlanges a obtenu du commandant Cazy, de la marine, de vous expédier le bateau à vapeur *la Salamandre,* pour vous faire connaître notre état de pénurie et vous prier d'en instruire le ministre par le télégraphe (2). Il espère, ainsi que moi, que vous daignerez venir *à notre aide,* en nous envoyant les effets de campement dont nous étions pourvus lorsque nous avions l'honneur d'être sous vos ordres. S'il était trop tard pour nous, il vous prierait de les laisser emporter par les régiments qui ne sont point encore embarqués.

Les « Douaires » (3) eurent un léger combat, il y a trois jours, contre un parti d'Abd-el-Kader; ils lui prirent vingt chevaux et nous apportèrent treize têtes; ce sont des alliés fidèles et desquels nous attendons de grands services. Le cou-

---

(1) Les mots en italique sont soulignés dans la lettre originale.

(2) En effet, le général de Castellane, en gardant à Perpignan les effets de campement du 47ᵉ de ligne, n'avait fait qu'exécuter les ordres venus de Paris.

(3) Les « Douair » et les « Smela », tribus Arabes des environs d'Oran, alliées aux Français depuis le commencement de 1835.

rage des troupes est relevé. Notre arrivée a produit sur tous les esprits le meilleur effet. On ne doute plus de battre les quinze ou vingt mille Arabes qui nous sont opposés et d'aller à Mascara.

M. le maréchal Clauzel est attendu à Oran vers le 10. Veuillez, mon général, ne point oublier un régiment qui se fait gloire d'avoir été sous vos ordres et qui, ainsi que son chef, aurait été heureux de pouvoir vous donner des preuves de dévouement.

Je suis avec un profond respect, mon général,

Votre très obéissant serviteur,

Le colonel du 47e,

Combes.

2. — *Lettre du maréchal de camp d'Arlanges, commandant à Oran* (1).

Oran, 2 septembre 1835.

Général,

L'arrivée du 47e régiment que vous m'avez expédié nous remet déjà à Oran sur un pied respectable et commence à donner l'espoir de relever la France de l'état d'abjection où on l'a fait descendre aux yeux des Arabes. Mais cette arrivée, qui cause un enthousiasme général, me jette pour mon compte dans la perplexité. Ce régiment arrive sans effets de campement; non seulement il ne peut marcher ainsi, mais il ne peut pas même tenir garnison à Oran; les couvertures sont indispensables la nuit, dans les locaux qu'on appelle ici des casernes.

(1) *D'Arlanges* (Joseph-Marie-Gaston), né à Maresché (Sarthe) le 1er septembre 1774, sous-lieutenant dans Royal Auvergne en 1791, émigré à l'armée des princes, puis rentré en France, fait les campagnes de 1813 et de 1814, chef de bataillon le 15 novembre 1815, colonel du 7e de ligne le 8 juillet 1823, maréchal de camp le 16 juin 1834, commandant la division d'Oran le 12 juillet 1835, mis en non-activité le 1er septembre 1836, mort à Maresché le 13 juillet 1843.

Dès aujourd'hui, je ne sais comment ce régiment va faire la soupe; en achetant tout ce qu'il existe de poteries chez les marchands d'Oran, je doute qu'on puisse y suffire. Comment recevoir les liquides? Comment aller à l'eau sans bidons? Comment marcher sans tonnelets, etc.?

Je devais établir un camp retranché de deux ou trois bataillons à trois lieues d'ici, sur la route de Mascara; je me vois forcé d'y renoncer. Enfin, mon général, je prends sur moi la responsabilité de renvoyer immédiatement à Port-Vendres le bâtiment à vapeur *la Salamandre*, pour réclamer de vous les effets de campement du 47e et vous prier instamment de donner ou faire donner des ordres pour qu'aucun corps ne vienne plus sans être pourvu. Je ne vois pas sans cela la possibilité de l'expédition.

J'écris par le même bâtiment à M. le lieutenant général commandant la 10e division et je le prie, ainsi que vous, d'user du télégraphe et d'employer tous les moyens d'urgence qui seront à votre disposition.

Agréez, mon général, l'assurance de mon respect.

D'ARLANGES.

Chaque instant nous indique de nouveaux besoins, et j'apprends que les chirurgiens du 47e n'ont pas de caisse d'ambulance. Permettez-moi que j'aie encore recours à vous comme pour le campement. Je ne sais si je serai à temps pour vous expédier ce supplément; le bâtiment va partir.

3. — *Lettre du maréchal de camp d'Arlanges, commandant à Oran.*

Oran, 6 novembre 1835.

MON GÉNÉRAL,

Vous voulez bien m'engager à vous écrire quelquefois pour vous faire connaître nos opérations. Elles vont se trouver paralysées dès leur principe par le manque d'effets de campement. Nous avons reçu, il y a trois jours, une portion du 11ᵉ, le reste vient de débarquer avec une portion du 17ᵉ. M. le Maréchal désirait qu'en l'attendant je fisse une démonstration sur Tlemcen, pour dégager les Turcs et les Coulouglis, alliés qui succombent à la faim et à tous les besoins et qui ont la seule perspective d'être décapités. J'ai appris hier au soir qu'Abd-el-Kader réunit toutes ses forces à sept lieues d'ici; ne pouvant fournir de bidons aux nouveaux débarqués, je ne puis, avec deux mille trois cents hommes, risquer un trajet aussi long, pendant lequel Abd-el-Kader, qui se concentre à Tletat, pourrait venir sur mes derrières et m'embarrasser beaucoup. Je vais donc essayer, par une marche de nuit, de tomber sur ceux qui déjà sont à Tletat, mais j'espère peu les surprendre. J'y serai demain au point du jour avec mes maigres deux mille trois cents hommes. Dans un pays comme celui-ci, où presque tous les ruisseaux sont desséchés, comment avoir négligé un objet de première nécessité? Demain, par exemple, nous ne trouverons une goutte d'eau nulle part. Quoi! les soldats étaient pourvus d'objets de première nécessité, on les leur retire; on fait débarquer à Toulon ceux qu'on y avait embarqués; on nous annonce que nous en recevrons de Metz. Je suis dans la désolation. J'attends le Prince (1) et le Maréchal sous peu de jours; ils seront sans doute bien mécontents. Excusez-moi mon griffonnage, je suis pressé.

Agréez, etc.

Le maréchal de camp, commandant à Oran,

D'ARLANGES.

(1) Le duc d'Orléans.

4. — *Lettre du colonel Menne* (1), *commandant le 2ᵉ léger.*

Oran, 12 novembre 1835,

MON GÉNÉRAL,

Le régiment, moins les cinq compagnies qui sont restées en arrière, a touché hier l'Afrique. Notre débarquement s'est effectué à Mers-el-Kébir, où j'ai laissé deux compagnies, et nous sommes venus coucher à Oran.

Les compagnies sont distribuées dans cinq forts ou quartiers; quelques-unes ont des tréteaux, sans fourniture aucune, les autres sont par terre. Le 17ᵉ léger, que notre arrivée a poussé en avant, est parti hier pour le camp sans emporter son complet d'effets de campement. Il paraît que ce service n'est pas du tout assuré; je vais y donner tous mes soins, toute mon attention, pour que nous manquions le moins possible.

Le 2ᵉ léger doit former l'avant-garde avec la cavalerie sous les ordres du général Oudinot, qui est déjà arrivé et que j'ai eu l'honneur de voir hier.

J'ai vu aussi le général d'Arlanges; il apprécie beaucoup ses rapports avec vous.

J'ai communiqué à MM. les officiers la lettre que vous m'avez fait l'honneur de m'adresser avant le départ du régiment. Tous sont fiers des marques d'estime que vous avez bien voulu leur donner dans cette lettre d'adieu, et tous se promettent bien de justifier dans la campagne de Mascara la bonne opinion que vous avez émise sur le régiment. Ils vous

(1) *Menne* (Pierre-Maurice), né le 29 décembre 1785 à Agen, engagé volontaire le 11 septembre 1804, sous-lieutenant le 31 mai 1806, capitaine au 27ᵉ de ligne le 8 novembre 1809, chef de bataillon le 3 septembre 1813, lieutenant-colonel le 8 septembre 1830, colonel du 2ᵉ léger le 9 avril 1833, maréchal de camp le 27 août 1839, mis à la retraite le 8 juin 1848, relevé de la retraite et nommé général de division le 26 décembre 1852, décédé à Arcachon le 23 mai 1877. Il avait fait toutes les campagnes de 1804 à 1813, la campagne d'Alger en 1830, le siège d'Anvers et les campagnes d'Afrique de 1835 à 1839.

prient, mon général, de vouloir bien agréer leurs respects et leurs regrets de ne plus être sous votre commandement.

Je vous prie, en mon particulier, de recevoir l'assurance de toute ma reconnaissance pour les bontés dont vous avez bien voulu m'honorer et de compter sur mon profond dévouement.

Votre tout dévoué et très respectueux serviteur,

Le colonel du 2e léger,

MENNE.

5. — *Lettre du capitaine Changarnier(1), commandant le 2e bataillon du 2e léger.*

Oran, 21 novembre 1835.

MON GÉNÉRAL,

Parti de la baie de Palamos le 2 novembre, à midi, le vaisseau *la Ville de Marseille* s'apprêtait à jeter l'ancre devant Arzew, le 8 au soir, lorsqu'un canot est venu nous apporter l'ordre de nous rendre à Oran. Un fort, un blockhauss, quatre masures arabes composent la totalité des établissements civils et militaires d'Arzew, dont l'aspect n'a pas peu contribué à nous faire accueillir avec joie ce changement de destination, heureux sous tant de rapports. Le vent était peu favorable; nous avons louvoyé toute la nuit. Le 9, à quatre heures après midi, nous avons mouillé devant Mers-el-Kébir. Le débarquement, commencé le 10 au matin, était terminé à midi. Le

---

(1) *Changarnier* (Nicolas-Anne-Théodule), né à Autun le 26 avril 1793, sorti de Saint-Cyr en 1815, entré comme simple garde dans une des compagnies privilégiées des gardes du corps de Louis XVIII, lieutenant en janvier 1815 au 60e de ligne, fait la campagne d'Espagne de 1823, capitaine le 9 octobre 1825, chef de bataillon le 31 décembre 1835, lieutenant-colonel en 1837, maréchal de camp en 1840, lieutenant général commandant la division d'Alger en 1847, gouverneur général de l'Algérie en 1848. Élu représentant du peuple le 4 juin 1848, il revient à Paris comme commandant des gardes nationales; expulsé de France le 6 décembre 1851, il rentre après l'amnistie de 1859. Il reprend volontairement du service en 1870, et est fait prisonnier de guerre à Metz. Député de la Somme le 8 février 1871, sénateur inamovible le 10 décembre 1875, il meurt à Paris, le 14 février 1877.

commandant du fort, M. Ducis, neveu du poète, ancien chef d'escadron au 2ᵉ hussards, puis directeur de l'Opéra-Comique, (qui a fait banqueroute entre ses mains), a remis au colonel l'ordre de lui laisser provisoirement en garnison deux compagnies. La 4ᵉ du 1ᵉʳ bataillon, capitaine Franchimont, et la 1ʳᵉ du 2ᵉ, capitaine Gassaud, dont c'était le tour, ont été désignées. Après avoir rectifié à la hâte ce que notre tenue avait de plus défectueux en quittant le bord, nous avons marché pendant deux heures, le long d'une côte abrupte et stérile. Arrivés au fort Gregorio, point très élevé, à demi-portée de canon de la place, la ville tout entière et une vaste plaine se sont développées devant nous.

L'aspect d'Oran nous a semblé plus satisfaisant que nous ne nous y attendions. Les embarras inséparables d'un établissement si précaire, les devoirs de chef de bataillon de semaine quand le régiment était divisé dans six quartiers, m'empêchèrent de vous écrire par un bâtiment qui partait le lendemain; je n'avais d'ailleurs à vous annoncer que des bruits vagues, que des nouvelles sans consistance. Aujourd'hui que j'aurais matière à faire une lettre, le temps va me manquer. Le bateau à vapeur ne devait d'abord partir que demain matin, mais ne voilà-t-il pas qu'il faut maintenant envoyer nos lettres à la poste avant trois quarts d'heure.

Le Prince (1), arrivé dans la nuit à Mers-el-Kébir, a visité les bâtiments de guerre; entré dans la place à midi, il a reçu immédiatement les corps d'officiers. Son allocution a été généralement goûtée.

L'*Agate*, après onze jours d'une traversée pénible, nous a enfin amené nos cinq compagnies tant désirées. Depuis ce moment, je respire plus librement. Hier, nous avons manœuvré devant le général Oudinot qui, je crois, n'est pas mécontent de nous avoir dans la brigade d'avant-garde qu'il commande. Elle se compose ainsi : 2ᵉ léger, 2ᵉ de chasseurs à cheval d'Afrique, un bataillon composé de trois compagnies d'élite tirées du 10ᵉ léger, du 63ᵉ de ligne et de deux cents

(1) Le duc d'Orléans.

zouaves. Les Smelas et les Douairs, tribus fort maltraitées par Abd-el-Kader et qui nous sont restées fidèles, marcheront avec nous. Le 2ᵉ chasseurs d'Afrique, qui compose toute notre cavalerie, n'a, depuis le désastre de la Macta, que trois cents chevaux disponibles. La 2ᵉ brigade, commandée par le général Perregaux, se compose du 17ᵉ léger, d'un bataillon d'infanterie légère d'Afrique et du 1ᵉʳ bataillon du 11ᵉ de ligne. La 3ᵉ brigade, commandée par le général d'Arlanges, est formée du 47ᵉ, d'un bataillon du 11ᵉ et d'un bataillon du 66ᵉ. Ce régiment a encore deux bataillons ici, et même assez forts. Un des deux occupe Mostaganem. Le colonel du 11ᵉ espère obtenir du Maréchal un changement dans la formation des brigades qui laisserait son régiment réuni. Le général Rapatel reste à Alger, sous prétexte d'une diversion. Rien ne prouve que le Prince prenne un commandement; *il nous a parlé de son concours personnel, sous les ordres de l'illustre Maréchal*, mais M. Bertin de Vaux, qui pourtant lui a déjà remis votre travail et qui a beaucoup vu son état-major, ne sait pas encore quel rôle il s'est réservé.

Pour garder Oran et les forts, il est question de laisser deux compagnies par régiment ou deux cents hommes choisis parmi les moins valides. Les trois régiments qui nous ont précédés ici sont au camp, où ils ont eu quelques jours de pluie fort abondante. La santé des hommes s'est cependant mieux conservée qu'on ne devait même l'espérer; quant à nous, qui sommes à couvert ici, nous n'avons à l'hôpital que six hommes qui, presque tous, avaient caché des maladies pour ne pas rester au dépôt. L'esprit des troupes est bon; on ne serait pas de bonne foi, néanmoins, si on ne convenait pas que nos soldats ne se font de leurs ennemis, de la résistance qu'ils doivent éprouver, des privations et des chances de la campagne une idée assez sérieuse. Il est certain que les soldats battus sous les ordres du général Trezel font aux nôtres des descriptions exagérées du danger qui les attend. Les officiers supérieurs eux-mêmes conservent une haute opinion du caractère personnel d'Abd-el-Kader, de son énergie et de sa capacité. Tant mieux ! nous pouvons espérer une belle expédition, et le régiment prouvera, j'espère, qu'il n'est pas indigne de la bonne opinion que vous avez conçue de lui. Votre nom, mon général, est ici dans toutes les bouches, et, quand les nombreuses irrégularités de l'administration et du service viennent nous frapper les yeux, tout le monde s'écrie : « *Où est donc le général de Castellane ?...* »

Les défections qu'Abd-el-Kader aurait éprouvées, au dire des journaux de France, sont de toute fausseté. Pas un homme ne l'a quitté. Il bloquait à Tlemcen notre allié Mustapha, mais il a retiré les troupes qu'il avait là pour se concentrer, il a proclamé la guerre sainte. Voilà tout ce que je sais de positif. Je mange à la même table que les officiers de l'état-major général et plusieurs personnes qui devraient être bien informées, mais j'ai acquis la certitude que sur la position exacte et les ressources d'Abd-el-Kader on n'a que des données fort incertaines.

On disait, il y a deux jours, qu'il évacuait Mascara. Aujourd'hui, on croit qu'il nous attend avec trente mille hommes à douze lieues d'ici, à l'entrée de la première chaîne de montagnes. On assure qu'il a réuni une soixantaine de canonniers turcs et qu'il a attelé tant bien que mal un obusier et quatre pièces de six et de quatre. Dieu veuille qu'il s'avise de les mettre en position et de les soutenir sérieusement !

Toutes les troupes sont formées sur deux rangs. Nous avons des bataillons d'une longueur démesurée. Je suis heureux d'être très bien monté, j'ai acheté un second cheval.

Quelqu'un bien placé pour savoir prétend que le Maréchal veut se porter deux ou trois marches en avant, se retirer au camp du Figuier et, quelques jours après, faire la pointe décisive.

A mon griffonnage vous devez juger combien j'ai hâte de vous dire que jamais je n'ai tant désiré me rappeler à votre bienveillant souvenir.

Croyez, mon général, à l'entier et profond attachement du plus humble, mais du plus dévoué de vos serviteurs.

CHANGARNIER.

6. — *Lettre du capitaine Gabriac de Montredon,*
du 2ᵉ léger (1).

Au camp du Sig, le 1ᵉʳ décembre 1835.

MON GÉNÉRAL,

J'apprends que M. le Maréchal va expédier aujourd'hui un
courrier à Oran, et je saisis cette occasion pour avoir l'honneur de vous adresser une carte du pays où nous sommes appelés à opérer. Cette carte a été faite pendant que nous étions
en bonne intelligence avec Abd-el-Kader, mais elle ne peut
être très exacte, parce qu'elle n'a été faite que d'après des reconnaissances.

Le 27 novembre, une partie des troupes qui étaient à Oran
quitta cette ville à trois heures du matin pour se rendre au
camp du Figuier, situé sur la route de Mascara, à trois heures
de marche. A midi, la 1ʳᵉ brigade, commandée par M. le général Oudinot, quitta le camp du Figuier pour venir s'établir
au camp de la Tletat, où nous arrivâmes à six heures et demie
du soir.

Le lendemain 28, le reste des troupes qui étaient à Oran et
au camp du Figuier arriva au camp de la Tletat à midi, et
nous passâmes tous la nuit dans ce camp, sans éprouver la
moindre inquiétude de la part de l'ennemi, dont les postes
avancés étaient à une portée de canon de nous. La Tletat
était desséchée, et on avait une grande peine à trouver de
l'eau dans quelques trous du lit de ce torrent; les chevaux, du
reste, l'avaient rendue très bourbeuse.

Le 29, départ du camp de la Tletat à six heures et demie,
l'armée marchant sur trois colonnes.

(1) *Gabriac de Montredon* (Henry), entré au service le 10 novembre 1819,
chef de bataillon commandant le 2ᵉ bataillon d'infanterie légère d'Afrique
le 31 août 1836, cité à l'ordre du jour, en date du 10 avril 1836, pour sa
conduite à l'affaire du col de Teniah, où il perdit l'œil gauche; décédé à
Toulon le 5 janvier 1840.

A sept heures et demie, passage de la Tletat.

A neuf heures moins un quart, le premier coup de fusil est tiré et est suivi d'une vingtaine d'autres. L'avant-garde des Arabes se retire. A onze heures on se forme sur une seule colonne pour entrer dans le défilé de la forêt Muley-Ismaël; à onze heures et demie nous nous trouvons dans un endroit où le défilé n'a guère que soixante pas de large. A midi, nous arrivons à un endroit où M. le colonel Oudinot fut tué (1). M. le général Oudinot fait alors, avec l'autorisation de M. le Maréchal, arrêter sa brigade, fait ouvrir un banc, prononce un discours en l'honneur des braves français morts en cet endroit et, s'adressant au 2ᵉ chasseurs d'Afrique, leur parle de leur malheureux colonel dont il est venu chercher les restes, qui ne doivent pas rester sur la terre étrangère.

A une heure, nous sortons du défilé et nous entrons dans la plaine du Sig, plaine fort étendue, et, en y entrant, j'entendis plusieurs voltigeurs disant : « Ah! si M. le général de Castellane l'avait à sa disposition! » Bien souvent, du reste, ce nom se trouve dans la bouche de nos soldats, et toujours pour exprimer leurs regrets de ne plus être sous un chef qui sait si bien pourvoir à tous leurs besoins.

A quatre heures et demie, nous arrivons sur les bords du Sig où nous campons; les troupes irrégulières du pays commandées par le bey Ibrahim, les zouaves et le 2ᵉ bataillon du 2ᵉ léger sur la rive droite de cette rivière, et le reste de l'armée sur la rive gauche. Le défilé de la forêt Muley-Ismaël est extrêmement fourré, de très beaux oliviers sauvages le garnissent ainsi que les hauteurs de droite et de gauche, et il est vraiment étonnant que les Arabes ne nous aient pas disputé ce passage, dans lequel ils pouvaient nous faire éprouver de grandes pertes. Nous éprouvâmes dans cette journée de marche une chaleur très grande, et le manque d'eau, joint à la fatigue,

(1) Le général Trézel, dans une première entreprise sur Mascara, avait été attaqué dans la forêt de Muley-Ismaël, le 26 juin 1835, et contraint à la retraite. Le colonel Oudinot, frère du général Oudinot, avait été tué en chargeant à la tête d'un escadron de lanciers. La retraite s'était changée en déroute dans les marais de la Macta, le 28 juin 1835, et trois cents soldats français avaient été tués.

fit que plusieurs soldats restèrent en arrière; deux de ces traînards eurent la tête coupée.

Le 30, séjour au camp du Sig et construction d'une redoute devant contenir mille hommes avec les gros bagages et l'artillerie montée.

Le 1er décembre au matin, engagement des tirailleurs.

Il est onze heures, je reçois l'ordre de prendre les armes pour aller en tirailleurs.

Daignez, mon général, me faire l'honneur d'accepter la carte ci-jointe (1) et veuillez être indulgent pour mon griffonnage.

Je suis avec un profond respect,

Mon général,

Votre très humble et très obéissant serviteur,

DE MONTREDON.

7. — *Lettre du capitaine Gabriac de Montredon,*
du 2e léger.

Du camp du Sig, 2 décembre 1835.

MON GÉNÉRAL,

J'ai eu l'honneur de vous adresser hier une carte de la province d'Oran et des environs, et de vous donner, bien à la volée, un résumé de l'emploi de notre temps jusqu'à ce jour; j'ai terminé ma lettre au moment où nous prenions les armes (la 1re brigade) pour aller voir d'un peu plus près les Bédouins, qui depuis le matin tiraillaient avec nos postes avancés. A une heure, notre canon commença à les faire fuir sur le sommet des hauteurs au pied desquelles ils étaient venus camper : à deux heures, ils revinrent tirailler, et nous fîmes un échange de coups de fusil jusqu'à trois heures moins un quart; alors nous fîmes notre retraite sur notre camp au pas ordinaire et en continuant à tirailler. A quatre heures et demie, le feu cessa et nous rentrâmes dans le camp.

(1) Cette carte n'a pas été retrouvée dans les papiers du Maréchal.

Dans cette affaire, où il y a eu cent quarante-huit coups de canon tirés, il est probable que l'ennemi a fait des pertes assez grandes, mais il n'est guère possible de les évaluer. Pour nous, nous avons eu un officier, M. Darnaud, sous-lieutenant de dragons attaché à l'état-major de M. le Maréchal, tué, et deux chasseurs tués sur le coup; on n'est point allé chercher leurs cadavres, et les Bédouins leur ont sans doute coupé la tête.

Outre ces trois tués, nous avons eu vingt-neuf blessés, dont onze grièvement (les troupes qui ont agi dans cette affaire pouvaient de notre côté s'élever au nombre de deux mille hommes, et de six mille du côté de l'ennemi). Parmi les vingt-neuf blessés, le 2e léger en compte neuf, dont un officier, M. Plantier, qui, blessé à la cuisse droite, a été amputé le soir même au-dessus du genou.

Aujourd'hui, on s'occupe du nettoiement des armes et on continue la construction du fort établi sur le Sig, fort qui a reçu le nom de fort d'Orléans. Le Prince et M. le Maréchal se sont portés sur toute la ligne où l'engagement avait lieu, et rien de fâcheux ne leur est arrivé.

Demain, sans doute, nous nous mettrons en route pour moitié chemin de Mascara. Le temps, jusqu'à ce jour, nous a été favorable et la lune nous est d'un grand secours.

Les troupes que nous avons eues à combattre étaient presque toutes à cheval. Il y avait fort peu de fantassins; probablement qu'Abd-el-Kader a embusqué son infanterie dans les gorges où nous serons obligés de passer.

M. Changarnier, mon général, me prie de vous présenter son profond respect,

Je suis, etc.

DE MONTREDON.

8. — *Lettre du colonel Menne, commandant le 2ᵉ léger.*

Au camp du Sig, 3 décembre 1835.

MON GÉNÉRAL,

Vous aurez appris notre départ d'Oran le 27. L'avant-garde, sous les ordres du général Oudinot, fut prendre position le même jour sur la Tletat, à environ quatre lieues du camp du Figuier. Nous séjournâmes le 28 dans cette position et toute la division s'y réunit. J'y fus rejoint par mon 2ᵉ bataillon, très bien commandé par M. le capitaine Changarnier, pour lequel j'ai remis un mémoire de proposition, en remplacement de M. Rocques admis à la non-activité. J'ai dû craindre qu'un chef de bataillon du 53ᵉ, qui est ici en amateur, ne vînt remplacer provisoirement M. Rocques. Je me suis hâté de protester dans les formes convenables, contre l'introduction dans le régiment d'un chef de bataillon qui ne serait pas muni de lettres de service du ministre de la guerre, et j'ai été approuvé par toutes les hautes puissances, y compris le Prince.

Le 29, toute la division fut mise en marche de bonne heure. La brigade d'avant-garde, formée des zouaves, du 2ᵉ de chasseurs d'Afrique, du régiment, d'une compagnie du génie, de deux pièces de montagne et d'un bataillon du 66ᵉ, se mit en mesure d'attaquer vigoureusement les défilés de la forêt Muley-Ismaël, où le général Trezel avait trouvé l'ennemi le 29 juin et où il avait éprouvé une perte assez considérable. Les Arabes ne montrèrent que quelques éclaireurs sur notre flanc droit, ils nous laissèrent traverser les défilés sans tirer un coup de fusil, une trentaine de cavaliers suivirent seulement dans la plaine notre extrême arrière-garde et vers la fin de la journée tirèrent de loin quelques coups perdus.

Le 30, on a commencé un camp retranché sur le Sig, où chaque régiment laissera deux cents hommes, on y laissera aussi l'artillerie de campagne et tous les gros bagages. Le 1ᵉʳ et le 2, on a continué les travaux du camp. Le 2, à une heure de l'après-midi, on a poussé une reconnaissance vers les positions occupées par les Arabes au pied des collines en remontant le Sig; le Maréchal et le Prince y étaient. On a pénétré dans le camp des Arabes, mais ils avaient eu le temps de le lever, et nos misérables alliés, les Douairs, n'ont pu y ramasser que quelques sales guenilles. On s'est ensuite retiré. Les Arabes, selon leur coutume, ont suivi nos troupes en formant le demi-cercle et en ayant l'air de manœuvrer pour les envelopper. On les a tenus à distance et ils n'ont pas suivi longtemps nos troupes.

Le résultat de cet engagement a été un officier tué, M. Darnaud, officier d'ordonnance du Maréchal, un lieutenant du régiment, M. Plantier, grièvement blessé (on lui a fait l'amputation de la cuisse), deux soldats, je crois, tués, et une quarantaine de blessés. Il paraîtrait que les Arabes ont perdu beaucoup de monde; ils ont été vivement canonnés. En définitive, ils sont restés dans leurs positions. Nos soldats ont montré assez d'élan. Mais nous nous affaiblissons par les détachements, et si nous allons jusqu'à Mascara, je pense que le sérieux de la campagne commencera au retour. Un envoyé de l'émir est, dit-on, arrivé en parlementaire... Il est bien difficile de s'en tirer honorablement sans aller à Mascara, et cependant, comment croire qu'Abd-el-Kader puisse y consentir? Je ne puis rien préjuger sur la suite de cette campagne; tout ceci ne ressemble en rien aux guerres ordinaires, il faut attendre.

Je vous écris, mon Général, bien à la hâte et sans aucune suite, étant sans cesse interrompu. J'espère que vous ne considérerez dans ma lettre que le désir de vous être agréable, en vous crayonnant bien timidement nos marches et notre position.

Je vous prie, mon Général, d'agréer l'assurance de mon profond respect et d'être assez bon pour donner de mes nouvelles à Mme Menne; on attend ma lettre, je suis obligé de la remettre sans pouvoir vous dire ce que nous ferons demain.

Le colonel,

MENNE.

9. — *Récit de l'expédition de Mascara, envoyé au général de Castellane par le capitaine Forey, du 2ᵉ léger* (1).

1835.

Le 2 décembre, l'armée resta dans le camp, occupée aux travaux du fort d'Orléans. L'ennemi fut en mouvement toute la journée. Le fort d'Orléans fut terminé dans la nuit du 2 au 3 décembre; il y avait bien encore quelques parties inachevées, mais une compagnie du génie et mille hommes qui devaient rester dans ce fort pouvaient le perfectionner et le mettre en état de résister à toutes les attaques des Arabes. Le commandant du fort était nommé, les hommes désignés dans chaque régiment étaient réunis, lorsque le bruit se répandit que toute l'armée se porterait en avant le lendemain, abandonnant le fort, et qu'elle se dirigerait sur Mostaganem d'où, après avoir laissé les malades et les blessés et avoir pris des vivres dont elle manquait, à en juger par l'irrégularité des distributions, elle marcherait sur Mascara par un chemin facile et praticable à l'artillerie. Ces bruits, répandus peut-être à dessein pour donner le change aux Arabes, n'étaient qu'à moitié vrais. Dans la nuit, les hommes désignés pour rester au fort rejoignirent leurs corps, l'on distribua des vivres pour plusieurs jours, en très petite quantité, et l'ordre fut donné de se tenir prêt à marcher. En effet, le camp fut évacué, l'armée traversa le Sig, se forma sur la rive droite dans l'ordre de marche habituel et, à sept heures du matin, elle était en route dans la direction de Mostaganem.

A peine l'armée avait-elle abandonné le camp qu'il fut envahi par les Arabes et l'arrière-garde harcelée par une nombreuse cavalerie. L'ennemi, divisé en plusieurs colonnes,

(1) *Forey* (Elie-Frédéric), né à Paris le 10 janvier 1804, élève de l'Ecole de Saint-Cyr en 1824, officier instructeur au 2ᵉ léger, capitaine en 1835, colonel le 4 novembre 1844, général de brigade en 1848, général de division en 1852, maréchal de France le 2 juillet 1863.

suivit notre mouvement sur la droite, longeant le pied des montagnes et évitant tout engagement. Il opérait ainsi sa jonction avec Abd-el-Kader, campé sur le mont Guérouf. La 1re brigade, arrivée à hauteur de ce mont occupé par plusieurs milliers d'Arabes, fit tête de colonne à droite et marcha sur cette position, que l'ennemi ne put pas défendre. L'artillerie le chassa, soutenue par les tirailleurs, et le mamelon fut occupé par la colonne d'attaque qui, après quelques instants de repos, reprit sa première direction parallèlement aux autres brigades qui avaient continué à marcher en avant. Les tribus alliées, qui se trouvaient pendant l'attaque du mont Guérouf sur notre gauche, eurent à soutenir un feu très vif d'une colonne d'Arabes protégée par des ravins profonds, mais l'artillerie de montagne ayant franchi facilement ces obstacles mit en fuite l'ennemi, qui se retira, tout en tiraillant, dans une plaine fort étendue et qui allait en se rétrécissant jusqu'à l'Habra. A droite, des montagnes, à gauche, un grand bois formaient une espèce de défilé où les Arabes paraissaient nous attendre au nombre de douze ou quinze mille hommes. Ceux qui nous suivaient devinrent plus hardis à mesure que nous avancions, et nous pensâmes qu'ils avaient choisi cette position toute militaire pour nous livrer combat. Il était alors quatre heures après midi, et les Arabes s'étaient repliés, partie dans le bois, partie sur les hauteurs de droite, où ils se tenaient groupés autour d'un marabout, près du cimetière de Sidi-Embarack, et comme dans l'attente de quelque événement.

Les trois premières brigades marchaient alors de front, à peu près à même hauteur; la 1re, par suite du mouvement d'attaque sur le mont Guérouf, se trouvait à la droite, ayant devant elle les zouaves et la cavalerie, la 2e occupait la gauche de la ligne et par conséquent longeait le bois, la 3e marchait au centre. Les tribus alliées couvraient la gauche en avant de la 2e brigade, et l'artillerie, placée en avant de la 3e brigade, protégeait ainsi toute la ligne. Les bagages, convois, etc., marchaient entre les brigades, et la 4e formait l'arrière-garde toujours harcelée par l'ennemi.

Bientôt l'armée se trouva vis-à-vis du mont Joualat, occupé

par l'ennemi ; une détonation se fit entendre au milieu des
Arabes, et, comme ils n'ont point d'artillerie de campagne, nous
pensâmes qu'un obus avait éclaté dans ce groupe, mais une
seconde détonation, suivie du sifflement d'un boulet qui tomba
entre les deux derniers pelotons du 2ᵉ léger, dissipa toute
erreur, et comme à ce signal les Arabes embusqués dans le
bois répondirent par une vive fusillade dirigée sur notre
gauche, nous ne doutâmes plus que l'ennemi ne voulût tenter de nous arrêter dans cet endroit, qu'il regardait comme
inexpugnable. En effet, les quatre ou cinq pièces qu'il avait
placées sur le mont Joualat tirèrent d'écharpe sur la droite, où
se trouvaient le 2ᵉ léger et la cavalerie, enfilant ainsi la
colonne, dont la marche éprouvait quelques difficultés à cause
des ravins très profonds qu'il fallut traverser au plus fort du
feu de l'artillerie ennemie. Les tirailleurs marchant en
avant de la brigade sans trouver de résistance, une troupe
de quinze ou dix-huit cents Arabes formant l'infanterie régulière de l'émir, protégée par un ravin très accidenté qui couvrait son front, accueillit par un feu très nourri nos tirailleurs,
qui ne s'attendaient pas à cette attaque dans laquelle l'émir
avait sans doute mis toutes ses espérances. Cette attaque de
front, bien combinée avec celles que dirigeaient les Arabes
embusqués dans le bois et ceux qui, nous suivant par derrière, semblaient vouloir nous fermer toute retraite, devait,
dans la pensée de l'émir, nous faire éprouver dans ce lieu le
sort que subirent naguère non loin de là plusieurs milliers
d'Espagnols. Le moment était critique, l'armée se trouvait
enveloppée de tous côtés par vingt ou vingt-cinq mille hommes
et toute hésitation pouvait devenir funeste, mais par un de
ces mouvements spontanés si communs chez le soldat français, chacun se trouva comme électrisé par ce que ce moment
avait de difficile ; le cri de « Vive le roi ! » retentit sur toute la
ligne, nos tirailleurs s'élancèrent dans le ravin, le traversèrent
au pas de course et se précipitèrent avec une ardeur digne
des plus grands éloges sur l'infanterie ennemie, qui prit la
fuite et se retira dans le plus grand désordre, augmenté encore
par le feu de toute l'artillerie.

Pendant que ceci se passait sur la droite, notre gauche était assaillie par les Arabes embusqués dans le bois, d'où ils dirigeaient sur nos colonnes un feu meurtrier. Le général Oudinot à la tête de sa brigade venait d'être blessé au passage du ravin ; le Prince reçut dans la cuisse une balle qui lui fit une forte contusion. Dans ce moment, une compagnie de voltigeurs du 17e léger, entraînée par son lieutenant, pénétra dans le bois et en chassa les Arabes. Si le jour n'eût pas été aussi avancé, quelques bataillons auraient sans doute enlevé la batterie du mont Joualat, mais cette opération, dont les résultats eussent été du reste peu importants, fut jugée inutile par le Maréchal ; il se contenta de passer sous le feu de cette batterie qui, quoique assez bien servie, nous fit éprouver peu de pertes. L'ennemi, consterné par le résultat de cette affaire, qui fut décisive pour la campagne, se retira dans toutes les directions, et nous vînmes coucher, le soir même, sur les bords de l'Habra.

Nos pertes dans cette journée s'élevèrent à cinquante ou soixante hommes hors de combat. Le 2e léger, qui seul fut exposé au feu de l'artillerie ennemie, eut plusieurs hommes tués ou blessés grièvement. Le 47e, qui formait l'arrière-garde et qui tirailla toute la journée, fit d'assez grandes pertes. Quant à celles de l'ennemi, elles durent être considérables, car, malgré sa promptitude à enlever ses morts, on en trouva un assez grand nombre sur le champ de bataille, ainsi que des armes de toute espèce. Le second de l'émir fut grièvement blessé à ses côtés.

Pendant la nuit, le génie jeta un pont sur l'Habra, et, le 4 au matin, les troupes effectuèrent le passage de la rivière. Les brigades se reformèrent sur la rive droite dans le même ordre que les jours précédents, la 2e occupant la droite et la 3e la gauche. Le général Oudinot étant blessé, le général Marbot, aide de camp du duc d'Orléans, prit le commandement de la 1re brigade. Nous nous dirigeâmes dans la plaine du Cerat, toujours parallèlement aux montagnes, laissant croire aux Arabes que nous marchions sur Mostaganem. Telle était réellement leur croyance, car les spahis irréguliers qui, tout en échangeant des coups de fusil avec eux, les interpellaient dans leur langue, suivant la coutume de ces peuples, les entendaient crier que nous n'osions pas aller à Mascara et nous inviter d'un ton ironique à nous engager dans leurs montagnes.

Toute l'armée n'avait pas encore traversé l'Habra que des cavaliers pénétrèrent dans le camp et engagèrent la fusillade, mais l'arrière garde et quelques pièces de canon protégèrent le passage et l'enlèvement du pont. Sur la droite, les hauteurs étaient couvertes d'Arabes qui se contentaient de pousser des cris et de nous défier de prendre la route de Mascara. Aussi, dans la ferme idée qu'ils avaient que nous allions à Mostaganem, ils cessèrent toute poursuite et nous laissèrent fort tranquillement continuer notre route.

Nous étions nous-mêmes assez généralement dans l'incertitude sur les projets du Maréchal, lorsque, arrivées à hauteur des contreforts de l'Atlas, vis-à-vis Ouled-Sidi-Ibrahim, toutes les têtes de colonne, par un mouvement de conversion à droite, se trouvèrent face aux montagnes, ayant devant elles des pentes assez douces sur lesquelles on n'apercevait que quelques petites bandes d'Arabes. L'artillerie se porta rapidement en avant, ouvrit son feu sur les hauteurs pour nettoyer le passage, et le mouvement commença.

La deuxième brigade, pendant le mouvement des autres, ayant continué à marcher droit devant elle et n'ayant conversé à droite qu'après avoir dépassé l'avant-garde, se trouva, par cette manœuvre, à la gauche de la ligne. Les tribus alliées se réunirent à cette brigade, et, gravissant le mont Kourkouri avant que les colonnes s'engageassent dans les montagnes, elles en reconnurent tous les revers opposés et prévinrent ainsi toute surprise de ce côté. La première brigade reconnut les ravins de droite, et le convoi commença à gravir les pentes des montagnes, qui en cet endroit étaient assez douces et n'offraient que peu d'obstacles aux voitures. La quatrième brigade resta en bataille dans la plaine jusqu'à ce que tout le convoi fût engagé dans la montagne et y pénétra elle-même protégeant les derrières de toute l'armée. Soit

qu'ils voulussent se concentrer aux environs de Mascara pour
en défendre l'approche, et ce fut cette dernière supposition
qui prévalut alors dans l'armée, toujours est-il qu'ils ne s'op-
posèrent nullement à notre opération, et le soir nous bivouaquâmes dans une jolie position, près de marabouts bien situés
dans un bois charmant formé par des bouquets de lentisques,
arbres très communs en Afrique et disposés de manière à
former comme un jardin anglais. Nous donnâmes à ce bivouac
le nom de Oued-Mela (rivière salée), qui est celui d'un ruisseau
qui passe en cet endroit et qui ne nous fournit qu'une eau
saumâtre et horriblement mauvaise.

Le 5 au matin, nous marchâmes dans la direction de Mascara, et de ce jour nous rencontrâmes dans ces montagnes
inconnues des obstacles et des privations qui firent de cette
campagne la plus pénible depuis les guerres de l'Empire.

Le plus difficile était de faire suivre le convoi et l'artillerie
et de les protéger contre toute attaque de l'ennemi. Des dispositions extrêmement sages furent prises pour remplir ce
double but.

Des compagnies du génie précédaient le convoi pour apla-
nir tous les obstacles qui pourraient s'opposer à la marche
des voitures, qui s'avançaient en bon ordre en suivant une
espèce de route en fort mauvais état et que l'on présumait
conduire à Mascara, tandis que les différentes brigades, dans
l'ordre habituel de marche, protégeaient le convoi en suivant toujours la crête des montagnes. La 1re brigade, qui formait l'avant-garde, arriva en vue d'une hauteur sur laquelle
se trouvaient quelques Arabes. Les terres aux environs paraissaient avoir été remuées, et, pensant qu'ils pouvaient avoir
établi une batterie, des dispositions d'attaque furent prises
par le général Marbot, un obus fut lancé et l'ennemi disparut;
néanmoins les zouaves et une compagnie de voltigeurs du
2e déployés en tirailleurs gravirent la montagne, suivis de
toute la brigade. L'ennemi fit mine d'opposer de la résistance,
mais, nos tirailleurs s'étant élancés sur lui avec résolution, il
s'enfuit laissant plusieurs des siens sur le carreau. Les zouaves
leur coupèrent la tête et présentèrent ce trophée sanglant au

Prince qui, tout en donnant des éloges au courage des vainqueurs, parut peu flatté du cadeau. Ce fut le dernier essai que firent les Arabes pour nous arrêter; depuis lors nous n'en vîmes plus aucun. Par suite de ce mouvement, la 1re brigade, s'étant écartée d'une manière sensible de la direction générale, tourna brusquement à gauche, traversa le ravin à gauche duquel toute l'armée s'était portée, remonta le côté opposé et ne s'arrêta qu'à la nuit sur le flanc des hauteurs, sur le sommet extrême desquelles se trouvait un marabout près duquel le quartier général établit ses bivouacs.

La difficulté de coordonner la marche des différentes brigades dans ces montagnes escarpées fut cause que la nuit vint les surprendre dans leur mouvement de concentration. Les régiments battirent leurs marches particulières, et l'armée se trouva enfin réunie dans les environs d'Aïn-Kebira. La nuit précédente, aux marabouts de Oued-Mela, le chef d'une tribu était venu offrir au Prince plusieurs milliers de ses Arabes pour l'aider, disait-il, à prendre Mascara. Le Prince le remercia de son offre, lui dit que nous saurions bien prendre Mascara sans aucun secours étranger et le congédia en lui demandant simplement la neutralité.

Pendant la nuit du 5 au 6, le Maréchal apprit d'une source certaine que le combat de Sidi-Embarak avait complètement démoralisé les Arabes, que le prestige dont s'était entouré Abd-el-Kader était tombé sur les bords de l'Habra, et qu'étant rentré à Mascara après sa défaite, dans l'intention de défendre sa capitale, il avait été insulté par les siens, abandonné de ses amis les plus dévoués, et la ville livrée au pillage et à la brutalité des Arabes, qui y avaient commis toutes sortes d'excès.

Cette nouvelle décida le Maréchal à profiter du désordre dans lequel se trouvait Mascara pour s'en emparer. Des ordres furent aussitôt donnés pour la formation d'une division de troupes légères composée ainsi qu'il suit :

Les tribus alliées, les zouaves, la cavalerie, le 2e léger, le 17e léger, les trois compagnies d'élite venues d'Alger, l'artillerie de montagne.

Les deux dernières brigades durent rester à Aïn-Kebira pour garder le convoi, qu'il eût été imprudent de faire aller plus loin. Le ciel se couvrit de nuages menaçants, et la pluie qui commença à tomber pendant la nuit, paraissant devoir durer plusieurs jours, l'artillerie aurait éprouvé les plus grandes difficultés pour aller jusqu'à Mascara. Du reste la marche de l'armée aurait été retardée, et il importait de profiter des divisions intestines de l'ennemi.

Les troupes désignées ci-dessus se mirent en route à huit heures du matin, le 6 décembre, sous le commandement du Maréchal, qu'accompagnèrent le Prince et son état-major. A midi, nous arrivâmes à El-Bordj, petit village abandonné par ses habitants, et, après l'avoir reconnu, nous continuâmes notre route. Malheureusement, la pluie tomba avec violence, dans peu de temps les chemins devinrent affreux, les terres étant argileuses, en sorte que la marche fut on ne peut plus pénible. Il y avait plusieurs jours qu'on n'avait fait de distributions, et la faim, la faim cruelle, qui venait mêler ses souffrances aux fatigues d'une longue et pénible route, rendit notre position fort mauvaise. Néanmoins, l'espoir d'arriver bientôt au but de notre expédition nous soutint, et, malgré nos souffrances, nous marchâmes avec ardeur. La cavalerie prit les devants pour aller occuper les portes de la ville, et enfin, à cinq heures du soir, nous aperçûmes, à travers les nombreux jardins dont Mascara est entourée, les premières maisons de cette ville où, pour la première fois, une armée française allait pénétrer.

La pluie, qui depuis le matin ne nous avait pas quittés, redoubla de violence, et ce fut par l'obscurité la plus complète que nous entrâmes dans la ville. La nuit et les chemins ne permettant pas de marcher en colonne, les bataillons se formèrent successivement par le flanc. L'état-major entra le premier en ville, et les régiments reçurent l'ordre d'occuper, le 2ᵉ léger la ville haute et le 17ᵉ la ville basse. Les compagnies se logèrent au hasard dans les premières maisons venues, toutes ayant été abandonnées. Les chemins étaient tellement affreux, la pluie tombait si abondamment, la nuit était si complètement obscure que les compagnies furent obligées de marcher sur un rang, afin de ne pas se jeter dans les silos, qui formaient un obstacle très dangereux. A chaque pas il fallait traverser des fossés pleins d'eau, et malgré les efforts que nous faisions pour suivre ceux qui précédaient, des compagnies s'égarèrent dans les jardins, et si les tambours et clairons n'eussent battu et sonné la marche du régiment, une portion aurait passé la nuit dehors. Enfin, avec des peines inouïes, toutes les troupes furent logées pêle-mêle dans de sales maisons et passèrent une nuit presque aussi mauvaise qu'elle l'eût été au bivouac, les hommes étant mouillés jusqu'aux os et les logements ne permettant pas de faire du feu pour se sécher. Chacun, harassé de fatigue et n'ayant pris aucune nourriture depuis près de quarante-huit heures, se laissa aller au sommeil, attendant le jour, qui devait apporter du soulagement à notre triste position.

Il luit enfin ce soleil, mais moins brillant que celui d'Austerlitz dont nous venions, quelques jours auparavant, de célébrer l'anniversaire par une victoire. Il luit à travers d'épais nuages pour éclairer un spectacle aussi hideux qu'inattendu, malgré les bruits qui avaient couru sur l'état de la ville. Les habitants avaient abandonné de gré ou de force leurs maisons qui, par le désordre qui y régnait, attestaient la précipitation avec laquelle les habitants avaient fui. Les meubles brisés et jonchant le parquet, les ustensiles de ménage dispersés dans les cours, tout annonçait un pillage auquel il est probable que s'étaient livrés les Arabes. Les Juifs seuls étaient restés, mais non pas sans avoir éprouvé les effets de la cruauté et de la vengeance de ces barbares qui s'étaient portés à tous les excès contre ces malheureux. Leurs cadavres jonchaient les maisons et les rues. Des puits en étaient pleins, d'où l'on entendait sortir des gémissements d'infortunés qui n'étaient pas encore morts. Ni l'âge ni le sexe n'avaient été respectés par ces cannibales : des vieillards et des femmes avaient été tués; sept ou huit cents de ces malheureux, la plupart blessés, survécurent au massacre et vinrent implorer la générosité du vainqueur. Le Maréchal leur promit appui et protection.

Le matin dès la pointe du jour (c'était le 7 décembre), les

soldats se répandirent dans la ville, cherchant avec avidité de quoi satisfaire une faim dévorante. L'on trouva du blé qu'on réduisit en farine en le broyant entre deux pierres, et l'on en fit de mauvaises galettes qu'on fit cuire sur la braise; des figues aplaties et arrangées en forme de meules, des citrouilles composèrent le premier bon repas que nous ayons fait depuis longtemps. Beaucoup se mirent à chasser les pigeons qui, effrayés, s'étaient sauvés de leurs réduits et voltigeaient de maison en maison. L'on en tua en grande quantité, mais des accidents étant résultés de cette chasse, elle fut sévèrement défendue, et ce ne fut que le lendemain, lorsque les premiers besoins furent satisfaits, que tout rentra dans l'ordre. Alors on put repaître ses yeux du triste tableau que présentait cette ville dévastée.

Mascara est bâtie sur le penchant d'une colline qui forme une ville haute qui peut être considérée comme le faubourg, et la ville basse qui est la plus étendue et où se trouvent les mosquées, la Cassauba et les bâtiments les plus importants. La ville est entrecoupée de jardins qui, pendant la belle saison, doivent faire de cette cité un séjour charmant. Les rues y sont plus larges que dans la plupart des villes d'Afrique. Il y a deux belles mosquées dans l'une desquelles je vis de pauvres Juifs blessés et attendant leur tour pour être pansés par nos chirurgiens.

La Cassauba est un vaste établissement renfermant les écuries, l'arsenal et les magasins de l'émir; le tout entouré d'un mur bastionné et défendu par une vingtaine de pièces de canon que l'on avait enclouées et jetées pour la plupart du haut en bas des remparts. Dans une cour l'on trouva les débris des prolonges et la pièce de montagne prises à la Macta.

Les magasins étaient approvisionnés en blé, qui fut évalué à trente ou quarante mille francs, mais malheureusement les moyens de transport manquant, on le détruisit, ainsi que tout ce qu'on pensa ne pouvoir pas emporter.

Le mouvement de retraite fut ordonné pour le 9 au matin. Dès que la résolution d'évacuer la ville fut prise, on travailla à démolir les fortifications et à détruire tout ce qui pouvait servir à de nouvelles entreprises contre nous. Ainsi des matières combustibles et quatre cent mille cartouches furent disposées pour incendier et faire sauter les principaux établissements, et le feu fut mis dans plusieurs maisons dès le 8 au soir. Le Maréchal, prévoyant que les habitants qui avaient pris le parti de nous suivre retarderaient notre marche, donna des ordres pour que ces malheureux prissent les devants en partant le 8 au soir, sous l'escorte d'une partie de la cavalerie et d'une compagnie du 2ᵉ léger, pour aller coucher à El-Bordj, où devait se trouver la brigade d'Arlanges. Mais, soit que le jour fût trop avancé, soit qu'on craignît d'exposer une aussi faible escorte à être attaquée, un contre-ordre remit au lendemain le départ des habitants, qui reçurent, ainsi que toute la division, l'ordre de se réunir à huit heures du matin sur une hauteur dominant la ville, sur la route d'El-Bordj.

Pendant cette dernière nuit que nous passâmes à Mascara, le feu éclata sur tous les points, et nous achevâmes l'œuvre de destruction commencée par les Arabes. Ces longues colonnes de feu qui s'élevaient en tourbillons, le silence d'une nuit sombre, pluvieuse, qui n'était interrompu que par le pétillement du feu, le cri sinistre des chacals et les aboiements plaintifs des chiens fidèles qui seuls étaient restés à la garde des maisons abandonnées, tout cela offrait un spectacle imposant, magnifique, qui portait à d'étranges réflexions sur le sort d'un ennemi qui, fier et glorieux de ses succès, se croyait invincible et à l'abri de toute attaque désastreuse, il y avait quelques jours, et qui dans ce moment, du désert où il avait été forcé de se retirer, pouvait voir réduire en cendres cette ville qui, naguère, avait vu son triomphe.

A ces réflexions venaient s'en mêler d'autres sur notre retraite qui devait commencer le lendemain matin. Il était difficile alors d'attribuer à la déroute de l'ennemi dans les plaines de l'Habra la disparition subite de vingt à vingt-cinq mille hommes dévoués pour la plupart à leur chef, et surtout de croire cette dispersion définitive : il était naturel de penser que, si l'ennemi n'avait pu s'opposer à notre marche victorieuse sur Mascara, il profiterait du moins des obstacles que devaient apporter à notre retraite plusieurs centaines de malheureux qui s'étaient décidés à nous suivre, les chemins que les pluies précédentes avaient rendus affreux et l'état de l'atmosphère, qui ne présageait rien de bon pour l'avenir. Si l'on ajoute à cela que nous savions avoir laissé notre artillerie, nos voitures et nos blessés dans des boues d'où l'on ne pourrait les tirer qu'avec les plus grandes difficultés, on n'aura qu'une faible idée de l'inquiétude où nous étions et des sombres pensées qui se croisaient en foule dans nos esprits. Mais l'étoile de la France, en laquelle nous avions mis toute notre foi, ne nous abandonna pas, ainsi qu'on va le voir.

Le 9 décembre, à huit heures du matin, l'avant-garde, formée par le 17e léger et les trois compagnies d'élite venues d'Alger, se mit en route pour El-Bordj. La portion du convoi qui avait suivi la division et les indigènes qui abandonnaient Mascara partirent ensuite; l'arrière-garde, composée du 2e léger, de la cavalerie et des zouaves, attendit pour suivre le mouvement que la ville fût entièrement évacuée. Les zouaves devaient quitter la ville les derniers. Le 2e léger attendit l'ordre du départ sur la hauteur où s'étaient réunies les troupes et d'où nous pûmes jeter un dernier coup d'œil sur Mascara en proie aux flammes qui s'élevaient de toutes parts; mais si nous regardions avec indifférence cet incendie qui vengeait l'insulte faite à nos armes à la Macta, si nous éprouvions même une secrète joie à voir détruire la capitale de notre ennemi, ce n'était pas sans émotion que nous considérions ces familles entières de malheureux émigrants sortant de cette ville où ils ne devaient plus rentrer. Quelques-uns montés sur des chameaux ou sur des ânes, le plus grand nombre à pied, nu-jambes et pour ainsi dire sans vêtements, suivaient une route affreuse et que la pluie, qui, pour comble de malheur, recommença à tomber, menaçait de rendre tout à fait impraticable.

A neuf heures, le régiment se mit en route, suivi par les zouaves, qui fermèrent la marche. La retraite s'effectua lentement et en très bon ordre, donnant aux indigènes émigrants la facilité de suivre la marche des colonnes malgré une pluie continuelle et des chemins affreux.

Nous arrivâmes à El-Bordj à cinq heures du soir. Quelques Arabes suivirent dans cette journée la marche de la colonne, plutôt dans l'intention de piller s'ils pouvaient et de tuer quelques traînards isolés que pour nous inquiéter sérieusement. Un détachement de zouaves tendit fort adroitement un piège à ces pillards, qui y donnèrent tête baissée. Un chameau étant tombé et ne pouvant se relever fut abandonné avec sa charge, qu'un zouave resté en arrière faisait semblant de piller. Les Arabes, voyant un homme seul, accoururent pour profiter du butin et s'emparer du zouave; celui-ci se sauva du côté d'une compagnie de ses camarades embusquée derrière une muraille, qui accueillit à coups de fusil les Arabes qui restèrent pour la plupart sur le carreau. Nous passâmes une nuit affreuse par une pluie glaciale et ne pouvant pas faire de feu, parce qu'il ne se trouvait aux environs que du bois de figuier qui brûle très difficilement.

Le lendemain, 10, fut un de ces jours néfastes dont on conserve le souvenir toute la vie. La division se mit en marche dans le même ordre que la veille. La pluie tombait par torrents, et un brouillard des plus épais ne permettait pas de voir à quelques pas devant soi. Malgré cela la marche commença en ordre. La 2e brigade était en tête, puis venaient les indigènes émigrants qui, ne pouvant marcher que très lentement à cause des mauvais chemins, retardaient l'arrière-garde formée par la 1re brigade, au point que si l'on eût continué à marcher de la sorte, nous n'aurions jamais pu rejoindre le gros de l'armée dans cette journée. Cela aurait sans doute contrarié les projets du Maréchal, mais dans l'intérêt de l'humanité, il eût été de notre devoir de subordonner constamment notre marche à celle des malheureux qui avaient mis en nous leurs espérances et qui furent cruellement trompés.

Quoi qu'il en soit, le temps devenait de plus en plus mauvais et les chemins tout à fait impraticables; des vieillards, des femmes, des enfants épuisés de fatigue et de besoins restèrent embourbés, adressant des prières au ciel qui, hélas! ne les entendit pas. Des chameaux, des chevaux, des mulets chargés de vivres tombèrent dans les boues, d'où l'on ne put les retirer. Tous ces obstacles arrêtant à chaque pas l'arrière-garde, l'ordre fut donné d'allonger le pas et de ne s'arrêter sous aucun prétexte. Cet ordre, qu'on peut regarder comme barbare, fut un véritable signal pour abandonner les habitants de Mascara. Chaque soldat ayant hâte de sortir promptement de ces horribles montagnes marcha pour son propre compte, le plus vite possible ; bientôt le désordre, résultat inévitable de l'ordre donné, se mit dans les rangs et fut porté à son comble par les mélanges des compagnies, des bataillons et des régiments.

Au milieu de ce désordre qui fit de la marche une véritable déroute, des scènes de toute nature, plus affligeantes, plus terribles même les unes que les autres, vinrent frapper nos regards attristés. Ici, c'est un vieillard à barbe blanche qui, tombé dans la boue, appelle en vain à son secours et, les mains élevées vers le ciel sourd à ses prières, attend une mort plus affreuse que celle qu'il voulait éviter à Mascara. Là un autre vieillard infirme et blessé rassemble toutes ses forces pour suivre la colonne et fuir le triste sort qui l'attend. Plus loin, une famille entière se traîne avec peine dans ces chemins fangeux où elle reste embourbée. Les hommes, les femmes les plus robustes portent leurs plus petits enfants ou soutiennent leurs parents âgés et infirmes. Partout on n'entend que plaintes, que gémissements, que cris de détresse auxquels par malheur nous ne pouvons répondre que par des larmes de pitié. Quelques soldats plus vigoureux que les autres, quelques officiers qui avaient des chevaux se chargèrent de plusieurs de ces malheureux, mais beaucoup durent rester en arrière et devinrent ainsi victimes de la férocité et de la vengeance des Arabes qui suivaient les colonnes pour piller et massacrer tous ceux qui ne pouvaient pas marcher. Une mère, oubliant tout sentiment de la nature dans l'excès de son malheur, écrasa son enfant sur la pierre pour lui épargner le sort de tomber vivant au pouvoir des Arabes (1).

(1) Ce fait, que je n'ai pas vu moi-même, m'a été rapporté par un témoin oculaire digne de foi. (*Note de M. Forey.*)

La route étant couverte de barils d'eau-de-vie abandonnés par les conducteurs de chameaux, des soldats (mais il faut le dire, en petit nombre) oubliant le danger auquel ils s'exposaient, les défoncèrent et burent outre mesure. Quelques-uns restèrent en arrière et furent égorgés par les Arabes.

Enfin, à mesure que nous descendions vers la plaine, le brouillard devenant moins épais et la pluie ayant cessé, nous pûmes nous rallier sur les hauteurs d'Aïn-Kebira, où nous avions laissé, le 6, le convoi et les deux dernières brigades, qui pendant notre marche sur Mascara s'étaient reportés en arrière, aux marabouts de Oued-Mela. Nous continuâmes, en assez bon ordre, notre route, et nous vînmes coucher à Oued-Mela, où nous trouvâmes en effet le gros de l'armée.

Le 11, le mauvais temps cessa et l'armée descendit dans la plaine de Cérat, mais sans passer par le même chemin qu'en allant; elle suivit une vallée sur la droite en se rapprochant de la rivière Oued-Billuf, traversa cette plaine immense et vint bivouaquer près de marabouts situés à quatre lieues de Mostaganem, sur le revers d'une chaîne de montagnes peu élevées dont l'autre côté fait face à la mer.

Le 12, le corps expéditionnaire arriva sous les murs de Mostaganem; le Prince et l'état-major entrèrent en ville au bruit de l'artillerie des forts. Les deux dernières brigades campèrent autour de la ville, où restèrent les blessés, l'artillerie de campagne et tout le matériel. Les deux premières brigades occupèrent Masagran, petite ville située à un quart de lieue de la mer et à trois quarts de lieue à l'ouest de Mostaganem, dans une position charmante entourée de vastes jardins. La ville a été abandonnée entièrement par les habitants depuis l'occupation de Mostaganem et d'Arzew par les Français.

Accablée de fatigues et de privations, l'armée dut séjourner quelque temps dans ses positions, où on lui distribua des vivres dont elle avait un si grand besoin..... Le 14, un ordre du jour donna une nouvelle organisation à l'armée, nécessitée par le départ du général Oudinot blessé à Sidi-Embarack. Ce général, qui s'était fait transporter sur un brancard jusqu'à

Mascara, s'y était un peu remis de sa blessure, mais au départ
de sa division, il voulut absolument monter à cheval et il en
prit le commandement. Les fatigues qu'il éprouva avec toute
l'armée dans les journées du 9 et du 10 le forcèrent de quitter
de nouveau le commandement, et il s'embarqua à Mostaganem,
ainsi que le Prince et l'état-major, le 14 au soir.

10. — Lettre du colonel Corbin, commandant le 17ᵉ léger (1).

Oran, 18 décembre 1835.

Mon général,

Ne vous étonnez nullement de recevoir si tard des nouvelles
du 17ᵉ léger, celui qui le commande et qui, vous le savez, vous
est si franchement et si vivement attaché, aurait pu vous
écrire plus tôt, mais, craignant de vous importuner, il a cru
devoir attendre jusqu'à ce jour afin d'avoir quelque chose
d'intéressant à vous mander. L'expédition de Mascara est terminée. La défaite des Arabes sur tous les points où ils se sont
présentés et la destruction complète de la résidence de l'émir
ont complètement vengé l'affront fait à nos armes sur les bords
de la Macta, et la puissance d'Abd-el-Kader est anéantie à jamais : mais je doute fort que notre victoire avance d'un pas
les projets de colonisation médités pour ce pays.

Vos jeunes soldats des Pyrénées-Orientales se sont comportés comme si vous aviez encore été à leur tête; nous avons
seulement à regretter que la résistance n'ait pas été plus opiniâtre de la part de ces maudits Arabes, qui n'ont su que mal
se défendre ou fuir devant nos troupes. Je dois le dire, il est
impossible de montrer plus de calme, plus d'aplomb que

(1) *Corbin* (Joseph-Louis) né à Rennes le 1ᵉʳ février 1792, vélite dans les
chasseurs à cheval de la garde impériale le 7 septembre, sous-lieutenant
au 132ᵉ de ligne le 26 juin 1813, garde du corps de Monsieur le 15 juillet 1814, lieutenant-colonel au 3ᵉ de ligne le 8 septembre 1830, colonel
du 3ᵉ de ligne le 18 mai 1833, maréchal de camp le 22 novembre 1839,
mort à Mosnes (Indre-et-Loire) le 29 novembre 1859.

l'ont fait nos jeunes soldats, marchant en colonne dans un silence et un ordre parfaits, attentifs aux commandements, prompts à exécuter les ordres de leurs chefs. Mauvais temps (il a été horrible), longues marches (douze et treize heures chaque jour), privations, car bien souvent on a manqué d'eau et les distributions de vivres n'ont pu avoir lieu, tout s'est passé sans exciter le moindre murmure. En tirailleurs, ils ont été parfaits, et, dans le régiment particulièrement, ils comprennent bien cette guerre. Le Maréchal et le Prince lui-même ont daigné adresser quelques éloges.

Nous sommes de retour à Oran depuis hier au soir; aujourd'hui le 2ᵉ léger s'embarque à Mers-el-Kebir pour se rendre à Alger où il doit, dit-on, relever le 10ᵉ léger qui rentre en France, et, sous très peu de jours, mon régiment ainsi que les 11ᵉ et 47ᵉ doivent se mettre en route pour une expédition sur Trémécin (1).

Il y a quatre jours, le duc d'Orléans m'ayant admis près de lui (il était à Mostaganem, retenu au lit par la fatigue des jours précédents), il m'entretint du régiment, m'adressa les paroles les plus bienveillantes sur sa conduite pendant l'expédition, et, comme je lui répondis que cette bonne discipline, cette instruction que nous venions de mettre en pratique, nous en étions redevables aux soins constants que vous aviez donnés aux troupes de votre division dont j'avais eu le bonheur de faire partie, il me répliqua vivement : « *Oui, vous avez raison, colonel, avec Castellane on est à bonne école...* »

Adieu, mon général, le peu d'instants que j'ai passés à vous écrire m'a fait grand plaisir, pardonnez-moi la longueur de ma lettre.

Je suis avec respect, mon général,

Votre très humble et tout dévoué à jamais,

CORBIN.

(1) Tlemcen.

11. — *Lettre du capitaine Changarnier, faisant fonction de chef de bataillon au 2ᵉ léger.*

Au camp de Mustapha Pacha, le 31 décembre 1835.
à 3/4 de lieue est d'Alger.

MON GÉNÉRAL,

Pendant la halte sur le Sig, où nous avons perdu trois jours de beau temps, consommé des vivres, harassé nos soldats à élever un grand fort et une tête de pont devenus inutiles par un changement de plan de campagne, j'étais sur la rive droite de la rivière, où mon bataillon se trouvait seul avec les tribus alliées et trois compagnies de zouaves. Cette position, qui pouvait me faire espérer quelques occasions d'engagements avec l'ennemi, n'a servi qu'à m'empêcher de profiter d'un courrier dont j'ai ignoré le départ.

M. de Montredon, plus heureux que moi, a pu vous donner des nouvelles d'un corps pour lequel vous avez beaucoup fait et qui sait apprécier l'intérêt que vous voulez bien lui conserver. Au retour, lorsque le quartier général était à Mostaganem, le 2ᵉ léger était à Missigran (1), petite ville déserte depuis de longues années. Le Prince devait passer en revue et s'embarquer le 15, mais, son indisposition étant devenue un peu plus grave, il renonça à nous voir et avança son départ de vingt-quatre heures. Quand j'en fus averti, il ne me restait que cinq minutes pour griffonner un billet qui ne pouvait être bien reçu que par une mère.

Nous sommes rentrés à Oran le 17, à deux heures. Quelque mauvais que soit l'établissement d'une troupe, vous savez, mon général, le temps qu'il exige pour un officier qui remplit ses devoirs. Il était donc nuit close quand je suis arrivé à mon logement; le vaguemestre y entrait en même temps que moi, et j'ai reçu un monceau de lettres au milieu desquelles

(1) Mazagran.

j'ai reconnu la vôtre. Je l'ai lue et relue, avant de m'approcher du feu, avant de toucher à un morceau de pain et à une éponge, dont j'avais un égal besoin, morfondu, sale, affamé que j'étais! Cette lettre si gracieuse, si bonne, m'a fait un extrême plaisir. Je suis heureux de pouvoir compter sur la bienveillance dont elle est empreinte, mais, mon général, l'ingratitude ne saurait être comptée sans injustice au nombre de mes défauts, et j'espère bien que vous me regarderez toujours comme le plus humble, mais le plus dévoué de vos serviteurs.

Le 18, nos hommes étaient à la corvée de la paille, quand nous reçûmes l'ordre de nous embarquer immédiatement sur la *Ville de Marseille* et le *Scipion*, tous deux vaisseaux de 74. Je suis monté sur le dernier avec le second bataillon, l'autre portait le premier et l'état-major. Nous étions à bord le même soir. Une heureuse traversée nous a conduits en rade d'Alger le 20 au soir. La marine nous a lentement débarqués vingt-quatre heures après, et nous sommes arrivés, dans la nuit du 21 au 22, au camp de Mustapha, où rien n'était préparé pour nous recevoir et où nous avons eu à maudire la même incurie qui s'était fait sentir à Oran. Nous avons laissé dans cette ville le commandant Arnaud avec les quatre compagnies d'élite, qui doivent faire partie de la petite division destinée à partir du 1er au 5 janvier avec le Maréchal, s'il se décide à visiter Tlemcen. Cette ville, d'une certaine importance, est gouvernée par un bey et occupée par une garnison turque qui ont fait preuve de fidélité à la France. Quand Abd-el-Kader rompit avec nous, il fit inquiéter la ville et agita quelques tribus voisines. Depuis le commencement des hostilités, il avait été obligé de concentrer ses forces et de retirer les troupes qu'il avait de ce côté.

Le maréchal Clauzel attend des renseignements sur l'effet produit par la défaite d'Abd-el-Kader et l'incendie de Mascara, et peut-être il ira *parader* pendant quelques jours à Tlemcen, pour en imposer à nos ennemis et raffermir le bon vouloir de nos amis. Il n'y aurait pas un coup de fusil à tirer. La marine déposerait les troupes à la hauteur de l'île d'Herchgoun, et de là il n'y a que sept lieues à faire par terre. Notre premier bataillon est parti avant-hier pour le camp de Douera; nous ne tarderons pas à l'y suivre.

Notre pauvre régiment est bien dispersé... Malgré les *quasi-promesses* que vous avez reçues du ministre, malgré la *conversation* du général Schramm avec M. d'Arbouville, je crains bien que nous ne soyons pas près de quitter l'Afrique... Le Maréchal nous gardera. Ce pays, où je n'aurais voulu céder ma place à personne en un temps de crise et de danger, me semblerait peu agréable à habiter en un temps de calme et de paix.

Après cinq ans et demi de possession, je vois *dans cette colonie* une multitude de cabaretiers, de cafetiers, de brocanteurs de toutes les façons, mais je n'ai pas encore vu un homme arriver avec une charrue et l'intention de s'en servir. Aux portes d'Alger, les jardins ne sont pas cultivés, ou le sont plus mal qu'avant la conquête. Je ne comprends pas une colonie sans colons. Les vœux de ma famille, quelques intérêts positifs m'appellent en France, mais il me serait surtout pénible de renoncer à l'espoir de me retrouver sous vos ordres...

Si je faisais l'histoire de la campagne, tout ne serait pas louange et admiration. La marche du Sig sur l'Habra a été très belle; l'entrée dans les montagnes méritait d'être exécutée en présence d'un ennemi plus habile, plus consistant. Dans ces journées, le maréchal Clauzel a montré qu'il n'était pas un officier ordinaire; mais n'avions-nous pas beaucoup attendu de la fortune de la France, en entrant en campagne avec des moyens de transport insuffisants et dans une pareille saison?... Nous avons souffert des mauvais temps, mais ce sont ceux de cette époque de l'année, et si les pluies n'avaient heureusement cessé à dater du 10 au soir, il y aurait eu d'étranges désastres, quoique nous n'eussions plus d'ennemis. Je ne connais pas les rapports officiels, et je crains de ressasser ce que vous auront dit les journaux.

Les limites d'une lettre, quelque longue que je me permette de vous l'envoyer, ne peuvent suffire à rendre mes impressions pendant les journées du 3 au 10, si fertiles en incidents. Mascara me laissera de longs souvenirs!

Nous y avons fait notre entrée en pleine nuit, par une de ces pluies africaines dignes de leur réputation, et j'ai été très heureux de m'établir, à l'aveuglette, au centre de mon bataillon, dans une chambre basse qui a reçu la moitié d'une compagnie, mes deux chevaux et moi. Dans la nuit, en visitant les postes, je remarquai quelques incendies qui commençaient à se manifester dans les faubourgs; j'en fis avertir le quartier général, on répondit qu'il fallait *laisser faire* ce que plus tard on ordonnerait. On venait de reconnaître l'impossibilité d'y laisser le bey Ibrahim. Au jour, la pluie cessa par intervalles, et j'en profitai pour parcourir la ville. Je la trouvai bien supérieure à l'idée que je m'en étais faite. Il n'est pas question là de tentes en peau de chameau, mais de maisons mauresques qui ne sont pas dépourvues d'élégance. La principale mosquée est belle, et, dans la salle des tombeaux, il y en a, ou plutôt il y en avait (car les zouaves et nos soldats, à leur imitation, ont tout brisé), il y en avait de très remarquables par la légèreté et la grâce des sculptures; les marbres étaient d'une rare beauté.

Après avoir flâné pendant deux heures, je revenais chez moi, quand j'ai été agréablement distrait de tant de scènes d'horreur par l'aspect d'un de mes spahis qui, la carabine sur l'épaule, le pistolet et le sabre au côté, était tranquillement assis au milieu de la boutique d'un juif qu'il venait de mettre dehors et dont il vendait les chandelles et les figues avec une scrupuleuse exactitude et une conscience qui auraient fait l'admiration de nos cuisinières. Il soulevait gravement ses balances, faisant bon poids aux acheteurs; le juif, du coin de la rue, le contemplait avec une sombre résignation. Après avoir joui silencieusement de ce spectacle pendant quelques minutes, j'ai fait un acte de justice expéditive à la turque : je suis entré dans la boutique, j'ai pris mon homme par sa belle barbe, je l'ai jeté dehors, après lui avoir appliqué quelques coups de plat de sabre sur les épaules et j'ai rétabli dans sa possession le légitime propriétaire qui, le misérable! se jetant à genoux, baisait littéralement la boue de mes bottes; j'ai eu beaucoup de peine à me dérober à son ignoble reconnaissance.

Ces malheureux juifs et une centaine de Maures, si confiants en nos promesses et notre puissance, étaient restés, malgré les ordres d'Abd-el-Kader et les avanies des Arabes; plusieurs, avant notre arrivée, avaient été assassinés; beaucoup d'autres l'ont été par nos alliés indigènes, et, en définitive, il a fallu que cette population s'expatriât et vînt chercher un asile à Mostaganem et à Oran. Quel spectacle que ce millier de misérables se traînant au milieu de nos colonnes; que d'enfants, que de femmes, combien d'hommes même, sont restés dans la boue! Notre administration, nos généraux ne sont pas sans reproche. Au fur et à mesure que les vivres s'épuisaient, des chameaux, des mulets, des chevaux de bât devenaient disponibles; on a abandonné beaucoup de matériel, les ponts de chevalets par exemple; pourquoi ne pas avoir utilisé les chevaux de trait pour transporter ces malheureux qui ont eu le tort d'avoir foi en nous?

Le général Oudinot s'était embarqué avec le Prince à Mostaganem, je n'ai donc pu lui faire vos compliments; je l'ai d'autant plus regretté que, sans savoir les relations qui existent entre vous, j'avais eu occasion un jour de parler de vous devant lui et que j'avais remarqué qu'il entendait avec plaisir parler de vous comme on doit en parler. Il a été fort apprécié de sa brigade. Le général Marbot lui a succédé, le 4, sans le remplacer.

Ma lettre est d'une longueur effrayante, et je ne vous ai point encore remercié des vœux que vous voulez bien faire pour mon avancement; quelque peu disposé à me flatter, il me semble que mes espérances sont fondées. Quand le colonel a reçu l'ordre d'établir les avancements et décorations, toutes les prescriptions étaient numériques; pour moi seulement il y avait cette phrase : *Vous proposerez le capitaine Changarnier pour chef de bataillon.* » Je suis le seul officier de l'armée pour qui un semblable ordre ait été donné nominativement. Je dois cette faveur à l'affaire de Sidi-Kombarat, le 3, où le général Oudinot a été blessé et où j'ai eu le bonheur de conduire le bataillon de l'avant-garde, quand, sous le feu du canon, nous avons chassé l'ennemi embusqué derrière un ravin. Je n'ai pas été content, dans cette circonstance, du 2ᵉ chasseurs à cheval d'Afrique. Quand le général Oudinot fut blessé, le colonel Menne reçut momentanément le commandement de la brigade, qu'il exerça honorablement, comme vous pouvez le croire. Le régiment, quoique *sans chef*, eut un beau moment sous le boulet et redoubla sa marche aux cris de : « Vive le Roi! »

Le Prince m'a traité avec une bonté extrême : quatre fois, c'est-à-dire toutes les fois que je me suis trouvé à sa portée, il m'a dit les choses les plus obligeantes. Un jour, en coupant la colonne devant la tête de mon bataillon, il dit au Maréchal, de manière à être entendu de moi et de tous ceux qui entouraient : « *C'est le capitaine Changarnier qui s'est si bien conduit à Sidi-Rombarat* »; et tous deux me saluèrent de la tête et de la main.

Nous avons beaucoup d'officiers et de soldats malades. La faim, les bivouacs dans la boue et sous la pluie me sont un excellent régime, jamais je ne me suis mieux porté. Grâce au changement de garnison, nous sommes, depuis Oran, privés de lettres de France.

Recevez, mon général, la nouvelle expression du dévouement le plus respectueux et le plus vrai de votre très humble et très obéissant serviteur.

CHANGARNIER.

EXPÉDITION DE TLEMCEN [1]

12. — *Lettre du chef de bataillon Changarnier, du 2ᵉ léger.*

Le 5 février 1836. — Au camp de Douéra, à six lieues d'Alger, sur la route de Bélida.

MON GÉNÉRAL,

Les journaux du dernier courrier, la lettre ministérielle arrivée hier m'ont annoncé que j'étais chef de bataillon, et chef de bataillon au 2ᵉ léger. Cette faveur double, c'est à vous seul que je la dois; la distinction avec laquelle le Prince royal m'a traité, c'est encore à vous que j'en suis redevable; si le général Oudinot m'a honoré de quelque confiance, c'est pour l'estime particulière qu'il faisait de vos notes. Dans cent occasions, vous m'avez montré une bienveillante obligeance qui m'est chère; aussi je ne souhaite rien tant que de pouvoir vous prouver la profonde reconnaissance dont je suis pénétré.

Le commandant Rocques ayant été mis en non-activité a été remplacé par un officier de la même position, M. de La Torre, cousin du Prince de la Paix, et qui n'a pas l'air plus distingué

---

(1) Abd-el-Kader, ayant réoccupé la ville de Mascara après le départ des Français, était venu assiéger Tlemcen, défendu par le vieux Moustafa-Ben-Ismaïl, chef des Douairs et des Smelas. Le maréchal Clauzel résolut de courir au secours de nos alliés. « Si vous ne prenez pas Constantine, écrivait-il, si vous abandonnez Tlemcen, l'Afrique est perdue pour nous. Tlemcen est la porte par laquelle le Maroc vous enverra tous les ambitieux qui voudront troubler votre possession; Constantine est celle par où passeront toutes les tentatives de Tunis suscitées par vos rivaux. » Ainsi furent décidées les expéditions de Tlemcen et de Constantine.

pour cela. Ancien chef de bataillon à la Légion de Hohenlohe,
puis au 44ᵉ de ligne, puis, enfin, major de place à Alger, il
est fort connu des officiers en garnison dans cette ville ; ils en
parlent en mauvais termes. Je m'étais promis de ne pas me
laisser prévenir par leurs propos, bien persuadé que la mal-
veillance et l'envie sont moins rares que l'équité et l'indulgence. J'ai voulu apprécier moi-même M. de La Torre. Je ne
puis encore juger que son extérieur, mais je dois dire que cet
extérieur annonce un esprit étroit, des habitudes communes
et un caractère difficile. Il m'en coûte de lui céder le commandement d'un bataillon dont les officiers et les soldats m'ont
honoré de tant de confiance. Je me console en pensant que
désormais ici les coups de fusil seront comptés et qu'il y a
plus d'ennui que de gloire à attendre. C'est bien quelque
chose que de rentrer en France ; mais ce que j'apprécie avant
tout, au-dessus de tout, c'est l'honneur et le bonheur de me
retrouver sous vos ordres. Je crains seulement qu'on ne nous
envoie bientôt remplacer le dépôt d'un des nouveaux régiments de votre division. Cela serait fatal à l'édification d'un
château en Espagne qui m'a amusé pendant une partie de
cette nuit : le gouvernement français se décidait à nous jeter
au milieu de ces malheureux Espagnols pour les empêcher
de s'entre-égorger jusqu'au dernier ; vous commandiez l'armée
de Catalogne et d'Aragon et, réunissant en un bataillon les
compagnies d'élite de tous vos dépôts, vous m'en faisiez
donner le commandement. Tout cela n'irait pas mal, mais
j'ai bien peur qu'un ordre de nous rendre sur les côtes de
Provence ne vienne ruiner les fondements de mon château
qui a bien des étages.

Je reçois une bonne lettre du major Vallat, qui me semble
assez content de m'avoir avec lui. Quant à moi, ayant toujours eu beaucoup à m'en louer, je ne cesserai pas d'être plein
de déférence et je serai l'officier le plus subordonné du dépôt.
J'ai su exiger l'obéissance de mes égaux, je saurai donner
l'exemple du respect pour les droits de l'ancienneté. . . . . .

Nous sommes, depuis six semaines, sans nouvelles d'Oran,
d'où chaque jour nous attendons le maréchal Clauzel et les

compagnies qui l'ont accompagné à Tlemcen. Dans l'espoir de voir ces compagnies, je ne hâterai point mon départ, que l'état-major général fixe ordinairement, à moins de réclamation, au départ du second bateau à vapeur après l'arrivée de la nomination : ce serait dans quinze jours. La traversée, la quarantaine, le voyage de Toulon à Perpignan que je ferai, je crois, à cheval, me mèneront jusqu'au 8 ou 10 de mars.

Nous n'avons pas encore reçu les nominations d'officiers subalternes et les décorations.

Puisque des relations d'amitié vous lient au général Oudinot, je voudrais bien qu'à la première rencontre vous eussiez la bonté de le complimenter en mon nom sur son élévation au grade de lieutenant général et de lui dire que je serais heureux de conserver une place dans son souvenir et dans son estime.

Je vous remercie cent fois de la lettre que vous avez bien voulu m'écrire au moment de monter en voiture. Vous avez tant fait pour nous tous que beaucoup d'officiers sont enchantés quand je puis leur donner de vos nouvelles.

Veuillez agréer, je vous en supplie, mon général, l'hommage du respectueux, sincère et inaltérable dévouement de

Votre très humble et très obéissant serviteur,

CHANGARNIER.

13. — *Lettre du capitaine Gabriac de Montredon, du 2ᵉ léger.*

Au camp de Douéra, le 23 mars 1836.

MON GÉNÉRAL,

Ce n'est que le 11 du mois dernier, lors de notre rentrée de l'expédition de Tlemcen, que j'ai reçu la lettre que vous m'avez fait l'honneur de m'écrire le 23 décembre. Je suis heureux, mon général, de l'indulgence avec laquelle vous avez daigné accueillir mes deux lettres : elles m'ont été dictées

par le besoin de vous exprimer toute la reconnaissance que
m'ont inspirée vos bontés pour moi, et ce besoin, que je sais
vivement sentir, je l'éprouverai toute ma vie.

A mon retour de Mascara, j'aurais bien désiré pouvoir vous
donner de suite quelques détails sur la fin de notre expédition; mais la perte des petites notes que j'avais été à même
de prendre m'en a empêché, et, dans ce moment où il me
serait possible de me procurer avec assez d'exactitude les
itinéraires des deux expéditions que nous venons de faire et
d'en dessiner le levé pour vous l'adresser, je vois avec peine
qu'il me faut encore attendre qu'une nouvelle expédition
(celle de Miliana), qui dans deux ou trois jours va avoir lieu,
soit terminée. Cependant, mon général, connaissant votre
extrême indulgence, j'ose vous adresser quelques pages que
j'avais l'intention de remettre à Changarnier, s'il était resté
quelques heures de plus à Alger, où je ne suis arrivé que
le 24 février.

Certes, ces pages, maintenant que les journaux vont contenir des détails donnés par des personnes bien autrement à
même que moi d'observer et d'apprendre, seront sans intérêt;
mais en les traçant, je me suis seulement laissé aller au
bonheur d'employer quelques heures à être uniquement avec
vous.

J'ai reçu, il y a quelques jours, une lettre fort aimable de
M. le capitaine Bertin de Vaux, et, en me faisant connaître
les bonnes dispositions de M. le duc d'Orléans à mon égard,
elle m'a apporté une nouvelle preuve du bien que vous
daignez me vouloir, car je ne puis ignorer, mon général,
que c'est à vous, absolument à vous, que je suis redevable
de cette précieuse bienveillance de Son Altesse Royale, et
toute ma vie j'en conserverai le souvenir. Cet intérêt dont
vous daignez m'honorer, mon général, m'est un sûr garant
que vous apprendrez avec plaisir qu'au retour de l'expédition
de Tlemcen, M. le général de Perrégaux voulut bien me dire
que M. le maréchal Clauzel, prévenant ses désirs, l'avait
engagé à me proposer pour chef de bataillon, et M. de Perrégaux ajouta que cette proposition allait être faite et serait

envoyée au ministre en même temps que le rapport sur l'expédition. . . . .

Les régiments de votre ancienne division, mon général, sont échelonnés sur toute la longueur de la régence : le 47ᵉ occupe Oran et les environs; le 2ᵉ léger est à Alger ou dans les camps environnants, et le 17ᵉ léger se rend, dans ce moment, à Bône.

Le 11ᵉ de ligne vient également à Alger, et c'est probablement son arrivée que nous attendons pour nous mettre en route sur Miliana.

Sans doute, cette expédition nouvelle ne durera pas plus de vingt jours, car M. le Maréchal doit se rendre à Paris au moment où la Chambre entamera la discussion du budget de la colonie.....

A notre retour de Mascara, la ville d'Oran se mit en frais pour donner un bal aux *Vengeurs de la Macta*. Dans un coin de la salle, des collets jaunes et quelques dames dont les maris et les pères appartiennent au 17ᵉ léger formaient des quadrilles où l'on se rappelait avec bonheur ces époques que vous saviez, mon général, nous rendre si agréables...

Veuillez me permettre, mon général, de me rappeler ici au bon souvenir de MM. Despinoy et de Périgord, s'ils sont revenus auprès de vous.

Je suis avec un profond respect, mon général,

Votre très humble et très obéissant serviteur,

De Montredon.

14. — *Récit de l'expédition de Tlemcen envoyé au général de Castellane par le capitaine de Montredon, avec la lettre précédente.*

Le 8 janvier, à sept heures du matin, l'armée quitte Oran et se met en route dans l'ordre suivant :

Les Douairs et les Smelas, commandés par l'aga Mazary (1);

(1) Mazary, aga d'Abd-el-Kader, qui avait combattu contre nous dans

la 1re brigade (général de Perrégaux); la 2e brigade (général d'Arlanges); deux compagnies de sapeurs; l'artillerie de réserve; les munitions de réserve; les parcs d'artillerie et du génie; le trésor; l'ambulance; le convoi des vivres; les équipages; la 3e brigade commandée par M. de Vilmorin, colonel du 11e de ligne.

Les brigades marchent sur deux colonnes et ont leurs équipages dans l'intervalle de ces colonnes : on traverse dans cet ordre la plaine d'Oran, que l'on quitte à neuf heures moins un quart pour entrer sur un terrain légèrement accidenté, suivre une des vallées de ce terrain qui est sans culture et couvert de palmiers nains et arriver à onze heures dans la plaine du lac Sebga. A l'entrée de cette plaine et au pied d'une légère colline qui la borne du côté du nord, se trouve Messerguin. Cette ferme, ancienne maison de campagne des beys d'Oran, est d'une forme carrée, et chacune des faces peut avoir soixante pieds de long. Entouré de jardins dans lesquels on trouve encore bon nombre d'orangers, de citronniers, de grenadiers, de figuiers et autres arbres très beaux que, malgré leur disposition à tout détruire, les Français ont épargnés, Messerguin est d'un aspect ravissant. Partout ce ne sont que des parterres, au milieu desquels se trouvent de vastes bassins qui peuvent être remplis par un ruisseau qui descend de la montagne et dont l'eau, au moment où nous passâmes, avait été détournée de son cours par les tribus arabes voisines pour servir à l'arrosage de leurs terres. Habitués, à Oran, à ne reposer nos yeux que sur un terrain aride, la vue de ces jardins nous procura un plaisir réel, et la douce chaleur qu'il faisait ce jour-là nous disposait à trouver encore plus beau le site de cette ferme dont on ne s'éloignait qu'à regret. Auprès de Messerguin, la route est très belle et peut avoir, dans un espace assez long, vingt mètres de large.....

notre expédition de Mascara, vint dans le mois de décembre faire sa soumission aux Français et amena avec lui deux cents familles arabes qui furent établies dans la ville de Missigran, sous les ordres d'Ibrahim, bey de Mostaganem, et dont Mazary fut nommé l'aga. (*Note de M. de Montredon.*)

Pendant toute cette journée, le temps avait été beau, mais à neuf heures du soir la pluie commença à tomber et dura toute la nuit.

Le 9, à sept heures du matin, l'armée se remet en route; la pluie continue à tomber, mais par intervalles. Nous parcourons un terrain horizontal coupé de temps en temps par des ravins et ne produisant, faute de culture, que des touffes de palmiers nains et des buissons d'épines qui entravent beaucoup notre marche et celle des prolonges. Le lac est toujours à notre gauche, et à droite sont les montagnes qui bordent la côte. L'ordre de marche est le même que celui de la veille. A neuf heures et demie, nous rencontrons des halliers assez élevés et nous passons dans des terres labourées qui nous fatiguent beaucoup. A dix heures, nous pénétrons dans un bois d'érables à feuilles de myrte qui s'étend depuis le lac jusqu'aux montagnes situées à notre droite. A onze heures, nous changeons de direction pour marcher vers le sud; la pluie cesse dans ce moment, et à midi nous entrons dans une plaine bien cultivée, laissant à notre droite et à deux bonnes portées de canon une ferme qui nous paraît assez grande et riche. A trois heures, nous dépassons l'extrémité ouest du lac et nous remarquons que la chaîne de montagnes que nous avons à notre droite et qui borde la côte s'étend de l'est à l'ouest. A quatre heures, nous arrivons à Oued-Melah ou Rio-Salado, où nous établissons notre camp.

Le 10, à sept heures du matin, nous quittons le Rio-Salado et nous suivons une route qui devient très fourrée. A neuf heures moins un quart, nous entrons dans un défilé fort encaissé et couvert de bois; nous en sortons à neuf heures et demie pour faire route à travers une petite plaine circulaire, inculte et bornée par des hauteurs de peu d'élévation. A onze heures, nous passons sur un terrain montagneux et raviné; à une heure nous venons camper entre la fontaine Aïn-Temouchen et un ruisseau fort encaissé allant se jeter dans le Rio-Salado, donnant une eau excellente, et dont les bords sont couverts de lauriers-roses.

Le 11, à cinq heures du matin, départ du camp d'Aïn-Te-

mouchen; mais le passage du ruisseau offrant des difficultés
pour les voitures, nous ne pouvons nous mettre en marche
qu'à sept heures. Suivant alors la route qui s'éloigne le moins
de la côte, la 1re brigade, ayant pour guide l'aga Mazary, se
sépare de M. le Maréchal, qui suit avec le reste de l'armée une
route plus convenable pour les voitures. Cette séparation a
pour but de surprendre les tribus ennemies qui peuvent ne
pas s'attendre à nous voir passer sur leur territoire.

L'armée, à partir de ce jour, s'enfonce entièrement dans
les montagnes, et notre marche, tantôt sur les sommités des
hauteurs, tantôt à mi-côte ou sur des plateaux presque tous
en labour, devient extrêmement pénible.

A huit heures, nous arrivons (la 1re brigade) au haut d'une
montagne, d'où nous dominons sur une jolie vallée bien
cultivée où se trouvent quelques tribus qui prennent la
fuite à notre approche et se dirigent vers deux marabouts
qui couronnent deux tertres situés à gauche de cette vallée.
A neuf heures, nous passons entre les deux marabouts, auprès
desquels nous apercevons quelques masures, et, un quart
d'heure après, le premier coup de fusil de cette expédition est
tiré, un malheureux âne est atteint et tombe. A dix heures,
nous arrivons dans un ravin rocailleux et d'un difficile
accès, même pour nos pièces de montagne, qui roulent sur
leurs affûts. Nous montons ensuite une côte assez longue et
escarpée, et nous arrivons sur un vaste plateau dont le terrain
offre aux bestiaux de très bons pacages. A midi moins un
quart, nous arrivons à la fontaine El Breg, remarquable par
ses ruines, dont quelques-unes portent des inscriptions latines.
Le terrain est montueux et extraordinairement coupé. A une
heure moins un quart, nous arrivons sur un plateau entouré
de vallées assez profondes : à notre droite, et par-dessus les
montagnes qui bordent la côte, nous apercevons la mer, et à
gauche, dans le lointain, une des chaînes fort élevée de l'Atlas.
A une heure un quart, après quelques descentes et quelques
montées, la route passe sur un col assez élevé d'où l'on découvre la grande et belle vallée de l'Isser, que couronne une
chaîne de montagnes assez hautes ayant derrière elles d'autres

montagnes plus élevées encore, et, au pied de ces dernières, nous apercevons, à une distance d'environ huit lieues, la ville de Tlemcen.

Rien de plus imposant que cette vue, mais malheureusement on ne peut s'empêcher d'éprouver bientôt un sentiment pénible, en remarquant que la majeure partie du terrain dont on est environné reste sans culture, faute de bras pour le faire produire. A deux heures et un quart, nous arrivons au fond d'un ravin où coule un ruisseau ombragé par des lauriers-roses, et, après avoir monté encore pendant quelque temps, nous descendons dans la vallée de l'Isser. A gauche de la route se trouve un ravin dont l'escarpement, dans certains endroits, est très prononcé et d'une profondeur de près de trente mètres; à droite, une montagne élevée, couronnée par un marabout et au pied de laquelle passe la route. A quatre heures, nous arrivons sur les bords de l'Isser, rivière dont la largeur moyenne peut être de vingt-cinq à trente mètres et la profondeur de deux pieds : sa chute d'eau est rapide, et son cours s'étend de l'est à l'ouest : ses bords sont ornés de lauriers-roses, et, dans l'endroit où nous établissons notre camp, la rive gauche a des parties fort escarpées, tandis qu'à droite la pente est très douce. Il y a peu de terres en culture dans cette vallée qu'il serait facile de soumettre à l'arrosage.

M. le Maréchal ne peut arriver ce jour-là sur l'Isser, et il campe à environ trois lieues en arrière de nous.

Le 12, à onze heures et demie du matin, nous sommes rejoints par M. le Maréchal et par les autres brigades. A midi, la 1re brigade se met en devoir de passer la rivière sur des rochers placés en travers de ce cours d'eau par les soins du génie. A une heure dix minutes, le passage de la rivière étant terminé pour la 1re brigade, nous nous portons en avant en montant sur le flanc gauche de la vallée, et nous arrivons à une heure trois quarts sur un plateau assez vaste, dominé par d'autres plateaux plus élevés encore, formant ainsi un amphithéâtre au fond duquel s'élève la ville de Tlemcen, ayant derrière elle un vaste rideau de montagnes qui, partant de l'est, viennent, en décrivant une demi-circonférence, se joindre du côté de l'ouest à la chaîne de montagnes que nous avons constamment eue sur notre droite et qui borde la côte. Pour aller d'un de ces plateaux à l'autre, nous marchons sur un terrain extrêmement accidenté et coupé par de profondes vallées dans lesquelles nous rencontrons des défilés où il serait très facile à une armée un peu aguerrie de nous arrêter, ou du moins de nous faire éprouver des pertes sérieuses; mais l'ennemi ne se présente nulle part, et notre marche s'opère avec le plus grand calme et la plus grande tranquillité. Dans presque toutes ces vallées nous trouvons des cours d'eau qui vont se jeter dans l'Isser.

A deux heures et demie, nous traversons l'Amighier, et à trois heures, après avoir fortement monté, nous faisons une halte à mi-côte d'une montagne assez escarpée, pour attendre les dernières brigades. La toux générale dont sont, en ce moment, atteints les soldats, prouve la fatigue extrême que cette marche vient de leur faire éprouver, fatigue qui serait encore bien plus forte si, heureusement, le soleil ne restait pas caché. Après nous être reposés une heure dans cet endroit, nous prenons nos dispositions pour y camper, bien que nous ne soyons éloignés de l'Isser que d'environ deux lieues. M. le Maréchal, les dernières brigades et les bagages restent sur l'Amighier pour camper. Dans ces bivouacs, comme dans ceux de la veille, nous n'avons pour faire du feu que quelques ronces assez rares, et malheureusement les nuits commencent à devenir froides et humides.

Depuis deux jours nous n'avions point de nouvelles de Mustapha, notre allié, qu'Abd-el-Kader tenait bloqué dans le fort de Tlemcen; nous pensions alors que les communications étaient interceptées, et nous espérions enfin voir bientôt l'ennemi; mais, dans la nuit, un courrier envoyé par Mustapha vint annoncer à M. le Maréchal que la ville venait d'être abandonnée par Abd-el-Kader, qui emmenait avec lui la majeure partie de la population, à laquelle il avait assuré que les Français resteraient fort peu de jours dans Tlemcen, « *le temps seulement,* disait-il, *de consommer les deux galettes dont ils sont porteurs* ».

Le 13, à six heures du matin, nous nous remettons en route. A huit heures, nous faisons une halte sur un plateau d'où nous jouissons d'un coup d'œil vraiment enchanteur et qui nous fait oublier toutes nos fatigues. Nous étions au sixième jour de marche, et, dans l'espace que nous avions parcouru, pas le plus petit village ne s'était présenté à notre vue ; autour de nous, au contraire, tout nous avait annoncé la plus triste solitude, mais maintenant une belle et vaste plaine se déroulait à nos yeux, et à travers des forêts d'oliviers nous apercevions Tlemcen bâtie au pied d'une chaîne de l'Atlas et entourée de villages d'un aspect ravissant. Au milieu de cette plaine serpente l'Oued-Salsef, sur lequel est construit un pont à trois arches, une grande et deux petites, et dont les eaux se répandent sur le terrain environnant. La route que nous suivions alors, bien tracée et fort large, venait nous annoncer l'approche d'une grande ville, bien qu'une bonne partie du terrain environnant fût sans culture. A dix heures, la 1re brigade arrive dans le bas de la vallée et fait une halte pour se raccorder et attendre les autres brigades.

Dans ce moment, les hauteurs que nous avions à notre gauche se garnissent de cavaliers ennemis ; plusieurs d'entre eux descendent les montagnes, s'approchent de nos flanqueurs et font mine de vouloir nous attaquer ; un chef ennemi arrive jusqu'à portée de pistolet de nos tirailleurs, qui d'abord le prennent pour un de nos alliés ; M. le général de Perrégaux, faisant alors faire un changement de direction à gauche à une portion de sa brigade (aux chasseurs d'Afrique, aux zouaves, au bataillon d'élite et à une compagnie de voltigeurs du 17e léger), se dirige du côté de l'ennemi, qui regagne bien vite ses hauteurs en tiraillant de très loin. Le chef qui s'était si audacieusement approché de nous, vivement poursuivi par nos cavaliers, abandonne, pour se sauver avec plus de facilité, son fusil qui était richement monté. A onze heures, cette portion de la 1re brigade, qui avait fait tête de colonne à gauche, revient sur la route reprendre sa place de colonne.

Pendant ce temps, Mustapha, quittant son fort appelé le Méchouar, arrive au-devant de M. le Maréchal. Ce chef, âgé

d'environ soixante-dix ans, d'une belle figure et d'un maintien plein de dignité, paraît être encore très vert, à la manière
dont il manie le superbe cheval sur lequel il est monté. En
abordant M. le Maréchal, on remarque, malgré les efforts qu'il
fait pour se contenir, que ce noble vieillard est vivement ému :
enfin, après avoir calmé son cheval, qui s'était cabré en approchant des Français, Mustapha adresse dans sa langue à M. le
Maréchal un discours qui est aussitôt traduit en français.
M. le comte Clauzel, tendant la main à notre allié, lui répond
avec bonté en lui faisant compliment sur sa belle et longue
défense, et tous deux ensuite se dirigent avec leur escorte sur
Tlemcen.

A onze heures et demie, une salve d'artillerie tirée du
Méchouar annonce l'entrée de M. le Maréchal dans Tlemcen.
Cette salve est suivie de deux autres.

L'armée, qui s'était remise en route, approche de la ville, et,
à midi un quart, la 1ʳᵉ brigade arrive à une des portes d'entrée de la deuxième enceinte dont Tlemcen est entourée. Le
chemin qui conduit à cette porte est escarpé et garni de rochers à travers lesquels il est impossible de faire passer les
voitures; elles se dirigent vers une autre porte.

Entre les deux enceintes de la ville se trouve un vaste terrain que nous longeons pour nous diriger vers un village
nommé Sidi-Boumedin, que nous avons ordre (toute la 1ʳᵉ brigade, moins le 17ᵉ léger qui reste en ville) d'occuper. Une
bonne partie de ce terrain sert de cimetière, et plusieurs des
pierres qui entourent les fosses portent des inscriptions latines. Tous les villages qui entourent la ville sont également
occupés par nos troupes.

A deux heures, nous arrivons dans Sidi-Boumedin, où nous
nous établissons. Ce village est bâti en amphithéâtre, une
mosquée assez remarquable se trouve au milieu, et dans cette
mosquée un marabout renfermant le corps du saint et plusieurs objets précieux. Des femmes, des vieillards et des
enfants s'étaient réfugiés dans ce marabout, ne voulant point
suivre Abd-el-Kader; nous les y laissons en paix.

Placée, ainsi que je l'ai dit, sur le revers nord d'une chaîne

de montagnes qui s'étend de l'est à l'ouest, Tlemcen est une
ville à double enceinte, entourée de ruines qui annoncent des
dates assez reculées. Du haut de ces montagnes coule un ruisseau qui donne en abondance de l'eau à la ville et au village
de Sidi-Boumedin; il fait tourner un moulin placé au-dessus
de la ville et sert à l'arrosage d'une partie du terrain environnant, qui est d'une fécondité vraiment remarquable.

Le fort de Tlemcen, nommé le Méchouar, se trouve dans la
première enceinte et est séparé de la ville par un boulevard :
ce fort n'est autre chose qu'un coin de la ville fortifié par un
mur assez élevé mais tombant en ruine, et, en le voyant, on ne
peut se rendre compte de la résistance opiniâtre de Mustapha
qu'en pensant au peu de moyens qu'ont les Arabes pour faire
des sièges et à leur ignorance dans cette partie de l'art militaire. Cependant il nous parut que notre arrivée était devenue
bien nécessaire à notre allié, car nous trouvâmes dans la ville
une batterie composée de deux mortiers, de deux obusiers ou
pierriers et de quelques pièces de canon, ainsi qu'une grande
quantité de bois de construction pour les affûts. Abd-el-Kader
avait fait transporter tous ces objets à Tlemcen, où il avait
l'intention de s'établir depuis la destruction de Mascara, et il
allait décidément et en employant toutes ses ressources assiéger le Méchouar, qui n'aurait pu tenir longtemps contre une
attaque un peu sérieuse, lorsque nous vînmes délivrer Mustapha et ses Koulouglis et déranger tous les plans de notre
commun adversaire. Celui-ci crut n'avoir rien de mieux à
faire que d'abandonner la ville à notre approche en nous y
laissant d'abondantes provisions en blé, en orge et autres
objets que les habitants dans leur fuite ne purent emporter et
dont une partie fut d'abord prise par les Koulouglis lors de
l'évacuation de la ville, puis par les juifs qui y étaient restés,
par nos alliés les Douairs et les Smelas et enfin par nos
soldats.

Abd-el-Kader, en se retirant de Tlemcen, avait établi son
camp à deux portées de canon du village de Sidi-Boumedin,
sur la route de Mascara. Le 15, M. le Maréchal ordonne à
M. le général de Perrégaux de pousser avec sa brigade une

reconnaissance dans les gorges où l'ennemi se tient renfermé :
en conséquence, toute la première brigade, à laquelle viennent
se joindre Mustapha et Mazary, le premier accompagné de
quatre cents Koulouglis et le second de deux cent cinquante
Douairs ou Smelas, se met en route à onze heures du matin,
et, nous dirigeant vers l'est sur la route de Mascara, nous
nous enfonçons dans les montagnes. A l'approche de notre
avant-garde formée par les troupes de Mustapha et de Mazary,
avec lesquelles se trouve le chef d'escadron Yousouf, l'ennemi se retire en faisant cependant une résistance qu'il ne
peut pas soutenir pendant longtemps et qui lui est fatale par
les pertes que lui font éprouver nos braves alliés.

Le pays que nous parcourons, quoique assez bien cultivé, est
extrêmement coupé et très fatiguant pour la marche. Cependant plusieurs baraques en chaume et quelques habitations
creusées dans les rochers nous annoncent que les habitants
de ces montagnes tiennent à leur pays et ne mènent pas une
vie nomade.

A trois heures moins un quart, nos tirailleurs s'emparent
d'un Arabe qui avait été blessé par notre avant-garde et qui
avait eu le bonheur d'échapper aux yatagans de nos alliés, en
se cachant dans les halliers dont une partie du terrain est
remplie. Ce malheureux, qui avait abandonné ou caché son
fusil, n'avait qu'une chemise pour se couvrir, et il répondit
aux questions qui lui furent faites, qu'Abd-el-Kader, accompagné de très peu de cavaliers, fuyait au plus vite, laissant en
arrière les populations qui l'avaient suivi et son armée qui
était en pleine déroute; il assura que lui n'était qu'un pauvre marchand et que c'était malgré lui qu'il avait pris les
armes. Le malheureux croyait, du reste, qu'on allait lui tran-
cher la tête, et grand fut son étonnement quand il vit qu'on
pansait sa blessure et qu'on lui donnait à manger. Dans le
même moment, nous nous emparâmes d'un troupeau de moutons et de chèvres ainsi que du berger.

A trois heures un quart, la fusillade s'engageant sur notre
droite entre notre avant-garde et quelques tribus ennemies,
nous nous dirigeons de suite de ce côté, mais à notre arrivée

les Arabes étaient déjà en fuite. A quatre heures et demie,
nous arrivons dans une vallée à forme d'entonnoir au fond de
laquelle coule une rivière alimentée par plusieurs ruisseaux
qui tombent de presque toutes les hauteurs environnantes;
elle arrose un terrain parfaitement cultivé et planté de plusieurs noyers, grenadiers, figuiers, lauriers-roses et autres
arbres fruitiers. Au milieu de cette espèce d'entonnoir s'avance
une portion de montagne qui semble se détacher des autres et
sur laquelle nous trouvons le village nommé Yedeber, dans
lequel nous campons. Ce village est formé de quelques maisons en maçonnerie, de quelques baraques en chaume et de
plusieurs autres habitations creusées dans le roc; une source
d'eau très bonne sortant du rocher fournit aux besoins des
habitants.

Yedeber peut avoir deux cents feux, et à notre arrivée seulement il avait été abandonné. En un instant, nos soldats se
mettent à la poursuite des bestiaux, que les habitants du village et des environs, ainsi que les fugitifs de Tlemcen,
n'avaient pas eu le temps d'emmener, et bientôt, bœufs,
veaux, moutons, chèvres, poules, pigeons, etc., abondent
autour de nos bivouacs et viennent garnir des broches qui ne
tardent pas à tourner. Rien de plus comique que l'aspect de
ce camp où nous étions très resserrés, à cause du peu d'étendue du plateau sur lequel Yedeber est assis : le soldat, tout
joyeux, avait oublié ses fatigues, et partout ce n'étaient
qu'éclats de rire qui venaient se marier aux cris étourdis-
sants des troupeaux dont nous étions entourés.

L'ennemi avait fui du côté de Mascara, et Abd-el-Kader, vivement poursuivi par nos alliés, qui lui avaient enlevé son étendard et un de ses meilleurs chevaux, faillit tomber en notre
pouvoir. Quant aux Habri (habitants de Tlemcen), ils étaient
dispersés dans les environs et ils avaient fait connaître qu'ils
étaient disposés à revenir dans leur ville avec nous, si nous vou-
lions leur assurer que leurs propriétés leur seraient garanties.
Une réponse favorable leur ayant été faite, nous les attendîmes
le lendemain 16; mais comme ils ne venaient pas très vite,
M. le général de Perrégaux forma une petite colonne pour

aller à eux, dans le but de les décider à effectuer leur retour.
Les compagnies de zouaves, les voltigeurs des 2ᵉ et 17ᵉ léger,
ainsi qu'un tube de fusées à la congrève, furent mis aux ordres
de M. de Lamoricière, chef de bataillon des zouaves, et à
neuf heures et demie cette petite colonne, précédée par Mustapha avec ses Koulouglis et Mazary avec ses Smelas, quitta
le camp de Yedeber et s'enfonça dans des gorges affreuses
remplies de précipices où l'on ne trouvait que des sentiers
de chèvres qui étaient couverts d'effets que les Arabes, dans
leur fuite précipitée, avaient été obligés d'abandonner. De
malheureuses femmes qui n'avaient pu supporter les fatigues
que présentait cette fuite à travers des rochers escarpés qu'il
fallait gravir à chaque moment, avaient succombé et leurs
cadavres gisaient le long de la route : d'autres, ne pouvant
aller plus loin, imploraient notre pitié par leurs larmes, et
nous en rencontrâmes une, entre autres, qui venait d'accou-
cher sur le chemin. Ce spectacle de misère était déchirant, et
nous connûmes par là combien grande était la démoralisation
de nos ennemis, par-dessus tout si jaloux de leurs femmes.

Après avoir gravi pendant longtemps des montagnes, nous
trouvâmes de la neige, bien que dans la plaine la chaleur fût
très forte ; nos alliés atteignirent, sur les deux heures, plusieurs tribus qui fuyaient, et la fusillade s'engagea de suite. La
colonne du commandant de Lamoricière accéléra aussitôt sa
marche, et la première compagnie des zouaves, ainsi que la
première compagnie des voltigeurs du 2ᵉ léger, qui étaient en
tirailleurs en avant de la colonne, reçurent l'ordre du commandant de prendre le pas de course et de se porter rapidement
au secours de notre avant-garde. Les hommes avaient laissé
leurs havresacs au camp et n'étaient munis que de leur équipement et de leur armement ; aussi était-ce un plaisir de les
voir courir à travers les rochers ; les voltigeurs surtout, ayant
à cœur de prouver qu'ils ne craignaient point les zouaves
pour la marche, les dépassaient presque toujours. Arrivés
à l'endroit où l'engagement avait eu lieu, nous reconnûmes
avec peine que tout était fini, et nous ne trouvâmes que des
femmes, des vieillards et des enfants qui se sauvaient et qui

offraient à nos soldats les armes qu'ils pouvaient avoir.

M. de Lamoricière fit alors faire un changement de direction à droite à sa colonne, pour rentrer au camp par un autre chemin que celui que nous avions pris en partant, et, à trois heures, les tirailleurs de cette colonne arrivèrent au pied d'une montagne fort escarpée, garnie de rochers, au sommet de laquelle se trouvait une tribu qui habitait des galeries fort spacieuses creusées dans le roc. Quelques Koulouglis et quelques Smelas se trouvant avec nous furent les premiers qui découvrirent cette tribu, avec laquelle on fit aussitôt la fusillade. La première compagnie des zouaves et la première compagnie des voltigeurs du 2ᵉ léger, dirigées par M. de Lamoricière, s'élancent en avant, gravissent la montagne en un clin d'œil et enlèvent cette position, où nous ne perdons qu'un Koulougli, tandis que l'ennemi eut plusieurs hommes tués. Arrivés dans la tribu, nous trouvâmes des femmes, des enfants et quelques hommes qui n'avaient pas voulu les abandonner; on les dirigea, avec les troupeaux que nous pûmes prendre, sur notre camp, où nous arrivâmes à cinq heures du soir, précédés par notre avant-garde qui amenait environ deux mille fugitifs de Tlemcen ainsi que plusieurs troupeaux.

M. le général de Perrégaux donna de suite des ordres pour que les prises fussent gardées et qu'il n'y eût pas de profusion; mais, malgré la sévérité apportée dans l'exécution de ces sages mesures, il fut bien difficile d'empêcher, dans le premier moment, la prodigalité à laquelle est naturellement enclin le soldat lorsqu'il se trouve dans l'abondance : des veaux furent tués seulement pour en obtenir la cervelle, et, dans les moutons, les rognons seuls obtenaient l'honneur d'être mangés; le reste de ces animaux était dédaigné, et, malgré leurs fatigues, les soldats passèrent presque toute la nuit à faire des repas! Aussi est-ce avec un plaisir extrême et l'eau leur en venant à la bouche qu'ils parlent de ces moments heureux passés dans ce fameux camp qu'ils n'ont jamais voulu nommer autrement que le *Camp de la Broche*.

Le 17, à six heures du matin, toute la brigade revint à Tlemcen et à Sidi-Boumedin, où on arriva à trois heures du soir et où chacun reprit ses logements : le lendemain, nos prises, montant à cent quatre-vingt-trois bœufs, six cent cinquante moutons et douze cent soixante-dix-sept chèvres, furent remises à l'administration des vivres de l'armée.

Pendant cette course, la 2e brigade en avait fait également une; mais, moins heureuse, elle était rentrée à Tlemcen sans avoir rencontré l'ennemi.

La possession de Tlemcen paraissant devoir offrir de grands avantages aux Français, M. le Maréchal se détermina à la conserver; en conséquence, on fit sur-le-champ un appel aux hommes de bonne volonté, et l'on forma un corps de cinq cents hommes dont le commandement fut donné à M. le capitaine du génie Cavaignac, auquel on adjoignit des lieutenants et sous-lieutenants pour commander les compagnies. Ce corps s'établit de suite dans le Méchouar que les Koulouglis, d'après les ordres de M. le Maréchal, avaient évacué pour venir s'installer dans les maisons de Tlemcen; puis on s'occupa aussitôt de rétablir les fortifications de ce fort et de l'approvisionner. M. le Maréchal fit aussi faire, en avant des portes de la ville, quelques ouvrages de fortification passagère pour garantir ces issues et en défendre l'approche.

L'occupation de Tlemcen étant chose arrêtée, M. le Maréchal voulut reconnaître la route qui mène de cette ville à l'île de Rachgoun, comme devant présenter une communication beaucoup plus prompte entre Tlemcen et Oran. En conséquence, tout le corps expéditionnaire, moins la 1re brigade, qui fut chargée de la garde de la ville, se dirigea avec tous les malades que l'on voulait embarquer à Rachgoun pour les évacuer sur Oran, vers l'embouchure de la Tafna.

Parties de Tlemcen le 25 janvier, nos troupes arrivent le soir au confluent de l'Isser et de la Tafna, sans éprouver de résistance et malgré la présence des Kabaïles, auxquels Abd-el-Kader était venu se joindre et qui, depuis plusieurs jours, se tenaient rassemblés pour nous empêcher d'exécuter notre projet dont ils avaient une parfaite connaissance.

Le lendemain 26, M. le Maréchal se porte en avant avec ses troupes, moins le 11e de ligne, qui reste pour la garde du

camp et des équipages, et il cherche à reconnaître les gorges
de la Tafna, dans lesquelles passe la route de Rachgoun que
l'ennemi paraît vouloir défendre. Le général d'Arlanges reçoit
l'ordre de tourner, avec le 1er bataillon d'Afrique et nos troupes
alliées que commandent Mustapha et Mazary, les hauteurs de
droite, sur lesquelles se trouve Abd-el-Kader avec deux mille
cavaliers et douze cents fantassins, afin de forcer ces troupes
ennemies à descendre dans la plaine et à passer la rivière sous
le feu du 2e chasseurs et du 66e, placés au pied des montagnes
pour fondre sur elles au moment où, poussées par le général
d'Arlanges et nos alliés, elles chercheront à opérer leur jonction avec les Kabaïles qui garnissent les hauteurs de la rive
gauche de la Tafna et qui viennent de recevoir un secours de
cinq cents Marocains. Saisissant parfaitement l'ordre qui leur
a été donné, Mustapha et Mazary commencent leur mouvement, qu'ils exécutent avec beaucoup de bravoure et d'habileté,
et, chassé dans la plaine, Abd-el-Kader se retire, perdant un
bon nombre des siens que lui tuent l'escadron turc des chasseurs et les troupes de Mustapha et de Mazary, pendant que
M. le Maréchal lui-même, qui s'était mis à la tête de quelques
compagnies du 66e de ligne, foudroie l'ennemi avec deux
pièces de campagne et le fait promptement disparaître.

Pendant ce temps, un gros de Kabaïles et de Marocains,
ayant traversé la rivière, se jette sur notre camp, dans lequel
il cherche à pénétrer pour arriver jusqu'à nos bagages; mais
le 11e de ligne repousse vigoureusement cette attaque et force
l'ennemi à se retirer. Dans cette affaire, il paraît que, si M. le
général d'Arlanges eût exécuté son mouvement avec plus de
promptitude et si le 2e chasseurs eût fait une charge plus à
fond, Abd-el-Kader aurait fait une perte énorme; du moins
c'est ce que l'on s'accorde à dire.

L'armée campe au même endroit que la veille. M. le Maréchal, pour être plus à même de continuer sa reconnaissance,
écrivit dans la nuit à M. de Perrégaux, pour lui dire qu'il pouvait venir le joindre avec une partie des troupes qu'il avait
sous ses ordres; en conséquence, le 27, à sept heures du matin, M. le général de Perrégaux, laissant le 17e léger pour gar-

der la ville, se mit en route avec le reste de sa brigade. Arrivés à une heure à environ une lieue de la Tafna, nous
entendîmes la canonnade qui nous annonça que M. le Maréchal était aux prises avec l'ennemi, et nous accélérâmes alors
notre marche. Le bruit du canon animant nos soldats, nous
marchions au pas redoublé, malgré la pluie qui tombait dans
ce moment et qui, malheureusement, cessa un quart d'heure
trop tôt, car l'ennemi, que nous prenions à dos, put alors nous
voir. Il se retira précipitamment sur la rive gauche de la
Tafna, qu'il avait traversée pour venir attaquer nos troupes.
M. le Maréchal, dès qu'il avait appris que les Arabes venaient
à lui, avait fait porter en arrière de leur ancienne position le
convoi placé sur un plateau qui traverse la route de Tlemecen
et les brigades occupant les hauteurs qui flanquent cette route.
M. le général de Perrégaux fit poursuivre l'ennemi, et nous
traversâmes promptement la rivière, large d'environ cinquante
pieds et de deux pieds de profondeur, mais nous ne pûmes
atteindre l'ennemi; notre artillerie seulement causa quelque
désordre dans ses masses, et nous le vîmes remonter la Tafna
pour aller camper sur les bords de cette rivière à environ
deux lieues de nous.

Dans cette affaire, comme dans celle de la veille, le 2ᵉ régiment de chasseurs ne fit peut-être pas aux Arabes tout le mal
qu'il aurait pu leur faire, s'il eût chargé à fond l'infanterie au
moment surtout où elle traversait la rivière; malgré cela, ils
éprouvèrent des pertes assez considérables, tandis que les
nôtres furent presque insignifiantes, bien qu'ils fussent au
nombre d'environ dix mille hommes.

La route de Rachgoun ne pouvant donner passage aux
prolonges, M. le Maréchal renonça à son projet d'aller jusqu'à
l'embouchure de la Tafna; en conséquence, le 28, à six heures
du matin, nous nous mîmes en route pour revenir à Tlemcen. L'ennemi ne s'aperçut de notre mouvement que sur les
huit heures et, selon son habitude, il s'approcha pour tirailler. A dix heures, nous passâmes auprès d'un petit bois dans
lequel il s'était embusqué, et, après une fusillade d'environ
une heure et dans laquelle il perdit trois ou quatre hommes

tandis que, de notre côté, personne ne fut atteint, nous continuâmes notre route. Les Arabes cessèrent alors de nous suivre
et plusieurs décharges de leur mousqueterie nous annoncèrent qu'ils se regardaient comme vainqueurs et qu'ils célé-
braient leur victoire, à laquelle cependant, quelle que bonne
que fût notre volonté, nous ne pouvions pas croire. A trois
heures, nous arrivâmes à Tlemcen et dans nos cantonnements.

Pendant l'absence de M. le Maréchal, on arrêta en ville un
espion qu'Abd-el-Kader y avait envoyé; cet homme, qu'à son
extérieur on reconnaissait devoir appartenir à une classe
aisée, fut saisi au moment où il prenait des informations sur le
nombre de troupes que M. le Maréchal avait emmenées avec
lui et sur la force de la garnison de la ville. Livré à la justice
de Mustapha, son procès ne fut pas long; il fut condamné à
mourir de trois coups de yatagan. Le 31 janvier, à neuf
heures du matin, les personnes qui se trouvaient sur le boulevard situé entre la ville et le Méchouar, et qui sert de marché, virent arriver ce malheureux n'ayant pour escorte qu'un
seul homme portant dans sa ceinture un yatagan d'un pied
de long. Arrivé à l'endroit le plus fréquenté du boulevard,
l'homme au yatagan s'arrêta, et son compagnon en fit
autant, puis, se mettant à genoux, ce dernier allongea la tête;
retiré de la plaie, le yatagan fut de nouveau plongé dans le
cou de la victime, qui conserva encore la même attitude;
enfin un troisième coup termina son existence, et son corps,
exposé aux regards du public, resta sur la place pendant
vingt-quatre heures. A peine le cadavre était-il étendu à terre,
qu'un juif, profitant du rassemblement que cette cruelle exécution avait occasionné, se mit d'une voix forte à crier sa
marchandise. Cette race abjecte est partout la même!

Les travaux du Méchouar et des environs de la ville, ainsi
que la nomination du bey de Tlemcen, nous tinrent encore
quelque temps dans cette place, que Mustapha, à cause de son
grand âge, ne voulait pas administrer, préférant nous suivre
à Oran; mais, le 6 février, nous reçûmes l'ordre de nous tenir
prêts à nous mettre en marche pour le lendemain. Ce jour-là,
6 février, M. le Maréchal procéda à l'organisation définitive

du bataillon de M. Cavaignac, et, après avoir passé la revue de ce corps dans la cour du Méchouar, il reçut, en présence de la garde, d'un nombreux état-major et d'un grand nombre d'assistants, notre allié, le vieux Mustapha, chevalier de la Légion d'honneur. Quand l'interprète traduisit à ce brave chef arabe la formule du serment qu'il devait prêter, on remarqua que ses traits se contractaient et exprimaient un sentiment d'indignation; puis on l'entendit prononcer avec vivacité et dignité quelques paroles dont voici la traduction : « Un homme comme moi ne prête serment que par ses actions. » Il se calma cependant, quand on lui eut expliqué que tout le monde était obligé de faire ce serment, et il reçut la croix avec toutes les marques d'un contentement véritable.

Le 7 février, à six heures du matin, toute l'armée, moins le bataillon de M. Cavaignac et les Koulouglis, auxquels fut confiée la défense de la ville, quitta Tlemcen, la 1ʳᵉ brigade formant l'arrière-garde et l'armée prenant la route qui se rapproche le plus des sources de la rivière de l'Isser. A trois heures, nous arrivons sur les bords de l'Amiguier, où nous établissons notre camp.

Le 8, nous reprenons notre route à sept heures du matin, et nous arrivons à trois heures du soir sur les bords de l'Isser, où nous nous arrêtons pour camper. Dans la journée, nous avions vu sur notre droite, et à trois portées de canon de nous, une centaine de cavaliers arabes qui suivaient et examinaient nos mouvements; et pendant la nuit, qui fut fort sombre et sans clair de lune jusqu'à une heure du matin, nos avant-postes furent inquiétés par ces gens-là qui, profitant de l'obscurité de la nuit pour mettre en défaut la surveillance de nos sentinelles, se glissaient à travers les broussailles dont le terrain est couvert et arrivaient jusque sur nos armes, dont ils cherchaient à se rendre maîtres. Quelques-uns réussirent dans leur tentative et blessèrent plusieurs de nos hommes; il y en eut même qui vinrent jusque dans nos rangs, et un officier du bataillon d'élite, M. Barthélemy, lieutenant de grenadiers au 63ᵉ de ligne, fut, pendant son sommeil, pris à la gorge par trois de ces fanatiques qui cherchaient, le yatagan à la main, à lui couper la tête. M. Barthélemy ne dut son salut qu'à sa force, qui lui permit de lutter pendant quelques instants avec eux et de faire assez de bruit pour éveiller ses voisins, qui vinrent alors à son secours. Se voyant découverts, nos trois voleurs, soutenus par quelques autres qui se tenaient aux environs, se retirèrent précipitamment, mais en se sauvant ils enlevèrent quatre fusils formés en faisceau. On tira bien sur eux, mais on ne les atteignit pas, et, d'ailleurs, l'obscurité empêchait de les voir, tandis qu'eux, au moyen de nos feux de bivouac, pouvaient se diriger sur nous et éviter, en marchant à quatre pattes, d'être aperçus par nos factionnaires. Toute la nuit nous fûmes sur le qui-vive, et à chaque instant on entendait des coups de fusil tirés dans tous les sens; nous eûmes plusieurs hommes blessés, soit par des balles, soit par des coups de yatagan.

Le 9, nous quittons les bords de l'Isser à sept heures et nous nous apercevons bientôt que le nombre des Arabes qui nous suivent est plus considérable que celui de la veille, et peut s'élever à huit ou neuf cents cavaliers et à une centaine de fantassins. Dès le moment du départ, on commence à se tirer quelques coups de fusil, et, à onze heures, nous exécutons (la 1re brigade et la 2e) quelques mouvements de retraite par échelons. Nous étions alors tout à fait engagés dans les montagnes, et aussitôt qu'une des deux brigades avait pris position, les pièces étaient aussitôt mises en batterie et le feu commençait. A quatre heures, le combat cesse, et à six heures et demie nous arrivons à un endroit nommé El Haed, lieu où se tient un marché et auprès duquel se trouvent les sources du Rio-Salado ou Oued-Melah et où nous campons. Dans la nuit, comme dans la précédente, plusieurs Arabes viennent encore jusque sur nos faisceaux, s'emparent de plusieurs armes qu'on dit appartenir au 17e léger et tuent un factionnaire du 11e de ligne.

Le 10, nous quittons à six heures le camp d'El Haed, et à neuf heures nous commençons à nous tirailler avec les Arabes, encore plus nombreux ce jour-là que les jours précédents. Enfin, à onze heures, Abd-el-Kader, qui, persuadé que nous

nous retirions sur Oran par le même chemin que celui que
nous avions pris pour aller à Tlemcen, était allé s'embus-
quer sur cette route pour nous y attendre au passage, rejoint
avec son infanterie les Arabes contre lesquels nous combat-
tions depuis deux jours. Le feu devient alors très vif et dure
jusqu'à quatre heures du soir. Profitant de tous les accidents
que présente le terrain sur lequel nous nous trouvons, M. le
Maréchal, avec ce sang-froid, cette promptitude de jugement
et cette rapidité de coup d'œil qui ne l'abandonnent jamais,
fait exécuter à toute l'armée de très beaux mouvements de
retraite par échelons, et traverser des défilés où l'ennemi
croyait bien qu'il pourrait nous faire éprouver quelque échec,
mais que nous franchissons sans nous en douter et en tenant
toujours nos adversaires dans la crainte d'être culbutés par
nous.

Dans cette journée, l'infanterie d'Abd-el-Kader tint ferme et
s'approcha de nous à une bonne distance. Nous eûmes plusieurs blessés, mais l'ennemi, quoique dans cette expédition
l'artillerie n'ait pas aussi bien tiré que dans celle de Mascara,
en eut un bien plus grand nombre et perdit même plusieurs
hommes. Parmi nos blessés, nous eûmes un officier du 17e léger et un sergent des zouaves qui eut le bras cassé. Enfin, à
six heures, après avoir parcouru une route que le génie est
à chaque instant obligé de tracer pour le passage de nos prolonges, nous arrivons dans un endroit éloigné de la plaine
d'environ une lieue et demie. Nous campons dans cet endroit,
et, pendant la nuit, les Arabes cherchent encore à nous surprendre et à nous enlever des armes; mais dans les diverses
positions que l'armée occupait, on campait en carré et les
factionnaires étaient très près des uns des autres; aucune
arme ne fut prise, et nos hommes, commençant à s'habituer à
ces petites attaques de nuit, les repoussaient avec sang-froid
et firent repentir de leur témérité ceux qui les dirigeaient,
car un d'eux fut tué et plusieurs furent blessés; cependant,
dans cette nuit, un soldat du train fut encore égorgé, et cela
dans l'intérieur même du camp; la tente de M. le Maréchal
fut traversée par deux balles.

Le 11, nous nous remettons en route à sept heures, et à neuf heures nous sommes hors des montagnes et nous atteignons bientôt les bords du lac Sebga. Ce jour-là, les Arabes discontinuent de nous suivre. A midi, nous arrivons auprès d'une fontaine d'eau thermale sulfureuse sortant d'un rocher de gypse remarquable par ses formes. A cinq heures, nous nous arrêtons pour camper à une fontaine éloignée d'environ trois lieues de la fontaine Aïn-Bridia.

Le 12, comme nous avons une forte journée pour arriver à Oran, nous partons à quatre heures du matin et nous entrons dans Oran à trois heures du soir.

Durant le cours de cette expédition, le soldat eut constamment ce qui lui revenait, et les distributions se firent avec ordre et exactitude; aussi le nombre des malades était-il fort minime, et l'armée, à son arrivée à Oran, jouissait d'une santé excellente.

EXPÉDITION DE MILIANAH

15. — Lettre du chef de bataillon Arnaud (1), du 2ᵉ léger.

10 avril 1836.

Mon général,

Dans l'expédition de Miliana (2), le 1ᵉʳ bataillon du 2ᵉ léger a beaucoup souffert à l'attaque du col de Teniah, déjà fameux dans les annales de l'armée d'Afrique en deux ou trois circonstances différentes. Les barbares, retranchés derrière une crête de rochers garnie de lièges, attendirent la charge jusqu'à ce que les poitrines de nos soldats fussent sur leurs canons de fusil. Une décharge à bout portant nous fit presque tout le mal, mais ils n'eurent pas le temps d'en faire une seconde, qu'ils furent renversés dans le ravin profond auquel ils étaient adossés et où j'eus la satisfaction de les voir fusiller pendant un quart d'heure, en queue et en flanc, par une compagnie disposée à cet effet. Bon nombre ont mordu la poussière; plusieurs de leurs cadavres gisaient encore la veille de notre départ, le 6, au pied de la position. Leurs blessés ont été enlevés dans la nuit du 3 au 4; nous aurions pu nous y opposer, mais il en aurait encore coûté du monde, et c'était assez.

Nos pertes ont été de douze carabiniers et chasseurs et quelques voltigeurs tués sur place et dix-huit blessés dont

(1) *Arnaud* (Jacques-Germain-Auguste), né à Mirepoix (Ariège) le 6 avril 1788, soldat au 11ᵉ de ligne le 1ᵉʳ janvier 1807, sous-lieutenant le 5 juin 1809, blessé au combat de Znaïm le 11 juillet 1809, capitaine aide de camp du général Clauzel le 1ᵉʳ mars 1815, chef de bataillon au 2ᵉ léger le 14 décembre 1831.

(2) L'expédition de Médéah et Milianah avait pour but de rétablir l'autorité de Mohamed-ben-Hussein, investi jadis bey de Médéah par le maréchal Clauzel; le col de Mouzaïa fut franchi du 1ᵉʳ au 3 avril, malgré une résistance acharnée des Kabyles.

plusieurs sont morts, peu d'instants après, des suites de leurs blessures...

Je vous prie, mon général,.....

ARNAUD.

16. — *Lettre du capitaine Gabriac de Montredon,*
du 2ᵉ léger.

Alger, le 12 avril 1836.

MON GÉNÉRAL,

Je réunis toutes mes forces pour vous apprendre que, dans la reconnaissance que nous venons de faire (du 30 mars au 8 avril) sur le col Teniah et Médéah, j'ai été atteint d'une balle qui m'est entrée par l'œil gauche, pour ressortir par derrière l'oreille. Depuis vingt-quatre heures, je me maintenais dans une position difficile d'où l'ennemi avait tenté de me débusquer, et c'est en me portant en avant au pas de charge pour chasser les Arabes que j'ai reçu ma blessure. Le brave lieutenant Freytag a été tué à mes côtés. M. Castille avait été blessé la veille dans la même position, et M. Henry, sous-lieutenant, avait reçu une balle dans le bras.

Je n'ai reçu votre bienveillante lettre, datée de Paris du 27 janvier, que le 26 mars.

Je suis avec respect, mon général, votre très humble et très obéissant serviteur.

DE MONTREDON.

17. — *Lettre du colonel Combes, commandant*
le 47ᵉ de ligne.

Oran, le 18 juin 1836.

MON GÉNÉRAL,

La lettre que vous me fîtes l'honneur de m'écrire le 25 mai me fut remise au camp de la Tafna. Veuillez agréer mes sin-

cères remerciements pour la sollicitude que vous n'avez cessé
de montrer à mon régiment et que nous regardons tous comme
un bienfait, puisqu'elle s'exerce à une aussi grande distance.

Le 11, à dix heures du soir, nous sortîmes du camp de la
Tafna, après avoir fait allumer sur une haute montagne par
le bataillon de chasseurs d'Afrique de grands feux, afin de
faire croire à l'ennemi que notre intention était d'opérer sur
la rive gauche du fleuve. Cette petite ruse réussit. Nous fîmes
environ quatre lieues à travers un pays excessivement montagneux et plein de ravins profonds et presque impassables,
sans être inquiétés. Bientôt après, de grands nuages de poussière nous annoncèrent que l'ennemi accourait pour nous combattre. La colonne du centre ayant été retardée dans sa
marche du 12, la colonne de droite, sous les ordres du colonel
de Reissenbach, et celle de gauche, sous les miens, l'arrêtèrent.
Aussitôt que le colonel Lévêque, avec celle du centre, se fut
approché et que nous n'eûmes plus aucune crainte pour elle,
Mustapha et nos alliés ayant fait une charge brillante, nous
nous ébranlâmes pour nous porter en avant, au son du tambour, ce que voyant, l'ennemi, qui, il est vrai, n'était pas en
force, abandonna au galop toutes ses positions. Nous le chas-
sâmes, successivement et sans tirer, de toutes celles qu'il
voulut prendre. Depuis ce moment, nous ne fûmes point poursuivis et pûmes, au moyen de nos braves alliés, incendier
dans notre route et dans un grand rayon tout ce qui était brû-
lable. La campagne fut en un instant un vaste océan de feu.
Cette manœuvre fut continuée les jours suivants.

La division est arrivée, le 16, sous les murs d'Oran, où elle
campe sous des tentes; nous nous refaisons. Les trois régiments venus de France sont fort bons, mais s'ils fussent restés
quelque temps sous vos ordres, ils en seraient probablement
sortis avec un esprit militaire bien supérieur à celui qui les
anime, la différence étant déjà sensible entre le 23e et le 62e et
étonnante entre le 47e. Ces nouveaux corps, qui non seulement
n'ont aucune expérience, mais dont le moral est affecté au
point de s'abandonner au découragement et au suicide,
donnent à penser et à craindre à beaucoup d'esprits. Mes

soldats les morigènent et les empêchent de se porter à des actes aussi répréhensibles ; j'espère que le feu de l'ennemi guérira les uns et raffermira les autres.

Nous partons demain, à trois heures de l'après-midi, pour nous porter sur Tlemcen, laissant sur la Tafna le bataillon de chasseurs d'Afrique, une compagnie par régiment, l'artillerie de campagne et nos équipages. Ainsi dégagés de notre matériel, nous espérons obtenir quelques succès, malgré la chaleur qui nous accable. M. le général Bugeaud *entend et fait bien la guerre* (1). Il a de l'activité, du jugement et de l'esprit ; il désire s'éclairer des lumières de ceux qui en possèdent, ainsi que de leur expérience en Afrique. Ses talents ne peuvent que nous assurer la victoire, laquelle, sans son arrivée et malgré nos renforts, fût restée incertaine.

Les tribus de l'Est qui s'étaient soumises à M. le général Perrégaux se montrent disposées à rester attachées à notre cause. Ce fourbe Abd-el-Kader avait fait courir des bruits si sinistres que leur fidélité en fut ébranlée. Depuis, les Borgias sont venus au marché et doivent nous donner cent chevaux ou guerriers qui doivent nous suivre pendant la campagne.

Cette tribu, qui était trop faible pour se défendre, consentit à payer au fourbe de marabout quatre francs par tente.

Après notre retour de Tlemcen, nous ferons d'autres courses pour montrer le drapeau de France à nos amis et ennemis.

Je suis avec un profond respect, mon général,

Votre très humble et obéissant serviteur

Le colonel du 47ᵉ

COMBES.

(1) Le général d'Arlanges, parti d'Oran le 7 avril 1836 pour aller ravitailler Tlemcen, s'était fait battre le 25 avril par Abd-el-Kader, au combat de Sidi-Yacoub. Rappelé en France, il fut remplacé par le général Bugeaud, qui amena avec lui le 23ᵉ et le 24ᵉ de ligne, partis de Port-Vendres, et le 62ᵉ de ligne, parti de Marseille. La première opération du général Bugeaud fut le ravitaillement de Tlemcen, occupé depuis le mois de février par le chef de bataillon Cavaignac. (Voir la lettre nᵒ 14.)

PREMIÈRE EXPÉDITION DE CONSTANTINE

18. — *Lettre du marquis Ernest de Castellane* (1), *major au 3ᵉ régiment de chasseurs d'Afrique.*

Bône, 8 novembre 1836.

Mon général,

Je comptais vous adresser beaucoup plus tôt quelques détails sur Bône et ses habitants, mais au moment où j'allais vous écrire, j'ai été pris par une violente fièvre inflammatoire, à la suite de laquelle la petite vérole s'est déclarée.

Je craignais encore de ne pas être rétabli assez à temps pour faire partie de l'expédition, et ce n'était pas le moindre de mes soucis; mais les retards occasionnés par les mauvais temps qui ont régné sur mer, m'ont permis de me rétablir avant que les troupes fussent toutes arrivées, et aujourd'hui, si je ne suis pas encore très vigoureux, je me trouve cependant en état de faire campagne.

Le mouvement a commencé ce matin, il continuera le 10 et le 12, toute l'armée sera réunie au camp de Dréan, à cinq lieues de Bône; nous serons environ neuf mille hommes, tout compris.

Le duc de Nemours est arrivé ici le 30 octobre, et le maréchal Clauzel, le 2 novembre seulement; le Prince, avec le lieutenant général Colbert et le colonel Boyer pour aides de camp et MM. de Chabannes (notre ancien lieutenant-colonel)

(1) *Castellane-Norante* (Louis-Boniface-Ernest-Félix *de*), né le 27 septembre 1796, à Florence, garde du corps du roi le 2 juillet 1816, lieutenant au 3ᵉ régiment de chasseurs d'Afrique le 28 novembre 1823, officier d'ordonnance du général de Castellane, major au 3ᵉ régiment de chasseurs d'Afrique le 29 avril 1833, fait l'expédition de Constantine, lieutenant-colonel du 2ᵉ hussards le 17 mars 1841, mort à Niort le 28 avril 1848.

et Mac Mahon, capitaine, pour officiers d'ordonnance; le Maréchal a avec lui ses aides de camp habituels, MM. de Rancé,
chef d'escadron, et de La Tour du Pin, capitaine, et dix-huit
officiers d'ordonnance de tous grades et de toutes armes.

Le colonel Duverger est le chef d'état-major du corps expéditionnaire, qui est composé de quatre brigades, plus une
réserve.

La 1ʳᵉ brigade d'avant-garde est commandée par le général
de Rigny; la 2ᵉ, par le colonel Corbin, du 17ᵉ léger; la 3ᵉ, par
le colonel Levesques, du 62ᵉ de ligne; la 4ᵉ, par le colonel
Hecquet, du 63ᵉ de ligne.

La réserve est sous les ordres du colonel Petit d'Auterive,
du 59ᵉ.

M. le général Trézel commande, comme faisant fonctions de
lieutenant général, les 2ᵉ et 4ᵉ brigades. Le général de Rigny
a dans sa brigade les spahis réguliers et irréguliers, l'artillerie de Yusuf (2 pièces), le 17ᵉ léger, un bataillon d'infanterie
légère d'Afrique, une compagnie de mineurs, une demi-batterie d'artillerie française et le 3ᵉ régiment de chasseurs
d'Afrique.

Les ducs de Mortemart et de Caraman suivent l'expédition
comme amateurs; la commission Baude la suit également.

L'encombrement des troupes dans Bône a causé une épidémie qui a mis plus de deux mille hommes aux hôpitaux; mon
régiment, sur un effectif de neuf cents cavaliers, en a pour sa
part deux cent quatre-vingt-sept qui ne pourront faire campagne pour cause de maladie. Nous n'aurons que quatre cents
chevaux à opposer à l'ennemi, sans compter les spahis réguliers, qui sont au nombre de quatre cents, mais tous plus
mauvais soldats les uns que les autres.

Cet encombrement n'a pu être évité; les pluies abondantes
qui n'ont cessé de tomber pendant huit jours ayant couvert
tout le pays de plus d'un pied d'eau, il a été impossible de
faire bivouaquer les troupes.

Il fait très beau depuis quatre jours, la terre est sèche,
mais les moyens de transport nous manquent; il nous fallait
douze cents mulets, Yusuf en avait promis deux mille, il n'a

pu en réunir que cent soixante environ. Nous en attendons aujourd'hui de Bougie et même d'Alger.

On a beaucoup parlé de Yusuf en France; un officier français l'a proclamé à la tribune nationale « le plus brave parmi les braves »; on l'a appelé dans quelques journaux « le moderne Achille », d'autres l'ont traité de misérable et de brigand. Je n'avais point d'opinion arrêtée sur son compte avant mon arrivée en Afrique; j'ai étudié son caractère, j'ai beaucoup causé avec lui, ses affidés ont cherché à me rendre son partisan, surtout quand le bruit a couru que vous viendriez prendre le commandement des troupes de l'expédition; ils ont cherché à m'apitoyer sur son sort, ils se sont plaints des calomnies et des dégoûts dont il était abreuvé; ils ont accusé tout le monde de l'avoir trompé; des confidences m'ont été faites, des mémoires justificatifs m'ont été lus; il est résulté de tout ce que j'ai vu et entendu que Yusuf (cela m'est bien démontré aujourd'hui) n'est qu'un misérable intrigant.....

On croit avoir trouvé un instrument dans Yusuf, mais, que l'on ne s'y trompe pas, c'est la France seule qui a été un instrument pour lui. Ses conseillers, qui sont tous Français et, par lui, riches propriétaires en Afrique, sont gens fins et rusés; ils le servent bien et ont le talent de le faire passer aux yeux de nos gouvernants pour un homme extraordinaire. Ils seront désabusés un jour.

Yusuf est brave; il est sûr, en se battant bien, ce qui est la moindre des choses, d'avoir beaucoup à gagner avec nous et par nous. Le beylick de Constantine vaut bien un coup de sabre, sans doute.

Le général Trézel n'a pas la confiance des troupes. Je ne vous parle pas du général de Rigny; je ne le connaissais que de nom avant son arrivée ici, et je n'ai pas encore eu le temps de me faire une opinion sur son compte; seulement il me paraît assez indolent. Il n'a pas vu une seule fois sa brigade, depuis dix jours qu'il est à Bône; il est parti ce matin pour le camp de Dréan. Il a pour aide de camp M. Poulle, qui a été auprès de vous en Belgique. J'ai donné asile à M. Poulle pendant son séjour ici; il m'a paru fort bien; il m'a chargé de vous présenter ses respects.

Vous savez par cœur le 17ᵉ léger; quant aux autres régiments, je ne connais pas encore leur personnel, je les verrai devant l'ennemi.

Je tiendrai note, jour par jour, de tout ce qui arrivera pendant l'expédition, et je profiterai de toutes les occasions pour vous tenir au courant.

J'ai remis au maréchal Clauzel la lettre que vous aviez eu la bonté de m'envoyer pour lui; il m'a promis de s'intéresser à moi.

Je suis avec respect et un entier dévouement, mon général, votre très humble et très obéissant serviteur.

Le marquis E. DE CASTELLANE.

P. S. — Nous apprenons à l'instant la conspiration de Strasbourg; il faut que ces gens-là soient fous.

19. — *Lettre du marquis Ernest de Castellane, major du 3ᵉ régiment de chasseurs d'Afrique.*

Décembre 1836.

MON GÉNÉRAL

Le 8 novembre 1836, le 17ᵉ léger, les spahis réguliers, l'infanterie de Yusuf, ainsi que son artillerie, deux escadrons de chasseurs d'Afrique et deux compagnies du génie partirent de Bône, sous les ordres du général de Rigny, pour aller former un camp à Guelma, ancienne ville romaine dont il ne reste plus que des ruines. Guelma est à dix-huit lieues de Bône.

Le 13, l'armée, qui, tout compris, était composée d'environ 6,500 hommes, se mit en marche à huit heures du matin et fut bivouaquer à Bou-Afra, à huit lieues de Bône. La pluie commença à tomber à six heures du soir et ne discontinua pas de toute la nuit.

Le 14, nous commençâmes à passer le ruisseau près duquel

nous étions campés, mais ce ruisseau étant devenu en peu d'instants un torrent impétueux, force fut de s'arrêter, et ce n'est que vers midi que le restant des troupes put nous rejoindre. Un chasseur et son cheval furent entraînés par les eaux; on parvint à sauver le chasseur, le cheval seul se noya; nous n'allâmes ce jour-là que jusqu'à Monetfa, quatre lieues.

Le 15, l'armée passa le défilé de Mouara, qui est très difficile et que quelques centaines d'hommes déterminés défendraient avec avantage contre une armée. Ce défilé a environ deux lieues de long, nous fûmes coucher à Guelma, six lieues.

Le 16, nous laissâmes nos malades à Guelma et nous nous dirigeâmes sur Mdjez-Amar, où nous établîmes notre camp, au pied d'un ancien monument dont je 'n'ai pu savoir le nom, trois lieues; on découvrait Constantine de ce bivouac.

Le 21, nous arrivâmes devant Constantine.

Le maréchal s'arrêta avec la plus grande partie de l'armée sur le plateau de Setah-Mansoura (Terrasse de la victoire), où il prit ses positions. L'avant-garde fut envoyée sur la colline de Koudiat-Ati; elle était sous les ordres du général de Rigny et composée du 17e léger, du 3e bataillon d'Afrique, de deux obusiers de montagne et du 3e régiment de chasseurs d'Afrique. Deux torrents formés par la rivière de Rummel séparaient les deux camps des Français; les ruines d'un aqueduc dont il ne reste plus que trois arches sont un peu au-dessus de ces torrents, et le camp d'Achmed-Bey, avec toute sa cavalerie placée sur la montagne Aifour (Djebel-Aifour), était au sud de l'aqueduc. Le Maréchal dit dans son rapport que la ville aurait dû être attaquée du côté de Koudiat-Ati. Cela est vrai, c'est le seul point vulnérable; mais alors pourquoi n'y être pas venu établir son camp? Rien n'était plus facile cependant, le 21, jour de notre arrivée; le Rummel avait alors fort peu d'eau. et ce n'est que le lendemain que l'abondante pluie tombée toute la nuit en fit un torrent et que les communications devinrent impossibles. Non seulement le Maréchal n'est pas venu reconnaître la position de Koudiat-Ati, ce qui est inconcevable, mais encore il ne l'a fait reconnaître par personne.

Le plateau de Mansoura domine entièrement la ville, mais

c'est folie de vouloir la prendre de ce côté, par lequel on ne peut parvenir au pont, qui conduit aux portes, qu'après avoir descendu l'espace d'environ deux cents toises par un sentier presque à pic et tellement étroit qu'un seul homme peut y passer. Le pont de Constantine a trois rangées d'arches, les unes sur les autres; il est assez long et très étroit.

Lorsque l'avant-garde de la première brigade arriva sur le plateau de Koudiat-Ati, les Turcs enfermés dans la ville firent une sortie, au nombre d'environ trois cents hommes. Ils furent reçus à coups de fusil, et, ayant aperçu notre cavalerie, ils se sauvèrent et rentrèrent dans la ville, sans qu'il y eût possibilité de les poursuivre.

Toute cette journée fut tranquille, mais la pluie et la neige n'ayant pas discontinué pendant toute la nuit, plusieurs hommes furent trouvés morts le lendemain matin et beaucoup eurent les pieds gelés.

Le 22, à la pointe du jour, la cavalerie d'Achmed-Bey vint attaquer la brigade d'avant-garde, et une soixantaine de fantassins se présentèrent sur notre droite. Thorigny m'appela; il prit le 2ᵉ escadron, composé de vingt-trois hommes, et nous courûmes sur l'infanterie turque qui, ayant une grande avance sur nous, parvint à se sauver, à l'exception toutefois de six hommes qui couraient dans toutes les directions. Je me dirigeai au galop en avant sur un Arabe qui me mit en joue à cinq pas, sans cependant tirer son coup de fusil, et je l'étendis mort d'un coup de pistolet que je lui tirai presque à brûle-pourpoint. L'escadron m'ayant rejoint dans ce moment, je dis aux chasseurs : « Il en reste encore cinq, voyons qui les tuera. » L'adjudant Martin, mon beau-frère, courut sur un qu'il tua d'un coup de sabre; les autres se sauvèrent, personne ne les ayant poursuivis. Thorigny ayant vu un Arabe entrer, à près de cinq cents toises du point où nous étions, dans une cabane construite au bas de la montagne et au bord d'un ruisseau, se retourna du côté de l'escadron et dit : « Allons, un homme de bonne volonté pour aller tuer ce brigand! » Martin se précipita alors au galop dans la direction désignée; il fut suivi par un chasseur. Comme ils arrivaient à la cabane, un Arabe en sortit, tira un coup de pistolet sur Martin qui, n'ayant pas été atteint, lui plongea son sabre dans la poitrine ; il mit alors pied à terre pour ramasser le pistolet de l'Arabe, qui lui avait paru fort beau ; mais, au même instant, un grand coquin sortit de la cabane, tira son coup de fusil et tua le chasseur qui accompagnait mon beau-frère. Martin avait eu la maladresse de jeter son sabre à terre pour descendre plus vite.de cheval, il était donc sans armes. Mais voyant l'Arabe prendre un pistolet, il se précipita sur lui, et une lutte corps à corps s'engagea. Martin eut assez de force pour amener l'Arabe à l'endroit où était son sabre, il se baissa précipitamment, le ramassa et l'enfonça tout entier dans la poitrine de son adversaire. J'étais fort inquiet de mon beau-frère.

C'est le 22, au soir, qu'un carabinier traversa à la nage et au péril de sa vie les deux torrents et vint apporter au général de Rigny un billet du Maréchal. Ce billet, écrit au crayon, disait : « J'attaquerai cette nuit la ville ; tenez toutes vos troupes sur pied et, au premier coup de canon, faites de votre côté une attaque ; cela divisera les forces de l'ennemi. »

Toute l'avant garde passa la nuit l'arme au pied, et l'attaque n'eut pas lieu. Le lendemain 23, nous tiraillâmes toute la journée sans résultats importants, et, comme le général de Rigny n'avait reçu aucun ordre nouveau du Maréchal, il permit aux troupes de se reposer pendant la nuit. Vers minuit, nous fûmes réveillés par un coup de canon parti du quartier général ; un autre lui succéda bientôt, et une vive fusillade se fit entendre. Toute l'avant-garde courut aux armes, l'infanterie se porta sur la porte de Rahabat, où elle fut reçue par une fusillade des mieux nourries. Beaucoup d'hommes furent blessés, quelques-uns tués, et le brave commandant Richepanse reçut trois balles, dont deux dans la poitrine ; l'autre lui cassa la colonne vertébrale. Il mourut deux jours après, emportant les regrets de toute l'armée, qui avait été souvent témoin de sa brillante valeur.

Le pétard que l'on avait préparé pour faire sauter la porte de Rahabat n'ayant pas pris feu et nos soldats étant trop exposés, l'ordre de battre en retraite fut donné.

Le 24, à cinq heures du matin, la brigade d'avant-garde reçut l'ordre de passer de suite le Rummel et de rejoindre le corps principal sur le plateau de Mansoura. Les différents corps du général de Rigny avaient déjà exécuté leur mouvement, lorsque le bataillon du 2ᵉ léger et le 4ᵉ escadron de chasseurs d'Afrique, qui formaient l'arrière-garde, furent attaqués par quelques centaines de cavaliers arabes et toute l'infanterie turque, qui était sortie de la ville. M. Changarnier, se voyant serré de très près par des forces considérables et craignant de se voir couper la retraite, fit former son bataillon en carré, lui adressa avec chaleur quelques mots d'encouragement et termina son allocution par le cri de : « Vive le Roi! » Ce cri fut répété avec enthousiasme par ses soldats; il donna l'ordre au capitaine Morris de simuler une charge, et au même instant il fit faire une décharge sur l'infanterie turque, qui tourna aussitôt les talons.

Le bataillon du 2ᵉ léger et l'escadron de chasseurs purent alors passer le Rummel, et, quelques instants après, ils nous rejoignaient sur le plateau de Mansoura sans avoir perdu un seul homme. M. Changarnier a montré beaucoup de bravoure et de sang-froid pendant toute la campagne, et, dans la position où il s'est trouvé le 24 au matin, beaucoup de chefs de ma connaissance auraient perdu la tête et se seraient fait massacrer avec leur troupe.

Quand toute l'armée fut réunie à Mansoura, le mouvement de retraite commença; il était alors dix heures environ, notre première marche ressembla plutôt à une déroute qu'à une retraite; chaque corps marchait à peu près comme bon lui semblait, et personne ne lui donnait d'ordres. Nous fûmes suivis par toute la cavalerie d'Achmed-Bey, et toute la journée l'arrière-garde tirailla.

Le 25, nous passâmes sur le terrain où le convoi escorté par le 62ᵉ avait été attaqué, et la vue de cent quarante et un cadavres qui gisaient sur le sol, entièrement nus, décapités et déjà en putréfaction, ne contribua pas peu à affecter le moral d'une grande partie de l'armée, déjà démoralisée par les privations de toute sorte qu'officiers et soldats avaient eu à endurer.

C'est le 22 que le convoi escorté par le 62ᵉ avait été attaqué ; les chemins étaient si mauvais et les chevaux tellement
harassés que les fourgons ne pouvaient pas avancer ; les
Arabes s'aperçurent de la position critique dans laquelle ce
régiment se trouvait, et, persuadés qu'ils ne trouveraient
pas une bien vigoureuse résistance, ils vinrent en grand
nombre attaquer le convoi. Les soldats, exténués de fatigue
et privés de toute nourriture, n'avaient plus d'énergie, se
battaient mollement et même, assure-t-on, commençaient à
murmurer qu'on les sacrifiait pour sauver quelques voitures.
Un conseil composé d'officiers du génie et du 62ᵉ s'assembla
sous la présidence du colonel Levesques et décida que les fourgons seraient détruits et les vivres distribués à la troupe, ce
qui eut lieu en effet.

On trouva sur ces fourgons trois petits tonneaux de vin,
trente-sept pains blancs, quelques sacs de riz, sept, je crois,
trois caisses de biscuit et une assez grande quantité d'eau-de-
vie. Le colonel Levesques, après avoir fait distribuer le vin,
le riz, le biscuit et le pain, ordonna d'enfoncer les barils
d'eau-de-vie et de les répandre sur le sol, mais quelques soldats, étant parvenus à en détourner un, en burent avec avidité et tombèrent morts quelques instants après, de là les
cent quarante et un cadavres que nous trouvâmes.

Le 26, l'arrière-garde tirailla encore toute la journée ; le capitaine Morris chargea avec son escadron, qui tua neuf Arabes.
Le Maréchal dit que trois escadrons exécutèrent une charge
brillante. Je puis affirmer qu'il n'y avait que celui de M. Morris,
composé de quarante hommes. Cet officier cassa son sabre
sur le dos d'un Arabe.

Le 27, les Arabes vinrent encore tirer quelques coups de
fusil, mais en moins grand nombre que les jours précédents.

Le 28, nous ne rencontrâmes plus que quelques Kabaïles
qui étaient venus dans l'espoir de surprendre nos traînards.

Le 29, nous étions au camp de Dréan.

Le 30, à dix heures du matin, l'armée était de retour à Bône.

Pendant toute la retraite, nous abandonnâmes, faute de
transports, un grand nombre de blessés et de malades qui ne

pouvaient plus suivre l'armée; on se contentait de leur prendre leurs cartouches, ce qu'ils avaient de bon dans leur sac, puis on les laissait au milieu de la route. L'arrière-garde n'avait pas dépassé ces malheureux de cinq cents toises que les Arabes se précipitaient sur eux et leur coupaient la tête, ce que nous voyions sans pouvoir leur porter secours.

Nous n'avons perdu que quatre cents hommes par le feu de l'ennemi, mais, en joignant à ce nombre ceux abandonnés chaque jour sur la route et ceux qui sont morts des suites de la campagne, notre perte s'élève positivement à près de trois mille hommes. Huit cents et quelques hommes ont eu les pieds gelés, cinquante-sept avaient été amputés d'une ou des deux jambes, à mon départ de Bône; les doigts coupés ne se comptaient pas, il y en avait des boisseaux.

L'homme le plus admirable de toute la campagne a été, sans contredit, le duc de Caraman, qui a eu soixante-quinze ans sous les murs de Constantine. Lorsque l'armée battit en retraite, sur trois chevaux qu'il avait, il en envoya deux à l'ambulance pour porter les blessés, ne réservant pour lui que le plus mauvais. Chaque jour, je l'ai vu venir en avant des tirailleurs, ramasser au milieu des balles un des hommes que l'on abandonnait, l'aider à monter sur son cheval, en relever un second et lui dire : « Allons, mon ami, du courage; nous serons bientôt arrivés à la grande halte; nous n'avons plus que cinq minutes de chemin; prends la queue de mon cheval, cela t'aidera à marcher, et, à la grande halte, je te ferai mettre sur un fourgon. » Puis cet intrépide vieillard prenait son cheval par la bride et faisait son étape à pied, conduisant ses deux blessés.

Ernest de Castellane.

20. — Lettre du capitaine Forey, du 2ᵉ léger.

Bône, le 3 décembre 1836.

Mon général,

Nous arrivons de Constantine, le cœur navré par les scènes de douleur dont nous avons été témoins, mais aussi bien fiers du beau rôle que le bataillon, si bien commandé par M. Changarnier, a été appelé à jouer dans cette mémorable expédition.

Le commandant (1) m'annonce que vous désirez que je vous envoie une carte et un récit sur l'expédition ; c'était mon intention, mon général, vos désirs eussent été remplis sans que vous me les eussiez manifestés ; je vais m'en occuper aussitôt que je le pourrai. Le commandant vous écrira sans doute les détails de l'expédition ; mais ce qu'il ne vous dira pas, c'est le sang-froid, le courage admirable qu'il a montrés à notre tête dans une circonstance où une faiblesse aurait inévitablement entraîné la perte de toute l'armée. Après deux attaques de nuit repoussées avec une vigueur étonnante de la part de l'ennemi, la retraite, devenue bien difficile par la triste position de l'armée démoralisée, mouillée jusqu'aux os depuis huit jours, n'ayant pas une branche pour se chauffer, pas un biscuit à manger, a été ordonnée, le 24 novembre au matin.

Tous les corps prirent le devant, et l'on nous laissa seuls à l'arrière-garde. Nous étions deux cent quarante hommes environ, et l'on semblait nous dire : « Nous nous sauvons, tirez-vous d'affaire » ; heureusement pour nous que nos hommes avaient conservé des vivres, que leur moral n'était pas le moins du monde abattu et que nous étions commandés admirablement.

A peine avions-nous quitté le bivouac, que toute la ville et des milliers d'Arabes accourus de tous côtés entourèrent notre bataillon, le resserrèrent dans un cercle étroit, et, nos tirailleurs étant atteints par la cavalerie et sabrés, il n'y avait qu'à prendre la fuite, ce qui entraînait la perte totale de l'armée, ou mourir en nous défendant jusqu'à la mort. C'est le dernier parti que nous prîmes.

Le commandant arrêta le bataillon, cerné à quarante pas de distance par dix ou douze mille Arabes ; il fit former le carré, apprêter les armes aux cris de « Vive le Roi ! » plusieurs fois répétés avec un enthousiasme impossible à décrire ; l'ennemi fut déconcerté par cette attitude fière et imposante. Profitant de ce moment d'incertitude chez les Arabes, nous ouvrîmes un

_____

(1) Changarnier.

feu de deux rangs bien dirigé qui acheva de persuader à cette multitude que nous ne serions pas une proie aussi facile à saisir qu'ils paraissaient le croire; le cercle s'étendit peu à peu, nos tirailleurs reformèrent leur ligne, et le bataillon continua sa marche aux applaudissements de toute l'armée qui, ainsi que le Maréchal et le Prince, nous ont honoré du titre de « *Sauveurs de l'armée* ».

Le commandant s'est conduit admirablement; nous lui offrons une épée d'honneur.

C'est sur ce petit bataillon, dont la réputation était si bonne, que reposa la responsabilité de la retraite, qui fut difficile pendant quatre jours, harcelés que nous fûmes du matin au soir par une nuée innombrable d'Arabes.

Enfin nous avons laissé bien des hommes, bien des voitures, bien des munitions en arrière, mais il était humainement impossible de faire autrement, et nous avons ramené une grande partie de notre matériel. La retraite s'est effectuée avec un grand ordre, et nous pouvons répéter avec François Ier : *Tout est perdu, fors l'honneur.*

J'ai le bonheur d'être proposé le premier pour la décoration; j'espère que, malgré la non-réussite de l'expédition, l'armée, qui a fait tout ce qu'elle a pu, qui a souffert avec une constance admirable tous les maux les plus cruels de la guerre, recevra des récompenses.

J'ai recours, mon général, à votre bonté pour faire appuyer ma proposition au ministère. Vous avez une grande influence; le Prince nous a parlé de vous avec une sorte d'enthousiasme.

Recevez, etc.

Capitaine FOREY.

20 bis. — Lettre du chef de bataillon Changarnier, du 2ᵉ léger.

Au camp de Douéra, à six lieues d'Alger, le 8 décembre 1836.

MON GÉNÉRAL.

Au moment d'entrer dans le bâtiment qui allait nous transporter à Bône, sous un prétexte que je n'ai pas le temps de vous expliquer, nous fûmes réduits à trois cent cinquante hommes par le général Rapatel, à qui notre départ n'était point agréable. Votre lettre du 18 novembre, dont je vous remercie mille fois, me prouve que vous savez déjà qu'il nous a fallu relâcher au point de départ, et qu'à la seconde tentative seulement nous avons pu atteindre Bône. Cette ville, pestilentielle en cette saison, a envoyé deux mille hommes de notre petite armée à l'hôpital. Mon contingent a été de soixante-dix. Arrivés au camp de Dréan, je dis à mon bataillon : « Voulez-vous rester à la garde des équipages et des cantiniers, ou voulez-vous faire la guerre? — Nous voulons faire la guerre. — Eh bien! promettez-moi donc, puisque vous voulez faire la guerre, promettez-moi que pas un de vous ne restera en arrière. Jusqu'à ordre contraire, les guides garderont entre eux *distance et demie;* tâchez d'avoir l'apparence d'un bataillon; dans l'occasion, nous prouverons que nous en valons un tout entier. »

En déduisant les non-valeurs et en comptant pour peu les trois ou quatre cents hommes de Joseph, autrement dit Yusuph-Bey, nous avions de cinq mille cinq cents à six mille combattants. Les journaux ont dû vous donner une organisation en quatre brigades qui ne fut pas maintenue. Le général de Rigny eut la première brigade, composée de Joseph, du 3e de chasseurs, du bataillon d'Afrique sous les ordres du lieutenant-colonel Duvivier et des trois bataillons du 17e léger, réduits par la maladie à mille hommes, plus quatre pièces de montagne. Nous étions le 1er bataillon du général Trézel, qui en avait deux du 62e (le 3e bataillon de ce corps, après avoir navigué quarante-cinq jours sur toute la Méditerranée, n'est arrivé que pour occuper Bône et Guelma), deux du 59e, deux du 63e, six pièces de montagne, six pièces de huit et quatre compagnies du génie.

Les opérations ne commencèrent réellement que le 13. La première nuit fut pénible ; une de ces pluies africaines, dont on ne se fait pas une juste idée dans nos climats, dura dix-huit heures et faillit nous submerger dans notre bivouac. Le temps devint meilleur et resta passable jusqu'à deux journées de Constantine, où des torrents d'une pluie incessante rendirent la marche bien difficile à des troupes mal nourries, opérant dans un pays sans routes et sur un terrain glaiseux.

Trois journées avant d'arriver à Constantine, pendant notre séjour devant cette place et pendant les trois premières journées de retraite, nous avons subi un supplice connu de peu d'armées : la privation *absolue* de feu, *absolue,* entendez-vous bien, à ne pas avoir de quoi faire bouillir une tasse de café. C'est ainsi que beaucoup de soldats et plusieurs officiers ont eu les pieds gelés, bien que l'hiver, rigoureux sans doute, ne fût pourtant pas un hiver de Russie, pas même un hiver de Pologne.

Parti du camp Clauzel ou de Dréan avec douze officiers et deux cent quatre-vingts hommes, je suis arrivé devant Constantine le 21, sans compter un homme de moins.

Il n'en était pas de même dans les autres corps; aussi, bien que jusque-là nous n'eussions pu faire preuve que d'ordre et de célérité dans la marche, nous étions déjà favorablement remarqués.

Nous ne trouvions nulle résistance, pas un coup de fusil ne nous était tiré. Aussi disait-on hautement au quartier général que nous serions accueillis en amis à Constantine, Achmet était sans doute en fuite et toutes les promesses de Yousouf semblaient justifiées. Le 20, parut au matin un ordre du jour commençant ainsi : « L'armée entrera aujourd'hui à Constantine. La ville, sous le commandement du général Trézel, sera divisée en huit arrondissements... etc., etc. » Le général Trézel me dit en confidence que je pouvais m'attendre à être désigné par lui pour commander l'arrondissement où serait le quartier général. Je me défendis comme un beau diable de ce fatigant honneur qu'il persista à m'imposer. Nous revînmes plusieurs fois sur ce sujet...

Le temps et les chemins furent affreux au delà de toute expression; nous ne couchâmes qu'à cinq lieues de Constantine, en dépit de l'ordre solennel. Au surplus, nous avions été trompés sur les distances comme sur toutes choses. Constantine est de dix lieues plus loin que Bône qu'on ne nous l'avait dit.

Le 21 enfin, après avoir passé trois rivières à gué, nous arrivâmes, à trois heures, devant cette ville mystérieuse, moins considérable, à mon avis, qu'Alger, mais très supérieure à l'idée que je m'en étais faite. Il y a trente établissements, je ne sais lesquels, mais vastes et imposants. Les maisons, entassées sans intervalles, n'ont pas les toits à l'italienne, mais à l'européenne ; les rues semblent être aussi étroites qu'à Alger.

L'étendard d'Achmet flottait sur la principale batterie, quelques boulets avaient salué notre arrivée, et les espérances du quartier général ne semblaient pas fort diminuées. La 1re brigade passe le Rummel et s'empare, après une faible résistance, du plateau d'où devra partir la seule attaque redoutable à la ville. Ayant, par ordre du Maréchal, devancé la 2e brigade, je m'apprête à suivre la 1re, quand un ordre me retient à mi-côte du plateau de Mansoura, du sommet duquel le Prince et le Maréchal considèrent la ville et le mouvement du général de Rigny.

En arrière, on entend du canon et de la fusillade, à trois lieues en arrière : c'est le 62e qui défend mal le convoi dont il pille et abandonne une partie. Les têtes qu'on lui enlève doivent, le lendemain matin, augmenter l'enthousiasme de la ville et de la garnison.

A quatre heures du soir, ma compagnie de carabiniers est appelée à la garde du quartier général. Le Maréchal me fait appeler, et me montrant, au fond du ravin qui sépare les deux plateaux occupés par les deux fractions de l'armée, un vaste bâtiment sur la rive droite du Rummel, très près de la ville, il me dit que ce sont les écuries du bey, qu'il ignore si elles sont défendues, que si ce bâtiment peut être occupé, il ne doute pas que, nous voyant si près, la ville ne se rende, qu'en conséquence il me prie de voir si, dans mon bataillon, je ne trouverais pas quelques hommes assez résolus pour, *sans trop se compromettre,* aller examiner, entre onze heures et minuit, cette maison, ses entrées, et savoir si on peut s'y établir. « Du reste, ajoute-t-il, établissez pour la nuit votre bataillon sous cette roche, à quatre pas d'ici ; vous serez un peu à l'abri de ce temps infernal. »

Pour remplir le désir que le Maréchal n'avait même pas
voulu m'expliquer tout entier, je profitai des dernières heures
du crépuscule pour examiner les localités, du point culminant
où je me trouvais, puis je courus rejoindre mon petit bataillon
réduit à quatre compagnies, en tout deux cent vingt hommes.
Auprès des carabiniers, j'envoyai mon second cheval, mes
modestes bagages et ceux de tout le bataillon. Un temps favorable, une neige épaisse et un ciel obscur me décidèrent à
devancer l'heure indiquée par le Maréchal. Je descendis vers
le gué que j'avais choisi du haut du plateau. Je laissai la
4ᵉ compagnie sur la rive gauche pour commander ce gué en
cas de retraite, et, à pied, pour donner l'exemple, je passai le
premier la rivière, suivi des voltigeurs et des deux autres
compagnies. Nous avions de l'eau jusqu'au-dessus des han-
ches. J'échelonnai mes trois compagnies à de courts intervalles, je les arrêtai à cent cinquante pas des écuries du bey;
avec six hommes de bonne volonté, j'allai presque à quatre
pattes examiner ce bâtiment, je ne tardai pas à reconnaître
qu'il était évacué. Nous nous y établîmes aussitôt.

J'envoyai chercher ma 4ᵉ compagnie, qui m'amena un de
mes chevaux. Une heure après le passage de cette compagnie, le Rummel n'était plus guéable. Je m'occupai tout de
suite de faire créneler les écuries du bey, qui peuvent contenir
trois cents chevaux. Pendant cette opération, accompagné de
deux hommes, je comptai les trois cent soixante-dix pas qui
nous séparaient de la porte Bab-el-Oued, que j'examinai avec
soin; j'acquis la conviction qu'on avait élevé de la maçonnerie
derrière. Pendant cet examen, qui se faisait à la clarté douteuse
d'une lune voilée, deux factionnaires, se promenant à quelques
pieds au-dessus de ma tête, firent passer quelques mots arabes
équivalant à notre cri : « Sentinelles, prenez garde à vous! »

Douéra, le 10 décembre.

Les exigences de ma position, des rapports, des états sans
nombre et sans fin à fournir ne m'avaient pas permis de vous
écrire de Bône. Débarqué à Alger le 6, j'ai été envoyé ici le 7;

le lendemain, nous avons passé la revue du Prince ; ensuite je vous ai écrit ce qui précède, mais une visite indispensable faite, le 9, à Bouffarick, où se trouve le colonel, m'a fait manquer le courrier, et je continue mon récit sans savoir quand il vous parviendra.

Le 22, au point du jour, j'arborai sur la tourelle placée au centre des écuries du bey notre petit fanion, auquel, je dois le dire, la ville ne sembla pas donner la moindre attention. Une vive fusillade s'étant fait entendre sur le plateau occupé par la 1re brigade, je laissai une compagnie garder notre bâtiment, et, avec les trois autres, j'allai me placer sous les ordres du général de Rigny, qui nous employa à repousser les attaques faites sur le flanc gauche et sur les derrières de son camp. Dans cette journée, elles n'eurent pas une très grande vivacité, néanmoins le général de Rigny fut si content de ce fragment de bataillon, qu'il fit à son chef l'honneur de lui confier le difficile coup de main qui, dans la nuit, devait être tenté sur la porte Bab-el-Djérid, dans la partie supérieure de la ville, tandis que le Maréchal ferait attaquer la porte d'El-Cantara. La 4e compagnie, relevée aux écuries du bey par un autre corps, vint nous rejoindre.

Ici, mon général, je dois vous raconter le trait d'un de nos soldats. Je vous ai déjà dit que le Rummel avait cessé d'être guéable, une heure après notre passage, toute communication avait cessé entre les deux fractions de l'armée. Le capitaine Forey pressait le Maréchal de lui permettre de me rejoindre, le Maréchal céda enfin à ses instances. Dans l'espoir de faire parvenir un ordre important au général de Rigny, un capitaine d'état-major et quelques cavaliers montés sur les chevaux les plus hauts et les plus vigoureux que nous eussions, se présentèrent avec la compagnie de carabiniers au gué, qui, après toutes les tentatives possibles, fut reconnu impraticable aux cavaliers et aux fantassins. Forey et le capitaine d'état-major Saint-Hippolyte exprimaient vivement leur désappointement, lorsque le carabinier Maurembles offrit de se charger de la mission à laquelle ils attachaient tant d'importance.

Le capitaine Saint-Hippolyte ayant écrit en hâte les instructions explicatives de l'ordre du Maréchal, Maurembles plaça ces deux papiers dans un mouchoir roulé autour de sa tête, passa à la nage cette rivière torrentueuse, non sans courir le risque de périr sur les rochers, où il fut violemment froissé, puis tout nu, par un temps rigoureux, il parcourut cinq cents toises d'un terrain accidenté sur lequel se montraient souvent des éclaireurs ennemis. C'est ainsi que parvint au général de Rigny l'ordre relatif à l'attaque simultanée qui devait être faite sur la porte d'El-Cantara par le corps principal, et sur la porte Bab-el-Djérid par la 1re brigade. Chargé d'exécuter ce coup de main, je passai la nuit à la tête de ma troupe, attendant le signal du Maréchal. La double entreprise était renvoyée à vingt-quatre heures.

Le 23, deux mille cinq cents Arabes environ semblèrent vouloir attaquer sérieusement les derrières de notre bivouac. Le général de Rigny me confia la défense de ce plateau en me faisant soutenir par le 3e de chasseurs, dont le colonel me prévint que la nature du terrain glaiseux et glissant et l'état de ses chevaux, qui n'avaient qu'un peu de paille dans le ventre, ne lui permettaient guère de figurer que pour la représentation. Le général de Rigny m'avertit aussi que mon petit bataillon, privé de ses carabiniers, était la seule infanterie dont il pût disposer sur ce point. Cette journée fut glorieuse pour nos quatre compagnies, qui depuis neuf heures du matin jusqu'au coucher du soleil tinrent l'ennemi en échec, lui tendirent plusieurs embuscades avec succès et lui tuèrent au moins cent vingt hommes, tant par la fusillade que dans deux charges au pas de course. Ce fut à la fin de la dernière de ces charges que les soldats, m'enlevant presque de force de dessus mon cheval, me placèrent sur le cheval richement harnaché d'un chef arabe resté sur le champ de bataille au milieu de plusieurs des siens. J'achevai la journée sur ce cheval, à qui bien des balles furent adressées. Vers quatre heures, l'ennemi se retira au loin. Le bataillon, qui avait combattu avec un ordre, une intelligence et un élan remarquables, fut salué en regagnant ses positions par les vivats et les battements de mains du

3ᵉ de chasseurs; plusieurs escadrons de ce régiment avaient
tenté bravement quelques charges, mais à l'extrémité du plateau, fort court, l'inclinaison brusque des pentes et le terrain
glissant en avaient empêché l'effet.

A dix heures du soir, j'appris avec regret que la tentative
sur la partie supérieure de la ville serait confiée au bataillon
d'Afrique, sous les ordres du lieutenant-colonel Duvivier. Des
ordres plus détaillés et la désignation des troupes nous arrivaient du quartier général, où l'on ignorait que, la veille, le
général de Rigny m'avait fait l'honneur de me choisir. Je dois
aussi convenir que mon bataillon était bien peu nombreux
pour une pareille entreprise. Elle échoua, sans qu'il soit
prouvé qu'on ait fait le meilleur usage possible des moyens
dont on disposait. Là périt un valeureux officier, M. de Richepanse, avec qui je venais de resserrer une liaison commencée pendant la campagne de Mascara. Je lui ai donné des
regrets sincères. Les Zéphyrs, surnom bien connu des bataillons d'Afrique, perdirent soixante-dix hommes tués ou blessés et une partie de leur réputation usurpée. Le canon et
la fusillade cessant également au pont d'Alcantara, je ne
doutai pas que cette attaque n'eût eu le même résultat que la
nôtre. Toute incertitude cessa à l'instant; il était deux heures
du matin, moment consacré à une prière prononcée du haut
des minarets par les muezzins. Les versets du Coran, jetés au
vent par une voix calme et pure partant de la principale mosquée, furent répétés sur tous les minarets et sur les remparts
par des voix non moins assurées; longtemps nous entendîmes
retentir dans les airs le nom de « Mohammed! Mohammed! »
Remarquez que pendant que les boulets, les obus, les fusées
à la congrève pleuvaient sur la ville, nous n'entendîmes ni le
cri d'une femme, ni les plaintes d'un blessé. Oui, l'attitude de
la ville a été imposante, oui, tout semblait annoncer l'enthousiasme du patriotisme et de la religion, beaucoup plus qu'une
prétendue division de partis et que le désir de recevoir pour
maître ce misérable Yousouf.

Je dormais profondément au milieu de mes hommes pressés
les uns contre les autres, presque entassés, pour moins souf-

frir du froid et de l'humidité que la faim ne rend pas plus faciles à supporter, quand un aide de camp du général de Rigny m'apporta l'ordre de couvrir la retraite de la brigade, qui allait tout de suite se joindre au Maréchal pour commencer la retraite générale.

Pour tâcher d'obtenir quelques instructions plus détaillées, je courus auprès de M. de Rigny, que je trouvai entouré du colonel Corbin, du colonel Corréard, des chasseurs, et de M. de Rancé, porteur du dernier ordre. Les physionomies étaient péniblement contractées; je pus seulement apprendre que le bataillon d'Afrique me précéderait et que, par conséquent, je pourrais commencer mon mouvement dès qu'il serait passé. Nous avions encore une demi-heure de nuit. Le général partit aussitôt avec les chasseurs à cheval et le 17ᵉ léger, marchant vite. Je courus à mon bataillon, je le massai sur le meilleur point du plateau si bien défendu la veille, me défilant des batteries de la place, dans la supposition, vérifiée par l'expérience, que je pourrais être contraint de tenir là jusqu'au jour. J'appelai à l'écart les officiers, je leur expliquai sans détours les difficultés de la situation, puis les chances de succès; je leur dis que s'il était vrai que nous ne pussions pas retourner à Bône sans nos soldats, les soldats avaient tout autant besoin de nous pour les y conduire, qu'il fallait donc avoir beaucoup d'égards pour eux, mais plus que jamais maintenir la discipline, éviter toute familiarité, toute prévenance exagérée.

Me rapprochant de ma petite colonne, je lui adressai quelques phrases analogues qui furent bien comprises.

L'aurore paraissait; point de bataillon d'Afrique! J'envoyai M. de La Charrière, faisant fonction d'adjudant-major, dire au lieutenant-colonel Duvivier que je l'attendais. Un quart d'heure après, La Charrière me dit que M. Duvivier, occupé à réunir péniblement son bataillon, allait enfin passer. Un autre quart d'heure s'écoula encore; enfin, ce malheureux bataillon défila ayant une longue queue de traînards. Avec la victoire, tout le monde est brave, toutes les troupes sont bonnes; dans le malheur, il ne faut croire qu'au courage des honnêtes gens, il ne faut avoir confiance que dans les troupes disciplinées.

Quand cette cohue me sembla écoulée tout entière, je commençai mon mouvement, dont la carte que nous vous enverrons bientôt vous fera connaître toutes les difficultés. Les Arabes ! se lèvent tard, mais enfin il était grand jour et notre marche ne leur laissa aucun doute sur leur bonheur, qu'ils s'exagérèrent probablement.

De leurs divers bivouacs, je les vois accourir vers le camp que nous abandonnions, poussant des cris plus aigus, plus sauvages que de coutume, puis vers nous, qu'ils commencent à fusiller. Le soleil était à l'horizon. Le bataillon d'Afrique commençait à passer le gué, quand, à l'entrée du camp, à la position même que je venais de quitter, j'aperçus trente ou quarante malheureux fuyant sans ordre, que les Arabes allaient atteindre. Je rétrogradai de deux cents pas à la tête de la compagnie de voltigeurs, et je sauvai *la moitié de ces deux postes*, composés de trente-six hommes et commandés par des officiers; *ils avaient été oubliés* par le bataillon d'Afrique!! La moitié fut massacrée sous nos yeux et presque au milieu de nous.

Les Arabes devenaient plus nombreux et plus pressants; le bataillon d'Afrique avait passé le Rummel, et le lieutenant-colonel Duvivier le formait de l'autre côté pour nous protéger de son feu. La tête de mon petit bataillon passait à son tour et se formait de même. Je restais seul avec les voltigeurs, dont la dernière section, embusquée derrière la crête du talus, tenait avec une admirable fermeté. Les Arabes, grâce à leur manie de ne s'occuper que de la queue des colonnes, s'acharnaient sur ce petit groupe, dont ils étaient assez près pour que ceux qui ne voulaient pas prendre le temps de recharger leurs armes nous lançassent des pierres. Enfin, à mon commandement, ces braves petits voltigeurs se précipitèrent dans la rivière, après que leur constance eut épargné plusieurs milliers de coups de fusil à la colonne qui gravissait la côte opposée.

Nous retrouvâmes enfin nos carabiniers au plateau de Mansoura, où se passait un triste spectacle ! Selon mon habitude quotidienne, je me fis aussitôt remettre une *situation* au crayon. Nous avions encore deux cent cinquante-quatre hommes sous les armes, dont plusieurs, blessés assez grièvement pour être désignés pour l'ambulance, n'avaient pas voulu quitter nos rangs. Nous n'avions pas un malade, pas un traînard. Nous avions perdu le reste, la veille et le matin même.

L'armée se formait sur deux colonnes ayant tous les équipages au centre. Le 63ᵉ de ligne était le dernier régiment de la colonne de gauche, le 59ᵉ, le dernier régiment de la colonne droite. Le 17ᵉ léger, bon régiment, mais démoralisé et réduit à moins de sept cents combattants, ne devait aller prendre son rang au centre d'une des colonnes qu'après que toutes les voitures seraient parties et l'armée formée en bon ordre; cependant ce régiment, qui, le matin même, nous avait abandonnés au passage du Rummel, malgré les ordres du général de Rigny, se dépêcha de partir, laissant à l'ennemi un plateau de la plus haute importance, à l'instant où rien n'était encore en ordre à l'arrière-garde...

M. de La Tour du Pin, aide de camp du Maréchal, venant à passer, je le priai de faire remarquer que j'étais là, attendant des ordres, quand M. le colonel Duverger, chef d'état-major, survenant, me cria de quelques pas : « Commandant Changarnier, vous vous tiendrez en arrière et vis-à-vis du milieu de l'intervalle qui sépare les deux colonnes ; le Maréchal vous confie le soin de couvrir la retraite et me charge de vous dire qu'il compte sur vous. — Dites au Maréchal que je le remercie! »

C'était en apparence un honorable arrêt de mort que je venais de recevoir. Le 63ᵉ et le 59ᵉ, non moins pressés que le 17ᵉ, commençaient leur mouvement, malgré que beaucoup de voitures fussent encore en arrière. Les conducteurs de celles-ci, attendant à peine ou n'attendant pas du tout qu'elles fussent chargées, fouettent leurs chevaux et se précipitent entre les deux colonnes.

De malheureux blessés — on fait varier le nombre de cinquante à cent soixante — restent abandonnés, et, tandis que les Arabes les égorgent, les taillent en morceaux sous mes yeux,

je puis regagner l'intervalle que les voitures et la marche trop
hâtée du 59ᵉ et du 63ᵉ m'ont fait perdre, je puis organiser ma
petite colonne et mes tirailleurs.

Le bataillon marchait en colonne, les guides de droite et de
gauche bien couverts; les voltigeurs et les carabiniers, en cas
de formation du carré, composaient la première et la quatrième
face, les compagnies du centre, en se formant à droite et à
gauche, devaient laisser deux intervalles pour recueillir les
tirailleurs qui les fermeraient.

Quant aux tirailleurs, j'avais un problème difficile à résoudre :
en proportionner le nombre à la petite troupe qui devait les
renouveler et les soutenir et à la nécessité d'éloigner assez
l'ennemi pour que la fusillade ne détruisît pas mon bataillon
en quelques instants. Je les tins à quarante pas du bataillon,
sans réserve particulière; j'avais trop peu de monde, et chacun d'eux put croire sentir derrière lui le cheval du commandant pendant toute la journée, car je marchai constamment de la droite à la gauche et de la gauche à la droite,
adressant quelques mots à chaque homme en passant près de
lui. Je devais échapper à un pareil danger. Je puis vous dire,
en toute sincérité, que je n'aurais pas cédé ma place pour
celle de receveur général du département de la Seine.

Bien que fort occupé à surveiller les mouvements de
l'ennemi, je ne cessais pas de diriger mon bataillon, recti-
fiant souvent la marche des guides.

Pour assurer la transmission des ordres, La Charrière, à
cheval, se tenait entre moi et le bataillon, à quelques pas en
arrière duquel l'adjudant était prêt à répéter mes commandements; bien qu'affamé, j'avais eu toute la journée une voix
retentissante que vous ne m'avez jamais connue.

Entre neuf et dix heures, je reconnus tout à coup les symp-
tômes imminents d'une charge à fond. « La Charrière, courez
dire à ce b... de colonel du 63ᵉ de faire attention à ce qui
m'arrive. Tirailleurs, ralliement au bataillon! »

Les moins lestes furent sabrés. En me jetant dans la
colonne, je vis que les angles s'arrondissaient. En des instants
si critiques, il ne faut s'étonner de rien et prendre tout en

bonne part; je dis avec le plus grand calme : « Ce ne sont pas des cercles, mais un carré que nous allons former, donnez le temps aux tirailleurs de rentrer. » En effet, mes commandements furent exécutés comme au Champ de Mars.

Nous étions néanmoins perdus si je n'étais parvenu à imposer aux premiers rangs de l'ennemi et à en faire un rempart contre l'avalanche que nous entendions et que nous voyions fondre sur nous.

Les armes inclinées annonçaient que nos hommes allaient tirer, et je ne doute pas que mon pauvre petit carré n'eût été bientôt enfoncé, quand je m'écriai : « Soldats, à mon commandement!... Vive le Roi! » Ce cri fut unanimement et vigoureusement répété, les armes se redressèrent, je vis clair dans mon échiquier et je sentis que j'étais maître de mes hommes. C'est alors que je leur dis : « Ils ne sont que six mille. et vous êtes deux cent cinquante; vous voyez donc bien que vous n'avez rien à craindre! Vive le Roi! » A ce cri poussé par moi, je dois à la vérité de dire que tout le carré répondit, cette fois, par le cri de : « Vive notre commandant! » Tout le monde était électrisé.

Le capitaine Fabret tué raide, quarante-deux tués ou blessés tombés au milieu de ce petit carré n'en ébranlèrent pas la consistance. Les blessés criant et me suppliant de ne pas les abandonner, je jurai qu'ils seraient tous sauvés, mais qu'il fallait pour cela qu'ils gardassent le silence.

Il arrivait cependant ce que j'avais espéré. Les premiers rangs de l'ennemi. sur lesquels s'encombrait une foule prodigieuse, s'arrêtaient étonnés de notre attitude imposante et de nos deux cris inaccoutumés. Ils semblaient hésiter entre le désir d'être à une plus grande distance de nous et la volonté de tenter une attaque décisive, quand je fis cesser leur incertitude en ordonnant le feu de deux rangs à trois faces de mon carré. Au bout de deux minutes, j'arrêtai ce feu qui jeta cinquante hommes à terre. Nous ne pûmes voir que ce qui se passait à quelques pas devant nous, mais je suis persuadé que peu de balles furent perdues au milieu de ces masses irrégulières, mais compactes et profondes. Aussitôt que la fumée fut

dissipée, voyant l'ennemi gagner le large, je commandai : « Tirailleurs, sortez avec moi, pas de course, marche ! » Et à coups
de baïonnette nous hâtâmes la retraite des Arabes ; plusieurs
furent tués ainsi. M. Costamagna, avec une hache prise à
l'affaire de la veille, détacha l'épaule d'un brave soldat turc
qui se retirait pas à pas. Cette infanterie turque, cherchant à
se glisser à travers la cavalerie, n'avait pu parvenir, heureusement pour nous, à nous joindre au commencement de la
charge.

J'arrêtai mes tirailleurs à trente pas, je régularisai leurs
lignes, puis, avec le secours d'un peloton de chasseurs à cheval, ayant fait porter tous mes blessés sur les prolonges, je
reformai la colonne et la remis en mouvement au commandement de : « *Pas ordinaire et très ordinaire*, marche ! »

Lorsque mon bataillon eut appris aux Arabes que nous
conservions cette vigueur d'organisation qui assure notre
supériorité, la retraite devint beaucoup plus facile. Mais jusqu'au dernier jour, dans toutes les positions critiques, c'est
nous qu'on chargeait de montrer le chemin à des troupes
démoralisées par la triste physionomie de leurs chefs. Tous
ces messieurs, infanterie et cavalerie, ont bien mérité d'être
renvoyés chez eux par retrait d'emploi.

Jusqu'à la Seybouse, dont le passage, si difficile à forcer
s'il eût été défendu, causait des inquiétudes, on disait chaque
jour, au quartier général : *Le commandant Chargarnier passera !*
Et ce sont, en effet, mes deux cents braves gens (il ne nous en
restait pas davantage) qui furent jetés sur l'autre rive, que les
Arabes eurent la politesse de nous céder sans résistance.

L'heure de l'ingratitude aurait-elle déjà sonné ? Je ne le
crains point de la part du Maréchal, qui est parfait pour nous.
Je ne le crains pas non plus de la part de l'armée : officiers et
soldats n'ont que des éloges chaleureux et sincères pour le
2ᵉ léger, mais j'entends dire que le second rapport détaillé,
destiné à accompagner auprès du ministre les demandes du
Maréchal, *obscurcit* un peu la brillante conduite du bataillon
et semble mettre en parallèle des corps qu'une injustice flagrante pourrait seule lui comparer. On ne devait pas dire, je

le sais, que ce bataillon, réduit à deux cent cinquante hommes, à sauvé l'armée; cela est vrai pourtant, mais il y a des vérités dont il est difficile de convenir! Mais pourquoi nous mettre sur la même ligne que tels personnages dont l'ardeur guerrière a été au niveau du thermomètre devant Constantine, fort au-dessous de zéro? Pourquoi nous accorder moins de citations qu'à tel corps qui n'a rien fait?... On a pris quelques noms au hasard dans mon rapport, et des officiers tels que MM. de La Charrière et Duportal ne seront pas, dit-on, nommés!

Si vous pouvez contribuer à me faire obtenir ce grade demandé pour moi, cela ne pourra augmenter mon dévouement, mais ce sera encore une obligation de plus que je vous aurai...

Le colonel veut bien désirer m'avoir en remplacement de M. Jeanson, qu'il faudrait nommer dans les places. Cette faveur serait double pour moi : de nouveaux liens m'attachent au 2e léger, mais si on spécifie cette demande, n'est-il pas à craindre qu'on saisisse ce prétexte au ministère pour répondre : « Eh bien, attendez la vacance! » L'essentiel pour moi est de ne pas manquer cette occasion, qui peut changer ma carrière, manquée autrement.

Le travail de Forey vous fera connaître des détails qui m'échappent; je suis fâché de n'avoir plus le temps de raconter la conduite du 59e et du 63e de ligne pendant notre carré.

Pardonnez-moi ma mauvaise écriture, plus détestable que de coutume. Ceci a été bâclé au milieu d'embarras et de distractions de toutes sortes, terminé le 12 décembre.

Vous savez, mon général, si vous pouvez compter sur le respectueux et profond dévouement de votre très humble et très obéissant serviteur,

CHANGARNIER.

Vous savez déjà par Forey que tous les officiers du bataillon expéditionnaire me donnent une épée. Plusieurs de ces

messieurs : Signoret, Alteirac, Costamagna, ont été blessés,
mais légèrement. J'ai reçu moi-même obligeamment une balle
qui m'a fait une forte contusion à la clavicule droite, à l'instant où je reformais ma colonne. Ma capote est criblée d'une
manière curieuse, et un de mes chevaux a été touché quatre
fois.

Le Maréchal, s'il s'est trompé sur les moyens de défense
d'Achmet, sur la force de Constantine, sur les difficultés de
la saison et du pays, a été ferme, calme et digne dans la
retraite, qui n'est pas sans gloire.

Le commandant Arnaud, en me chargeant de ses respects
pour vous, veut absolument que je vous dise que votre division sera bien reçue ici.

21. — *Lettre du colonel Menne, commandant le 2ᵉ léger.*

Camp d'Erlon, le 8 décembre 1836.

Mon général,

Vous aurez sans doute appris que le 2ᵉ léger avait fourni
pour l'expédition de Constantine cinq compagnies du 3ᵉ bataillon, sous les ordres de M. Changarnier : elles étaient commandées par les capitaines Forey (chasseurs), Fabret (2ᵉ), Susini
(3ᵉ), Dabbadie (4ᵉ), Giraudel (voltigeurs), et formaient, au
départ d'Alger, un effectif de trois cent soixante-treize hommes.
Je vous donne ces détails, parce que ce faible bataillon s'est
couvert de gloire, et vous serez peut-être bien aise de savoir
quels étaient les officiers qui étaient là.

Le commandant Changarnier s'est conduit héroïquement.
Le capitaine Fabret a été tué le 24, au milieu du petit carré
du bataillon. Le bataillon a eu seize hommes tués et quarante
et un blessés ; plusieurs de ces derniers sont déjà rentrés dans
les rangs.

M. Changarnier m'a écrit hier sommairement : « Nous

I.   7

avons trouvé à Constantine des moyens de défense supérieurs à nos moyens d'attaque, mais notre retraite n'a pas été sans gloire... nous avons bien souffert du mauvais temps et de la faim. »

Il me parle, mais sans détails, des témoignages de confiance dont le Maréchal les a honorés et qu'ils ont bien justifiés. Il finit par me dire : « Nous n'avons rien fait perdre au régiment de sa réputation. »

Le Prince est venu nous voir aujourd'hui. Il m'a dit : « Colonel, vous aviez donné un fameux détachement pour l'expédition de Constantine. » Le Maréchal, en m'en parlant sur le même ton, m'a serré la main d'une manière expressive. J'ai reçu des compliments, sur ce bataillon, de tous les officiers supérieurs qui sont venus avec le Prince. Le lieutenant général Rapatel, en me serrant la main, m'a dit : « J'ai voulu parler à vos messieurs, en passant à Douera; j'étais tellement ému que j'avais les larmes aux yeux et que je n'ai pu rien leur dire. » Le Prince avait déjà dit au commandant : « Vous étiez la clef de l'édifice... » De tout quoi je conclus que ce faible bataillon a sauvé l'armée, en tenant tête vigoureusement à l'ennemi. Dans un moment critique, il ne se démentait pas.

Pendant cette courte et malheureuse campagne, il s'est passé des choses extraordinaires; on dit que le général de Rigny avait perdu la tête; il est resté prisonnier à bord. On se plaint du 62e, qui a pillé, en marchant sur Constantine, le convoi qu'il était chargé d'escorter. On a manqué de tout, le temps a aussi été très rigoureux; on parle de bon nombre d'hommes qui ont été gelés. Et pendant qu'on tentait une expédition aussi aventureuse, eu égard aux moyens d'exécution, les habitants d'Alger se livraient à la crainte, en supputant le peu de troupes restées pour leur défense et celle de la plaine.

J'ai écrit hier au commandant Changarnier de vous donner des nouvelles et, s'il ne le pouvait pas, de prier le capitaine Forey de le faire. Ils vous donneront des détails positifs.......

Veuillez agréer, mon général, l'assurance de mon dévouement et de mes sentiments les plus respectueux.

Le colonel du 2ᵉ léger,

MENNE.

22. — *Lettre de M. le duc de Mortemart.*

Paris, le 21 décembre 1836.

MON BON VIEUX CAMARADE,

Je viens d'en faire une courte mais fameuse, et je pensais d'autant plus souvent à vous, mon ami, que les troupes qui sortaient de dessous vos ordres étaient celles qui montraient ce fonds de discipline qu'on néglige d'une manière si déplorable, si coupable, si décourageante pour des vieux soldats. J'en ai trop long à vous raconter pour en parler dans une lettre; mais en rentrant dans mes foyers, mon premier besoin est de vous dire que je me porte bien, que vous avez toujours été aussi regretté de moi que présent à mon esprit, et que je vous aime de tout mon cœur. Ne croyez à peu près à rien de ce que disent les journaux. La vérité se fera jour et paraîtra plus tard.

Le duc DE MORTEMART.

PRÉPARATIFS DE LA
DEUXIÈME EXPÉDITION DE CONSTANTINE

23. — *Lettre du chef de bataillon Despinoy* (1).

Bône, le 27 avril 1837.

Mon général,

Votre obligeante lettre du 5 de ce mois vient de m'être remise. Je vous remercie autant des détails que vous me donnez sur la situation malheureuse de l'Espagne que des nouveaux témoignages de bonté contenus dans vos derniers mots ; j'y répondrai dans tous les temps par une reconnaissance sincère.

Vous ne paraissez pas croire beaucoup à l'expédition de Constantine (2); il s'est cependant déjà fait trop de dépenses dans l'objet d'assurer le succès de cette campagne pour qu'un ministère, quel qu'il fût, puisse y renoncer, en acceptant, en outre, la responsabilité politique d'un pareil acte de couardise. Notre influence serait à jamais détruite en ce pays sur l'esprit des Arabes alliés ou ennemis, si nous pouvions laisser Achmet-Bey jouir paisiblement du fruit de ses mensonges et de ses intrigues, en justifiant par notre inaction ses impertinences ou ses ridicules rodomontades à notre égard. D'un autre côté, loin de ralentir nos préparatifs, on les stimule; il existe maintenant dans nos magasins des approvisionnements et un ma-

(1) *Despinoy* (Emmanuel), né à Valenciennes le 16 novembre 1795, élève de l'École spéciale militaire le 22 novembre 1813, capitaine le 30 juillet 1817, successivement aide de camp des généraux Despinoy, d'Estissac, Venevelles, Defrance, Castellane et Buchet, lieutenant-colonel aux zouaves le 23 décembre 1841, colonel du 1er régiment de la légion étrangère le 7 avril 1842, mort à Valenciennes le 3 mars 1843.

(2) A la suite de la première expédition de Constantine, le maréchal Clauzel avait été remplacé par le général de Damrémont, le 12 février 1837.

tériel immenses, sur lesquels on perdrait plus des deux tiers si l'entreprise était seulement ajournée trop longtemps (1). Le détachement du train des équipages, parti de Port-Vendres le 21, sur sept navires de commerce, est arrivé en rade de Bône le 25; c'est un précieux renfort que vous nous avez envoyé, il nous sera d'une grande utilité.

Les Arabes ont repris leurs habitudes aventureuses et le cours de leurs cruautés, momentanément suspendues par la mauvaise saison; ils viennent exprès de Constantine, c'est-à-dire de quarante lieues, à travers des tribus qui leur sont hostiles, pour enlever des chevaux du génie au milieu des parcs. Dernièrement, le 15, ils se sont glissés dans une forêt, comme des bêtes sauvages, à la suite d'une corvée pour le bois et ont décapité un malheureux soldat des tirailleurs d'Afrique qui s'était un peu écarté de ses camarades. Le surlendemain, dans le même rayon (une lieue au plus de Guelma), un cantinier qui rejoignait un convoi a été saisi, dépouillé et mené à Constantine. En passant dans les tribus, on le faisait voir, comme on montre les ours en France, pour une légère rétribution d'argent. De pareils hommes, s'ils s'entendaient entre eux et s'ils savaient mieux se défendre contre nos armes, nous auraient bientôt contraints d'évacuer leur pays.

La peste continue ses ravages dans la régence de Tripoli. Le bey de Tunis a fait doubler ses cordons sanitaires; les autorités turques elles-mêmes, ébranlées dans leur croyance au fatalisme, ont fait tuer sur place des individus qui cherchaient à franchir les limites, tant elles sont épouvantées des horribles effets de ce fléau. Achmet-Bey, qui comptait sur la promesse d'un secours de Takir-Pacha, voyant bien qu'il ne peut plus rien attendre d'une armée décimée par la maladie, commence à nous exciter à lui faire des avances d'accommodement. Un médecin italien établi à Constantine s'est mis en rapport à ce sujet avec le lieutenant de gendarmerie résidant à Bône; Achmet proteste de ses bonnes dispositions, faisant

(1) Les lettres adressées au maréchal de Castellane sur la deuxième expédition de Constantine sont malheureusement perdues.

observer qu'il n'a jamais été notre agresseur, que c'est nous qui avons cherché à le déposséder ; il ajoute qu'à des conditions de paix honorables, les deux peuples pourraient former une alliance solide. Je vous tiendrai au courant de ce qui adviendra de ces singulières négociations, qui paraissent devoir prendre bientôt une tournure plus sérieuse.

Agréez, je vous prie, mon général, les nouvelles assurances de mon affection toute dévouée.

C. DESPINOY.

M. le commandant Corte, qui est ici avec deux escadrons de son régiment, me charge de vous présenter ses respects.

Il en est de même de Viel-Castel, du 17ᵉ léger. Ce pauvre régiment n'est plus reconnaissable ; il ressemble à une troupe de mendiants, surtout depuis qu'il est dirigé par le colonel de C..., homme d'esprit, mais antimilitaire.

24. — *Lettre du capitaine Forey, du 2ᵉ léger.*

Camp de Mustapha, le 11 août 1837.

MON GÉNÉRAL,

M. Chevalier allant reconduire sa femme à Perpignan, je ne veux pas le laisser partir sans le charger d'une petite lettre pour vous. La reconnaissance est chose si douce, quand elle se rapporte à des personnes aimées !

Pardonnez-moi ce sentiment, mon général, mais il ne sera donné à personne de jamais l'arracher de mon cœur.

Depuis la paix Bugeaud (1), nous jouissons de la tranquillité la plus parfaite. L'expédition de Constantine est encore un problème. Les préparatifs se poursuivent avec activité. Peu de troupes sont encore parties. Nous espérons toujours fournir notre contingent, d'autant plus que les régiments de la division d'Alger sont décimés par les maladies. Le 48ᵉ a

---

(1) Le général Bugeaud avait conclu avec Abd-el-Kader le fameux traité de la Tafna, le 1ᵉʳ juin 1837.

mille hommes aux hôpitaux. Le 11ᵉ n'a pu réunir dernièrement pour une revue que deux cent cinquante hommes, et le régiment seul tient bon ; nous n'avons pas deux cents malades, et il y a deux mille huit cents malades à Alger...

Nous n'avons rien reçu encore pour le combat de Boudouaou (1). Il serait fâcheux que cette brillante affaire, certainement la plus chaude de toutes celles qui ont eu lieu en Afrique, ne fût pas récompensée.

Nous attendons tous cependant avec anxiété le grade de lieutenant-colonel pour un certain M. de La Torre qui a eu le talent de se faire abhorrer de tout le monde. On forme en ce moment la légion étrangère à deux bataillons ; ce serait bien là ce qui lui conviendrait.

Je suis avec respect, mon général, votre très humble et très obéissant serviteur.

FOREY.

25. — Lettre du général Bugeaud.

Port-Vendres, le 14 décembre 1837.

MON CHER GÉNÉRAL,

Merci de votre exactitude à venir au secours des pauvres reclus. Dieu vous en récompensera. C'est un acte méritoire.

J'accepte votre dîner pour le 18, mais je vous prie de ne pas déranger vos troupes pour me les faire voir. Outre que je serais fâché de vous causer de l'embarras, je n'aurais pas le temps, devant causer assez longtemps avec M. Robert pour affaires du conseil de guerre, avec vous par plaisir et intérêt.

Comment et pourquoi Brossard ne veut-il pas répondre aux interrogatoires ?

Si le ministre ne vous a pas répondu, c'est qu'il a renoncé à vous envoyer à Oran, sur ce que vous désiriez correspondre directement avec lui. Je regrette que vous ayez fait cette condition. Nous en causerons.

(1) Le combat du Boudouaou avait eu lieu le 25 mai 1837 contre plusieurs milliers de Kabyles qui tentaient d'envahir la Métidja.

Adieu, mon cher général, dans quatre jours je vous embrasserai (1).

BUGEAUD.

26. — Lettre du maréchal Clauzel.

15 décembre 1837.

MON CHER GÉNÉRAL,

Je viens vous recommander, et le général de Brossard qui a servi avec moi en Afrique, et sa famille qui est digne aussi d'intérêt, surtout lorsque son chef se trouve détenu.

Je n'entre ni ne veux vous conduire dans l'examen des causes qui ont pu motiver l'arrestation du général de Brossard. Je désire que les rigueurs de sa position soient diminuées autant que possible, sans vous compromettre, et à ce sujet je crois même que je n'ai pas besoin de m'adresser, de faire appel à votre sympathie : je suis convaincu qu'elle lui est acquise; mais je veux exprimer la mienne pour le général en cette circonstance.

On me dit qu'on vous offre le commandement d'Oran. Il est beau, mais il ne faut pas vous dissimuler qu'il sera plus difficile après le départ du général Bugeaud, qui avait sur Abd-el-Kader un ascendant qu'il vous faudra prendre.

Le commandement du centre vaudrait mieux, si on ne vous donne pas tout. Là il y a beaucoup à faire aussi, mais il y a déjà les moyens de faire.

Quoi qu'il en soit, il faut en Algérie trois lieutenants généraux qui veuillent et qui puissent faire prospérer le pays; sans cela, il n'y aura pour le commandement que dégoûts et regrets après.

Je vous renouvelle, mon cher général, les assurances de mon attachement.

Maréchal CLAUZEL.

(1) Voir aussi, relativement au procès du général de Brossard, les lettres du général Bugeaud, n° 37, Excideuil, 12 juillet 1838; n° 39, Excideuil, 15 septembre 1838, et dans le *Journal du maréchal de Castellane*, tome III, pages 133, 136, 176 à 183.

SÉJOUR DU MARÉCHAL DE CASTELLANE
A BONE

27. — *Lettre du maréchal Valée, gouverneur de l'Algérie, au général de Castellane, commandant la province de Constantine.*

Alger, le 17 janvier 1838.

MONSIEUR LE LIEUTENANT GÉNÉRAL,

J'ai reçu les lettres que vous m'avez écrites par le dernier courrier de Bône ; elles contiennent de nombreuses observations auxquelles je m'empresse de répondre, afin de vous mettre en mesure de donner une forte impulsion à toutes les parties du service dans la province de Constantine (nom que prendra désormais tout le territoire qu'occupe la France dans l'est de la régence d'Alger).

J'approuve l'organisation que vous avez faite des troupes de la division en deux brigades, en laissant sous votre direction immédiate le 3ᵉ de chasseurs et les troupes de l'artillerie et du génie qui se trouvent à Bône : ces dispositions satisferont à tous les besoins du service, et elles se trouvent, d'ailleurs, d'accord avec la répartition adoptée précédemment, lorsque la province de Bône était séparée de celle de Constantine.

J'ai écrit, comme je vous l'ai fait connaître dans ma précédente lettre, pour demander à M. le ministre de la guerre

---

(1) Le général de Castellane fut mis à la disposition du maréchal Valée le 17 décembre 1837 ; il arriva en Algérie le 29 décembre et fut envoyé immédiatement à Bône pour remplacer le général Trézel. Voir sur son séjour en Afrique le *Journal du maréchal de Castellane*, tome III, pages 137 à 160.

d'envoyer en Afrique et plus particulièrement à Bône des officiers du corps d'état-major. Des considérations que vous apprécierez, lorsque vous vous serez fait rendre compte des faits qui se sont passés à Bône antérieurement à mon arrivée en Afrique, s'opposent à ce que M. le capitaine D... retourne à l'état-major de la division de cette province. Il importe, au moment où le gouvernement du Roi veut faire cesser le système déplorable qui a prévalu pendant longtemps dans l'Algérie, d'éloigner les instruments dont on s'est précédemment servi et d'employer, autant que possible, des hommes dont le nom ne se rattache pas à une époque dont je veux faire perdre aux Arabes le souvenir. Ce motif m'a également, engagé à demander à M. le ministre de la guerre de ne pas renvoyer à Bône le commandant Jusuf : cet officier, qui peut être utilisé sous certains rapports, ne me paraît pas devoir reparaître dans une province où il a été appelé à jouer un rôle peu en harmonie avec la position actuelle et où, d'ailleurs, son administration n'a pas laissé de bons souvenirs. Je proposerai de laisser le commandement des spahis de Bône à M. le commandant de Mirbeck : mais cette institution me paraît susceptible de nombreux changements. Je vous prie de l'étudier avec soin et de m'adresser, à cet égard, un rapport détaillé.

J'approuve les dispositions que vous avez prescrites pour l'approvisionnement de La Calle et le refus que vous avez fait d'envoyer attaquer une tribu qui avait volé des bœufs, il y a trois mois. Les expéditions contre les Arabes ne doivent avoir lieu que dans des circonstances importantes et lorsque des faits graves nécessitent un déploiement de forces considérables et un châtiment dont le souvenir reste dans la mémoire des Arabes. Pour ce qui concerne les vols qui se commettront encore pendant longtemps, il faut organiser un système de police par le pays même : les cheiks que vous nommerez, et le caïd qui sera chargé de la haute direction des affaires arabes dans la subdivision de Bône, sous votre approbation, seront les instruments nécessaires à la répression de tous les actes de violence que les Arabes pourront com-

mettre. Une force publique prise parmi les indigènes devra
leur prêter main-forte pour rechercher et punir les auteurs
de tous les délits qui seront dénoncés, et les troupes françaises
ne devront intervenir que lorsque des tribus non soumises à
notre autorité auront fait invasion sur notre territoire. Je
vous prie de préparer les moyens d'exécution de ce système
et de me faire connaître vos vues à cet égard ; je m'occupe ici
des moyens d'organiser cette force publique.

J'approuve les nominations de cheiks que vous avez faites,
et je vous recommande de nouveau de chercher un chef
arabe pour l'emploi de caïd de Bône. Je connais toutes les
difficultés que présente le choix d'un homme qui remplisse
les conditions nécessaires pour gouverner des Arabes, mais,
pour cela même, j'attache une haute importance à ne délé-
guer ces fonctions qu'à un homme qui puisse à la fois se faire
craindre et respecter des Arabes et les amener à supporter
sans peine l'autorité de la France et à se rallier sincèrement
à notre cause.

J'ai lu avec attention les rapports qui vous ont été adressés
sur la situation des approvisionnements à Bône et à Constantine : dans cette dernière ville, lorsque le convoi que vous
allez faire partir de Bône sera arrivé, la paille seule manquera. Il n'a pas été possible d'en rassembler une quantité
suffisante pour nourrir tous les chevaux pendant l'hiver.
Achmet-Bey avait fait brûler toute celle qui existait dans les
douairs voisins de la ville, et aujourd'hui on est obligé d'en
faire venir de très loin. La mauvaise saison et la difficulté
des chemins rendent très difficile l'arrivée de cette denrée
dans la place : cependant j'ai l'espoir que, par les soins du
caïd et du général de Négrier, les chevaux n'en manqueront
pas. Jusqu'au départ du dernier courrier, on avait pu s'en
procurer journellement, et vous devrez vous occuper de traiter
avec les tribus qui ont fait leur soumission, pour former un
approvisionnement complet, aussitôt que cela sera possible.
Il serait peut-être également possible de réduire le nombre
des chevaux d'équipage, etc.

J'ai blâmé fortement l'administration de n'avoir pas envoyé

du vin à Bône en temps utile ; j'espère qu'une semblable négligence ne se renouvellera plus ; quant à la mauvaise qualité du vin distribué, je transmettrai à M. le ministre de la
guerre le résultat des expériences que vous avez faites et j'ap-
pellerai son attention particulière sur la qualité des denrées
délivrées aux troupes. D'autres faits viennent à l'appui de
votre rapport et indiquent au moins une coupable négligence
dans les agents des services administratifs.

L'approvisionnement des camps en vin doit pouvoir se faire
facilement au moyen de transports arabes. Pendant que l'armée était à Mjez-Ammar, on a employé avec succès des mulets
loués par l'administration et conduits par leurs propriétaires,
sans aucune espèce d'escorte. La crainte d'Achmet a empêché
d'en réunir un nombre suffisant à cette époque ; mais je suis
convaincu que ce moyen pourvoirait, dans le moment actuel,
à toutes les nécessités du service dans la partie de la province
en deçà du Raz-el-Ackba. Veuillez prescrire à M. le sous-
intendant militaire chargé du service des vivres de prendre
des dispositions analogues à celles adoptées pendant les mois
d'août et de septembre, lorsque l'insuffisance des transports
de l'administration en rendra l'emploi nécessaire.

J'ai déjà réclamé, en faveur de la garnison de Constantine,
une augmentation de solde. M. le ministre de la guerre m'a
fait connaître que cette mesure ne pouvait être adoptée, que
le traitement extraordinaire qui avait été alloué à l'armée
d'Afrique pendant plusieurs années avait été supprimé par
des motifs d'ordre et d'économie, qu'aucune prévision à cet
égard n'était portée au budget, et qu'il se trouvait dans l'impossibilité de faire droit à ma demande. Il ne serait donc pas
opportun de soumettre à Son Excellence une réclamation en
faveur de toutes les troupes qui servent en Afrique, et j'ai dû
me borner à appeler l'attention du ministre sur la position
particulière de la garnison de Constantine, qui ne reçoit pas
de distribution régulière de vin et qui se trouve, sous beaucoup de rapports, placée en dehors de la règle commune.
Aucune décision ne m'a encore été notifiée à son égard.

L'organisation de l'armée d'Afrique a attiré mon attention,

dès les premiers moments de mon arrivée à Alger. J'ai soumis un travail à M. le ministre de la guerre, et les bases que j'ai adoptées sont entièrement d'accord avec les observations contenues dans votre lettre du 8 janvier; je pense que les principes suivis pour la constitution des armées en Europe peuvent s'appliquer, en les combinant aux exigences du terrain, à la guerre que nous faisons en Afrique. Je repousse tout système de corps irréguliers soumis à une organisation variable et qui, comme vous le faites observer, n'ont d'autre résultat que de permettre de donner à quelques hommes, que pousse la faveur, les moyens d'obtenir un avancement rapide. De bons régiments, constamment maintenus à un effectif suffisant, me paraissent pourvoir à tous les besoins du service, alors surtout qu'ils seront embrigadés et placés sous l'autorité de lieutenants généraux actifs et instruits. J'espère que ces principes finiront par prévaloir dans les conseils du Roi et que nous pourrons former dans l'Algérie, non seulement des troupes propres au service d'Afrique, mais une armée qui puisse prendre rang parmi les troupes européennes et lutter avec avantage si les chances de l'avenir l'appelaient à combattre en Europe. Les intentions du gouvernement ne peuvent tarder à être connues, et je m'occuperai ensuite de la fusion des différents corps qui ne seront pas appelés à prendre rang dans l'armée sous leurs noms actuels.

Je ne crois pas qu'une attaque de la part des Arabes soit imminente, mais, à tout événement, nous devons être en mesure de les repousser ; dans tous les cas, nous devons prévoir que nos communications avec Constantine seront plus ou moins inquiétées : il importe donc que la vallée du Zenati ne soit parcourue que par des convois nombreux et en état de résister aux Arabes; vous devrez renouveler, à cet égard, les ordres qui ont été donnés précédemment. Quant à l'établissement d'un poste intermédiaire entre Mjez-Ammar et Constantine, les localités paraissent ne pas s'y prêter, et l'impossibilité presque absolue d'abriter et de nourrir les soldats forme un obstacle insurmontable. Au retour de la belle saison, cette idée pourra être reprise, et l'étude que vous ferez du terrain dans votre voyage à Constantine déterminera l'adoption d'un système propre à assurer nos communications.

L'occupation de la rade de Stora a également attiré, dès longtemps, mon attention; la formation d'un établissement sur ce point fait partie d'un système général d'organisation de la province. Le gouvernement du Roi s'en occupe en ce moment, et, dès qu'il aura arrêté les mesures qu'il croira propres à asseoir l'influence française en Afrique et à développer la colonie, je m'occuperai de la mise à exécution des dispositions qui doivent en assurer le succès; de ce nombre se trouve la construction d'une route conduisant de Constantine à Stora.

Je prendrai des mesures pour que le service des bateaux à vapeur d'Alger à Constantine (*sic*) ait lieu le plus fréquemment possible. Quant à mettre à votre disposition un bateau à vapeur, je ne crois pas que M. le ministre de la marine puisse y consentir; en ce moment, les ressources mises à la disposition du service des bateaux à vapeur entre Toulon et la côte d'Afrique peuvent à peine suffire aux besoins actuels du service, et il faut tout le zèle des officiers de la marine pour qu'il ne soit pas souvent en souffrance. Il ne me paraît donc pas possible de songer à disposer d'un bateau dans les circonstances actuelles : lorsque ceux qui sont maintenant dans le bassin de Toulon auront terminé leurs réparations, je soumettrai votre demande à M. le ministre de la guerre et je lui demanderai, en même temps, d'organiser un service régulier tous les huit jours entre Alger, Bône et Oran.

M. le général de Négrier a été prévenu que vous preniez le commandement de la division et que, par conséquent, tous ses rapports devaient vous être adressés. Je vous prie, de nouveau, de m'en envoyer des copies, afin que je puisse être toujours au courant de ce qui se passe à Constantine. Au reste, lorsque vous aurez visité cette ville, vous pourrez facilement m'éclairer sur toutes les questions qui se rattachent à notre établissement sur le Rummel et m'indiquer toutes les mesures qui peuvent donner de la stabilité à l'occupation de l'armée que le gouvernement veut maintenir et étendre dans la province que la prise de Constantine a soumise à la France.

Recevez, général, l'assurance de ma considération la plus distinguée.

Le Maréchal gouverneur général des possessions françaises du nord de l'Afrique,

Maréchal VALÉE.

28. — *Lettre du maréchal de camp Négrier, commandant la province de Constantine.*

Constantine, le 24 janvier 1838.

MON GÉNÉRAL,

Le chef des Kabyles sous Achmet, Ben-Aïssa, m'avait plusieurs fois demandé l'autorisation de rentrer en ville. Je la lui ai toujours refusée, persuadé que cet homme, d'un caractère remuant et intrigant, n'aurait pas manqué de se livrer à de sourdes menées et de nous causer peut-être bien des embarras. C'était d'ailleurs donner un chef habile aux mécontents. Furieux de me voir persister dans mes refus, Ben-Aïssa s'est rapproché de la ville et est venu se fixer dans la tribu des Mouïa, située à sept lieues environ au nord-ouest de la ville, et, aidé des gens de cette tribu, il est venu faire une razia sur les douairs de Ben-Dali, aux environs de Constantine. Il leur a pris quelques troupeaux, tué un homme et blessé très grièvement un autre qui a été transporté à l'hôpital.

Pour mettre fin à ce brigandage, je fis partir le 19 janvier, à huit heures du soir, la cavalerie indigène et la colonne mobile, sous les ordres de M. le commandant Paté, à laquelle se joignit le caïd des Smélas et cinq cents cavaliers smélas, avec ordre de marcher toute la nuit, d'arriver au point du jour sur la tribu des Mouïa, de tâcher surtout de se saisir de Ben-Aïssa et, dans tous les cas, de ramener tous les troupeaux dont on pourrait s'emparer.

Cette expédition a été conduite avec beaucoup de vigueur et d'intelligence, et les Mouïa, surpris au milieu de leur sommeil, eurent à peine le temps de sortir nus de leurs cabanes et de se cacher derrière les rochers, au milieu desquels leurs douairs sont établis. Ben-Aïssa parvint à monter à cheval et à s'échapper à l'aide de l'obscurité. L'infanterie n'avait pu, malgré une marche forcée, arriver avec la cavalerie, et le pays est trop difficile pour que les cavaliers aient pu atteindre des hommes à pied qui s'embusquaient derrière les rochers pour leur tirer des coups de fusil; on s'empara cependant de plusieurs femmes et enfants, que M. le commandant Paté fit relâcher, et on ramena tous les troupeaux de la tribu, qui fut pillée et saccagée par les Smélas.

La colonne rentra le 20, vers les quatre heures du soir, sans avoir eu aucun tué ni aucun blessé; les Mouïa ont perdu trois hommes, on aurait pu en tuer davantage ; mais, d'après mes ordres, aucune tête n'a été coupée.

Comme la dernière fois, les bestiaux de prise, qui s'élevaient à cinq cent soixante-dix-neuf moutons et trois cent trente-trois vaches, ont été divisés en trois parts égales, dont deux sont restées au gouvernement, et la troisième a été donnée au caïd des Smélas et à ses cavaliers.

Le résultat de cette expédition a produit un effet d'autant plus grand que jamais Achmet n'avait pu réussir à faire une razzia sur cette tribu, qui se retirait toujours dans ses montagnes et derrière ses rochers.

Le lendemain, les cheiks des Smouls, des Segnia, des Ouled-Azig et des Ouled-Mechaouch sont venus me trouver et m'ont offert de marcher avec moi, se mettant entièrement à ma disposition et s'engageant à me suivre jusqu'aux frontières de la province, s'il le fallait. Cette démarche, qui m'assure plus que jamais l'appui des gens de ces tribus, met à ma disposition plus de deux mille cavaliers.

M. le commandant Paté m'a rendu le meilleur compte de la manière dont sa colonne avait exécuté et supporté cette marche longue et difficile, qui a duré vingt heures consécutives, et il se loue beaucoup du zèle et de l'obéissance des tirailleurs

de Constantine qui en faisaient partie. De son côté, M. le capitaine d'Hincourt, que j'avais placé à la tête des spahis, a été
très content d'eux. Ils ont chargé franchement sur les douairs
et se sont mis à la poursuite des fuyards, sans qu'un seul soit
resté en arrière et se soit arrêté à piller avec les Smélas.

Ce matin, une petite portion des Smouls, qui n'avait pas
encore fait sa soumission, m'a envoyé son chef : j'ai reçu ainsi
la soumission complète de la tribu puissante des Tetagrma.

Agréez, mon général, l'assurance de mon respect.

Le maréchal de camp commandant la province
de Constantine et la 2ᵉ brigade,

NÉGRIER.

29.   *Lettre du maréchal Valée, gouverneur général
de l'Algérie.*

Alger, le 31 janvier 1830.

MONSIEUR LE LIEUTENANT GÉNÉRAL,

J'ai reçu la lettre par laquelle vous m'annoncez que vous
avez institué le nommé Mohamed Sarrir Ben Farahat Ben Ma-
rat, caïd d'une partie de Guerfa. J'approuve cette nomination
aux conditions contenues dans l'acte d'investiture ; je désire
que vous cherchiez à donner à d'autres hommes influents
l'administration des tribus qui ont fait leur soumission. La
suppression des dépenses qu'ils avaient à faire pour frais
d'investiture est une amélioration notable, et je crois qu'elle
doit être maintenue : amener les Arabes à reconnaître la souveraineté de la France, non plus seulement nominalement,
mais en lui donnant un gage par le payement de l'impôt,
c'est compléter l'occupation du pays et asseoir, sur une base
solide, notre domination en Afrique.

: J'ai vu avec peine qu'on avait cherché à vous inspirer des
préventions contre le hachem de Constantine (1). Les alléga-

(1) Plus tard, on reconnut que les allégations du général de Castellane

I.   8

tions contenues dans l'interrogatoire que vous m'avez envoyé
sont complètement fausses pour les faits à ma connaissance,
et je suis fondé à croire qu'elles sont au moins erronées
pour ceux dont je n'ai pas été témoin. Je vous engage à vous
méfier beaucoup de Ben Bajou et de Soleyman; ce sont des
intrigants, et le dernier est un homme peu capable. Quant à
M. Raimbert, je suis étonné qu'il accueille aussi légèrement
les paroles vagues d'hommes intéressés à nuire au hachem et
qu'il puisse penser qu'elles pourront balancer le témoignage
de M. le général de Négrier. Au reste, vous avez vu Sidi-
Mohamed, vous avez pu examiner la position de Constantine;
les observations mensongères seront tombées devant la
vérité, et je ne doute pas que vous ne soyez convaincu que
l'influence française ait fait des progrès remarquables dans
cette partie de notre territoire.

J'approuve beaucoup la sage réserve avec laquelle vous
avez accueilli les rapports de M. le colonel Duvivier sur la
réunion des forces arabes prêtes à nous attaquer. Cet officier
est dupe de sa propre imagination, et je ne puis comprendre
ses plaintes et ses craintes. Votre surveillance sur tous les
points de la province nous garantit qu'une surprise n'est pas
possible, et si les Arabes recouraient aux armes, nous serions
en mesure sur tous les points de soutenir une lutte nouvelle.

J'ai lu, avec étonnement, les rapports que vous a adressés
M. le sous-intendant militaire Lacour. Ce fonctionnaire a
entièrement perdu de vue la situation actuelle de Constantine;
il ne peut être question d'envoyer de Bône le blé, l'orge et
les fourrages nécessaires à la garnison. Ces denrées doivent
être achetées *sur place;* il existe déjà des grains pour plus de
six mois dans les magasins de la place, nous dépasserons ainsi
l'époque de la moisson, nous pourrons alors recevoir une
partie des dîmes; mais, dans tous les cas, il sera possible à
l'administration d'acheter aux Arabes le blé, l'orge et la
paille nécessaires pour compléter les approvisionnements :

étaient fondées, et le général de Négrier dut lui-même destituer le hachem
de Constantine de ses fonctions, au mois de juin 1838; il fut même empri-
sonné. (Voir la lettre de M. Gouyon, n° 35.)

c'est un nouveau mode de pourvoir aux besoins de l'armée, mais il est important de le mettre promptement à exécution. Les camps de Mjez-Ammar, de Guelma et de Dréan devront aussi être approvisionnés par la même méthode, et les convois ne devront y transporter que les objets qui ne peuvent se trouver sur les lieux. La grande quantité de terres ensemencées cette année par les Arabes nous promet que nous pourrons, sans difficulté, nous faire livrer les grains dont nous aurons besoin.

Je vous engage à déposer chez un notaire les fonds disponibles sur la somme de dix mille francs destinée à pourvoir au payement des dettes de Yusuf, jusqu'à ce que l'on trouve des créanciers justifiant de leurs titres, le sieur Gaillant se refusant à toucher la portion qui lui est allouée.

Agréez, général, l'assurance de ma considération la plus distinguée.

Le maréchal gouverneur général des possessions françaises au nord de l'Afrique,

VALÉE.

OPÉRATIONS DANS LA PROVINCE
DE CONSTANTINE

---

30. — *Lettre du capitaine du génie Bouteilloux* (1).

Mjez-Ammar, le 15 avril 1838.

MON GÉNÉRAL,

Je reçois à l'instant votre bienveillante lettre du 3 avril et les belles cartes qui l'accompagnent. Je ne sais vraiment comment vous exprimer ma reconnaissance pour toutes vos bontés. Croyez, mon général, que je les apprécie comme elles le méritent et que j'en suis profondément touché. Je serai heureux le jour où vous reviendrez en Afrique comme gouverneur, car ce sera une nouvelle ère pour cette contrée, qui est véritablement digne d'une attention sérieuse et de soins assidûment éclairés.

Je conçois, du reste, que vous ayez préféré votre ancien commandement de deux divisions à celui que l'on vous avait fait ici, mais je n'en regrette pas moins votre autorité qui, malgré le peu de temps qu'elle s'est exercée, a laissé dans le pays de longs et honorables souvenirs.

L'indemnité pour les officiers d'Afrique, que vous poursuivez avec acharnement, prouve que l'intérêt de l'armée est votre premier mobile et que, chez vous, la mémoire est longue quand il s'agit de faire quelque chose pour cette masse de soldats

---

(1) *Bouteilloux* (Martial), né le 18 août 1804 à Limoges, élève de l'École polytechnique, capitaine du génie employé à Alger, à Douera, à Mjez-Ammar, en 1836 et années suivantes, commandant supérieur du génie de la 1ʳᵉ division militaire à Paris le 7 février 1854, puis inspecteur général du génie.

dont on n'apprécie pas assez en France les fatigues et les privations. Pourquoi faut-il que votre exemple ait si peu d'imitateurs? Pourquoi faut-il que nos généraux soient plus occupés de leurs intérêts privés que de ceux de leurs subordonnés? Pourquoi faut-il enfin que dans les hautes sommités militaires il y ait si peu de chefs vraiment soldats, s'associant aux fatigues et aux dangers des derniers fantassins?... Vous, mon général, vous étiez à l'arrière-garde quand votre convoi de Constantine marchait mal, vous ne marchiez en avant-garde que quand il n'y avait plus de difficultés, vous l'arrêtiez souvent, afin de rallier tout votre monde et de faire marcher la colonne en ordre. C'est pour avoir suivi des principes tout contraires que le chef du convoi du 5 mars a éprouvé des désastres, désastres qui ont été graves, mais qui auraient pu l'être bien plus encore. Il est évident que, quand on est à l'avant-garde et qu'on fait faire seize lieues par la pluie, dans une journée, on s'expose à avoir des traînards qu'on ne voit pas et un désordre pire que celui d'une déroute...

Je compte vous envoyer, mon général, dans cinq à six jours, l'analyse des projets et quelques notes sur l'Afrique, si, d'ici là, je ne suis pas dérangé de mes travaux... Le commandant supérieur n'ayant pas encore jugé convenable d'aller à Guerfa visiter cette mine de plomb qui pourrait être d'un haut intérêt pour la contrée, je ne pourrai vous rien donner à cet égard.

Si notre commandant est calme, le général Négrier est, en revanche, toujours en mouvement; il vient d'aller à Stora, j'apprends son retour par le courrier d'aujourd'hui, et c'est pour être des premiers à vous donner avis de cette reconnaissance importante que je me suis décidé à vous expédier cette lettre avant l'analyse.

Stora est éloignée de Constantine de vingt lieues; le général y est arrivé sans coup férir, mais, à son retour, il lui est tombé sur les bras quelques milliers d'Arabes. Il en a tué beaucoup et a eu, de son côté, quatre morts et treize blessés.

Ces renseignements ne m'étant pas transmis par le chef du génie de Constantine, je ne vous les garantis pas, mon géné-

ral, ils sont d'ailleurs fort incomplets, car ils ne disent rien
de la facilité de la route, de sa nature, et laissent dans l'incertitude relativement aux combustibles et aux difficultés que
peut présenter la construction d'établissements militaires, tant
à Stora que pour la communication de Constantine; mais la
reconnaissance du général Négrier n'en est pas moins un fait
immense, car elle prouve que ces Kabaïles, dont on nous avait
fait ici un épouvantail, ne sont pas, comme on l'avait dit,
aussi terribles que ceux de Bougie, puisqu'ils ont laissé passer
quatorze cents hommes contre lesquels ils n'ont osé se montrer hostiles qu'au retour. Voilà le moment de décider que
la province de Constantine doit devenir un grand centre de
la colonie. Je crois qu'il faut se hâter de communiquer par
Stora et de porter sur ce point la plus grande partie de nos
moyens.

Le général Négrier fait merveille à Constantine, et tout le
monde s'accorde à louer son administration ferme et éclairée;
nous allons voir son rapport sur Stora, c'est ce rapport qui
doit fixer le sort de Constantine.

Je compte, mon général, sur votre indulgence pour me
pardonner ma prolixité, et je vous prie d'agréer l'expression
de mon respect le plus profond et de mon dévouement le plus
absolu.

BOUTEILLOUX.

31. — Lettre du maréchal de camp Négrier, commandant la province de Constantine.

Constantine, le 19 avril 1838.

MON GÉNÉRAL,

La lettre que vous m'avez fait l'honneur de m'écrire de
Paris, à la date du 14 mars, est parvenue à Constantine pendant que j'étais en route sur Stora, où j'ai été faire une reconnaissance. Me voici de retour après avoir parcouru un magni-

fique pays, bien boisé et arrosé de beaux cours d'eau, dont
quelques-uns ont de l'importance, tels que l'Arouch. Les bois
commencent à huit lieues et demie de Constantine. Il y a un
peu plus de dix-huit lieues d'ici à Rusicada, ancienne ville
romaine au bord de la mer et qui communiquait avec le port
de Stora, situé au fond du golfe, par une route en corniche
creusée dans le rocher sur le bord de la mer et dans une longueur de trois quarts de lieue. Ce port est parfaitement à
l'abri des vents du nord et du nord-ouest, les plus violents et
les plus dangereux de cette côte. Si nous conservons Constantine, l'occupation de Stora offrira d'immenses avantages pour
la colonie.

J'ai employé six jours à faire cette reconnaissance, qui était
pour nous du plus grand intérêt, et nous possédons maintenant les documents les plus précis sur cette partie de la province. La route romaine est parfaitement conservée dans
presque toute sa longueur de Constantine à la côte, et le génie
aura peu de choses à faire pour la rendre entièrement praticable pour nous.

Je vous suis fort reconnaissant, mon général, pour tout ce
que vous voulez bien me dire de bienveillant et pour tout ce
que vous avez fait et exprimé en faveur de la pauvre armée
d'Afrique, bien mal traitée et bien méconnue. On finira peut-
être par lui rendre justice, et nous devons nous entretenir
dans cet espoir. Les affaires de la province vont aussi bien
que possible, malgré des embarras sans cesse renaissants
qu'il faut surmonter souvent avec bien des difficultés. L'incertitude où on nous laisse relativement à la conservation de cette
ville produit les plus mauvais effets, en jetant l'inquiétude
parmi les tribus qui craignent de se rallier franchement à
nous et d'être ensuite abandonnées à la rage d'Achmet. Ce
provisoire nous tue et détruit toutes nos entreprises, en para-
lysant tous nos moyens d'action. Vous avez parfaitement fait,
mon général, de quitter ce pays, et je vous félicite d'avoir
repris votre commandement. Dans un pays comme celui-ci
et avec une politique comme la nôtre, heureux sont ceux qui
en sont quittes pour perdre leur santé.

J'ai fait votre commission auprès du chef de bataillon du génie Niel (1); vous aurez votre plan de Constantine.

Veuillez, mon général, me conserver une place dans votre bienveillance et me croire votre respectueux et très obéissant serviteur.

Le maréchal de camp, commandant la province de Constantine,

NÉGRIER.

32. — *Lettre du chef d'escadron Gouyon (2), employé à la suite de l'état-major de la division de Bône.*

Bône, 1ᵉʳ mai 1838.

MON GÉNÉRAL,

Je suis rentré hier avec la colonne de spahis, ayant terminé la première tournée à droite de la Seybouse. Le résultat financier de cette tournée est extrêmement minime, puisque le total des contributions perçues ne s'élève qu'à 7,000 francs, mais pour l'établissement de l'autorité française, qui n'était que nominative et non réelle sur certains points, et l'installation de chefs à nous, elle aura été très utile. La disposition d'y avoir adjoint un tribunal turc ambulant était indispensable. Nous n'avons trouvé de difficultés qu'en approchant des montagnes qui nous séparent de Tunis, frontière dont la délimitation elle-même est sujette à discussion. Là, une tribu nous a refusé de rien payer; comme les grands étaient venus eux-mêmes au camp faire cette déclaration, l'orateur a été arrêté ainsi que les autres. On a relâché le tout le lendemain,

(1) Le futur maréchal de France.

(2) *Gouyon Matignon de Saint-Loyal*, né le 28 janvier 1804 à Saint-Servan, élève de l'École spéciale militaire, sous-lieutenant le 1ᵉʳ octobre 1822, aide de camp du général de Castellane le 10 décembre 1837, employé à la suite de l'état-major de la division de Bône le 11 février 1838, chef d'état-major le 5 juin 1844, général de brigade le 29 août 1854, décédé au château de Ris, à Rossay (Indre-et-Loire), le 16 septembre 1873.

mais en gardant deux otages, qu'on a déposés à la Calle.
Cette dernière mesure a eu une portée que nous ne soupçon-
nions pas alors. La nouvelle, avec toutes les exagérations
arabes, d'un échec essuyé à Mjez-Ammar, circulait dans ces
tribus et, jointe à l'influence de Tunis qui voit, par notre tournée, diminuer les tributs perçus l'année dernière encore de ce
côté-ci de la Calle, leur avait donné l'idée d'attaquer notre
camp, dans la position qu'il occupait au sud de la Calle, et
proche du lac Central, point qui leur offrait de grands avantages pour gêner notre mouvement de retraite, qui avait à se
faire à travers des bois souvent très fourrés. La tribu des Ou-
led-Arid, ayant des otages, s'opposa à ce projet, dont l'exécution fut remise à notre bivouac suivant.

Le 26, nous vînmes camper à un lieu dit Aïn-Enghiahar,
plaine au nord de l'Oued-el-Kébir, à hauteur du point où s'y
jette la décharge du lac Houbbès. Le 27 fut occupé à régler
les affaires d'un douar des Ouled-Dieb, situé entre les deux
rivières, et à attendre inutilement Aly-Fredi, auquel on avait
donné rendez-vous à ce point.

Le 28, jour désigné pour notre départ, à minuit trois quarts,
une décharge fut faite sur nos avant-postes sur trois côtés du
camp; on y répondit immédiatement, et au bout de dix ou
quinze minutes, les Arabes, voyant leur surprise manquée, se
retirèrent avec deux hommes hors de combat, comme nous
l'avons su le lendemain. La nuit n'était éclairée que par les
étoiles, et ils avaient pu s'avancer jusqu'à vingt-cinq pas des
sentinelles sans être découverts. Le commandant de Mirbeck
fit seller les chevaux et placer les hommes à leur tête en attendant le jour. Les Arabes, dans l'espoir de nous faire sortir du
camp qu'ils voulaient piller, renouvelèrent leur fusillade à
deux heures et à trois heures. Le jour nous les montra à une
lieue dans la plaine, de l'autre côté du ruisseau du lac Houbbès, lequel n'a qu'un gué praticable; ils paraissaient disposés
à la retraite. Le commandant, pour les attirer, fit de suite
ployer les tentes, achemina les bagages sur la route des
Ouled-Dieb et, cherchant à profiter de l'encaissement du ruisseau, y établit une embuscade d'infanterie; elle fut découverte

par un cavalier ennemi, qui vint en avant faire « la fantasia »
et tirer un coup de fusil sur les escadrons qui opéraient leur
retraite en échiquier.

Une fusillade s'engagea alors entre notre infanterie turque
d'arrière-garde et les tirailleurs ennemis, dont quelques-uns à
cheval passèrent le gué et dont le reste, à pied, nous fusillait
d'un côté à l'autre du ruisseau. Le mouvement de retraite fut
continué en ordre pendant près de deux lieues pour les amener
à passer en plus grand nombre de notre coté et nous conduire
sur un terrain ondulé, couvert de broussailles de trois à quatre
pieds de haut, ce qui donna la confiance à leur infanterie de
traverser le ruisseau, devenu marais boisé, et de se porter en
avant.

Dès ce moment on se battit de très près, les tirailleurs
d'infanterie turque furent plusieurs fois mêlés avec les cavaliers Arabes et durent être dégagés par une charge d'un peloton de spahis. Le drapeau ennemi avait passé également et
indiquait la direction de leur centre, où était la masse principale, en même temps qu'ils tendaient à nous déborder sur les
deux ailes. Ce fut le moment que choisit le commandant pour
faire porter en avant le 2ᵉ escadron, commandé par le capitaine Lachaise, lui donnant l'ordre d'aller enlever le drapeau
pendant qu'il le soutiendrait sur son flanc avec le 4ᵉ; le 1ᵉʳ et
le 3ᵉ formaient alors la première ligne de retraite. La charge,
conduite d'abord au pas, puis au trot, et entamée à soixante
pas de l'infanterie au galop, afin d'avoir un ensemble, malgré
la difficulté du terrain, a été très bien exécutée. Les spahis
ont abordé l'infanterie, le sabre à la main, le drapeau a été
enlevé et une vingtaine d'hommes sont restés sur la place; la
deuxième charge n'a trouvé à balayer que quelques hommes
en désordre, le reste s'étant jeté dans le bois marécageux où
il était impossible de les suivre et d'où ils faisaient un feu
bien nourri. La ligne a été reformée; en ce moment, les assaillants ont cessé de nous tirer un coup de fusil, et nous les avons
vus se mettre en retraite de l'autre côté du marais. Notre mouvement en arrière s'est continué méthodiquement et jusqu'au
sommet du plateau; en ce moment, on voyait l'ennemi en

pleine marche, à une lieue et demie, et se retirant. Nous avons
continué notre route et sommes venus camper au bivouac
chez les Seba, ayant fait huit lieues.

Dans cette petite affaire, les indigènes se sont conduits parfaitement, l'infanterie turque avait toutes les peines du monde
à se décider à exécuter le mouvement de retraite qu'on lui
demandait, et, dans la nuit, elle a montré beaucoup d'aplomb.
La cavalerie conduite par ses officiers a sabré, ce qui prouve
que les Arabes spahis peuvent être utiles dans le pays et se
battre contre les autres indigènes, à nombre bien inférieur,
sans être soutenus par les troupes françaises, lorsqu'ils seront
bien dirigés. Nous avons fait un mois de campagne sans qu'aucun convoi soit parti de Bône pour nous approvisionner.

Les attaquants étaient au nombre de cinq tribus : celle de la
montagne Addisa, les Ouled-Ioub, Ouled-Aly, Ouled-Amar-
Ben-Aly et d'autres petites fractions. La première, bien que
son territoire soit dans le versant de l'Oued-el-Kébir, s'est toujours regardée et est considérée comme de Tunis.

Il paraît que tout leur monde n'a pas été engagé ; ils avaient
laissé de l'infanterie dans le bois et une masse de cavalerie
dans le défilé, derrière l'Oued-el-Kébir, pour nous attaquer
de front et de flanc, si nous avancions dans la plaine entre
les deux cours d'eau. Le nombre de ceux que nous avons eu
à combattre a été évalué, d'après ce que nous avons vu et
d'après le rapport des Arabes, à cinq ou six cents hommes
d'infanterie et cent cinquante cavaliers. Nos pertes ont été un
spahi tué, le capitaine Lachaise blessé par une balle qui,
ayant traversé la palette de la selle turque à un endroit où
elle était garnie d'une bande de fer qui a été coupée, est venue
à travers ses habits s'arrêter sur les reins, causant une violente contusion : c'était au moment où il venait d'enlever le
drapeau, après avoir tué trois hommes. Votre aide de camp
était là aussi, mais n'a point été blessé.

Il paraît que M. le lieutenant-colonel Dorliac, qui commande
encore à Mjez-Ammar, a voulu faire une reconnaissance à
quinze lieues avec peu de monde; attaqué à son retour, il a
perdu un capitaine de voltigeurs et a eu trois officiers blessés.

La présence du capitaine Binet a été fort utile ponr les empêcher d'être massacrés.

GOUYON.

33. — Lettre du chef d'escadron de Mirbeck (1), commandant les spahis réguliers de Bône.

Du camp de la tribu des Ouled-Dieb,
le 3 mai 1838.

MON GÉNÉRAL,

Nous venons de terminer la première partie de la tournée
que vous avez approuvée et provoquée pendant votre trop
court séjour ici. Les résultats de cette tournée, politique surtout, seront immenses. M. Gouyon, votre aide de camp,
homme infatigable et modeste, a fait une carte qui est un véritable chef-d'œuvre d'exécution et d'exactitude. Je sais qu'il
vient de vous écrire et qu'il vous parle d'une petite affaire que
nous avons eue avec des papillons qui sont venus se brûler à
la chandelle; mais ce que sa modestie l'aura empêché de vous
dire, c'est qu'il sait aussi bien manier le sabre que le crayon,
qu'il a pris un drapeau dont il a terrassé le premier porteur,
que, ramassé par un autre qui fut tué par le capitaine Lachaise,
le drapeau resta en leur pouvoir, et tout cela, cinq minutes
après que votre heureux aide de camp avait, à la tête d'un
peloton de dix-huit à vingt spahis, dégagé un sous-officier
français et trois soldats du bataillon turc qui étaient cernés
par une quarantaine de cavaliers. J'ai, pour ces différents
faits, fait un mémoire de proposition pour la Légion d'honneur; veuillez l'appuyer, mon général, de votre crédit; une

---

(1) *Mirbeck* (Nicolas-Pierre-Joseph-Alexandre *de*), né le 19 octobre 1774,
à Königstein (grand-duché de Francfort), engagé volontaire au 12ᵉ de.
chasseurs en 1813, garde du corps dans la compagnie écossaise le
15 juin 1814, capitaine adjudant-major aux spahis réguliers de Bône le
5 février 1837, chef d'escadron le 11 novembre 1837, général de brigade 1
16 juillet 1852, mort le 4 novembre 1878.

croix ne peut être mieux placée que sur la poitrine de M. Gouyon.

Une partie du pays que nous venons de parcourir n'envie rien aux plus belles contrées de la France; la Touraine elle-même n'est pas plus belle : des rivières magnifiques, des bois de frênes et d'ormes d'une pousse admirable, entrelacés de vignes gigantesques, des prairies immenses nous rappelaient les plus belles contrées de notre pays. C'est là que j'aurais voulu voir nos faiseurs de brochures remplies d'autant de sophismes que de mensonges bien tournés. On vient à Bône, on va à Dréan par un jour pluvieux, on y déjeune, puis on fait une brochure, et voilà comme on écrit l'histoire. Mais la vérité, fille du temps, finira par se faire jour, et, avec un peu de persévérance et des hommes à volonté ferme, l'Afrique sera vue comme elle doit l'être.

Pourquoi nous avez-vous quittés si tot !

DE MIRBECK.

34. — Lettre du lieutenant-colonel Changarnier, du 2ᵉ léger.

Kara-Mustapha (1), 11 mai 1838.

MON GÉNÉRAL,

Un courrier extraordinaire, arrivé il y a six jours, a apporté au maréchal Valée un paquet contresigné par le président du Conseil. Voilà le fait matériel incontestable, il a donné lieu à beaucoup de conjectures; la plus généralement répandue est que le gouverneur est compris dans un remaniement du cabinet comme ministre de la guerre...

Le maréchal Valée est fort discret, et comme il a dit, pour que cela fût entendu et répété : « On m'a expédié un bateau à

---

(1) Le maréchal Valée avait fait établir, par le 2ᵉ léger, deux camps retranchés sur le haut Hamise, un à Kara-Mustapha, sur la rive gauche du Boudouaou, l'autre à deux lieues en arrière, au Fondouk.

vapeur pour m'annoncer l'envoi d'un évêque en Algérie,'et c'est l'occasion d'étranges nouvelles. » Beaucoup de gens rejettent maintenant ce qu'ils croyaient incontestable avant-hier. Dans mon isolement et sans moyen d'éclairer ni de justifier mes opinions, je persiste à croire que le Maréchal est consulté et qu'on lui offre le ministère de la guerre, dans telle ou telle combinaison. Vous en savez plus que nous en France, mais ici, voilà où nous croyons en être.

Mon pauvre fou de collègue du 12ᵉ, M. Dorliac, que vous aviez si bien jugé, avait écrit de Mjez-Amar à son colonel, qui commande par intérim la province de Bône, pour lui demander l'autorisation d'aller reconnaître une mine de plomb, à quinze lieues de son camp. Sans attendre la réponse, qui était négative, il est parti à la tête de quatre compagnies d'élite. Ne s'éclairant pas, il a donné dans une embuscade, et, après avoir perdu un tiers de son détachement, il a regagné son camp à grand'peine. M. le capitaine de Montcla, après avoir reçu deux blessures, se voyant abandonné, s'est brûlé la cervelle. Un autre capitaine, M. Bachelier, et un lieutenant ont été tués , deux autres officiers ont été blessés dans cette malheureuse affaire, dans laquelle chacun convient que ce pauvre colonel Dorliac a montré beaucoup de courage. Le Maréchal l'a mis à la casbah de Bône, d'où, sans doute, il ne sortira que pour être envoyé en réforme ou en retrait d'emploi.

Plus récemment, le général Négrier, avec quatorze cents hommes, a fait la reconnaissance de Stora, qui a été satisfaisante sous plusieurs rapports. La distance est moins considérable qu'on ne le pensait; on trouve partout une voie romaine que peu de travaux rendront praticable, le pays est beau et peuplé, mais peuplé de Kabaïles point du tout bienveillants pour nous. Ils ont pris les armes à notre arrivée à Stora et se sont réunis promptement en assez grand nombre pour obliger notre colonne à presser sa retraite qui, plus tard, serait devenue fort difficile. Cette retraite n'a coûté au général Négrier que quarante-six hommes tués ou blessés. La rade de Stora est fort belle, dit-on, et on y trouve un bon mouillage.

Dans la province d'Alger, Blida vient d'être occupé sans coup férir. Les rapports officiels vous diront que tout s'est passé dans le plus grand ordre; il n'en est pas moins vrai que les Arabes ont clairement déclaré qu'ils ne se tenaient en repos que sur l'invitation de l'émir, mais que, au premier ordre de lui, ils étaient prêts à commencer les hostilités. Pendant la nuit, plusieurs postes ont été insultés par des bandes et ont éprouvé quelques accidents du genre de ceux qui, il y a quelques semaines, ont tant affligé le colonel Menne. Je ne vous en avais pas parlé, mais le *Journal des Débats* et d'autres feuilles ayant annoncé que le 2ᵉ léger, dans son camp sur le Hamise, s'était laissé enlever des fusils; je puis vous dire que le camp de Kara-Mustapha, sur l'Oued-Kaddara, s'est, jusqu'à présent, bien gardé.

Le correspondant qui, d'Alger, envoie chaque semaine un long article au *Journal des Débats*, article dans lequel M. de L... trouve souvent une place, n'est autre que M. de L... lui-même. Il est vrai que son ami C..., chef de bataillon aux zouaves et frère du républicain, est le correspondant du *Bon Sens*. M. de L... envoie aussi des articles à la *Presse* et au *Toulonnais*. Ces messieurs savent se faire valoir !..... Ce sont eux qui ont fait retentir la mésaventure de notre camp de Hamise, mais ils n'ont pas dit que plusieurs chevaux avaient été enlevés dans le camp des zouaves.

L'importance du camp que je commande ne peut que s'accroître, et si notre situation, déjà compliquée, devenait plus difficile, si les éléments hostiles qui nous avoisinent étaient réunis par une main vigoureuse, je pourrais avoir, d'un moment à l'autre, un choc vigoureux à soutenir.

Cette attente ne saurait me déplaire, et le poste que j'occupe prouve évidemment que le maréchal Valée a confiance en moi.

M. d'Arbouville me mande qu'il m'avait proposé pour le 61ᵉ de ligne; ma position semblerait donc bonne, mais la haine folle, stupide, puisqu'elle n'est justifiée par rien, que M. le général Rullières a conçue contre moi, vient tout gâter.

Le général Rullières a inspecté lui-même ou par ses délégués le 2e léger, le 11e, le 48e, le 63e, le 23e de ligne, le 17e léger, les zouaves, la légion étrangère, plus le lieutenant-colonel Marengo, du 8e léger, détaché en Afrique. Sur tant de lieutenants-colonels, il en a proposé pour l'avancement *un seul* qui a *cinq* jours d'ancienneté de plus que moi et dont certes je n'ai que du bien à dire, puisqu'il est le frère d'un homme qui vous est dévoué et que je regarde comme un excellent ami pour moi. Mais enfin M. de Bourgon, du 23e de ligne, désire avant tout sa retraite, et le général Rullières le sait bien.

Pour dissimuler sa haine, excitée surtout par le honteux sentiment de l'envie pour mon bonheur de la première campagne de Constantine et par la manifestation de votre bienveillance pour moi, pour cacher cette sotte haine, M. Rullières aurait pu me proposer pour la croix d'officier, mais n'ayant pas dissimulé ses sentiments, il est obligé de les justifier par des calomnies, tant auprès du Maréchal qu'auprès du général Cubières dont il dit être l'ami. Il manœuvre déjà pour faire passer avant moi, non seulement le lieutenant-colonel du 23e, dont il se soucie médiocrement, mais celui du 24e. M. de L...., ancien vélite comme M. Rullières, fort brave homme, mais bête au dernier point, M. Bedeau, tout récemment nommé commandant supérieur de Bougie et même le fameux de la T...

M. Rullières est fin, il ne dira pas où il veut en venir au Maréchal, qui n'a pas le temps de connaître le détail de ma position, mais il saura bien détruire les effets de sa confiance et des services que je puis rendre dans ce difficile établissement.

Vous savez que, d'après la nouvelle ordonnance, on ne fait plus de tableau d'avancement pour les corps en campagne et que le commandant en chef propose pour les emplois de colonel et de lieutenant-colonel. Nous ne pourrons donc plus concourir pour les emplois vacants en France; mais alors ne devrait-on pas nous réserver tous ceux de l'armée d'Afrique et nous tenir compte d'une vie toute de privations et de sacrifices?

Si le Maréchal pouvait savoir les préventions injustes que

M. Rullières tâchera de lui faire partager, je crois qu'il se tiendrait en garde et ne voudrait pas favoriser de si honteux sentiments. Je suis étonné qu'il ne vous ait pas encore répondu ; ce ne peut être que le résultat d'un oubli, car je crois savoir qu'il a parlé de vous en excellents termes. Je suis résolu à ne pas quitter mon poste, même pour voir mon ami d'Arbouville, qui, si on lui en donne le temps, viendra me chercher.

J'ai eu hier la visite du lieutenant-colonel de Bourgon, sur le dévouement de qui vous devez compter. Le colonel Menne se porte bien ; je n'ai pas pu le voir depuis quelque temps, mais demain il viendra me demander à déjeuner.

Veuillez agréer, je vous en prie, mon général, la nouvelle expression du sincère, profond et inébranlable dévouement de votre très humble et très obéissant serviteur.

Changarnier.

35. — *Lettre du chef d'escadron Gouyon, employé à la suite de l'état-major de la division de Bône.*

Bône, 4 juin 1838.

Mon général,

Notre seconde tournée a été très courte, étant sortis de Bône le 20 et rentrés le 26 ; notre retour a été causé par la dépêche du Maréchal, apportée par le dernier courrier. Depuis longtemps toutes les instructions qui viennent d'Alger sont à la paix ; maintenant, c'était la paix à tout prix, on était responsable des engagements venus de notre côté et de celui des indigènes, le seul moyen de fournir cette garantie a été de rentrer. J'en suis d'autant plus contrarié que nous allions faire le tour du lac et, par suite, reconnaître la majeure partie de la route de Stora, mais il fallait éviter toute chance possible d'engagement ; aussi, à huit lieues de Bône, dans la montagne, une tribu de Kabaïles quasi imperceptible, les Ein-Abdalla, environnée de voisins qui ont tous payé le *hokor*, s'est refusée formellement envers son caïd à le faire et s'est posée indépendante de la France et, qui plus est, ennemie. On fait semblant de n'en rien savoir pour ne pas être obligé de sévir.

A l'exception de cette tribu kabaïle Ein-Abdalla, toutes les tribus du cercle de Bône (ouest de la Seybouse) ont payé sans difficulté, celles chez lesquelles nous n'avons pas été sont venues apporter leur argent à Bône.

On annonce que le caïd de Constantine, devenu depuis hakem (gouverneur civil), a été arrêté au moment où il cherchait à s'évader déguisé en femme, pour éviter les suites que lui promettait la découverte de nombreuses malversations enfin prouvées.

Le général Négrier a fait plusieurs tournées dans la province; il est resté plusieurs jours en observation vis-à-vis Achmed-Bey, mais sans hostilités de part et d'autre. Achmed a fini par décamper; le général de son côté est rentré à Constantine.

Gouyon.

36. — *Lettre du lieutenant-colonel Changarnier, du 2ᵉ léger.*

Camp de Kara-Mustapha, 22 janvier 1838.

Mon général,

Aucun événement n'a modifié, au moins en apparence, l'état de l'Algérie; nous avons la paix, le gouvernement ne marchande ni l'argent ni les hommes, et cependant le nombre des colons travailleurs de bonne foi n'augmente pas. Si les négociants de Rouen, signataires de la pétition qui demande la réunion de l'Algérie à la France, étaient pendant cinq minutes seulement à Kara-Mustapha, je leur ferais voir de cette belle position la moitié de la province d'Alger, et ils compteraient les établissements agricoles à la garde desquels quatorze mille hommes sont employés; ils sont au nombre de quatre, dont trois abandonnés depuis quelques mois. La compagnie qui exploite le quatrième ne tardera pas à suivre les autres dans leur ruine. Maintenant que les récoltes à peu près terminées en Afrique rendent les Arabes libres de leurs mouvements, nous saurons bientôt si nos relations pacifiques avec Abd-el-Kader sont bien solides. Je crois savoir que la correspondance du maréchal Valée avec l'émir est parfois assez aigre, et les sujets de rupture ne manqueraient pas si, d'un côté ou de l'autre, on cessait de regarder la tranquillité comme nécessaire. Le cas signalé par M. Bresson, comme devant amener sans hésitation la guerre, existe. L'émir a institué un bey à Sébaou et toute une hiérarchie d'autorités pour administrer et gouverner en son nom le pays qui s'étend de l'Oued-Kaddara, dont j'occupe la rive gauche, jusqu'à Bougie. Chaque jour l'autorité de l'émir se consolide dans ces contrées.

Les actes partiels manifestant l'inimitié des indigènes se renouvellent ou se continuent, et le camp de Kara-Mustapha est maintenant le seul qui n'ait pas été témoin de quelques assassinats ou d'enlèvement d'armes et de bestiaux.

CHANGARNIER.

37. — Lettre du général Bugeaud.

Excideuil, le 12 juillet 1838.

MON CHER GÉNÉRAL,

Mon aide de camp, le chef d'escadron Eynard, m'écrivait de Paris, il y a trois semaines, qu'il avait reçu son assignation pour le 20 août, à Perpignan, et que j'allais recevoir la mienne par les soins de la gendarmerie. Cependant je n'ai rien reçu, et cette attente m'empêche d'entreprendre un voyage. Je viens vous prier de me dire, le plus tôt possible, si je dois être appelé. En même temps, je vous prie de me dire, si vous le pouvez, où en est ce procès et ce que vous en pensez (1).

(1) Pour le procès du général de Brossard devant le conseil de guerre séant à Perpignan au mois d'août 1838, voir L'Algérie de 1830 à 1848, par Camille Rousset, tome II, pages 313 et suiv.

Un journal disait, il y a quelques jours, que vous alliez remplacer M. le maréchal Valée. Bien que je puisse avoir quelques prétentions à ce commandement, je vous assure que je me réjouirai de ce qui pourra vous arriver, soit pour cela, soit pour toute autre chose. Vous avez été si aimable pour moi, que j'ai conçu pour vous un attachement qui ne me permet pas la jalousie.

Recevez, mon cher général, l'assurance de ma haute estime et de mon attachement.

BUGEAUD.

38. — Lettre du maréchal de camp Négrier (1).

Toulon, le 19 août 1838.

MON GÉNÉRAL,

Je profite de l'occasion que me présente M. de Belat, sous-lieutenant au 26ᵉ régiment, venant de Constantine avec moi et se rendant à Perpignan, où il est appelé pour l'affaire du général de Brossard, pour avoir l'honneur de me rappeler à votre souvenir et vous annoncer ma rentrée en France. N'ayant pas eu le bonheur de pouvoir m'entendre avec M. le maréchal Valée relativement à l'administration de la province de Constantine et convaincu qu'il m'était impossible d'y bien servir le Roi et le pays, je n'ai pas balancé à demander à S. Exc. le ministre de la guerre mon rappel, et je désire bien vivement que le général Galbois, qui m'a remplacé, fasse mieux que moi, mais certes ses intentions ne seront pas plus pures ni plus désintéressées que les miennes. Je ne puis regretter ce que j'ai fait ; j'ai agi d'après mes convictions, et je n'éprouve dans toute cette affaire d'autres contrariétés que celles que donne

(1) *Négrier* (François-Marie-Casimir *de*), né au Mans le 27 avril 1788, engagé volontaire au 2ᵉ régiment d'infanterie légère, fait toutes les campagnes de 1806 à 1815, colonel du 54ᵉ de ligne le 22 août 1830, maréchal de camp le 22 novembre 1836, lieutenant général le 18 décembre 1841, tué à Paris le 25 juin 1848 par les insurgés.

la polémique des journaux sur mon remplacement. Du reste, j'aime à croire que mon caractère et mes principes sont assez connus pour que, dans l'armée, on soit persuadé que je suis et serai toujours étranger à ces discussions. Si j'avais à me plaindre, ce serait à mes chefs que je m'adresserais directement; je ne douterai dans aucune occasion de leur équité et de leur justice.

Le ministre de la guerre m'avait d'abord donné le commandement du département du Var, où je devais remplacer le général Guignet, qui est en Afrique, mais, à ma grande satisfaction, j'ai trouvé en débarquant une nouvelle lettre de service qui me place à Lille, sous les ordres du lieutenant général Corbineau. Si c'est le département du Nord que je vais commander, je ne pourrais désirer mieux. C'est à Lille que je me trouvais avant mon départ pour l'armée d'Afrique, et la bienveillance que le lieutenant général Corbineau me témoignait dès lors m'a laissé les meilleurs souvenirs.

Je vous devais, mon général, ces détails, ne pouvant oublier toutes les preuves d'intérêt que vous avez bien voulu me donner dans les différentes circonstances où j'ai eu l'honneur de me trouver en rapport avec vous.

Je pense, mon général, que vous avez reçu le plan de Constantine que vous désiriez avoir. Le chef de bataillon Niel vous l'avait adressé depuis quelque temps, avant mon départ de Constantine, que j'ai quitté le 3 de ce mois.

Je suis avec un respectueux attachement, mon général, votre très humble et très obéissant serviteur,

Général DE NÉGRIER.

39. — *Lettre du général Bugeaud.*

Excideuil, le 15 septembre 1838.

MON CHER GÉNÉRAL,

J'éprouve le besoin de vous remercier encore de toute la bienveillance que vous m'avez montrée dans tout le cours de cette déplorable affaire. Soyez bien convaincu que j'en suis vivement touché et que je ne désire rien plus ardemment que de trouver l'occasion de vous le témoigner autrement que par des paroles.

Vous devez croire que j'ai été et que je suis encore bien malheureux de tout cela. J'en ai eu pendant quelques jours l'esprit tellement bouleversé que j'étais capable de faire sottise sur sottise. Le calme est revenu, bien que la blessure soit toujours profonde. Il n'a pas dépendu de mes amis, de mes commettants, qu'elle ne fût cicatrisée. De toutes parts on est accouru près de moi pour m'apporter des consolations, en m'assurant que les débats de Perpignan n'avaient altéré en rien les sentiments qu'on me portait, que tout homme impartial voyait bien que j'étais resté parfaitement pur, que la presse des partis extrêmes, ayant intérêt à ne pas le voir ainsi, m'attaquait avec acharnement. D'un autre côté, le gouvernement, tout en me montrant son humeur de ce que j'ai nommé M. Molé et le Prince Royal (non pas comme ont dit quelques journaux), me dit qu'il est convaincu que je n'ai pas manqué à l'honneur et qu'on n'oubliera jamais les services que j'ai rendus.

Tout cela, mon cher camarade, est un peu de baume sur la blessure, mais n'est pas la guérison. Je ne puis la trouver complète qu'aux Alpes, sur le Rhin, aux Pyrénées, en Afrique, partout où je pourrai rendre de nouveaux services au pays.

Le ministre de la guerre est très bien pour moi; il m'a envoyé un homme de sa confiance et de la mienne, pour s'entendre avec moi sur la conduite à tenir désormais. On me recommande le calme et la modération. j'y suis bien résolu. C'est un cruel événement que j'ai subi là, mon cher camarade, mais je m'en consolerai et je m'en relèverai si, comme j'ai lieu de le croire d'après toutes les lettres que je reçois, mes camarades me conservent leurs bons sentiments.

Si le gouvernement tient à ce que l'instruction soit plus complète qu'elle n'a été. il faudrait dire au nouveau rapporteur de faire assigner : 1° M. le colonel Maussion, chef d'état-major à Oran, qui a entendu les propos immoraux que M. de

Brossard a tenus à tout le corps d'officiers de cavalerie et qui a vu compter l'argent que je l'ai forcé de rendre au juif Cohen. Maussion doit savoir encore d'autres faits.

2° Le chef de bataillon du génie Perrau, dont M. Pizervat a parlé dans sa déposition orale. Cet officier connaît bien M. de Brossard. Il l'avait jugé avant moi, et il dira franchement sa pensée, ce que n'ont pas fait plusieurs autres témoins.

3° Le chef d'escadron Guerbe, actuellement major de place à Alger. Il sait beaucoup sur le général Brossard.

Enfin, si M. de Brossard ne fait pas entendre à décharge Mustapha et l'interprète Branchat, il faudrait que l'accusation s'en emparât, car ils seront de bons témoins à charge.

Dans les deux cas, il faut interroger Mustapha et l'interprète sur les faits suivants :

Quand Mustapha sut que je devais bientôt quitter Oran, il vint chez moi avec l'interprète Branchat et il me dit : « Quoi, vous voulez laisser Oran entre les mains du général Brossard ! S'il reste ici à commander, je veux aussi m'en aller. »

Comme je ne savais rien alors sur le compte du général Brossard, je combattis ce que je croyais être des préventions, mais ce fut inutile. Mustapha sortit de chez moi avec ses convictions.

Quand la bombe eut éclaté et que le général Brossard fut parti, Mustapha revint chez moi encore avec Branchat et me dit : « Eh bien, vous ne vouliez pas me croire; avais-je raison? Il était capable de tous nous vendre. » Si on lui fait expliquer les causes de ses convictions, sa déposition sera importante.

Je n'ai pas parlé de cela dans le principe, parce que je ne voulais pas montrer de l'acharnement contre l'accusé; mais, au point où en sont les choses, je ne dois plus le ménager, et je pense que le gouvernement a intérêt à ne pas le ménager non plus, car un acquittement serait un grand scandale.

Mustapha et sa suite, augmentée de mon préfet et de quelques amis de Périgueux, ont passé quelques jours chez moi. Le chef des Douairs part aujourd'hui pour Paris. Il s'attend à revenir à Perpignan et désirerait s'embarquer à Port-Vendres.

Adieu, mon cher général. Si vous en avez le temps, donnez-moi quelques détails sur l'état des choses et de l'opinion à Perpignan. Soyez assuré que vos lettres ne seront communiquées à personne, je suis payé pour être discret.

Tout à vous.

BUGEAUD.

40. — *Lettre du capitaine Froidefond* (1), *du 17ᵉ léger.*

Bône, 1ᵉʳ janvier 1839.

MON GÉNÉRAL,

Nous sommes partis de Constantine (2) le 5 décembre à midi, laissant Milah sur notre droite; ce jour-là, nous fîmes cinq lieues; le lendemain nous partîmes du bivouac vers les sept heures, le temps était froid et couvert; à trois heures après midi, la pluie commença à tomber, mais en augmentant à mesure que le jour diminuait; à cinq heures, elle tombait par torrents. Alors les mulets qui portaient les munitions et les tentes ne purent plus nous suivre; le 3ᵉ bataillon, qui escortait le convoi, fut obligé de camper à une lieue en arrière de nous. La nuit était si obscure et les chemins si mauvais que les Arabes effrayés nous abandonnèrent ou s'enfuirent avec leurs mulets, laissant leurs charges répandues sur la route. Le 2ᵉ bataillon, qui avait continué sa marche avec le général Galbois, dut, le lendemain, envoyer quelques compagnies en

(1) *Froidefond des Farges* (Honoré-François-Arthur), né à la Martinique le 5 mars 1795, soldat au 7ᵉ régiment de dragons le 6 mai 1813, sous-lieutenant le 12 août 1813, sert dans la légion de la Martinique de 1816 à 1821, fait la campagne d'Espagne de 1823 à 1828, puis sert en Afrique de 1837 à 1844, colonel du 26ᵉ de ligne le 23 décembre 1841.

(2) Le maréchal Valée, voulant ouvrir une route directe entre Alger et Constantine, avait donné l'ordre au général de Galbois de se porter sur Sétif, pendant que lui-même, parti d'Alger, marcherait contre le fort de Hamza sur l'Oued-Sahel. Le mauvais temps empêcha la réussite des opérations.

arrière avec un officier du génie, pour faire une route praticable pour les chevaux ; c'est là que nous pûmes juger de la
perte générale de nos munitions et vivres, qui s'éleva à
vingt mille rations.

Le général, voyant cet état de choses, quitta le camp pour
venir se ravitailler sur Milah, où nous arrivâmes le 8, à cinq
heures du soir. Le général fit venir de nouvelles provisions
de Constantine et envoya chercher dans les tribus voisines
des moyens de transport. Les journées des 9 et 10 furent
assez belles et nous permirent de nous refaire du mauvais
temps que nous venions d'éprouver. Tout ayant été réor-
ganisé dans les deux jours que nous avions passés à Milah,
nous partîmes le 11, à sept heures du matin, pour continuer
notre marche sur Sétif. A cinq lieues en avant de Milah, nous
trouvâmes notre 1er bataillon et cinq compagnies du bataillon
d'Afrique. Ces troupes étaient parties le 4 de Milah et
devaient se joindre à nous sur la route. Nous fûmes camper à
côté d'une tribu dont le cheik a tenu une conduite digne des
plus grands éloges; il a sauvé un grand nombre de malades
qu'il a pris sous sa protection.

Le 12, nous fûmes coucher à Zumilah, l'ancienne Culcul
Colonia des Romains. Les ruines de cette ville attestent qu'elle
a été habitée par ce grand peuple; on y voit encore debout
un arc de triomphe parfaitement conservé avec de belles
inscriptions. Nous y séjournâmes le 13, pour y installer les
cinq compagnies du bataillon d'Afrique. Le 14, nous continuâmes notre marche, trouvant sur notre route des restes de
stations romaines. Nous fîmes la grande halte à Mons, ancienne
ville romaine qui était bâtie sur le revers d'une montagne ;
on y trouve encore beaucoup d'inscriptions, une tribu est
campée sur les ruines. Nous fûmes coucher ce jour-là à deux
lieues en deçà de Sétif, où nous arrivâmes le 15, à dix heures
du matin. Notre marche sur cette ancienne ville a eu lieu
sans démonstration hostile de la part des Kabaïles.

Sétif est situé sur un très beau plateau dont la vue s'étend
très loin ; vers le sud, on aperçoit une montagne qui est boisée,
seul endroit d'où les Français pourraient tirer du bois, s'il leur

prend fantaisie d'occuper ce point de l'Afrique, car pendant toute notre marche nous n'avons pas trouvé un seul arbre.

La journée du 15 fut employée par le général et le caïd, qui était venu avec nous de Constantine, à écrire aux cheiks de venir faire leur soumission et de faire apporter de l'orge et de la paille pour la cavalerie. Deux ou trois cheiks se rendirent à cet appel, mais sans apporter ni orge ni paille. Le soir à quatre heures, on fit monter la cavalerie à cheval pour aller faire une razia afin de se procurer la nourriture nécessaire pour les chevaux. Le 16, nous nous mîmes en route pour rentrer à Constantine à quatre heures du matin; à sept heures, les Kabaïles commencèrent à se réunir, et, lorsque nous approchâmes du défilé qui conduit à Mons, la fusillade commença à l'arrière-garde; nos tirailleurs les tinrent toujours à une assez grande distance de la colonne en leur faisant éprouver des pertes. Le général, qui était en avant avec la cavalerie, eut à soutenir une fusillade bien nourrie de la tribu qui est campée à l'ancienne ville de Mons. Les Kabaïles, protégés par des rochers derrière lesquels ils étaient embusqués, nous blessèrent quelques hommes de la cavalerie, qui n'avait pas pu les charger; l'infanterie étant arrivée, une compagnie les chassa de leur position et leur tua une dizaine d'hommes. La fusillade continua jusqu'à quatre heures.

Nous arrivâmes à six heures à Zumilah, où le bataillon d'Afrique avait eu à soutenir le feu de l'ennemi pendant notre absence. Malgré cela, le général Galbois persista à laisser ce bataillon dans sa position, avec quatre jours de vivres. Le 17, à peine avions-nous commencé notre marche que nous fûmes attaqués plus vigoureusement que la veille; la perte de l'ennemi fut aussi plus grande. Nous avons continué notre marche le 18 et le 19 sans obstacle. La colonne est rentrée le 19 à Constantine. Nous avons eu dans cette expédition de vingt à vingt-cinq blessés, au nombre desquels est un officier de chasseurs.

Le 20, le commandant du bataillon d'Afrique fit connaître au général que sa position n'était plus tenable, étant bloqué par les Arabes depuis notre départ. Le 21, le 26ᵉ, qui devait partir ce jour-là pour Bône, reçut l'ordre d'aller porter secours au bataillon d'Afrique (1). Ces deux corps sont rentrés à Constantine sans être inquiétés par l'ennemi.

Le 23, sept personnes, parties de Constantine en voiture pour se rendre à Stora, ont eu la tête coupée par les Kabaïles, entre les camps d'Emmendan et d'El'Arouch.

FROIDEFOND.

41. — Lettre de M. Dussert (2), sous-directeur des affaires civiles à Oran.

Alger, le 24 mai 1839.

MON GÉNÉRAL,

Les journaux vous auront déjà appris que nous occupons un nouveau point sur le littoral : Djidjelly.

J'avais pris passage sur un des bateaux à vapeur qui portaient les troupes de l'expédition, il m'a donc été possible de voir la guerre tout à fait en petites loges. On a accueilli les Français sans résistance immédiate, mais la plupart des habitants ont vidé les lieux. Le soir, nos lignes ont été attaquées par quelques tirailleurs perdus; le lendemain, les Kabaïles sont venus en grand nombre, nous avons perdu quelques hommes. Le jour suivant, l'affaire est devenue plus grave; les Arabes se présentaient en masses, et la coopération du bateau, qui s'est

(1) La défense du poste ouvert de Djumila, par 670 Français sous les ordres du commandant Chadesson, contre des milliers de Kabyles, pendant cinq jours et quatre nuits, sans eau et presque sans cartouches, est un fait d'armes encore supérieur à la fameuse défense de Mazagran.

(2) *Dussert* (Louis), né en 1806, à Bayonne, nommé en mai 1833 commissaire du Roi près la municipalité de Bône, maire de Bône en 1838, sous-directeur de l'intérieur de la province d'Oran en 1841, secrétaire de la direction de l'intérieur à Alger; en 1843 sous-directeur de l'intérieur à Philippeville; le 15 mai 1848, secrétaire général de la direction des affaires civiles; en 1861, chef de section de 1re classe à la direction générale des services de l'Algérie, au ministère de la guerre, retraité en 1866, mort à Bagnères de Bigorre le 25 novembre 1877. Dans une note de son dossier du 1er semestre 1841, M. Dussert est appelé « le plus laborieux et le plus habile des fonctionnaires de l'Algérie ».

embossé près de la plage et dont l'artillerie a déblayé la plaine, est venue fort à propos pour nous empêcher de nous replier. Il paraît que, depuis notre départ de Djidjelly, les hostilités ont pris un caractère plus déterminé; on a envoyé des renforts, et nous avons à regretter la perte d'un brave officier, le commandant Horain, de la légion étrangère. J'entends dire ici que cette expédition a le tort d'être faite avec des moyens insuffisants : il est à craindre qu'il n'arrive à Djidjelly ce qui est arrivé à Bougie, c'est-à-dire qu'on ne s'y batte pendant des mois entiers. Sur l'un et l'autre point, l'on a affaire à des Kabaïles, lesquels sont moins maniables que les populations nomades et qui défendent le sol parce qu'ils ont réellement un sol, qu'ils le cultivent et qu'ils en vivent. Quant à Djidjelly en lui-même, c'est une très misérable bourgade.

DUSSERT.

42. — Lettre du lieutenant-colonel Changarnier, du 2ᵉ léger.

Kara-Mustapha, le 31 mai 1839.

MON GÉNÉRAL,

Les journaux et les lettres particulières semblent prouver qu'à Paris on regarde une rupture avec Abd-el-Kader comme imminente. Loin de considérer cette question comme aussi avancée, je crois que la solution en est renvoyée au mois de septembre, et que M. le maréchal Valée ne se résoudra à la guerre que si le gouvernement lui envoie des troupes pour le faire avec succès et pour occuper convenablement les points sur lesquels nous nous établirons.

Le maréchal Valée ne veut pas continuer à jouer aux barres comme la plupart de ses prédécesseurs. Il a, vous le savez probablement maintenant, cédé fort gracieusement et sans se faire beaucoup prier à l'invitation de rester à la tête de l'Algérie, exprimée dans les lettres du Roi et du Prince Royal, qui lui ont été remises par le colonel de La Rue.....

M. de La Rue dans sa visite des camps, avait bien voulu me consacrer une journée presque entière, pendant laquelle j'ai été fort aise de le voir, sans toutefois accroître la somme des doléances, des vérités, des mensonges dont il a fait, je crois, un ample recueil depuis son débarquement. Il va voir nos nouvelles conquêtes de la province de Constantine. Les lettres dont il était porteur ont dû lui valoir un excellent accueil; mais le caractère connu du maréchal Valée fait supposer qu'il céderait bien vite le gouvernement d'Afrique à un autre, si le ministre lui envoyait souvent ses aides de camp; il n'est pas homme à supporter même l'apparence d'un pareil contrôle.

Les journaux vous donneront sur l'occupation de Gigelly plus de détails que je n'en sais.

Abd-el-Kader est tout près de moi, occupé à étendre et à consolider sa puissance dans l'Est et à se préparer à la guerre contre nous, sans pourtant désirer la cessation de la paix, qu'il met si bien à profit dans un pays sur lequel il n'a aucun droit. Nous sommes obligés de prendre patience, en attendant une saison et des Chambres favorables.

M. Forey vous envoie une belle reconnaissance que vous recevrez huit jours après cette lettre.

On a reçu, depuis trois ou quatre semaines, du ministère de la guerre la demande de retraite du lieutenant-colonel de Bourgon, du 23ᵉ. En attendant la liquidation de sa pension, il a obtenu un congé de six mois. A l'avantage d'être en tête du tableau d'avancement, je joins donc celui d'être le plus ancien lieutenant-colonel de l'armée d'Afrique qui, depuis bien longtemps, n'a pas eu une seule nomination au grade de colonel.

Plusieurs colonels qui n'avaient pas plus d'ancienneté de grade que je n'en ai maintenant, sont venus de France prendre le commandement des régiments. Ma position serait donc bien favorable, si on avait une bienveillance réelle pour moi.

Veuillez agréer, je vous prie, mon général, l'expression du respectueux et profond dévouement de

Votre très humble et très obéissant serviteur.

CHANGARNIER.

43. — *Lettre du chef d'escadron de Mirbeck, commandant du cercle de La Calle.*

La Calle, 1er juin 1839.

Mon général,

Vous savez sans doute l'organisation qu'a subie cette partie de l'Algérie depuis votre départ. La subdivision de Bône a été partagée en quatre cercles : 1° cercle de Bône; 2° cercle de La Calle; 3° cercle de Guelma; 4° cercle de l'Idough. Ce dernier cercle comprend toute la montagne de ce nom. J'ai été nommé par M. le gouverneur commandant du cercle de La Calle, qui est, je crois, le plus étendu, mais le moins peuplé. Voilà un an que j'y suis. Les populations ne sont pas encore toutes soumises sur ce point, néanmoins il y a une grande amélioration. Une des questions les plus intéressantes est la détermination de nos frontières avec Tunis, question sur laquelle je provoque une solution qui n'est point encore obtenue. L'an passé, un agent de Tunis était venu jusqu'aux portes de La Calle pour prélever les contributions (à 3/4 de lieue). Il se fondait sans doute sur ce que, depuis sept ans, il exerçait cet abus impunément. Les tribus chez lesquelles il était, vinrent et m'exposèrent qu'elles étaient soumises à nous et que nous leur devions protection. Malgré que le cas fût délicat, il n'y avait pas à délibérer longtemps; je pris le plus de monde que je pus réunir, et, au lever du soleil, le camp de l'agent de Tunis était cerné. Enfin, je le renvoyai au delà de nos frontières présumées. Tunis jeta feu et flammes. M. le gouverneur m'approuva. Je pensais que cet acte amènerait enfin à connaître nos véritables frontières, mais il n'en a rien été, et je vois arriver avec un certain déplaisir l'époque à laquelle le bey entre en campagne pour lever ses contributions. Les Arabes commencent à nous comprendre, parce qu'ils comprennent avant tout leurs intérêts; il n'y a plus guère que la fausse honte inspirée par le fanatisme religieux qui les empê-

chc de se compromettre moralement vis-à-vis de leurs core-
ligionnaires de Tunis, mais tous les jours la tache d'huile
s'étend.

Un acte du ministère rempli d'excellentes dispositions pour
les Arabes vient d'être fort mal jugé par eux. Il s'agit de la
fondation du collège arabe à Paris et de l'annonce qui en a
été faite dans ce pays. Soit que cette annonce ait été mal comprise, soit que des gens malintentionnés l'aient présentée
sous un faux jour, il est de fait qu'une grande rumeur s'est
manifestée parmi les indigènes, qui prétendaient qu'on voulait
emmener leurs enfants en France. Beaucoup les avaient déjà
cachés, d'autres tribus en masse avaient changé de place,
disant qu'ils se battraient jusqu'à la dernière goutte de sang
plutôt que de se laisser enlever leurs enfants. On a eu toutes
les peines du monde à leur faire entendre raison ; cependant
ils se sont calmés.

De Mirbeck.

44. — Lettre du lieutenant-colonel Changarnier, du 2ᵉ léger.

Alger, le 19 juillet 1839.

Mon général,

Vous savez probablement qu'on s'est enfin déterminé à nous
faire remplacer par le 48ᵉ de ligne dans les camps du Fondouk et de Kara-Mustapha. Notre premier bataillon est rentré
à Alger, le 9 juin ; le colonel et le 2ᵉ bataillon y sont revenus le 25 du même mois.

On m'avait laissé, avec huit compagnies divisées entre les
deux camps, pour mettre nos successeurs au fait du service
et des relations avec l'extérieur. Abd-el-Kader ayant quitté
l'Est, j'ai été rappelé ici le 2 juillet avec le reste du régiment,
et véritablement je n'en suis pas fâché. La sévérité de l'existence que j'ai menée pendant dix-huit mois consécutifs et dont

on ne nous tient aucun compte à Paris, n'a pas nui cependant à ma santé, qui n'a jamais été si vigoureuse.

M. le maréchal Valée m'a fait un excellent accueil. Dans ma première conversation, j'ai cru voir qu'il n'a point renoncé aux projets que les pluies de l'hiver dernier firent ajourner. Pour les mettre à exécution, il faut une saison favorable et des renforts dont l'arrivée est problématique; de graves complications, celles des affaires d'Orient, par exemple, peuvent absorber l'attention du gouvernement et nous laisser dans l'ombre. En attendant, le Maréchal est contraint d'endurer les empiétements d'Abd-el-Kader, qui use avec habileté de la position que nous lui avons faite (1).

M. le général Rullières, qui pourtant se croit malade, reste, à son grand regret, dit-il, et pour ne pas désobliger le Maréchal.....

Le 22e de ligne a été débarqué à Stora pour renforcer la division de Constantine, qui occupe dix-huit postes. Le 15e léger a été transporté directement à Oran, d'où le 62e de ligne a été amené à Alger. Le 63e doit être en France depuis quelques jours. Le 47e attend des bâtiments; sa destination est, dit-on, Port-Vendres et votre division active. Après le départ du 47e, la division d'Alger se trouvera affaiblie d'un régiment. Déjà l'expédition de Djidjelly lui a enlevé un fort bataillon de la légion étrangère, auquel on a adjoint deux ou trois compagnies tirées de Bougie. Cette conquête, dont l'utilité actuelle n'est pas encore bien appréciée, puisque les communications avec Blidah ne seront *possibles* qu'après des travaux fort difficiles qu'on ne peut entreprendre dans l'état des choses, emploie une garnison de mille hommes de toutes armes. M. de Salles vient d'y retourner pour une semaine, parce que des fièvres ayant un caractère typhoïde y font un assez grand nombre de victimes. Au surplus, les fièvres intermittentes qui, dans notre saison, se manifestent presque sur tous les points de l'Algérie, sont déjà nombreuses et assez graves. On craint que, sous ce rapport, l'année ne soit fâcheuse.

(1) Par le traité de la Tafna, signé avec le général Bugeaud.

Un village pompeusement inauguré, il y a trois mois, sous le nom de Clauzel-Bourg, a été envahi par la fièvre avec une telle intensité que, en huit jours, un dixième des habitants a péri et que tous les autres, hors d'état de marcher pendant une demi-heure, ont dû être transportés par les soins de l'administration militaire au camp de Tixéraïn, qu'on a pour eux transformé en hôpital. Ce résultat avait été prévu par le maréchal Valée, qui employa tous les moyens de la persuasion pour dissuader les entrepreneurs de faire un pareil établissement sur un des points les plus malsains de la plaine. Il n'aurait pu, en cette occasion, faire usage de son autorité sans s'exposer à mille calomnieuses interprétations, puisque ce village était placé sous le patronage du maréchal Clauzel, qui y avait un assez grand intérêt territorial et pécuniaire.

Si j'étais revenu vingt-quatre heures plus tôt à Alger, j'aurais assisté à un petit bal donné par le colonel du 1er de chasseurs d'Afrique. Il y avait invité des sous-officiers de tous les grades et un simple chasseur, qu'il obligeait, à l'embarras visible de ces pauvres gens, de ne manquer aucune contredanse. Vous jugez de l'effet produit sur la famille du consul d'Angleterre qui, comme tous les Anglais, a d'autres idées que M. T... sur l'importance de laisser chacun à sa place. Cela s'est passé en présence du général de Dampierre et de beaucoup d'officiers supérieurs. Ce très populaire colonel, qui ne fait aucun service et n'a pas même visité tous les cantonnements de son régiment, va, dit-on, permuter avec M. de Bourjolly, du 8e dragons.

J'ai été bien touché de l'attention que vous avez eue de me faire rassurer par M. Forcy sur l'ancienneté du lieutenant-colonel du 15e léger. M. Roveda, du 22e de ligne, est aussi fort ancien. Il me surgit encore un concurrent bien redoutable : c'est M. Bedeau, qui, ayant fait une très insignifiante reconnaissance à peu de distance de Bougie, lors de la prise de Djidjelly, a obtenu pressante et spéciale proposition par l'influence de M. de Salles. Ce dernier disait tout récemment à un de nos chefs de bataillon qu'il ne doutait pas que, à la première promotion, M. Bedeau n'obtînt un régiment. Je ne serais nullement surpris que MM. Bourjade et autres, qui ne me trouvent pas assez ancien, ne me fissent préférer M. Bedeau, qui a huit ans de service, six campagnes, dix mois et six jours de grade de moins que moi.

CHANGARNIER.

45. — Lettre de M. Dussert, sous-directeur des affaires civiles à Oran.

Oran, le 4 août 1839.

MON GÉNÉRAL,

On a beaucoup parlé dans ces derniers temps de la rentrée de M. le maréchal Valée, et l'on pensait même que l'expédition de Djidjelly n'aurait été faite que pour faire donner, avant son départ, les épaulettes de lieutenant-colonel à son gendre, M. le commandant de Salles.

L'expédition est venue, et l'épaulette aussi, cependant tout semble annoncer que M. le Maréchal ne se dispose nullement à renoncer à son gouvernement. Il paraît que le ministère actuel continue en sa faveur le système de concessions adopté par le ministère précédent. Au surplus, le Maréchal est diversement apprécié.

S'il quittait l'Afrique, on regretterait certains côtés de son caractère, tout en se félicitant d'être débarrassé de certains autres. On lui reconnaît des qualités, une volonté ferme d'abord (chose très appréciable ici), et un esprit équitable. On lui reproche un défaut absolu de sociabilité et l'habitude de détruire tous les pouvoirs autour de lui, en voulant tout faire par lui-même; c'est là un grand tort. Le métier d'un homme au pouvoir ne me semble pas être de briser les rouages placés près de lui, mais de les réunir dans sa main et de les laisser se mouvoir dans leur sphère en leur imprimant la direction. Enfin on s'étonne que le Maréchal, qui a si bien compris que le gouverneur devait un peu se dégager des bureaux de Paris et conserver une grande latitude, ne sente pas aussi qu'il faut laisser un peu de cette latitude aux commandants placés sur les points secondaires. Il résulte de tout cela que les affaires administratives traînent, que la hiérarchie souffre, et qu'au total il y a un peu de désorganisation partout.

Quant à la partie politique, vous avez vu les derniers événements; le plus récent est la prise de Djidjelly, qui amènera, selon toute apparence, l'occupation de Collo. Quoique, en général, l'occupation, tant qu'elle suivra la lisière du littoral, soit avantageuse, on pense qu'il n'y avait pas urgence à aller à Djidjelly. L'installation nous a coûté quelques efforts : les habitants de cette partie de l'Afrique sont des Kabyles pur sang; ils ont assez vigoureusement résisté, mais il arrivera ce qui est arrivé à Bougie. Quant à la possibilité d'y faire un port, il faudra d'assez fortes dépenses, quoi qu'on en dise, pour en venir là.

Stora se peuple à souhait, dit-on, mais je crains que le bulletin ne passe un peu par là et qu'il ne faille rabattre quelque chose des deux cents maisons en pierre proclamées par les journaux de France. L'avantage réel et incontestable de Stora, sa destination spéciale et indiquée, c'est d'ouvrir une voie prompte jusqu'à Constantine : Stora est l'annexe de Constantine, l'une est la conséquence de l'autre. Si nous évacuons Constantine, Stora n'a plus d'avenir. Au demeurant, les affaires sont en bon pied dans l'Est. La province de Constantine est paisible, et, tout en appréciant à leur juste valeur les *cercles arabes*, les *caïds du désert,* etc., toute cette poésie officielle du *Moniteur algérien*, il faut reconnaître que, dans cette partie de nos possessions, il y a facilité de tout tenter sans obstacles sérieux. Ce résultat doit être attribué à plusieurs causes : 1° à ce que les indigènes de cette province ont été depuis longtemps en contact avec l'Europe par la fréquentation des anciens *comptoirs* établis sur ce point; 2° à la politique modérée qui a présidé à l'installation française dans le pays; 3° à la prise de Constantine, qui a détruit le principal centre de résistance. Il est vrai que, sous ce dernier rapport, les frais occasionnés par la conservation contre-balancent déjà un peu les avantages qui en sont résultés.

Nous sommes moins avancés dans l'Ouest : ici, tout est stationnaire. Abd-el-Kader exécute tant bien que mal le fameux traité, le viole même quand cela lui convient, sans trop de façons ; nous le laissons faire. M. le Maréchal pense peut-être avec raison que la paix est plus préjudiciable à l'émir que ne le serait la guerre, à moins qu'on ne fît, une fois pour toutes, une guerre complète et décisive. Quoi qu'il en soit, Abd-el-Kader prêchait dernièrement la croisade ; il engageait les tribus à se tenir prêtes et à rentrer au plus vite leurs récoltes. Il a été arrêté dans ses prédications par une levée de boucliers faite contre lui par deux cheiks puissants, ses ennemis (1). Les choses en sont là. Abd-el-Kader reçoit des armes et des secours du Maroc. Il s'approvisionne et attend. Je crois qu'il en viendra tôt ou tard à rompre le traité, voici pourquoi : les tribus de l'Ouest ne ressemblent pas à celles de l'Est ; celles-ci sont assouplies dès longtemps à la civilisation européenne ; les Arabes de la province d'Oran, au contraire, ont plus de fanatisme et une plus grande répulsion pour nous. Les souvenirs de l'occupation espagnole ne datent pas de si loin ; or, à cette époque, l'Inquisition siégeait à Oran, on faisait aux indigènes une guerre religieuse et de conversion. L'Arabe pris devenait catholique ou était brûlé comme infidèle. C'est donc surtout par le sentiment religieux qu'Abd-el-Kader a créé son influence et qu'il peut la maintenir. Il a intérêt à raviver ce sentiment s'il menaçait de s'éteindre, car il agit sur les Arabes en véritable marabout. Il dit avoir reçu de Dieu la *mission de chasser les chrétiens d'Afrique*. Une trop longue paix aurait pour lui le double inconvénient de mettre les populations en contact avec notre bien-être et notre tolérance et de faire douter les croyants de la réalité de sa mission. Il en viendra donc, je pense, à une rupture, sous peine de se démonétiser de ses propres mains.

Dussert.

(1) Mohammed-el-Tedjini.

EXPÉDITION DES PORTES DE FER

46. — *Lettre du lieutenant-colonel Changarnier, du 2ᵉ léger.*

Alger, le 16 août 1839.

Mon général,

Le Prince Royal est attendu ici dans le courant de septembre; le secret que le maréchal Valée sait garder sur toutes
choses fait qu'on ne connaît ni l'époque précise, ni le but de ce
voyage. S'agit-il d'opérations militaires ? On serait disposé à
le croire, d'après la correspondance dont vous avez eu connaissance et dont l'effet a été de passer l'été. D'un autre côté, les
chaleurs en septembre sont encore très fortes, beaucoup de
ruisseaux et de fontaines sont à sec. Les troupes dont
l'effectif a subi une réduction sont affaiblies par les maladies; elles ont tant de postes à occuper qu'on ne pourrait
mobiliser qu'une petite division. Il est vrai que, dans l'état
actuel des choses, on pourrait emprunter à Oran de mille à
quinze cents hommes d'infanterie en deux ou trois bataillons.
Mais si une expédition vers les Bibans, par exemple, amenait
une rupture avec Abd-el-Kader, il faudrait s'attendre à des hostilités sur tous les points. Je ne m'aperçois pas non plus qu'on
s'occupe de réunir des moyens de transport et de remplir les
vides survenus dans cette importante partie du service. Je
crois vous avoir déjà exprimé ma conviction bien arrêtée que
le Maréchal n'est pas homme à se laisser aller à des entreprises imprudentes et incomplètement préparées. Il disait, il
y a précisément quinze jours, à l'évêque, à qui il paraît

10.

n'avoir pas demandé le secret : « Je viens de remercier le
ministre pour la manière dont il m'a sacrifié devant la Chambre.
Imaginez qu'après m'avoir longtemps recommandé de conserver la paix, il me mande aujourd'hui qu'il est surpris de
ma tolérance à l'égard d'Abd-el-Kader, et que je ne dois pas
hésiter à lui déclarer la guerre. Je lui réponds que, s'il croit
me faire tomber avant que je lui aie envoyé ma démission, il
se trompe, il ne sera jamais assez prompt pour cela. J'ajoute
qu'il ferait mieux de m'envoyer mon successeur que de me
faire de semblables propositions, que je suis le seul juge de
l'opportunité de la guerre, et que, pour la faire, il me faut
d'autres moyens et une autre saison. »

L'effet de cette lettre ne peut encore se faire sentir. Je ne
crois pas qu'on retire au Maréchal ce gouvernement auquel
il tient peut-être plus qu'il ne se l'avoue à lui-même. Quelques
personnes croient qu'on va occuper Collo et peut-être Dellys.
Ces opérations peuvent bien précéder l'arrivée ou suivre le
départ du Prince, mais je doute qu'il y prenne part; elles
sembleraient de trop peu d'importance pour comporter sa
présence. S'il ne s'agit que d'une paisible visite de nos établissements en Algérie, beaucoup de gens espèrent que le
ministère ne l'aura pas laissé partir les mains vides; je croirais plutôt que ce voyage sera une occasion d'avancement
qui ne serait accordé qu'après.

Mon *Journal des Débats* annonce que Mme la duchesse
d'Orléans accompagnera le Prince jusqu'à Port-Vendres. Les
habitants des Pyrénées-Orientales ne doutent pas que vous
ne soyez pour beaucoup dans l'attention dont, depuis peu
d'années, ils sont devenus l'objet. Vous avez contribué pour
une forte part à tirer de l'oubli ce coin de terre et Port-
Vendres en particulier. Je sais bon gré aux Roussillonnais de
l'affection et de la reconnaissance qu'ils vous ont souvent
exprimées.

Les officiers distingués du 47e, et surtout le capitaine de
Canrobert, se félicitent de se retrouver sous vos ordres. Le
lieutenant-colonel, M. de Montréal, est un digne et honorable
officier... Si vous jugez convenable de faire connaître au

capitaine de Canrobert que je lui garde un bon souvenir, je vous en serai fort reconnaissant.

M. Forey me charge de vous offrir ses respectueux remerciements pour la bonté que vous avez eue d'écrire à M. Cerfbeer. Le colonel Menne se porte bien et vous offre ses respects, ainsi que Bourgon.

Agréez, je vous prie, mon général, la nouvelle expression de mon dévouement le plus profond.

Votre très humble et très obéissant serviteur.

CHANGARNIER.

47. — *Lettre du colonel Tempoure* (1), *commandant le 15ᵉ léger.*

Oran, le 17 août 1839.

MON GÉNÉRAL,

Il faudrait ici une main ferme pour y maintenir l'esprit militaire qui se perd ; chacun fait à sa guise, se met comme il veut, sert comme il l'entend : vous trouvez dans les rues, dans les camps, même au milieu de la troupe, des hommes en blouse grise, un chapeau de feutre blanc ou de paille sur la tête, un énorme bâton à la main ; vous croyez que c'est un employé de transports, quelque muletier, c'est un officier ; c'est la mode, et on le souffre. On a commencé, à cause de la chaleur, par permettre de déboutonner trois boutons, et voilà où on en est arrivé ! D'un autre côté, cette chaleur est, dit-on, si redoutable qu'il faut s'en préserver ; aussi on sonne la retraite à onze heures du matin et l'on dort comme des loirs jusqu'à deux heures. On voudrait faire des marches militaires pour se tenir en haleine : Gardez-vous-en bien, vous

(1) *Tempoure* (Jacques), né à Nérac le 8 février 1790, novice timonier dans la marine, puis aspirant, prisonnier des Anglais, évadé des pontons le 9 février 1810, sous-lieutenant au 44ᵉ de ligne le 13 janvier 1811, lieutenant-colonel le 18 décembre 1832, colonel du 15ᵉ léger le 24 août 1838, maréchal de camp le 6 août 1843, mort à Bordeaux le 20 juillet 1854.

dit-on ; un ordre de la division le défend, et cela jusqu'à une époque où elles deviennent à peu près impossibles à cause des pluies. Que résultera-t-il de toutes ces précautions ? Vous allez en avoir une idée par un exemple récent.

Il y a environ six semaines, un bataillon du 1er de ligne reçut l'ordre de se rendre à Mostaganem pour relever un bataillon du 62e qui partait pour Alger. Il y a d'ici à cette place vingt-cinq lieues qu'on fait en quatre jours. La première journée, à deux lieues de l'endroit où il y a de l'eau et où l'on devait passer la nuit, deux cents hommes harassés se jettent à terre et refusent, quoi qu'on leur dise, quoi qu'on fasse, d'aller plus loin. Le chef d'escadron de Saint-Fargeau, qui commandait cette colonne et qui avait avec lui cent chevaux, est forcé de prendre cent de ces hommes en croupe pour les porter au gîte et de revenir ensuite prendre les cent autres. Trois meurent dans le trajet, et, arrivé au camp, un sergent de grenadiers est pris de vertige, devient comme enragé, se jette sur l'officier payeur, le mord au bras avec tant de furie et le serre avec un tel acharnement que, ne pouvant lui faire lâcher prise, on fut obligé de lui briser les dents. Le malheureux tombe, puis se relève, se place sur les genoux et sur les mains, promène autour de lui des yeux égarés et s'élance sur son capitaine qu'il aperçoit à quelque distance; celui-ci l'évite, et le pauvre sergent, furieux de l'avoir manqué, se précipite dans une mare où il expire quelques instants après. Les témoins de cette scène étaient frappés de stupeur ; jugez de l'effet moral qu'elle a dû produire. Un homme et un caporal de grenadiers moururent encore avant d'arriver à Mostaganem, et plus de cent furent saignés en route. Vous penserez sans doute comme moi, mon général, que des troupes exercées, préparées à l'avance, seraient à l'abri d'un si horrible événement.

TEMPOURE.

48. — Lettre du lieutenant-colonel Changarnier, du 2ᵉ léger.

Alger, le 6 septembre 1839.

Mon général,

Toutes les lettres particulières constatent l'heureux succès du voyage de Mgr le duc d'Orléans. Leurs Altesses Royales trouvent partout un accueil dont les amis de l'ordre et du pays se réjouissent sincèrement. Nous croyons comme vous qu'il faut renoncer à l'espoir de faire sous les yeux du Prince une expédition dans la province d'Alger. Si discret que soit le maréchal Valée, qui ne donne ses ordres qu'au dernier moment, l'indispensable réunion des approvisionnements et des moyens de transport nous ferait deviner une opération de quelque importance, et j'ai la certitude que rien n'est commencé. L'opinion des personnes ordinairement bien informées est que le Prince Royal, après avoir donné une dizaine de jours à la visite toute pacifique de nos établissements dans les provinces d'Oran et d'Alger, emploiera un peu plus de temps à parcourir la province de Constantine. Il poussera peut-être une reconnaissance au delà de Sétif, jusque vers les versants est du Biban. Le temps rigoureusement nécessaire aux préparatifs d'une expédition à faire en octobre n'est point encore écoulé, et, bien que la saison ait été fâcheuse pour la santé des troupes, on en trouverait encore à mettre en campagne. Deux régiments sont tenus, à Toulon et à Marseille, prêts à partir à la première demande de M. le maréchal Valée, qui reste seul juge de ce qu'il convient de faire.

De tous les corps, le 2ᵉ léger, malgré les grands travaux qu'il a exécutés, a été le moins maltraité par les maladies; e bataillon de Montredon a été le plus malheureux. Montredon est aussi très fatigué, car s'il ne sait pas user avec discrétion et seulement dans un but utile des forces de ses soldats; le pauvre homme ne se ménage certainement pas lui-même, il y aurait de l'injustice à ne pas le reconnaître. Quelques orages ont déjà abaissé la température et le nombre des malades commence à diminuer.

Après avoir partagé une quinzaine de jours entre Bougie et Djidjelly, où il a inspecté la plus grande partie de la légion étrangère, le général Dampierre est rentré fort bien portant. Le général Bonnemains, arrivé depuis dix jours pour inspecter la gendarmerie et la cavalerie, a commencé à voir le 1er régiment de chasseurs et les spahis. L'agonie de ce dernier corps est bien lente (1). On croit que les spahis d'Oran, commandés par Joussouf, seront provisoirement conservés, que deux escadrons d'Alger, sous les ordres du commandant Bouscaren, resteront à la suite du 1er régiment de chasseurs, et que les autres escadrons d'Alger et ceux de Bône concourront à la formation du 4e régiment de chasseurs d'Afrique, dont le commandement paraît devoir être donné à Bourgon. Il est bien reconnaissant de votre bienveillant souvenir et me charge, ainsi que le colonel Menne, de vous offrir l'expression du plus respectueux dévouement. . . . .

J'avais lu avec bien de l'intérêt et de la satisfaction l'extrait de la lettre du Prince Royal et la copie de la lettre du ministre que vous m'avez envoyés avec votre avant-dernière lettre. Vous montrerez au Prince une belle division, bien tenue, où la discipline et l'esprit militaire ne risquent pas de déchoir. J'ai connu le Roussillon avant que vous prissiez le commandement de la division active : ce pays était alors dominé par les oppositions les plus acerbes, les plus vivaces, et le gouvernement y comptait fort peu d'amis; mais, si l'on a quelque esprit de justice et d'observation, on doit convenir que vous avez contribué plus que personne à modifier heureusement cet état de choses, et votre influence sera, dans la bonne réception qui attend Leurs Altesses Royales, pour beaucoup plus qu'on ne le dira peut-être au ministère de l'intérieur.

Agréez, je vous prie, mon général, la nouvelle expression

----

(1) Le maréchal Valée était systématiquement hostile à la création ou au maintien des corps indigènes.

du dévouement inaltérable et bien sincère de votre très humble et très obéissant serviteur,

CHANGARNIER.

49. — *Lettre du colonel Changarnier, commandant le 2ᵉ léger.*

Alger, le 13 septembre 1839.

MON GÉNÉRAL,

Un ordre du jour, daté du 6 septembre et émané du major Vallat, annonce au dépôt que, par ordonnance du 27 août, j'ai été nommé colonel du 2ᵉ léger et que je suis remplacé comme lieutenant-colonel par M. Drolenvaux, chef de bataillon aux zouaves. C'est un très bon officier et un homme aimable. Ces deux nominations sont les seules connues. Je pense qu'un employé, rouage obscur de l'engrenage ministériel, dont on a oublié d'interrompre le mouvement, a divulgué le secret que, dans les régions supérieures, on s'efforce de garder. Nous ne doutons pas que le Prince Royal ne se fût réservé de nous remettre lui-même toutes les nouvelles nominations, celle, par exemple, du général Menne, dont on ne parle pas dans l'avis transmis au dépôt.

Depuis 1814, je suis le seul officier de troupes de ligne qui soit parvenu du grade de capitaine à celui de colonel sans quitter le même corps. C'est un grand honneur pour moi de rester dans le 2ᵉ léger, auquel je tiens par tant de liens, dont je connais à fond le personnel, envers lequel enfin j'ai tant de devoirs à remplir; mais ces devoirs ne m'effrayent pas, puisque, pour leur accomplissement, je puis compter sur le loyal et affectueux concours des hommes avec qui j'ai vécu depuis onze ans.

M. le maréchal Valée s'embarque après-demain pour attendre à Oran le Prince Royal, que nous espérons voir ici dans douze ou quinze jours.

M. le colonel T..., du 1ᵉʳ de chasseurs d'Afrique, a reçu sa permutation avec le colonel de Bourjolly, du 8ᵉ dragons.

Je n'ai rien d'intéressant à vous dire, mais je n'ai pas voulu m'exposer à manquer la bonne fortune de vous apprendre, le premier, l'heureux événement que vous avez tant contribué à hâter et qui, j'en suis bien sûr, vous fera quelque plaisir.

Leurs Altesses Royales arrivent aujourd'hui dans votre division et demain à Perpignan, qui, après Bordeaux et Toulouse, est la ville qui les conservera le plus longtemps. On doit penser que vous êtes pour beaucoup dans cette distinction.....

Agréez, je vous en prie, mon général, la nouvelle expression du respectueux et bien sincère dévouement de

Votre très humble et très obéisssant serviteur.

CHANGARNIER.

50. — *Lettre du colonel Changarnier, commandant le 2ᵉ léger.*

Alger, le 12 octobre 1839.

Mon général,

Seul de tous les régiments de la division, le 2ᵉ léger a reçu avant-hier l'ordre de s'embarquer pour faire partie de la colonne avec laquelle le Prince Royal et le maréchal Valée vont parcourir la province de Constantine. Cet insigne honneur, vivement senti par nous tous, officiers et soldats, m'impose en ce moment beaucoup de travail; un de mes bataillons sera à bord aujourd'hui, les autres demain. Je ne veux pas cependant laisser partir le général Menne sans lui confier l'expression de ma reconnaissance pour la lettre si bienveillante que vous avez pris le temps de m'écrire, tandis que Leurs Altesses Royales étaient encore auprès de vous.

Je viens de lire avec bien de l'empressement votre si intéressante lettre du 25 septembre, mais d'impérieux devoirs m'obligent à vous quitter. Nous n'avons eu que trente-six heures pour nous préparer; on a changé trois fois le système d'embarquement.

Le Prince Royal a passé encore aujourd'hui dans les casernes du 2ᵉ léger, et je vais dîner pour la troisième fois chez Son Altesse Royale.

Agréez...

Votre très humble et très obéissant serviteur.

CHANGARNIER.

51. — *Lettre du général Dampierre* (1).

Alger, le 2 novembre 1839.

MON CHER GÉNÉRAL,

Je ne veux pas laisser partir le bateau à vapeur sans vous dire un mot du retour à Alger de Mgr le duc d'Orléans par les Portes de Fer. Il a passé l'Oued-Kaddara, le 1ᵉʳ novembre, à deux heures après midi, en bonne santé avec sa division composée des 2ᵉ et 17ᵉ légers et de deux bataillons du 23ᵉ de ligne, trois à quatre mille hommes de troupes de toutes armes peut-être. Les troupes ont fait de longues marches, ont manqué d'eau pendant près de deux jours, mais elles n'ont pas éprouvé de résistance sérieuse. Seulement deux fois, entre Hamsa et Alger, l'arrière-garde a été attaquée; elle n'a perdu que quatre hommes tués et une trentaine de blessés à peu près, mais le passage des Bibans est très difficile, et sans le profond secret que le Maréchal a gardé sur son projet, la marche de cette colonne n'aurait peut-être pas eu un résultat si heureux.

Tout le monde croyait marcher sur Bougie, en partant de Sétif. Le colonel Bedeau avait reçu des troupes et des renforts pour aller au-devant du Prince, quand les ordres ont été

(1) *Dampierre* (Auguste-Philippe-Henry du Val, comte *de*), né le 3 juin 1786 à Hans (Marne), élève de l'École spéciale le 27 novembre 1804, fait toutes les campagnes de 1806 à 1814, maréchal de camp le 23 mai 1825, commandant la 2ᵉ brigade d'infanterie de la division des Pyrénées-Orientales le 5 février 1835, envoyé en Algérie le 30 juin 1838, lieutenant général le 26 avril 1841, mort à Paris le 24 décembre 1856.

donnés tout à coup à la colonne de marcher sur les Portes
de Fer et à M. Bedeau de se tenir tranquille. Ce retour inattendu du Prince à Alger a causé un grand enthousiasme. Il a
accepté pour demain un banquet et un bal donnés par les
principaux colons. Après-demain, Son Altesse Royale donne
un dîner de trois mille six cents couverts sur la place de
Bab-el-Oued, près du fort de Vingt-Quatre-Heures; on bâtit
en ce moment la table monstre. Toute la ville est en émoi.
Le Prince est très aimé; toutes ses réponses ont été faites
avec beaucoup de tact et d'à-propos. Il a été très bien en
campagne et dans son salon, comme vous le connaissez d'ailleurs. Le Prince a toujours été sous les ordres du Maréchal;
il a défilé devant lui à la tête de sa division, en arrivant ici.

Je vous prie, mon général.....

DAMPIERRE.

52. — *Lettre du capitaine Forey, du 2ᵉ léger.*

Alger, le 4 novembre 1839.

MON GÉNÉRAL,

Nous arrivons de notre expédition, que le Prince a appelée
à juste titre mémorable. Je n'ai pas le temps de vous donner
tous les détails, je les renvoie au courrier prochain. Partis de
Milah, où était le rendez-vous des troupes expéditionnaires,
nous avons été jusqu'à Sétif, en passant par les camps intermédiaires, qui sont autant d'hôpitaux sans médecin où nos
malheureux soldats meurent autant de fièvre que de nostal-
gie. De Sétif, nous nous sommes dirigés sur Bougie. Une
colonne devait partir de cette ville pour venir à notre rencontre.

Tels étaient les bruits que le Maréchal avait laissés se
répandre afin de tromper l'ennemi. Tout le monde l'a été en
effet, et, arrivés à hauteur de Zamora, petite ville avec garnison turque indépendante, que nous pensions enlever en pas-

sant, nous avons tourné vers les *Portes de Fer*, que nous avons franchies sans obstacle, le 27 octobre dans la matinée. Je ne me chargerai pas, mon général, de vous donner une idée de ce passage qu'aucune armée européenne n'avait encore osé franchir. Tout ce que l'on en pourrait dire resterait bien au-dessous de la réalité. Aucun des passages les plus difficiles qu'offre la nature dans les pays les plus accidentés ne peut être comparé à celui-ci. Nous avons tous été d'accord sur ce point, que cent hommes empêcheraient une armée de passer, seulement avec des pierres. Il a fallu le secret absolu qu'a gardé le Maréchal et une réunion incroyable de circonstances heureuses pour que nous ayons réussi. Quatre heures de pluie seulement, et nous périssions peut-être tous dans le lit de l'Oued-Biben, qui forme le défilé, en passant sous une voûte de rochers dont la largeur ne nous a permis de passer qu'homme par homme.

Le 31 octobre, le régiment a formé l'arrière-garde, en lon-geant la vallée de l'Isser. Les Ouled-Akham et les Beni-Kal-foun, excités par la cavalerie de Ben-Salem, bey de Sebaoû, nous ont vivement poursuivis, et, enfants gâtés que nous sommes, il a fallu que cette expédition nous valût encore des titres de gloire. Nos soldats se sont conduits avec un calme et un aplomb qui ont émerveillé le Prince, lequel a payé de sa personne et s'est exposé comme le dernier soldat. Le régi-ment combattait comme s'il eût été à l'exercice, et avec telle-ment de sagacité et de connaissance de la guerre de tirailleurs que, malgré un engagement fort vif pendant cinq ou six heures, nous n'avons eu que très peu de blessés.

J'ai eu le bonheur de rester au feu pendant cinq heures, et ma compagnie a été remarquée. J'ai tué plusieurs Arabes à bout portant et leur ai enlevé quatre chevaux ou mules fort belles. Sept carabiniers ont été légèrement atteints, et cette heureuse circonstance me donne l'espoir de voir bientôt mes espérances se réaliser.

Le colonel Changarnier s'est montré ce qu'il est toujours, excellent officier et brave soldat; il a eu son cheval blessé. Aucun officier n'a été touché.

Le lendemain, le 17ᵉ léger a fourni l'arrière-garde à son tour et a combattu trois heures ; il a eu deux hommes tués et quatre blessés; la cavalerie a fait aussi quelques pertes.

Enfin, nous sommes entrés à Alger, samedi 2, au milieu d'une population étrangère et indigène immense. Il est difficile d'exprimer l'enthousiasme de cette foule qui ne permettait au Prince et au Maréchal d'avancer qu'à grand'peine. C'étaient des cris de : « Vive le Roi ! Vive le duc d'Orléans ! » C'était une musique arabe aussi bruyante que possible, c'était le bruit du canon, tout enfin faisait de cette entrée un spectacle admirable, un vrai triomphe.

Le Prince a défilé à la tête de la division devant le Maréchal. Il nous a fait ensuite les adieux les plus touchants, dans un langage plein de chaleur et de noblesse qui nous a émus jusqu'aux larmes, et l'armée a ensuite défilé devant lui, redevenu Prince Royal. Demain, il donne à dîner à toute la division et part mercredi.

L'on pense, d'après ce qu'il a dit, que l'armée recevra de nombreuses faveurs.

Le 17ᵉ léger et le 23ᵉ, arrivés avec nous, restent ici. Le 17ᵉ va s'embarquer pour la France incessamment; nous pensons que notre tour viendra ensuite, le Prince nous le dit tous les jours ; cependant, chose que nous ne nous expliquons pas, c'est que le dépôt ait reçu l'ordre de tenir prêt à embarquer tout ce qui est disponible. Le 23ᵉ sera remplacé à Constantine par le 62ᵉ, dit-on, dont une partie est déjà à Philippeville. Les troupes de cette province sont bien à plaindre, on ne s'imagine pas leur position.

Je vais m'occuper de faire la reconnaissance de notre marche intéressante, je vous en enverrai une copie.

Adieu, mon général. M. Changarnier, excessivement occupé, ne peut vous écrire ; il me charge de l'excuser près de vous et de vous présenter ses devoirs.

Je suis avec respect, mon général, votre très humble et très dévoué serviteur.

FOREY.

53. — *Lettre de M. Dussert, sous-directeur des affaires civiles
à Oran.*

Oran, 26 novembre 1839.

MON GÉNÉRAL,

Depuis que j'ai eu l'honneur de vous écrire, il est survenu des événements en Afrique. Les journaux vous ont
appris la nouvelle du passage des Bibans. M. le duc d'Orléans
et le maréchal Valée sont rentrés à Alger en traversant les
Portes de Fer. Cette expédition s'est exécutée sans obstacles
sérieux. A son retour, Mgr le duc d'Orléans a été l'objet d'un
enthousiasme général. Il y a eu de nombreux banquets, des
fêtes brillantes. Le Prince a parlé de manière à encourager
les espérances coloniales. Le Maréchal s'est exprimé dans le
même sens. Malheureusement, le courrier nous apporte des
nouvelles d'une couleur bien différente; c'est le revers de la
médaille. Les hostilités ont éclaté dans la plaine.

Le 20 novembre, un convoi appartenant au 41ᵉ a été enlevé
en entier, trente-deux têtes ont été coupées par les Arabes,
un seul est parvenu à se sauver à Alger. Le lendemain, quelques chasseurs ont eu le même sort. Au départ du bateau,
on était attaqué sur presque tous les points. Le général Duvivier et le colonel Lamoricière étaient sortis à la tête de toutes
les troupes. La ville était gardée par la milice. On disait que
le camp de l'Arak était cerné. Plusieurs fermes, entre autres
celle de M. de Tonnac, avaient été détruites. Les colons, effrayés de la gravité des hostilités, se réfugiaient en foule au
pied du Sahel, dans la ferme modèle, etc.

Cet incident amène la guerre avec l'émir; aussi avons-nous
reçu ici l'ordre de faire rentrer le consul français établi à
Mascara, qui fort heureusement se trouvait déjà à Oran. Il
reste encore un interprète à Mascara. Pour garantir sa sûreté,
M. le général Guehenneuc a empêché le départ de l'oukil
d'Abd-el-Kader et le fait garder à vue.

La guerre est donc déclarée et le traité de la Tafna a cessé d'exister. Tout cela est grave, car il ne peut être question aujourd'hui que d'une guerre décisive.....

54. — Lettre de M. Dussert, sous-directeur des affaires civiles à Oran.

Oran, le 10 décembre 1839.

Mon général,

Les lettres et journaux nous apprennent qu'on a pris très au sérieux, en France, les désastres de la Mitidja et qu'on s'apprête à donner à Abd-el-Kader une forte leçon. Les malheurs d'Alger ont pu et dû être matériellement exagérés, mais leur portée morale est immense. C'est un énorme recul pour la question de colonisation. Depuis ma dernière lettre, la situation des choses est toujours à peu près la même autour d'Alger. Des bandes de maraudeurs parcourent la campagne. Il ne reste plus une seule ferme intacte. L'armée se tient sur la défensive en attendant les secours annoncés.

Dans notre province, tout est tranquille, au moins aux alentours d'Oran; hier seulement nous avons eu une alerte, quelques Arabes ont tenté d'enlever des troupeaux. Ils ont été chassés avec perte. A Mostaganem, l'hostilité a été d'un caractère plus grave. La petite bicoque de Mazagran a été chaudement attaquée et heureusement défendue. Pour le moment, tout est retombé dans un calme plat.

Quoi qu'il en soit, voici la guerre entamée. Comme vous le dites, le difficile ne sera pas de battre les Arabes, mais de les joindre. Il est bien fâcheux qu'au début de notre occupation d'Afrique, on n'ait pas eu la sagesse de se restreindre, d'établir des cercles dans le rayon desquels on se serait fortifié et où on aurait encouragé la culture, laissant le reste au temps et se bornant à des échanges avec l'intérieur. Quoi qu'on dise, ce système *loyalement* appliqué était préférable à notre système actuel, lequel consiste à faire des pointes inutiles et qui grève infructueusement l'État. L'Afrique qu'on veut faire aujourd'hui mourra certainement quelque jour d'un budget rentré.

DUSSERT.

OPÉRATIONS CONTRE ABD-EL-KADER

**55. — *Lettre du colonel Changarnier, commandant
le 2ᵉ léger.***

Doueira, le 13 décembre 1839.

MON GÉNÉRAL,

En arrivant à Alger après l'expédition des Portes de Fer,
j'ai prié M. Forey d'excuser mon silence auprès de vous,
en vous expliquant que, débordé par les affaires et les obligations imposées par les circonstances, je ne pouvais vous
faire le récit de ce que nous avions vu. M. Forey m'a dit
m'avoir suppléé, et le temps me manque encore pour revenir
sur des événements dont la crise actuelle affaiblit l'intérêt.

A l'exception de la nomination de M. Forey, à laquelle vous
avez tant contribué et qui a précédé le travail auquel Mgr le
duc d'Orléans a promis son bienveillant appui, je ne connais
pas encore la part d'avancement qu'on doit nous avoir faite
récemment. Quant aux décorations, vous avez pu remarquer
que nos sous-officiers en ont eu autant que ceux du 17ᵉ léger
et du 23ᵉ de ligne réunis. J'ai tenu à avoir une croix d'officier
pour un autre que pour moi; beaucoup de personnes pensaient qu'ayant eu une large part dans la direction des
troupes et dans les petits combats que nous avons livrés,
j'aurais aussi obtenu cette récompense. Mais tant d'autres
l'avaient précédée que je trouve tout simple qu'on me la
fasse encore attendre. L'essentiel, pour moi, était que le régiment fût bien traité, et je ne crains pas qu'on ait voulu dire
par là qu'on a été content de tout le 2ᵉ léger, à l'exception de
celui qui le commande.

Doueira, le 20 décembre 1839.

Des circonstances de guerre, que je n'ai même pas le temps de vous raconter, ont interrompu ma lettre, que je fais partir très incomplète, pour ne pas prolonger vis-à-vis de vous un silence qui me pèse.

Le régiment vient de prendre part à deux jolies affaires dans lesquelles il n'a pas manqué à sa réputation. Le combat de l'Oued-el-Kébir, sous Blidah, le 15, dans lequel nous avons joué le rôle principal, a été assez important. Nous avons rudement mené deux bataillons réguliers d'Abd-el-Kader, qui se sont avisés de nous aborder en battant la charge. Cela ne leur a pas réussi, et nous en avons tué beaucoup à coups de baïonnette. Voilà un progrès qui sera bien funeste aux troupes de l'émir. Si elles recommencent en plaine ce qu'elles ont fait dans un terrain accidenté, elles ne dureront pas longtemps. Ces combats du 14 et du 15 ont donné aux affaires une physionomie meilleure; je doute cependant que les rapports officiels leur donnent toute l'importance qu'ils ont eue. Le général Rullières, qu'une discussion fort vive avec M. de Salles avait décidé à demander son rappel, retenu ici momentanément par les circonstances de guerre, semble maintenant vouloir nous quitter tout à fait. Nous souffrirons peut-être de la difficulté de ses relations actuelles avec le Maréchal. Ce général, dont longtemps j'avais cru avoir à me plaindre, était devenu parfait pour moi, et toute ma vie je lui devrai de la reconnaissance pour la confiance qu'il m'a montrée le 15, en me laissant, avec intention et à la vue de toute la colonne mobile, la direction de toutes les troupes.

Les renforts arrivent, et bientôt on pourra reprendre l'offensive sur tous les points. On annonce plusieurs généraux; que n'êtes vous du nombre !

Pardonnez-moi le désordre de cette lettre, dictée en toute hâte, et permettez-moi de vous prier d'agréer la nouvelle expression du sincère, profond et respectueux dévouement de votre très humble et très obéissant serviteur.

CHANGARNIER.

56. — *Lettre du colonel Changarnier, commandant
le 2ᵉ léger.*

Blida, le 31 décembre 1839, à 9 h. du soir.

MON GÉNÉRAL,

A la fin d'une belle journée qui, pour le 2ᵉ léger, n'a pas été sans honneur, je veux me recommander à votre bienveillant souvenir.

M. le maréchal Valée, ayant cru nécessaire de venir voir ce qui se passait à Blida, est parti de Douéira le 18, à la tête d'une colonne composée de deux bataillons du 2ᵉ léger, forts ensemble de mille soixante hommes, de six cents hommes du 17ᵉ léger, de sept à huit cents hommes du 23ᵉ de ligne, de quatre cent cinquante chevaux et de deux pièces d'artillerie. Le même jour, nous couchâmes à Bouffarick, où nous laissâmes un grand convoi.

Le lendemain matin, débarrassés de ce convoi qui devait être attendu avec impatience à Blida, nous nous mîmes en marche, non par la route la meilleure et la plus courte, mais par le milieu de la plaine, qui avait l'avantage d'être plus loin de la montagne et des broussailles.

Je commandais l'avant-garde, composée du régiment, de cent cinquante chevaux et d'une pièce de canon. Toutes les troupes étaient placées sous le commandement du général Rostolan, mais plusieurs fois le Maréchal sembla préférer donner directement ses ordres aux chefs de corps.

A dix heures du matin, nous commençâmes à être inquiétés sur notre front et notre flanc gauche par sept ou huit cents cavaliers, que des renforts successifs portèrent bientôt à deux mille. Après nous avoir tâtés sur tous les points, dans le milieu de la journée, ils portèrent leurs principaux efforts sur notre flanc droit, pendant que deux ou trois cents hommes essayaient de retarder la marche de notre arrière-garde. Nous perdions de temps en temps quelques hommes, nous en faisions perdre à l'ennemi et nous· approchions cependant du camp supérieur de Blida par des mouvements dont l'habileté et l'ensemble ont été contestés par quelques officiers.

Vers trois heures, la .cavalerie ennemie devint plus pressante, la fusillade s'anima à notre droite et sur nos derrières; notre artillerie se portait à l'arrière-garde, lorsque obliquement sur notre droite je vis s'avancer un corps considérable d'infanterie régulière soutenu par un plus grand nombre de Kabaïles. Après avoir reconnu la force et les mouvements de ce corps, j'envoyai mon lieutenant-colonel prévenir le Maréchal, et je fis déboiter de la colonne mes deux bataillons que les manœuvres de la journée avaient rapprochés de l'arrière-garde, je les formai l'un et l'autre en colonne par division, je leur adressai une courte allocution dont je ne me rappelle pas une syllabe, mais qui prépara nos braves petits soldats à ce que j'attendais d'eux.

Voyant l'infanterie ennemie prendre position en bel ordre, je courus au Maréchal et le suppliai de me permettre d'attaquer immédiatement à la baïonnette et au pas de course l'ennemi, qui, si nous lui en donnions le temps, allait commencer une fusillade dans laquelle les pertes seraient balancées, puis se retirerait, après une affaire indécise à nos propres yeux et qui, pour lui, aurait le résultat d'un succès. Le Maréchal, sans me refuser, m'objectait seulement quelques observations auxquelles je m'empressais de répondre, lorsque mon tambour-major, qui, selon mes ordres, avait les yeux fixés sur moi, attendant le signal de la charge, crut reconnaître, dans un mouvement de mon épée, ce signal qu'il répéta, et le régiment partit avec un élan qu'il faut avoir vu pour s'en faire une juste idée. Le Maréchal, sans surprise et avec beaucoup de fermeté, envoya aussitôt au 23ᵉ et à la cavalerie l'ordre de prendre part à la charge. L'intervalle qui nous séparait de l'ennemi fut franchi en deux minutes. Nous l'atteignîmes dans un ravin dont le passage était du reste facile et sur le bord duquel il fit une décharge générale, mais unique; il n'eut pas le temps de recharger les fusils et une petite pièce de trois qui nous tira un coup à mitraille avant de tomber entre nos mains.

Le 23e, qui au moment de la charge était à notre hauteur, et même d'une cinquantaine de pas plus avancé que nous, se trouva bientôt de beaucoup en arrière. La cavalerie, au ravin, éprouvant quelques pertes, crut la charge finie et commençait à se reformer, quand, à son grand étonnement, elle vit nos deux bataillons traverser le ravin sans s'arrêter et continuer à baïonnetter et à poursuivre l'ennemi avec une telle rapidité que nous avons fait une lieue en dix-huit minutes.

A mille mètres au delà du ravin, la cavalerie marqua encore un temps d'arrêt et reprit la charge avec une vigueur nouvelle, en voyant le 2e léger la continuer sans prendre le temps de respirer. Lorsque hommes et chevaux eurent épuisé tout ce qu'ils avaient d'haleine, il fallut bien s'arrêter, et ce qui devait échapper parmi nos ennemis avait atteint des accidents de terrain où nous ne pouvions plus le poursuivre. Le Maréchal, qui avait rejoint la charge, félicita les troupes, et le 1er chasseurs et nous, nous nous saluâmes réciproquement des cris : « Vive le 2e léger ! Vive les chasseurs d'Afrique ! » La cavalerie a pris trois drapeaux et une centaine de fusils. Nous avons pris un canon, une multitude d'armes de toute espèce, trois tambours. L'évaluation la plus modérée porte la perte de l'ennemi à trois cents tués dans l'infanterie; le nombre de blessés a dû être peu considérable. La cavalerie ennemie a perdu soixante ou quatre-vingts hommes, la plupart blessés; quatre cents fusils sont restés en notre pouvoir (1).

Cette belle affaire aura une grande influence dans ce pays et à Paris probablement, pour la situation, fort compromise jusque-là, du Maréchal. Je ne sais trop quel rôle il nous assignera dans ses rapports et si, comme pour les affaires du 14 et du 15, nous aurons encore à souffrir de sa rupture avec le général Rullière, qui avait été pris pour nous d'un véritable enthousiasme. Quoi qu'il en soit, les services que nous avons rendus ne peuvent être tout à fait perdus dans l'opinion de l'armée, et je puis dire à vous, mon général, qui êtes si bon

_____

(1) Cette affaire porte le nom de combat d'Oued-el-Alleg.

pour moi, qu'elle sait le rôle que j'ai joué dans cette affaire. Je n'ai que le temps, mon général, de vous renouveler l'expression du très respectueux et très sincère dévouement de votre très humble et très obéissant serviteur.

CHANGARNIER.

57. — Lettre du chef de bataillon Le Fló,
du 2ᵉ léger.

Du camp de Boufarick, le 9 janvier 1840.

MON GÉNÉRAL,

Vous avez donné tant de preuves d'une extrême bienveillance et d'une sorte de prédilection même pour le 2ᵉ léger, et lui-même en a conservé si précieusement le souvenir, que j'ai la confiance que vous apprendrez avec plaisir les détails d'une affaire qui lui a acquis un nouveau titre à l'estime de l'armée. Je suis heureux aussi, mon général, de pouvoir saisir une pareille occasion de vous renouveler l'expression de ma reconnaissance particulière et de mon attachement.

Le 30 décembre dernier, M. le maréchal Valée était venu coucher à Boufarick, dans le but de se rendre le lendemain à Bélida pour juger par lui-même de la situation de cette ville, bloquée fort étroitement depuis cinq semaines. La colonne mobile de l'Ouest était destinée à l'accompagner, et, le 31, à six heures du matin, elle était formée en avant du camp d'Erlon, sur la route de Sidi-Kalifat. Cette route n'est pas la plus directe, mais elle a l'avantage de s'éloigner de la montagne et de faire éviter le voisinage des jardins de Bélida et les murs d'une nouvelle enceinte assez dangereuse à traverser. La veille, de fortes colonnes de cavalerie ennemie avaient été aperçues dans la plaine, leurs grand'gardes avaient été établies à moins d'une demi-lieue de notre camp, et quelques cavaliers avaient même eu l'audace de venir nous tirer quelques coups de fusil. Dans la nuit, des rôdeurs avaient, en outre, réussi à pénétrer dans l'intérieur du village où nous étions bivouaqués et y avaient brûlé plusieurs meules de foin et quelques baraques. Tout faisait donc prévoir que notre voyage ne s'accomplirait pas paisiblement.

Notre colonne était ainsi composée : le 2ᵉ léger d'avant-garde, ses trois compagnies de voltigeurs en avant, avec vingt-cinq spahis et les deux bataillons, en colonne par division, à droite et à gauche de la route, avec des flanqueurs et deux pièces de montagne; mille ou douze cents hommes des 23ᵉ et 24ᵉ allant rejoindre leurs régiments à Bélida, sous les ordres du colonel Gheswiller; au centre, deux pièces de campagne et quelques voitures; enfin huit compagnies du 17ᵉ léger et quatre cent cinquante chevaux du 1ᵉʳ chasseurs, à l'arrière-garde; le tout présentant un effectif d'environ trois mille deux cents hommes, commandés en chef par le Maréchal. M. le général Rostolan était censé commander les troupes dont le Maréchal se réservait seul la direction.

Les Arabes avaient été, pendant la nuit, prendre position au delà du poste de Beni-Méred, sur le chemin ordinaire, et nous y attendaient sur un terrain propre à leur infanterie et même à leurs cavaliers, plus habitués que les nôtres aux sentiers de leurs broussailles. Cette circonstance permit à notre colonne de faire une couple de lieues sans être inquiétée; l'ennemi, prévenu bientôt cependant par ses éclaireurs, se mit à notre poursuite et nous atteignit à hauteur du camp abandonné d'Oued-Lalez. Le combat s'engagea aussitôt, mais un de ces combats insignifiants de cavaliers arabes faisant la fantasia devant les lignes d'infanterie française parfaitement en ordre et soutenues par de l'artillerie; deux ou trois fois, ils firent mine pourtant de charger quelques-unes de nos compagnies, mais cela n'eut pas lieu. Ce combat se continua ainsi pendant plusieurs heures, la colonne s'avançant toujours en tiraillant vers Bélida; déjà elle approchait du Camp supérieur, lorsque l'avant-garde aperçut une masse de baïonnettes luisantes au-dessus des broussailles et venant droit sur nous. Un instant, nous pûmes croire à une sortie faite par le général Duvivier; mais, à la vue des drapeaux du Prophète, vert et

jaune, et de ceux du bey de Miliana, jaune, vert et rouge,
force fut de reconnaître que nous allions avoir affaire à l'infanterie régulière de l'émir. Elle se composait de trois bataillons, marchant de front, en colonne par bataillon. Le colonel
Changarnier fut aussitôt prévenu et prit sur-le-champ les
dispositions les plus convenables. Les trois compagnies de
voltigeurs se déployèrent en tirailleurs de front, sans réserve;
les deux bataillons, en colonne par division, en arrière de la
droite de cette ligne, reçurent l'ordre de l'appuyer et d'aborder l'ennemi au pas de charge, à la baïonnette et sans tirer
un coup de fusil. Un mouvement de conversion, sorte de
changement de direction, avait été nécessaire pour faire tout
à fait face à l'ennemi, et il s'était exécuté avec le plus grand
ordre, puis le régiment s'était arrêté, attendant le signal de
l'attaque, que le colonel était allé solliciter du Maréchal : « Surtout, pas de coup de canon, avait-il dit; ils effrayeraient
l'ennemi et le disposeraient à la retraite. Le sabre et la baïonnette doivent seuls agir. »

M. le Maréchal résista quelque temps; il voulait attendre;
convaincu cependant par l'insistance chaleureuse du colonel,
il consentit à ce que le mouvement s'exécutât et à l'instant, la
charge ayant battu, le régiment, le colonel à sa tête, s'élança
au pas de course au-devant de l'ennemi et l'aborda à la baïonnette, malgré un feu de deux rangs extrêmement nourri, auquel nous ne répondîmes pas par un seul coup de fusil. Notre
cavalerie cependant, qui était à la gauche de la colonne, avait
en même temps reçu l'ordre de se porter à la droite, au galop;
mais on ne lui expliqua pas suffisamment le rôle qu'elle devait être appelée à jouer; elle ignorait complètement même
ce qui se passait à la tête et ne le comprit que lorsqu'elle fut
arrivée à hauteur du régiment. Il en résulta une sorte d'indé-
cision ; mais entraînée par la vivacité du feu de l'ennemi et
par l'élan du régiment, entraînée aussi par sa propre ardeur,
elle partit sur-le-champ, ventre à terre, et entama la charge:
l'effet en fut décisif, et les trois bataillons réguliers de l'émir,
enlevés par cette double attaque simultanée, furent mis en
déroute, culbutés, et en un instant nous fûmes pêle-mêle avec

ces fantassins, les tuant et les éventrant à coups de sabre et de baïonnette; nous avions fait près de trois quarts de lieue au pas de course.

Trois cents cadavres à peu près sont restés sur le terrain; on a pris, en outre, trois drapeaux et une petite pièce de canon. Ce succès, fort brillant en Afrique et dû entièrement à la rapidité du coup d'œil et à l'ardeur intelligente du colonel Changarnier, n'a point été complet cependant, et cela a tenu à deux causes principales : la première a été la position de notre cavalerie au moment de l'attaque; formée en colonne par pelotons à la queue et sur la gauche de la colonne, c'est dans cet ordre qu'elle est arrivée à la tête et qu'elle a chargé; or, ce mouvement à gauche devait rejeter naturellement les Arabes vers la Chiffa, sur leur cavalerie, qui pouvait ainsi les soutenir ou du moins les recueillir. En chargeant par notre droite, au contraire, et sur la gauche de l'ennemi, nos chasseurs l'eussent coupé de sa cavalerie et ramené sur l'Oued-Kébir, vers le Camp supérieur, qui faisait précisément une sortie dans le moment et qui eût pu achever la destruction des trois bataillons. Le mouvement général fut ainsi manqué; une observation plus réfléchie eût fait éviter cette faute. La seconde fut aussi cet ordre si fâcheux des chasseurs en colonne par pelotons. Il aurait fallu prendre au moins le temps de former les escadrons, afin de charger régulièrement. Il y aurait eu ainsi plus d'ordre, plus d'ensemble; le ralliement eût été possible et les charges auraient pu se reprendre. Quoi qu'il en soit, cette affaire a déjà eu un résultat moral immense, puisque les Arabes semblent avoir complètement abandonné le pays et que tous les rapports annoncent qu'ils sont tombés dans un grand découragement.

Je vous demande pardon, mon général, de m'être permis une sorte de petite critique, peut-être fort mal placée, mais le souvenir de votre excessive indulgence pour moi me fait espérer que vous me la continuerez dans cette circonstance.

Pendant que notre charge s'exécutait, la cavalerie arabe, au nombre de huit cents ou mille chevaux au moins, s'était portée sur notre droite et nous suivit constamment au galop, se contentant du rôle indigne et lâche d'observation. Elle eût été, du reste, contenue par le colonel Gheswiller, qui suivait aussi au pas de course avec deux pièces de campagne.

Lorsque nos deux régiments se sont ralliés, un immense cri de « Vive la France! » est parti spontanément de toutes les bouches, puis un second de : « Vive les chasseurs et le 2º léger! » Tous les sabres et les fusils teints de sang étaient en l'air, les trois drapeaux enlevés les dominaient, nos clairons et les trompettes sonnaient une fanfare, toutes les physionomies étaient radieuses de cette profonde et enivrante émotion de victoire qui produit tant d'exaltation. Je vous assure, mon général, que cette scène était fort belle et fort imposante. C'est un de ces rapides et rares instants de bonheur plein que le soldat seul connaît et qui l'indemnisent de tant de souffrances et de misères. Pourquoi, mon général, vous qui aviez formé le 2º léger, le 17º et le 47º, les trois régiments qui ont le plus fait en Afrique, ne vous a-t-il pas été donné de vous voir à notre tête dans de pareils instants? Nous l'avons regretté bien des fois...

Adieu, mon général; daignez agréer la nouvelle assurance de mon profond respect et de mon attachement.

Adolphe Le Flo.

58. — Lettre du chef de bataillon Dumontet (1), du 41º de ligne.

Au camp de Doueira, le 24 janvier 1840.

Mon général,

Dans votre dernière lettre, que j'ai reçue avec un extrême plaisir, vous m'engagez à vous donner quelquefois des nou-

---

(1) Loreton-Dumontet (Philippe-Jules), né à Vareilles le 1er juillet 1795, garde du corps le 4 octobre 1814, lieutenant le 23 octobre 1817, lieutenant-colonel le 5 octobre 1844, colonel du 43º de ligne le 11 avril 1848, général de brigade le 3 janvier 1852, commandant la subdivision du Rhône et la

velles de l'Afrique. J'accepte de tout mon cœur cette commission et je viens commencer à m'en acquitter, en vous offrant le tableau de notre situation actuelle. Les journaux vous ont entretenu à satiété de la nouvelle levée de boucliers des Arabes, mais le peu de vérités que contiennent leurs articles sont mêlées de tant d'exagération et de mensonges qu'une opinion puisée et formée à cette seule source (et combien en est-il de la sorte!) serait l'opinion la plus erronée du monde.

Voici le résumé succinct et vrai de ce qui s'est passé ici depuis trois mois. Immédiatement après l'expédition des Bibans, Abd-el-Kader a brusquement repris les hostilités, en lançant dans la Mitidjah nos éternels ennemis, les Hadjoutes, renforcés d'un corps régulier d'infanterie d'environ neuf cents hommes, auquel il a donné un commencement d'organisation et d'instruction à l'européenne, et de douze cents à quinze cents cavaliers fournis par les beys de Miliana et de Médéa.

Il est assez difficile d'apprécier la force totale de ce corps d'invasion : mais généralement on pense qu'il ne dépassait pas quatre mille hommes. Cette armée est venue camper sur les hauteurs qui dominent le cours de la Chiffa, d'où elle a lancé différentes colonnes qui ont parcouru la Mitidjah, pillant les tribus de la plaine qui vivent sous notre protection, incendiant leurs gourbis, enlevant leurs troupeaux, égorgeant quelques voyageurs isolés et enfin attaquant nos détachements et cherchant à enlever nos convois, quand la supériorité de leurs forces semblait leur promettre une victoire plus facile. Leur première victime a été un chef de bataillon du 24ᵉ régiment, M. Raffet, que sa bravoure a précipité, tête baissée, dans une embuscade tendue par la haine personnelle du beschir. Ce chef hadjoute, le plus constant et le plus dangereux de nos ennemis, avait juré de se venger du commandant Raffet, qui précédemment avait cherché à s'emparer de lui, et il n'a que trop bien tenu parole. Peu de temps après, le commandant Galemant, du même régiment, en portant secours à un

place de Lyon le 1ᵉʳ janvier 1857, décédé à Varennes-l'Arconce (Saône-et-Loire) le 25 juin 1860.

détachement attaqué, eut à lutter, à la tête de cent soixante-
dix hommes, contre la majeure partie des forces Arabes. Ce
chef de bataillon reçut une blessure très grave, plus de cent
hommes de son détachement furent tués, trente-neuf furent
blessés, et le reste ne s'échappa qu'avec beaucoup de peine.
Presqu'en même temps, les Arabes égorgeaient trente-deux
hommes de quarante dont se composait l'escorte d'un convoi.
Ces trois succès, dus à la surprise, sont les seuls qu'aient
obtenus nos ennemis. Depuis que, éveillé par le danger, on
s'est tenu sur ses gardes, depuis qu'on a renforcé les détachements et escortes, ils ne nous ont plus attaqués, ou toujours ils ont été repoussés. Mieux combinée et mieux conduite,
cette invasion, à laquelle nous n'étions nullement préparés,
eût pu avoir de graves résultats. Abd-el-Kader a dirigé son
attaque comme un ignorant Bédouin, les Arabes ont prouvé
combien peu ils sont à craindre : s'il était aussi facile de les
atteindre que de résister à leurs agressions, toute guerre
avec eux serait bientôt terminée.

Voyant leur peu de succès en rase campagne, nos ennemis
ont essayé une autre tactique, celle de bloquer ceux de nos
camps qui sont situés au pied de l'Atlas. Maîtres des hauteurs
qui les dominent, ils ont coupé les cours d'eau et cherché à
empêcher l'arrivage des approvisionnements. Ce nouveau système ne leur a pas mieux réussi. Malgré leurs efforts, nos convois sont arrivés à leur destination, nos soldats ont été chercher de l'eau, le fusil d'une main et le bidon de l'autre, et ils
l'ont rempli sous la fusillade de l'ennemi. Enfin, dernièrement,
le maréchal Valée est sorti d'Alger à la tête d'une colonne de
deux mille hommes d'infanterie et de cinq cents chasseurs ; il
a atteint les Arabes sur les bords de la Chiffa, leur a tué trois
cents hommes et les a mis dans la déroute la plus complète.
Depuis cet échec, ils sont rentrés chez eux, et il ne reste plus
aujourd'hui dans la plaine qu'une poignée insignifiante de
maraudeurs. De toute part il arrive des troupes de France ;
Alger et les camps en sont encombrés : on s'occupe en ce
moment de l'organisation de l'armée, de celle des moyens
d'approvisionnement et de transport, et sitôt que l'une et

l'autre seront terminées, il est vraisemblable que nous nous mettrons en campagne pour aller rendre au seigneur Abd-el-Kader la visite qu'il nous a faite. Ce qui nous manque en ce moment, ce sont les approvisionnements de viande : les tribus de la plaine nous en fournissaient; presque toutes nous ont quittés pour aller faire leur soumission à Abd-el-Kader, et la facilité que nous leur avons laissée à cet égard est une faute, à mon avis; il fallait les laisser partir, mais garder les troupeaux.

Voilà notre position, mon général, voilà l'exact tableau des faits que les journalistes ont dénaturés à l'envi, les uns en criant que tout était perdu, les autres en nous faisant remporter des victoires imaginaires et ridicules dans chacune desquelles nous aurions tué trois fois plus d'Arabes que nous n'en avions jamais eu à combattre. Je suis furieux contre les journalistes, et vous approuverez mon ressentiment, mon général, si vous avez lu les calomnies qu'ils ont débitées contre mon régiment. Ces faiseurs et défaiseurs de réputations, qui ont fait faire des merveilles à tel général qui ne s'est pas trouvé en présence de l'ennemi depuis l'ouverture de la campagne, à tel corps qui n'a pas eu l'occasion de brûler une amorce, ont pris, je ne sais pourquoi, le 41ᵉ régiment pour l'objet de leurs attaques. Ils ont dit que le colonel, le lieutenant-colonel et deux chefs de bataillon de ce corps étaient entrés à l'hôpital, que le régiment, affaibli par les maladies, était hors d'état de faire campagne et que le maréchal Valée avait été forcé de le faire rentrer à Alger. Comme il n'est personne à l'estime de qui je tienne plus qu'à la vôtre, non seulement pour moi, mais aussi pour mon régiment, qui la mérite, je m'empresse, mon général, de démentir ces odieuses assertions. A part notre colonel (M. Evrard), qui avait demandé sa retraite à l'inspection générale et qui, tombé malade peu de temps après notre arrivée, est allé attendre la liquidation de sa pension en France, tous les officiers supérieurs n'ont pas cessé d'être à leur poste. Notre régiment, de tous ceux de l'armée, est celui qui a le moins de malades; continuellement détaché dans les camps, il n'a cessé de faire le service de colonne mobile et d'escorte de convois, services dont il a parfaitement supporté les fatigues. Sa bonne manière de servir a été, de la part des généraux qui l'ont commandé, l'objet des témoignages les plus flatteurs. Nous avons eu avec les Arabes deux ou trois engagements dans lesquels officiers et soldats ont prouvé qu'ils n'étaient inférieurs à ceux d'aucun régiment.

Agréez, mon général, l'expression des sentiments de reconnaissance et d'attachement avec lesquels

Je serai toute ma vie, mon général,

Votre très humble et très obéissant serviteur,

DUMONTET,
Chef de bataillon au 41ᵉ régiment
d'infanterie de ligne.

Veuillez, mon général, agréer mes vœux de bonne année ; quoique exprimés un peu tard, ils n'en sont ni moins ardents ni moins sincères.

59. — *Lettre du colonel Changarnier, commandant le 2ᵉ léger.*

Camp supérieur de Belida, 1ᵉʳ février 1840.

MON GÉNÉRAL,

Le 17, nous sommes venus remplacer au Camp supérieur de Belida le 23ᵉ de ligne. Depuis sa débâcle du 31 décembre, l'ennemi n'avait pas osé se montrer dans la plaine. Quelques rôdeurs des Beni-Sala inquiétaient seuls les travailleurs du général Duvivier. Mais, voyant nos troupes rentrées dans leurs lignes et retenues dans l'inaction, le bey de Médéa et celui de Miliana ont repris quelque confiance. Ils ont réuni leurs bataillons réguliers, appelé aux armes les Kabaïles, et, Abd-el-Kader leur ayant envoyé un détachement de cavaliers de l'ouest, ils ont essayé de prendre une revanche qui a été pour nous l'occasion d'un nouveau succès.

Je ne sais quelle importance les rapports de M. le maréchal Valée attacheront au combat du 29 janvier, mais vous pouvez compter sur la parfaite exactitude des détails que je vais vous donner.

Dix-huit cents mètres séparent le Camp supérieur, que j'occupe avec treize cents hommes du régiment, deux obusiers de montagne et cinq chasseurs à cheval, de la ville de Blidah, occupée par le général Duvivier, deux mille deux cents hommes du 24ᵉ, de l'artillerie et du génie. Chaque jour, cinq cents travailleurs protégés par un nombre un peu moins considérable d'éclaireurs, font de larges percées dans les vastes jardins qui entourent la ville. Le bois sacré, dont le général Duvivier s'est vu contraint de faire le sacrifice, est, depuis une semaine, notre principal atelier. Ce guêpier, où presque chaque matin le 24ᵉ laissait quelques victimes, va bientôt disparaître. Le 29 au matin, je fus averti qu'il semblait être occupé fortement par les Arabes. Notre contingent ordinaire de quatre cents travailleurs venait de partir, et le 24ᵉ, chargé d'opérer dans le bois, commençait à tirer quelques coups de fusil. Bien que dans mes instructions je ne fusse nullement responsable de ce qui se passait dans les jardins de Blidah, que le général Duvivier se chargeait spécialement de surveiller, j'examinai avec la plus grande attention et autant que la distance pouvait me le permettre ce qui se passait sur ce point. Je m'aperçus que de nombreux Kabaïles, formant la tête d'une colonne dont la gauche disparaissait dans la brume du matin, venaient renforcer les tirailleurs ennemis déjà établis dans le bois sacré. La position du 24ᵉ me sembla menacée, je fis battre la marche du régiment et, quatre minutes après, je sortis avec un bataillon fort de quatre cent cinquante hommes et deux obusiers de montagne. Je laissai au camp un détachement prêt à sortir et fort de deux cent vingt hommes, reste des troupes dont je pouvais disposer.

Malgré la présence d'une nombreuse cavalerie, je me portai rapidement dans la direction de l'Oued-el-Kébir avec les deux obusiers de montagne et mon bataillon, dont je fis couvrir la tête et le flanc droit par des tirailleurs. A quatre cents mètres du camp, je fus abordé sur ma droite par douze ou quinze cents cavaliers simulant une charge que nos flanqueurs, deux coups d'obusier et un coup de canon de huit, parti du camp, arrêtèrent court.

Je voyais cependant une masse épaisse d'infanterie continuer à remonter le lit desséché de l'Oued-el-Kébir et se diriger vers la ville et le bois sacré. Par mes cinq chasseurs à cheval, j'envoyai l'ordre au détachement de deux cent vingt hommes resté dans le camp de venir me joindre, ou, s'il en était empêché par la cavalerie, de tâcher de la contenir, en se tenant à portée de se retirer vers le camp, ou, de préférence, dans le carré de cactus qui couvrait ma droite.

Ces dispositions prises, je n'hésitai pas, malgré la cavalerie toujours présente, à m'approcher du ravin dans lequel marchait la nombreuse infanterie ennemie, dont il importait, dans l'intérêt du 24ᵉ et de nos travailleurs, d'attirer l'attention.

En effet, cette infanterie, nous voyant marcher sur son flanc gauche, marqua un temps d'arrêt, puis un mouvement de retour vers nous. Mon but était atteint, la fusillade du bois sacré ne tarda pas à se rapprocher de nous, et je vis déboucher, sous les ordres de M. le lieutenant-colonel Drolenvaux, la plus grande partie de nos travailleurs et de ceux du 24ᵉ suivant l'infanterie ennemie, que je pressai moi-même vivement. Les deux cent vingt hommes étaient en communication avec moi par le carré de cactus que j'avais fait occuper. Le mouvement de retraite de l'ennemi était prononcé, je fis faire tête de colonne à droite à mon bataillon ainsi qu'au détachement, et les prolongeant, le premier à deux cents, le second à quatre cents pas de l'Oued-el-Kébir, sur la berge duquel j'ordonnai au lieutenant-colonel Drolenvaux de continuer à marcher, je chargeai l'ennemi pendant près d'un quart de lieue. Nous lui fîmes éprouver des pertes considérables. La cavalerie, ayant opéré un mouvement de concentration près de la montagne, forma avec l'infanterie des masses compactes au milieu desquelles pas un coup de fusil, pas un coup d'obusier ne furent perdus. Par une de ces hardiesses auxquelles la prudence d'un chef ne peut donner une approbation patente, une vingtaine d'hommes du 2ᵉ léger et du 24ᵉ de ligne, se précipitant au centre de la cavalerie, faillirent prendre un drapeau, qui trois fois changea de mains, les deux premiers cavaliers qui le portaient ayant été tués à coups de baïonnette.

Une plus longue poursuite sans résultat utile m'aurait porté trop loin des points d'appui sur lesquels je vins reformer ma ligne. Deux détachements du 24ᵉ, forts chacun de deux cents hommes, que, sur ma demande, M. le colonel Gentil m'avait envoyés avec le plus grand empressement, furent placés, l'un entre ma droite et le camp, l'autre derrière un bouquet d'arbres placé en face de la redoute d'où, le 1ᵉʳ janvier, on a tiré un blockhaus. Je fis occuper cette redoute par un petit détachement du 24ᵉ. M. le général Duvivier m'envoya son aide de camp me dire que, restant dans la ville pour en surveiller la population, il me laissait la direction de toutes les troupes, moins un bataillon du 24ᵉ qui, sous les ordres du colonel Gentil, occupait la partie est des jardins, inquiétée par trois ou quatre cents Kabaïles.

Il était dix heures, le soleil ayant dissipé le brouillard du matin, je pus apprécier avec certitude les forces et la position de l'ennemi. Une forte colonne d'infanterie régulière, manœuvrant au bruit de plusieurs tambours, occupait une petite vallée en face du carré de cactus. Un peu à droite, un mamelon était couvert d'une colonne plus nombreuse encore, qu'à ses fusils brillants, à son costume sombre, à l'ordre qui régnait dans ses mouvements, il était facile de reconnaître pour de l'infanterie régulière, bien qu'elle ne fît entendre aucun bruit de caisses. A gauche, à droite, en arrière de ces colonnes, se groupaient de nombreux Kabaïles que les montagnes voisines n'avaient pu fournir seules et dont la plupart étaient venus de loin. Les Beni-Sala occupaient les positions accoutumées en face de la ville. Toute cette infanterie, qu'on ne peut évaluer à moins de trois mille ou trois mille cinq cents hommes, était couverte par une ligne de tirailleurs embusqués sur la rive droite de l'Oued-el-Kébir et ne montrant que la tête au-dessus de la berge.

Voici dans quel ordre nous étions nous-mêmes formés : une ligne de tirailleurs se reliant au bois sacré, bien défendu, venait rejoindre le carré de cactus, occupé par un détachement assez fort pour se suffire à lui-même dans ce retranchement naturel. Un détachement de deux cent cinquante hommes du 24e, sous les ordres du commandant Kann, était placé, comme je l'ai déjà dit, derrière un bouquet d'arbres faisant face à la redoute et à la rivière; à égale distance de ce bouquet d'arbres et du carré de cactus, mais à deux cent cinquante pas en arrière, était placé un bataillon de trois cent cinquante hommes que le colonel Gentil venait encore de m'envoyer. Derrière le carré de cactus et sur le prolongement du camp étaient placés deux bataillons du 2e léger, en colonne par division et à distance de déploiement.

Les travailleurs amenés par le lieutenant-colonel Drolenvaux m'avaient permis de recomposer et de renforcer ces deux bataillons. Le détachement de deux cents hommes du 24e, aux ordres du commandant Galemant, était à cinquante pas en arrière.

La droite de ma ligne de tirailleurs était à trois cents mètres de la partie du lit desséché de l'Oued-el-Kébir qu'occupait l'infanterie ennemie, et, si cette infanterie eût tenté de déboucher contre nous, j'avais ordonné, malgré son grand nombre, qu'on lui permît de sortir sans obstacle du lit de la rivière, et alors, faisant appuyer le commandant Galemant au carré de cactus pour assurer notre droite contre les attaques de la cavalerie, j'aurais fait débolter à gauche les deux bataillons du 2e léger, à droite le bataillon du commandant Kann, et je n'aurais pas hésité à aborder l'ennemi de front, sans tirer un coup de fusil, le bataillon le plus complet du 24e marchant en réserve. Je ne doute pas que je n'eusse rudement rejeté dans la rivière messieurs les *réguliers* et *irréguliers*.

Mais un mouvement de retraite ne tarda pas à se prononcer sur toute la ligne de l'ennemi; à dix heures et demie, on ne tirait plus un seul coup de fusil. L'infanterie régulière et les Kabaïles gagnaient les sommets de la montagne. La cavalerie, bien que renforcée de quatre cents chevaux qui venaient d'explorer la route de Mered, s'écoula dans la direction de la Chiffa.

Le général Duvivier, dont je ne saurais trop louer la courtoisie et la confiance qu'il a bien voulu me manifester, ordonna, sur ma proposition, la reprise ou plutôt la continuation des travaux, poussés ce jour-là en dehors de la ville sur un point où, jusqu'à présent, les travailleurs n'avaient pu rester sans péril. Je renvoyai au colonel Gentil le bataillon le plus fort et le dernier mis à ma disposition. Je continuai à occuper la ligne indiquée plus haut avec les deux bataillons du régiment et les deux détachements du 24ᵉ.

Restées en place jusqu'à cinq heures et demie du soir, les troupes se sont retirées à Blidah et dans le camp sans que les Arabes aient osé, depuis onze heures du matin, présenter un seul homme à portée de fusil. Quelques faibles postes se montraient seuls dans la montagne.

Cette journée, à laquelle l'ennemi s'était dès longtemps préparé, espérant, par un grand déploiement de forces, surprendre quelque avantage, a été pour nous l'occasion de lui donner encore une leçon sévère. Il résulte de renseignements fournis par les habitants de Blidah que les Arabes ont eu de quatre-vingt-dix à cent tués et un nombre presque quadruple de blessés. Ce chiffre ne peut nous étonner, puisque nous avons tiré de très près sur des masses épaisses et profondes. Le 2ᵉ léger a eu cinquante-quatre hommes hors de combat, et le 24ᵉ, dix-huit.

Le 2ᵉ léger regrette en M. le capitaine Bouisset un excellent officier.

4 février. Le général d'Houdetot nous amène un grand convoi. Dans le monceau de lettres officielles ou particulières qui s'élève sur ma table et que je n'aurai pas le temps de lire avant le départ du courrier, le timbre de Perpignan attire mon attention, malgré le changement de secrétaire, et je puis vous remercier, dès aujourd'hui, de la nouvelle preuve de bienveillant souvenir que vous venez de me donner.

Le général Duvivier demande avec chaleur le grade de maréchal de camp pour moi. Je ne sais si cette proposition passera la mer.

Agréez, je vous prie, mon général, la nouvelle expression de mon dévouement le plus respectueux et le plus vrai.

CHANGARNIER.

60. — *Lettre du chef de bataillon Le Fló, du 2ᵉ léger.*

Au Camp supérieur de Bélida, 3 février 1840.

MON GÉNÉRAL,

J'ai reçu la lettre que vous m'avez fait l'honneur de m'écrire, datée du 22 janvier, et je suis bien reconnaissant de l'intérêt affectueux que vous me témoignez. La bonté avec laquelle vous avez accueilli ma première lettre m'a fait espérer que vous accueillerez celle-ci avec une égale bienveillance; je l'espère surtout, parce que j'ai à vous entretenir encore d'un nouveau combat qui honore le 2ᵉ léger.

Vous avez su que le régiment, distrait de la colonne mobile sous le prétexte d'un embrigadement qui n'a été effectué qu'en partie, avait remplacé, depuis le 17 janvier, le 23ᵉ de ligne au Camp supérieur de Blidah. La 2ᵉ brigade de la 1ʳᵉ division, 2ᵉ et 24ᵉ, se trouvait ainsi réunie à Blidah, sous les ordres du général Duvivier. Notre 3ᵉ bataillon, retenu à l'Arbah, Camp de l'Est, ne nous avait pas rejoints, et le 24ᵉ occupait la ville, distante de vingt minutes à peu près, mais séparée du camp par des jardins et des bois très fourrés qui rendent les communications entre ces deux points fort dangereuses. Cette circonstance avait fait prendre le parti d'abattre tous ces bois, et, depuis un mois, deux ou trois bataillons s'occupaient chaque jour de ce travail. Pendant trois semaines, les Arabes, encore sous le coup de leur défaite du 31 décembre, ne l'avaient point inquiété; le 22 janvier, cependant, des Kabyles vinrent tirer quelques coups de fusil sur nos hommes. Un bataillon régulier avait été aperçu, ce même jour, sur l'emplacement de son ancien camp, et chaque matin

amena, dès lors, une tiraillerie de plusieurs heures, insignifiante cependant ; cela dura ainsi jusqu'au 28.

Le 29 janvier, quatre cents hommes du 2ᵉ bataillon du régi
ment étaient sortis du camp à sept heures et demie et se ren
daient à un blockhaus des jardins où se distribuent les outils,
lorsqu'une vive fusillade s'étant fait entendre sur leur droite,
le lieutenant-colonel Drolenvaux, officier supérieur de jour,
les dirigea immédiatement de ce côté ; nos tirailleurs prirent
le pas de course, à hauteur des premiers arbres, et joignirent
bientôt trois ou quatre compagnies du 24ᵉ que les Arabes, très
supérieurs en nombre, commençaient à presser d'une manière
inquiétante. (Ces compagnies étaient destinées à protéger le
travail de la journée et se rendaient à la position habituelle,
quand elles y rencontrèrent l'ennemi.) Nos hommes s'engagèrent aussitôt avec vigueur, mais les Arabes étaient parfaitement établis depuis la nuit. Un bataillon de réguliers remplis-
sait un bois sacré (appelé ainsi à cause d'un marabout), séparé
de la montagne par le seul lit de l'Oued-Kébir, et toutes les
crêtes des plateaux en arrière étaient garnies d'une foule de
Kabiles qui faisaient ainsi sur les nôtres un feu plongeant
qui les atteignait de tous côtés.

Une semblable position était insoutenable pour nous, et le
lieutenant-colonel jugea qu'une action de vigueur pouvait seule
la faire cesser ; il fit, en conséquence, battre la charge, et tout
notre monde, 2ᵉ et 24ᵉ, s'élançant alors au pas de course et en
jetant de grands cris d' « en avant », se précipita à la baïonnette
sur l'ennemi, qui, surpris d'une attaque si impétueuse, n'y opposa qu'une seule décharge et se mit en déroute. Nos hommes
le poursuivirent avec vigueur, le chassèrent complètement du
bois, puis, faisant tête de colonne à droite, continuèrent à le
pousser sur la rive droite de l'Oued-Kébir ; mais là précisément
stationnaient de fortes réserves d'Arabes, et, un second bataillon ayant rallié les fuyards, la résistance y devint opiniâtre.
Déjà les nôtres, que trop d'ardeur avait entraînés, allaient
être compromis, lorsque le 1ᵉʳ bataillon du régiment se présenta pour les soutenir et achever le succès commencé. Ce bataillon, que son tour de service avait retenu au camp, avait

pris les armes aux premiers coups de fusil et, sortant par la
barrière de la Chiffa (côté de l'ouest, Blidah est au sud), s'était
porté en courant vers l'Oued-Kébir. En vain une nombreuse
cavalerie qui, masquée jusqu'alors, venait d'apparaître menaçante sur notre flanc droit, avait fait mine de vouloir nous
charger; le colonel Changarnier lui avait opposé audacieusement une seule compagnie de tirailleurs, et ce peloton avait
suffi pour la maintenir; puis le reste du bataillon, battant la
charge et le colonel à la tête, rejeta les fantassins dans le lit de
la rivière et put ainsi donner la main à nos compagnies du
2e bataillon et à celles non moins vigoureuses du 24e, auxquelles un nouveau renfort d'un bataillon, conduit par le commandant Bachelet, venait également d'arriver.

La journée semblait devoir se terminer ainsi et le combat
avait effectivement beaucoup molli, lorsqu'une seconde colonne de cavalerie arabe, de la force de sept à huit cents
chevaux, vint de nouveau se rétablir; mais déjà nous avions
pris l'ascendant, notre position s'était régularisée et deux
obusiers de montagne, qui nous avaient suivis, purent se placer
convenablement et arrêter partout l'effort d'une cavalerie fort
bruyante, très rapide, mais fort peu entreprenante au résultat.
Au bout d'une heure d'un simple engagement de tirailleurs,
tous ces gens se retirèrent, les uns vers la Chiffa, les autres
sur leurs montagnes, nous laissant maîtres du champ de bataille, que nous occupâmes jusqu'à cinq heures du soir, afin
de mieux témoigner de notre succès que, du reste, l'ennemi
ne chercha plus à nous contester.

Ce combat a coûté au régiment quatre hommes tués, un capitaine de voltigeurs, M. Bouisset, blessé mortellement (il est mort
le lendemain), et une quarantaine de blessés; le 24e a eu, je crois,
un officier blessé grièvement et seize hommes, sous-officiers
et soldats, tués ou blessés. Depuis, nous n'avons plus revu les
Arabes. Nous avons dû avoir affaire à mille réguliers à peu
près, à quinze cents Kabyles et à au moins douze cents cavaliers. Leurs pertes doivent être de cent à cent trente hommes.
Ils ont laissé une douzaine de cadavres en notre pouvoir. Si
nous avions eu seulement un obusier de campagne ou un canon

de huit, il est probable qu'on eût pu en tuer deux ou trois cents. Nous avions, en cavalerie, quatre chasseurs et un brigadier !

A trois lieues de Boufarick, nous manquons, depuis quatre jours, de farine de munition; la ration de pain se compose de deux tiers de pain blanc et un tiers de biscuit; la ration de viande, réduite depuis six jours aux trois quarts, se compose d'un quart de viande fraîche et un quart lard salé; demain on tuera le dernier bœuf; il n'y a plus de pain de soupe et rien à acheter. On n'ose pas mettre le convoi en route sans quatre ou cinq mille hommes, et huit cents hommes du régiment sont allés hier, à moitié chemin de Boufarick, au block-khaus de Méred, chercher des lettres. Deux heures de plus et nous allions nous-mêmes prendre nos vivres.

Vous voyez, mon général, que les choses se passent ici d'une manière étrange; mais M. le lieutenant-colonel de Salles est notre chef d'état-major ! Les rapports officiels ne nous dédommagent pas de ces petites privations; M. le colonel Gheswiller est, dit-on, nommé maréchal de camp pour la part glorieuse que son régiment, le 23e, a prise au combat du 31 décembre. Ce régiment a chargé, dit le rapport, avec le 2e léger. Nous avions espéré que les officiers de ce corps, honteux d'une pareille imposture, la démentiraient; mais non ! Nous n'avons pas, nous autres, lieu de nous en plaindre, puisque le colonel Changarnier n'a pas même été cité. Toutes ces tracasseries et ce déni de justice ne nous décourageront pas, mon général, et le 2e léger, se souvenant de vos bontés et de vos leçons, continuera, en attendant une direction supérieure plus éclairée, à porter haut l'honneur de son drapeau et celui de son numéro.

Adieu, mon général, puisque vous avez l'extrême bienveillance de vouloir vous occuper de moi, il m'est doux de penser que c'est à vous, l'un des hommes que j'honore et que j'aime le plus par le souvenir de ses anciennes bontés pour moi, que je devrai une partie de ce qui peut m'arriver d'heureux.

J'ai l'honneur d'être avec un profond respect, mon général,
    Votre très humble et très obéissant serviteur.

                                        Ad. Le Flo.

61. — *Lettre du capitaine Brayer (1), du 15ᵉ léger.*

Oran, le 17 mars 1840.

Mon général,

La division d'Oran, dans laquelle le 15ᵉ léger sert depuis le mois de juillet dernier, se compose de trois faibles brigades, la 1ʳᵉ, commandée par le général Parchappe, est formée du 1ᵉʳ bataillon d'Afrique, des 2ᵉ et 3ᵉ bataillons du régiment et du 2ᵉ chasseurs d'Afrique, qui peut à peine mettre en ligne trois cent cinquante chevaux.

La 2ᵉ brigade, commandée par le colonel du 1ᵉʳ de ligne, se compose des trois bataillons du 1ᵉʳ de ligne, du 1ᵉʳ bataillon du régiment de spahis réguliers et de la compagnie de discipline, enfin, la 3ᵉ, commandée par l'aga Mustapha Ben Ismaël, que vous avez vu à Perpignan, comprend les sept ou huit cents cavaliers arabes des tribus des Douairs et Smélas; une compagnie du génie et deux batteries d'artillerie complètent l'ensemble de la division, dont l'effectif peut être de neuf mille cinq cents à dix mille hommes. Malheureusement, ce chiffre, qui paraît de prime abord devoir suffire à une défensive respectable, se réduit par le fait à bien peu de chose.

Un immense cordon de postes retranchés, tels que blokhaus, camps, etc., dont l'importance ne me semble pas très bien constatée, réduit à tel point la garnison d'Oran que, lorsque l'ennemi se présente à nos avant-postes au nombre de sept ou huit mille cavaliers et deux mille fantassins, c'est en faisant relever les postes de la place par la milice africaine que le lieutenant général parvient à former une colonne de douze ou treize cents hommes de toutes armes; et le Maréchal est à la

---

(1) *Brayer* (Michel-Sylvestre-Philippe-Amilcar-Adalbert, comte), né à Paris le 7 septembre 1813, sorti de l'École spéciale militaire le 20 novembre 1831, capitaine au 15ᵉ léger le 22 janvier 1840, colonel du 1ᵉʳ régiment étranger le 7 novembre 1858, général de brigade le 12 août 1864, tué à Gravelotte le 16 août 1870.

tête de trente mille ou trente-six mille hommes devant quinze
cents ou deux mille cavaliers dans le massif d'Alger !

Depuis le commencement de décembre dernier, la division
a eu plusieurs affaires à soutenir; vous avez dû lire, dans les
journaux, l'héroïque défense de Mazagran, aussi ne vous
parlerai-je que du dernier combat qui vient d'avoir lieu le
13 mars et où nous avons eu cent trois hommes de toutes
armes mis hors de combat, dont cinquante-trois tués ; quarante têtes ont été enlevées par l'ennemi.

Le combat a eu lieu en avant de Meserguin, village fortifié
situé à trois lieues d'Oran, au débouché d'un massif de collines
qui présentent des défilés dangereux et des positions favorables à la manière de combattre des Arabes. Ce village est
occupé par les quatre escadrons de spahis qui y sont ca-
sernés, et par huit compagnies du 1ᵉʳ de ligne avec une
section d'obusiers de montagne.

Le 13 mars, à neuf heures du matin, un troupeau appartenant aux Arabes alliés qui campent sous le canon de Meserguin fut enlevé ; les cavaliers des tribus partirent aussitôt
pour le reprendre à l'ennemi. Le colonel Iousouf, qui est commandant supérieur, fit monter son régiment à cheval et sortit
avec l'infanterie, pour appuyer les Douairs qui étaient engagés avec six ou huit cents cavaliers ennemis occupant la
crête d'un mamelon situé à une heure de marche du village.

Iousouf donna ordre au commandant Mermet, du 1ᵉʳ de ligne,
de déployer deux compagnies pour former le carré et de
marcher en avant. Lui-même lança en tirailleurs l'escadron
Montebello et marcha en bataille avec le reste de son régiment, fort de deux cents chevaux. Le combat s'engagea avec
beaucoup de vigueur de la part des spahis, la cavalerie arabe
se repliait au galop derrière le grand mamelon, elle était suivie de près par nos tirailleurs, lorsque tout à coup une masse
de quatre ou cinq mille chevaux parut sur la hauteur et
tomba sur l'escadron de tirailleurs ; en même temps, une forte
colonne de cavalerie se portait sur la droite des spahis pour
la déborder et couper la communication avec l'infanterie. Les
escadrons rompirent à droite pour faire face à ces nouveaux

ennemis, et c'est pendant que ce mouvement s'exécutait que les Arabes, qui semblaient sortir de terre, se lancèrent avec une vigueur et un élan remarquables sur les spahis. Un combat corps à corps s'engagea, mais l'immense supériorité du nombre obligea le colonel Iousouf à faire sonner la retraite, qui fut exécutée au galop. Il fit des efforts inouïs pour rallier son régiment et ne le put pas ; malgré leurs officiers et la plupart des spahis français, tout ce qui était indigène ne put être arrêté que par les fossés de Meserguin, laissant derrière les blessés, qui, comme vous le pensez, furent décapités sur-le-champ. Heureusement qu'à cet instant critique le 4e escadron, qui arrivait d'Oran, entra en ligne et parvint à couvrir le ralliement.

Pendant ce temps, le bataillon du 1er de ligne avait vu sa ligne de tirailleurs coupée, refoulée en désordre sur le carré qui venait d'être formé. Les Arabes l'entourèrent aussitôt, au nombre de cinq ou six cents, et commencèrent à le charger presqu'à fond, puisqu'ils coupèrent des têtes à dix pas du premier rang, malgré le feu de deux rangs.

Ce carré, qui était rempli de chefs arabes qui s'y étaient réfugiés, résista noblement pendant une heure à toute la furie des charges ennemies, quand tout à coup le soleil frappant sur la colline que traverse la route d'Oran fit briller des baïonnettes ; c'était la 2e brigade, se composant du 15e, d'un bataillon d'élite du 1er de ligne, de deux cent cinquante chevaux du 2e chasseurs, avec quatre pièces de campagne, qui venait de franchir au pas de course, en six quarts d'heure, les trois lieues qui séparent Oran de Meserguin.

Il était temps. Nous prîmes position sur la droite, mais l'ennemi nous avait aperçus, et son mouvement de retraite était presque terminé quand nous entrâmes en ligne. Au lieu de nous porter en avant pour conquérir le champ de bataille et sauver les blessés qui pouvaient y être restés, on nous fit faire demi-tour et repartir pour Oran sans avoir brûlé une amorce. Aussi tout le monde était découragé et mécontent.

Voilà, mon général, quelle a été l'affaire du 13 mars qu'on

fera passer pour une victoire et où, cependant, nous avons été forcés d'abandonner le champ de bataille avec une perte de cent trois hommes mis hors de combat et quarante têtes enlevées sans avoir pu en couper une seule à l'ennemi, qui cependant a perdu trois ou quatre cents hommes.

BRAYER.

62. — Lettre de M. Dussert, sous-directeur des affaires civiles à Oran.

Oran, 16 mai 1840.

MON GÉNÉRAL,

Le bateau à vapeur qui nous est venu avant-hier était attendu avec anxiété, nous espérions avoir des nouvelles de l'expédition partie d'Alger le 25 avril (1). Il y a eu désappointement complet. On ne savait encore rien à Alger; voici ce qu'on m'écrit de cette ville, à la date du 11 mai : « Notre expédition paraît assez fortement contrariée par la résistance qu'elle a rencontrée et à laquelle elle ne s'attendait pas; avanthier elle n'était pas encore en marche sur Médéah ou Miliana; elle a eu jusqu'ici à soutenir chaque jour des combats assez vigoureux dans un cercle limité par Blidah, Boufarick, Coleah et Cherchell. Nous avons perdu le lieutenant-colonel Miltgen, qui a succombé au tétanos survenu à la suite d'une blessure reçue à l'épaule. »

Une lettre de la même date me dit : « Le Maréchal tient Alger dans l'ignorance la plus complète de tous les mouvements... On ne peut que faire des conjectures et des suppositions. Par les Arabes, rien ne transpire, et cela se conçoit, car les gens d'Abd-el-Kader nous entourent et viennent pous-

---

(1) Le 27 avril, le maréchal Valée avait passé la Chiffa, à la tête d'une expédition forte de dix mille hommes, dirigée contre Abd-el-Kader, il rencontra la cavalerie de Sidi-Mbarek, qu'il défit complètement au combat d'El-Afroum.

ser des hourras jusqu'à Kouba. Ayez donc vingt ou trente
mille hommes en campagne pour n'avoir pas de sécurité à
deux heures d'Alger ! »

Ces jours passés, on nous a expédié quatre bateaux à vapeur pour porter sur-le-champ à Cherchell quatre bataillons
pris dans les divers corps commandés par le colonel Tempoure; on présume que cela tient à quelque nouvelle combinaison du Maréchal.

Nous sommes, comme vous le voyez, mon général, dans la
plus complète ignorance de ce qui se passe. Tout annonce
que rien de sérieux ne se fera dans notre province avant l'automne; en attendant, nous sommes assez tranquilles. Il y a eu
avant-hier une petite affaire près de Meserguin. Le kalifa
Bou-Hamdy était venu exécuter la menace faite à nos tribus
de détruire leurs récoltes. Les troupes sont sorties. Il y a eu
un engagement à la suite duquel nos Douairs ont eu sept ou
huit blessés, deux ou trois morts, ils ont rapporté une douzaine de têtes et dix à quinze chevaux. Voilà le fait, qui sera
probablement un peu grossi par les rapports.

Vous avez raison, mon général, de vous défier des bulletins d'Afrique. L'affaire de Mazagran était belle, on l'a
rendue ridicule à force d'emphase et d'exagération. Quant à
celle de Meserguin, c'est autre chose; il a fallu beaucoup de
bon vouloir pour en faire une *journée glorieuse*. Ce qu'il y a de
vrai, c'est que les spahis ont été rudement ramenés et que
Meserguin et les spahis eussent été tout à fait compromis sans
l'excellente contenance du 1er de ligne, qui a eu les honneurs
d'une journée qu'il faut appeler *malheureuse et mauvaise;* nous
avons perdu quarante-deux têtes et *on a tiré le canon de joie*
à Mascara. C'est une chose vraiment déplorable que cet abus
de rapports militaires qui deviendront, si l'on n'y prend
garde, une source d'avilissement et de ridicule pour la France.
Si l'on donne au mensonge et au charlatanisme droit d'asile
dans les camps, que deviendra cette bonne vieille renommée
d'honneur français que nous avions gardée intacte même en
1793?... Aujourd'hui, la prise d'une échoppe, le moindre
engagement, le plus mince fantôme de combat enfantent des

relations ampoulées. L'étranger n'a-t-il pas lieu de croire, à voir ce qui se passe, que le courage est chose tout à fait exceptionnelle en France, puisqu'on fait des apothéoses à si bon marché? C'est triste à dire, mais c'est vrai, quoique triste; l'esprit d'exploitation par le charlatanisme s'est glissé partout : *le bulletin est le journalisme de l'armée.*

DUSSERT.

63. — *Lettre du chef de bataillon Dumontet, du 41ᵉ de ligne.*

Camp de Koleah, 20 juin 1840.

MON GÉNÉRAL,

Nous avons rejoint l'armée, le 9 mai, devant Cherchell et avons pris part aux événements du reste de la campagne. Dans la journée du 10, mon bataillon formait l'arrière-garde et a défendu le passage de l'Oued-Jer, de l'Oued-Achem, de l'Oued-Madem et la position des ruines, dernière affaire dont on a donné, par erreur, le mérite à un autre régiment. Dans la journée du 12, j'ai eu l'honneur d'être placé sous les ordres de S. A. R. Mgr le duc d'Orléans et de faire partie de la colonne d'attaque commandée par le général Duvivier, laquelle a enlevé le pic du Mouzaïa. Chargé, après l'affaire, d'occuper et de défendre cette position, pendant trois jours je suis resté là, sans communication avec l'armée, qui avait continué sa marche sur le Teniah, harcelé du matin au soir par les Kabyles, auxquels j'ai fait éprouver de grandes pertes, et, ce qu'il y a de plus fâcheux, oublié de M. le général Duvivier, qui, dans son rapport, n'a pas dit un mot du bataillon du 41ᵉ, qui, cependant, soit dans la journée du 12, soit dans les journées qui l'ont précédée et suivie, s'est parfaitement conduit, je ne crains pas de le dire, et a rendu d'utiles services. J'ai retrouvé avec un plaisir infini, à l'attaque du pic, mon ancien lieutenant-colonel, le bon colonel Gentil, qui était là avec un bataillon de son régiment, le colonel Changarnier et mes autres vieux frères d'armes du 2ᵉ léger qui, plus que tout autre régiment, a le droit de revendiquer l'honneur du succès de cette journée. Le colonel Changarnier est un officier bien distingué et qui fait honneur à votre choix ; au retour, dans la journée du 21, je me suis trouvé sous ses ordres. Nous avons bien parlé de vous, mon général, de la division des Pyrénées-Orientales, de l'excellente école que vous y avez instituée, et je puis vous assurer qu'il n'y a pas eu dissidence d'opinion dans la conversation.

Le reste de l'expédition ne présente plus qu'une journée remarquable, trop remarquable ! celle du 20 ; on a parlé de victoire. Dieu nous préserve d'en remporter souvent de pareilles ! Deux à trois mille hommes des troupes régulières d'Abd-el-Kader ont osé attendre le retour de l'armée au pied du Teniah et lui livrer bataille. Trop confiant dans ses premiers succès et ne prévoyant pas une pareille attaque, le Maréchal, au lieu d'ordonner à son avant-garde d'occuper les positions qui commandent la route et de faire filer son convoi, l'a entassé à l'entrée du défilé, tandis que l'avant-garde regagnait avec sécurité le camp du Teniah. C'est l'instant que les Arabes ont habilement choisi pour commencer leur attaque. Jugez quel désordre elle a dû jeter dans ce convoi sans défense. Certes on est arrivé bien vite à son secours, nos soldats, ici comme partout, se sont parfaitement battus, et l'ennemi a éprouvé de grandes pertes, mais il n'en est pas moins constant que la témérité d'une pareille attaque n'a pas été punie comme elle aurait dû l'être, que la cavalerie ennemie, qui avait osé mettre pied à terre et laisser ses chevaux dans un ravin, à quelques centaines de pas de là, est remontée paisiblement à cheval sans être inquiétée, que cette poignée d'hommes, après nous avoir fait beaucoup de mal, s'est retirée quand elle a voulu, par où elle a voulu, et qu'enfin, ce jour-là, on devait faire ce qu'on est loin d'avoir fait. On devait exterminer les troupes régulières d'Abd-el-Kader et, par conséquent, anéantir sa puissance, qui n'a pas d'autre appui que ces trois ou quatre bataillons et quelques centaines de spahis organisés et stipendiés. Généralement les tribus arabes sont lasses de la guerre et préfèrent notre domination à celle de l'émir; elles ne marchent contre nous que sous l'influence de la crainte et par l'encouragement du bâton, moyens de succès dont l'utile emploi est confié aux troupes régulières.

Le Maréchal achève, en ce moment, une nouvelle campagne dont le but est l'occupation de Miliana. Il est entré sans résistance, le 9, dans cette ville que la population entière avait évacuée; il y conduit en ce moment un convoi de vivres.

DUMONTET.

64. — *Lettre du général de brigade Changarnier.*

Camp d'Aïn-Tailazid, le 7 juillet 1840.

MON GÉNÉRAL,

Dans deux des six lettres du major que je trouve à mon retour, il me dit que vous vous plaignez de mon silence. J'aurais pu vous faire remarquer que, malgré mon exactitude et mon désir ordinaire de ne point arriérer les affaires du régiment, ma correspondance avec lui-même a subi une longue interruption. En arrivant au Camp supérieur de Blidah avec les Princes et le Maréchal, j'ai employé les quelques heures qui précédèrent leur départ à établir le travail des récompenses. Un billet en quatre lignes, pas davantage, fut destiné à rassurer ma famille. Dès que je vis un peu plus clair dans mes affaires, une lettre de douze pages fut destinée à vous faire connaître la première expédition de Médéah. Mais nous ne communiquions pas avec Alger. La colonne du Maréchal arrivant l'avant-veille de notre rentrée en campagne m'amena l'officier payeur et l'officier d'habillement que j'ai fait venir pour liquider rapidement les affaires arriérées. Ma volumineuse lettre confiée à M. Molière est restée, comme lui, prisonnière pendant trois semaines au camp. Arrivé à Alger, il n'a pas cru devoir mettre à la poste une pareille vieillerie, et il me la renvoie avec un monceau de lettres de France que m'apporte la colonne que j'ai envoyée à Blidah chercher des vivres.

Dans ces lettres, j'en trouve une dans laquelle vous voulez bien me féliciter sur mon avancement; votre affectueuse bienveillance m'est bien précieuse et l'ingratitude ne saurait être comptée sans injustice au nombre de mes défauts. Je ne sais pourquoi j'ai insisté si longtemps pour justifier mon silence, que vous avez dû attribuer aux circonstances et non à une négligence dont je suis incapable envers vous.

Dès le surlendemain du retour du corps expéditionnaire au camp de Blidah, le Maréchal a poussé une reconnaissance jusqu'au point culminant des montagnes des Beni-Salah. Notre espoir d'établir une communication militaire et facile avec Médéah a été déçu, mais le Maréchal a pensé qu'un camp retranché contraindrait à la soumisssion ou à l'émigration ces tribus turbulentes, que de ce point nous parviendrions, par des postes intermédiaires, à établir une correspondance télégraphique entre Alger et Médéah, et il m'a mis immédiatement à l'œuvre avec six bataillons, deux cent cinquante hommes du génie et une section d'artillerie de montagne. C'est de ce point que je commande l'arrondissement de Blidah et de Boufarick, jusqu'à ce que, les travaux étant en état de défense, je puisse descendre dans la première de ces résidences. Jusqu'à présent, les Kabyles ne nous font que de petites chicanes peu incommodes. Je ne désespère pas de les voir entrer en négociation; s'ils ne s'y décident pas bientôt, je leur donnerai une leçon comme celle que j'ai administrée aux Mousaïa pour clore la campagne.

9 juillet, cinq heures après midi.

Je reprends ma lettre interrompue et je me hâte pour ne pas manquer encore ce courrier. Vous savez, mon général, que le Prince royal et le Maréchal ne s'étaient pas séparés en très bons termes et que la position du gouverneur semblait menacée; lui-même n'y tenait, disait-il, que pour pouvoir la quitter à son heure et de son plein gré. On le dit maintenant beaucoup mieux assis, mais son gendre, furieux de n'être point colonel, prétend l'obliger à donner immédiatement sa démission. On en était là, quand le Maréchal m'a planté sur ce pic pour se rendre à Alger, où l'attendait M. de Bois-le-Comte, porteur d'une lettre du président du Conseil. On croit cette lettre conciliante et flatteuse pour le Maréchal. Je ne sais rien de plus, et j'attends avec impatience mes lettres. Plusieurs de celles récemment arrivées de Paris, une entre autres du général Rapatel, vous désignent comme le successeur du gouverneur actuel; cela me rendrait bien heureux.

Le temps me manque absolument pour vous raconter la dernière campagne, où, comme dans la première, le 2ᵉ léger a constamment tenu le premier rang. A l'attaque de Miliana, la brigade que je commandais a été chargée d'enlever la principale position que l'ennemi a faiblement défendue. Au retour, le 15, j'ai, contrairement à l'opinion de tous les généraux, décidé le Maréchal à faire enlever, de nuit, le col qu'on croyait occupé par toute l'infanterie régulière de l'émir; c'est moi qui ai été chargé de l'organisation des colonnes et de commander cette opération. Malheureusement, les renseignements reçus par le Maréchal étaient inexacts. Si l'infanterie régulière eût été là, nous aurions, dans un beau coup de main, détruit la base de la puissance d'Abd-el-Kader. Dans l'après-midi du 15, le Maréchal, voyant son arrière-garde pressée par l'ennemi et assez mal dirigée, m'en a donné le commandement, bien que deux colonels plus anciens que moi y fussent employés.

Le 19, lorsqu'il s'est agi de retourner à Miliana, les généraux et chefs de corps s'étaient unanimement prononcés contre cette opération sans laquelle toutes les autres eussent été incomplètes et nous auraient préparé de grands embarras pour l'avenir. M. le colonel Rambaud avait cru devoir aller de lui-même dire au Maréchal que son régiment était hors d'état de rendre aucun service, que les autres troupes ne valaient pas mieux, que le Maréchal pouvait tout au plus aller jusqu'à Médéah, et que, s'il voulait passer outre, il s'exposait à un désastre. Le Maréchal m'envoya chercher immédiatement à ma position, me communiqua cette étrange déclaration, malheureusement trop conforme aux discours de certains chefs, et fort attristé, mais ferme, il me consulta sur l'état des troupes, sur leur esprit, et ne me cacha pas que de ma réponse dépendrait sa résolution définitive.

Deux jours après, le 21, un ordre de l'armée me donnait le commandement d'une division de cinq mille cinq cents hommes, l'élite des troupes de l'armée, et cela en présence de trois généraux très valides, non compris le chef d'état-major général. Je n'en ai été fâché que pour ce brave et digne général d'Houdetot que j'aime tant. J'ai réapprovisionné Miliana pour plusieurs mois et traversé deux fois la haute vallée du Cheliff à la barbe d'Abd-el-Kader et de toutes ses forces, réunies pour la dernière fois le 25, qui se sont dispersées ce jour-là et que nous n'avons pas revues depuis. Les gouverneurs et le général Bugeaud exceptés, personne en Afrique n'a exercé un commandement de cette importance (1).

Je suis ici dénué de linge, de vêtements, presque de chaussures, mais le bonheur qui m'a accompagné pendant et après la campagne m'a donné une bonne provision de patience.

Agréez, je vous en prie, mon général, la nouvelle expression de mon très respectueux et inaltérable attachement.

Changarnier.

Je n'ai même pas le temps de relire cette lettre diffuse.

65. — *Lettre du général de brigade Changarnier.*

Blidah, le 14 août 1840.

Mon général,

Les grands travaux que je fais exécuter dans le pays des Beni-Salah et que je pourrai visiter souvent étant très avan-

---

(1) Voir pour l'expédition de Miliana : *L'Algérie de* 1830 *à* 1840, par Camille Rousset, p. 441 et suiv.

cés, j'ai pu enfin venir chercher un peu d'ombre dans une
maison de pierre. Bien qu'éloigné du centre des affaires, je
crois savoir qu'il n'y aura point, au moins en ce moment, de
changement notable dans le personnel ni dans le système de
la haute administration de l'Algérie. M. le maréchal Molitor
paraît avoir eu le bon esprit de repousser un fardeau un
peu lourd pour un homme devenu, depuis bien des années,
étranger aux affaires. De singulières idées ont été en circulation à Paris, s'il faut en croire les journaux. Des commandants militaires par province, correspondant avec le ministre
et obéissant à un gouverneur civil, voire même à un *vicaire
général*, n'auraient peut-être pas donné beaucoup d'unité aux
opérations. Il n'y a que la France représentative pour concevoir de ces beaux projets!

Puisque les espérances qu'une lettre du général Rapatel,
adressée à un officier du 24ᵉ de ligne, m'avait fait concevoir,
semblent ajournées, il est bien heureux que vous vous soyez
trouvé à Perpignan dans les circonstances créées par la crise
de la politique espagnole; sans vous, on eût été bien embarrassé pour mettre de l'ordre dans cette masse de réfugiés qui a fait soudainement irruption en deçà de nos frontières (1).

Mes lettres de Paris m'annoncent que vous êtes chargé de
l'organisation de deux bataillons espagnols pour la légion
étrangère. Cette importante opération me fournit l'occasion
de vous demander comme un véritable service à rendre à
l'armée, qui a tant besoin d'officiers supérieurs actifs et capables, de proposer pour le commandement d'un de ces
bataillons M. le capitaine de Mac Mahon, mon aide de camp.
Je sais que le Prince royal attache beaucoup d'importance au
succès de cette proposition, qu'il appuie et appuiera vivement
à Paris, mais sur laquelle vous aurez une si grande influence
que, sans vous, elle ne peut réussir, tandis que, partant de

---

(1) Le chef carliste Cabrera s'était réfugié sur le territoire français avec
dix mille hommes. Voir dans le *Journal du maréchal de Castellane*, t. III,
p. 222 et suiv., les détails sur les réfugiés, leur séjour à Perpignan et la
formation d'un bataillon espagnol pour la légion étrangère.

vous, elle aboutira heureusement (1). Malgré tout ce que je dois personnellement y perdre, je vous en saurai un gré infini. M. de Mac Mahon, que vous avez pu apprécier, est un de ces officiers à qui il importe d'agrandir la carrière, en les tirant d'un corps qui absorbe et paralyse tant de capacités.

On attend par le prochain courrier M. le général de Berthois, chargé d'étudier la question de l'enceinte continue et probablement d'autres questions non indiquées dans son programme officiel. Le gouvernement semble ne tenir au maréchal Valée que par la difficulté de remplacer un gouverneur pendant le cours d'une guerre et d'un système qui ne compte encore que des succès, bien que le résultat définitif soit éloigné. Les officiers qui reviennent d'Alger assurent que la conversation du Maréchal est pleine d'avenir et que le départ de son gendre et de sa famille pourrait seul déterminer le sien. Je ne sais rien que par ouï-dire, je ne quitte pas mon commandement.

Agréez, je vous en prie, mon général, la nouvelle expression de mon respectueux, bien sincère et inaltérable dévouement.

CHANGARNIER.

66. — Lettre du colonel Mocquery, commandant le 58ᵉ de ligne.

Camp du Fondouk, 24 août 1840.

MON GÉNÉRAL,

Une partie seulement de mon régiment, mon premier bataillon, a pris part aux expéditions de Médéah et de Milianah

---

(1) Le général de Castellane nomma le lieutenant-colonel Montréal, du 47ᵉ de ligne, et le capitaine adjudant-major Canrobert, du même régiment, pour organiser ce bataillon espagnol.

(2) *Mocquery* (Alexandre), né le 14 février 1789, élève de l'École spéciale militaire le 24 novembre 1806, lieutenant-colonel du 59ᵉ de ligne le 28 mars 1830, colonel du 58ᵉ le 5 mars 1832, envoyé en Algérie le 18 décembre 1841, mort le 5 janvier 1853.

et, quoique les journaux en aient peu fait mention, j'ai la
satisfaction de pouvoir vous assurer que ce bataillon, qui
n'a eu que quarante-huit hommes hors de combat, dont
cinq tués, dans ces expéditions, a été bien conduit par M. le
commandant de Champmorin, qu'il a bien fait son devoir
et dignement soutenu la réputation du 58e.

Pendant que mon 1er bataillon faisait la guerre dans l'Atlas,
j'étais condamné à garder, avec dix compagnies des 2e et 3e
bataillons (les deux autres étaient détachées dans le Sahel),
les camps du Fondouk et Kara-Mustapha, que j'occupe depuis
le 10 février. Nous avons eu, il est vrai, moins de peines, de
privations à supporter, moins de dangers à courir, mais nous
avons eu besoin de nous armer d'une grande résignation pour
endurer l'ennui de notre position qui ne cesse pas d'être fort
triste. Indépendamment de cet ennui, nous ne sommes pas
toujours restés les bras croisés. Plusieurs fois Ben-Salem,
dont le camp était et est encore fort rapproché des nôtres,
est venu nous inquiéter, et je regarde comme glorieux pour
nos deux garnisons les combats que nous avons eu à soutenir
les 7 et 11 mars devant Kara-Mustapha où commande mon
lieutenant-colonel, M Vanheddeghem, et le 4 mai, devant le
Fondouk, où, avec deux compagnies seulement, j'ai empêché
plus de huit cents cavaliers arabes d'envahir la tribu des Coulouglis nos alliés. Ces différentes affaires nous ont coûté trois
hommes tués et treize blesssés. L'ennemi, dans ces rencontres,
a éprouvé, j'en ai la certitude, des pertes beaucoup plus considérables que les nôtres, et ce n'est pas les exagérer que de les
évaluer à une trentaine d'hommes et autant de chevaux; mais
mes rapports, mal rédigés sans doute, n'ont pas eu les honneurs de la publicité et sont restés enfouis dans les cartons de
l'état-major. Je pourrais encore vous parler du combat du
18 avril devant Larbah où un de mes sergents avec une
quinzaine d'hommes a tenu tête à deux cents Arabes embusqués, et de ceux des 15 mai et 17 juin, sur les bords de
l'Arach, dans lesquels M. le capitaine Besoux et sa compagnie
se sont véritablement distingués.

Mais tout cela est resté enseveli dans le silence de l'oubli.

Je sais que c'est ma faute : si j'avais envoyé aux correspondants des journaux qui sont à Alger une copie de mes
rapports en les amplifiant, il est probable que la réputation
du 58ᵉ serait mieux établie, mais ma conscience répugne à
employer de semblables moyens, et je ne dirai jamais que la
vérité. Je n'aurai jamais, pour la faire connaître, d'autres
intermédiaires que mes chefs.

Je ne veux pas terminer ma lettre sans vous entretenir de
la triste et désolante position actuelle de mon régiment. Sur
un effectif de dix-huit cents hommes, il m'en reste à peine
huit cents en état de faire le coup de feu; mais je n'en trouverais pas dans ce nombre trois cents capables de faire une
marche de deux heures; sept cents sont dans les hôpitaux, et
j'ai plus de deux cents malades à la chambre; le reste est
éparpillé dans la province d'Alger et de Tittery. Sur soixante-
cinq officiers, trente-sept seulement sont disponibles. Voilà la
position du 58ᵉ que vous avez vu si beau.

Une fièvre chaude vient de nous enlever, en moins d'une
demi-heure, le brave et excellent Trinquecostes, lieutenant de
grenadiers, que vous aviez proposé pour l'avancement au
choix. C'est une véritable perte que nous faisons.

MOCQUERY.

67. — Lettre du général de brigade Changarnier.

Alger, le 21 septembre 1840.

MON GÉNÉRAL,

Il ne m'a pas été possible de vous remercier plus tôt de
votre bonne lettre du 20 août et de vos efforts en faveur de
M. de Mac Mahon, dont je voudrais tant aider la carrière. Je
n'ai pu vous parler de la courte expédition sur Médéah, brillamment terminée et avec peu de pertes, sur un terrain qui
deux fois nous avait coûté cher. Ce n'est pas que je n'aie eu le
vif désir, cette fois comme toujours, de me rappeler à votre

souvenir et de vous tenir au courant des principaux événements d'Afrique. Les affaires en Algérie se ressentent péniblement de l'état de la politique européenne; les renforts annoncés n'arrivent pas, les troupes fatiguées par la maladie suffisent à peine au service journalier, à l'escorte des convois, et le Maréchal est obligé de réunir toutes ses ressources pour mettre en campagne de temps en temps quelque faible colonne. Arrivé ici pour clore l'inspection générale dont j'avais été chargé, j'ai entrepris, le 18, une opération heureusement terminée le 20 et dont je veux que vous receviez directement le récit avant que les journaux vous l'apprennent.

Le 58ᵉ de ligne, commandé par le colonel Mocquery, occupait le camp de Kara-Mustapha et de Fondouk, qui gardent, à l'est de la régence d'Alger, les débouchés de l'Atlas dans la plaine. L'effectif de ce régiment avait été tellement diminué par la maladie, au moins quant aux hommes prêts à marcher, que M. le Maréchal se résolut, le 12, à faire évacuer immédiatement le camp de Kara-Mustapha, pour concentrer toute la partie valide du 58ᵉ dans le camp du Fondouk. Le blockhaus seul de Kara-Mustapha, parfaitement placé pour observer au loin et dans toutes les directions les mouvements de l'ennemi, continue à être occupé.

Le 18 au matin, M. le Maréchal reçut du Fondouk une lettre lui annonçant que Ben-Salem était venu s'établir au camp même de Kara-Mustapha, sitôt après notre évacuation, qu'il cernait le blockhaus, l'empêchait de communiquer avec la fontaine, espérant réduire la petite garnison par le manque d'eau. Le colonel Mocquery faisait connaître à M. le Maréchal tout son embarras, n'ayant pas assez de monde pour faire une sortie sans compromettre la sûreté de la position qu'il occupait.

Le 18, à dix heures, je fus appelé chez M. le Maréchal, qui me chargea d'aller rendre l'eau au blockhaus, de réparer sa citerne et de donner la chasse à l'ennemi si je pouvais le joindre. La colonne chargée de cette opération était forte de mille cent hommes d'infanterie, trois cent quatre-vingts chevaux, deux sections d'artillerie de montagne et d'un détachement de trente sapeurs du génie. Ces troupes, réunies à quatre heures du soir, se dirigèrent vers la Maison-Carrée ; nous quittâmes la grande route et fîmes un grand détour sur notre gauche, afin d'éviter les postes nombreux que je savais avoir été poussés par l'ennemi jusqu'à l'Oued Bérick.

Le long détour que je m'étais imposé et les haltes calculées m'avaient fait arriver au crépuscule naissant à un quart de lieue du camp de Kara-Mustapha. J'ai fait filer un demi-bataillon et toute la cavalerie sur le chemin qui conduit directement au gué du Boudouaou, dans la direction des Beni-Aïcha. Cette colonne était destinée à tourner les avant-postes de l'ennemi, à se porter directement au centre même de la position et à couper ainsi sa ligne de bataille.

Après avoir laissé prendre quelque avance à ce détachement, j'engageai le reste des zouaves (un demi-bataillon) sur la route qui mène au Camp inférieur, que j'attaquai et tournai à droite à la tête des tirailleurs. L'artillerie et le petit bataillon du 17ᵉ léger (deux cent soixante-dix hommes) appuyaient mon mouvement. Il était en plein cours d'exécution, lorsque quelques coups de fusil tirés par les postes ont signalé notre présence. La charge a été aussitôt battue, et l'ennemi surpris n'a pas défendu sa position.

Laissant au 17ᵉ, appuyé de deux pièces de montagne, et au détachement du génie l'ordre d'occuper le camp et de faire au blockhaus les réparations dont il avait besoin, j'ai rejoint au galop la cavalerie, avec laquelle j'ai poursuivi l'ennemi dans la direction du Boudouaou, tandis que les tirailleurs et les zouaves couraient vers la même rivière, les premiers par le sentier à droite de la tribu du Bou-Kennen, les zouaves par les collines qui se prolongent à gauche et en avant de cette tribu.

Quelques cavaliers et un plus grand nombre de fantassins, tués ou pris en route, jalonnaient la retraite de l'ennemi, que j'aperçus en position sur la rive droite du Boudouaou semblant vouloir défendre le plateau couronné par la zaouïa de Ben-Salem, agent vénéré du califa de l'émir. Nous évaluâmes ses forces à douze cents cavaliers, dont deux cents réguliers, deux cents hommes d'infanterie régulière et cinq à six cents fantassins kabaïles.

Les zouaves durent marcher directement sur cette zaouïa, que les tirailleurs, soutenus par deux obusiers, débordèrent par la droite. Après avoir exécuté le passage assez difficile de la rivière, la cavalerie, en colonne par escadrons, entama la charge sur la droite des zouaves, mais deux escadrons, par un à-gauche, coupèrent en deux les masses de l'ennemi et durent contenir les cinq ou six cents chevaux qui menaçaient notre flanc gauche. Le 1er escadron fournit la charge à fond et avec beaucoup de vigueur; combinée avec celle de notre brave infanterie, elle amena la déroute complète de l'ennemi.

Cent vingt-six cadavres restés sur le terrain, onze prisonniers non blessés (cinq autres ont succombé à leurs blessures), quarante-deux mulets ou chevaux, deux cents fusils, un tambour, la longue-vue et le cachet de Ben-Salem, sont les trophées de cette victoire et font supposer que l'ennemi a éprouvé de grandes pertes. On a trouvé et reconnu parmi les morts Mustapha Ben-Amar, ce caïd puissant des Issers qui longtemps avait semblé dévoué à la France. C'est le lieutenant-colonel de Tartas, du 1er chasseurs d'Afrique, qui l'a tué d'un coup de pointe dans la charge. Cette perte sera vivement sentie par l'émir, qui avait eu tant de peine à gagner à sa cause ce chef influent.

Cette belle journée ne nous a coûté que quatre hommes hors de combat, un cheval tué et deux autres blessés. Cette faible perte s'explique par la rapidité de notre mouvement. L'ennemi a été tellement surpris que le califa Ben-Salem s'est enfui, à demi vêtu, sur un cheval qu'il n'a pas eu le temps de faire seller. Nous connaissons cette circonstance par un cavalier régulier qui nous a apporté de très belles armes appartenant à un caïd qu'il aurait assassiné pour nous rendre, dans l'ordre de ses idées, sa désertion plus agréable.

Après le combat, nous nous sommes reposés pendant deux heures sur les bords du Boudouaou, où j'ai fait boire la cavalerie. De là nous avons vu fuir dans toutes les directions l'ennemi dispersé complètement; il ne se ralliera pas de longtemps.

La citerne du blockhaus étant réparée et la garnison

approvisionnée d'eau, je suis allé bivouaquer le soir au Fondouck ; le lendemain, à une heure, toutes les troupes rentraient à Alger (1).

Il ne me reste que le temps de vous offrir, mon général, la nouvelle expression de mon entier, profond et respectueux dévouement.

CHANGARNIER.

68. — Lettre du chef de bataillon Forey, commandant le 6e bataillon de chasseurs à pied.

Besançon, 9 octobre 1840.

MON GÉNÉRAL,

C'est avec le plaisir le plus vif que je m'empresse de vous annoncer que M. le général Trézel m'écrit que j'ai été nommé au commandement d'un des bataillons de chasseurs que le Prince va organiser à Saint-Omer ; rien ne pouvait me flatter davantage et je ne pourrai jamais reconnaître une si grande faveur. J'en suis ivre de joie et vous êtes si bon pour moi, mon général, que vous la partagerez, j'en suis sûr. Je n'attends plus que ma nomination officielle pour partir ; il me tarde d'être à la tête d'un bataillon d'élite comme ceux-là.

Le duc d'Orléans m'a envoyé un exemplaire de sa lettre au ministre sur l'organisation de ces corps. Ses idées sont celles d'un militaire expérimenté, et il aura l'honneur de faire sortir l'infanterie française de la routine déplorable où elle est plongée. J'attends une lettre de ma mère ; je ne sais encore si elle a reçu l'avis de l'augmentation de traitement qui lui a été accordée. Je vais enfin l'embrasser, cette bonne mère, après une séparation d'onze ans, et ce ne sera pas pour longtemps. Nous fournissons soixante-huit hommes aux ba-

(1) Quinze jours plus tard, le 3 octobre, le général Changarnier opérait le ravitaillement de Milianah, dont presque toute la garnison avait succombé.

taillons de chasseurs. Ils partent le **23** d'ici et les officiers de l'état-major pourront être rendus à Saint-Omer d'avance, en sorte que je n'aurai pas le temps de m'arrêter à Paris plus de huit jours.

Je suis avec respect et dévouement, mon général, votre très humble et obéissant serviteur.

Le chef de bataillon,
Forey.

69. — *Lettre du chef de bataillon Camou, commandant le 3ᵉ bataillon de chasseurs à pied.*

Saint-Omer, le 29 octobre 1840.

Mon général,

Ce n'est pas le devoir seul qui m'oblige de vous écrire, mais bien le sentiment de la reconnaissance pour vous remercier du bonheur que vous me prodiguez en pensant toujours à moi, malgré que je ne sois point sous vos ordres directs.

J'ai été extrêmement surpris dans mon détachement de Vissembourg en recevant l'ordre de M. le ministre de prendre le commandement du 3ᵉ bataillon de chasseurs à pied, n'ayant nullement sollicité cet emploi. Mais parmi mes premières réflexions, je vis que ce n'était sans doute qu'à votre sollicitude que je devais attribuer cette faveur; je ne me trompais pas dans mes prévisions, car lorsque j'obtins la première audience de S. A. R. le duc d'Orléans, Elle me dit : « Je ne vous connais point personnellement, mais comme j'ai pleine confiance dans les notes du général de Castellane, je vous ai donné le commandement d'un bataillon de chasseurs à pied. » Je vous prie d'être bien persuadé, mon général, que, si les forces de capacité me manquent, la bonne volonté de répondre à tout le bien que vous dites de moi ne tarira point, afin d'être digne du poste important que vous m'avez fait obtenir.

M. le lieutenant-colonel Demailly est un des officiers supérieurs chargés de l'organisation des nouveaux bataillons. On ne pouvait certainement faire un meilleur choix, car ses connaissances administratives seront très utiles.

Mgr le duc d'Orléans doit arriver ici demain ; une de ses voitures est déjà rendue.

Je suis avec le plus profond respect, mon général, votre très obéissant subordonné.

CAMOU (1).

70. — *Lettre de M. Dussert, sous-directeur des affaires civiles à Oran.*

Oran, 1er novembre 1840.

MON GÉNÉRAL,

Nos affaires d'Afrique sont toujours stationnaires ; il semblerait qu'on a renoncé pour cet automne aux grandes expéditions, du moins dans notre province, rien n'annonce qu'on se dispose à entreprendre quelque chose de suivi. Le général Lamoricière a fait le 22 octobre une razzia heureuse (2). Il a ramené une grande quantité de bétail qu'il a fait vendre et dont il a distribué le produit (32,000 francs environ), partie à la garnison, partie aux spahis et partie aux pauvres.

A Alger, le maréchal Valée a dû sortir le 27 octobre pour une expédition dont on ignore le but. Vous aurez su ses derniers arrêtés pour la colonisation de divers points, Cherchell, Bli-

---

(1) *Camou* (Jacques), né le 1er mai 1792 à Sarrance (Basses-Pyrénées), sergent au 1er bataillon des chasseurs des montagnes le 5 septembre 1808, sous-lieutenant le 28 février 1811, chef de bataillon du 34e de ligne le 29 septembre 1837, lieutenant-colonel du 3e léger le 31 décembre 1841, colonel du 33e de ligne le 14 avril 1844, général de brigade le 25 avril 1848, général de division le 6 février 1852, commandant la 2e division d'infanterie de la garde impériale le 7 février 1856, sénateur le 30 décembre 1863, mort à Paris le 5 février 1868. Le général Camou avait fait toutes les campagnes de 1809 à 1815, celle de 1823 en Espagne, de 1830-1831 et de 1841 à 1854 en Algérie, la campagne d'Orient en 1855-1856 et celle d'Italie en 1859.

(2) Cette razzia avait été exécutée sur les Gharabas et les Beni-Amer.

dah, etc. On remarque à ce sujet qu'il y a trois ans, en temps de paix à peu près complète, le gouverneur ne voulait pas laisser les colons s'établir à Blidah, parce que la sécurité n'y était pas assez grande, et qu'il les y envoie aujourd'hui qu'il est impossible d'aller à la Maison-Carrée sans escorte. Les environs d'Alger sont loin, en effet, d'être tranquilles, et vous aurez appris l'enlèvement par les Arabes de plusieurs personnes, et notamment d'un sous-intendant militaire, qui revenaient dans une voiture publique. En somme, nous ne progressons point quand on nous étudie ailleurs que dans les bulletins.

Le général qui commande à Oran (1) est plein de bonnes intentions, mais il est un peu jeune, partant un peu léger et étourdi : c'est qu'une ordonnance de nomination ne donne que ce qu'elle peut donner; ce qu'elle ne donne pas, c'est l'expérience des choses et des hommes, et ceci ne se peut acquérir qu'en pratiquant les uns et les autres. M. de Lamoricière a eu un si prodigieux avancement que sa position en est devenue doublement difficile. Il eût fallu, je crois, l'attacher d'abord au commandement d'une brigade, sous un lieutenant général sage et expérimenté. Mais, vous le savez, on agit un peu par boutades dans les sommités du gouvernement, je devrais dire surtout là. Il y a là comme ailleurs des affaires de modes, et M. Thiers n'est pas homme à s'en garer; il juge vite, très vite, et agit de même, sauf reculade.

DUSSERT.

71. — Lettre du chef de bataillon de Lioux, commandant le bataillon espagnol.

Camp de Bouderback, 29 novembre 1840.

Mon général,

L'espoir que je fondais sur le bataillon espagnol ne s'est malheureusement pas réalisé; à peine arrivés, quarante-qua-

(1) Le général Lamoricière.

tre hommes sont passés à l'ennemi en emportant armes et bagages. Un officier a également disparu ; il est parti emportant les fonds de la compagnie qu'il commandait. Le Maréchal a aussitôt ordonné le départ du bataillon pour Bône.

Le régiment dans lequel je vais entrer (le 52e) est dans un état déplorable ; non, jamais je n'ai vu situation pareille : tout est à faire, à édifier. Représentez-vous, mon général, cinq cents hommes au plus, de dix-sept cents qu'ils étaient en arrivant, couverts de haillons, dénués de tout, minés par la fièvre et tenant à peine debout. Il ne reste que huit officiers pouvant faire le service. . . . .

De Lioux.

72. — Lettre du colonel de Smidt (1), commandant le 53e de ligne.

Camp de Kouba, 30 novembre 1840.

Mon général,

Depuis quelques jours, j'ai pris le commandement de mon régiment, qui n'a plus que six cent quatre-vingt-dix-sept hommes présents. Dans ce nombre, il y a encore cent hommes qui ne peuvent prendre les armes pour différents motifs. Je me trouve plutôt placé à la tête d'une infirmerie qu'au commandement d'un régiment : dix officiers sont à l'hôpital, autant malades à la chambre. Il n'y a pas de tenue, pas un effet entier, c'est une désolation.

Le bataillon espagnol a été quelques jours sous mes ordres, assez longtemps pour qu'il en désertât une quarantaine à l'ennemi. J'ai été à la veille de demander leur désarmement ; il a fallu leur retirer les avant-postes. Je les ai gardés deux

---

(1) *Smidt* (Archange-Joseph-Henri *de*), né à Cassel le 27 octobre 1788, élève de l'Ecole spéciale militaire le 18 décembre 1806, capitaine au 35e de ligne le 16 juillet 1814, lieutenant-colonel du 13e léger le 26 avril 1836, colonel du 53e de ligne le 11 octobre 1840.

jours prisonniers dans mon camp; heureusement qu'il ne leur a pas pris fantaisie de se révolter. . . . .

De Smidt.

73. — *Lettre du lieutenant Boixo* (1), *du 15ᵉ léger.*

Oran, 3 décembre 1840.

Mon général,

Nous sommes entrés en voie d'activité, nous avons fait quatre excursions de trois à cinq jours chacune (2); dans la première, après une marche continue de onze heures, nous avons surpris une tribu des Beni Yacoub. Vingt hommes, femmes et enfants, neuf cent quarante-trois bœufs, deux mille cinq cents moutons ou chèvres, soixante chevaux de guerre, trente chameaux, trois cents ânes, etc., en ont été le résultat.

A la deuxième, nous avons été vider les riches silos d'Aïn Kescur, au profit des Douairs, nos alliés.

A la troisième, nous nous sommes emparés des grains de Bou-Choui-Cha, six cents sacs de blé ont été remis à l'administration et à peu près autant d'orge aux Douairs. Nous avons eu à notre retour un engagement avec des cavaliers du kalifa de Mascara, dans lequel M. le colonel de Maussion a été tué; cette perte a été sentie par la division.

La dernière excursion, qui a duré cinq jours, a été un peu chevaleresque. Le but était d'aller surprendre une tribu établie à trois lieues au delà du Rio Salado et à vingt-cinq lieues d'ici par la voie de la montagne. La marche de nuit a été surtout extrêmement pénible; nous avons marché continuellement dans un terrain très fourré et accidenté, avec des défilés diffi-

(1) *Boixo* (Pierre), né le 29 avril 1802 à Prades (Pyrénées-Orientales). soldat dans la légion départementale des Pyrénées-Orientales le 1ᵉʳ mai 1819, sous-lieutenant au 15ᵉ léger le 24 septembre 1830, capitaine au 75ᵉ de ligne le 11 décembre 1840.

(2) Toutes ces expéditions étaient faites sous la direction du général de Lamoricière.

I.   14

ciles. La colonne se composait de quatre mille cinq cents hommes de toutes armes; parfois la queue était à deux lieues et demie de la tête; plusieurs hommes de différents corps s'étant égarés, il a fallu s'arrêter souvent et battre le briquet pour les rallier; enfin, pour comble de contrariété, les guides avaient pris une fausse direction, ce qui nous a fait faire cinq lieues de plus, de sorte que M. le général Lamoricière, qui comptait atteindre le Rio Salado avant le jour, s'est trompé, nous n'y sommes arrivés qu'à neuf heures du matin, un peu fatigués. La cavalerie seule a traversé cette rivière et s'est portée avec rapidité vers la tribu, mais elle avait déjà levé ses tentes. Quelques escadrons ont poussé deux lieues plus loin et en ont atteint une partie qui se dirigeait probablement sur Tlemcen. La prise a été d'environ six cents bœufs, autant de menu bétail, trente-sept chameaux, quelques Bédouins et Bédouines. Nous avions bivouaqué en deçà du Rio Salado et nous sommes partis le lendemain à la pointe du jour pour le camp de Bredea. Comme d'habitude, quelques centaines d'Arabes nous ont accompagnés; nous avons eu peu de blessés, les effets d'habillement et de chaussure ont beaucoup souffert.

Boixo.

74. — *Lettre du capitaine Canrobert* (1), *adjudant-major de chasseurs à pied.*

Saint-Omer, décembre 1840.

MON GÉNÉRAL,

La bienveillante sollicitude que si souvent vous avez daigné laisser tomber sur moi, me fait espérer que vous voudrez bien agréer les vœux que j'ose former pour votre bonheur et

---

(1) *Canrobert* (François-Certain *de*), né à Saint-Céré (Lot) le 27 juin 1809, sorti de l'École spéciale militaire, lieutenant en 1833, envoyé en Algérie en 1835, capitaine en 1837, chargé en 1839 de l'organisation des bataillons espagnols, colonel le 8 novembre 1847, général de brigade le 13 janvier 1850, général de division le 14 janvier 1853, maréchal de France le 18 mars 1856, mort le 28 janvier 1895.

ceux que j'adresse aussi pour que mon heureuse destinée me rappelle de nouveau à l'honneur de servir sous vos ordres, afin de pouvoir encore profiter de vos leçons et vous donner des preuves de mon respectueux dévouement et de ma vive reconnaissance.

Je n'ose, mon général, abuser de vos moments en vous donnant de grands détails sur ce qui se passe ici; je sais d'ailleurs que plusieurs de mes chefs, qui, ainsi que moi, s'honorent d'avoir été à votre école, ont eu l'avantage de correspondre avec vous. Ils ont dû vous dire, mon général, que les bataillons de chasseurs renferment une masse d'officiers jeunes, intelligents, instruits, aimant leur noble métier et qui, habilement dirigés, pourraient opérer de grandes choses. La composition des sous-officiers et caporaux est loin d'être aussi parfaite. M. le duc d'Orléans s'en est plaint amèrement.

Par des raisons d'économie et de propreté, l'on a cru devoir s'abstenir de donner aux chasseurs leur nouvel habillement et équipement; ils seront couverts pendant tout l'hiver des vieux effets qu'ils ont emportés de leur corps. Cette bigarrure d'uniformes, dont la plupart sont en mauvais état, produit un mauvais effet. Les carabines que doivent porter les sous-officiers et soldats n'étant pas encore confectionnées, ils n'ont que des armes provisoires et de trois espèces, avec lesquelles nous n'avons pas encore tiré une seule fois à la cible, ce qui cependant doit être notre travail le plus habituel.

Notre maniement d'armes, qui est celui des sous-officiers, considérablement augmenté, n'a ni la grâce, ni la sévérité de l'ancien. Les travaux de guerre, placement des avant-postes, fortifications, levés, reconnaissances, etc., n'ont pas été commencés.

Enfin, mon général, de tous les exercices adoptés à nos bataillons, le pas gymnastique est le seul qui se poursuive activement. Ce pas, qui est très propre à habituer les soldats aux marches longues et rapides, ne me paraît pas devoir être, dans tous les cas, appliqué aux manœuvres avec succès. La promptitude des mouvements est achetée par trop cher au prix de l'ordre et de l'ensemble. Toutes les formations de la colonne, en avant en bataille, ont un décousu effrayant, il en est de même des carrés qui se forment en marchant.

Peut-être, mon général, n'a-t-on pas assez réfléchi sur le danger que court une infanterie qui n'agit pas avec un calme imperturbable, lorsqu'elle se trouve sous le sabre de la cavalerie. Les marches en bataille en retraite s'exécutent de même au pas de gymnastique; je me suis permis de dire à ce sujet que, par des raisons tirées du cœur humain, il était peut-être prudent de modérer par tous les moyens une allure que, dans un cas dangereux, trop de raisons contribuent à trop accélérer.

J'ai appris avec douleur, mon général, que beaucoup d'Espagnols du 5e bataillon de la légion étrangère avaient donné à l'armée d'Afrique les tristes exemples de la révolte et de la désertion à l'ennemi; les misérables reconnaissent bien mal les soins assidus que vous avez portés à leur organisation.

Je vous prie, mon général, de daigner excuser la hardiesse de la lettre que j'ai l'honneur de vous adresser; je n'aurais certes jamais osé l'écrire sans le souvenir de tous les bienfaits dont vous m'avez comblé et pour lesquels ma reconnaissance sera éternelle.

Je suis..., etc.

CANRORERT.

75. — *Lettre du général de brigade Changarnier.*

Alger, le 29 décembre 1840.

MON GÉNÉRAL,

Je ne veux pas laisser partir M. le colonel de Polignac sans lui confier pour vous une lettre et l'expression de mes vœux à l'occasion du renouvellement de l'année, qui va s'effectuer sous de sinistres auspices : les inondations, la suspension du commerce, la misère des ouvriers sans travail, l'état des esprits composent un triste tableau, peu rassurant pour l'avenir de notre pays. La France est bien malade et bien difficile à gouverner! Une guerre générale contre toute l'Europe coalisée serait peut-être un remède trop héroïque dont je

n'ose pas désirer l'application, mais si nous détachions quelque puissance d'une alliance que nos fautes seules pourront
rendre durable, la guerre alors possible sans l'emploi des
moyens révolutionnaires rendrait sans doute au gouvernement la force qui chaque jour lui échappe. Si la paix est
maintenue, je crains que la nation, se croyant à tort ou à
raison humiliée, ne se désaffectionne tout à fait. (Vous savez
que ce n'est point un révolutionnaire qui vous écrit.) Les épi-
ciers de la Chambre, déjà si antipathiques à l'armée, ne la regardant plus que comme une auxiliaire de la gendarmerie, ne
voudront plus rien faire pour la maintenir sur un pied respectable, et l'esprit militaire achèvera de s'éteindre.

Rien de bien nouveau ici depuis ma dernière lettre. Le Maréchal semble très satisfait de l'état de choses, et il paraît attendre un résultat décisif de nos opérations de l'année 1841 (1).
Dans la prévision d'une guerre en Europe, il a demandé des
vivres pour deux ans et cent dix gros canons pour compléter
l'armement des côtes; ceux-ci lui sont annoncés, et je voudrais
les voir arrivés, si le bruit répandu du projet d'alliance avec
la Russie avait de la consistance.

J'ai des nouvelles de Saint-Omer, où l'organisation des bataillons de chasseurs marche assez rapidement. La composition en officiers est excellente, beaucoup trop bonne
à mon avis, puisqu'elle concentre en une petite fraction de
l'armée un trop grand nombre de capacités qui, mieux réparties, auraient rendu de plus utiles services.

On se plaint que le général de Rostolan, se considérant en
quelque sorte comme le colonel d'un corps unique, laisse aux
commandants des bataillons moins de pouvoir qu'ils n'en auraient dans un régiment. Il annule tout le monde, et les choses
n'en vont pas mieux. Je crois qu'une impulsion donnée de
haut et laissant à chacun la part de pouvoir que lui assignent
les règlements aurait été plus réellement utile.

Agréez, etc.

CHANGARNIER.

---

(1) Le jour où cette lettre était écrite, une ordonnance royale relevait de
ses fonctions le maréchal Valée, et nommait le général Bugeaud à sa place.

76. — *Lettre du colonel Roguet* (1), *commandant le 41ᵉ de ligne.*

                                              Oran, le 8 janvier 1841.

MON GÉNÉRAL,

Je m'empresse d'avoir l'honneur de vous remercier de votre lettre bienveillante du 19 décembre et de vous prier de vouloir bien agréer, à l'occasion du renouvellement de l'année, l'expression la plus respectueuse de ma reconnaissance.

Le 41ᵉ est un des régiments qui ont le moins souffert ; nous perdons cependant près d'un soldat par jour : le chiffre des hommes aux hôpitaux pour un effectif de deux mille cinquante a varié de deux cents à cent. Tout ce que l'on nous envoie de France supporte difficilement et les fatigues et le climat. Les hôpitaux comptent par régiment cinquante hommes que l'on sauverait peut-être si on les envoyait de suite en France ; ils mourront comme les trois quarts de ceux qui ont été dans le même cas.

Les soldats, sur qui retombent le poids des privations, les travaux, les fatigues, et les sous-officiers comptables, dont les devoirs sont si multipliés, si difficiles, payent ici exclusivement le tribut. Il n'y a pas de fourrier ni de sergent-major qui ne fasse une maladie ou ne perde table pendant les premiers mois de l'exercice de ses fonctions. On ne compte qu'un ou deux décès de caporal, pas un de sergent. Nos cadres s'affaiblissent de plus en plus ; les localités, le service et les circonstances s'opposent à ce que l'on conserve la tradition des devoirs et de l'instruction.

(1) *Roguet* (comte Christophe-Michel), né le 28 avril 1800 à San-Remo (Piémont), page de la maison de l'Empereur le 27 avril 1815, élève de l'École polytechnique le 1ᵉʳ janvier 1817, lieutenant-colonel du 18ᵉ léger le 28 septembre 1836, colonel du 41ᵉ de ligne le 11 octobre 1840, maréchal de camp le 20 avril 1845, général de division le 22 décembre 1851, aide de camp du Président de la République le 29 décembre 1851, commandant de la maison militaire de l'empereur Napoléon III le 19 février 1852, mort à Paris le 24 juillet 1877.

Nos marches forcées, pendant vingt heures, sans repos ni repas ; la mauvaise qualité des eaux, toujours boueuses ou salées ; les bivouacs sans bois et sans couvertures de campement ; la mauvaise qualité de la viande ; le manque de lits et souvent de hamacs, même de paille, dans les garnisons ; le service des convois et des travaux, pendant la canicule, sont les causes des maladies qui semblent se naturaliser ici. .   .   .

Nous attendons deux autres généraux de brigade ; leur arrivée ne peut contribuer à fortifier l'unité divisionnaire et l'esprit d'union. Depuis six mois, des colonels, du nombre desquels je suis, commandent des brigades. Ils peuvent s'immiscer dans le secret du service de leurs camarades, profiter parfois de leur position de chef pour se faire valoir aux dépens de leurs camarades. Les rapports d'intimité, de commandement et de subordination sont confondus ; nous allons probablement avoir le spectacle d'autres inconvénients.

Ainsi les choses ne vont pas mieux en Afrique qu'en France : *une ambition sans cesse excitée par le spectacle des grandes fortunes faites rapidement,* beaucoup de laisser aller et d'indiscipline, peu de sentiment du devoir, le mépris de toutes les anciennes règles et de ce qui était jusqu'ici respecté, des louanges publiquement données, selon le caprice ou les intérêts particuliers, des réputations rapidement faites sans fondement et toujours couronnées par une fortune rapide, un gouvernement qui laisse ainsi exploiter les ambitions dans des intérêts de coterie, les officiers et les soldats ayant tous l'esprit secrètement tourné vers la France, voilà ce qui se remarque ici. Cependant les Arabes sont bien fatigués par les pertes éprouvées, la gêne de leur agriculture et de leur commerce ; que l'on continue encore un an ainsi, ils viendront à nous, mais alors il faudra les gouverner, ce qui sera d'autant plus difficile que nous ne savons pas nous diriger chez nous. D'ailleurs, quels avantages retirerons-nous ? car l'Arabe demande beaucoup et n'aime pas donner...

Telle est ma manière de voir ; je vous demande pardon de vous la soumettre avec autant de liberté. Je suis inquiet de la voie sur laquelle on marche avec une confiance si aveugle ;

mes craintes sont grandes, peut-être exagérées. J'éprouve le besoin de les voir ou confirmées ou détruites par une haute et bienveillante expérience.

Je suis avec un profond respect, mon général, votre très humble et très obéissant serviteur,

Le colonel du 41e,

ROGUET.

GOUVERNEMENT DU GÉNÉRAL BUGEAUD

77. — Lettre du lieutenant général Schramm (1).

Alger, 31 janvier 1841.

MON GÉNÉRAL,

Vous connaissez depuis longtemps les changements apportés au personnel de la tête de l'armée d'Afrique. Après avoir
sollicité depuis six mois mon rappel, on me force à attendre
le nouveau gouverneur, gracieuseté dont je dois être extrêmement touché. Outre mon rappel et celui du maréchal Valée, M. le général Négrier remplace Galbois. On ne m'a pas
épargné les injures et les préférences ; je quitterai sans peine
cette terre d'intrigues et de mensonges, et si j'ai un regret,
c'est d'être forcé d'y prolonger mon séjour. Sans l'ordre formel qui me cloue ici jusqu'à l'arrivée du général Bugeaud,
je me serais embarqué le 19 avec M. le maréchal Valée.

Je me sens assez d'énergie pour supporter cette nouvelle
injustice, et certes je ne m'abaisserai pas à me plaindre, mais
je vous devais cette courte explication, mon cher Castellane,
car vous n'avez cessé de me témoigner un véritable attachement, et c'est surtout dans mes disgrâces que je vous retrouve
aussi bon que dévoué. Croyez que si j'avais besoin de consolations, je m'adresserais à vous avec une confiance fraternelle ;
mais ma conscience est fort tranquille, et si quelqu'un se sent

(1) *Schramm* (Jean-Paul-Adam), né à Arras le 1er décembre 1789, caporal
au 2e régiment d'infanterie légère le 19 octobre 1799, avait pris part à
toutes les campagnes de 1800 à 1815, général de brigade le 26 septembre 1813,
général de division le 30 septembre 1832, ministre de la guerre le 22 octobre 1850, mort à Paris le 25 février 1884.

coupable, ce n'est pas moi, dont la conduite a été constamment aussi subordonnée que disciplinaire, et pourtant on a tout fait pour m'insurger et m'amener à être accusateur; je ne pouvais ni ne devais donner à l'armée un si dangereux exemple.

D'après votre dernière, votre projet serait d'aller à la Chambre dans le courant de février; je m'en réjouis, parce que j'arriverai presque en même temps que vous. En attendant le plaisir de vous serrer la main, je vous renouvelle l'assurance de mon sincère et loyal attachement.

SCHRAMM (1).

78. — *Lettre du général de brigade Changarnier.*

Alger, le 2 février 1841.

MON GÉNÉRAL,

Vous avez bien raison de penser que le changement de gouverneur m'est particulièrement désagréable, c'est une faute grave, une double faute : puisque M. le maréchal Valée déplaisait, il fallait le rappeler lorsque les premiers malheurs de la guerre l'avaient rendu odieux à la population et lui avaient enlevé une partie de la confiance de l'armée; on a attendu que les circonstances et le mérite très réel de l'homme lui eussent ramené l'opinion. Il part dans des conditions pour lui si heureuses que j'aurais été très fâché que vous fussiez son successeur immédiat. J'aime beaucoup mieux que vous soyez envoyé ici plus tard.

M. le maréchal Soult a préparé un excellent ministre de la guerre à M. Thiers, à moins que M. Molé n'intercepte au passage M. le maréchal Valée.

Je croyais le gouvernement du Roi intéressé à retarder, autant que les tendances parlementaires le lui permettraient, la

---

(2) Le général Schramm, chef d'état-major du maréchal Valée, avait pourvu par interim, pendant un mois, à la direction des affaires, en attendant l'arrivée du général Bugeaud.

déconsidération de l'armée, mais il la hâte en mettant à notre
tête l'homme de Blaye, l'homme du procès Brossard, le ridicule auteur de tant de harangues grotesques. C'est, comme
vous le dites, une véritable insulte pour nous. L'Empereur
s'étant servi pour faire arrêter le Pape d'un certain général
Radet, il fit de ce dernier un inspecteur de gendarmerie, et on
n'en entendit plus parler. Bien que vivement blessé de cette atteinte aux convenances, au bon goût, bien que je n'ignore pas
qu'un général en chef déteint jusqu'à un certain point sur ses
lieutenants, je n'imite pas l'exemple des généraux Duvivier et
de Bellemont, qui demandent à rentrer en France, et de beaucoup d'autres dont M. le maréchal Valée a refusé d'accueillir
la demande; il n'a tenu qu'à lui d'entraîner à sa suite la très
grande majorité des officiers généraux employés ici. Quant à
moi, je n'ai pas eu un seul instant la pensée de quitter l'armée en temps de guerre. Mais jamais l'accomplissement de mes
devoirs militaires, tels que ma conscience me les indique, ne
m'a semblé plus pénible. Lors même qu'on me retirerait le
commandement de la division placée sous mes ordres pour
me mettre moi-même sous ceux d'un autre maréchal de camp,
je ne quitterais pas l'Afrique, au moins avant la fin de la campagne.

Bien que mon horizon militaire, longtemps borné, se soit
rapidement agrandi, il faut reconnaître que jamais mon élévation n'a été, comme celle de quelques autres, favorisée par
des combinaisons préparées d'avance. Lorsqu'en présence
d'un lieutenant général et de trois maréchaux de camp (quatre,
eu y comprenant le général Lahitte), M. le maréchal Valée
m'a donné le commandement de toute la partie valide de l'armée pour une opération réputée difficile et à laquelle on voulait le faire renoncer, il n'était pas préoccupé de la pensée de
m'être agréable, et, quoiqu'en aient dit à Paris quelques amis
officieux, ce n'est pas pour le plaisir de m'opposer à M. le général de Lamoricière qu'il m'a confié d'autres opérations importantes, par exemple, la reconnaissance de la route de Médéah par Aïn Telazid, terminée par le combat du bois des
Oliviers, l'expédition de Kara Mustapha, le ravitaillement, en

octobre, de Miliana, d'où je suis revenu avec un peu moins de trois mille baïonnettes en présence de la plus grande réunion de forces que jamais Abd-el-Kader nous ait opposée. Je n'ai jamais tant vu M. le maréchal Valée que pendant les quelques jours qui ont précédé son départ. C'est dans les camps, où j'ai fait de si longs séjours, c'est en campagne que j'ai gagné sa confiance, pour laquelle je lui conserve reconnaissance et affection. Quand il n'a pas été bien pour moi, c'est qu'il cédait à une influence qui a été souvent nuisible. Dans les opérations projetées pour le printemps, j'aurais rempli un rôle que, sans doute, on ne me réserve pas aujourd'hui. Je n'en remplirai pas moins avec zèle et dévouement les devoirs qui me seront assignés. Si, néanmoins, on voulait me laisser à la garde du territoire, je me hâterais d'aller jouir en France des douceurs de la paix à tout prix.

J'ai été édifié, ainsi que vous, de la nomination de M. de G... et de quelques autres généraux, qui ne peuvent qu'avancer l'époque, souhaitée par la Chambre et les ministres, où nous aurons une armée tout à fait *humanitaire*.

On me disait avant-hier que M. le maréchal Valée, qui, du reste, ne m'en a jamais parlé, avait demandé pour moi, il y a environ deux mois, à la suite des expéditions d'automne, la croix de commandeur. Voulez-vous bien avoir l'obligeance de vous informer si cette proposition, qui serait demeurée sans résultat, a été réellement faite ? Vous voyez que j'accepte vos offres très bienveillantes.

Si vous trouvez le temps, pendant votre séjour à Paris, de me donner des nouvelles, et surtout des vôtres, elles seront reçues avec un bien vif intérêt et une véritable reconnaissance. Ne cessez jamais de compter, mon général, sur l'inaltérable et respectueux dévouement de votre très humble et très obéissant serviteur,

Général CHANGARNIER.

Voilà un horrible griffonnage dont je suis honteux, mais le temps me pressait. Malgré les vents et les tempêtes, causes de tant de malheurs dans la Méditerranée, vos lettres du 7 et du 24 janvier me sont parvenues après le délai ordinaire.

79. — *Lettre du chef de bataillon de Lioux,*
du 53ᵉ de ligne.

Camp de Tixeraïm, 11 février 1841.

MON GÉNÉRAL,

Je ne crois pas que ce soit en Algérie que l'on apprenne l'art de la guerre; c'est une partie de chasse sur une grande échelle, où les régiments viennent s'user, se fondre en peu de temps; trois mois après leur arrivée, ils ne savent plus s'aligner; tout ce qu'on a appris s'en va bientôt; les hôpitaux en dévorent la moitié : cet état de choses est vraiment déplorable, et une sorte de démoralisation, il faut bien le dire (car vous désirez que je sois vrai), en est la conséquence. Le 53ᵉ et le 58ᵉ entre autres ont une peine infinie à se relever : sur un effectif de treize cents hommes, nous pouvons tout au plus fournir six cents combattants. Dans mon bataillon, je n'ai aujourd'hui qu'un seul capitaine.

Je me demande où est le résultat de tant de sacrifices; que possédons-nous? où sont nos limites? Je me demande pourquoi les troupes sont si mal logées et installées, après dix ans d'occupation.

Quant au mot « colonie », vous n'y croyez pas, je suppose; c'est un mensonge. Il n'y a pas de colons de quelque valeur, à moins qu'on ne fasse entrer en ligne de compte un millier de débitants de vin et d'eau-de-vie qui empoisonnent nos soldats, et encore sont-ils pour la plupart Maltais, Italiens, Espagnols et Allemands, et voilà les gens pour lesquels la France se ruine et dépense ses plus vigoureux enfants! Non, il n'y a pas encore de colonie française en Afrique; nous n'y possédons jusqu'à ce jour qu'un glorieux drapeau, autour duquel cent mille hommes sont venus mourir depuis dix ans.

DE LIOUX.

80. — *Lettre du général de brigade Changarnier*

Alger, 21 mars 1841.

MON GÉNÉRAL,

Abd-el-Kader redouble d'activité et fait d'incroyables efforts pour réunir des moyens de résister, mais les rapports unanimes des nombreux réfugiés de toutes les tribus témoignent de l'excessive lassitude des Arabes. Elle est fort clairement signalée dans une lettre de date récente que l'évêque, autorisé par le gouverneur à traiter de l'échange des prisonniers, a reçue de M. Massot, ce sous-intendant qui s'est laissé prendre, il y a quelques mois, près de Douéra. Ce dernier, malgré son désespoir, reconnaît qu'Abd-el-Kader, bien qu'absent et sans doute fort occupé, lui envoie de l'argent, de vieux journaux, des livres, ou même tous les fragments de livres français et espagnols qu'il peut recueillir; il lui permet de chasser.

Le capitaine Morizot, du 3ᵉ léger, qui a été pris au combat de Mazafiran, près Coléah, étant tombé malade, a été envoyé par l'émir à Tlemcen, où l'air est excellent et où il reçoit les soins de la famille la plus considérable de la ville. Cela n'est pas trop barbare. Six mécaniciens français, ayant réclamé leur extradition à l'expiration de leur engagement, ont reçu leur solde arriérée, plus une gratification considérable, et ont été escortés jusqu'à Blidah, où ils sont arrivés, il y a moins de trois semaines, apportant chacun plusieurs milliers de francs.

CHANGARNIER.

81. — *Lettre du capitaine Cler.*

Paris, 26 avril 1841.

MON GÉNÉRAL,

J'ai l'honneur de vous faire part de ma nomination au grade de capitaine. Ce grade m'a été conféré par ordonnance du 18. Je vous devais déjà les grades de sous-lieutenant de carabiniers et de lieutenant. Je suis heureux de pouvoir y joindre celui de capitaine. Sans vos bonnes notes et vos chaudes recommandations, je n'aurais pu obtenir un choix aussi avantageux et porter les épaulettes de capitaine à vingt-six ans.

Je suis avec respect et reconnaissance, mon général,

Votre très humble et très obéissant serviteur.

CLER (1).

(1) *Cler* (Jean-Joseph-Gustave), né à Salins le 2 décembre 1814, élève de l'École spéciale militaire le 20 novembre 1832, sous-lieutenant le 20 avril 1835, lieutenant le 27 avril 1838, capitaine le 18 avril 1841, lieutenant-colonel le 9 janvier 1852, colonel du 2ᵉ zouaves le 10 août 1853, général de brigade commandant la 2ᵉ brigade de la division de la garde impériale en Crimée, tué à Magenta le 4 juin 1859.

CAMPAGNE DE 1841

BUGEAUD ET CHANGARNIER. DESTRUCTION DE BOGHAR ET DE TAZA.
OPÉRATIONS DANS LA PROVINCE D'ALGER.

---

82. — *Lettre du colonel de Smidt, commandant le 53ᵉ de ligne.*

Médéah, 18 mai 1841.

MON GÉNÉRAL,

Médéah, ville située entre les deux Atlas, est une véritable oasis au milieu d'un désert, car d'ici il faut aller très loin avant de trouver un bourg, un village, une agglomération d'habitants vivant sous le toit ; tout est campé sous la tente arabe, lorsqu'on sort du mamelon que les Français occupent depuis environ un an. En vous traçant ces lignes, mon général, j'ignore quand je pourrai vous les faire parvenir : rien n'est moins régulier que notre courrier ; je n'ai ici à ma disposition qu'un mauvais télégraphe et quelques espions arabes qui, sans doute, font les deux mains ; je pense cependant avoir un convoi avant la fin de la saison.

La France dépense des trésors, des millions pour l'Afrique, et cela ne saurait produire que la fortune ou l'avancement de quelques individus. Chaque maréchal de camp commande une division sans quitter Alger, d'où il ne sort que pour faire ce qu'il appelle une expédition ou plutôt une course à Médéah ou à Milianah ; un bulletin couronne l'œuvre, chacun se distingue dans sa partie et rentre chez lui pour se reposer pendant six mois. Ce qu'on a soin de ne pas dire, c'est qu'on a marché comme au milieu d'une ruche de mouches à miel qui recon-

duisent les troupes jusqu'au milieu de la Mitidja ; qu'on avance
ou qu'on recule, cette atmosphère vous suit comme celle d'une
planète.

Tandis que les officiers sont réduits à vivre avec les rations,
on pourrait ne payer que les frais de représentation des grades,
retrancher, par exemple, ceux d'un commandant de la province de Titery, lorsqu'on y fait résider un colonel qui ne
touche rien, tandis que l'officier général qui porte le titre demeure à Alger avec de gros appointements et des frais de
représentation spéciaux que celui qui exerce les fonctions
n'envie pas, mais aimerait mieux voir dans la poche du
contribuable que dans celle de celui qui ne fait que se donner
la peine de les toucher. Cela trompe d'ailleurs tout le monde.
En France, on doit croire qu'on ne porte pas le titre de commandant d'une province sans y mettre les pieds ; ensuite on
ravit ainsi l'honneur et le mérite de celui qui fait la besogne.

La première expédition est partie de Blidah le 31 mars, et le
6 avril je suis arrivé à Medéah pour en prendre le commandement, après avoir pris part, le 4, à un combat assez vif au pied
méridional du col. Le 7, la colonne nous a quittés et est revenue,
le 29, pour prendre la direction de Milianah. Le 8 et le 20,
j'ai eu deux combats à soutenir ; l'ennemi a été repoussé avec
perte. Le duc de Nemours a visité ma capitale. Il est heureux
qu'on ignore en France comment on a traité cette pauvre ville ;
ce n'est plus qu'un amas de ruines. Les dix mille âmes qui l'ha-
bitaient à notre arrivée ont été forcées par l'émir de quitter
leurs foyers, où elles n'ont plus reparu depuis lors. Maintenant
il reste peu de maisons entières : les bâtiments qui servent de
magasins, d'hôpital et de casernes, sont encore en partie
debout ; le reste n'est qu'un tas de décombres, les maisons ont
été démolies pour en extraire le bois, que l'on a en partie
brûlé. J'ai arrêté ce que j'ai pu de cet épouvantable désordre ;
j'ai fait murer les portes de quelques parties de maisons encore
en état et nettoyer la ville ; j'ai défendu de continuer les démo-
litions, fait prendre dehors le combustible, établir un chemin
de ronde. Enfin je crois par ces moyens éviter les maladies,
surtout si je parviens à rétablir, comme je l'espère, l'ancien

aqueduc qui fournissait abondamment les fontaines de l'endroit. Les Turcs s'entendaient très bien dans la conduite des eaux. La ville n'était pas mal bâtie. On y découvre encore quelques traces d'art, des marbres, débris d'ornements de tombeaux, de fontaines, de devants de cheminée. Encore six mois de vandalisme et nous manquerions d'abri !

La situation de l'endroit est fort belle : élevée de neuf cents à mille mètres au-dessus du niveau de la mer, la ville commande un terrain onduleux vers le nord et le nord-ouest et est entourée des trois autres côtés d'une ceinture de mamelons couverts de vignes en fort bon état. Une grande quantité de maisons de campagne témoigne de l'aisance des anciens maîtres et de leur goût pour l'agriculture. Tout cela est maintenant abandonné, en état de ruines. La température ne paraît pas devoir être trop élevée. Nous avons eu de la neige du 12 au 15 avril. Les arbres fruitiers abondent dans notre rayon. L'amandier, le prunier, le poirier, le cerisier sont dans tous ces jardins, aussi bien que le figuier ; on rencontre également le grenadier. L'orme fournit abondamment à brûler ; il y a aussi du chêne vert. Mon troupeau, quoique peu nombreux, est en bon état ; deux cents hommes sont, tous les jours, commis à sa garde.

L'Arabe ne soutient pas l'attaque du Français, mais il ne le quitte jamais de vue et profite de ses fautes.

Veuillez agréer...

DE SMIDT.

83. — *Lettre du lieutenant-colonel Vanheddeghem, du 58ᵉ de ligne.*

Boufarick, 24 mai 1841.

Mon général,

Depuis longtemps je dois vous écrire ; ce n'est point par oubli que j'ai autant tardé, car toujours je vous conserverai la plus vive reconnaissance pour la bienveillance dont vous m'avez honoré, et je sais trop bien que c'est à vous que je dois mon grade actuel, mais il m'en coûtait d'avoir à vous parler de nos misères de 1840. M. le colonel Mocquery vous en ayant entretenu, je ne toucherai point cette corde; je vous parlerai d'une affaire qui fait tomber les insinuations perfides qu'on voulait faire planer, l'an dernier, sur le malheureux 58ᵉ. J'ai fait partie, avec un bataillon du régiment, de la deuxième expédition qui a été faite dans la vallée du Chélif, pour le ravitaillement de Médéah et Milianah. Cette opération fut faite dans cette dernière place le 2 mai, quoiqu'il y eût au moins sept ou huit mille cavaliers réguliers et irréguliers dans la vallée. Le 23, l'armée attaqua les Kabyles réunis sur le versant sud de l'Atlas, ainsi que les trois bataillons réguliers; tout fut mis dans une déroute complète et dispersé; ils étaient cependant nombreux, car, d'après les rapports, il y avait, dit-on, au moins dix mille Kabyles, et les bataillons sont forts de huit cents hommes chacun; néanmoins cette multitude prit la fuite dans toutes les directions. N'ayant vu que ce que nous avons fait, attendu les accidents de terrain, je vais vous en rendre compte.

Dès le matin du 3 mai, mon bataillon fut désigné pour la garde du quartier général de S. A. R. Mgr le duc de Nemours, position qui, au premier abord, me parut insignifiante et me peina même, la fusillade se faisant entendre de tous côtés. Les balles ne sifflant cependant pas mal sur le bataillon, le général Changarnier ordonna de mettre les sacs à terre et de faire asseoir les hommes, le fusil entre les jambes. Lorsque le général crut le moment opportun pour l'attaque, il se porta en tête du bataillon, fit mettre sac au dos, prévint qu'on chargerait au pas de course, à la baïonnette et sans tirer un coup de fusil. J'étais à la droite du bataillon, qui prit le pas de course, je me lançai au galop sur les Kabyles, et, en moins de dix minutes, ils furent balayés (1). Le mouvement fut si prompt

---

(1) Ce mouvement fut critiqué par le général Bugeaud. Voir la lettre suivante du général Changarnier et la *Conquête de l'Algérie*, par Camille Rousset, t. I, p. 20 à 24.

et l'élan tellement général que je ne puis encore m'en rendre compte. Tous les Kabyles qui n'avaient pas d'assez bonnes jambes pour se sauver furent renversés et tués à coups de baïonnette, et, comme la cavalerie arabe chercha à soutenir son infanterie, nous eûmes des hommes qui poursuivirent des cavaliers jusqu'au bord de la vallée. Il pouvait y avoir mille à douze cents Kabyles. Ce coup de collier donné, le bataillon fut réuni. Le Prince, les généraux Changarnier et Boyer, qui avaient remarqué la vigueur de notre mouvement et de quelle manière nous avions abordé l'ennemi, vinrent à moi et m'en firent les compliments les plus flatteurs. Son Altesse Royale voulut en féliciter elle-même les officiers du bataillon.

Par suite de cette affaire, honorable pour le 58e régiment, le Prince m'a proposé pour la croix d'officier, distinction qu'il me sera très agréable de recevoir, si on me la donne, puisqu'elle sera pour moi le souvenir d'une belle journée, et, d'autant plus belle, que nous nous trouvions sous les yeux de Son Altesse Royale ; je pense ensuite y avoir quelques droits : il y a plus de vingt-six ans que je suis chevalier.

Je suis avec le plus profond respect, mon général,

Votre très humble et très obéissant serviteur.

Le lieutenant-colonel

Vanheddeghem (1).

84. — *Lettre du général de brigade Changarnier.*

Blidah, le 18 mai 1841.

Mon général,

(Combat au col de Mouzaïa). . . . .

. . . . . La matinée du 4 avril était froide ; j'avais conservé

(1) *Vanheddeghem* (Louis-Lucien-Marie-Joseph-André), né à Dunkerque le 27 mai 1791, sorti de la légion d'élite des gardes nationales du Nord le 6 mai 1809, sous-lieutenant au 12e régiment de voltigeurs de la garde impériale le 8 avril 1813, mis à la demi-solde comme capitaine en 1815, lieutenant-colonel le 27 août 1839, colonel du 16e de ligne le 14 août 1842.

sur moi un paletot en épaisse étoffe de Tunis dont le capuchon était rabattu sur mes épaules. Un aide de camp du gouverneur étant venu me demander des nouvelles du combat, je me retournai, et lorsque j'achevais ce que j'avais à lui dire, une balle traversa quatre épaisseurs d'étoffe croisée bien doublée et flottante, ma capote, et pénétra de cinq lignes dans les chairs qui recouvrent l'omoplate gauche. Les muscles qui se croisent sur cette partie contribuèrent à garantir l'os. Après l'extraction de la balle et un premier pansement terminé en quatre minutes, je remontai à cheval et je continuai à diriger le combat, qui se prolongea encore pendant une heure et demie. Je refusai de partir par un convoi dirigé dès le même soir vers Alger; j'achevai l'expédition, et je n'ai eu ni la fièvre, ni la commotion à la poitrine dont on me menaçait. Le bras gauche, longtemps engourdi, fonctionne parfaitement, sans aucune douleur, la blessure est complètement cicatrisée, et, depuis six jours, je suis débarrassé de l'appareil, ennuyeux compagnon de mes dernières courses. Prêt à monter à cheval pour en commencer de nouvelles, j'ai voulu vous annoncer la guérison de cette blessure, qui avait semblé d'abord mortelle à ceux dont j'étais entouré.

Le temps me manque pour vous faire le récit des dernières expéditions. Elles ont servi à mettre au grand jour les défauts et les qualités militaires du gouverneur. Le nombre des premiers l'emporte beaucoup sur celui des secondes, dont l'une, l'entrain, suffit auprès des officiers médiocres pour en faire supposer plusieurs qui, en réalité, manquent à notre général en chef. Nous n'avons pas retrouvé chez lui ces soins attentifs et intelligents des troupes, base principale mais fausse de sa réputation. Rien d'ingénieux dans la combinaison de ses mouvements. Il calcule médiocrement le temps et les distances. Un jour d'affaire, il ne tient pas dans sa main tous les fils de la machine; il ne s'occupe que de ce qui se passe immédiatement sous ses yeux et vit à l'instant l'instant, à l'idée l'idée; véritablement, je le croyais plus fort. Je m'empresse de reconnaître qu'il a beaucoup d'activité d'esprit et infiniment d'activité de corps, beaucoup de résolution et d'entrain. Vantard et

hâbleur au delà de toute expression, il n'hésite pas à s'attribuer ou, quand cela ne lui est pas possible, à nier les services
rendus par ses subordonnés.

Dans la soirée du 3 mai, devant Miliana, jour où, comme
la veille, il avait commis plus d'une faute grave, il es-
saya, au cercle des généraux et chefs de corps, d'attribuer aux troupes qui avaient agi par ses ordres directs
tout le mérite du succès, dont la principale part revenait,
au contraire, aux troupes commandées par le Prince (1), et
en sous-ordre par moi. Tout en concédant l'énergie, M. le
général Bugeaud voulut contester l'à-propos d'un mouvement
qui avait décidé les très grands et positifs avantages obtenus.
Le Prince, qui, dans l'affaire, avait bravement payé de sa
personne, était absent; je pris la parole, je réprimai cette
injustice avec force, et M. le général Bugeaud fut obligé de
s'excuser et de désavouer les intentions qu'on avait pu
attribuer à ses paroles. Dès ce moment, j'ai dû le compter au
nombre de mes ennemis. Je suis bien dédommagé par l'opinion unanime de l'armée. Le Prince, dont, en définitive, c'était
principalement la cause, est extrêmement bienveillant pour
moi. Il désirait m'emmener dans la province d'Oran, mais il a
été repoussé. On me laisse comme *conseiller*, sous les ordres
de M. le général Baraguay d'Hilliers. On se réserve sans doute
de me rendre solidaire des fautes qui pourront être commises,
sans me laisser une part dans l'honneur du succès. J'ai décliné
d'avance toute part de la responsabilité.

Les généraux Tarbé et Duvivier rentrent en France. Quelque
fausse que soit ma position, je ne puis penser à quitter avant
la fin de la campagne, tant qu'on m'emploiera activement.

Le duc d'Aumale est charmant; il a gagné l'estime et l'affection de toute l'armée.

. . . .

CHANGARNIER.

(1) Le duc de Nemours.

85. — *Lettre du chef de bataillon de Lioux,*
     du 53ᵉ de ligne.

Médéah, le 25 mai 1841.

MON GÉNÉRAL,

En ce moment, nous sommes privés de communications avec
l'intérieur et avec la France. Il faut, comme d'habitude, quatre
à cinq mille hommes pour nous apporter quelques caisses de
biscuit et notre correspondance. Nous n'avons joui, jusqu'à
ce jour, qu'une seule fois de cette dernière faveur, par le
convoi du 29 avril, que M. le Gouverneur général commandait
en personne. Tout récemment, le 20 mai, une nouvelle colonne
expéditionnaire est venue frapper inopinément à notre porte,
mais elle n'avait sans doute pas songé aux deux mille prisonniers de guerre que renferme Médéah, et les paquets qui nous
étaient adressés avaient été perdus ou oubliés à Blidah. Je
vous laisse à juger de notre déception et du mauvais effet que
produisit cette incroyable négligence.

Vous savez bien mieux que moi, mon général, tout ce qui
s'est passé en Afrique depuis le commencement de la campagne, puisque nous ne lisons pas un journal et qu'aucune
nouvelle ne nous arrive. Je ne vous entretiendrai donc que de
nos faits et gestes particuliers. Et d'abord, je commandais
l'arrière-garde, composée seulement de mon bataillon à
l'époque de notre passage au col. Suivant sa coutume habituelle, l'ennemi nous a accompagnés presque tout le temps, et
j'ai eu à soutenir la fusillade de quelques centaines de Kabyles
des tribus du Mouzaïa et du Summata. Je n'ai eu heureusement que quatre hommes blessés.

Arrivé à Médéah le 6 avril, à la suite des événements que
vous connaissez, nous avons eu de fréquentes petites affaires
qui, toutes, ont eu le meilleur résultat et ont éloigné de notre
massif les réguliers de Barkani. Depuis quelque temps, nous
approvisionnons la place en bois, en fourrage, etc. Il en
résulte presque toujours quelques rencontres avec l'ennemi.

Depuis le 20, nous ne voyons pas un seul Arabe; ils escortent sans doute la colonne qui, en ce moment, marche sur Boghar et Tassa, deux localités inconnues. Mais il paraît, au dire de l'envoyé arabe auquel je viens de faire la remise de cinquante-huit prisonniers, par suite de l'échange récemment ratifié, que les soldats de l'émir se replient dans toutes les directions sans combattre, et cependant, hier, étant à une certaine distance de la ville, j'ai entendu plusieurs coups de canon : nous saurons dans peu de jours à quoi nous en tenir.

Je regrette vivement de n'avoir pas fait partie de cette expédition; elle m'aurait d'autant plus intéressé que les lieux qu'elle parcourt n'ont pas encore été explorés. Du reste, elle n'est pas favorisée par le temps. Depuis son départ, nous vivons dans l'obscurité des nuages. Il est vrai, comme vous le savez, que Médéah ou plutôt *les ruines* de cette ville, qui dut être belle autrefois, sont situées à deux mille neuf cents pieds au-dessus du niveau de la mer. Il y fait un froid extraordinaire dans certains moments, et l'on ne saurait s'y passer de feu matin et soir actuellement.

Un Arabe, venu hier, que j'ai interrogé, assure que l'émir est resté aux environs de Milianah et qu'il n'est pas dans la province d'Oran, où il a cependant concentré ses principales forces. Il a obligé toutes les tribus qui nous environnent à émigrer au loin, et, en effet, je fais de fréquentes reconnaissances bien au delà de nos avant-postes, je n'ai pas aperçu un seul indigène ni un seul troupeau sur les montagnes et dans les profondes vallées qui entourent le massif de Médéah.

La tactique qu'emploie, en ce moment, Abd-el-Kader lui donne un grand avantage; il reste insaisissable, et pendant ce temps-là nos soldats s'épuisent et frappent dans le vide.

31 mai. — J'ai conservé cette lettre ouverte jusqu'au moment du retour de la colonne expéditionnaire, afin de vous dire un mot de ses opérations. Elle a beaucoup marché sans rencontrer l'ennemi, mais, en résumé, elle a détruit de fond en comble Tassa et Boghar, où Abd-el-Kader avait de vastes et nombreux établissements en tout genre.

Veuillez agréer, etc.   DE LIOUX.

86. — *Lettre du colonel Mocquery, commandant le 58ᵉ de ligne.*

1ᵉʳ juin 1841.

MON GÉNÉRAL,

Une nouvelle expédition ou course vient encore d'avoir lieu, et un bataillon du régiment avec lequel j'ai marché a fait partie de cette expédition, commandée par le général Baraguay d'Hilliers, ayant sous ses ordres le général Changarnier. Notre colonne expéditionnaire se composait de dix bataillons d'infanterie forts chacun de cinq cents vingt hommes, deux régiments de cavalerie, les 1ᵉʳ et 4ᵉ chasseurs d'Afrique, et huit cents mulets chargés de vivres et de munitions. Nous avons été seize jours en route et nous sommes allés détruire, à Boghar et Thaza, les établissements formés par Abd-el-Kader dans ces lieux où l'armée française n'avait pas encore pénétré. Pendant cette course, qui ne fut véritablement qu'une promenade militaire, un peu pénible par la longueur des marches que nous avons faites, nous n'avons vu que quelques centaines de cavaliers arabes, qui se montraient de temps à autre à des distances très éloignées, et ce n'est que le dernier jour, en descendant le col de la Mouzaïa, que j'ai eu deux hommes blessés par quelques Kabyles embusqués derrière des rochers et qu'un épais brouillard nous empêcha d'apercevoir. Je ne sais que penser de l'indifférence des populations qui nous voyaient brûler leurs gourbis (baraques en chaux) et détruire leurs moissons, sans nous tirer un coup de fusil.

MOCQUERY.

87. — *Lettre du chef de bataillon Westée* (1), *de la légion étrangère.*

Douéra, le 3 juin 1841.

Mon général,

Hier au soir, à six heures, je suis rentré ici avec mon bataillon après une expédition assez longue et pas mal pénible. Le 16 mai, la colonne est partie d'Alger sous les ordres de M. le général Baraguey d'Hilliers, renforcée des troupes échelonnées à Douéra et à Boufarick, dont j'ai eu le commandement supérieur. Elle s'est définitivement organisée à Blidah le 27. Voici l'ordre de marche :

Avant-garde : infanterie indigène, deux compagnies de sapeurs, trois bataillons de la légion étrangère. Chef : M. le général Changarnier, commandant en même temps la colonne de droite.

Colonne de droite : un bataillon du 48ᵉ, deux bataillons du 24ᵉ.

Colonne de gauche. Chef : le colonel Mocquery, un bataillon du 26ᵉ, un bataillon du 58ᵉ, un bataillon de zouaves.

Arrière-garde. Chef : le colonel Bedeau, un bataillon du 23ᵉ, deux bataillons du 17ᵉ léger.

Huit obusiers de montagne, quatorze fusils de rempart et un immense convoi remplissaient le centre. Le 1ᵉʳ et le 4ᵉ chasseurs et la gendarmerie maure flanquaient la colonne, qui était de plus de huit mille hommes, chaque bataillon n'étant que de cinq cent vingt.

On avait adopté, avant le commencement de l'expédition, une espèce de répartition du gâteau : on prenait aux uns pour donner aux autres ; chacun devait avoir au moins un petit

(1) *Westée* (Charles-Georges-Théodore), né à Stockholm le 12 septembre 1798, d'abord au service de la Suède comme lieutenant, puis soldat dans la légion de Hohenlohe, de nouveau lieutenant le 26 juin 1830, chef de bataillon dans la légion étrangère le 27 avril 1838, lieutenant-colonel du 36ᵉ de ligne, puis du 8ᵉ léger, colonel du 45ᵉ de ligne le 13 juin 1848.

morceau. Ainsi chaque bataillon isolé était commandé par un colonel et un chef de bataillon, ce qui n'est pas sans inconvénient.

Le 18 mars, nous franchîmes le col de Mouzaïa sans coup férir.

Le 19, à Médéah; le 20, séjour et messe solennelle au milieu de l'armée. Nous nous dirigeons ensuite vers le sud, à travers un pays de plus en plus stérile. Le 23, nous sommes dans un vallon d'à peu près une lieue de largeur; sur la droite est Boghar, entrepôt d'Abd-el Kader, misérable village, mais où l'émir avait fait construire une caserne, une boulangerie, un hôpital, un grand magasin tout en bonne maçonnerie. Sur la gauche est le Qsar el Boghar (château de Boghar), grand village en pierre et de construction récente. C'est là que l'émir avait transplanté forcément la population de Médéah. Dans ce village, il y avait des fabriques de burnous, des tanneries, des teinturiers, de grands entrepôts de soufre, de soude et de minerai de plomb. A notre approche, les Arabes s'enfuirent et mirent le feu; les pétards de nos sapeurs activèrent la destruction. Nous étions dans le pays que les Arabes appellent le Petit Désert. En nous dirigeant vers l'Ouest, nous sommes arrivés le 25, à une heure de l'après-midi, à Thaza; une colonne de fumée annonçait de loin que les Arabes suivaient le système de Rostopchine.

Thaza, dépôt principal de l'émir, à vingt-cinq ou trente lieues sud-ouest de Médéah, est situé sur un vaste plateau entouré de pitons très élevés et de mamelons boisés. Le village, composé d'une cinquantaine de huttes en pierre couvertes en chaume, avait des rues larges et était arrosé par un canal d'irrigation qui, moyennant un aqueduc, faisait mouvoir deux moulins. A droite, en entrant dans l'entonnoir, se trouvait un grand bâtiment carré en pierre, à deux étages crénelés, flanqué aux quatre coins par des tourelles. Là, Abd-el-Kader avait ses deux petits marabouts où il couchait et où il priait; là était la petite chambre à cheminée qu'il avait fait construire pour l'intendant Masso (qui est rendu à présent); là, tout autour, étaient logées dans les deux étages les troupes régulières, dans des logements casematés, revêtus soigneusement de plâtre. Il m'a paru possible d'y faire entrer environ trois mille hommes. Tout était bien peint, bien soigné; des balustrades et des garde-fous en fer étaient peints en vert.

Le 26 au matin, il n'était plus donné à personne de deviner la forme primitive de ce beau bâtiment, ni celle de l'aqueduc, de la tannerie, de la fabrique de draps. Le 27, nous nous sommes dirigés sur Miliana, où nous avons jeté des vivres, et nous nous sommes dirigés vers le col. Une étape avant d'arriver à Médéah, le général Changarnier prit mon bataillon et deux autres pour dépasser l'armée, en laissant Médéah à droite et en faisant, à travers les montagnes, double étape. A sept heures du soir, nous sommes arrivés au bois des Oliviers; le général nous a tous réunis (les officiers) et nous a donné ses ordres pour la prise du col, qu'il croyait occupé par de grandes forces. Il forma un bataillon d'élite composé d'une compagnie de voltigeurs du 26ᵉ, d'une du 58ᵉ et de mes deux, et m'en confia le commandement; je devais marcher devant les zouaves. A cette marque de confiance de M. le général Changarnier, comme à chacune des nombreuses preuves de bienveillance qu'il me donne, une pensée de reconnaissance se porte vers vous, mon général, qui en êtes la seule cause.

Nous n'avons trouvé personne au col. L'armée est rentrée à Blidah, Boufarick et Douéra pour se reposer pendant cinq à six jours. On dit que nous ravitaillerons Médéah, Miliana, que nous irons à deux jours de l'autre côté du pont d'El Cantara sur le Chelif, de là à Cherchell, afin de chercher la possibilité d'établir une route carrossable de cette ville à Miliana; ensuite nous irons dévaster le pays des Hadjoutes, et l'on rentrera dans les premiers jours de juillet; ce sera la plus longue expédition qui ait été faite.

La troupe, sans vestes ni couvertures, a horriblement souffert d'une pluie presque continuelle et du froid glacial de l'Atlas et de la vallée de Chélif. Si nous n'avons pas été assez heureux pour avoir des coups de fusil, nous n'avons pas moins fait immensément de mal à l'émir en détruisant ses entrepôts et en ruinant ses alliés. Le nombre des douars incendiés et la quantité de récoltes détruites est incroyable. Sur les deux flancs de la colonne, on ne voyait que des feux.

Le bruit se répand que le Gouverneur, qui fait son expédition dans la province d'Oran, s'est emparé de Takdempt (1) sans coup férir et qu'il n'a pas plus brûlé de cartouches que nous.

J'ai l'honneur d'être, mon général, votre très humble et très obéissant serviteur.

WESTÉE.

88. — *Lettre du chef de bataillon Forey (2), commandant le 6ᵉ bataillon de chasseurs à pied.*

Camp de Dely-Ibrahim, 1ᵉʳ août 1841.

MON GÉNÉRAL,

Vous n'êtes pas sans savoir ce qui se passe dans ce pays. Si les personnes avec qui je suis en correspondance voient les choses comme moi, elles doivent vous dire que nous sommes aussi peu avancés, moins je crois, qu'en 1830. Impossible de sortir des camps sans courir le risque d'être enlevé. L'ennemi ne paraît pas en nombre, il est vrai, et dans les dernières courses il n'a pas voulu accepter le combat, ce qui fait dire avec assurance à certaines gens que les Arabes sont abattus et qu'ils n'osent plus se mesurer avec nous. Ce qui est certain, c'est qu'en ce moment même des bandes nombreuses de cavalerie ennemie sillonnent le Sahel, enlèvent des hommes aux portes de nos camps, et, les récoltes étant terminées, ils ne se montreront pas aussi timides à la campagne d'automne qu'à celle d'été. Jamais Abd-el-Kader n'a eu autant de troupes de réunies, et si elles étaient abattues, elles ne resteraient pas sous ses drapeaux. Quant au bien-être des troupes, j'ai trouvé tout

---

(1) Le général Bugeaud détruisit Takdempt le 25 mai 1841.
(2) Le chef de bataillon Forey était revenu en Afrique avec le 6ᵉ bataillon de chasseurs à pied, le 1ᵉʳ août 1841.

plus mal qu'à mon départ, et, en ce moment, il y a à Blidah
une épidémie qui ravage les troupes, faute de prévoyance. Il
y a un désordre incroyable à l'état-major; les lettres qu'on y
envoie n'arrivent même pas à leur adresse, en sorte qu'on
ne répond à rien de ce que l'on demande. L'on n'y connaît
pas l'emplacement et la force des détachements, et cela donne
lieu à des désordres ridicules. Et puis l'ambition devient d'autant plus effrénée que les capacités sont moindres. Vous avez
lu les bulletins emphatiques. Il n'est plus permis maintenant
de se distinguer, car on ne le croit plus, tant on a prostitué
ce terme-là. Le plus désolant de tout cela, c'est qu'on ne
comprend plus le devoir pour lui-même. Chacun est persuadé
que la moindre course dans la plaine doit rapporter quelque
chose, et je vois, chaque jour, des gens qui demandent à rentrer en France parce que Pierre a reçu une croix que Paul
prétend avoir gagnée mieux que lui. Tout cela est à faire
pitié.

Pour vous parler de nos bataillons, mon général, mon opinion est que personne ici n'a compris notre organisation, et
l'on a fait tout le contraire du sens commun.

Il fallait, pour tirer tout le parti possible de trois beaux
bataillons arrivant parfaitement disposés, les tenir, autant
que possible, réunis dans un endroit salubre, les exercer peu
à peu aux fatigues, les faire tirer à la cible et soutenir leur
moral. Au lieu de cela, à peine débarqués, les 3e et 10e bataillons ont été envoyés à M. Baraguay d'Hilliers, sur le Bouroumi.
La chaleur était très forte. Ce général, qu'un avis unanime
blâme ouvertement dans sa manière de conduire des troupes,
a fait faire des marches forcées à ces jeunes soldats. Des
hommes sont restés en arrière, n'ont plus reparu, et, par
suite de quatre ou cinq jours de marche, cinquante hommes
par compagnie sont en ce moment aux hôpitaux.

Mon bataillon a été plus heureux. Débarqué le dernier, j'ai
été, à la vérité, en courses immédiatement; mais dans l'une
de ces courses je commandais moi-même, et j'ai appris à mes
hommes à marcher sans se fatiguer inutilement. Dans une
autre, j'étais avec le général de Bar, qui nous a assez mal

conduits aussi. Quoi qu'il en soit, à la répartition des cantonnements, j'ai occupé Dely-Ibrahim, position saine dans laquelle
le service est actif sans être trop fatigant; puis, convaincu
par expérience que l'ennui et l'oisiveté sont les plus grandes
causes de nos maladies en Afrique, je combats à outrance ces
deux ennemis. J'ai obtenu, non sans peine, de faire tirer à la
cible; j'encourage par toutes sortes de moyens cette partie,
la plus essentielle de notre service.

FOREY.

89. — *Lettre du chef de bataillon Forey, commandant*
le 6ᵉ bataillon de chasseurs à pied.

Blidah, le 12 octobre 1841.

MON GÉNÉRAL,

Les journaux nous ont appris que les affaires d'Espagne
avaient engagé le gouvernement à reformer les deux divisions
actives. La vôtre va recevoir quatorze mille hommes; je vous
en félicite, et je voudrais en faire partie plutôt que d'être en
Afrique maintenant. Cela n'a jamais été un pays remarquable par l'ordre, mais aujourd'hui l'on peut dire que c'est
un chaos, un pêle-mêle où le désordre est à son comble et
qui a pour résultat de dégoûter les officiers les plus zélés,
les plus enthousiastes de leur métier et les plus consciencieux.

Il y a déjà longtemps que l'on envoie ici des généraux qui
viennent étudier leur métier aux dépens des troupes. L'on
devrait bien renoncer à ce système et mettre à la tête de l'armée d'Afrique des hommes qui n'eussent rien à apprendre et
qui tournassent, au contraire, leurs talents et leur expérience
vers le bien-être de cette armée.

Nous venons de terminer les ravitaillements de Milianah et
de Médéah. Dans ceux de la première ville, M. le général Baraguay d'Hilliers, forcé déjà par les ordres de M. Bugeaud et par
le manque d'eau, qui ne lui permettaient pas de mettre davantage, de faire le trajet, aller et revenir, en sept jours, a trouvé

le moyen d'ajouter aux souffrances de la troupe, résultant de la chaleur excessive et de la privation d'eau, celle des marches forcées, sans haltes, ce qu'il était facile d'éviter; il a réduit ainsi le corps expéditionnaire de cinq mille hommes à trois mille.

A chaque ravitaillement, nous avons ramené sur les mulets et chevaux quinze cents malades; pour nous préparer à ces horribles fatigues, l'on avait envoyé mon bataillon travailler pendant un mois à l'*obstacle continu*, dans les marais du Maza-fran. Il n'est pas un homme en Afrique qui ne sache que la terre remuée en été, et dans les marais surtout, dégage des miasmes mortels. Aussi mon bataillon, que mes soins, je dirai presque exagérés, avaient conservé intact jusqu'à ce moment, a été tout d'un coup attaqué de fièvres terribles qui m'enle-vaient mes hommes dans l'espace de quelques heures. Mes officiers les plus vigoureux et les mieux trempés ont été pris les premiers. Cependant jusqu'ici je n'ai encore, en officiers, ni morts, ni évacués.

Sur six cent cinquante hommes arrivés au camp de Koléah, j'avais pu emmener en expédition quatre cent soixante hommes, et les deux expéditions m'ont réduit à deux cents baïonnettes. Aujourd'hui, j'en ai trois cents, et la saison remettant ordi-nairement les malades assez promptement, nous allons avoir beaucoup de sorties des hôpitaux. Mais, mon général, quand on sait avoir fait tout ce qui dépend de soi pour conserver des troupes et que l'autorité supérieure, loin de vous seconder, prend toutes les mesures possibles pour détruire votre ouvrage, cela fait mal, je vous assure. J'ai eu un moment de décou-ragement, mais il fallait établir la réputation d'un nouveau corps et faire taire ses détracteurs, et, pour cela, il n'était pas besoin de sept cents hommes dans un bataillon; ce ne sont pas toujours les gros bataillons les meilleurs, quoique Dieu, dit-on, soit pour eux. Je me suis rappelé la retraite de Con-stantine, où celui dont je faisais partie et qui s'y est immorta-lisé n'avait que trois cent soixante hommes, et j'ai bien juré de faire avec mes deux cents ce que sept cents auraient pu faire, si l'occasion était favorable.

J'ai été placé constamment à l'arrière-garde, et mon bataillon a été engagé tous les jours. Au passage du dangereux défilé de Chabas el Ketta, sur la route de Milianah, j'ai eu une première affaire dans laquelle les Kabyles, favorisés par la nuit, fusillaient mes tirailleurs à quinze pas. Malgré que ce fût leur début, ceux-ci ont fait très bonne contenance et n'ont pas bronché pendant plusieurs heures qu'a duré le passage du défilé par un immense convoi.

J'ai eu, ce soir-là, deux hommes tués et plusieurs blessés. Au retour de Miliana, à la descente du col Gontas, deux mille cavaliers de El Berkani, enseignes déployées, nous ont poursuivis vivement. Éloigné de tout secours, avec mon petit bataillon, j'ai maintenu cette cavalerie qui cherchait à me tourner, mais que nos excellentes carabines forçaient toujours à rester à distance.

Dans le premier ravitaillement de Médéah, j'ai eu, au mont Nadar, un engagement très sérieux, le plus sérieux de la campagne, sans contredit, et dont M. Baraguey, homme à petites passions, ne parlera peut-être pas, parce que c'est un homme à être jaloux d'un chef aussi minime qu'un chef de bataillon n'ayant pas plus de cent cinquante baïonnettes.

J'ai été poursuivi l'épée dans les reins par quatre cents Kabyles et cavaliers qui, profitant de l'avantage de leurs positions (je descendais devant eux), m'accablèrent d'une grêle de balles. Soldats et officiers, qui ne s'étaient jamais trouvés à pareille fête, étaient intimidés, et malgré ma présence continuelle au milieu d'eux, seul à cheval, pendant que je les faisais coucher à plat ventre, je voyais le moment où ils faisaient leur retraite beaucoup trop précipitamment. Un officier d'état-major attaché à mon bataillon était blessé près de moi, dix hommes étaient également touchés, un pas de plus en retraite, et je ne sais ce qui serait arrivé. Je fis alors mettre sac à terre et je m'élançai, la baïonnette en avant, sur l'ennemi. Un peloton de cavalerie eût fermé un ravin dans lequel les Arabes se trouvaient qu'alors j'en tuais plus de deux cents; malheureusement il fallait remonter, mes hommes étaient fatigués, et je ne pus obtenir un succès complet. Je rejetai trois cents

Kabyles dans le ravin, d'où ils s'échappèrent sous la protection de leur cavalerie. M. Baraguey, qui voyait de loin mon affaire, m'envoya à la fin la gendarmerie maure, mais il était trop tard. Canrobert m'a parfaitement secondé dans cette affaire, et, avec des officiers neufs, son expérience et son ardeur ont été d'un bon exemple et d'une grande utilité.

Le général Changarnier, qui prit le commandement pour le deuxième ravitaillement de Médéah, a eu une assez heureuse affaire au Bois des Oliviers; il y a tendu une embuscade aux Arabes, qui y ont été pris : une soixantaine ont été tués et trente chevaux pris.

Le Gouverneur vient de rentrer à Alger, venant de la province d'Oran. Cet hiver sera employé, dit-on, à terminer l'obstacle continu depuis Koléah jusqu'à Blidah. Cet obstacle va nous coûter encore bien des malades, et, malheureusement, l'expérience prouve tous les jours que ce ne sera pas un obstacle infranchissable pour les Arabes et, par conséquent, son but sera manqué. Il y a quelques jours, deux soldats du génie ont été enlevés dans l'intérieur de l'enceinte déjà existante autour de Blida et à deux cents mètres d'un blockhaus. Hier, nous avons eu une alerte. Un parti de deux cents cavaliers restés en dehors avaient envoyé quarante des leurs qui, pendant la nuit, ont pratiqué des rampes dans l'escarpement de l'enceinte et ont tué le sergent qui commandait une reconnaissance, puis ils sont audacieusement venus jusqu'à portée de canon de la ville, en parcourant tout l'intérieur de l'enceinte. Quand ils ont vu que l'alerte était donnée, ils s'en sont allés par le même chemin.

Nos affaires ne marchent pas le moins du monde, la colonisation est plus en retard que jamais, c'est un dégoût général, et, du reste, à voir la manière dont les choses sont conduites, il semblerait que les généraux ont mission de dégoûter l'armée. Ils y ont parfaitement réussi, et je suis convaincu que l'on ferait un appel comme on l'a fait, il y a quelques années, aux soldats de bonne volonté en France, que l'on en trouverait fort peu.

Le commandant Camou et le capitaine Canrobert me chargent de vous présenter leurs respects.

Je suis avec respect, mon général, votre très humble et très obéissant serviteur.

FOREY,
chef du 6ᵉ bataillon de chasseurs.

90. — *Lettre du général de brigade Changarnier.*

Alger, le 18 octobre 1841.

MON GÉNÉRAL,

Après avoir donné à la Bourgogne quelques heureuses semaines doucement agitées et qui, sans doute, contre leur coutume, n'étaient pas de sept jours, tant elles se sont écoulées vite, j'ai passé huit jours à Paris. On ne m'y prendra plus pour si peu de temps. Quelle vie, surtout quand le Roi et le ministre de la guerre habitent la campagne!

Mgr le duc de Nemours, excellent pour moi, comme toute la famille royale, m'a invité à visiter le camp de Compiègne, mais, heureux de trouver le Prince à Neuilly et à Saint-Cloud, je lui ai franchement déclaré que je n'étais pas venu en France pour voir des fusils et des soldats.

En débarquant ici le 1ᵉʳ octobre, j'ai trouvé une lettre du Gouverneur m'annonçant qu'après avoir conduit un convoi à Milianah et un autre à Médéah, le général Baraguey d'Hilliers me remettrait le commandement des troupes. Je devais commencer aussi par conduire deux convois, puis des instructions assez larges m'autorisaient à donner plus de développement et d'importance aux opérations. Ceci ne me sera pas facile, au moins de quelque temps.

Les troupes sont rentrées avant-hier dans leurs cantonnements, ruinées, éreintées, non par l'ennemi peu nombreux et peu entreprenant qu'elles ont rencontré, mais par la chaleur, par la soif et par des marches malhabilement conduites. Si des renseignements recueillis avec légèreté et dont l'expérience a démontré l'inexactitude expliquent jusqu'à un certain point qu'on ait essayé, dans la province d'Oran, de hâter le mouvement de la machine française pour précipiter la désorganisation de la machine arabe qu'on disait prête à se détraquer, rien, absolument rien ne peut justifier les opérations prématurées, commencées ici dans des conditions et des circonstances qui devaient nécessairement amener des résultats funestes.

Les ruisseaux étaient à sec pour la plupart et l'on était accablé par une recrudescence de chaleurs extraordinaires, même en ce pays, quand le corps expéditionnaire quitta Blidah le 28 septembre. Il y rentra le 3 octobre, après avoir ravitaillé Milianah. *Douze* blessés et *neuf cent soixante-dix* malades entrèrent à l'hôpital, et un plus grand nombre de la dernière catégorie resta dans les baraques, pour être soigné dans l'intérieur des corps. La leçon était sévère, elle ne fut point écoutée. Trois jours après, on se remit en marche, après avoir prélevé, sans m'en prévenir, quelques détachements sur les troupes déjà insuffisantes qui avaient été laissées à la garde du territoire.

Ici, je suis obligé à une petite digression pour vous dire que, pour permettre au général de Bar de faire partie de la colonne, j'avais été obligé de le remplacer provisoirement dans le commandement de ce territoire, commandement attaché à celui de la 3e division. Il n'était pas désirable alors, car, en l'absence de la colonne et des deux bataillons chargés d'escorter un grand convoi jusqu'à Haouch-Mouzaïa, Alger était abandonné à la milice et à quelques faibles détachements des armes spéciales, les camps n'avaient que des garnisons insuffisantes, et je n'avais pas la plus petite réserve à faire mouvoir pour secourir un point menacé. J'ai eu soin de laisser à qui de droit la responsabilité d'une pareille situation.

La colonne repartie pour visiter Milianah, puis Médéah, n'a vu que le premier point et n'a pas eu assez d'haleine pour accomplir la tâche tout entière. *Mille quatre-vingts hommes* sont entrés dans les hôpitaux, le jour même du retour des troupes, et seront suivis par beaucoup d'autres encore.

Bien qu'on ait évacué *cinq mille malades* en France, les hôpitaux sont plus encombrés qu'ils ne l'ont été à aucune époque,
et le chiffre des morts y dépasse déjà de quatre cent cinquante
celui de l'année dernière à pareille époque. Voilà les résultats
obtenus par les hommes envoyés pour nous enseigner à prendre soin du soldat.

M. le général Baraguey d'Hilliers, qui, avant d'aller à Médéah,
a cru devoir faire un second ravitaillement, de luxe pour
ainsi dire, à Milianah, s'appuie, pour reprendre dans quelques
jours le commandement du corps expéditionnaire, sur l'article
de ses instructions qui lui prescrit de conduire un convoi
dans chacune de ces villes. Il l'y conduira en effet, puis j'en
conduirai un autre, si les jambes de nos soldats et de nos mulets peuvent y suffire. On dit dans toute l'armée, et cela vous
donnera une juste idée de son estime pour le Gouverneur :
que ces habiles et loyales combinaisons, écloses dans deux
puissants cerveaux, avaient pour but secret d'empêcher ou
plutôt de dispenser d'accomplir les promesses verbales et
écrites qui m'avaient été faites. Voilà qui serait grand, digne
et noble! Le premier résultat obtenu est la ruine matérielle et
morale de l'armée, arrivée à un état de dégoût, de tristesse,
d'irritation difficile à rendre, douloureux à observer, mais
d'où ceux qui ont sa confiance sauraient encore la faire sortir.
Le second résultat sera la chute de M. Bugeaud, que le ministère actuel pourra être embarrassé de remplacer.

La colonne politique (politique ne vous semble-t-il pas
délicieux? est-ce que les mouvements d'une armée ont jamais
été indépendants de la politique?), la colonne politique n'a
obtenu jusqu'à présent aucun des succès proclamés, vantés
d'avance. Pour s'en dédommager, le général Bugeaud a cherché, dans un récit qui fait plus d'honneur à son imagination
qu'à sa véracité, à élever à la hauteur d'un combat une misérable razzia, dans laquelle sa cavalerie indigène a égorgé quelques douzaines de femmes et de vieillards sans défense. Ces
hâbleries le couvrent de ridicule, même aux yeux des simples
soldats, dont il avait d'abord surpris la bienveillance par de
plates avances qui ne réussissent pas longtemps

M. Bugeaud, à qui je sais rendre justice, a pu jusqu'ici mu-
seler et se rendre favorable la presse, dont il avait parlé avec
tant de violence; cela n'est pas maladroit. Un ancien rédac-
teur du *Courrier*, venu ici en qualité de secrétaire intime, a été
renvoyé à Paris pour établir une espèce de croisière dans les
avenues de tous les journaux. On dit que l'emploi des fonds
secrets n'est pas dirigé avec la scrupuleuse réserve du maréchal Valée. N'ayant aucun moyen de vérifier ces bruits, je
veux les tenir pour calomnieux.

M. Desmousseaux de Givré était ici quand je suis revenu; il
m'a fait l'honneur de venir chez moi, sans me rencontrer.
Quand je lui ai rendu sa visite, nos relations étaient trop
nouvelles pour donner à notre conversation la confiance de
l'intimité. Je sais néanmoins que, bien que parti avant les
malheurs de l'armée, il emporte la conviction de la fin prochaine de M. Bugeaud, complètement usé par une multitude
de maladresses administratives. Cependant M. de Givré ména-
gera, dans le Gouverneur, un ancien ami politique. Cette ten-
dance à sacrifier, au moins en partie, la vérité à une bienveillance personnelle est fâcheuse, car M. de Givré a été consulté
sur la viabilité gouvernementale de M. Bugeaud (j'en suis sûr,
bien que très fortuitement et indirectement instruit) par un
homme d'État dont je souhaite et j'espère le retour au pouvoir.

Agréez, je vous prie, mon général, la nouvelle expression
de mon dévouement respectueux et bien vrai.

CHANGARNIER.

91. — *Lettre du chef de bataillon du génie Bouteilloux.*

Blidah, le 29 novembre 1841.

MON GÉNÉRAL,

Votre lettre du 6 octobre est venue me trouver à Blidah, mais
un peu tard, attendu que nos communications n'étaient pas,

il y a quelques semaines, très fréquentes avec la métropole. Je vous aurais répondu de suite, si j'avais eu quelque chose d'intéressant à vous annoncer, mais, hélas! les affaires ne prennent pas une tournure ni bien décidée, ni bien favorable. L'expédition de Mostaganem, quoique fort longue et suivie de quelques défections parmi les Arabes, n'a pas changé la face des affaires, et je ne crois pas que nous soyons beaucoup plus avancés qu'il y a trois mois.

La question d'Afrique n'est pas une question d'expéditions, c'est une affaire d'établissements, c'est, en un mot, une question de moellons. Les Romains l'avaient envisagée ainsi, et leur domination est écrite sur le sol, parsemé de voies romaines et de constructions de toute espèce. Nous ne serons maîtres du pays qu'en suivant leurs traces, c'est-à-dire en commençant par nous établir solidement là où nous sommes et en faisant des routes pour communiquer avec nos établissements de l'intérieur et les rendre ainsi de véritables (et non point d'illusoires) bases d'opération pour la guerre lointaine, si elle est nécessaire.

La colonisation ne peut se développer qu'avec de la sécurité, renfermons les cultivateurs dans une enceinte bien gardée. Les Kabyles ne peuvent être domptés que par la crainte de nous voir arriver chez eux à tout moment, renfermons-les dans un réseau de routes qui nous permette, en éclairant le pays, d'aller chez eux quand il nous plaira. Enfin la possession de Médéah, Milianah et même Mascara n'est qu'une gêne pour nous, parce que les communications avec le littoral sont trop difficiles; faisons des routes carrossables au moyen desquelles un seul convoi suffira pour porter des vivres à des garnisons assez fortes pour tenir la campagne pendant plusieurs jours.

Que faut-il donc en Afrique? Du travail et toujours du travail!... Vous me répondrez peut-être, mon général, que je suis officier du génie... Je puis en cette qualité être prévenu en faveur du travail, mais cependant il faut bien convenir que tous les systèmes de fusion et de domination (cette dernière n'étant pas appuyée sur des établissements qui se soutiennent mutuellement et qui lui fassent gagner du terrain pied à pied) n'ont produit rien de bon et n'ont eu que des résultats éphémères.

Le *grand obstacle continu* (1) autour de la Metidja est un commencement d'exécution du système d'occupation réelle, il doit donner aux cultivateurs la sécurité qui leur est indispensable. Dieu veuille que nous l'achevions! Son exécution complète ne présente pas de difficultés insurmontables, mais elle exige néanmoins une persévérance qui ne paraît pas la vertu dominante de nos gouvernants.

Quoi qu'il en soit, le fossé est entrepris sur presque toute la ligne qui va de Blidah à la mer. Nous avons ici depuis quinze jours six bataillons (de petits bataillons, il est vrai) employés à ce travail; ils ont déjà fait deux lieues d'obstacle environ, et si le temps reste au beau et qu'il n'y ait point contre-ordre, ce dont je suis loin de répondre, nous serons, avant la fin de décembre, reliés à Koléah et la partie la plus difficile de l'enceinte se trouvera complètement achevée. Ce sera un beau résultat, car, la plaine étant barrée, les Hadjoutes n'y viendront plus brûler les habitations et enlever nos colons qu'en faisant un tour très long, attendu qu'il leur faudra passer par les Beni-Sala. Du reste, la sécurité ne sera complète qu'après que l'obstacle sera établi entre Blidah et la Maison-Carrée, ce qui peut être fait au mois de mars prochain.

Daignez agréer, mon général, l'hommage de mon dévouement le plus respectueux.

Le chef de bataillon du génie,

BOUTEILLOUX.

---

(1) L'auteur de cette conception était le général Rogniat; d'après lui, cette « muraille de la Chine » devait former un triangle ayant la mer pour base, et allant de Koléah à Blidah, et de Blidah à l'embouchure de l'Harrach, sept lieues à l'ouest et douze à l'est. Le général Bugeaud était hostile à cette entreprise, que l'on fut forcé d'abandonner, à cause des fièvres.

92. — *Lettre du général de brigade Changarnier.*

Blidah, le 2 décembre 1841.

MON GÉNÉRAL,

Le 17 novembre, j'ai reçu l'ordre de m'établir à Blidah, où, dès le lendemain, je prenais le commandement des troupes réunies pour travailler à *l'obstacle.* Elles étaient dans un état à avoir grand besoin de ménagements, ces pauvres troupes, et j'ai commencé par donner à leur installation, à leur bien-être, des soins dont l'effet est déjà senti. Nous sommes aussi favorisés par une température délicieuse.

Je n'ai pas voulu me tenir vis-à-vis de l'ennemi dans une atti-tude purement passive, mais par des excursions rapides de courte durée, exécutées par des colonnes peu nombreuses, je tiens les montagnes voisines en état d'inquiétude continuelle; elles seront bientôt soumises ou désertes, si ce système d'opé-rations, qui entretient l'activité des troupes sans les fatiguer, peut être suivi avec quelque constance.

Cinquante familles se sont réfugiées à Blidah depuis mon arrivée, et, réunies à mes deux cents prisonniers qui, pour la plupart, semblent se consoler par l'espoir du repos, elles formeront, un peu en arrière de nos lignes, un noyau de population indigène dont le développement doit être rapide.

J'aurais dû m'en remettre au Gouverneur du soin de vous faire connaître ces petits résultats destinés à grandir prodi-gieusement sous sa plume. Il nous a quittés hier, après une visite de vingt-quatre heures. Les longs discours ne nous ont pas manqué, mais bien les décisions nettes sur les questions les plus importantes à résoudre. Nous nous promettons un véritable plaisir, celui de lire bientôt dans le *Moniteur algérien,* religieusement répété par tous les journaux de Paris, que le Gouverneur a pourvu à tout et assuré à ce pays un brillant avenir. Son récit de la campagne d'automne et de ses suites dans la province d'Oran est prodigieux de hâbleries. Sans doute, tant de moyens n'ont pas été usés sans quelques petits résultats, que d'autres, et le maréchal Valée par exemple, auraient obtenu à meilleur marché et plus complètement.

En Algérie, les fautes, même les plus grosses, ont, en ce moment, beaucoup de chances pour passer impunies. C'est une question brûlante à laquelle on n'ose pas toucher. L'opposition ne voit de remède à l'état de choses que l'abandon dont elle caresse la pensée, sans oser l'avouer, et le ministère, tourmenté, dit-on, par des dissensions intestines, est trop occupé pour tourner son attention vers l'Algérie et prévenir les conséquences d'une marche sans principes et sans suite.

M. B... d'H... espère bien recevoir la troisième étoile pour avoir ruiné presque toutes les troupes de la province d'Alger; cela sera d'un trop bon exemple pour qu'on y manque.

Qu'est-ce donc qui a motivé une réunion de troupes dans le Nord? Faut-il voir là quelque chose de sérieux? Où en sommes-nous vis-à-vis d'Espartero? Si vous voulez bien m'éclairer sur notre situation politique à l'intérieur et à l'extérieur, j'en serai très reconnaissant.

J'ai fait admettre par le Gouverneur une proposition d'avancement en faveur du commandant Camou. Vous pourrez peut-être lui être utile pendant votre séjour à Paris, et je suis sûr de vous être agréable en vous en fournissant l'occasion. Vous n'oubliez point les officiers qui ont bien servi sous vos ordres.

Agréez, mon général, je vous en prie, la nouvelle expression de mon dévouement respectueux et inaltérable.

Le général CHANGARNIER.

93. — Lettre du chef d'escadron Delcambe (1).

Alger, le 21 décembre 1841.

MON GÉNÉRAL,

Je m'empresse, en rentrant de Blidah, de vous faire con-

(1) Delcambe (Félix-Joseph), né à Douai le 21 août 1793, élève de l'École

naître ce qui se passe dans ce pays. Les journaux vous ont annoncé le départ de Paris de Rumigny; il a été accueilli ici glacialement. Personne à son débarquement n'a été au-devant de lui, et cet isolement a prouvé que, si M. le général Bugeaud n'avait pas l'affection de tous ici, du moins le choix de M. de Rumigny n'avait aucune approbation. M. le général Bugeaud a fait connaître à son intérimaire que les choses avaient changé et que les affaires, pour le moment, exigeaient impérieusement sa présence ici. M. de Rumigny a riposté qu'appelé par le Roi à l'intérim, il ne quitterait le terrain que par ordre du Roi. Les deux puissances sont en ce moment en présence et assez sur la hanche. Le général Bugeaud accuse M. de Rumigny d'avoir manqué aux convenances à son égard, jusqu'à lui offrir, par exemple, de laisser Mme Bugeaud pour faire les honneurs de l'Hôtel du gouvernement pendant que son mari serait en France. M. le général de Rumigny exigeait qu'on lui remît à l'instant la vaisselle, l'argenterie, le linge, et l'on assure qu'il a fait démeubler la campagne du Gouverneur pour meubler un logement qu'il a pris provisoirement à l'hôtel de la Régence.

Le général Bugeaud, pour motiver son refus de se rendre sur-le-champ à la Chambre, a prétexté de nouveaux avantages dans la province d'Oran. On célèbre beaucoup quelques défections des réguliers d'Abd-el-Kader, et l'on donne comme positive la prochaine décadence de l'émir. Il n'y a plus qu'à frapper un dernier coup, et, pour cela, on fait partir pour l'Ouest le bataillon de Mac Mahon et celui du commandant Forey; ils s'embarquent ce soir l'un et l'autre.

Le général Baraguey d'Hilliers, que les lauriers cueillis depuis peu de jours par M. le général Changarnier dans des razzias faites autour de Blidah, où il commande, empêchaient de dormir, a voulu aller prendre sa place, et c'est encore Oran qui a fourni le motif. Le télégraphe a appris avant-hier à midi

spéciale militaire le 18 juillet 1810, lieutenant en premier d'artillerie le 1er septembre 1814, capitaine le 6 juin 1821, aide de camp du général de Castellane le 26 février 1840, chef d'escadron le 28 février 1840, décédé à l'hôpital militaire du Dey, en Afrique, le 26 septembre 1843.

à M. le général Changarnier qu'une colonne de quatre bataillons, savoir deux du 48ᵉ, colonel Leblond, le 6ᵉ et le 10ᵉ bataillon de chasseurs à pied, allaient s'embarquer pour Oran et
qu'il en avait le commandement. J'étais chez lui à Blidah
quand la dépêche lui est parvenue. Il s'est tellement hâté de
partir que sa vaisselle a été brisée; il a quitté Blidah avec
quatorze hommes, au risque de se faire couper la tête, et il
est arrivé à Alger pendant la nuit même... pour y apprendre
quoi? qu'au lieu de quatre bataillons, il n'en partait plus que
deux et que ces deux bataillons, au lieu d'être sous son
commandement, recevraient les ordres de M. le colonel Tempoure, commandant supérieur à Oran. Il a compris alors qu'il
avait été joué, et que, déjà remplacé à Blidah par le général
Baraguey d'Hilliers, son rôle ici ne devenait que très secon-
daire : les doublures sont toujours sifflées.

Du reste, il a pour lui la sympathie de l'armée, que son
courage, son sang-froid et son excellent coup d'œil ont su lui
gagner. Nous avons beaucoup parlé de vous à Blidah; il vous
conserve un respectueux dévouement qui va jusqu'à la véné-
ration. Vous n'avez pas fait de lui un ingrat. Il m'a été aussi
bien agréable, mon général, d'entendre votre éloge proféré
avec la même chaleur par tous les autres officiers que vous
avez remarqués. A Blidah, les commandants Camou et Forey
m'ont bien recommandé d'être auprès de vous l'interprète de
leur reconnaissance. A Doueira, les colonels Gentil et d'Arbouville m'ont aussi chargé de vous offrir leurs respectueux
souvenirs; ici, c'est le lieutenant-colonel Despinoy qui part
dans deux jours pour Koléah, où il va comme commandant
supérieur.

Le 48ᵉ va remplacer à Koléah le bataillon de zouaves qui
vient ici. Le colonel Cavaignac, qui ne dissimule pas ses opinions républicaines, se coule. On a, pour l'annihiler, séparé son
corps : un bataillon combat sous les ordres du commandant
Le Flô dans la province d'Oran, l'autre est ici, l'arme au
bras, et le colonel fait la guerre à l'œil à Mme P..., de l'hôtel
du Nord.

Le 2ᵉ bataillon d'Afrique va de Koléah à Cherchell aug-

menter les craintes des pauvres colons de cette ville, où il y
a déjà une bande de vingt voleurs bien organisés, ayant
le mot d'ordre. . . . .

Les pluies, qui ont commencé il y a quatre jours, ont fait
lever les camps de la plaine et le travail du fossé a été
suspendu. L'obstacle est commencé sur toute la ligne de
Koléah à Blidah, et il n'y a guère que sur une longueur d'un
ou deux kilomètres qu'il ne soit suffisamment avancé pour
empêcher le passage des Arabes; c'est vers le centre de cette
ligne. Des villages sont en construction à Beni Mered et à
Fouka.

Je saisis avec empressement l'occasion de la nouvelle
année pour vous prier de vouloir bien agréer l'expression
des vœux que je forme bien sincèrement pour votre bonheur
et votre santé.

Je suis avec le plus profond respect, mon général.

Votre très humble et très obéissant serviteur

DELCAMBE.

94. — *Lettre du chef de bataillon Camou, commandant le*
3ᵉ bataillon de chasseurs à pied.

Blidah, le 31 décembre 1841.

MON GÉNÉRAL,

Je vous prie d'accepter tous mes souhaits de bonheur au
commencement de cette année, ainsi que le renouvellement de
mon dévouement pour tous vos bienfaits envers moi.

J'ai été ici sous les ordres du général Changarnier pendant
environ un mois qu'il a commandé les troupes employées aux
travaux du fossé d'enceinte. Avec son activité habituelle, il a
ordonné plusieurs razzias chez les tribus des environs, et elles
ont toutes fort bien réussi; il m'a honoré du commandement
de deux; et j'ai été assez heureux pour opérer d'après ses désirs.

Après l'affaire du 29 du mois dernier au Bois des Oliviers (1), il eut la bonté de me proposer pour lieutenant-colonel, il profita de cette circonstance pour me traiter en vieux camarade. Il est bien digne du jugement que vous aviez porté sur lui, car, dans toutes les positions possibles, il conduit bien les troupes, il a le coup d'œil d'un vieil officier général et maintient la discipline conformément aux principes qu'il a reçus dans la division active des Pyrénées-Orientales.

M. le lieutenant général comte d'Hautpoul vient d'inspecter le bataillon que je commande; il me porte aussi sur son travail pour le grade de lieutenant-colonel. Je vous remercie des souvenirs que vous m'avez fait transmettre par le commandant Delcambe.

Dans cette province, la guerre est peu active depuis quelque temps, les Arabes ne paraissent habituellement qu'en petit nombre. Il paraît qu'Abd-el-Kader porte le théâtre de ses opérations dans la province d'Oran, lieu de son berceau et, par conséquent, où il a le plus d'influence. Il y a beaucoup à faire en Afrique pour que les troupes soient passablement installées. Ici, à Blidah, la moitié de la garnison est logée dans des baraques en bois qui ne la mettent point à l'abri de la pluie, et l'autre moitié dans de mauvaises maisons sans portes, exposées à tous les vents. Les hommes sont couchés dans des hamacs, couverts d'une couverture qui est mouillée en entier chaque fois qu'ils descendent la garde avec le mauvais temps, parce qu'ils sont obligés de s'en couvrir, lorsqu'ils sont en faction, comme capote de guérite. Enfin, il est bien vrai que l'on s'occupe de bien traiter le soldat, lorsqu'il est à l'hôpital, mais on ne fait rien pour l'empêcher d'y entrer.

Je suis avec le plus profond respect, mon général, votre obéissant subordonné.

Le chef de bataillon,
Camou.

---

(1) Au retour d'un ravitaillement de Médéah, le général Changarnier avait attiré dans une embuscade, au Bois des Oliviers, le chef arabe Barkani et l'avait complétement battu.

CAMPAGNE DE 1842

95. — *Lettre du capitaine Canrobert, adjudant-major au
6ᵉ bataillon de chasseurs à pied.*

Koléah, 1ᵉʳ janvier 1842.

MON GÉNÉRAL,

Je m'empresse, au renouvellement de l'année, d'avoir l'honneur de vous porter les vœux que je fais pour votre prospérité ; puissiez-vous les agréer et voir dans leur sincérité une faible marque de la vive reconnaissance qu'ont fait depuis longtemps naître en moi les bontés dont vous avez daigné me combler.

Nos bataillons de chasseurs à pied, auxquels les fatigues excessives des expéditions de l'automne avaient porté un terrible coup, commencent un peu à sortir de leur ruine. Peut-être parviendraient-ils à se rétablir s'ils jouissaient de quelques mois de repos, mais ordres et contre-ordres se succèdent dans cette province d'Alger avec une rapidité si effrayante que je n'exagère pas, mon général, en vous disant que mon bataillon n'a pas, depuis quatre mois, séjourné plus de vingt jours dans les mêmes lieux.

Ce n'est donc qu'à la hâte que l'on peut apporter à l'instrucion, à la tenue, à la discipline, des soins qui devraient être continuels.

Nous venons de faire plusieurs razzias dans les montagnes

du petit Atlas. Nous avons surpris de nuit une assez grande quantité d'habitations de Kabyles et enlevé plusieurs sortes de troupeaux, des femmes, des enfants et des vieillards. Ces opérations qui, je dois l'avouer, sont d'une grande ressource pour les approvisionnements de l'armée, sont, sous le point de vue militaire, du plus fâcheux effet. Le soldat, mal ou pas surveillé, excité d'ailleurs par l'appât du pillage, se livre aux excès les plus grands qui vicient singulièrement son caractère. Le désordre inséparable des marches de nuit et de la dispersion des troupes sur une vaste étendue, derrière des bœufs, des moutons, etc., habitue à un laisser aller qui pourra un jour nous être bien funeste.

M. le général d'Hautpoul vient de terminer l'inspection générale de mon bataillon. J'ai été assez heureux pour obtenir ses éloges, mais j'ignore encore si je suis proposé pour le grade de chef de bataillon. Daignerez vous me permettre, mon général, de m'adresser à vous pour savoir à quoi m'en tenir sur une chose qui intéresse à un si haut point ma destinée?

M. le général d'Hautpoul a vu de près les abus de l'armée d'Afrique; puisse-t-il être assez puissant pour y faire porter remède. . . . .

. . . .

Je suis avec respect, mon général,

Votre très obéissant et très dévoué serviteur.

CANROBERT,
adjudant-major au 6ᵉ bataillon de chasseurs à pied.

96. — *Lettre du général d'Arbouville.*

Alger, 10 janvier 1842.

MON GÉNÉRAL,

Je suis vraiment bien touché de la peine que vous avez bien voulu prendre en m'annonçant ma nomination, à laquelle

vous n'avez certainement pas été étranger, car je connais
déjà par expérience le cas que l'on fait de vos recommandations au ministère de la guerre, et je sais que votre éloge à
l'encontre d'un officier est pour lui une grande chance de
succès. Recevez-en donc tous mes remerciements et croyez
que je n'oublierai pas plus cette dernière· marque de votre
intérêt que je n'ai oublié toutes celles que vous m'avez déjà
depuis longtemps données.

Les affaires militaires de ce pays-ci semblent marcher vers
une solution prochaine, et tout porte à croire que la puissance
d'Abd-el-Kader va s'écrouler de tous les côtés. Le courrier
qui vous porte cette lettre apporte en même temps des nouvelles de la province d'Oran qui sont de la dernière importance, et, quoique transmises par M. Tempoure, elles paraissent
de la plus complète évidence (1). Je ne vous le dis pas, parce
que les journaux seront beaucoup plus explicites que je ne
pourrais l'être. Le Gouverneur général part demain pour la
province d'Oran afin d'y recevoir et même d'y hâter la soumission des nombreuses tribus qui demandent à reconnaître
notre domination ; la tâche sera probablement facile, et elle
entraînera dans cette même voie les populations de la province d'Alger, qui ne demandent qu'à venir à nous. Maintenant combien de temps durera cette soumission ? Cela est
difficile à dire : les Arabes sont bien changeants, et nous aurons
besoin d'une grande habileté jointe à beaucoup de fermeté
pour parvenir à les empêcher de se soulever quand ils auront
commencé à perdre le souvenir des maux que leur cause la
guerre.

Je suis avec respect, mon général,

Votre très humble et très obéissant serviteur.

D'ARBOUVILLE.

_____

(1) Le colonel Tempoure se trompait sur l'importance de ces soumissions.

97. — *Lettre du colonel Arthur de Froidefond, commandant le 26ᵉ de ligne.*

Douéra, 17 avril 1842.

Mon général,

Un fait d'armes tel que les fastes de l'Algérie n'en ont pas encore offert d'exemple vient d'honorer le régiment dont le commandement m'est confié.

Le 11 du courant, un détachement composé de seize hommes du 26ᵉ de ligne, de trois chasseurs à cheval du 1ᵉʳ régiment, commandé par le sergent Blandan, a été attaqué près du ravin de Beni-Mered, à une lieue et demie de Boufarick, par plus de deux cents cavaliers réguliers et Hadjoutes.

Sommé de se rendre par un déserteur, le sergent Blandan répond à ce misérable par un coup de fusil. Alors commence un combat à outrance, six des nôtres tombent à la première décharge. Blandan reçoit deux coups de feu. Il combat encore, et enfin, abattu d'un troisième coup, il s'écrie : « Mes amis, défendez-vous jusqu'à la mort. »

Les blessés couchés par terre continuent à faire feu, ceux qui par la perte de leur sang n'ont pas la force de mettre en joue chargent les fusils.

Cette héroïque résistance de plus de trois quarts d'heure donne le temps à la garnison de Boufarick de voler au secours de ces braves, dont cinq étaient encore debout. Les Arabes sont mis en fuite, en laissant trois hommes sur la place et quelques chevaux. Ils ont dû avoir beaucoup de blessés.

Des vingt hommes qui composaient le détachement, en y comprenant les trois chasseurs, nous avons eu quatre hommes morts sur le champ de bataille, trois le lendemain, huit blessés grièvement, dont deux amputés, du 26ᵉ. Cinq sont sortis sains et saufs de cette lutte acharnée, un chasseur à cheval et quatre soldats du régiment.

Ces jeunes gens voyaient l'ennemi pour la première fois, le

plus ancien n'avait pas plus de quatre mois d'Afrique. Tout le monde ici est enthousiasmé d'une conduite aussi française, qui rappelle les plus beaux traits de la République et de l'Empire. Tous les nobles cœurs se sont émus au récit d'une aussi belle action et la mettent au-dessus de la défense de Mazagran, dont il a été tant parlé. La Renommée n'embouchera pas sa trompette pour publier la valeur de nos soldats; dans quelques jours, il n'en sera plus parlé, et la France ignorera probablement ou laissera sans récompense un des plus beaux exemples de vaillance dont puissent s'enorgueillir des fastes militaires (1).

C'est à vous, mon général, si juste appréciateur du mérite, c'est à vous dont les leçons font encore la gloire du 26e sur les champs de bataille d'Afrique qu'il appartient de sauver de l'oubli un de ses plus précieux titres à la gloire, en lui donnant la publicité sous la double garantie de votre nom et du haut rang que vous occupez dans l'armée.

Nous avons eu le malheur de perdre le valeureux sergent Blandan, mort des suites de ses blessures. Tous ceux qui l'ont si bien secondé, aux premières vacances seront placés aux compagnies d'élite.

Le 26e a déjà eu l'honneur de servir sous vos ordres; les traditions puisées à si bonne école se conservent encore, mais il est temps qu'il rentre en France. Un trop long séjour ici fait tout perdre, tenue, discipline, instruction. Nous avons besoin de bons exemples et d'une noble émulation pour ne pas rester en arrière des autres régiments. A notre rentrée en France, si vous trouvez, mon général, que le 26e, pendant son séjour en Afrique, s'est montré digne des leçons qu'il a reçues de vous, je regarderais comme une faveur signalée que vous voulussiez bien le demander au ministre pour faire partie de votre division. En vous soumettant cette prière ou plutôt, si vous daignez la réaliser, ce serait le commencement d'exécution d'un vœu, que nul régiment ne devrait être envoyé en Afrique

(1) En 1887, le statue du sergent Blandan a été dressée sur une des places de Boufarick.

avant d'avoir passé dix-huit mois dans votre division, et que
ous les corps sortant de l'Algérie auraient à tenir garnison,
au moins un an, à Perpignan.

Agréez, mon général, l'expression de mon bien vif et respectueux attachement.

Arthur DE FROIDEFOND,
colonel du 26e de ligne.

98. — Lettre du chef de bataillon Westée, de la légion étrangère.

Mascara, le 24 avril 1842.

MON GÉNÉRAL,

Le 23 décembre, commandant le 1er bataillon du régiment,
je vins à Mostaganem faire partie de la colonne mobile commandée alors par M. le général Bedeau. Cette colonne forte
d'environ cinq mille hommes agissait dans un rayon de dix à
quinze lieues autour du quartier général; elle apportait, tous
les cinq à six jours, des vivres à la colonne de Mascara, forte
de six mille hommes et commandée par M. de Lamoricière.
Depuis le mois de janvier, nous avons presque constamment
été en route, et j'ai encore dans ce moment de la peine à comprendre le rapport de M. de Lamoricière, dans lequel il prétend que la garnison de Mascara, moyennant des razzias, se
suffit, quand je pense à toute la pluie, tout le froid et toute
la boue que nous avons affrontés pendant trois mois pour
les approvisionner.

Pendant toutes ces courses nous n'avons pas eu un coup de
fusil, seulement quelques assassinats; le général de Lamoricière de même.

Le 17 mars, nous sommes partis pour nous réunir à une
colonne partie de Mascara; nous nous sommes joints à
Fortassa, sur le territoire des Flittas; quelques jours nous
avons opéré conjointement, et ensuite notre colonne, com-

mandée par le général d'Arbouville qui était venu remplacer
le général Bedeau parti pour Tlemcen, s'est dirigée vers le bas
Chélif. Les populations avaient fui sur notre passage, mais le
28 au soir, nous les avons trouvées réunies au nombre de plus
de quatre mille sur le bord du Chélif, où ils ont fait leur soumission à Osman, bey de Mascara et de Mostaganem, qui
nous accompagnait dans notre course; ils nous ont ensuite
apporté des vivres et amené beaucoup de chevaux à la remonte. Ce jour-là même nous est arrivé un convoi de vingt
mille rations de vivres parti de Mostaganem, escorté par un seul
Français et après avoir parcouru plus de vingt-cinq lieues de
pays découvert. Je suis bien aise que ces deux beaux résultats
soient échus à M. le général d'Arbouville, auquel j'en souhaite
bien d'autres. Le 12 de ce mois, les trois bataillons de la légion,
deux du 1er de ligne et un composé de différentes armes
reçurent l'ordre de se rendre ici pour relever M. de Lamoricière qui, avec sa colonne mobile, devait rentrer pour quelque
temps à Oran pour s'habiller et se préparer à la grande expédition. Nous arrivâmes le 14, et le 18 nous étions en route
pour réclamer le tribut imposé aux Hachem.

Cette tribu, très puissante, s'étend jusqu'au Maroc d'un côté,
et au pays d'Angade de l'autre; l'émir y appartient; elle doit
fournir quatre cents chevaux sellés, bridés et le fusil à l'arçon.
A son départ, le général de Lamoricière laissa un ordre du
jour où il dit que notre tâche était finie, que nous avions bien
mérité de la France, etc., etc.

Là-dessus, notre petite colonne part, à peine forte de deux
mille quatre cents hommes, sans cavalerie régulière, sans
guides, sans cacolets (le général de Lamoricière avait emmené
tous ces embarras à Oran), mais en revanche avec une quantité de petits moulins qui devaient servir à moudre le blé
qu'il n'avait eu garde de nous laisser.

Le second jour déjà, nos coureurs reviennent nous annoncer que Ben-Tami, khalifat de l'émir, se trouve de l'autre côté
de l'Oued Faria, à deux lieues de nous; aussitôt les Mohhalia
et les Hachem, qui étaient venus avec nous de Mascara avec
une vingtaine de spahis, sont lancés dessus; après une heure

de fusillade, ils reviennent à notre bivouac avec quelques
blessés et nous annoncent que les Hachem avaient fait volte-
face et tiré sur eux. Ne pouvant pas nous engager faute de
cavaliers et de cacolets, nous faisons des cercles dans la
plaine, bivouaquant après trois heures de marche.

Enfin le 22, Ben-Tami attaque notre arrière-garde (3ᵉ bataillon de la légion), une fusillade insignifiante s'engage; les vingt
spahis sont lancés et lestement ramenés; deux compagnies de
l'arrière-garde les dégagent au pas de charge et l'affaire finit
là. Un officier, auquel je faisais remarquer que Ben-Tami avec
bien peu de monde les serrait à dix pas dans leur retraite, eut
l'ingénuité de me répondre : « Que voulez-vous, mon commandant, ces coquins sont revenus sur nous au lieu de se sauver! »

Après-demain, nous partons pour vingt jours. En résumé, cet
hiver a été assez pénible; le froid est encore assez grand sur
ces plateaux élevés, et il se passe rarement de jour sans pluie.
Il y a pourtant très peu de malades. La garnison actuelle n'est
pas de trois mille hommes.

Mascara, ainsi que ses vastes faubourgs, n'est qu'une grande
ruine; les logements sont dans l'état le plus déplorable; en
France, on ne logerait pas de domestiques comme le sont les
officiers supérieurs ici; il n'y a ni portes ni fenêtres, on ne
peut avoir une planche à aucun prix; le génie donne aux officiers supérieurs une table et un escabeau. L'eau est bonne et
abondante, mais on va tous les quatre jours au bois à plus de
trois lieues, avec les deux tiers de chaque corps. La ville est
entourée de vignes qui ont été laissées et de beaucoup d'arbres fruitiers qu'on a eu bien grand'peine à préserver.

On a beaucoup travaillé en dehors et les rues sont des cloa-
ques. Les rations de fourrage sont réduites, nous sommes
forcés d'acheter de l'herbe au marché, et, en route, on ne reçoit
qu'un quart de ce qui est dû, sans aucun droit à rappel au
retour. Quoique les moulins ne fassent ici que trop de bruit,
ils en ont encore fait davantage dans les rapports, et, s'ils ont
eu un résultat pour quelqu'un, ce n'est pas au moins pour
ceux qui les font mouvoir. D'après l'instruction officiellement
donnée à chaque corps, il faut à deux hommes cinq quarts

d'heure pour moudre une ration. Or, on ne donne que deux moulins pour soixante hommes; ainsi, en travaillant dix heures par jour à moudre, huit hommes pourront manger de la mauvaise galette qui leur donne la diarrhée; quant à moi, je mêle la farine avec du riz, et, en ajoutant un peu de lard, je fais une bouillie que le soldat aime beaucoup et qui est bien plus salutaire que les fades galettes.

Ma pensée est qu'on ne se soumettra pas franchement. Dans ce moment, pendant que la récolte est sur pied, les Hachems promettront tout, mais après, gare à qui se promènera sans être le plus fort! Ce peuple a de l'étoffe, il a des fibres fortes qu'il faut savoir faire mouvoir. Voici un exemple de son stoïcisme : la grande halte eut lieu à trois lieues de Mostaganem, à El-Naro; le pays est boisé et l'on s'aperçut, par hasard, qu'un caporal du bataillon turc qui dormait dans un buisson, à peu de distance de nous, avait la tête coupée; on se mit à courir et l'on découvrit six Arabes du pays, dont quatre avaient des armes appartenant aux Français; en les chargeant, deux furent tués sur place et les quatre autres emmenés garrottés à Mostaganem. Le lendemain, à deux heures, Osman-Bey fit, sur la place, couper (en six coups) la tête à deux; aux deux autres on serrait les veines au-dessus du poignet avec une corde, ensuite on disloquait, très lentement, ce poignet à la jointure et on leur jetait la main à la face; eh bien, mon général, *je l'ai vu*, ces gens ne donnaient pendant l'opération aucun indice de douleur, leur visage était impassible; ensuite ils ramassèrent à temps, chacun sa main, et s'en allèrent en *causant* tranquillement avec leurs pays. Des gens pareils sont capables de bien belles choses... comme de bien mauvaises.

C'est avec un profond respect que j'ai l'honneur d'être, mon général,

Votre très humble et très obéissant serviteur.

WESTÉE.

99. — *Lettre de M. Dussert, secrétaire général de la direction civile à Alger.*

Alger, 9 mai 1842.

MON GÉNÉRAL,

Il n'y a rien de très nouveau en ce pays. La guerre continue dans l'Ouest, et, en vérité, on est tenté de se demander contre qui on la fait, après tant de soumissions annoncées. Le général Bedeau a eu dernièrement une affaire avec ce qu'on appelle les *Marocains* d'Abd-el-Kader. Le général leur a tué deux cents hommes et pris beaucoup de butin (1). Tout cela est fort heureux, mais ne prouve pas que nous soyons au bout de la lutte. Le Gouverneur se dispose à venir avec tous ses généraux de l'Ouest à Milianah pour manœuvrer ensuite probablement dans la province d'Alger. Ils ont dû partir hier, et ils emportent pour trente et un jours de vivres.

Dans l'Est, il y a eu une affaire assez fâcheuse à Philippeville. Le colonel Brice, étant sorti pour aller dissiper un rassemblement de Kabyles, a été assez rudement reconduit, après avoir perdu quatre ou cinq hommes et deux officiers et avec une cinquantaine de blessés.

Voilà pour les affaires de la guerre. Quant aux choses d'administration, nous avons un Gouverneur qui est sans cesse en campagne et qui, par conséquent, ne gouverne pas. Il n'intervient guère que pour les mesures violentes qui froissent et irritent la population. Aussi est-il universellement détesté de tout ce qui n'est pas militaire. On assurait que le bâton de maréchal allait lui être donné; cette promotion n'eût pas été regardée comme un acte de justice. Il paraît qu'on a reculé à Paris.

On parle aussi de la nomination du général de Lamoricière au grade de lieutenant général.

DUSSERT.

(1) Combat de Bab-el-Taza, le 29 avril 1842.

100. — *Lettre du chef d'escadron d'état-major Gouyon.*

Tlemcen, le 10 mai 1842.

Mon général,

La colonne est rentrée ici hier pour faire des provisions et changer quelques souliers ; elle repartira sans doute demain ou après. Le général Bedeau a procédé aujourd'hui à l'organisation intérieure de la grande tribu des Beni-Amer, dont le chef le Bacha-Agha-Zin lui a présenté les chefs secondaires, auxquels on a donné le burnous. Ceci mettra cette tribu plus dans notre main, elle va fournir six à huit cents cavaliers à la colonne. Le sultan, qui va prendre le titre de khalifa et reconnaître ainsi notre souveraineté, en aura quatre à cinq cents, ce qui, avec deux cent cinquante chasseurs, fera un corps de cavalerie supérieur de beaucoup à ce qu'Abd-el-Kader peut présenter.

Il avait essayé de défendre le col de Bab-el-Thaza, qui conduit du bassin de la Tafna à celui de Nédroma qu'il s'agissait de dégager. Les Kabyles jetés en avant occupaient les escarpements sur la droite, le col même était défendu par eux : à gauche, une vallée profonde, obstacle également infranchissable pour les deux partis. Le général fit occuper et maintenir par le commandant Mac Mahon, avec le 10ᵉ bataillon de chasseurs et un bataillon du 26ᵉ, les Kabyles de notre droite ; à la tête des zouaves (1ᵉʳ bataillon) il enleva rapidement la route directe du col, suivi du 8ᵉ bataillon de chasseurs et de la cavalerie. Arrivé au col, il le masqua par les chasseurs à pied, dirigea les zouaves vers la droite et, voyant au-dessous un terrain à peu près praticable, y engagea la cavalerie française. A ce moment, le commandant de Mac Mahon opérait par sa droite, et sa colonne venait faire jonction avec la cavalerie, après une marche d'une lieue environ, renfermant entre les deux un grand nombre de Kabyles ; deux cents et plus ont été tués, les soldats ont ramené soixante prisonniers.

La cavalerie des Beni-Amer passait le col sous la protection du 8ᵉ bataillon et poursuivant pendant ce temps celle d'Abd-el-Kader, elle lui tuait quelques hommes.

A la suite de cette affaire, la colonne a pu parcourir le pays de Souhabia sans rencontrer de résistance, et, ce qui est plus important, une partie des Trasah a consenti à placer comme otages dans la ville de Nédroma plusieurs familles importantes, pour obtenir la paix et leurs prisonniers qu'on a ramenés à Tlemcen.

Le général Bedeau, dans une reconnaissance faite avec deux mille hommes d'infanterie, quatre pièces de canon et huit cents chevaux, s'est approché à deux lieues de la frontière du Maroc. L'émir y était adossé avec mille chevaux environ, mais on ne l'a point attaqué parce qu'il aurait été impossible de retenir dans une poursuite notre cavalerie indigène et faire respecter les limites.

Le Maroc, sans prendre parti ostensiblement, laisse recruter chez lui, ses tribus prennent parfois parti pour Abd-el-Kader, surtout lorsqu'elles ont espoir de pillage. C'est là la plus grande difficulté militaire de la position.

GOUYON.

101. — *Lettre du chef de bataillon de Lioux, du 53ᵉ de ligne.*

Blidah, 20 mai 1842.

MON GÉNÉRAL,

Vous avez bien voulu accueillir avec tant de bonté les lettres que j'ai eu l'honneur de vous écrire d'Afrique, que je me fais un devoir de profiter de notre halte à Blidah pour vous donner un aperçu des événements militaires de la province d'Alger, depuis six semaines.

L'armée est campée à l'ouest de Blidah, entre cette ville et la Chiffa. En ce moment, elle se repose des premières fatigues de la campagne et vient de terminer les ravitaillements de Milianah et de Médéah. Le premier s'est opéré du 27 avril au 6 de ce mois. Pendant cette campagne de dix jours, le général Changarnier ne s'est pas borné seulement à jeter un convoi très considérable dans cette place. Il a prescrit à propos deux séjours sur l'Oued Gerr supérieur pendant lesquels, organisés en colonnes mobiles et équipés à la légère, nous avons fouillé les montagnes, fait des razzias et deux cents prisonniers.

On a évalué à plus de huit mille têtes de bétail le chiffre des prises faites sur l'ennemi. Malheureusement ces immenses troupeaux ne sont pas parvenus en entier à Blidah; il en a été perdu pendant le trajet de nuit et particulièrement quand il s'est agi de traverser la Chiffa, dont les rives escarpées sont garnies de bois touffus.

Le 1er et le 2 mai, nous étions sous Milianah. Le général, en séjournant vingt-quatre heures de plus sous cette place, avait eu l'intention d'offrir le combat aux Arabes, qui, dès la veille, s'étaient réunis, au nombre de quinze cents cavaliers et d'un pareil nombre de Kabyles, en face de Milianah, mais au delà de la rive gauche du Chéliff. On les voyait très distinctement à l'œil nu; ils étaient échelonnés par masses et très convenablement éclairés par de petits postes, dont trois paraissaient surveiller les points guéables de la rivière. Mais, vers le soir, ils s'éloignèrent en partie; des feux de signaux semblaient les rappeler dans les montagnes qui bordent la vallée au sud, et, le 3 au matin, lorsque l'armée quitta ses positions, l'arrière-garde seulement fut suivie pendant quelques moments par un très petit nombre de cavaliers.

Ce même jour on alla camper de nouveau sur l'Oued Gerr supérieur, à une demi-lieue du bivouac précédent, et, le 4, nous étions en marche par un chemin difficile, il est vrai, mais plus court, et qui nous ramena le soir même dans la plaine. Pendant ce trajet, comme durant les jours qui s'étaient écoulés depuis notre départ, on détruisit beaucoup de pauvres villages et de riches et abondantes moissons : triste nécessité, cruel moyen pour lequel j'éprouve la plus grande antipathie. Nous traversions alors un beau pays que les Arabes avaient soigneusement cultivé, comptant sur un arrangement qui est, dit-on, depuis un an l'objet des vœux des tribus.

Le 9, le général Changarnier, laissant ici une partie des troupes qui venaient de marcher, reprit le chemin du col de Mouzaïa pour aller jeter un convoi à Médéah. Cette opération s'effectua sans coup férir, et le 14, de grand matin, le corps expéditionnaire était de retour à Blidah. Dans la même journée et lorsqu'on s'y attendait le moins, l'on vit arriver ici quatre-vingt-trois prisonniers français qu'Abd-el-Kader, par une générosité inexplicable jusqu'à ce jour, renvoyait sans demander d'échange, du moins que nous sachions; ces malheureux avaient beaucoup souffert, et quelques-uns d'entre eux avaient les pieds gelés.

Depuis cette époque (le 14), nous attendons des ordres pour aller dans le Chéliff donner la main à nos frères d'armes de la province d'Oran. Ce temps de repos vient d'être mis à profit. Dans la nuit du 16 au 17, les troupes du camp, divisées par petites colonnes de trois à quatre bataillons, ont été envoyées dans plusieurs directions à la fois : chez les Hadjoutes, chez les Beni-Sala, chez les Beni-Miszera. L'on a ramené cent cinquante prisonniers environ et mille à douze cents têtes de bétail.

Voilà où nous en sommes de la campagne du printemps. Quant aux affaires générales de la colonie, elles me paraissent avoir peu marché; ce sont toujours les mêmes lacunes à remplir, des casernes, des établissements de tous genres à faire, le fossé d'enceinte qui reste à terminer et à garder, sans quoi point de sécurité, partant point de culture possible.

Le général Changarnier, à qui j'ai eu l'honneur de parler de vous et qui a exprimé à votre égard des sentiments qui vont si bien aux miens, vient de passer une revue de l'armée. C'était vraiment beau à voir et combien il est fâcheux que de si belles et si bonnes troupes ne puissent jamais se trouver face à face avec l'ennemi, qui toujours échappe et revient, emmenant ou détruisant les tribus qui veulent se donner à nous, de telle sorte que, dans quelques années, le désert commencera au petit Atlas. Du reste, il faut le dire, les Arabes sont bien démoralisés, bien malheureux surtout ; l'on marche tout un long jour sans voir un seul cavalier, excepté toutefois celui qui, à chaque ravitaillement, à chaque passage de colonne, apparaît au sommet du pic de Mouzaïa ; il proteste toujours par un coup de fusil contre l'occupation de son pays et fuit au galop ; ce doit être le même depuis dix ans.

Le colonel de Smidt est toujours infatigable ; je vois toujours le bon Canrobert.

Je suis avec respect, mon général,

Votre très humble et très obéissant serviteur.

C. DE LIOUX,
chef de bataillon au 53e.

Blidah, 21 mai.

Je suis depuis un moment bien désappointé, le 24e et le 53e ne fournissent qu'un bataillon chacun ; c'est au 2e bataillon à marcher, je commande le 1er, la colonne part demain 22.

102. — *Lettre du chef de bataillon Forey, commandant le 6e bataillon de chasseurs à pied.*

Camp sous Blidah, le 20 mai 1842.

Depuis environ deux mois, nous sommes en courses, revenant après chacune d'elles nous reposer et nous ravitailler à Blidah, où nous sommes établis sous la tente, à un quart de lieue de la ville. Nos excursions n'ayant pas offert grand intérêt militaire, j'ai différé de vous en rendre compte, d'autant plus que j'espérais avoir quelque bonne nouvelle à vous annoncer pour Canrobert et pour moi.....

Nos courses jusqu'ici ont été des ravitaillements ou des transports de vivres à Médéah et à Milianah pour l'expédition que nous allons faire. Le général Changarnier a trouvé l'occasion, par son activité et des espions fidèles, de faire quelques razzias, qui ont enlevé aux Arabes de cinq à six mille têtes de bétail et de sept à huit cents prisonniers, surtout en femmes et enfants. La misère est grande dans les tribus, et, n'était la crainte d'être châtiées par les lieutenants d'Abd-el-Kader, plusieurs auraient fait leur soumission.

Une grande preuve de misère, c'est le renvoi que vient de faire l'émir de tous les prisonniers français qu'il ne pouvait plus nourrir. Comment la France reconnaîtra-t-elle cette générosité? Les Arabes voulaient leur couper la tête, mais Abd-el-Kader s'y est opposé formellement.

Après-demain 22, nous partons pour la vallée du Chéliff, où nous devons faire jonction avec le Gouverneur, qui est parti de Mostaganem le 15 avec six mille hommes et deux mille chevaux (1). Les Arabes sont, dit-on, terrifiés de cette réunion considérable qui va détruire les moissons et prolonger leur état de détresse. Le général Changarnier passe aujourd'hui la revue de notre corps expéditionnaire, qui présente un effectif de sept mille hommes environ et de six cents chevaux. Les troupes, rompues déjà aux fatigues par les courses précédentes, sont en très bon état. Malheureusement, les chaleurs commencent et les maladies avec elles.

Recevez, mon général, l'assurance de mon respectueux attachement et de mon dévouement absolu.

Le chef de bataillon commandant le
6ᵉ chasseurs à pied.
Forey.

103. — Lettre du chef de bataillon Canrobert, du 13ᵉ léger.

Alger, le 16 juin 1842.

Mon général,

C'est avec bonheur que j'ai reçu les félicitations que vous avez daigné m'adresser; de tous les compliments que m'a

---

(1) Les deux colonnes se rencontrèrent le 30 mai; il y eut une fête qui dura deux jours; il était prouvé qu'on pouvait désormais communiquer d'Alger à Oran autrement que par mer.

valu mon nouveau grade, le vôtre est celui qui m'honore le plus et qui est le plus précieux pour moi.

Je ne suis pas oublieux des bienfaits, et nul n'en a|été aussi prodigue que vous à mon égard. J'aime à le dire souvent, mon général, c'est vous qui m'avez mis sur la route militaire. Votre appui, aussi bienveillant que puissant, m'a sans cesse soutenu, les leçons reçues à votre solide école m'ont constamment dirigé, chacun de mes pas dans notre belle carrière a été votre ouvrage. Pour tant de bienfaits, mon général, ma reconnaissance vous est depuis longtemps acquise sans bornes ; puissiez-vous en agréer la faible expression, en attendant que je sois appelé au bonheur de vous en donner les preuves.

Nous venons de faire de longues courses pour brûler, piller et ravager les tribus comprises entre Blidah, le Chéliff et les environs de Cherchell : bien que la terreur que nous avons inspirée soit grande et ait amené quelques soumissions, le but principal, qui est la pacification, est loin d'être atteint.

La 3ᵘ bataillon de chasseurs à pied, qui, depuis trois mois, est dans Milianah, vient, dans une sortie un peu téméraire qu'il a faite très loin de la place chez les Beni-Menasser, d'éprouver des pertes cruelles : quatre officiers et quarante-sept chasseurs ont été tués ; le nombre des blessés est inférieur à celui des morts, ce qui prouve que l'on s'est battu de près. M. le commandant Bisson à reçu trois blessures, peu dangereuses, dit-on.

Le Prince royal, dont la bienveillance pour moi est en grande partie votre ouvrage, mon général, ayant daigné demander au ministre de me nommer dans un bataillon de chasseurs à pied, à la première vacance, j'ai l'espoir de remplacer sous peu le bon, intelligent et intrépide commandant Forey, qui a su donner au 6ᵉ bataillon une impulsion digne d'un de vos élèves.

Je suis avec respect, mon général,

> Votre très humble, très obéissant et très reconnaissant serviteur.

M. Canrobert,
chef de bataillon au 13ᵉ léger.

104. — *Lettre du chef de bataillon du génie Bouteilloux.*

Blidah, le 20 juin 1842.

Mon général,

Dans la dernière lettre que vous m'avez fait l'honneur de
m'écrire, vous dites, mon général, qu'on n'a obtenu jusqu'ici
en Afrique de grands résultats que dans les journaux et dans
les bulletins ; jamais observation ne fut plus juste et ne vint
plus à propos, car de toutes nos campagnes d'hiver et d'été,
qu'est-il résulté ? Un déficit dans le budget de l'Afrique et dans
les moyens de transport, une diminution dans les casernes et
une augmentation dans les hôpitaux.

Il est vrai que, d'après les journaux et les bulletins des soumissions, on croirait qu'il n'y a plus qu'à s'embrasser et que
tout est fini ; mais s'il y a quinze à dix-huit tribus soumises,
et c'est tout au plus en ce moment, combien en reste-t-il encore
à soumettre ? Mais, au lieu de diminuer l'effectif de votre
armée, vous allez être obligés de l'augmenter ; mais enfin, au
lieu d'aller en décroissant, vos dépenses et les charges de la
France suivent une progression effrayante, car vous ne tirez
rien du sol, ni du pays, et la production, au lieu d'avancer,
a reculé.

C'était certainement une belle chose que la réunion des deux
armées sur le Chéliff, et nous tous de la province d'Alger, nous
avons vu avec un grand plaisir le goum de Mezary ; il y a là
matière à un beau bulletin, mais je crois que c'est tout ce que
nous en aurons.

Vous savez, mon général, qu'Abd-el-Kader est aux abois,
qu'il lui est impossible de se relever des échecs nombreux
qu'il a reçus dans la province d'Oran, qu'enfin les défections
de ses tribus les plus riches et les plus fidèles le forcent à
cacher sa honte dans le désert, où il est trop heureux qu'on
n'aille pas le traquer et lui enlever ses femmes et le peu qui
lui reste. *Tout cela est imprimé, donc c'est vrai*, et vous le con-

naissez; mais ce que vous ne savez peut-être pas, c'est la manière dont les soumissions ont été amenées et la foi qu'on doit avoir en elles. Permettez-moi de vous dire quelques mots à cet égard.

Depuis le mois de décembre (je ne parle que de la province d'Alger), on exécute dans toutes les directions autour de Blidah des razzias organisées par le général Changarnier, qui est une véritable capacité militaire. Ces razzias qui ont été très habilement conçues ont ruiné ou du moins commencé la ruine du pays. Puis, dès le mois de mars, les colonnes sont sorties, faisant la guerre aux récoltes qu'elles faisaient manger en herbe par les bêtes de somme qu'elles traînaient à leur suite. On a fait ainsi beaucoup de mal aux cultivateurs, aux gens paisibles qui, de tout temps, étaient portés pour la soumission.

Ces pauvres gens, que la crainte inspirée par l'émir empêchait de se soumettre, se voyant menacés de perdre leur dernière ressource, la récolte qui reste, se décident à faire une soumission peu chère et peu compromettante, puisqu'elle consiste uniquement à amener le cheval de soumission, et Dieu sait qu'ils ont bien soin de choisir l'animal le plus pacifique de la tribu, sans doute pour qu'il soit un emblème plus expressif du sentiment qu'il doit représenter. Sur trois chevaux de soumission que j'ai vu amener, le premier, celui des Mouzaïa, n'avait de prix que pour le corroyeur, et les deux autres valaient de cinquante à soixante francs. Il est évident qu'entre perdre une récolte de deux cent mille francs ou donner un cheval de cinquante francs, on ne peut guère hésiter.

Or, voilà tout le secret des soumissions... Dureront-elles après la récolte? C'est douteux, néanmoins, je le crois. Les populations sont épuisées, et Abd-el-Kader leur laissera le temps de se refaire, mais il est bien probable que, dans quinze à dix-huit mois, il nous faudra recommencer la guerre de plus belle, à moins que nous ne tirions un bon parti de cette trêve, tant pour faire des routes qui, nous donnant le moyen de pénétrer au cœur des tribus, assurent notre domination, que pour organiser la résistance de ces tribus contre Abd-el-Kader en

leur donnant des chefs influents et dévoués à nos intérêts.
Or, je reconnais que le choix des chefs est une chose délicate
et difficile; pour bien faire, il faudrait des défections parmi
les lieutenants d'Abd-el-Kader, et nous n'en avons pas encore
pu obtenir une seule. Si Mohammed Ben Allal, Barkani et Ben
Salem venaient à nous, nous aurions une véritable paix, dans
la province d'Alger du moins, mais tant que nous n'aurons
pas au moins Mohammed ben Allal, ces soumissions dont on
fait tant de bruit et qui nous ont coûté si cher ne signifieront
pas grand'chose.

Je vous demande pardon, mon général, de m'être étendu si
longuement sur la question des soumissions; c'est la question
du jour, et elle est pour nous palpitante d'intérêt.

Daignez agréer, mon général, l'hommage de mon respectueux dévouement.

Le chef de bataillon du génie
BOUTEILLOUX.

105. — *Lettre du capitaine Cler, du 2ᵉ d'infanterie
légère d'Afrique.*

Cherchell, 1ᵉʳ juillet 1842.

MON GÉNÉRAL,

Depuis longtemps je devais profiter de l'honneur que vous
m'avez fait en m'accordant la permission de vous écrire. Si je
n'ai pas profité plus tôt de cette marque d'intérêt, c'était dans
l'espoir de vous faire part de mes premières armes en Afrique.
Depuis cinq mois que je suis dans ce pays, j'en ai passé quatre en
expédition. Pendant ce temps, j'ai vainement cherché une occasion de combattre sans pouvoir la rencontrer. Nous n'avons
fait la guerre qu'aux troupeaux, aux habitations, aux récoltes
et à la partie la plus infime de la population qui, sans armes
et poussée par la faim et la misère, préférait se rendre que de
combattre.

Mon bataillon a quitté Cherchell au mois de mars, et, depuis cette époque, il a pris une part très active à toutes les expéditions et à tous les ravitaillements qui ont été faits dans la province d'Alger. Nous ne sommes rentrés que depuis quelques jours, et nous pensons bientôt quitter notre garnison pour aller établir un camp à quatre ou cinq lieues dans la direction de Milianah. Ce camp servira de poste intermédiaire entre Milianah et Cherchell et recevra les troupes destinées à travailler à la route qui doit joindre ces deux points.

Les résultats obtenus à la suite des expéditions du printemps dans la province d'Alger ont été très satisfaisants : toutes les tribus de l'Ouest sont venues demander l'*aman* et faire leur soumission. Maintenant. cette paix est-elle bien sincère et les Arabes seront-ils longtemps nos amis ? J'en doute. Aujourd'hui fatigués et ruinés par une longue guerre, n'ayant plus de centre d'action, ils traitent avec la France, qui entretient des forces imposantes chez eux et qui leur fait un pont d'or. Dans quelques années, quand le chiffre de l'armée d'occupation sera diminué, qu'un partisan hardi et entreprenant se présente, toute l'Algérie sera de nouveau en révolution.

En France, il est encore quelques individus qui regardent sincèrement l'Afrique comme une bonne école de guerre. Je diffère d'opinion avec eux, et je crois que si aujourd'hui une guerre européenne se déclarait, les régiments venant d'Afrique ne vaudraient pas ceux qui sont restés en France.

La guerre que l'on fait maintenant en Algérie est tout exceptionnelle et peut tout au plus être bonne pour ce pays : on ne suit aucune des règles prescrites pour la grande comme pour la petite guerre. La discipline est très relâchée, l'instruction militaire est presque nulle, on sait à peine marcher, et, en voyant comment certains chefs agissent, on ne peut pas même leur accorder le talent de guérillas. On part du bivouac sans savoir ce que l'on doit faire, chaque chef de corps. en cas d'attaque, peut agir comme bon lui semble, car le général et les chefs de colonne se tiennent à la tête et s'occupent peu de ce qui se passe derrière eux. Que l'arrière-garde soit attaquée au moment où elle quitte le bivouac,

le commandement et la responsabilité appartiennent alors à
un chef de bataillon, quelquefois même à un simple capitaine.
Ce cas s'est présenté plusieurs fois dans nos razzias. La manière d'opérer une retraite dans les montagnes et en terrain
accidenté doit être presque toujours la même, dans un pays
où les habitants ne changent jamais leur manière de combattre. J'ai vu des officiers supérieurs, ayant dix ans d'Afrique, agir en novices et faire tuer ou blesser des hommes là
où, avec la moindre prudence, on pouvait éviter le combat et
faire ensuite une retraite sans danger.

Quelquefois ce sont les célébrités de l'armée qui, bénévo-
lement, cherchent à faire blesser des hommes pour avoir
l'occasion de faire de pompeux bulletins avec quelques
misérables tirailleries d'arrière-garde. L'exagération, je dirai
plus, le mensonge sont à l'ordre du jour ; chacun cherche à
se faire passer pour un grand vainqueur, et on dirait que le
but de la guerre n'est pas de forcer les Arabes à demander la
paix, mais bien de faire gagner à quelques protégés des croix
et de nouveaux grades. Dans les bivouacs, chaque corps se
garde comme il veut : les uns avec des grand'gardes, d'autres
avec des petits postes, d'autres enfin avec quelques factionnaires placés devant les faisceaux ; aussi, bien souvent, les
rôdeurs arabes enlèvent les armes et les chevaux à la barbe
des sentinelles, qui peuvent dormir en paix, car elles ont rarement à redouter les rondes de nuit.

Je suis bien éloigné, malgré ce lugubre tableau, de regretter
la position que j'avais en France, où la vie uniforme du régiment et le *farniente* des garnisons m'avaient dégoûté de l'existence militaire. Je pourrai toujours apprendre quelque chose
en Afrique ; la vie qu'on y mène convient du reste à mon organisation. Grâce à vous, mon général, et à un séjour de trois
ans dans votre division active, je me vois maintenant assez
avancé pour braver un long séjour en Afrique et pour ne pas
craindre qu'il me fasse oublier les bons principes puisés à
votre école.

J'ai eu le bonheur de tomber avec un excellent chef, le commandant de Ladmirault, jeune officier, brave, instruit et con-

naissant, par habitude comme par étude, la manière de faire la guerre d'Afrique. Grâce à ce chef, j'ai pu, pendant les quatre mois que j'ai expéditionné avec lui, apprendre autant que si j'eusse fait partie de l'armée d'Afrique depuis dix ans.

Je me félicite tous les jours d'avoir permuté pour le 2ᵉ bataillon d'Afrique. J'avouerai que j'ai souvent de la peine à bien conduire les misérables soldats qui composent ma compagnie, soldats qui, comme vous le savez, sont pris dans les prisons et dans l'écume de l'armée. En compensation, mon avenir est assuré et j'ai plus d'indépendance que dans tout autre corps.

J'ai rencontré dans mes courses quelques anciennes connaissances de la division active; nous nous sommes rappelé, avec bien du plaisir, de vieux souvenirs et le temps passé sous votre commandement. On assure que le 26ᵉ rentrera en France dans quelques mois et qu'il doit tenir garnison à Perpignan. J'en suis content, car ce régiment est le mieux tenu de tous ceux qui sont aujourd'hui en Afrique.

Veuillez, mon général, me pardonner le long retard que j'ai mis à vous écrire, et surtout ne pas l'attribuer à l'indifférence. Je me souviendrai toute ma vie que c'est à vous que je dois mes premiers grades et mes bons débuts dans la carrière militaire; je désirerai toujours sincèrement avoir l'honneur de servir de nouveau sous vos ordres.

Je suis avec respect et reconnaissance, mon général,

Votre très humble et très obéissant serviteur.

CLER.

106. — *Lettre du lieutenant-colonel Walsin d'Esterhazy, du 56ᵉ de ligne.*

Oran, 22 juillet 1842.

MON GÉNÉRAL,

Rentré à Oran après une course de quelques jours qui a suivi l'expédition du Chéliff, j'y trouve la lettre que vous avez eu la bonté de m'écrire pour me féliciter sur ma nomination au grade de lieutenant-colonel; cette nouvelle preuve de votre bienveillance m'est bien précieuse. Mon général, veuillez être bien convaincu que j'aurai toujours à cœur de justifier ce que vous me dites de si obligeant et de mériter l'intérêt que vous voulez bien me porter.

J'aurais désiré que ma nomination me rappelât en France; outre que je suis encore souffrant d'une blessure que je reçus l'année dernière pendant mon séjour à Mascara, je ne vous cacherai pas que je suis loin d'être satisfait de tout ce que je vois en Algérie. Il me semble que l'esprit militaire, loin de se fortifier à l'armée d'Afrique, s'y altère; les bonnes traditions se perdent, nous devenons un peu fanfarons, et j'apprends quelquefois par les bulletins des grandes victoires auxquelles je ne me doutais pas d'avoir assisté.

En vous signalant ce mal, je vous prie, mon général, de ne pas juger trop sévèrement l'opinion que je viens d'émettre; si je me trompe, c'est loyalement, et mon erreur ne vient pas de passions mauvaises, mais de mon désir du bien.

Soyez assez bon, mon général, pour agréer l'expression des sentiments de respectueuse reconnaissance avec lesquels je suis, mon général,

Votre très humble et très obéissant serviteur.

ESTERHAZY (1).

P. S. — Ma lettre était terminée, mon général, lorsqu'un courrier extraordinaire, arrivé ce soir, nous apporte la triste et douloureuse nouvelle de la mort de S. A. R. Mgr. le duc d'Orléans. Tout le monde est dans la consternation. Je ne vous parle pas de mes sentiments particuliers; cet événement déplorable augmente mon désir de rentrer en France; vous apprécierez, mon général, les motifs de ces sentiments.

(1) *Walsin Esterhazy* (Jean-Louis-Marie-Ladislas), né le 12 juillet 1804 à Nîmes, élève de l'École spéciale militaire le 24 août 1820, capitaine le 28 février 1832, chef de bataillon au 17ᵉ de ligne le 28 juillet 1840, lieutenant-colonel au 56ᵉ de ligne le 15 mai 1842, colonel du 74ᵉ de ligne le 26 octobre 1845, général de brigade le 2 décembre 1850, général de division le 18 mars 1856. Il fit les campagnes de 1823 en Espagne, de 1832 à Anvers, d'Afrique de 1842 à 1852, de Crimée en 1856 et la campagne de 1870.

107. — *Lettre du chef de bataillon Forey, commandant
le 6ᵉ bataillon de chasseurs à pied.*

Alger, 10 août 1842.

MON GÉNÉRAL,

Après les dernières expéditions, il a été fait une répartition
des cantonnements dans laquelle on a cherché, autant que possible, à rapprocher les corps de leur petit dépôt. Le mien
étant à Alger, c'est la capitale qui m'est échue en partage.
L'inspection générale approchait et je tenais à présenter un
beau bataillon, ce qui eût pu sembler impossible à nous voir,
à notre arrivée à Alger, dans un état de délabrement difficile à
décrire mais facile à comprendre, quand on pense que depuis
un an nous étions ou en campagne ou au travail de l'*obstacle,*
ne pouvant nous procurer qu'avec les plus grandes difficultés
le strict nécessaire. Cependant j'espérais qu'avec du zèle, en
un mois, il ne paraîtrait rien de notre misère, et j'ai parfaitement réussi. Le général Fabvier étant arrivé et se trouvant
embarrassé pour commencer, aucun corps n'étant prêt, le mien
seul excepté, je lui ai présenté mon bataillon, qu'il a trouvé
parfaitement tenu sous le rapport du matériel, comme sous le
rapport administratif. J'avais un effectif de plus de six cents
hommes présents, de bonne mine et d'un aspect tout militaire, et il m'a assuré que l'on ne se douterait pas de nos
fatigues encore si récentes.

Ce sont ces occupations qui m'ont empêché de vous écrire
plus tôt, mon général, au sujet de la récente catastrophe qui
a plongé la France et l'armée en particulier dans une immense
douleur. Que vous dirai-je, mon général, de la mienne? Je ne
puis que pleurer! Je suis sans voix pour exprimer tout ce que
je ressens. Le Prince Royal, oubliant la haute région dans laquelle il était né, s'était montré à moi si plein d'abandon, si
rempli d'ineffable bonté, que je m'étais pris à l'aimer, non pas
comme un Prince, mais comme un ami, et, quand la nouvelle

de sa mort est venue me frapper, la perte de tous ceux que
j'aime le plus au monde ne m'eût pas autant terrifié. Je ne
m'étais jamais imaginé que la mort pût aller choisir un prince
si jeune, si beau, si parfait, qui devait assurer le bonheur de
la France et marcher à de hautes destinées, appuyé sur cette
jeune armée qui l'adorait! J'avais en lui un protecteur bien
puissant, et j'étais en droit d'aspirer à tout, avec l'opinion trop
favorable qu'il avait conçue de moi qui, du moins, remplace
ce qui me manque par un amour sans bornes de mon métier.
Eh bien, mon général, je sacrifierais avec joie tout mon avenir,
tout mon passé, pour que ce malheur ne fût pas arrivé...

Adieu, mon général, recevez l'assurance de mon respectueux
attachement avec lequel je suis votre très humble et obéissant serviteur.

Le chef de bataillon
commandant le 6ᵉ chasseurs d'Orléans,
FOREY.

108. — *Lettre du général de brigade Changarnier.*

Belida, 31 août 1842.

MON GÉNÉRAL.

Personne n'est moins disposé que moi à oublier ceux que
j'aime, et, malgré mon trop long silence, je n'ai rien perdu de
mon dévouement pour vous. Ma mémoire vous a été beaucoup
plus fidèle que ma plume. Mais aussi, quelle vie je mène!
Une course est à peine terminée qu'il faut en recommencer
une autre, et, au retour, je me trouve en face d'un monceau de
papiers officiels dont je ne viens à bout qu'en passant la nuit
au travail et en restant en état de négligence apparente vis-
à-vis de mes correspondants les plus chers. J'ai attendu vainement une heure de liberté pour m'entretenir un peu longuement avec vous; aujourd'hui je me décide à dérober quelques
minutes aux importuns et aux ennuyeux, Français et Arabes,
qui m'enlèvent une trop grande partie de mon temps.

La mort de Mgr le duc d'Orléans n'a été nulle part plus vivement sentie qu'en ce pays où il était aimé, et dont l'avenir déjà fort problématique semble menacé par les complications, suite probable de ce douloureux événement. Mais les sentiments manifestés par la grande majorité de la nation et des Chambres, en assurant pour un avenir de quelque durée la tranquillité de l'intérieur, doivent avoir une influence favorable sur les dispositions des étrangers.

A la fin du mois dernier, le Gouverneur général se trouvant en désaccord avec le ministre de la guerre sur certaines opérations à faire en automne, sur l'effectif de l'armée à maintenir en Afrique, me proposa d'aller à Paris pour traiter et faire résoudre en sa faveur ces importantes questions. J'ai poliment décliné cette mission, très favorable pourtant à mes intérêts positifs, puisqu'elle m'aurait valu une proposition plus chaleureuse que celle qui a été faite pour l'avancement et qu'elle m'aurait mis en relations suivies avec le ministère au moment décisif. J'ai reculé devant l'apparence d'une intimité qui n'existe pas. Ce sacrifice m'a été pénible, car j'ai le plus vif désir d'aller en France, et, dès que cela sera possible et convenable, je m'efforcerai d'obtenir un congé de longue durée. Plus libre alors dans mes mouvements que pendant les six semaines partagées, l'année dernière, entre la Bourgogne et Paris, je tâcherai de me rapprocher de vous. J'espère vous voir à Paris l'hiver prochain lorsque vous irez siéger à la Chambre des pairs.

Je serais bien heureux, mon général, de pouvoir vous renouveler de vive voix l'assurance de mon dévouement le plus respectueux et le plus vrai.

CHANGARNIER.

109. — *Lettre du capitaine Cler, du 2ᵉ bataillon d'infanterie légère d'Afrique.*

Cherchell, 30 septembre 1842.

MON GÉNÉRAL,

J'ai reçu la lettre que vous m'avez fait l'honneur de m'adresser au commencement du mois d'août. Depuis que je vous ai écrit, mon bataillon est allé bivouaquer dans la tribu des Beni-Menasser, et, pendant un mois, il a travaillé à la route de Cherchell à Milianah. Cette route, toute militaire, ne sera pas directe : elle doit traverser la chaîne de montagnes qui commence au sud de Cherchell, passer au centre de plusieurs tribus, couper la belle et riche vallée de l'Oued El Hachem et, en faisant un long détour, arriver à Milianah en touchant au sahel des Beni-Méred et à la tribu des Riga. Le but qu'on s'est proposé en commençant cette route n'a pas seulement été d'ouvrir une communication entre Cherchell et Milianah, mais bien d'avoir une voie pour se porter rapidement, en cas de révolte, au centre du pays des Beni-Menasser, qui forment la plus puissante et la plus riche tribu de l'ouest de la province.

Pour vous mettre à même d'apprécier, mon général, nos progrès dans ce pays, je vais, en vous priant de m'accorder toute votre indulgence, vous donner le récit d'une petite expédition que nous venons de terminer dans la Kabylie des Beni-Menasser, des Gourayas et autres tribus de Tenès. Notre expédition n'a été qu'une promenade militaire. Où nous croyions trouver des ennemis armés, nous n'avons rencontré que des tribus heureuses de devenir nos alliées. Nous avions avec nous l'aga des Beni-Menasser, Kadour, neveu du vieil El Berkani, et le hachem de Cherchell, homme d'une grande influence. Ces deux chefs ont commandé les Arabes alliés et armés qui se sont joints à notre petite colonne.

Dans nos bivouacs, les chefs des tribus nous offraient le couscoussous fait par leurs femmes dans les maisons voisines;

les Kabyles nous vendaient aussi à bas prix leurs denrées. Ils acceptaient volontiers nos aliments, surtout le sucre et le café, qu'ils dégustent en gourmets. Pendant le temps que nous sommes restés au milieu de ces populations hier encore ennemies, nous avons constamment été traités en amis. Nos soldats, toujours imprudents, se sont aventurés sans armes à de grandes distances de nos bivouacs. Quelques-uns, isolés et égarés, ont rejoint la colonne pendant la nuit, ramenés par les Kabyles, qui leur servaient à la fois de guides et de protecteurs.

La race kabyle que je viens de visiter, plutôt en voyageur qu'en ennemi, est belle. Les hommes sont tous d'un tempérament sec et maigre, d'une taille plus élevée que la moyenne, et généralement bien faits. Leur figure est expressive; leur regard vif et pénétrant; quoique d'une agilité peu commune, ils sont cependant d'une excessive paresse. Je ne sais si, imitateurs des Spartiates, ils font mourir, à leur naissance, les enfants difformes, ou si les disgraciés de la nature ont honte d'eux et restent cachés, mais je n'ai point rencontré chez eux d'infirmes, comme dans les tribus de l'Atlas et de la plaine, excepté ceux qui le sont devenus par suite de blessures. Les vieux marabouts ont des figures graves et vénérables; malgré soi, on est porté à les respecter. Les chefs, surtout les jeunes, ont les traits fins et distingués, leur visage est souvent d'une pâleur aristocratique. J'ai admiré le respect que le Kabyle a pour ses chefs : ce respect vient de ce que ces derniers réunissent en eux les fonctions sacerdotales et militaires. Quand un Kabyle rencontre un marabout, un aga, ou même un simple chef, il s'avance avec empressement et, sans lui adresser la parole, lui baise le pied, la main, l'épaule où les joues, suivant le degré de sa puissance. Quand le chef est assis, l'arrivant, après les politesses d'usage, prend place au cercle, et, gardant le plus profond silence, il écoute la conversation, qui, du reste, est peu animée et qui se fait à voix basse.

Malgré sa pauvreté, le Kabyle n'est point mendiant; placés à distance respectueuse, ils assistaient par curiosité à

nos repas, ils ne nous demandaient point d'y prendre part;
quelquefois seulement, les plus hardis demandaient poliment
à nos soldats la permission de boire de leur eau. Leur mise
est simple, et, depuis son origine, je doute que les modes y
aient apporté leurs changements : une espèce de chemise sac,
sans manches, sans col et sans ouvertures, quelquefois une
culotte large et courte, toujours un burnous et une calotte sur
le sommet de la tête; voilà l'accoutrement de l'habitant des
montagnes, et c'était probablement celui des habitants de la
vieille Numidie. Rarement le Kabyle porte une chaussure ;
quelques *lions* aux pieds délicats se permettent une espèce de
large sandale en peau de chèvre non tannée. Sans être très
sales, les Kabyles le paraissent, ce qui provient et de la couleur primitive de leurs vêtements, qui est blanche, et du hâle
qui couvre les parties nues de leurs corps. Ce qu'ils chérissent
le plus, c'est leurs armes, qui se composent d'un long fusil,
souvent de fabrique espagnole, et d'un yatagan assez mauvais
et très incommode. Ils en ont un grand soin, ne les quittent
jamais, et il faudrait que le besoin d'argent se fît vivement
sentir pour qu'ils se décident à s'en séparer.

En partant de Cherchell, notre petite colonne a pris une direction perpendiculaire à la mer et est entrée de suite dans les
montagnes. Après avoir suivi cette direction pendant quatre
heures, elle a, par un changement de direction à droite,
remonté vers l'ouest en coupant les crêtes des chaînons per-
pendiculaires à la mer. Ces monts, immenses contreforts du
petit Atlas, sont séparés entre eux par de nombreuses et profondes vallées. Formés d'énormes amas de schistes et d'ar-
doises, ils présentent un désordre que je n'ai jamais rencontré
dans les hautes montagnes de la France. Ils revêtent toutes
les formes, cônes, dômes, ballons; rarement rocheux, ils sont
séparés par de grands ravins aux flancs déchirés et rapides.
Les vallées sont toutes transversales dans cette partie des
montagnes de l'Afrique. Généralement toutes les montagnes
secondaires et les sahels que j'ai vus dans la province d'Alger
ont un aspect triste. Au lieu de cette végétation luxuriante
que l'on rencontre dans la chaîne du petit Atlas, on n'y voit

que des broussailles et quelques bouquets de bois dont
l'essence est de chênes verts, de pins, de lentisques et de
myrtes. Ces bois n'étant point exploités, l'arbre meurt et
pourrit là où il a pris naissance. Plus tard, en admettant
l'extension de la colonisation, il nous sera difficile de tirer un
parti avantageux de ces montagnes jadis cultivées, aujour-
d'hui usées par le temps, déchirées par les eaux pluviales et
ne présentant plus que des flancs désolés.

Les petites vallées qui séparent ces chaînes de montagnes
sont larges. Les plus longues ont à peine cinq ou six lieues ;
aussi elles ne conservent, pendant la saison sèche, qu'un
faible filet d'eau. Dans la saison des pluies, le cours d'eau se
change en un torrent qui, n'ayant pas un lit encaissé, ravage
ses rives et atteint quelquefois une largeur de deux et trois
cents mètres. Ces cours d'eau étant peu profonds, leur lit,
pendant six mois de l'année, peut servir de voie de communication pour l'exploitation des bois des montagnes, et si
quelques hardis colons essayent plus tard de cultiver leurs
rives, la terre ne sera point ingrate, elle leur rendra au cen-
tuple leur première mise.

Pour revenir à Cherchell, la colonne a suivi pendant deux
jours le rivage de la mer. Le Kabyle avait là une terre géné-
reuse, mais, n'étant ni pêcheur ni commerçant, il a préféré les
ravins de ses hautes montagnes, qui lui ont offert et un asile
sûr et des pâturages pour ses troupeaux. Les Romains, ces
anciens maîtres du pays, ont agi différemment, et si l'on
rencontre rarement les traces de leur passage dans les montagnes, sur les rivages de la mer on trouve à chaque pas les
débris de leurs gigantesques monuments. Ce sont les ruines
de ponts, d'aqueducs, de voies et de ports, les vestiges de
villes, de maisons fortifiées et de phares, et, encore debout,
de vastes citernes.

Pardonnez-moi, mon général, d'abuser ainsi de votre com-
plaisance ; ayant une existence assez solitaire, je suis réduit,
quand je ne suis pas en course, ce qui m'arrive rarement, à
repasser les observations que j'ai pu faire pendant mes excursions. En agissant ainsi, je ne m'abrutirai pas complètement

pendant mon séjour en Afrique et j'en rapporterai quelques
souvenirs. Peut-être aussi, mon général, lirez-vous avec
plaisir ces détails sur un peuple à peine connu, même de
l'armée d'Afrique, qui, depuis cette année seulement, a osé
entrer dans la Kabylie, qu'elle n'a vue qu'en courant. Avant
l'expédition pacifique que je viens de vous retracer, nous
n'avions vu les habitants de ce pays qu'à portée de fusil.

Il y a, je vous l'assure, dans la nature primitive du Kabyle,
plus de bon que de mauvais. Premiers habitants du nord de
l'Afrique, ils furent conquis et non subjugués par les Numides,
les Carthaginois, les Romains, les Vandales et les Arabes.
Au milieu de toutes les révolutions qui ont dû accompagner
ces conquêtes, ils sont toujours restés les mêmes et ils n'ont
emprunté à leurs derniers maîtres que quelques dogmes de
religion qui s'accommodaient à leurs habitudes et à leurs
passions. La France ne les subjuguera jamais, car, semblables
aux Suisses ennemis de Charles le Téméraire, ils ont pour se
défendre et leur pauvreté et leurs montagnes impraticables.
Si nous agissons avec eux avec fermeté, franchise et sagesse,
nous nous ferons de ce peuple un ami qui préférera notre
domination à celle des Arabes, qui ont toujours été pour eux
d'avides spoliateurs. Demandons-leur, pour prix de notre
amitié et de notre protection, un faible tribut, l'échange de
leurs denrées, le libre accès du pays et l'exploitation des bois
qu'ils laissent pourrir sur place, et nous pourrons, je crois,
être plus en sûreté chez eux que chez nous.

J'ai heureusement échappé aux maladies de l'été, qui, cette
année, se sont fortement fait sentir. La fièvre a fait de grands
ravages dans mon bataillon; dans ma compagnie, mes officiers, mes sous-officiers, et quatre-vingt-dix sur cent vingt-
huit de mes soldats en ont été atteints. Heureusement, jusqu'à présent il y a eu peu de morts; mais à la fin d'octobre
et au commencement de novembre, époque des rechutes, la
mortalité sera beaucoup plus forte.

Je suis avec respect et reconnaissance, mon général,

Votre très humble et très obéissant serviteur,

CLER.

110. — *Lettre du lieutenant-colonel Forey, du 58ᵉ de ligne.*

Alger, 7 octobre 1842.

MON GÉNÉRAL,

Maintenant, mon général, que vous dirai-je d'un terrible combat (1) auquel je viens de prendre part à la tête de mon excellent bataillon de chasseurs (6ᵉ)? Voilà trois semaines de cela, et je suis encore sous le coup des émotions de cette lutte acharnée, sans exemple en Afrique, et dont le rapport du général Changarnier ne vous donnera qu'une bien faible idée. D'habitude, les bulletins pompeux d'Afrique exagèrent les succès; aujourd'hui ce n'est plus cela.

Le général Changarnier, trompé par ses espions, est tombé dans un piège d'où il s'est tiré avec honneur, il est vrai, mais le chapitre des considérations lui a fait atténuer la difficulté de sa position, et si quelqu'un souffre de cette retenue, ce sera ce faible corps de huit à neuf cents hommes qui, sans cartouches de réserve, sans ambulance, sans moyens de transport, à quarante lieues de Milianah, dans le pays le plus difficile d'Afrique, a soutenu pendant deux jours, dans une gorge dont celles d'Ollioulles peuvent à peine donner une idée, la lutte la plus acharnée et la plus sanglante dont l'Afrique ait jamais été le théâtre. Vingt-deux officiers et cent quatre-vingts sous-officiers ou soldats hors de combat parlent assez haut, quand on pense que trois petits bataillons, de trois cents hommes au plus chacun, ont pris part à l'affaire. Pour mon compte, j'ai eu dans le mien, sur douze officiers, trois tués et trois blessés très grièvement et soixante sous-officiers ou soldats tués ou blessés. Ce n'était plus un combat, c'était une lutte à coups de pierres et de bâton. Une compagnie de mon bataillon, précipitée de deux cents pieds de haut,

(1) Combats dans la vallée de l'Oued-Fodda, les 18, 19 et 20 septembre 1842. Le général Bugeaud avait ordonné au général Changarnier de parcourir la région du moyen Chéliff, pour en chasser Ben Allal ben Sidi Mbarek, kalifat d'Abd-el-Kader.

des montagnes d'où elle cherchait à déloger l'ennemi, nous a présenté le plus horrible spectacle dont on puisse être témoin.

Le 19 septembre au soir, après avoir combattu toute la journée, nous couchâmes dans le lit de l'Oued Fodda, n'ayant plus que vingt-cinq à trente cartouches par homme et entourés par cinq à six mille Kabyles, les plus belliqueux de la régence, encombrés de blessés et voyant nos petits postes enlevés par l'ennemi à l'arme blanche. Cette nuit fut affreuse et devait voir se renouveler la catastrophe de Caboul. Heureusement la nuit porte conseil. Le général me fit partir en silence avec la plus grande partie de l'infanterie; je fis occuper toutes les hauteurs qui commandaient le lit de la rivière, et lorsque les Arabes vinrent au jour pour s'en emparer, ils trouvèrent la place prise. Alors le convoi marcha très vite et l'arrière-garde suivit sans presque tirer. A quelques lieues de là, le terrain se découvrit et nous fûmes sauvés. Du reste, l'ennemi avait fait la veille de si grandes pertes qu'il songea plus, ce jour-là, à enterrer ses morts qu'à nous poursuivre.

Le 22, par un coup d'audace dont le général Changarnier est si amateur, le colonel Morris et moi, nous nous portâmes chez l'ennemi par une marche de nuit et nous lui enlevâmes sept à huit mille têtes de bétail. Cette razzia produisit un grand effet moral sur l'ennemi et surtout sur nos alliés, qui, au nombre de huit cents chevaux, marchaient avec nous et qui étaient consternés de la position dans laquelle ils s'étaient trouvés le 19, craignant qu'on ne les accusât de trahison.

Nous sommes rentrés à Milianah le 29, dans un état déplorable, mais fiers d'avoir soutenu un magnifique combat où nous devions rester tous.

A mon retour j'ai vu Canrobert allant rejoindre le 13e léger. Le ministre a manqué à la parole qu'il avait donnée au duc d'Orléans de le nommer à ma place.

Le Gouverneur est dans l'Est et se dirige vers le Hamza; il ne peut rien entreprendre de bien sérieux, les troupes sont affaiblies par les maladies. Il a été obligé de former un bataillon de génie et d'artillerie réunis et d'emmener des disciplinaires.

FOREY.

111. — *Lettre du général de brigade Changarnier*.

Alger, le 16 novembre 1842.

MON GÉNÉRAL,

Le temps me manque pour vous parler avec quelques détails de la situation de ce pays. Chaque jour, nous élargissons la zone sérieusement soumise à la France. Chaque jour, nous enlevons à l'émir une partie du recrutement et de l'impôt; la question militaire sera favorablement résolue dans un avenir prochain. Il n'en sera peut-être pas de même de la question essentielle, celle de la colonisation.

Vous savez depuis plusieurs années mes doutes, mes craintes nées de la situation morale de notre pays plus encore que des fautes des gouvernants ou gouverneurs.

M. le général Bugeaud m'a demandé et a accepté, sans modification, le plan de nos opérations prochaines, mais je repousse toute responsabilité pour le choix de la saison.

Ne cessez jamais de compter, je vous en prie, sur mon profond, respectueux et inébranlable dévouement.

CHANGARNIER.

112. — *Lettre du chef de bataillon Canrobert, commandant le 5ᵉ bataillon de chasseurs à pied*.

Mostaganem, le 16 novembre 1842.

MON GÉNÉRAL,

J'apprends, à mon retour de courses que nous venons de faire autour de Mascara, ma nomination au commandement du 5ᵉ bataillon de chasseurs d'Orléans; le puissant intérêt que vous daignez me porter, et dont vous avez bien voulu si souvent me donner des preuves, me fait un devoir de vous annoncer cette nouvelle, qui me comble de joie. C'est encore à vous, mon général, dont les notes bienveillantes m'ont déjà fait tant de bien, que je suis en grande partie redevable d'un honneur dont je comprends tout le prix : daignez en agréer ma profonde reconnaissance.

Abd-el-Kader, quoiqu'il soit abandonné par la masse des tribus, n'en dispose pas moins d'une force très mobile et assez redoutable pour effrayer nos nouveaux alliés. Cet habile partisan a changé sa tactique : il évite nos colonnes et tombe rapidement au milieu des douars, sur les flancs ou les derrières, que nous sommes impuissants à préserver. Par ce moyen il retient encore ceux qui lui sont restés et ébranle la fidélité de ceux qui nous sont soumis.

On parle beaucoup ici d'une combinaison de marches qui, au printemps prochain, doivent conduire les colonnes d'Alger, de Milianah, de Mostaganem et de Mascara autour des montagnes de l'Ouarensenis, où l'on espère cerner et joindre l'émir. Dieu veuille que cette opération soit couronnée de succès, car, mon général, les troupes d'Afrique ont grand besoin d'un repos nécessaire à l'instruction, la tenue, la discipline, qui, en vérité, laissent par trop à désirer.

Dès que je connaîtrai mon nouveau bataillon, j'aurai l'honneur, mon général, de vous entretenir des ressources que j'y aurai trouvées pour faire le bien.

Je suis avec respect, mon général, votre très obéissant, très dévoué et très reconnaissant serviteur,

CANROBERT,

Chef de bataillon commandant le 5e bataillon
de chasseurs d'Orléans.

113. — *Lettre du capitaine Bondurand* (1), *adjudant à l'intendance militaire.*

Mascara, le 22 novembre 1842.

MON GÉNÉRAL,

J'ai été bien touché de votre bienveillant souvenir; rien ne peut me flatter davantage que la pensée d'avoir été jugé par vous d'une manière favorable, et je compte parmi les moments heureux de ma vie ceux que j'ai passés sous vos ordres.

Aujourd'hui, nous sommes à Mascara dans une position un peu plus supportable. mais nous avons encore à traverser un mauvais hiver, parce que les troupes sont mal abritées. Les hôpitaux et les magasins sont à peu près les seuls locaux couverts en tuiles. et on ne peut compter sur les terrasses; elles ne garantissent véritablement pas des pluies.

Nous avons environ six mille hommes, les 6e et 13e légers, le 41e de ligne, le 1er bataillon d'infanterie légère d'Afrique, la 1re compagnie de discipline, deux escadrons du 2e chasseurs d'Afrique, trois escadrons de spahis, une batterie de montagne et une compagnie du génie. Ce sont généralement d'excellentes troupes, habituées à toutes les fatigues et à toutes les misères. Le lieutenant général Fabvier, inspecteur général, a été content de l'infanterie; il l'a trouvée très alerte et très militaire. Le 2e chasseurs est un beau et bon régiment. Les spahis sont une espèce de bande qui a rendu cet hiver de grands services dans les razzias; mais ils ont perdu tant de chevaux que toutes leurs masses sont obérées (le spahi achète son cheval et ses effets). et on aura beaucoup de peine à rétablir l'équilibre dans l'administration de ce corps.

(1) *Bligny-Bondurand* (Alexis-Adolphe), né le 12 janvier 1811, à Paris, élève de l'École spéciale militaire le 2 décembre 1830, capitaine le 27 février 1839, sous-intendant militaire le 22 mars 1845, intendant militaire le 30 mai 1855, mort le 9 janvier 1863.

Cette division mène l'existence la plus vagabonde. Depuis que je la connais, elle ne s'est reposée qu'une seule fois pendant quinze jours à Mascara (1). L'état sanitaire est bon, on a soin de n'envoyer en expédition que les soldats anciens en Afrique; les nouveaux venus restent dans les garnisons pour s'acclimater.

Tout le pays compris entre Oran, Tlemcen, Mascara et Mostaganem est parfaitement tranquille. Les routes de Tlemcen et de Mascara à la côte sont continuellement fréquentées par des convois qui remplissent nos magasins ou alimentent le commerce.

Le pays dans lequel il est difficile de mettre le bon ordre est Takedempt et ses environs. Abd-el-Kader y exerce une très grande influence, et, bien que plusieurs tribus du Sud-Est se soient soumises, on ne peut guère compter sur elles. Lorsque nous rentrons pour prendre des vivres, l'émir revient au milieu d'elles, et, moitié par crainte, moitié par respect pour un personnage aussi révéré, il leur arrive fréquemment de se laisser aller contre nous à des actes d'hostilité.

Beaucoup de personnes pensent, et le général de Lamoricière entre autres, qu'il y a entre Milianah et Mascara un espace beaucoup trop vaste sur lequel nous ne pouvons exercer qu'une action tout à fait incomplète, parce que la durée d'une expédition est toujours fort limitée par la nécessité d'emporter des vivres (cependant le général a fait cet été une expédition de trente-huit jours consécutifs). Le général pense donc qu'il y a nécessité d'occuper Takedempt ou plutôt Tiaret, ancien camp romain à trois lieues de Takedempt, lieu où on trouve de belles eaux, des pierres et du bois en abondance. Je crois que le Gouverneur à reconnu la nécessité de cette occupation, et il serait possible qu'elle ait lieu au printemps.

Permettez-moi, mon général, de vous prier de me conserver votre bienveillance et de vous exprimer combien je serai heu-

(1) Du 1er décembre 1841 au 30 décembre 1842, la division de Mascara, commandée par le général La Moricière, avait passé trois cent dix jours en campagne, en toute saison et par tous les temps.

reux de servir dans votre division, lorsque je retournerai en France.

Je suis avec respect, mon général,

Votre très humble et très obéissant serviteur.

L'adjudant à l'intendance militaire,

BONDURAND.

CAMPAGNE DE 1843 DANS L'OUARENSENIS (1)

---

114. — Lettre du capitaine Cler,
du 2ᵉ bataillon d'infanterie légère d'Afrique.

Cherchell, 2 janvier 1843.

MON GÉNÉRAL,

Le 24 novembre dernier, nous faisions jonction au marabout de Sidi-Abd-el-Kader avec l'armée de la province d'Alger.

Le général Bugeaud partagea son armée en trois colonnes : la première, dite de gauche, sous le commandement du colonel de cavalerie Korte, fut composée de la majeure partie de la cavalerie et de cinq petits bataillons. Au nombre de ces derniers était le bataillon d'Afrique. Cette colonne devait traverser les montagnes au sud de Milianah, se diriger vers le désert et contourner l'Ouarensenis. La deuxième, dite colonne de droite, commandée par le général Changarnier, devait aborder l'Ouarensenis en face et rejeter les populations sur la colonne de gauche. La troisième, commandée par le Gouverneur, ayant avec lui le duc d'Aumale, devait servir de réserve.

Le 25, les trois colonnes se mettent en mouvement, celle de gauche traverse la plaine du Chéliff et pénètre dans les montagnes du sud chez les Beni-Zoug-Zoug, nos alliés. A mesure que nous avançons vers le sud-ouest, nous trouvons un pays de plus en plus sauvage et inculte; les seules marques de vie que nous rencontrons sont les restes des bivouacs des

---

(1) Cette expédition avait pour but de pacifier le massif montagneux de l'Ouarensenis et du Dahra et d'empêcher Abd-el-Kader de recruter des partisans dans les nombreuses tribus de cette partie de l'Algérie, les Beni-Zoug-Zoug, les Beni-Ouragh, les Sbea, les Scheurfa, etc.

caravanes qui suivent cette route pour se rendre au désert.
Les montagnes que nous traversons sont de plus en plus
boisées. L'eau que l'on trouve dans ces âpres contrées est
saumâtre.

Le 27, la colonne gagne le col le plus élevé et descend sur
le versant du désert. Le pays est moins sauvage et moins
boisé; on rencontre quelques vallées cultivées et habitées par
les Bethia, qui n'ont point encore fait leur soumission. A la
première razzia, ces peuples s'empressent de venir demander
l'*aman*. A mesure que nous nous approchons de l'Ouarensenis,
les soumissions se décident et notre goum augmente.

Le 31, après nous être séparés de la cavalerie, nous traversons, sans tirer un coup de fusil, les profonds défilés de
l'Ouarensenis et nous tombons au centre du territoire des Rdje-
den et des Balia qui, poussés au sud et à l'ouest par la colonne
Changarnier, se trouvaient acculés avec leurs troupeaux et
leurs richesses au pied des rochers. La journée se passe à
faire de la diplomatie; le lendemain, quand les troupeaux
sont hors de notre portée, les tribus se rendent en nous
dictant leurs conditions.

Le 2 décembre, les trois colonnes se réunissent sur l'Oued
Kchab, à l'ouest de l'Ouarensenis. La journée du 3 est employée
à faire des razzias et à recevoir des soumissions, et, le 4, chaque colonne reprend ses opérations. La nôtre se dirige vers
un pays de hautes collines appelé Outha (plaine) par les
Arabes.

Ce pays n'a pas d'habitants permanents; quelquefois de
misérables tribus nomades viennent y passer quelques mois.
Ces immenses solitudes manquent d'arbres, de broussailles et
de verdure; elles annoncent les confins du désert.

A mesure que nous avançons vers l'ouest, nous trouvons
à chaque pas les traces des bivouacs des Arabes entraînés
par Abd-el-Kader.

Le 6, étant arrivés de bonne heure au bivouac, nous
prenons nos meilleurs marcheurs et nous poursuivons les
Arabes, qui, la nuit même, s'étaient arrêtés sur l'emplacement
que nous occupions. Divisés en trois colonnes, nous fouillons

et contournons une haute montagne boisée; bientôt nous sommes sur les traces des fuyards, leur convoi embarrassé par le passage d'un ravin va tomber entre nos mains, femmes, enfants, troupeaux, bêtes de somme, lorsque les interprètes commencent à parlementer, et notre chef a la simplicité de croire à la parole des Arabes. C'était la seconde prise importante qu'on laissait échapper par la monomanie d'employer la diplomatie avec des gens sans loi et très fins. Le lendemain, nous attendons vainement les soumissions; nous sommes obligés d'aller brûler des cases vides, et les plénipotentiaires de la veille nous envoient des coups de fusil en forme d'otages.

Le 8, nous nous enfonçons au hasard dans des gorges infranchissables (nos guides étaient aussi ignorants du pays que nous), et, après avoir vaincu de grandes difficultés, nous atteignons la limite d'une petite république kabyle, espèce de ligue hanséatique formée de plusieurs villages composant le pays de Mequenença, enclavé dans le territoire de la puissante tribu des Ouragh.

Notre chef croyait s'avancer dans un pays sinon ami, du moins disposé à le devenir à la première sommation. Les habitants, de leur côté, ne nous croyaient point hostiles, espérant que nous nous détournerions de notre chemin pour ne pas passer chez eux. Notre avant-garde, ayant atteint le premier village, se trouve tout à coup arrêtée par la population qui, bien que l'ayant abandonné, était placée en arrière et disposée à nous disputer vigoureusement le passage.

Le colonel Korte envoya l'ordre d'occuper les positions à gauche; ma compagnie fut envoyée la première, et c'est elle qui commença la fusillade; vers le soir, les Arabes se retirèrent, ils avaient de l'avance sur nous, nos hommes étaient fatigués, nous ne pûmes pas les poursuivre. Ma compagnie a été vivement engagée dans cette journée; elle a eu un sergent et deux hommes blessés.

Nous passons la nuit du 9 au 10 sur le terrain du combat et sur l'emplacement des villages incendiés la veille. Les habitants des autres villages, craignant pour leurs demeures, s'empressent sinon de faire une complète soumission, du moins de nous promettre leur neutralité, jusqu'à ce que les Beni-Ouragh, dans le territoire desquels leurs villages sont enclavés, aient fait leur soumission.

Le 10 au matin, la colonne s'ébranle; notre chef, trop confiant dans les promesses faites par les neutres, marche, comme d'habitude, à l'avant-garde. L'arrière-garde, composée de deux bataillons, ayant un obusier commandé par le capitaine Persac, obéit au commandant Verges, des tirailleurs indigènes. Mon bataillon flanquait la droite du convoi, et un bataillon du 33e était placé sur sa gauche. L'arrière-garde occupait les positions en avant du bivouac. Quelques balles égarées vinrent nous engager, au départ, à agir prudemment; on ne tint aucun compte de cet avertissement, chacun marcha devant lui sans s'occuper de ce qui se passait en arrière. Le commandant Verges, au lieu de suivre la queue du convoi, laissa les indigènes brûler de la poudre et conserva ses premières positions.

Depuis plus de trois heures nous marchions; déjà la queue du convoi était à près d'une lieue et demie de l'arrière-garde, lorsque le commandant Damesme, notre chef de bataillon, entendant une vive fusillade entremêlée de coups de canon et ne voyant point arriver l'arrière-garde, s'arrêta et fit prévenir la tête de la colonne. Les hauteurs qui dominaient la route étaient garnies d'Arabes paraissant nos alliés, mais dont cependant la neutralité était des plus suspectes. Le commandant Damesme laissa deux compagnies du bataillon à la queue du convoi, en échelonna trois autres entre cette queue et l'arrière-garde, et, faisant mettre sac à terre aux deux autres (la mienne en était), il se porta au pas de course à l'arrière-garde. Nous arrivâmes haletants à l'arrière-garde, et nous trouvâmes les troupes sur les positions qu'elles occupaient à notre départ. Le commandant Verges ne s'était pas du tout occupé de la colonne, ou peut-être hésitait-il sur la manière de faire évacuer les positions. Le commandant Verges s'empressa de donner le commandement de l'arrière-garde à notre commandant. L'ordre étant établi, on chercha à atteindre

promptement la queue du convoi. Tout à coup de nombreux
cavaliers que nous reconnaissons pour des réguliers d'Abd-el-
Kader viennent augmenter le nombre de nos ennemis et
guider leurs attaques.

Mon commandant me donna l'ordre de prendre vingt
hommes sûrs et déterminés et de couvrir l'obusier à mesure
qu'il se retirerait pour prendre de nouvelles positions. A peine
avais-je exécuté cet ordre que des Arabes, protégés par des
broussailles, firent une décharge à bout portant; mon commandant reçut une balle dans les reins, amortie par la boucle
de son ceinturon. Il n'en parla à personne qu'à moi et
resta à cheval toute la journée sans quitter le commandement. Je me portai en avant sur les Arabes, et, pendant ce
mouvement, la pièce prit une position plus avantageuse d'où
elle put tirer, à demi-portée, deux coups à mitraille qui pro-
duisirent un effet prodigieux. Les Arabes se tinrent à distance et nous laissèrent atteindre, sans beaucoup nous
inquiéter, la queue du convoi.

Le colonel Ladmirault arriva en ce moment de l'avant-
garde, envoyé par le colonel Korte pour prendre le commandement de l'arrière-garde. Nous marchions depuis un quart
d'heure lorsque le terrain devint tout à fait impraticable et
nous fûmes obligés de placer l'obusier sur un mulet. Cette
opération fut lente et arrêta l'arrière-garde; les Arabes en
profitèrent pour reprendre l'attaque. L'obusier était à peine
chargé que le mulet porteur roula dans un buisson. En ce
moment, le capitaine Persac reçut deux blessures et ne voulut
pas quitter sa pièce, disant que son devoir était de mourir
sur elle. Il fallut décharger et relever le mulet sous le feu de
l'ennemi. Le colonel Ladmirault fit sonner halte; cette sonnerie ne fut ou point comprise ou point entendue. La colonne
avait continué à marcher en avant sans occuper les positions
en arrière. Nous pouvions être coupés; le commandant Damesme prit ma compagnie et une autre et s'empara d'un mamelon qui dominait tout le terrain environnant.

Les autres compagnies du bataillon et l'obusier vinrent se
joindre à nous. Au moment où ce dernier arrivait, le mulet

porteur fut tué et la pièce roula de nouveau. Il fallut la reprendre. L'intrépide capitaine Persac, qui depuis le commencement de l'action avait montré le plus grand courage, quoique blessé, se précipita le premier et tomba mortellement atteint d'une troisième blessure. La pièce fut reprise et traînée sur le haut· du mamelon. Le colonel Ladmirault nous ordonna d'empêcher de tirer et d'attendre, la baïonnette croisée, le choc des Arabes. Ceux-ci s'avançaient, et, lorsqu'ils furent assez près, la charge fut ordonnée. Comme dans toutes les attaques à l'arme blanche, les Arabes lâchèrent . pied, reçurent dans le dos la charge de nos armes, laissèrent sur le terrain une partie de leurs morts et parmi eux plusieurs réguliers d'Abd-el-Kader. La colonne revint enfin sur ses pas, ramenée par le colonel Korte.

Le 12, nous faisons, sur l'Oued-el-Riou, notre jonction avec les colonnes du Gouverneur et de Changarnier. Le général Bugeaud, content de la conduite du bataillon, lui adressa des éloges devant tous les corps d'officiers.

Le 14, les trois colonnes marchent sur le pays que nous venions de quitter, et le 15 nous revoyons le terrain piétiné et ensanglanté sur lequel s'était passé le combat du 10. Après avoir traversé le bourg de Bess-Ness, nous atteignons la nombreuse cavalerie des Ouragh, dont les chefs s'empressent d'accepter toutes les conditions que le Gouverneur leur impose.

Nous revenons sur nos pas. Le 18, nous quittons l'armée avec une partie des troupes et le duc d'Aumale pour gagner nos cantonnnements en remontant le Chéliff.

Le 26, nous rentrions à Cherchell, après trente-sept jours d'absence. L'autre portion des troupes de la province d'Alger revint avec le général Changarnier, qui prit par le Dahra et Tenès.

CLER.

CAMPAGNES DE 1843 DANS L'OUARENSENIS ET LE DAHRA (1).

115. — Lettre du lieutenant-colonel Forey, du 58ᵉ de ligne.

Camp de Kouba, le 3 mars 1843.

Mon général,

Embarqué à Toulon le 10 février, je suis rentré à Alger le 13, et j'ai trouvé mon régiment en course. L'on m'a donné le commandement du Sahel, portion des plus insignifiantes et qui ne me convient nullement. Aussi ne la garderai-je que tant qu'il me sera impossible de rejoindre mon corps, qui parcourt les montagnes des Beni-Menacer soulevées par Abd-el-Kader. Aussitôt mon arrivée, je me suis informé de votre fils, dont tout le monde m'a dit du bien (2). Le général Changarnier vient de le prendre près de lui ; il est brigadier, et son avancement ira bon train, le général Changarnier étant tout disposé à reporter sur le fils l'affection qu'il a pour le père, comme tous ceux qui ont le bonheur de le connaître et de lui devoir quelque chose. J'ai vu votre fils chez le général, qui est venu faire une petite apparition à Alger ; il a parfaitement pris son parti et il réussira sans nul doute. Vous

---

(1) Quand les colonnes françaises eurent quitté l'Ouarensenis, Abd-el-Kader y reparut et souleva de nouveau toutes les tribus, puis son lieutenant Berkani, passant dans le Dahra, se mit à la tête des Beni-Menacer, joints aux Beni-Mnad. La répression de la révolte des Beni-Menacer commença le 20 janvier 1843. Le général de Bar et même le général Bugeaud n'y réussirent qu'imparfaitement ; le général Changarnier termina cette campagne au mois d'avril, sans que cependant la soumission fût complète.

(2) Le second fils du général de Castellane, Pierre de Castellane, s'était engagé quelques mois auparavant dans les chasseurs d'Afrique.

avez bien fait de le mettre dans la cavalerie. Il ne paraît pas robuste, et, si jeune, il eût été exposé à payer rudement son apprentissage. Il aura même dans la cavalerie besoin de ménagements, car cette arme fait aussi un rude métier en Afrique. Mais, du reste, le moral le soutiendra, et il ne manquera pas de preuves d'intérêt et de tous les soins dont il pourra avoir besoin.

L'insurrection des Beni-Menacer a été arrêtée par plusieurs colonnes qui ont ravagé le pays et amené de nouveau la soumission de plusieurs tribus, mais il paraît que l'Est remue à son tour. Plusieurs détachements se sont dirigés de ce côté.

Près des hautes capacités qui gouvernent l'Afrique, je ne suis qu'un bien chétif appréciateur des faits, mais, dans mon opinion, cette guerre entreprise sur une échelle aussi vaste ne finira jamais, et il me semble absurde d'avoir la prétention de dominer par la force toute l'Afrique septentrionale. Aussi rien ne se fait dans les camps et dans les villes. Le soldat est toujours aussi mal qu'en 1835, les prétendus colons ne sont que des cabaretiers, et c'est à rougir quand on voit les journaux, ou trompés ou menteurs, présenter la colonisation comme marchant à grands pas. De la tête à la queue, l'on court après le bâton de maréchal, après les étoiles ou après les épaulettes, et l'on cache son ambition sous un semblant de sentiment du devoir.

Combien il y aurait à dire contre cette ambition démesurée de quelques intrigants pour lesquels, voulant faire une position, l'on jette une perturbation incroyable dans les corps et l'on déconsidère les chefs de ces corps! Mais ceux-ci ne se plaignent pas, ils méritent aussi la position qui leur est faite.

Recevez, mon général, l'assurance de mon respectueux attachement.

Le lieutenant-colonel du 58e,

Forey.

116. — *Lettre du général de brigade Changarnier,*
commandant la division de Blidah.

Blidah, le 17 mars 1843.

MON GÉNÉRAL,

La préférence donnée à M. Baraguey d'Hilliers causerait, sans aucun doute, un grand scandale dans l'armée (1); mais il appartient à une famille nombreuse, active, disposant de quelques voix dans la Chambre, tandis que, étranger à toute intrigue, je n'ai voulu être le client d'aucun journal, d'aucun parti, d'aucun député plus ou moins utile, plus ou moins embarrassant dans les diverses combinaisons parlementaires.

Oui, sans doute, mon général, je m'efforce de maintenir les habitudes d'ordre et de discipline dans les troupes, trop souvent renouvelées, qui passent quelques mois dans mon vaste commandement. Mais c'est une tâche difficile sous un gouverneur systématiquement hostile à la hiérarchie (2). Il a volontairement brisé l'unité régimentaire; plusieurs lieutenants-colonels et la plupart des colonels ne marchent plus avec leurs troupes, et, par suite, un quart des forces actives de l'armée croupissent, sans profit pour leur instruction et dans une oisiveté complète, dans les dépôts d'Alger et de la banlieue. Mais par compensation, il donne des commandements importants à des hommes de coterie dont l'insuffisance, inquiétante et parfois punie, égale la présomption. En soutenant contre ces abus et beaucoup d'autres encore une lutte inégale, je n'ai pas amélioré ma position, qui depuis deux ans a eu des difficultés dont, en France, on ne peut se faire une juste idée. En butte à mille perfidies secrètes, j'ai la certitude que, si la fortune m'était un jour contraire, on m'accablerait impitoyablement, bien que les démonstrations les plus bienveil-

---

(1) Il est question de la nomination au grade de général de division.
(2) Le général Bugeaud.

lantes ne me soient point épargnées, parce qu'on croit avoir besoin de moi.

L'expédition commandée par M. le duc d'Aumale (1) n'est pas favorisée par le temps; mais aussi pourquoi, sans trop de nécessité, lui faire commencer le 1er mars une opération de trois semaines?

CHANGARNIER.

117. — *Lettre du chef de bataillon de Lioux, du 53e de ligne.*

Du camp de Sidi-Abd-el-Kader Medfa sur l'Oued Gerr, le 7 avril 1843.

MON GÉNÉRAL,

Les expéditions vont recommencer. ou plutôt continuer. Il y a en ce moment sur le tapis et à l'étude des plans gigantesques pour la prochaine campagne. Les Beni-Menacer, qui pour la deuxième fois s'étaient soumis, se sont encore soulevés le mois dernier. Il a fallu, pour aller les punir, désorganiser en partie le travail de la route qu'on construit actuellement sur la communication de Blidah à Milianah par la vallée de l'Oued Gerr, celle de l'Oued-Beni-Youssef et le col de Gontas.

Le général Changarnier a donc été obligé de partir en toute hâte, il y a plusieurs jours, emmenant avec lui les huit ou dix bataillons qui se trouvaient échelonnés sur cette communication.

La nouvelle route sera carrossable. Quant à présent, elle a pour objet de donner la facilité de faire porter par des prolonges les matériaux nécessaires à l'établissement du vaste camp retranché que nous allons construire dans la vallée du Chéliff, sur le méridien et à deux journées de Tenez. Cette haute question a été probablement mûrie, débattue et approuvée, l'on en a sans doute calculé le fort et le faible, à Paris

---

(1) Cette expédition, dirigée contre Ben Salem, lieutenant d'Abd-el-Kader, et les tribus révoltées du Sebaou, dura trois semaines ; le duc Aumale rentra le 21 mars à Médéah.

comme à Alger, car évidemment un établissement nouveau de cette importance, aussi éloigné et qui devra être si considérable si l'on veut qu'il produise les résultats que l'on en attend, sera tout au moins très onéreux.

Il faut aussi dix mille hommes de plus, car les régiments sont usés jusqu'à la corde, et très probablement dans quatre mois ils n'auront, comme l'an dernier, que cinq ou six cents hommes à l'effectif des présents.

El Esnam (c'est le nom provisoire du nouveau camp) sera commandé par le colonel Cavaignac. Cet officier supérieur aura sous ses ordres sept ou huit bataillons, quelque cavalerie, des goums, etc.

De Lioux.

118. — *Lettre du chef d'escadron Delcambe, chef d'état-major du général Bedeau.*

Tlemcen, 11 avril 1843.

Mon général,

Nous sommes partis d'ici à la fin du mois dernier par une nuit très obscure, afin d'aller surprendre, à douze lieues dans le sud-ouest, la tribu des Ouled el Nahar, qui depuis plusieurs mois nous était redevenue hostile, après nous avoir fait sa soumission. Le mauvais état des chemins ne nous a permis d'arriver sur son territoire qu'après le lever du soleil ; on avait été prévenu de notre approche, les tentes avaient été levées et les troupeaux jetés dans les bois, où nous avons suivi leurs traces pendant deux jours jusqu'à la frontière du Maroc. Le but de notre expédition manqué, nous nous sommes rejetés au nord-ouest pour forcer à la soumission deux autres tribus : les Mazzer et les Beni-Bou-Saïd ; les premiers envoyèrent demander la paix quand ils virent que nous nous mettions en mesure de démolir leurs villages qu'ils avaient osé défendre. Les Beni-Bou-Saïd se retirèrent au delà de la frontière du Ma-

roc, quelques maraudeurs nous suivirent. Le besoin d'orge
nous ayant obligés à nous rapprocher de nos approvisionnements, nous descendions de la montagne vers la plaine du
Kef, quand tout à coup notre avant-garde s'arrêta devant
trois ou quatre cents cavaliers réunis dans un vallon que nous
allions traverser.

Un peloton de notre cavalerie, croyant avoir affaire à des
ennemis, s'empara de force d'un mamelon occupé par ces
cavaliers, et quelques coups de fusil furent échangés. Cependant
nous sûmes bientôt que c'étaient des troupes régulières du
Maroc venues pour nous voir passer. Elles étaient sur notre
territoire, et les chefs annoncèrent au général qu'ils avaient
ordre de garder la neutralité et d'empêcher les tribus de leur
pays de nous faire aucune insulte; en même temps ils élevèrent leurs fusils la crosse en l'air. Cependant ils avertirent
qu'avec eux se trouvaient des gens peu bienveillants pour
nous. Afin d'éviter tout malentendu, le général prescrivit qu'on
ne répondrait pas au feu que ces Arabes peu soumis et mal
disposés feraient contre nous. Soit que les Marocains n'aient
pas eu la force de l'empêcher, soit même qu'ils y aient pris
part, bientôt s'engagea de leur côté une fusillade à laquelle
nous ne répondîmes qu'après avoir eu deux hommes blessés;
elle cessa au bout de trois quarts d'heure avec la poursuite que
le terrain aurait rendue difficile.

Le général ayant écrit au caïd d'Ouchda pour se plaindre
de cette infraction à nos traités, celui-ci désapprouva la conduite des tribus du Maroc, excusa les réguliers et demanda
une entrevue au général. Le lieu fut fixé au bord de l'Oued
Mouellah, qui se jette dans la Tafna; une tente avait été dressée
entre les deux camps, sur la limite. Le caïd, sous divers pré-
textes, n'y vint pas, et le général fut obligé de se porter en
avant, le caïd d'Ouchda n'osant pas s'avancer. Tandis que les
deux chefs traitaient des griefs réciproques, des Kabyles du
Maroc s'étaient glissés entre le général et nos troupes et
firent feu sur celles-ci; on prétend même qu'ils tirèrent
sur le général, qui se trouvait au milieu des Marocains, ceux-ci
s'étant avancés peu à peu. Le général alors témoigna au caïd

d'Ouchda son étonnement des coups de fusil tirés, et le caïd employa son autorité à les faire cesser. Il blessa de son propre sabre trois des hommes qui avaient fait feu, mais, craignant peut-être de ne pouvoir contenir les Angad qui l'entouraient, il se retira, promettant au général une satisfaction complète pour les deux agressions, reconnaissant par lettre que les Français n'avaient aucun tort et que ceux-ci étaient tous du côté des siens. Voilà où en sont les choses; comment les deux gouvernements le prendront-ils? Une guerre avec le Maroc mettrait tout le pays en combustion.

DELCAMBE.

119. — Lettre du général de division Changarnier.

Milianah, le 23 avril 1843.

MON GÉNÉRAL,

M. le Gouverneur, qui a pris la douce habitude de me faire établir des projets d'opération, en se réservant de taire la meilleure partie de mes services, m'a retenu presque constamment auprès de lui pendant son séjour à Milianah et m'a encore envoyé chercher ce matin avant son départ pour El Esnam.

Je crains bien que notre courrier arabe ne puisse arriver assez tôt pour profiter du bateau du 25. Je regretterais vivement un retard dans l'expression de ma reconnaissance pour votre si aimable lettre et pour la part très grande que vous avez à ma bonne fortune (1). Votre consciencieuse et ferme impartialité donne à vos jugements sur les hommes une autorité très grande, et vous qui m'aviez déjà signalé à l'attention du ministère quand j'étais oublié dans un grade obscur, vous avez beaucoup contribué, je n'en doute pas, à la haute récompense accordée à mes services.

---

(1) Le 9 avril, les maréchaux de camp Lamoricière et Changarnier avaient été promus lieutenants généraux.

J'envoie votre brigadier (1) faire une petite visite à son colonel. Pour vous, je l'aimais avant de le connaître, mais chaque jour maintenant m'attache à lui davantage. Sa santé est excellente et il se fortifie visiblement.

En me faisant régler l'ensemble des opérations, le Gouverneur général les a cette fois modifiées d'une manière peu heureuse en ce qui concerne le Sud. Je trouve aussi qu'il dégarnit beaucoup les environs d'Alger: où il ne laisse pas la plus petite réserve pour le cas où Ben-Salem réussirait à armer contre nous quelques tribus. Je prends plus de précautions dans la province qui m'est confiée, encore ne suis-je pas bien sûr de la préserver complètement des tentatives des partisans qui guettent les côtés faibles pour troubler le pays par de rapides coups de main.

CHANGARNIER.

120. — *Lettre du chef de bataillon de Lioux,* *du 43ᵉ de ligne.*

Milianah, 23 avril 1843.

MON GÉNÉRAL,

Nous rentrons d'une nouvelle expédition chez les Beni-Abbas, Beni-Bou-Seid, etc., dépendant de la grande tribu des Beni-Menasser que l'on n'est pas encore parvenu à soumettre. Notre colonne avait mission de tout ravager sur son passage et à plusieurs lieües autour de. ses bivouacs successifs. En effet, l'on a beaucoup détruit; des villages entiers, de grands et véritables villages ont disparu par l'incendie, et plusieurs milliers de pieds de figuiers, d'oliviers et autres ont été coupés.

Je ne m'explique pas ce dernier genre de dévastation, si l'on veut réellement occuper le pays ou seulement en exiger

(1) Pierre de Castellane.

des contributions. Du reste, nous n'avons éprouvé que peu
de résistance de la part de l'ennemi.

A peine de retour, nous repartons pour de nouvelles desti-
nations. Et d'abord, l'on est parvenu à faire franchir le petit
Atlas à deux cents voitures environ.

Hier, une petite armée, escortant un matériel énorme, était
campée dans la plaine au pied de Milianah, et ce matin elle
s'est mise en marche, dirigée par le Gouverneur en personne,
qui va installer le grand camp d'El Esnam et poursuivre les
opérations de la campagne.

Quatre colonnes vont opérer simultanément et poursuivre
l'émir, si on le voit, jusqu'au désert. Le Prince (1) part le
5 ou le 6 du mois prochain de Médéah, le général Changarnier de Milianah ; le général Lamoricière arrive par l'ouest,
ainsi que le Gouverneur. L'on espère atteindre la Smala
d'Abd-el-Kader, qui, dit-on, se compose en ce moment de
plus de vingt mille personnes. On la dit à El Bordj. L'on a fait
confectionner des outres pour porter l'eau.

Nous préludons à tant de projets gigantesques par des
établissements éloignés. Boghard va être occupé, et nous partons demain (deux bataillons du 53ᵉ) pour aller prendre position à vingt lieues au sud de Milianah (Teniet-el-Haad), non
loin de Taza, et y construire un camp retranché où le général
Changarnier viendra nous prendre pour expéditionner au delà.
Vous voyez, mon général, que nous allons grand train et que
nous sommes bien loin des idées de modeste colonisation et
de progrès successifs par zones régulières et convenablement
affermies. Il faut espérer que tout cela aura un bon résultat,
mais, il faut bien le dire, les troupes sont horriblement fatiguées, déguenillées, et cependant elles sont toujours admirables de courage et de résignation. Le nombre de nos soldats
diminue sensiblement, et il faut s'attendre à en avoir, dans
deux ou trois mois, plus de la moitié dans les hôpitaux. Il
faut donc nous en envoyer, et beaucoup, si le gouvernement
approuve les limites actuelles.

(1) Le duc d'Aumale.

L'on paye les moindres choses au poids de l'or, et les officiers ont vraiment des dettes contractées au milieu des camps qu'ils ne quittent plus et où il semblerait qu'on doive faire des économies. Elles sont le résultat de pertes d'effets, de la difficulté de se procurer les choses les plus indispensables et des mouvements continuels et imprévus auxquels les corps sont soumis à chaque instant. Du reste, c'est le fait de la guerre; cela ne peut pas être autrement sans doute, personne ne se plaint.

J'apprends que le 3ᵉ bataillon de chasseurs d'Orléans va également occuper une position un peu au-dessus du confluent de l'Oued Rouma et du Chéliff.

Alger, le Sahel et la plaine jusqu'à Blidah inclusivement sont entièrement dégarnis de troupes; l'on compte sur l'état de démoralisation des Arabes, leur désunion et l'éloignement de leur centre d'action, sans quoi ils pourraient facilement faire une pointe jusqu'aux glacis de la métropole.

De Lioux.

121. — Lettre du lieutenant-colonel Forey, du 58ᵉ de ligne.

Milianah, 26 avril 1843.

Mon général,

Depuis la dernière lettre que j'ai eu l'honneur de vous écrire de Kouba, j'ai quitté le commandement du Sahel, qui ne convient qu'à un officier âgé et peu actif, pour prendre celui du régiment employé aux travaux de la route ouverte entre Blidah et Milianah. C'est le général Changarnier qui m'avait demandé pour ses projets ultérieurs. Le colonel d'Illens resta à Kouba, comme il arrive souvent que MM. les colonels ne marchent que quand bon leur semble. Du reste les généraux ne les pressent pas beaucoup parce que, à vrai dire, il y a peu de bons et d'intelligents services à attendre de ces messieurs.

Vous avez vu dans les journaux que MM. de Bar, Ladmirault et autres annonçaient avec emphase la soumission des Beni-Menasser; il n'en était rien, et, loin de là, l'insurrection avait gagné toutes les montagnes qui s'étendent vers Tenez et le Dahra.

Le général de Bar, homme aussi incapable que possible, fut rappelé à Alger, et cette insurrection contrariant les projets ultérieurs du Gouverneur, qui, voulant s'avancer au sud, ne pouvait laisser ses derrières en armes, le général Changarnier eut la mission de pénétrer avec tout ce qu'il pourrait réunir de bataillons dans ces montagnes, dont les Pyrénées ne peuvent donner une idée par leur difficulté, et d'amener la soumission des Kabyles à tout prix. C'était chose très difficile et d'un succès très douteux; aussi le général ne l'entreprit qu'avec réserve. Sept colonnes partirent de Milianah et de Cherchell, devant ravager le pays, enlever le plus de troupeaux possible et surtout des femmes et des enfants; le Gouverneur voulait effrayer les populations en les envoyant en France.

Le général me confia le commandement de la plus forte colonne, composée de cinq bataillons, et j'eus le bonheur de m'acquitter avec succès de mon rôle.

Je manœuvrai de manière à rejeter sur une des colonnes de Cherchell des troupeaux et des populations qui fuyaient devant moi, et je fis prendre à cette colonne ou je pris moi-même cinq à six mille têtes de bétail et soixante-dix femmes ou enfants, ainsi qu'un butin précieux, des armes, etc. Du reste, il n'y eut sur aucun point de résistance sérieuse, et la population entraînée par la famille de El-Berkani s'était dispersée au loin, nous abandonnant les habitations, qui furent toutes incendiées.

Rentré à Milianah, le général en repartit deux jours après pour les montagnes les plus éloignées, et j'eus encore le commandement d'une colonne, je dirai la plus importante par sa composition et par la nature du pays que j'avais à parcourir. Depuis que je suis en Afrique, je n'avais jamais vu et je ne me doutais même pas qu'il y eût d'aussi nombreux et d'aussi

grands centres de population que ceux que j'ai rencontrés
dans les montagnes des Beni-Bou-Aich et des Beni-Bou-Me-
lek, etc. Là, plus de gourbis isolés sur les flancs des montagnes, construits en branchages et réparés aussitôt que détruits,
mais des villages semblables à nos bourgs de France, dans
les plus belles positions et quelquefois presque inaccessibles,
tous entourés de jardins, de forêts immenses d'oliviers de la
taille des platanes de Perpignan. Tous nous étions stupéfaits
de tant de beautés naturelles, mais les ordres étaient impéra-
tifs, et j'ai cru remplir consciencieusement ma mission en ne
laissant pas un village debout, pas un arbre, pas un champ.
Le mal que ma colonne a fait sur son passage est incalcula-
ble. Est-ce un mal? est-ce un bien? ou plutôt est-ce un mal
pour un bien? C'est ce que l'avenir décidera. Pour mon compte,
je crois que c'est le seul moyen d'amener la soumission ou
l'émigration de ces habitants, bien à plaindre, en définitive,
puisqu'ils sont entre deux partis, pour l'un desquels ils ne
peuvent se décider sans encourir la vengeance de l'autre.

Dans cette expédition, il a été enlevé aux Kabyles environ
trois mille têtes de bétail et deux cents prisonniers; on a
brûlé plus de dix grands villages, coupé ou incendié plus de
dix mille oliviers, figuiers, etc. Aujourd'hui, j'apprends que
la famille d'El-Berkani a quitté la partie en laissant l'un des
siens dans le pays pour agir selon les circonstances et traiter
au besoin avec la France. Quoi qu'il en soit, ces habitants ne
sont pas en état d'inquiéter nos établissements futurs, et le
Gouverneur peut mettre fort tranquillement ses projets à
exécution; voici en quoi ils consistent.

Deux grands camps seront établis, l'un à l'ouest de Milianah, à Oued-El-Esnam, protégeant la basse vallée du Chéliff et
s'approvisionnant par un établissement formé vers Tenez, au
bord de la mer; l'autre au sud de Teniet-el-Haad et protégeant les tribus soumises vers le désert. D'un autre côté, les
colonnes de Mascara et de Médéah chercheront à couper toute
retraite de ce côté à la smalah ou maison d'Abd-el-Kader,
composée de cinq à six mille individus et de toutes ses richesses, pendant qu'une colonne centrale sous les ordres du

général Changarnier fouillera les montagnes de l'Ouarensenis. Le Gouverneur se promet un succès certain de cette campagne, qui, bien positivement, avancera les affaires d'Afrique, pour le moment du moins.

Vous avez appris la nomination du général Changarnier au grade de lieutenant général. Tous ses amis en ont éprouvé d'autant plus de joie que les bruits des lettres particulières faisaient craindre des nominations bien moins justifiées.

Enfin, c'est une affaire terminée, et, pour ce qui me regarde, cela m'a fait un grand plaisir. Je ne sais pas si le général restera encore longtemps en Afrique. Il paraît fatigué de cette vie extraordinairement fatigante et si pleine de privations, et, d'un autre côté, il n'est pas en relations bien agréables avec le Gouverneur, dont l'entourage sent la coterie et cherche à accaparer toutes les faveurs. Aussi on voit faire des positions étonnantes à tel ou tel, contrairement à toutes les règles d'une bonne discipline, ce qui met dans l'armée d'Afrique un désordre qui ne vient que d'en haut et dont elle porte injustement la peine aux yeux des officiers étrangers à cette armée.

FOREY.

OPÉRATIONS DANS LA PROVINCE
DE CONSTANTINE (1)

---

122. — *Lettre de M. Dagnan (2), intendant militaire de la province de Constantine.*

Constantine, le 24 avril 1843.

MON GÉNÉRAL,

Le général Baraguey d'Hilliers est parti le 6 avril de Constantine pour opérer contre les tribus maîtresses de Collo et du pays environnant. Il a avec lui six à sept mille hommes de toutes armes ; cette division est composée de détachements tirés de Constantine, Sétif, Bône et Philippeville. Voici les résultats de ses opérations jusqu'à ce jour, d'après sa correspondance avec moi :

La colonne expéditionnaire a pris possession de Collo, le 10 avril, après en avoir chassé les Kabyles. De là elle agit contre les tribus dans la direction de l'ouest et revient tous les quatre ou cinq jours se ravitailler à Collo. Jusqu'à présent il y a eu peu de soumissions, on tiraille presque jour-

---

(1) Le général Baraguey d'Hilliers avait succédé au mois de décembre 1842 au général de Négrier dans le commandement de la province de Constantine. Ses instructions lui prescrivaient d'agir contre un agitateur nommé Si-Zerdoud, qui opérait entre Collo et Bône. Si-Zerdoud fut tué le 3 mars 1843. Le général Baraguey d'Hilliers, après avoir pacifié la province de Constantine, fut remplacé le 5 décembre 1843 par le duc d'Aumale.

(2) *Dagnan* (Jean-Baptiste), né le 19 août 1788, à Bordeaux, commis au service de campement et d'habillement dans la 11e division militaire, le 26 juin 1810 ; sous-intendant adjoint le 18 septembre 1822 ; intendant militaire le 29 janvier 1843.

nellement. Nous avons déjà eu trente ou quarante tués ; de ce nombre sont deux jeunes officiers pleins d'avenir, M. de Ligny, sous-lieutenant au 2ᵉ de ligne, M. Turry, sous-lieutenant au 22ᵉ, et de plus un capitaine du 31ᵉ, M. Doir, qui a été tué la nuit en faisant sa ronde, par une de nos sentinelles. Nos blessés sont au nombre de près de cent cinquante, parmi lesquels se trouvent le lieutenant-colonel Cornille, du 2ᵉ de ligne, et cinq à six autres officiers de différentes armes. Heureusement, les blessures de ces messieurs ont peu de gravité. Le colonel Foy, officier d'ordonnance du ministre de la guerre, qui suit l'expédition, a eu son cheval tué sous lui. Le général Baraguey d'Hilliers, qui n'a qu'une main, comme vous savez, s'est trouvé entouré, et il a passé son épée au travers du corps d'un Kabyle qu'il a tué raide. Mais, malgré les efforts et le courage de nos braves troupes, nous gagnons peu de terrain. La campagne continue, et nous attendons ici avec quelque anxiété le résultat final.

Du reste, Constantine est horrible à voir : toutes les constructions tombent en ruine, la moitié des maisons qui existaient, il y a cinq ans, se sont écroulées, et les débris sont gisant sur place : la population indigène est dans un état affreux de misère et de privations : c'est un spectacle désolant qui navre le cœur.

DAGNAN.

---

123. — *Lettre de M. Dussert, sous-directeur de la province de Philippeville et Constantine.*

Philippeville, 15 mai 1843.

MON GÉNÉRAL,

Le gouvernement m'a donné ici une mission difficile et pénible. Il s'agit d'introduire sans secousses l'élément civil à Constantine et de travailler à la résurrection commerciale de cette pauvre province que le système du général Bugeaud a réellement mise à l'agonie. Le tout n'est pas de faire de la force à tort ou à travers ; il faut faire de la force avec intelligence. Or, de ce côté, en expulsant les négociants, en interdisant les exportations, en prenant toutes sortes de mesures violentes, on a jeté la misère partout et retardé le pays de cinq ans. Pour comble de bonheur, le Gouverneur, qui obtient des résultats à coups d'hommes et d'argent dans la province d'Alger, nous abandonne ici absolument à nous-mêmes et ne s'occupe pas plus de Philippeville que si nous étions aux antipodes.

Philippeville, cependant, mérite qu'on y regarde. C'est, après tout, le fait le plus remarquable qui se soit produit en Afrique, et vous aviez parfaitement raison de demander dans le temps qu'on occupât ce point. On est arrivé sur une plage nue, et, en moins de quatre ans, on a bâti cinq cent cinquante maisons. Pas un sol n'a été envoyé en France, tout est resté dans le pays. Que fallait-il faire ? Protéger ce mouvement, ouvrir les débouchés commerciaux ; à Constantine, compléter et assainir la ville, encourager les industries, et au lieu de cela on a tout comprimé ; loin d'aider le commerce, qui est ici un moyen d'action et de gouvernement, on a découragé les intérêts, et notre population, qui était de cinq mille âmes en 1841, est aujourd'hui de trois mille six cents : quatorze cents personnes ont émigré depuis deux ans. D'un autre côté, les lieutenants du Gouverneur font comme lui. Ils guerroient sans beaucoup de résultats et n'administrent nullement, au contraire.

Ainsi, le général Baraguey d'Hilliers dans ses dernières expéditions a détruit, dit-il, plus de cinq mille oliviers. *Si nous appauvrissons le pays d'avance, qu'en ferons-nous quand nous l'aurons,* si nous l'avons ?

Le pire de tout cela, c'est qu'on se décourage et qu'on en vient à demander un gouvernement purement civil, ce que je regarde comme une combinaison prématurée et funeste. Le gouvernement de l'Algérie doit être encore militaire pendant dix ans, mais il faut que le gouverneur militaire ait des idées civiles, voilà tout. Que faire à tout cela ? Attendre ? Nous attendons depuis si longtemps !

On dit que la commission d'Afrique s'est assemblée : puisse-t-elle ne pas se laisser éblouir par les bulletins et aller au fond des choses ! Ce qu'il y a de certain, c'est qu'avec le système actuel, la province de Constantine, la plus belle de l'Algérie et la plus productive dès à présent, car elle est la seule où les recettes ne soient pas fictives, sera perdue dans deux ans, si on n'y met ordre.

DUSSERT.

LE MARÉCHAL BUGEAUD ET LE GÉNÉRAL
CHANGARNIER (1)

---

*124. — Lettre du lieutenant-colonel Forey, commandant le
58ᵉ de ligne.*

Doueira, le 29 juillet 1843.

MON GÉNÉRAL,

Des courses continuelles et lointaines, des occupations nombreuses résultant tantôt des commandements de colonne importants qui m'ont été confiés, tantôt et encore aujourd'hui
du commandement du régiment, depuis la mort de M. de Illens,
m'ont empêché de vous donner des nouvelles d'Afrique que
vous accueillez toujours avec plaisir et indulgence. J'ai pensé,
du reste, que vous n'étiez pas sans en recevoir par votre fils,
qui a constamment accompagné le quartier général et qui,
plus que moi peut-être, a pu vous donner tous les détails
intéressants de la campagne longue et pénible que nous venons
de terminer, si terminer est le mot, car de nouvelles colonnes
sont encore en marche en ce moment, et je ne pense pas que
l'on nous accorde un long repos.

Vous avez su la prise, ou plutôt *la surprise* de la smala (2).
Je ne suis certes pas de ceux qui pensent qu'un Prince ne peut
pas faire aussi bien qu'un autre, mais je trouve que pour une
époque si constitutionnelle, quand on a renversé un trône à
coups de pavés, il y a encore de bien plats courtisans.

Ainsi ces drapeaux, dont on vient de faire tant de bruit, ont
été pris dans une tente et n'ont pas coûté une goutte de sang.

---

(1) Voir aussi sur les démêlés du général Changarnier avec le maréchal Bugeaud les lettres nᵒˢ 78, 84, 90 à 94.

(2) La prise de la smala par le duc d'Aumale avait eu lieu le 16 mai
1843.

Sur vingt à vingt-cinq mille individus qui ne demandaient qu'à être pris, car ils n'ont rien tenté pour s'échapper, trois mille environ ont été ramenés; les tentes n'ont même pas été brûlées, et, en définitive, à très peu de chose près, la smala est restée constituée comme elle l'était, et si cela a été un coup porté à la puissance d'Abd-el-Kader, ce n'a été qu'un coup moral.

Du côté de l'Ouarensenis, nous avons fait une campagne fructueuse en sillonnant en tous sens ces montagnes difficiles et en combattant avec succès les restes des bandes régulières de l'émir ou de ses kalifats, et en les poursuivant jusque sur les roches qu'ils regardaient comme inaccessibles.

Le blocus du Grand-Pic, où, après un combat assez chaud qui a coûté la vie à notre colonel (1), nous avons pris par la soif et la famine une immense population, est un fait d'armes très remarquable qui n'a pas eu le retentissement qu'il devait avoir, par deux raisons : la première, c'est qu'il a eu lieu en même temps que la prise de la smala et que, naturellement, ce fait, de moins d'importance selon moi, tel qu'il s'est accompli, devait l'emporter par la présence du Prince. La seconde raison, c'est que, par un déplorable esprit, le général Changarnier affecte de taire ce que fait sa division, voulant éviter sans doute le reproche d'exploiter le bulletin, mais tombant par là dans un bien plus grand inconvénient : celui de mécontenter toutes les troupes sous ses ordres et de ne leur faire obtenir aucune récompense, tandis que ce sont elles qui sont toujours chargées des missions les plus pénibles ou les plus dangereuses : ainsi, pendant quatre mois, nous ne sommes pas sortis des montagnes.

Une colonne que je commandais a livré trois ou quatre très beaux combats à Ben-Allal en personne; cette colonne a tué ou blessé plus de trois cents Arabes. Plusieurs officiers, sous-officiers ou soldats se sont fait remarquer par des traits de bravoure tout à fait hors ligne. J'ai adressé au général Changarnier les rapports les plus précis et les plus honorables sur les troupes que j'ai dirigées; eh bien ! le général n'en a pas

_____

(1) Le colonel Illens.

dit un mot. Qu'arrive-t-il de là? C'est que l'on peut croire que cela vient de moi, et c'est effectivement ce que l'on croit.

La position est bonne aujourd'hui en Afrique : de grands coups ont été portés à l'émir, et il est hors d'état de rien entreprendre de sérieux ; les établissements nouveaux sont bien placés pour se porter rapidement au milieu des montagnes, que nous avons tellement ravagées que les populations sont ruinées pour longtemps et doivent maudire les chefs arabes qui ont attiré sur elles tant de malheurs. Depuis la rentrée des troupes, tout paraît fort tranquille, et nous désirons bien que cela dure, car nous sommes bien fatigués et tout le monde a besoin de repos. Le général Changarnier, qui est notre inspecteur, a réuni tout le régiment à Douera, où, depuis quinze jours, je travaille à le mettre en état de passer l'inspection. Il y a fort à faire et il faut toute l'activité que j'aime à déployer pour remettre l'ordre là ou règne un désordre inséparable des courses continuelles que le régiment a faites depuis si longtemps. Je commence à voir des résultats : j'ai trois bataillons de cinq à six cents hommes chacun, l'habillement a été remplacé ou réparé, l'instruction a été reprise, la comptabilité sera à jour sous peu, en sorte que, dans quelque temps, je pourrai présenter au général, qui saura apprécier mes efforts, un régiment qui ne le cèdera à aucun autre sous aucun rapport.

Je ne puis pas dire que j'ai eu l'espoir de remplacer M. de Illens; cependant il est question de nommer M. Ladmirault colonel, et j'ai la prétention de valoir autant que lui, qui est moins ancien que moi. Le général m'a dit franchement qu'il ne me proposait pas, à cause de mon peu d'ancienneté, et j'ai admis sa raison, mais alors il ne faudrait pas que de moins anciens passassent. Heureusement, j'ai une ambition fort modérée et je suis très disposé à attendre un grade qui ne peut me manquer. L'inspection que je viens de préparer me fait du bien, et j'ai au moins la conscience, en m'occupant sérieusement de mon métier, d'arriver au grade de colonel quand je serai en état de commander un régiment. Tous ces officiers qui passent quelques mois dans une ville ou un camp

hors de leur régiment ne peuvent en dire autant. Ainsi, pour
ne citer que M. de Saint-Arnaud, il va arriver au grade de
colonel sans savoir ce que c'est qu'un bataillon. Je suis, ou du
moins j'ai été proposé pour la croix d'officier par le général,
et je ne sais si le Gouverneur aura envoyé la proposition : c'est
un homme partial qui n'a des yeux que pour ses créatures et
ceux qui servent sous ses ordres directs, il ne peut souffrir le
général Changarnier, en sorte que les troupes sous les ordres
de ce dernier ont toutes les chances de voir méconnaître leurs
services. . . . .

. . . .

Recevez, mon général, l'assurance de mes sentiments respectueux.

Le lieutenant-colonel commandant le 58ᵉ,
FOREY.

125. — Lettre du général de division Changarnier.

Alger, le 15 août 1843.

MON BIEN CHER GÉNÉRAL,

Votre fils a eu deux petits accès de fièvre, maintenant
passés, et je l'ai laissé se reposer à Blidah, où nous le retrouve-
rons dans quarante-huit heures, bien soigné et bien reposé ;
il me manque grandement pour vous raconter en détail une
nouvelle que je ne veux pas laisser aux feuilles publiques le
soin de vous apprendre. Le bateau va partir dans quelques
minutes, mais, chez l'amiral, je me hâte d'écrire un billet qui
sera porté avec ses dépêches.

A l'occasion de mes fonctions d'inspection, dont l'indépendance offusquait le Gouverneur, il a eu un procédé aussi irré-
gulier qu'inconvenant, et j'ai dû lui demander de solliciter ma
rentrée en France et de m'autoriser à résilier mon commandement en attendant la décision du ministre. Cette décision
sera, sans doute, telle que je la désire, et alors je me rendrai
dans deux mois et demi en Bourgogne, où j'achèverai mon

rapport d'ensemble, que je porterai en décembre à Paris. Il m'en coûtera beaucoup de me séparer de votre cher fils, mais, avant que ce moment arrive, nous saurons s'il convient de lui faire faire quelque temps de service à son escadron ou de le placer auprès d'un des généraux de l'armée; j'en connais qui seraient très heureux de l'avoir.

Si M. le maréchal Bugeaud (car enfin nous voilà obligés de lui donner ce beau titre) (1), qui, après avoir dit beaucoup de mal des journalistes, a d'intimes relations avec plusieurs d'entre eux, faisait insérer quelques articles favorables à ses intérêts, ne vous inquiétez, je vous en prie, ni sur ma santé ni sur ma position; elles sont bonnes l'une et l'autre.

Il faut vous quitter, en vous suppliant de ne jamais cesser de compter sur mon dévouement le plus vrai.

CHANGARNIER.

126. — *Lettre du chef de bataillon Canrobert, commandant le 5ᵉ bataillon de chasseurs à pied.*

Mostaganem, le 1ᵉʳ septembre 1843.

MON GÉNÉRAL,

Je reçois à l'instant, avec ma nomination d'officier de la Légion d'honneur, la lettre que vous daignez m'écrire pour me féliciter de ma nouvelle promotion. Je ne sais en vérité, mon général, comment vous exprimer ma reconnaissance pour l'empressement que vous voulez bien mettre à me donner une nouvelle preuve de ce puissant intérêt dont vous m'honorez depuis si longtemps, qui a été l'origine de tous mes avantages militaires et qui ne cessera d'être pour moi un noble sujet d'émulation et d'orgueil !

Dans la lettre que j'ai eu l'honneur de vous écrire, il y a peu

---

(1) Le général Bugeaud avait été élevé à la dignité de maréchal de France, le 31 juillet 1843.

de jours, à ma rentrée d'une expédition fort longue, je vous priais de vouloir bien couvrir de votre indulgence un retard dans lequel le cœur n'était pour rien, mais nos pérégrinations incessantes et lointaines pour beaucoup. J'ose de nouveau, mon général, vous supplier d'agréer mes humbles excuses.

J'ai laissé mon bataillon dans les tribus du sud d'Orléansville, pour venir ici préparer mon travail d'inspection et le remettre à M. le général de Lamoricière, dans l'arrondissement duquel est compris le 5ᵉ bataillon de chasseurs d'Orléans. Je viens d'être informé officieusement que, pendant mon absence, M. le général Changarnier avait passé à Orléansville l'inspection générale du bataillon sur le terrain. N'ayant reçu d'avis d'aucun de ces deux généraux, je ne sais en vérité à qui je dois m'adresser.

Des lettres reçues avant-hier de l'intérieur du pays annoncent que l'impôt arabe se lève difficilement et que même des actes d'hostilité ont été commis sur plusieurs points. S'il en est ainsi, je crains fort que le bel échafaudage de soumissions, élevé à si grands frais, ne vienne à s'écrouler derechef. Ce serait pour nous par trop décourageant!

Je suis avec respect, mon général, votre très reconnaissant et très dévoué serviteur.

CANROBERT,

Chef de bataillon du 5ᵉ bataillon de
chasseurs d'Orléans.

127. — Lettre du lieutenant-colonel Forey, commandant le 58ᵉ de ligne.

Teniet-el-Haad, le 11 septembre 1843.

Comme vous le voyez, mon général, l'on ne nous a pas laissé nous rouiller à Douéra; le Gouverneur a voulu légitimer aux yeux du ministre le changement qu'il a opéré dans l'inspection du général Changarnier; toujours est-il que, sans raison, nous avons reçu l'ordre de venir relever le 53ᵉ à Teniet-el-Haad. Il n'y avait que quatre mois que ce régiment occupait

le camp, il était habitué aux travaux considérables qui s'y
font, et, puisque l'on est pressé de mettre les constructions en
état de recevoir la garnison pendant l'hiver, le moment a été,
ce me semble, assez mal choisi pour opérer un changement
dans la garnison, changement préjudiciable à l'activité des
travaux.

Il est vrai que le Gouverneur, mécontent de la manière dont
le général Changarnier a accepté la soumission de ces tribus,
avait envoyé ici le colonel Yusuf avec mission de compléter
la soumission, et que le colonel Smidt, plus ancien que lui,
ne pouvait rester sous ses ordres. Alors deux bataillons du 58e
ont été envoyés ici sous mes ordres, et on y a laissé un bataillon du 53e avec cent chevaux. Par malheur, le colonel Yusuf,
atteint en route d'une fièvre cérébrale, a été obligé de repartir
immédiatement, en sorte que je suis resté chargé du commandement, provisoirement du moins, car j'ai demandé des
ordres au Gouverneur, ne me regardant pas comme appelé à
remplir la mission du colonel Yusuf, mission qui ne lui avait
été confiée qu'à cause de ses relations avec les Arabes et de la
connaissance qu'il a de leur caractère et de leur langue.

Le Gouverneur se propose de diriger en personne une
grande expédition dans les montagnes de l'Ouarensenis, qui
avoisinent Teniet-el-Haad, et cela vers la fin du mois. Je m'occupe principalement à lui fournir les renseignements qui
peuvent l'éclairer. Il paraît, selon mes espions, que plusieurs
lieutenants d'Abd-el-Kader sont dans les montagnes avec quelques troupes régulières, annonçant aux Kabyles la prochaine
arrivée du sultan. Il aurait même, suivant des avis parvenus
au Gouverneur, l'intention de se jeter dans l'Ouarensenis, et
dans le cas où il ne trouverait pas les sympathies qu'il espère,
il se retirerait vers l'Est, dans les montagnes du Djurjura.

Si nous restons ici l'hiver, nous y serons bien mal; il y a
plusieurs pieds de neige dans cette saison, et, selon toute pro-
babilité, les constructions n'étant pas finies, nous serons sous
les tentes ou sous de mauvaises baraques. Si l'on a quelques
faveurs en Afrique, on les achète bien, mon général, je vous
assure.

FOREY.

128, — *Lettre du général de division Changarnier.*

Alger, le 15 septembre 1843.

MON CHER GÉNÉRAL,

Bien que la santé de votre fils n'ait pas été gravement alté-
rée et qu'elle semble tout à fait rétablie, je suis persuadé que
le voyage qu'il va entreprendre aujourd'hui lui sera aussi
utile qu'agréable. L'espoir de le retrouver à Paris dans quelques semaines diminue beaucoup pour moi le regret de son
départ. J'aime mieux le voir me devancer en France que de le
laisser en ce pays, quand je le quitterai moi-même.

L'accusation d'avoir manqué à la discipline, formulée dans
le bulletin du ministre de l'intérieur aux préfets dont vous
nous avez envoyé un extrait, m'a causé une vive surprise,
mais ne m'a pas profondément affecté. Une telle calomnie doit
bientôt tomber à plat. Mes relations avec le Gouverneur général
étaient bien mauvaises depuis longtemps, et il est notoire
qu'avant ma nomination au grade de lieutenant général j'ai
voulu, à diverses reprises, interrompre ma carrière. A l'occasion de l'inspection générale, un procédé que j'ai considéré et
que je considère encore comme fort inconvenant, m'a fait
demander à rentrer en France et a amené une rupture prévue
dès longtemps et inévitable tôt ou tard. C'est le 10 que, du
bivouac de Macta Terfani, je demandais mon rappel, et le 12,
en traversant Douéra pour me rendre sur l'ordre du Gouverneur à Alger, je me mettais en relation avec le colonel du
26ᵉ pour commencer l'inspection de ce régiment, qui est juste-
ment celui que, sans me consulter et sans aucun but d'utilité
autre que celui de m'imposer une course de cent soixante
lieues, on venait me donner en échange du 58ᵉ.

Après ma dernière entrevue avec le Gouverneur, j'ai recom-
mencé une nouvelle tournée de près d'un mois, pendant
laquelle je n'ai pas envoyé une ligne en France et n'ai pas
même communiqué avec Alger. Dans toute cette conduite, je

ne vois rien qui ressemble à de l'indiscipline. Pouvais-je faire que l'ordre du 11 août passât inaperçu et empêcher les journaux, que je ne lis pas, de faire quelques articles d'opposition à M. le maréchal Bugeaud? Est-il resté aussi calme, aussi passif que moi-même? Je ne le crois pas . . . .

Le maréchal Soult, fort contrarié du désaccord établi entre M. le maréchal Bugeaud et moi, m'écrivait de Soultberg, le 25 août, qu'il allait prendre les ordres du Roi. Deux courriers sont arrivés depuis sans rien m'apporter. En lui répondant, j'ai peu insisté sur les renseignements et l'exposé de ma première lettre, mais j'ai annoncé que dans peu de jours j'aurai terminé mon inspection et recueilli tous les documents nécessaires à mes écritures, que je demande à achever à Autun. Ma lettre est partie le 10, je ne puis avoir la réponse avant le 28, par le bateau qui partira le 25 de Marseille. J'espère arriver en Bourgogne vers le milieu d'octobre avec le vin de Rivesaltes, que je conserve dans le double tonneau, comme vous me l'avez envoyé; il est tout prêt pour le voyage. Recevez-en, je vous en prie, tous mes remerciments.

Je vous quitte pour dire adieu à votre cher fils, à qui je me suis beaucoup attaché. Adieu, mon général, ne cessez jamais de compter sur mon dévouement le plus affectueux et le plus inaltérable.

CHANGARNIER.

129. — *Lettre du général de division Changarnier.*

Alger, le 30 septembre 1843.

MON GÉNÉRAL,

Et moi aussi j'éprouve le vif désir et je conserve l'espoir de me retrouver un jour avec votre cher fils que j'aime tant, mais je préférerais de beaucoup que cela fût en Europe qu'en ce pays où la guerre, dans ses proportions actuelles, a peu d'intérêt pour un officier de mon grade et me dédommage peu des habitudes et des affections blessées. L'état de mes relations avec M. le maréchal Bugeaud rend un plus long séjour et même mon retour en Afrique impossibles, tant qu'il y commandera en chef. Le gouvernement ne tardera pas à le reconnaître.

En répondant de Cherchell, où m'avait conduit mon inspection, au maréchal Soult, je lui disais que, quinze jours après, j'aurais achevé ma tournée et recueilli des chefs de corps, qui cesseraient bientôt d'être à ma portée, tous les documents nécessaires à l'achèvement de mes écritures, et je demandais l'autorisation de les terminer en Bourgogne, annonçant que je porterais moi-même mon rapport ¦d'arrondissement au Maréchal, dans la première quinzaine de décembre. Je n'ai pas encore reçu de réponse à cette demande, et le ministre ne m'a pas encore fait connaître les ordres du Roi relatifs à ma demande de rentrée, bien que, dès le 25 août, il m'eût accusé réception de ma lettre. Il est permis de penser qu'on veut laisser écouler un certain temps entre ma rupture avec le Gouverneur et mon retour en France et peut-être me faire rencontrer ici Mgr le duc d'Aumale, attendu dans le courant d'octobre. Le rôle d'importun ne saurait me convenir, et j'attendrai avec patience le moment, assez prochain, où il faudra bien qu'on consente à mon départ.

M. le maréchal Bugeaud, dont vous connaissez les habitudes distinguées et le goût exquis, ne peut cacher la violence de sa haine contre moi ; mon nom revient sans cesse dans ses discours, et il m'a donné récemment une preuve de bienveillant souvenir que je veux vous faire connaître. On m'a assigné ici depuis longtemps, comme à tous les généraux, une maison que je n'ai jamais tant habitée que depuis que je me tiens prêt à m'embarquer ; elle est encore bien à moi, puisque la résiliation de mon commandement n'est que provisoire et n'a pas reçu encore la sanction du gouvernement. M. le maréchal Bugeaud a pensé le contraire. En plein rapport, il a prescrit au colonel Pélissier de me porter l'ordre d'évacuer ma maison, sous le ridicule prétexte qu'une famille arabe allait quitter celle qui est destinée à Mgr le duc d'Aumale. Le chef d'état-

major, après force protestations de dévouement, après
m'avoir prié de ne voir en lui qu'un porte-voix, s'acquitta enfin
de sa commission. Lorsqu'il eut terminé son petit discours,
je tirai ma montre et je lui dis : « Mon cher colonel, il est
midi, et c'est aujourd'hui le 21 ; veuillez me promettre de ne
pas l'oublier. Maintenant, vous pouvez répondre à M. le Gouverneur que mon aide de camp va annoncer au général Korte
que ma maison est à sa disposition. » Peu d'instants après, je
faisais porter à la poste une lettre adressée au Président du
Conseil, à Soultberg, ainsi conçue :

« Monsieur le Maréchal, aujourd'hui à midi, M. le colonel Pélissier, chef d'état-major, s'est présenté chez moi et m'a déclaré,
de la part de M. le maréchal Bugeaud, que j'avais à évacuer,
avant le 25, la maison qui m'est assignée depuis plusieurs
années, parce que, a-t-il ajouté, elle est destinée au général
Korte, dont le logement actuel doit être occupé par le lieutenant-colonel chef du bureau arabe, qui cède le sien à une
famille indigène placée depuis plusieurs jours dans une maison qui va être habitée par S. A. R. le duc d'Aumale. Cette
notification ne m'a pas surpris, moi qui ai une longue expérience de la bienveillance et de la courtoisie de M. le Gouverneur général, mais elle vous prouvera que j'ai quelque raison
de désirer de quitter ce pays. Je ne terminerai pas cette lettre
sans ajouter que M. le colonel Pélissier, très embarrassé de sa
mission, s'en est acquitté avec les égards personnels que je
suis en droit d'attendre d'un officier honorable. »

Cette lettre sera probablement demain à Soultberg. Quand
je verrai le ministre, je ferai passer sous ses yeux, entre
autres pièces dignes de fixer son attention, une lettre du Gouverneur qui me prie d'établir sans délai un plan d'opérations,
de donner immédiatement les ordres d'exécution au général
de Bar, prévenu par le Gouverneur d'avoir à s'y conformer ;
une seconde lettre annonçant la réception de ce plan et me
remerciant de la part d'action que j'y ai donnée au Gouverneur. Quand à ces deux pièces je ferai succéder le rapport
officiel dans lequel le général de Bar et plusieurs reçoivent des
éloges et où je ne suis pas nommé (l'on dit seulement qu'une

colonne sortie de Milianah se divisa sur l'Oued-Ger...) on pourra commencer à avoir quelque idée de la loyauté et de la bienveillance de M. le maréchal Bugeaud, qui fait semblant de s'étonner que de tels procédés ne m'aient pas toujours trouvé patient.

Vous avez bien raison de penser que je dois m'estimer heureux qu'on n'ait pas pu porter contre moi d'autre accusation que celle d'être devenu irritable. Deux ans et demi passés sous les ordres d'un chef perfide, dont l'envie toujours éveillée attendait avec impatience le moment de m'accabler, si la fortune m'eût montré un jour un visage maussade, sont bien faits pour aigrir un peu le caractère. La preuve que le mien n'est pas profondément gâté, c'est que, depuis que j'ai la certitude de m'éloigner de M. le maréchal Bugeaud, je n'ai plus la force de le haïr. J'aurai désormais pour lui les sentiments de la plus impartiale justice; je ne veux pas dire que ce soit de l'estime et de l'affection.

Je serais heureux qu'un bateau à vapeur voulût bien me déposer à Port-Vendres; mais si je ne puis vous voir à Perpignan, je vous rencontrerai, je l'espère, à Paris, l'hiver prochain.

Agréez, je vous en prie, etc.

CHANGARNIER.

130. — *Lettre du général de division Changarnier.*

Autun, le 6 novembre 1843.

MON CHER GÉNÉRAL,

Après avoir passé douze jours à la campagne, je suis arrivé avant-hier à Autun, que je n'ai pas dépassé. Je n'ai donc pas été médiocrement surpris de lire dans les journaux l'annonce de l'arrivée du général Changarnier à Paris. Ma correspondance avec mes amis en est interrompue, et ceux-ci me cherchent où je ne suis pas. L'un d'entre eux, qui a cependant retrouvé ma piste, me mande que M. le maréchal Bugeaud emploie partout la plus ingénieuse activité pour tromper sur les circonstances et les causes de notre rupture. On me conseille, par suite, de hâter mon voyage à Paris pour contre-balancer l'effet des intrigues dirigées contre moi. J'hésite à croire que cela soit utile et convenable. Très fâché d'avoir été dans les journaux l'occasion de certains articles fort déplaisants, je suis parfaitement résolu à ne pas recourir à la presse, je demeure persuadé que le calme et la modération de ma conduite seront appréciés et que les petites noirceurs, les petites perfidies de M. le Gouverneur général de l'Algérie ne porteront pas une atteinte grave à ma réputation.

En remerciant M. le maréchal Soult de l'autorisation qu'il a bien voulu me donner d'achever mes écritures en Bourgogne, je lui ai annoncé que mon travail serait entre ses mains avant l'expiration du délai de rigueur et que j'irais ensuite lui rendre mes devoirs dans la seconde quinzaine de décembre. Je ne modifierai pas ces projets, à moins que vous ne m'en donniez le conseil. Ne me refusez pas un avis qui aura la plus grande influence sur ma détermination.

Je serai bien heureux de passer à Paris une partie de l'hiver pendant que vous y serez. La guerre en Afrique n'est ni assez animée, ni assez intéressante pour empêcher votre fils de prendre une prolongation de congé. Un mois me semble fort court pour vous et pour lui.

En ce moment, les affaires d'Espagne semblent devoir s'arranger sans l'intervention armée de la France. Vous et moi nous étions tout prêts, et la Catalogne nous assurait un beau rôle.

Agréez, je vous prie, mon cher général, la nouvelle assurance de mon attachement le plus vrai.

                    Lieutenant général CHANGARNIER.

131. — *Lettre du général de division Changarnier.*

Autun, le 12 décembre 1843.

MON GÉNÉRAL,

Oui, certainement, je vous seconderai de grand cœur dans vos efforts en faveur des bons officiers qu'il importe de mettre en évidence et d'utiliser dans l'intérêt de l'avenir de l'armée, dont on ne se préoccupe pas assez.

Mon rapport d'ensemble est à Paris depuis douze jours; de fréquents petits voyages et le règlement de quelques intérêts qui ne sont pas uniquement les miens ont occupé tout le reste de mon temps. Je n'ai point modifié mes projets et je me rendrai à Paris seulement dans les derniers jours de décembre, sans me préoccuper des misérables intrigues de M. le maréchal Bugeaud et de ses agents. Dans une réunion nombreuse où se trouvait un officier de mon état-major, un député disait que j'étais ouvertement brouillé avec le général de Castellane. Il tenait ce renseignement, dont vous connaissez l'exactitude, de M. Leroy, dit de Saint-Arnaud, dont M. Bugeaud a fait son officier d'ordonnance à Blaye, puis un lieutenant-colonel. C'est parce que sa confiance et toutes ses préférences sont acquises à de pareils hommes, c'est parce qu'il fait un usage habituel de l'intrigue, de la duplicité et de la calomnie, que M. Bugeaud m'a inspiré un profond sentiment de mépris, plus durable que la haine que je ne lui fais pas l'honneur de lui conserver. Si la mémoire de mon aide de camp ne vient en aide à la mienne, j'aurai bientôt oublié la plupart de mes griefs particuliers contre le Gouverneur actuel de l'Algérie, dont l'influence ne sera jamais favorable aux officiers honorables et à la moralité de l'armée.

L'espoir de vous voir bientôt, ainsi que votre cher fils, me rend bien heureux.

Agréez, je vous en prie, mon cher général, l'assurance nouvelle de mon attachement le plus dévoué et le plus vrai.

CHANGARNIER.

132. — *Lettre du colonel Tartas* (1),
commandant le 4ᵉ régiment de chasseurs d'Afrique.

15 novembre 1843.

MON GÉNÉRAL,

Arrivé le 3 à Mascara, j'en suis reparti le 6 avec une
colonne expéditionnaire, ayant sous mes ordres la cavalerie,
composée du 2ᵉ et du 4ᵉ de chasseurs et de cinquante spahis ;
total, neuf cents chevaux. Notre mission était de donner la
chasse à deux bataillons de l'émir, la terreur de l'Algérie,
car c'était avec ces deux bataillons qu'il soutenait le pays (2).
Après six journées de marche de jour et deux de nuit, le 11, à
une heure, la présence des deux bataillons a été signalée au général par quelques feux de bivouac. Aussitôt les dispositions
ont été prises pour s'assurer de cette présence bien réelle et
pour le combat. L'ordre de me porter en avant m'ayant été
donné, je suis parti à l'allure du pas, marchant sur trois colonnes ; quelques éclaireurs sont venus aussitôt me dire que
les bataillons étaient là avec les étendards déployés. J'ai fait
prendre l'allure du trot, en maintenant l'ordre le plus rigoureux et calmant l'ardeur de tout mon monde, persuadé que
l'ordre et le calme en imposent toujours à l'ennemi, quelle que
soit sa force. A cinq cents mètres du bataillon, nullement inti-
midé par notre présence, ayant derrière lui le fameux kalifat
de l'émir, Sidi Embarack, j'ai commandé le galop en faisant
mettre sabre à la main et puis sonner la charge, qui a été
exécutée avec la rapidité de l'éclair. Le premier feu du batail-

(1) *Tartas* (Louis-Émile), né à Mézin (Lot-et-Garonne) en 1796, garde
du corps de Louis XVIII en 1814, capitaine instructeur à Saumur en 1836,
chef d'escadron en 1838, lieutenant-colonel en 1840. Envoyé en Algérie,
il est nommé colonel du 4ᵉ hussards en 1842, après le combat d'El Bordj ;
général de brigade en 1845 et général de division en 1852.

(2) Expédition dirigée par le général Tempoure contre Ben Allal (Sidi
Embarack) et terminée par le combat de Sidi-Yaya, où les bataillons réguliers de l'émir furent exterminés.

lon a été bien nourri; mais comment résister à des chasseurs d'Afrique ! Les bataillons ont été enfoncés, sabrés. Quatre cent douze sont restés morts sur le champ de bataille : cent et quelques prisonniers n'ont dû leur salut qu'à la clémence du vainqueur, quatre-vingt-dix mutilés horriblement par les sabres; le kalifat Sidi Embarack mutilé, sa tête tranchée et envoyée à M. le Maréchal gouverneur !

La mort de ce kalifat si redoutable doit être d'une influence majeure pour l'avenir de la colonie (1).

TARTAS.

133. — *Lettre du lieutenant-colonel Forey, du 58ᵉ de ligne, commandant supérieur à Teniet-el-Haad.*

Teniet-el-Haad, le 28 octobre 1843.

MON GÉNÉRAL,

Le général Changarnier étant parti d'Afrique et votre fils étant en congé de convalescence, vous êtes peut-être sans nouvelles de ce pays et vous ne serez pas fâché, je pense, de connaître le véritable état de choses, que je suis à même de vous donner, venant de faire une course dans le sud avec l'aide de camp et l'interprète principal du Gouverneur. Les montagnes de l'Ouarensenis, soumises en partie seulement d'une manière incomplète et n'ayant point reçu d'organisation, ont été le théâtre des opérations de l'automne. Quatre colonnes ont opéré sur ce terrain, prenant le Grand Pic (où nous avons bloqué en mai dernier une partie de la population de ces montagnes) pour pivot. Celle de droite, commandée par le colonel Cavaignac, devait entrer dans les montagnes par le pays des Sendjess et des Bou Krannous; celle du centre, aux ordres du Gouverneur, devait remonter l'Oued Fodda; celle de gauche, sous le commandement du général Reveu,

---

(1) Après la mort de Ben Allal, Abd-el-Kader se retira vers le Maroc, avec sa deïra, reste de sa smala.

avait pour mission de repasser sur le territoire des Beni-Bou-
Douane, tribu déjà bien ravagée mais toujours récalcitrante.
Ces trois colonnes avaient pour point de ralliement Ghes-
chabb, au sud-ouest du Grand Pic. Une quatrième colonne
devait partir de Teniet-el-Haad, se porter au sud des montagnes et couper la retraite aux émigrations, en même temps
qu'elle devait s'opposer à la marche d'Abd-el-Kader, qui était
annoncé dans ces montagnes.

Le commandement de cette colonne me revenait peut-être
de droit, puisque je suis commandant supérieur de Teniet-
el-Haad, qui fournissait l'infanterie, mais le Gouverneur,
désireux de fournir à son aide de camp, M. le lieutenant-
colonel Eynard, une occasion de mériter, comme il me l'a
écrit, la bienveillance du Gouverneur, lui confia ce commandement et crut devoir ménager ma susceptibilité en m'écrivant
à ce sujet une lettre des plus bienveillantes, à laquelle je
répondis que je n'avais rien à dire, attendu que M. Eynard
était plus ancien que moi et que, du reste, j'étais trop soldat
pour ne point accepter toute espèce de position, dût mon
amour-propre en souffrir. J'ai cherché pendant toute l'expédition, ayant le commandement de l'infanterie, à justifier mes
paroles par mes actes, en secondant de tout mon pouvoir
M. le colonel Eynard, ce qui m'a été d'autant plus facile que,
ainsi que je l'avais prévu par mes renseignements, sur aucun
point les tribus n'ont fait de résistance, car je n'appelle pas
résistance un insignifiant engagement de la colonne Reveu et
des Beni-Bou-Douane.

Aussitôt que les colonnes ont eu pénétré dans les montagnes, les chefs, qui jusqu'alors étaient restés insoumis ou
hostiles, se sont rendus, soit au camp du Gouverneur, soit au
nôtre, et tous, même les plus hostiles (de ce nombre est
Ben Zeitoum, qui commandait les cinq ou six mille Kabyles
qui ont combattu contre nous le 19 septembre 1842 dans
l'Oued-Fodda,) sont venus dire qu'ils abandonnaient la cause
de l'émir. De cette façon, la campagne s'est trouvée finie dès
son début, et le Gouverneur, après avoir organisé l'Ouarensenis, est rentré à Alger, tandis qu'une partie des bataillons

était dirigée sur Milianah pour travailler à la route de Cher-chell.

Pendant le trajet, le général Reveu avait l'ordre de re-passer encore chez les Beni-Bou-Douane, qui firent aussi leur soumission ; deux officiers de sa colonne, qui s'étaient écartés pour chasser, furent assassinés chez les Chouchaoua. Quant à notre colonne, elle reçut également les soumissions du sud de l'Ouarensenis, et le Gouverneur prescrivit à M. Eynard de se porter ensuite sur Tiaret, poste avancé entre Mascara et Teniet-el-Haad, d'où il verrait venir les événements.

Abd-el-Kader étant dans le Djaffra, au sud-ouest de Mas-cara, le général Lamoricière, ainsi que le général Bedeau, étaient occupés à le pourchasser et lui ont fait éprouver plu-sieurs échecs importants. La cavalerie étant sur les dents dans cette province, le Gouverneur a envoyé quatre cents chevaux à M. de Lamoricière. Les dernières nouvelles de cette pro-vince sont que l'émir, ayant tenté une razzia sur les Beni Amer, a échoué et que, poursuivi par cette tribu et M. Be-deau, il a fui dans le désert, laissant trente chevaux sur sa route. L'empereur du Maroc a positivement déclaré qu'il le repousserait par la force s'il tentait de pénétrer sur ses États, en sorte que, s'il n'y a pas quelques nouvelles trahisons et si on ne perd pas de vue cet habile partisan, les affaires sont en très bonne voie.

J'ai vu à Tiaret tous les chefs principaux du pays ; j'ai ici près de moi des aghas influents, et tous font mille protesta-tions de dévouement, déclarant qu'ils sont fatigués de l'émir et que, s'il se présentait dans ce pays, ils le repousseraient par la force. J'ai cependant appris ces jours-ci qu'un chef des Beni Tighris, soumis à Orléansville, avait écrit à Abd-el-Kader qu'il avait réussi à soustraire à toutes nos razzias quatre cents charges de blé qui n'attendaient que son arrivée, et que l'émir lui avait promis d'être dans sa tribu, qui est à trois jours de marche d'ici, huit ou dix jours après la clôture du Ramadan.

Il est positif que la position d'Abd-el-Kader dans l'Ouest est très critique et qu'il ne serait pas impossible qu'il revînt dans l'Est; j'en ai prévenu le Gouverneur. Malheureusement, l'on a dirigé l'établissement de Teniet-el-Haad avec si peu d'intelligence que l'on ne peut guère y conserver pendant l'hiver que cinq à six cents hommes, ce qui est insuffisant pour couvrir efficacement le pays et faire des sorties.

Si des événements imprévus ne viennent pas gâter les affaires, cet hiver sera employé utilement par des travaux de défrichement exécutés aux environs des villages en construction dans le Sahel et dans la Métidja par des bataillons qui seront mis à la disposition de M. Marengo, le grand colonisateur, et du directeur de l'intérieur.

Ainsi, la paix et la sécurité sur presque tous les points, des communications ouvertes entre les villes et postes occupés par les troupes, des villages fondés ou en voie d'exécution et livrés à de véritables colons, des terres mises en culture sur une grande échelle, voilà des résultats positifs; mais pour que cet état de choses ne soit pas compromis, il faut que l'armée reste forte et nombreuse, il faut être toujours sur le qui-vive et être partout en mesure de réprimer toute tentative de révolte, de marcher contre tout rassemblement hostile. Cela coûtera sans doute encore beaucoup à la France, mais il faut s'y résigner, c'est la nécessité de la position. L'on est trop avancé maintenant en Afrique pour reculer, et tout pas rétrograde serait fatal. Mais aussi il faut savoir s'imposer des limites; nos postes avancés sont placés de telle sorte que quelques jours de marche nous permettent d'atteindre au désert. Il ne faut donc pas aller plus loin. Une trop grande dissémination des forces les diminue, ainsi qu'en 1839 on en a fait la triste expérience, et de même que ce serait une grande faute de reculer d'une semelle maintenant, c'en serait peut-être une plus grande, à mon avis, d'en faire davantage en avant.

Je suis avec respect et dévouement
Votre très obéissant serviteur,

FOREY,

Lieutenant-colonel du 58e, commandant supérieur
à Teniet-el-Haad.

134. — *Lettre du lieutenant-colonel Forey, commandant supérieur à Teniet-el-Haad.*

Teniet-el-Haad, le 8 mars 1844.

MON GÉNÉRAL,

J'ai reçu la lettre que vous avez eu la bonté de m'écrire de Paris, aussitôt que vous avez eu connu l'ordre de classement des lieutenants-colonels proposés pour colonels, et qui renfermait une note de renseignements à prendre sur la possibilité d'établir des relations commerciales entre le nord de l'Afrique et la Sénégambie.

Je vous suis infiniment obligé de l'empressement que vous avez mis à m'apprendre que le comité des inspecteurs généraux m'avait traité on ne peut plus favorablement. J'ai reçu presque en même temps la même nouvelle par M. le général Changarnier et par M. le duc de Fezensac. Mais le premier me dit, ce que je savais parfaitement, que je ne devais pas concevoir d'espérances trop prochaines, attendu que M. le maréchal Bugeaud s'entêtait à proposer plusieurs de ses créatures, M. de *** entre autres, et je suis convaincu que lui et d'autres, placés bien derrière moi par les inspecteurs, passeront cependant avant moi par suite de cette influence. M.*** revient de Paris, et on lui a promis, dit-il, le commandement du 38ᵉ aussitôt que le régiment débarquerait en Afrique. Il est bien déplorable pour la morale publique que des personnages de la position de M. le maréchal Bugeaud s'entichent de pareils officiers et poussent au commandement d'un régiment des gens auxquels on retient les appointements pour payer leurs dettes, qui ne s'adonnent point à leur métier avec conscience et dont une ambition démesurée est le seul mérite.

Si le duc d'Orléans vivait encore, j'espérerais que ces officiers-là ne passeraient pas avant leur tour, mais j'ai fait, en la mort du Prince, une perte immense dont je crains que mon avenir ne se ressente, à cette époque d'intrigues et de favoritisme.

D'après les difficultés, l'impossibilité même de me procurer les renseignements demandés dans la petite note contenue dans votre lettre, j'ai pensé que le meilleur moyen était de m'adresser à M. le lieutenant-colonel Daumas, chargé de la direction des affaires arabes à Alger. Voici ce qu'il me répond :

« Depuis plus de six mois, nous nous occupons de recueillir des renseignements sur le désert et surtout sur la marche des caravanes qui se dirigent vers la Sénégambie, mais jusqu'à présent, ces renseignements n'ont pas été assez positifs pour me permettre de les livrer. Du reste, comme nous continuons nos travaux, j'ose espérer qu'avant trois ou quatre mois je serai en état de satisfaire entièrement aux questions qui vous sont adressées. »

M. Daumas a conservé la note que je lui ai envoyée et vous pouvez être assuré, mon général, que je ne négligerai pas de lui rappeler, en temps opportun, la promesse qu'il me fait aujourd'hui de répondre au contenu de votre note. Cela n'empêchera pas que, si je trouve ici l'occasion de recueillir quelques renseignements certains par des Biskris qui y passent quelquefois, je ne la négligerai pas.

Il n'y a rien d'intéressant en Afrique en ce moment. Les troupes travaillent aux routes malgré un temps épouvantable. L'on ne sait pas d'une manière positive s'il y aura une expédition dans l'Est; à mon avis, ce sera une faute de l'entreprendre. Tout ce qui constituait l'ancienne régence est tranquille aujourd'hui. Tous les Kabyles, à l'exception de ceux des environs de Bougie, sont soumis, ce qui est plus qu'on ne pouvait espérer. Il serait temps de déposer les armes et de travailler d'une manière permanente sur les points déjà trop nombreux que nous occupons. Les Kabyles de Bougie sont insoumis, mais ils restent parfaitement tranquilles chez eux, et aller les chercher dans leurs montagnes difficiles, c'est vouloir répandre encore beaucoup de sang et dépenser beaucoup d'argent pour un bien triste résultat :

satisfaire une vaine gloriole et pouvoir dire dans un pompeux bulletin : De la mer au désert, du Maroc à Tunis, notre domination est reconnue.

Mais, si ces peuples très guerriers, très jaloux de leur indépendance, qui, n'ayant pas encore fait la guerre, sont riches en hommes, en armes, en munitions, opposent une résistance désespérée, cela ne peut-il pas engager Abd-el-Kader à s'y transporter ou à profiter de cette diversion, qui demandera l'emploi de toutes nos ressources, pour revenir de ces côtés-ci exciter les populations à reprendre les armes contre nous? L'état de tranquillité actuel est précieux, et le compromettre inutilement est d'une mauvaise politique, ce me semble. Au contraire, en affermissant cet état de paix, il est probable que les peuples de l'Est, entraînés par l'exemple, se soumettraient peu à peu d'eux-mêmes, et dans le cas contraire, il serait toujours temps de les attaquer dans quelques années, lorsque Abd-el-Kader aurait disparu du théâtre des affaires et que les populations arabes, habituées aux douceurs de la paix, n'auraient plus l'idée d'une résistance inutile. Mais, après avoir fait longtemps la guerre, l'on ne peut pas s'habituer à rester en paix ; les ambitieux n'y trouvent pas leur compte.

Recevez, mon général, l'assurance de mon respectueux dévouement.

Le lieutenant-colonel du 58e,

FOREY.

135. — Lettre de M. Pierre de Castellane (1).

Mostaganem, 28 mars 1844.

On nomme Dahara le pays situé entre le Chéliff et la mer jusqu'à Tunis et même plus loin. Pays riche, fertile, possédant

(1) *Castellane* (Louis-Charles-Pierre *de*), né le 25 octobre 1824 à Paris, enrôlé volontaire au 4e régiment de chasseurs d'Afrique le 25 octobre 1842,

un grand nombre d'arbres fruitiers, d'amandiers et de figuiers surtout. Divisées en une infinité de fractions, les tribus du Dahara ne connaissent pas de chef : ce sont des gens qui vivent un peu à la mode républicaine, chaque fraction reconnaît l'autorité d'un d'entre'eux, encore autant que ses avis leur conviennent. Un agha, nommé par les Français, avait été tué ; nous avons été châtier sa mort sur les Ouled Crelouf. Un pont de chevalets fut jeté par l'artillerie sur le Chéliff, que nous avons passé le 11 mars. Le 13, nous étions dans le pays des Ouled Crelouf, quelques coups de fusil furent tirés sur les grand'gardes. Le kalifat nous accompagnait avec son goum. Le kalifat de Si-el-Orbi est un homme de mérite et fort au-dessus du reste des Arabes ; c'est, comme famille, le Montmorency du pays. Le 14, nous bivouaquâmes à Aïn-Tetendel, près de sources magnifiques ; à peine arrivés au bivouac, nous remontâmes à cheval pour aller faire une razzia : un grand nombre d'Arabes s'étaient réfugiés dans un ravin très fourni, nous descendîmes au fond, on fouilla, une vingtaine furent tués. Le soir, à sept heures, nous rentrâmes au bivouac, ramenant deux mille têtes de bétail, une centaine de prisonniers, presque tous des femmes et des enfants qui, comme bien vous le pensez, sont traités à merveille ; ce sont de précieux otages. Nous sommes restés plusieurs jours à ce bivouac, détruisant les figuiers, les récoltes, et nous ne sommes partis que lorsque le pays a été entièrement ruiné. C'est une dure nécessité, mais il le faut. Une sévère leçon devait être donnée à ces populations ; les Arabes ne comprennent que la force brutale, c'est devant elle seule qu'ils cèdent.

Nous sommes rentrés, il y a sept jours, à Mostaganem ; les

brigadier le 20 février 1843, maréchal des logis le 6 juin 1843, sous-lieutenant le 2 mars 1845 au 3e régiment de chasseurs d'Afrique ; rayé des contrôles de l'armée le 15 mars 1848 pour refus d'adhésion au gouvernement de la République ; réintégré au 1er régiment de carabiniers comme sous-lieutenant le 18 janvier 1853, lieutenant le 4 février 1854, officier d'ordonnance du général Canrobert commandant en chef l'armée d'Orient, capitaine au 1er régiment de carabiniers le 7 novembre 1855 ; démissionnaire le 30 mai 1857. Cité comme s'étant particulièrement distingué dans un combat contre les Flittas le 22 septembre 1845 ; chevalier de la Légion d'honneur le 25 janvier 1846.

escadrons qui y étaient restés vont partir pour Mascara, peut-être feront-ils quelque chose; je l'espère pour eux. Pour nous, le 15 avril, nous nous mettrons en marche pour les Flittas. Cela nous mènera bien près du 25. Je n'espère point de ce côté-là de circonstances de guerre heureuses; enfin il ne faut désespérer de rien, et je serai peut-être proposé pour cette époque. Le lieutenant-colonel Mellinet, du 41°, officier de mérite et qui commandait la place de Mostaganem, est vraiment trop bon pour moi. Je n'ai aussi qu'à me louer du commandant Bosquet, chef de bataillon des tirailleurs indigènes, officier d'un rare mérite et dont vous feriez, je suis bien sûr, un grand cas. Je tâche de mettre à profit les moments de repos. J'ai repris l'habitude d'occupations constantes; aussi je ne m'ennuie pas.

Pierre DE CASTELLANE.

OPÉRATIONS DANS LA PROVINCE
DE CONSTANTINE

---

136. — *Lettre de M. Dagnan, intendant militaire de la
province de Constantine.*

Constantine, 25 mars 1844.

Mon général,

Je vous prie de m'excuser si je n'ai pas répondu plus tôt à la
dernière lettre que vous avez eu la bonté de m'écrire et si je
suis resté aussi longtemps sans vous donner des nouvelles de
notre quartier général de Constantine. Le départ de M. le général Baraguay d'Hilliers, son remplacement par M. le duc
d'Aumale ont d'abord absorbé tous mes moments, mais, ce
qui nous a donné le plus d'occupations, ce sont les préparatifs de la campagne de Biskara. Permettez-moi d'entrer, bien
qu'en courant, dans quelques détails à ce sujet. J'y joindrai le
sommaire des premières opérations du Prince.

Son Altesse Royale m'ayant fait connaître dès la fin de décembre son intention d'entrer en campagne vers la mi-février,
je lui proposai de former un dépôt de ravitaillement à moitié
chemin environ entre Constantine et Biskara. Le Prince approuva cette proposition. Je mis la main à l'œuvre aussitôt :
approvisionnements de bouche de toute nature, moyens de
transport, ambulance active, hôpital temporaire pour un certain nombre de malades, organisation du personnel administratif et de santé, tout dut marcher de front; les préparatifs ont
duré quarante jours. Enfin tout étant prêt et le Prince ayant
arrêté que le point intermédiaire où le dépôt de ravitaillement

devait être formé était l'endroit désigné sous le nom de Bathena, les troupes s'ébranlèrent le 8 février, et les convois de denrées et de matériel furent dirigés sous l'escorte des colonnes sur le point dont il s'agit. Le 20 février, toutes les troupes, infanterie et cavalerie, et tous les approvisionnements d'un mois étaient réunis et établis à Bathena, situé sur un plateau où gisent quelques ruines romaines. Les cheiks travaillèrent immédiatement à rassembler un millier de chameaux qui devaient transporter les vivres et les bagages de la colonne destinée à marcher sur Biskara.

Mgr le duc de Montpensier arriva le même jour 20 février à Constantine, et le lendemain 21, Mgr le duc d'Aumale accompagné de son frère partit pour aller se mettre à la tête des troupes expéditionnaires.

Plus tard le colonel Herbillon, du 61e. a rejoint le Prince avec un bataillon de son régiment. M. le général Sillègue, parti en même temps de Sétif avec une colonne de dix-huit cents hommes, se porta vers la droite de Bathena pour contenir les tribus hostiles de cette portion de la province.

Son Altesse Royale se mit en route de Bathena le 25 février, et s'arrêta à Mzab-el-Nsaïd pour châtier les Lakdar et les Ngaous, qui montraient de mauvaises dispositions; on leur prit des bœufs et des moutons. On était à El-Kantara le 1er mars, et le 4, le Prince entrait à Biskara sans coup férir, le bataillon de réguliers qu'Abd-el-Kader entretenait dans la casbah s'étant retiré à notre approche. Son Altesse Royale reçut dans cette ville la soumission des tribus environnantes. Un détachement du 3e chasseurs d'Afrique fut chargé de détruire une oasis ou mauvais village qui s'était déclaré pour Achmet, l'ancien bey de Constantine. Ces opérations retinrent le Prince à Biskara jusqu'au 14 mars.

Pendant ce temps il se passait quelque chose de plus sérieux dans le camp de Bathena, où commandait le lieutenant-colonel de Buttafuoco, ayant sous ses ordres un bataillon de son régiment. Les Ouled-Sultan n'avaient pas cessé de venir chaque jour tirailler avec les avant-postes du camp; ils nous avaient tué un sous-officier et quelques soldats, chacun se tenait sur ses gardes. Enfin, le 10 mars, les Kabyles de cette tribu et d'autres tribus se montrèrent en grand nombre et attaquèrent le camp avec une grande vivacité.

Le 11 se passa assez tranquillement, mais le 12 l'attaque recommença avec une nouvelle ardeur : les assaillants étaient au nombre de trois à quatre mille, la garnison repoussa les Arabes avec la plus grande vigueur. Les troupes de l'administration, ouvriers, infirmiers, soldats du train, se joignirent au bataillon du 31ᵉ et firent bravement leur devoir.

Les Arabes, après huit heures de combat, se retirèrent, laissant sur le terrain autour du camp plus de cinquante cadavres des leurs. Nous eûmes dans ces petites affaires dix hommes tués et un assez grand nombre de blessés; vingt-huit des plus gravement atteints entrèrent à l'hôpital du camp. Les Arabes avaient disparu, et on ignorait la direction qu'ils avaient prise en se retirant le soir du 12 mars.

Cependant le Prince quittait Biskara le 15 au matin avec une colonne de dix-huit cents hommes d'infanterie et toute sa cavalerie. Il avait laissé garnison dans la casbah de Biskara et fait partir la veille le colonel Le Breton avec son bataillon pour aller relever à Bathena le bataillon du 31ᵉ et le lieutenant-colonel Buttafuoco. Son Altesse Royale ignorait encore ce qui s'était passé à Bathena le 12 mars et se dirigeait sur les monts Aurès. Le soir même du jour de son départ de Biskara, au moment où on allait bivouaquer près d'une oasis appelée M'Chounèche, les Kabyles se présentèrent en masse et de tous côtés : évidemment c'étaient les mêmes qui avaient assailli le camp de Bathena. Ils furent reçus chaudement par les troupes de la colonne du Prince, on leur tua beaucoup de monde, nous n'eûmes que cinq tués et douze blessés, mais parmi ces derniers étaient trois officiers : le capitaine Borot, du bataillon des tirailleurs indigènes, qui est mort deux heures après de sa blessure, le capitaine adjudant-major Espinasse, du bataillon de la légion étrangère (2ᵉ régiment), et le sous-lieutenant de Coëtlogon, du 2ᵉ de ligne. M. le lieutenant-colonel Jamin, aide de camp du Prince, a été atteint légèrement. Mgr le duc de Montpensier a été contusionné; l'affaire, comme vous voyez, mon général, pouvait avoir des résultats fort graves.

Son Altesse Royale ayant appris dans le moment même les événements de Bathena se dirigea le lendemain sur ce point et y arriva le 21. Après avoir ravitaillé sa colonne le 22, le Prince est reparti le 23 pour les monts Aurès, où Son Altesse Royale sera, dit-on, bien accueillie, les chefs de tribu étant venus lui annoncer que les habitants de ces montagnes fameuses ne nourrissaient aucun projet hostile contre nous.

DAGNAN.

137. — Lettre de M. Dagnan, intendant militaire de la province de Constantine.

Constantine, 24 mai 1844.

MON GÉNÉRAL,

Avant de répondre en détail à votre bonne et aimable lettre du 6 avril dernier, permettez-moi de vous faire connaître avec quelque précision les événements militaires qui ont eu lieu dans cette province depuis que j'ai eu l'honneur de vous écrire.

Le Prince, après son affaire du 15 mars à M'Chounéche, au lieu de continuer sa marche sur les monts Aurès, se rabattit sur son camp de Bathena et revint ensuite de sa personne à Constantine, où il arriva le 28. On s'occupa de la réorganisation des colonnes expéditionnaires, et, le 17 avril, Son Altesse Royale se remit en campagne. Le Prince se dirigea vers les montagnes des Ouled-Sultan, tribu nombreuse et aguerrie qui avait attaqué, durant notre marche sur Biskara, le camp de Bathena avec une audace peu commune. Son Altesse Royale avait réuni toutes ses troupes, le 23, au pied des montagnes et établi son quartier général dans un mauvais village arabe nommé M'Gahous.

Le Prince en partit le 24, emmenant avec lui quatre bataillons d'infanterie, trois escadrons du 3ᵉ régiment des chasseurs d'Afrique, deux escadrons de spahis et un goum de cavaliers arabes, commandé par le khalifa Ben-Ouani. Un petit convoi de mulets arabes portant quelques milliers de rations de vivres et d'orge suivait la colonne. Son Altesse Royale avait laissé le gros du convoi au quartier général de M'Gahous, sous la garde de deux bataillons d'infanterie. Après quelques heures de marche, à dix heures du matin, on fut tout à coup enveloppé par un brouillard si épais qu'on ne voyait plus à quatre pas. L'ordre de s'arrêter était donné, lorsque le goum de cavaliers arabes qui marchait sur la gauche fut soudainement attaqué par les Kabyles et vint se ruer sur notre convoi, qu'il mit en désordre. Les muletiers arabes épouvantés coupèrent les cordes et les filets, jetèrent les charges par terre et cherchèrent à se sauver avec leurs mulets. La confusion fut horrible. Pendant que cela se passait au centre de la colonne, les troupes qui étaient en tête et qui se trouvaient assez en avant se virent attaquées par d'autres Kabyles avec une grande vivacité ; elles continrent l'ennemi, mais ce ne fut pas sans peine, et la colonne, après plusieurs heures de combat, rentra, sans être poursuivie, au camp qu'elle avait quitté le matin, ayant perdu dans la bagarre une partie du convoi et de ses bagages. Nous avons eu, dans cette malheureuse échauffourée, vingt et un hommes tués et soixante seize blessés. Au nombre des premiers se trouve un brave officier supérieur, le commandant Gallias, du 3ᵉ chasseurs d'Afrique. C'est le seul officier qui ait été tué sur place.

Le 1ᵉʳ mai, la colonne expéditionnaire entra de nouveau dans la montagne. L'ennemi fut atteint et culbuté sur tous les points et laissa le terrain couvert de cadavres. Nous n'eûmes que quelques hommes blessés. Les opérations ont continué avec succès. La tribu des Ouled-Sultan a été complètement détruite et dispersée.

Mais, pendant que le Prince réparait ainsi l'échec du 24 avril, un événement funeste avait lieu à Biskara. Son Altesse Royale, avant de quitter cette place, avait organisé, pour y tenir garnison, un détachement du bataillon de tirailleurs indigènes de

Constantine, fort de deux cent soixante-quinze hommes et formé en grande partie de déserteurs du corps de réguliers de Mohammed-Séghir (1), khalifa d'Abd-el-Kader dans les Zibans. Dans la nuit du 11 au 12 mai, les nouvelles recrues qui composaient la majeure partie de la garnison ont introduit dans la casbah le khalifa d'Abd-el-Kader avec des réguliers. Les officiers, les sous-officiers français et les tirailleurs indigènes de Constantine restés fidèles, surpris dans leurs lits, ont été massacrés; un seul Français (sergent-major) a pu échapper. Les armes, les munitions de guerre et de bouche, la caisse et tout le matériel laissé à Biskara sont tombés au pouvoir de l'ennemi.

Le Prince a laissé une colonne sous les ordres de M. le colonel Le Breton (22e de ligne) pour achever la soumission du pays des Ouled-Sultan, et s'est mis en marche, le 16 mai, avec trois mille six cents hommes et neuf cent cinquante chevaux, pour aller reprendre Biskara. Son Altesse Royale est arrivée le 18, à sept heures du matin, à El-Cantara. Le khalifa d'Abd-el-Kader l'avait évacuée la veille, emportant les armes et les munitions, abandonnant les denrées faute de moyens de transport.

Le Prince fait de nouvelles dispositions pour laisser en garnison à Biskara un bataillon français, j'y envoie en conséquence un approvisionnement et le personnel nécessaire pour assurer les divers services administratifs. Je pense que les chaleurs vont bientôt arrêter les opérations militaires et que les troupes rentreront à Constantine dans la première quinzaine de juin.

Les malheureux officiers français qui ont été assassinés à Biskara sont : MM. Petitgrand, lieutenant aux tirailleurs indigènes, commandant la place; Crochard, sous-lieutenant au même corps, et Arcelin, chirurgien aide-major.

Je suis très heureux de tout ce que vous me mandez touchant mon ami M. Vaïsse et la manière dont il est posé dans sa préfecture des Pyrénées-Orientales. Je vous prie, mon géné-

(1) Connu aussi sous le nom de Mohammed-bel-Hadj.

ral, d'être assez bon pour lui faire mes compliments affectueux, et je vous serais très reconnaissant de vouloir bien me rappeler au bon souvenir de ceux de vos amis qui sont les miens, notamment dans les honorables familles Durand, Paris et Deleros, qui m'ont toujours fait un accueil si aimable et si obligeant.

Veuillez agréer, mon général, l'hommage de mon respect et de tous mes sentiments les plus dévoués.

DAGNAN.

EXPÉDITION DE DELLYS

138. — *Lettre du colonel de Smidt, commandant le 53ᵉ de ligne.*

Blidah, 7 juin 1844.

MON GÉNÉRAL,

Momentanément rentré à Blidah avec un bataillon de mon régiment, je m'empresse de vous donner quelques détails sur la courte campagne que le maréchal Bugeaud vient de faire du côté de l'Est (1).

Le 12 et le 17 mai ont vu deux combats qui méritent ce nom : le dernier surtout ne présentait pas moins de dix mille Kabyles réunis sur un des plateaux des crêtes des Flittas, d'un accès fort difficile; ils se sont laissé surprendre; la pluie qui tombait la veille au soir par torrents les a endormis. Nous étions au premier village qu'on n'avait encore tiré qu'un seul coup de fusil, auquel nous n'avions pas répondu. A huit heures du matin, j'avais pris position, et les troupes que j'avais avec moi n'ont plus eu d'engagement. Sur ma droite, vers le quartier général, il y a eu, entre onze heures et midi, un léger retour offensif qui n'a duré qu'un instant.

Le surlendemain, les soumissions sont arrivées de tous côtés et les investitures ont continué jusqu'au 27. jour de notre départ pour la rentrée de la colonne.

(1) Le maréchal Bugeaud, parti de la Maison-Carrée le 26 avril 1844, avait occupé le 8 mai la petite ville maritime de Dellys et avait pacifié la Kabylie occidentale, en forçant à la soumission les Flissas et leur chef Ben-Zamoun, à la suite des combats de Sebaou, le 12 mai 1844, et de Tamdaït, le 17 mai 1844.

Le pays est montueux, mais il s'en faut de beaucoup qu'il soit d'un accès aussi difficile que celui des Beni-Menasser ; il est d'ailleurs cultivé partout, les moissons y seront magnifiques, les rivières sont larges et profondes. Nous avons campé pendant six jours entre l'Isser et le Boulerak ou Micah, sans pouvoir avancer ni reculer, à cause des pluies. Cela mérite d'être remarqué pour l'avenir, lorsque les colonnes auront à retourner pour entamer le pâté de Bougie.

SMIDT.

GUERRE AVEC LE MAROC

139. — *Lettre du chef d'escadron d'état-major Gouyon.*

Oran, le 6 juin 1844.

MON GÉNÉRAL,

Notre course dans l'Est a été très fructueuse pour la soumission des Arabes. L'intention de M. le Gouverneur était d'obtenir la soumission des tribus qui reconnaissaient encore l'autorité de Ben-Salem et à la suite des affaires du 12 et du 17, il s'en est présenté d'autres en plus qu'il n'aurait pas été chercher dans leurs montagnes.

Ces soumissions ont été fort heureuses, car dans le même temps la conduite du Maroc devenait hostile. La guerre sainte prêchée dans ce pays pour repousser l'agression espagnole, qui n'a pas eu lieu, rassemblait une population fanatique peu habituée à l'obéissance, et il paraît que le gouvernement a été débordé.

Des troupes régulières sont arrivées à Ouchdah, leur place frontière; en même temps, ils élevaient des prétentions nouvelles au sujet des frontières et demandaient l'évacuation d'un poste établi par nous à deux lieues en deçà. Abd-el-Kader, réduit à peu de moyens, écrivait partout que le sultan prenait son parti et tentait de soulever les tribus. M. le général de Lamoricière a dû concentrer ses forces et se tenir prêt. Hier, en débarquant, M. le Gouverneur général a reçu la nouvelle des premières hostilités. Le 2 de ce mois, des partis de cavalerie ont passé la frontière et ont fini par attaquer la grand'garde. Les troupes françaises qui avaient pris les armes et s'étaient

portées en avant ont eu à soutenir un choc assez vigoureux
sur leur droite (1). Dans ce moment, une partie de la cavalerie
marocaine s'étant prolongée entre l'infanterie et une ligne de
rochers infranchissables pour elle, le général Lamoricière a
fait couper en deux cette masse par une charge du 2ᵉ régiment
de chasseurs : cinquante cadavres d'hommes, vingt chevaux
tués, trente harnachés sont bientôt restés en notre pouvoir.
L'ennemi a fui en désordre et n'a pas été poursuivi, afin de
respecter la frontière. Le lendemain, aucune nouvelle hostilité
n'a eu lieu. D'après le rapport des prisonniers, les ordres
étaient de ne point attaquer, mais un contingent de Berbères,
arrivé le matin à Ouchdah, conduit par un marabout parent de
Muley-Abd-el-Rhaman, a entraîné l'armée et le gouverneur
d'Ouchdah, sans force vis-à-vis du double caractère de ce
chef. Tel est le sommaire du rapport du général Lamoricière.

Demain, M. le Gouverneur part pour Tlemcen avec les renforts qu'il amènera d'Alger : trois bataillons du 48ᵉ de ligne,
un bataillon du 3ᵉ léger, une demi-batterie de campagne,
(cette dernière tirée d'Oran), une section d'artillerie de montagne et une section d'ambulance. C'est un renfort de
deux mille deux cents baïonnettes en troupes d'élite.

GOUYON.

140. — *Lettre du général de division Changarnier.*

Rue du Faubourg-Saint-Honoré, 3, le 10 juin 1844.

MON GÉNÉRAL,

Vous avez remarqué, sans doute, que les nouvelles d'Afrique
ne manquent pas d'une certaine gravité. Si la série des fautes
qu'on y accumule parvenait à gâter profondément notre situation, si belle il y a peu de mois, je serais heureux d'employer tous mes efforts à rétablir nos affaires, mais je ne dé-

(1) Combat du marabout de Sidi-Aziz, le 30 mai 1844.

sire pas m'éterniser là et je ne consentirais jamais à prendre, même temporairement, une position fausse et compromettante. C'est bien assez des difficultés inhérentes au pays et à la guerre. Je suis persuadé, du reste, qu'on pourra très bien se passer de mes services. En ne lisant pas mon nom sur la liste des inspecteurs généraux, beaucoup de personnes ont pensé que le ministère avait des projets sur moi pour l'avenir, ou que nous n'étions pas d'accord dans le présent. L'incertitude de la situation, en ne me permettant pas de vous donner des notions parfaitement exactes qui me manquent à moi-même, m'a contraint jusqu'à ce jour à un silence que je veux enfin rompre et que vous n'avez pas dû attribuer à la négligence ou à l'oubli. Longtemps j'ai espéré que vous assisteriez à une cérémonie à laquelle tous vos amis, toute votre société prendront la part la plus sincère(1). Pour m'y trouver je retarde un voyage à la campagne. J'ai appris que vous aviez été obligé de renoncer à cette satisfaction et de faire à Barcelone une visite aux deux reines d'Espagne. Je ne doute pas que vous n'en ayez reçu le plus charmant accueil. La reine Christine ne peut oublier que vous avez constamment prédit le succès de sa cause, auquel vous avez contribué autant que les circonstances et votre position pouvaient vous le permettre.

Si vous n'avez pas jeté au feu, depuis longtemps, une certaine lettre très longue que je vous ai adressée fort à la hâte, immédiatement après la retraite de Constantine, je voudrais que vous eussiez l'obligeance d'en faire faire et de m'envoyer une copie (2) que je désire pouvoir consulter, car je m'amuse à écrire mes *Mémoires*. Ceci entre nous.

Agréez, je vous en prie, mon cher général, la nouvelle assurance de mon dévouement le plus sincère et le plus affectueux.

CHANGARNIER.

---

(1) Le mariage de Mlle Pauline de Castellane avec le comte de Hatzfeldt, secrétaire de la légation et bientôt ministre de Prusse à Paris.
(2) Cette lettre est celle qui porte dans ce volume le numéro 19.

**141. — *Lettre du chef de bataillon Bouat,*
*commandant le 10ᵉ bataillon de chasseurs à pied.***

Juin 1844.

MON GÉNÉRAL,

Depuis le 30 avril, le 10ᵉ bataillon est placé sous les ordres du lieutenant général de Lamoricière, qui est venu opérer dans l'ouest de Tlemcen, pendant que M. le général Bedeau devait opérer dans le sud.

Pendant notre marche vers l'ouest, nous faisions la route vers le marabout de Lalla Maghnia qui est à trois lieues de la frontière du Maroc, dans la plaine des Angades insoumis, qui se sont retirés sur la frontière du Maroc. Près du marabout, il y avait les ruines d'un poste romain assez considérable. C'est sur ce point qu'on a élevé une redoute bastionnée. En moins d'un mois, les travaux étaient terminés et la garnison à l'abri d'un coup de main.

Pendant que nous étions occupés au fort, on prêchait la guerre sainte à Ouchda et sur toute la frontière. M. le général de Lamoricière s'attendait à être attaqué tous les jours et avait écrit au général de se réunir à lui. Nous nous sommes trouvés alors assez forts pour manœuvrer : la colonne compte trois mille baïonnettes et cinq cents chevaux du 2ᵉ chasseurs. La redoute terminée, on apprit que l'Empereur avait ordonné de dissoudre le rassemblement, qui était, disait-on, de huit à dix mille hommes.

Le 28 mai au matin, la colonne se mit en mouvement, laissant sept cents hommes dans la redoute, commandée par M. le commandant Dumontet, du 41ᵉ; elle se dirigea vers le nord et campa à Hammam Chiker, à trois lieues de Lalla Maghnia. Quelques cavaliers vinrent nous observer. Le 29, à huit heures, nous nous remîmes en route vers le nord-ouest et allâmes camper au marabout de Sidi Azis, à trois ou quatre lieues de Hammam Chiker; nous étions à deux lieues

I. 23

de la frontière; des cavaliers plus nombreux vinrent nous observer; mais comme l'on savait que les contingents marocains avaient reçu l'ordre de rentrer chez eux et que l'on croyait à la paix, on pensait que ces cavaliers étaient des Angades.

Le 30 mai, nous ne devions partir que dans l'après-midi, lorsque vers dix heures on aperçut dans la plaine et venant d'Ouchda un corps de cavalerie assez nombreux. Le général ordonna aussitôt de plier les tentes et de charger les bagages, et lorsque ces cavaliers ne furent plus qu'à une lieue du camp, chacun prit la place qui lui avait été assignée; on marcha sur trois colonnes. Le plus profond silence régnait; l'ennemi approchait et espérait nous voir commencer le feu, mais ce fut en vain; ce n'est qu'après avoir essuyé leur feu que nos tirailleurs ont riposté. Sur la gauche de la colonne, une plaine et la route de Lalla Maghnia; sur la droite des mamelons : notre marche décidée vers la plaine leur fit croire que nous refusions le combat pour aller à Lalla Maghnia, ils se jetèrent aussitôt à gauche sur l'arrière-garde de la 1re brigade, où étaient les zouaves. Les croyant bien engagés sur ce point, nous fîmes un changement de direction à droite. Les zouaves n'avaient pas bougé; alors la cavalerie a chargé et les bataillons de la 1re brigade ont pris le pas de course. Tout ce que la cavalerie a pu atteindre et tout ce qui avait été coupé par elle a été massacré.

Nous n'avons eu qu'une vingtaine d'hommes blessés; les ennemis ont dû perdre beaucoup de monde, car ils venaient à portée de pistolet de nos tirailleurs, et notre cavalerie leur a fait beaucoup de mal avec des chevaux frais contre des chevaux qui avaient fait cinq ou six lieues assez vite. Ce qui prouve du reste qu'ils étaient démoralisés, c'est qu'ils n'ont pas tiré un coup de fusil sur la cavalerie revenant de sa charge.

D'après l'estimation des deux généraux, il y avait deux mille chevaux.....

Bouat.

142. — *Lettre du chef de bataillon Canrobert, commandant
le 5ᵉ bataillon de chasseurs à pied.*

Orléansville, le 13 juin 1844.

Mon général,

Nous avons reçu cette nuit des nouvelles officielles des frontières du Maroc, dont j'ai l'honneur de vous faire part, dans
l'espoir que leur importance fixera votre attention.

La guerre sainte, prêchée dans l'ouest de nos possessions
d'Afrique et même dans l'intérieur de l'empire de Muley Abd-
er-Rhaman, a attiré sur nos troupes de Tlemcen une multitude
de fanatiques ; un engagement très sérieux a déjà eu lieu
entre le général de Lamoricière et les Marocains, et cet engagement, écrit M. le Gouverneur, n'est que le prélude d'une
guerre acharnée qu'il va falloir soutenir. Le semblant de pacification des Kabyles de l'Est a permis au maréchal Bugeaud
de se porter lui-même dans la province d'Oran et d'y conduire
un renfort de quatre vieux bataillons, de huit escadrons et
de trois batteries. Il devra repousser des attaques auxquelles
la force numérique autant que l'exaltation de l'ennemi donneront sans doute le caractère le plus sérieux. Abd-el-Kader
profite des circonstances pour relever la tête, ses émissaires
parcourent les tribus en les appelant aux armes, deux de ses
fidèles kalifats, Ben-Thami et Ben-Gannia, se sont jetés chez
les peuplades du centre, il n'y a pas un moment à perdre pour
s'opposer aux tentatives de ces chefs influents. La subdivision d'Orléansville, forte de quatre bataillons, de deux escadrons et d'une batterie, part aujourd'hui pour les montagnes
de l'Ouarensenis, où sa présence parviendra peut-être à prévenir les soulèvements.

Depuis deux mois, notre petite colonne a eu beaucoup à
faire, tant pour la rentrée de l'impôt arabe que pour le châtiment de quelques tribus récalcitrantes. Avant-hier, mon bataillon et les zouaves se sont emparés de vive force de deux

vastes cavernes dans lesquelles s'étaient réfugiés un grand nombre d'Arabes hostiles. Nous leur avons fait beaucoup de mal, mais mon bataillon a perdu un officier aussi brillant que loyal, M. le capitaine de Jouvencourt : il a reçu une balle au cœur en allant reconnaître bravement l'entrée d'une caverne.

Je viens d'apprendre que M. le général de Bar était nommé inspecteur général de la division d'Alger. Je crains fort que les exigences du service d'expédition ne me laissent même pas huit jours pour préparer mon pauvre bataillon. Je dois vous avouer, mon général, qu'un chef de corps qui tient à faire marcher de front la discipline, l'instruction, la tenue, etc., des hommes confiés à son commandement est bien souvent dans l'embarras, car, lorsque tout son effectif disponible n'est pas occupé aux travaux de pioche, il est en courses. L'armée d'Afrique est toujours une armée de résignation, endurcie aux fatigues, aux privations sans nombre, mais l'on continue à y négliger les saines doctrines du métier...

M. le lieutenant-colonel Le Flô, qui commandait ici depuis quinze mois le régiment dit de marche (3ᵉ bataillon de zouaves et 5ᵉ bataillon de chasseurs d'Orléans), partant aujourd'hui pour rejoindre le 22ᵉ régiment de ligne, dans la province de Constantine, j'ai l'honneur de le remplacer à la tête de ce corps.

Je suis avec respect, mon général,

Votre très reconnaissant et bien dévoué serviteur,

Le chef de bataillon,

commandant le 5ᵉ bataillon de chasseurs d'Orléans,

CANROBERT.

143. — *Lettre du chef de bataillon Bouat,*
commandant le 10ᵉ bataillon de chasseurs à pied.

15 juin 1844. — Camp de l'Oued Mouelah.

MON GÉNÉRAL,

M. le Maréchal gouverneur est arrivé le 11 juin à Lalla Maghnia; les négociations ont de suite commencé avec le

chef qui commande à Ouchda (1) pour savoir si son gouvernement voulait la paix ou la guerre. Le chef a demandé une
entrevue pour le 15, à huit heures du matin; quatre bataillons et toute la cavalerie ont pris les armes, et, à une lieue du
camp, a eu lieu l'entrevue entre M. le général Bedeau et le
caïd. Nous avions en face de nous à peu près trois mille
cavaliers, la droite entièrement composée de troupes régulières, la gauche en grande partie des Angades non soumis.
On n'a cessé de tirer sur nous, même malgré les officiers
réguliers. Après l'entrevue, tous les groupes réguliers se sont
retirés en tirant en l'air, signe de paix; la gauche est restée
et a engagé le feu et nous commencions, malgré cela, à
nous en aller, lorsque M. le Maréchal est arrivé et a formé une
ligne, dont voici à peu près le tracé; il avait amené trois
bataillons du camp;

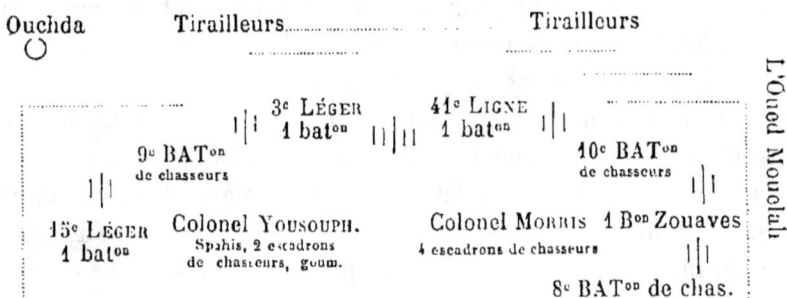

Ouchda   Tirailleurs..................   Tirailleurs
 ◯

                3ᵉ Léger   41ᵉ Ligne
                1 batᵒⁿ   1 batᵒⁿ
        9ᵉ BATᵒⁿ   10ᵉ BATᵒⁿ
        de chasseurs   de chasseurs

 15ᵉ Léger   Colonel Yousouph.   Colonel Morris 1 Bᵒⁿ Zouaves
 1 batᵒⁿ   Spahis, 2 escadrons 4 escadrons de chasseurs
              de chasseurs, goum.
                                        8ᵉ BATᵒⁿ de chas.

L'Oued Mouelah

La colonne a marché pendant une heure en appuyant vers
Ouchda; l'ennemi s'est alors jeté sur notre droite, vers l'Oued
Mouelah. dans l'espoir de nous couper de notre camp ou de
tomber sur le camp. Tout à coup il y a eu une conversion à
droite, et la cavalerie a coupé tout ce qui était engagé à droite.
La colonne de M. le colonel Yousouph est tombée sur une
espèce de bataillon qui a ouvert le feu, mais n'a pas eu le
temps de recharger, il se composait d'à peu près trois cents
hommes qui ont été tués ou brûlés. car le feu s'est mis dans
la plaine. Nous avons perdu peu de monde : M. le capitaine

_____

(1) Le caïd El Ghennaoui.

Rovigo, des spahis, a été tué. M. le capitaine adjudant-major
Lachèvre, des spahis, a disparu. M. le capitaine Daumas, du
2ᵉ chasseurs, a été blessé au pied. Je crois, pour la troupe,
trois tués et une dizaine de blessés.

Comme je crois que le courrier doit partir cette nuit, je
vous demande pardon, mon général, de vous envoyer cette
lettre sans la transcrire.

Je suis avec le plus profond respect, mon général,

> Votre très humble et très obéissant serviteur.

> Le commandant du 10ᵉ bataillon,

> BOUAT.

144. — *Lettre de M. Dussert, sous-directeur de la province
de Philippeville et Constantine.*

Philippeville, 23 juin 1844.

MON GÉNÉRAL,

Il s'est passé d'assez fâcheux incidents dans notre province
depuis l'époque où j'ai eu l'honneur de vous adresser ma
dernière lettre. Notre jeune commandant supérieur, le duc
d'Aumale, a eu ses mauvais jours, et, comme il y a eu d'ailleurs bien des gens intéressés à ne pas lui rendre justice, on a
commenté, exagéré et amplifié contre lui à perte de vue.
L'affaire de Biskra surtout paraît avoir produit la plus
fâcheuse impression à Paris ; les journaux de l'opposition,
notamment le *National*, attaquent le Prince avec une extrême
violence et comptent bien qu'on ne confiera pas l'Algérie
entière à un jeune homme qui administre *si mal une seule province*. Voilà ce qu'on dit, ce qu'on répète et ce qui empêchera
peut-être qu'on ne charge du gouvernement général un Prince
extrêmement distingué et que nous voudrions tous y voir
arriver. Qu'y a-t-il cependant au fond de tout cela, et qu'est-il
donc arrivé à M. le duc d'Aumale qui ne soit déjà arrivé en
Afrique à dix généraux avant lui ? En quatre mots, voici
l'affaire.

Le Prince est parti avec un temps douteux, on s'est engagé dans les montagnes, le brouillard est venu et a donné à l'ennemi le moyen de nous faire quelque mal, de nous tuer quelques hommes, de nous enlever quelques bagages; mais dans cette affaire même, dont le Prince a pris sa revanche à quelques jours de là, tout n'a pas été porté : l'ennemi a souffert aussi, et la preuve, c'est que cette affaire même, je le répète, a produit des soumissions et que, de leur aveu, les Arabes ont emporté une centaine de morts. Autant du reste en était arrivé huit jours auparavant au maréchal Bugeaud, surpris aussi par le brouillard, et dont on ne parle pas pourtant.

Quant à l'affaire de Biskra, c'est un fait absolument isolé de la politique générale, une révolte avec assassinats. Les victimes n'ont été qu'au nombre de trois; sans doute, c'est déjà beaucoup trop, mais, enfin, c'est à cela que la chose se réduit. Le tort du Prince, car il en a un, c'est de s'être fié au lieutenant des indigènes, M. Thomas, et de lui avoir laissé organiser le poste de Biskra avec des moyens insuffisants ou douteux; mais, enfin, est-ce la première fois que nous sommes trompés par les indigènes? M. le maréchal Clausel ne l'a-t-il pas été à Constantine? M. Bugeaud, à la Tafna et ailleurs? M. Valée, lors de l'irruption dans la Mitidja?...

Et puis, à côté de ces deux incidents, fâcheux sans doute, mais qui, après tout, ne sont que des incidents, il faut ajouter ce qui les compense. Or la vérité est que le reste de la campagne a fort bien réussi, que la tribu la plus forte et une tribu insoumise jusqu'à présent, les Ouled-Sultan, se sont soumises en entier, et la preuve que les deux événements dont on veut seulement s'occuper à l'exclusion du reste n'ont pas eu la valeur qu'on leur attribue en France, c'est précisément l'effet général et très heureux produit sur les indigènes. Voilà, mon général, ce qu'on pourrait répondre à ceux qui attaquent bien injustement, selon moi, les opérations du Prince. En dehors de la campagne, M. le duc d'Aumale a jeté les bases d'une excellente organisation arabe, et, pour le surplus des affaires, s'il n'a pas fait autant de bien qu'il eût voulu faire assurément, c'est qu'on ne lui a pas laissé le pouvoir nécessaire, c'est qu'on l'a entravé, dégoûté, découragé. Voilà, mon général, la vérité vraie sur Son Altesse Royale. Nous l'aimons tous ici, et notre plus vif désir serait de le voir à la tête du pays : mais il n'est guère probable maintenant que ce désir se réalise.

De son côté, le Maroc nous fait la guerre ou nous la laisse faire, car le pauvre empereur Muley Abd-er-Rhaman n'est guère maître de ses sujets, et l'influence anglaise le pousse d'autre part à ne pas nous épargner des embarras. Lui ne demanderait pas mieux, je crois, que de rester en paix, car il ne peut pas s'empêcher de prévoir dans Abd-el-Kader un futur compétiteur pour le Maroc même.

DUSSERT.

145. — *Lettre du chef d'escadron d'état-major Gouyon, faisant fonction de chef d'état-major du maréchal Bugeaud.*

Bivouac de Ras Oued Mouelah, 5 juillet 1844.

MON GÉNÉRAL,

Les rapports vous auront appris que, le 15, attaqué par les Marocains pendant une entrevue du général Bedeau et de El Gennaouï, M. le maréchal Bugeaud reprit l'offensive et finit par tuer aux Marocains quatre cents hommes d'infanterie qu'ils avaient et une trentaine de cavaliers. L'effet de cette leçon fut tel que nous pûmes aller à Ouchdah et en revenir, ramenant avec nous douze à quinze cents anciens habitants de Tlemcen, sans apercevoir un Marocain. La ville d'Ouchdah est située au milieu d'une oasis de verdure arrosée par les eaux de la source de Sidi-Yaya, massif de figuiers, grenadiers, ormes, frênes et abricotiers tous reliés entre eux par des vignes gigantesques. La ville elle-même se compose d'un mechouar ou citadelle, dont les murailles en pisé et les tours carrées rappellent les fortifications d'Avignon et sont en mauvais état, et d'un amas de maisons en terre avec des terrasses, comme les plus misérables de celles que vous avez vues à Constantine.

Le 24, nos émigrants partaient de Lalla Maghnia, poste à une lieue ouest de la Tafna, pour Tlemcen, sous l'escorte de deux bataillons et de quatre escadrons, tandis que le reste de la colonne pénétrait dans le massif de Nédroma pour aller à la côte, à Djemmaa-Ghazouat, recevoir un convoi de vivres qu'apportaient deux bateaux à vapeur et deux bateaux du commerce remorqués par les premiers.

Nous sommes rentrés à Lalla-Maghnia le 29, rapportant à l'aide des bêtes des Arabes requis cent vingt mille rations, tant dans le sac des hommes que sur les moyens de transport. Quatre-vingt mille autres ont été apportées depuis, uniquement par les Arabes de Nédroma et les Souhalis. On les avait laissées près de la mer à la garde des habitants du village Djemmaa-Ghazouat.

Le 30 juin, nous sommes partis vers l'ouest et sommes venus camper à deux heures et demie sur l'Oued Mouelah, où nous avons fait séjour le 1er, couvrant ainsi la marche des Arabes qui faisaient notre convoi.

Le 2, nous avons dépassé la frontière, qui n'est qu'une ligne conventionnelle au milieu d'une plaine toute en cultures, pour donner aux Arabes, nos sujets réfugiés au Maroc, la facilité de repasser sur leur territoire, si, comme ils le disaient, la présence du camp marocain près du leur était la seule cause qui les arrêtait, et nous sommes venus sur l'Oued Isly, nom que porte l'affluent principal de la Mouelah. Dans cette marche, nous avons aperçu plusieurs groupes de cavaliers marocains, lesquels se sont tenus hors de portée et ne se sont pas engagés. Le 3, comme il était prouvé que la volonté manquait aux Angades, M. le Maréchal a fait exécuter un mouvement rétrograde vers le bivouac de la veille, dans l'espoir d'amener l'ennemi à un engagement.

Les troupes étaient disposées sur trois colonnes d'infanterie, les bagages, l'ambulance et le convoi à celle du centre, la cavalerie entre la colonne du centre et celle de gauche, les huit pièces de montagne réparties par sections en deux colonnes extérieures. La cavalerie marocaine a paru aussitôt notre bivouac évacué et a engagé un tiraillement insignifiant avec l'arrière-garde, et un peu plus nourri avec la colonne de gauche; aucune infanterie ne se présentait. Après une marche en arrière d'une lieue, interrompue par de fréquentes haltes, M. le Gouverneur s'est déterminé à marcher sur eux en reprenant l'offensive; quelques obus ont été lancés au milieu de leurs groupes, que nous ne pouvions atteindre autrement, et ont déterminé chez eux une retraite précipitée. Revenus sur le terrain du bivouac, on a cru apercevoir de l'infanterie à une lieue de distance et on a lancé la cavalerie dans cette direction. Elle a inutilement fait une pointe d'une lieue et demie : il paraît que des plis de terrain lui ont dérobé la retraite de ces hommes; elle a pu seulement atteindre et sabrer quelques cavaliers. En une demi-heure l'horizon était vide d'ennemis, et les deux mille cavaliers marocains ou angades avaient disparu, donnant ainsi un démenti formel à leurs fortifications de la veille.

Un déserteur d'Abd-el-Kader, qui s'est rendu à une de nos reconnaissances dans la soirée, nous a appris que l'émir n'était arrivé que vers deux heures de l'après-midi pour voir arriver les fuyards et qu'il leur avait fait de grands reproches, auxquels ils avaient répondu que les chrétiens s'étaient retournés sur eux, « liés entre eux comme un fagot sur qui les balles ne produisaient aucun effet », et que force leur avait été de fuir.

Le chef marocain El Gennaouï, qui commandait le 15, a perdu le commandement en chef pour avoir laissé massacrer son infanterie; celui qui le remplace est, dit-on, un homme incapable sous le rapport militaire, sa conduite d'hier tend à le prouver.

L'émir, d'après le rapport du déserteur, aurait encore avec lui sept cents hommes, dont quatre cents fantassins et trois cents cavaliers, dont la moitié démontés. Nous rentrons demain à Lalla Maghnia pour en repartir le 7 et continuer à faire la moisson dans la plaine; nous rentrerons probablement avec cent cinquante quintaux d'orge ramassés par la troupe et portés par les mulets du train qui sont à vide.

Si les Marocains ont reçu de nouveaux contingents de l'intérieur, surtout de l'infanterie, nous nous battrons, parce qu'une fois en plaine et engagés comme tirailleurs, ils ne pourront éviter de voir atteindre leur infanterie par notre cavalerie et devront, ou la soutenir, ou l'abandonner comme ils ont fait le 15.

Nous avons eu une semaine entière de sirocco en marchant sur Ouchdah, ce qui nous donne aujourd'hui beaucoup de malades. Aujourd'hui la chaleur n'est pas aussi grande, mais le vent est insupportable et m'arrache à chaque instant le papier des mains.

Lalla-Maghnia.

En arrivant au bivouac, nous apprenons par Tlemcen que le général Tempoure a fait le 2 une razzia sur les tribus de la frontière qui habitent les hauts plateaux et que l'attitude hostile du Maroc et les manœuvres de l'émir avaient remises ou maintenues en hostilité. Tout l'intérieur de la province d'Oran, et à plus forte raison de celle d'Alger, jouit de la plus grande tranquillité. Nous repartons le 7 avec treize jours de vivres: dont six dans le sac et sept sur le convoi.

GOUYON.

146. — *Lettre du chef de bataillon Canrobert, commandant le 5ᵉ bataillon de chasseurs à pied.*

Mostaganem, le 1ᵉʳ août 1844.

MON GÉNÉRAL,

La dernière lettre que vous m'avez fait l'honneur de m'écrire m'est parvenue ici à Mostaganem, où les événements du Maroc m'ont attiré avec mon bataillon. Depuis près d'un mois, j'attends avec impatience que la complication des affaires m'appelle à prendre part à la lutte, ou que leur arrangement me fasse reprendre le chemin d'Orléansville.

J'espère, mon général, que votre indisposition est entièrement passée et que je serai assez heureux pour apprendre par vous-même votre absolu rétablissement.

Les tribus du centre de l'Algérie sont tranquilles, les secousses du Maroc n'ont pas agi sur elles; il serait cependant peu prudent de beaucoup diminuer le chiffre des troupes qui les observent. Notre domination des Arabes devra, pendant bien des années encore, s'appuyer sur les baïonnettes; ces peuples, quoi qu'on en puisse dire ailleurs, nous exècrent, et cela n'est pas étonnant!

Une lettre que je viens de recevoir d'un officier supérieur de l'armée du Maroc m'annonce que l'anarchie la plus furieuse règne dans cet empire. Le sultan Abd-el-Rhaman a à lutter contre deux compétiteurs redoutables dont l'un n'a pas craint de nommer Abd-el-Kader kalifat des provinces marocaines limitrophes de nos possessions. Si cela est, rien ne devra être épargné pour refouler encore notre tenace et habile ennemi.

Mon général, puisque la France et l'Espagne ont également à se plaindre du Maroc, ces deux gouvernements amis ne pourraient-ils pas s'entendre pour jeter sur le littoral marocain une armée franco-espagnole qui, sous votre commandement, frapperait l'empire au cœur, pendant que l'armée d'Afrique l'occuperait aux extrémités.

Daignez, mon général, agréer les sentiments de respect, de dévouement et de reconnaissance avec lesquels,

J'ai l'honneur d'être, mon général, votre très obéissant serviteur.

CANROBERT,
Chef du 5ᵉ bataillon de chasseurs
d'Orléans, à Mostaganem.

147. — *Lettre du chef d'escadron d'état-major Gouyon,*
faisant fonction de chef d'état-major du maréchal Bugeaud.

Lalla-Maghnia, le 1ᵉʳ août 1844.

Mon général,

Depuis le 15 juillet, date de ma dernière lettre, nous sommes
rentrés deux fois dans le Maroc; car il est difficile, dans cette
saison, de faire porter plus de sept jours de vivres aux
hommes, y compris même deux jours de riz-pain, et nos
moyens de transport, tant du train qu'Arabes de réquisition,
ne nous permettent d'enlever que de quarante-cinq à cinquante mille rations; aussi, au bout de douze à quinze jours
de sortie, sommes-nous obligés de revenir à Lalla-Maghnia.
Cette fois nous avons emporté des moulins arabes à raison
d'un par compagnie; grâce à eux on a pu économiser pour
cinq jours une ration de biscuit, laquelle a été remplacée par
la galette et le pain que les hommes ont faits avec le blé qu'ils
ont récolté.

Lors de notre première sortie, nous avons fait, dans la nuit
du 7 au 8, une marche pour nous porter sur le camp marocain.
à deux lieues à l'ouest d'Ouchdah, nous n'avons rien rencontré; le camp était levé depuis la veille, de sorte qu'avec des
troupes fatiguées et une cavalerie numériquement bien inférieure, on n'a pu aller l'attaquer à quatre lieues plus loin.

Au reste, devant nous, dans la journée du 8, le vide s'est
fait à une grande distance. et plus tard, dans l'intérieur de
la haute vallée de l'Isly, une avant-garde poussée en avant
trois heures avant le jour n'a pu qu'atteindre une queue d'émigration déjà engagée dans un pays rocheux et difficile qui a
protégé sa retraite. Le 2ᵉ régiment de chasseurs, qui seul a
été engagé à cette occasion, le 11, a montré beaucoup de
résolution et de vigueur. Le colonel Morris a fait mettre pied
à terre à deux escadrons et a enlevé des positions que l'infanterie. qui suivait à une lieue de distance. n'eût, de son
aveu, abordées qu'avec précaution.

Nous sommes rentrés le 19 à Maghnia, après réception d'une lettre de Si Amida, le nouveau gouverneur de la frontière pour le Maroc. Les affaires paraissaient tendre à la paix ; Si Amida désavouait Ghennaouï, arrêté et conduit à Fez pour y rendre compte de sa conduite. La suite de sa correspondance annonçait la mise en mouvement de l'émir et de sa smala vers l'intérieur. Les tribus avaient reçu de lui l'ordre de s'abstenir de tout acte d'hostilité ; le fils du sultan était attendu pour ratifier la paix. On annonce aujourd'hui l'arrivée de l'avant-garde du corps commandé par ce prince aux environs d'Ouchdah (huit lieues de nous) ; mais l'opinion chez les Arabes veut qu'il vienne pour se battre. Peut-être, en effet, malgré des intentions de paix, sera-t-il débordé par son armée, formée de contingents qui ne nous ont pas essayés. De notre côté nous sommes en mesure : la colonne du général Lamoricière nous a rejoints, ainsi que deux escadrons du 4ᵉ chasseurs (deux cent trente chevaux). Nous avons seize bataillons, quatorze pièces de canon, dont deux de 8, et toute l'armée ne demande qu'une affaire pour en finir. Vu la proximité de l'ennemi et, sous peu, les difficultés qu'il éprouvera pour nourrir un grand rassemblement, il est à croire qu'une solution quelconque ne peut manquer d'arriver bientôt.

Ce qui nous fatigue le plus, c'est la chaleur. Je vous écris sur mes genoux, dans une tente avec un courant d'air et quarante degrés centigrades de chaleur. Ces jours derniers, le thermomètre s'est maintenu pendant plusieurs heures de quarante-trois à quarante-cinq dans la même condition.

GOUYON.

148. — *Lettre de M. Dagnan, intendant militaire de la province de Constantine.*

Constantine, le 6 août 1844.

MON GÉNÉRAL,

Je suis encore en retard pour répondre à la dernière lettre que vous avez eu la bonté de m'écrire. Nous avons eu tant d'incidents de service, tant de mouvements de choses et de personnes depuis deux mois dans cette province de Constantine, que c'est à peine s'il nous a été possible de poser un moment et de nous reconnaître.

Le Prince (1) a obtenu du gouvernement que Biskra serait occupé par un bataillon; en conséquence, on s'est mis à travailler pour fortifier la casbah, construire une caserne, un hôpital, des magasins, des logements d'officiers, etc. Il a fallu envoyer, outre le personnel administratif, tout le matériel et les approvisionnements nécessaires pour une année. Le camp de Batna a été également conservé comme poste intermédiaire; il y a deux bataillons, et on construit des baraques pour mettre la troupe à couvert, car, là comme ici, la chaleur est dévorante pendant l'été, et le froid est très vif pendant l'hiver.

Cependant, l'émotion causée dans le sud de la province par les opérations militaires du Prince s'est peu à peu calmée; les tribus soumises n'ont pas bronché, et les montagnards de l'Aurès ont fait des démarches qui dénotent de leur part le désir d'éviter un conflit. Mais le Roi et la famille royale ont craint que le Prince ne se crût obligé de rentrer en campagne au commencement de l'automne, et, pour éviter de le voir courir de nouveaux hasards, on a envoyé auprès de lui M. le général de La Rue, avec mission de le détourner de toute entreprise et de le déterminer à rentrer en France. Le Prince s'est d'abord révolté à l'idée de quitter son commandement, qui lui plaisait assez parce qu'il aime à exercer l'autorité. Mais insensiblement il s'est refroidi, et, grâce à ses entours, qui ne demandent pas mieux que de reprendre le chemin de Paris, il s'est rendu aux instances de la famille royale et paraît décidé à résigner son commandement supérieur. Tout annonce qu'il partira vers la mi-septembre, après avoir fait sa tournée d'inspecteur général d'infanterie dans la province. Il part demain pour Sétif. On parle du général Bedeau, qui serait fait lieutenant général, pour venir le remplacer à Constantine.

(1) Le duc d'Aumale

Quant à la vice-royauté de l'Algérie, le Prince nous a semblé assez peu désireux d'un poste aussi élevé. Il trouve le fardeau beaucoup trop lourd, et il ne m'a pas caché, dans les conversations que j'ai eues avec lui à ce sujet, qu'il se souciait fort peu de courir la chance de compromettre sa réputation en se chargeant d'une tâche qu'il juge au-dessus de ses forces. Il est vrai qu'à l'âge du Prince, la pensée est toujours un peu mobile, et que si le Roi a résolu de lui confier le gouvernement de l'Algérie, on trouvera des arguments pour le déterminer à accepter plus tard ce qu'il paraît décidé à refuser aujourd'hui.

Dans tous les cas, on laissera M. le maréchal Bugeaud vider notre différend avec le Maroc, différend qui pourrait bien traîner en longueur, malgré l'ardeur du Maréchal, qui est très impatient d'en finir. Il a dû franchir de nouveau la frontière, le 23 ou le 24 du mois dernier, pour pénétrer dans l'intérieur du pays et agir sérieusement afin de forcer l'Empereur marocain à accepter les conditions que nous lui avons imposées, et dont l'une des principales est de nous livrer Abd-el-Kader. Nous attendons des nouvelles avec anxiété, car la chaleur est horrible et nos troupes auront à supporter de cruelles souffrances dans une contrée où l'eau manque généralement. Le général de La Rue me disait à ce sujet que, lors de sa mission à Fez, il avait voyagé plusieurs jours sans rencontrer un ruisseau ou une source, l'eau nécessaire était portée à sa suite dans des outres sur des mulets.

Pour revenir au Prince, j'ai lieu de penser que, si le Roi veut absolument lui confier le gouvernement de l'Algérie, Sa Majesté voudra le marier avant de l'investir de ce haut commandement, afin qu'il puisse s'installer à Alger avec un certain éclat et tenir un grand état de maison, d'autant plus que Son Altesse Royale touche au moment d'être maître de son immense fortune. Tout cela demandera quelque temps, et vous aurez certainement d'ici là l'occasion de voir le Prince à Paris.

Veuillez être assez bon pour ne pas m'oublier auprès de mon ami M. Vaïsse, et lui dire que je parle souvent de lui avec M. le général de La Rue.

La chaleur est horrible cette année à Constantine, nous

avons quarante degrés dans nos chambres; on ne peut ni
dormir, ni veiller, c'est à devenir fou! Un de mes sous-inten-
dants militaires de Constantine, M. Viriville, homme robuste
et d'une très bonne santé habituellement, vient de succomber
à la suite d'un accès de fièvre occasionné par ces chaleurs
intolérables. Quel climat, bon Dieu!

Agréez, je vous prie, mon général, l'hommage accoutumé
de tous mes sentiments de respect et de dévouement.

DAGNAN.

149. — *Lettre du capitaine de L'Abadie d'Aydrein (1),
officier d'ordonnance du roi Louis-Philippe.*

Août 1844.

MON GÉNÉRAL,

Le drapeau tricolore a flotté sur les tours carrées de
Mogador, et j'ai plaisir à vous donner, le premier je l'espère,
cette nouvelle. Avant-hier, trois vaisseaux et une frégate ont
commencé à deux heures le feu contre les batteries de la
ville, armées vers la mer de près de cent canons. A trois
heures et demie, les bricks, sous la protection des vaisseaux,
sont entrés dans la rade pour venir se placer vis-à-vis des
batteries de l'île. Enfin, à cinq heures et demie, trois bateaux
à vapeur envoyaient vers la plage un débarquement de cinq
cents hommes; l'île renfermait le même nombre de défenseurs condamnés à une défense désespérée, puisqu'il n'y
avait plus pour eux de communication possible avec la terre.
Ils ont été abordés avec résolution, chassés de poste en poste,
et un peu après la nuit venue la fusillade avait cessé. La
résistance la plus grande a eu lieu autour d'une mosquée,
espèce de prison d'État, entourée d'une batterie et de quelques

---

(1) *L'Abadie d'Aydrein* (Louis *de*), né à Roquefort (Landes) le 4 mars 1809,
élève de l'École spéciale militaire le 15 novembre 1827, capitaine le 1er octobre 1829, officier d'ordonnance du Roi le 11 février 1844, général de
brigade le 18 mars 1856, général de division le 12 avril 1866, commandant la 2e division du 5e corps de l'armée du Rhin le 16 juillet 1870.

petites maisons. Le Prince (1) avait promptement rejoint les troupes débarquées et conduisait bravement toutes les attaques; plusieurs hommes ont été frappés près de lui; la force seule a pu l'obliger à céder à nos soldats l'honneur de débusquer l'ennemi. La prise de l'île nous a mis hors de combat près de cinquante hommes; cent cinquante prisonniers, dont trente blessés, sont restés entre nos mains, le surplus a dû être tué. Quelques hommes cachés dans les rochers sortent de temps en temps et demandent merci. La prise de l'île n'a été qu'un incident de la grande scène. Je voyais pour la première fois des vaisseaux s'avançant lentement sous le feu des canons pour aller prendre poste et lutter contre de longues murailles hérissées d'artillerie; les pointeurs ont souvent visé juste, nos vaisseaux ont cinq morts et une trentaine de blessés. A cinq heures et demie, le feu de l'ennemi avait cessé.

Hier, un second débarquement a eu lieu sur le port, l'ennemi, démoralisé par la lutte de la veille et par le feu renouvelé de nos bateaux à vapeur, n'a point défendu ses murailles. Nous nous sommes arrêtés dans les batteries de la marine, l'arsenal de la place; les canons ont été cloués, jetés au pied des murailles, la poudre et les bombes lancés dans la mer, la petite flottille marchande remise à flot et amenée pour le service de l'île. Les drapeaux verts et rouges qui flottaient sur les deux tours ont été enlevés.

Aujourd'hui, la ville est mise à feu et au pillage par les Kabyles, qui ont chassé le gouverneur et les troupes de l'Empereur; bientôt ce ne sera plus que décombres et cendres.

La France prend possession de l'île pour se donner ainsi une base d'opération dans l'intérieur du Maroc : une garnison de trois cents hommes, bien retranchés, bien approvisionnés, appuyés par deux bricks et un bateau à vapeur, n'aura rien à redouter des attaques marocaines.

J'ai été détaché par le Roi auprès du prince de Joinville pour cette campagne. Je devrai à cette nouvelle preuve de bienveillance de connaître la puissance et l'esprit de notre marine.

1) Le prince de Joinville.

Toutes ces heureuses fortunes de ma carrière militaire sont
dues, je me le rappelle chaque jour, à l'indulgence de ceux
qui m'ont commandé, j'en garde souvenir et reconnaissance.

J'ai l'honneur d'être, mon général,

Votre très humble et très dévoué serviteur,

LABADIE.

150. — Lettre du chef de bataillon Bouat, commandant le 10e bataillon de chasseurs d'Orléans.

Camp de l'Oued Isly. — 15 août 1844.

MON GÉNÉRAL,

Depuis plusieurs jours, M. le Maréchal était prévenu que
le fils de l'empereur du Maroc réunissait du monde sur la
frontière, des cavaliers étaient venus faire une démonstration
sur Lalla Maghnia. Aussitôt la nouvelle du bombardement de
Tanger (1), M. le Maréchal s'est décidé à marcher sur Ouchda.
Le 12, à trois heures de l'après-midi, l'armée s'est mise en
marche; à huit heures du soir, on s'est couché en colonne;
à deux heures, on s'est remis en marche; à six heures, nous
avons traversé l'Oued Isly et on a commencé à voir quelques
cavaliers. A huit heures, des hauteurs sur lesquelles se trouvait la colonne, on a aperçu le camp, et la marche, qui jusque-
là avait été incertaine, a pris pour direction le camp principal.
Nous avons retraversé l'Isly. Ce n'est qu'alors que le combat
a commencé; on voyait de toute part arriver des colonnes
très nombreuses de cavalerie. On a pris alors l'ordre de la
colonne d'attaque, et, sans s'arrêter, l'arrière-garde et la cavalerie sont arrivées au camp, qui a été enlevé. Les Marocains
ont cherché à arrêter la marche en attaquant vigoureusement
l'arrière-garde, mais ils ont été repoussés avec perte sur tous
les points. M. le colonel Morris, avec le 2e régiment de chas-

(1) Pour seconder l'action du maréchal Bugeaud contre le Maroc, le
prince de Joinville avait bombardé Tanger, le 6 août 1844, et Mogador,
le 11 août. (Voir, page 369, la lettre n° 149 de M. de Labadie.)

seurs d'Afrique, a retraversé l'Isly et est tombé sur la cavalerie qui était de ce côté et lui a tué de deux cent cinquante à trois cents hommes. A onze heures, le combat était terminé; l'ennemi, qui était de vingt mille, d'après l'estimation générale, était en pleine déroute, abandonnant ses camps, son artillerie, onze pièces, toutes anglaises, et un butin immense; il a laissé à peu près huit cents cadavres sur le terrain; plusieurs drapeaux, un parasol du fils de l'Empereur sont tombés en notre pouvoir. Les pertes, de notre côté, sont très faibles, une trentaine de tués, dont quatre officiers, et soixante à quatre-vingts blessés.

Je n'ai pas de bonheur, ils n'ont pas voulu venir à moi; nous étions cependant préparés à les bien recevoir, mes tirailleurs en ont tué une trentaine. Mon bataillon était dans un ordre parfait, et je ne l'avais jamais vu en aussi bon ordre. J'ai toujours le plus fort effectif de l'armée.

BOUAT.

151. — *Lettre du colonel Tartas,*
commandant le 4ᵉ régiment de chasseurs d'Afrique.

Bivouac sur l'Isser, le 17 août 1844.

MON GÉNÉRAL,

Le moment est arrivé où vous pouvez m'être d'un grand secours, à la suite de la brillante affaire contre toute l'armée marocaine qui a été complètement battue par nous, et où la brigade de cavalerie sous mes ordres a joué un si grand rôle. M. le Maréchal gouverneur a bien voulu me proposer pour le grade de maréchal de camp. Votre crédit près du ministre de la guerre doit faire sortir cette nomination pour laquelle je m'adresse à vous en toute confiance.

Je suis avec un profond respect, mon général,

Votre très humble et très obéissant serviteur,

Le colonel du 4ᵉ de chasseurs d'Afrique,

TARTAS.

P.-S. — Six pièces d'artillerie et un drapeau ont été enlevés par trois escadrons de mon régiment.

152. — *Lettre du chef d'escadron d'état-major Gouyon, faisant fonction de chef d'état-major du maréchal Bugeaud.*

Bivouac sur l'Isly, le 20 août 1844.

MON GÉNÉRAL,

Le 13, nous étions campés depuis une dizaine de jours sous Lalla Maghnia et le fils de l'Empereur était venu camper en arrière d'Ouchda, à huit ou neuf lieues de nous. M. le Maréchal a fait partir la colonne à trois heures, on a marché jusqu'à la nuit, la cavalerie fourrageant en avant de nous, comme cela avait lieu presque tous les jours. La colonne arrêtée, chacun a bivouaqué sur place, sans feu, pour dérober notre présence à l'ennemi. Le lendemain, à trois heures et demie, on s'est remis en marche, et, au jour, on atteignait l'Isly. La troupe faisait halte, les chevaux mangeaient l'orge et buvaient : c'est alors, je crois, que l'ennemi a eu connaissance de notre mouvement. A huit heures du matin, la colonne arrivait en vue de la plaine des Angades, à l'ouest d'Ouchda, et découvrait à une lieue et demie d'elle les camps marocains, toutes les tentes tendues ; au milieu se distinguait celle du fils du Sultan, immense rotonde surmontée d'une boule dorée et entourée d'une grande enceinte en toile.

Il y a eu dans nos troupes un mouvement de satisfaction bien marqué en voyant que pour cette fois l'ennemi était bien décidé à tenir et qu'il y aurait une affaire sérieuse. Par un mouvement très simple, nous sommes passés de notre ordre de marche à l'ordre de combat, lequel était un grand quadrilatère formé de carrés échelonnés sur le centre. Dans l'intérieur était la réserve d'artillerie, l'ambulance, les bagages et la cavalerie en deux colonnes. L'ennemi nous a laissé passer l'Isly, qui nous séparait de sa position, sans autre protestation qu'un feu de tirailleurs, il nous attendait plus loin

sur le champ de bataille qu'il s'était choisi en avant de son
camp. Aussi, après avoir gravi les premiers mouvements de
terrain, avons-nous vu devant nous, sur les longues pentes
d'une colline, une masse immense de cavalerie opposée à
notre marche directe, tandis que d'autres corps s'étendaient
à notre droite dans la plaine ou suivaient les mouvements de
terrain sur notre gauche. Au sommet de la colline se révélait
la présence du Sultan par une réunion de drapeaux et au
centre le grand parasol d'honneur, marque de sa dignité.

M. le Maréchal a fait partir au trot à hauteur du premier
échelon et fait mettre en batterie les quatre pièces de campagne qui.étaient en arrière; leur feu a porté immédiatement
une grande perturbation dans ces masses qui se mettaient
en mouvement pour nous charger. Le feu continu à mitraille et la bonne attitude du premier échelon ont repoussé
l'avalanche sur les ailes, qui ont eu à recevoir plusieurs
charges dont aucune n'a réussi, repoussées par les tirailleurs,
par le feu des carrés et de l'artillerie répartie aux angles du
système. Notre colonne avait gagné toujours du terrain en
avant ; une deuxième fois, pour arrêter l'attitude menaçante
de la cavalerie, les pièces de campagne s'étaient reportées en
avant et avaient coupé les goums marocains. Ce fut le moment choisi par M. le Maréchal pour faire sortir sa cavalerie.
Les spahis (six escadrons, soutenus par trois escadrons du
4e chasseurs) chargèrent d'abord un gros de cavalerie et le
rejetèrent sur l'Isly, puis, abordant le camp, plus éloigné, y
pénétrèrent malgré l'artillerie marocaine, appuyés sur leur
flanc droit par le 1er chasseurs (deux escadrons) et le 2e hussards (deux escadrons). Les canonniers ennemis furent en
partie sabrés sur leurs pièces, qui tombèrent en notre pouvoir
avec le camp et tout ce qu'il contenait. Le 2e chasseurs, en
sortant, avait sur sa droite une grosse troupe de cavalerie
qui menaçait notre droite; le colonel Morris la fit attaquer
par ses six escadrons en échelons et la refoula dans une gorge
de montagne de l'autre côté de la plaine. Autant de fois cette
cavalerie voulut déboucher, autant de fois le colonel Morris
la fit charger, engageant en échelons jusqu'à cinq de ses

escadrons. L'ennemi a perdu sur ce point environ trois cents hommes. L'infanterie avait suivi le mouvement de la cavalerie alors que celle-ci, entrée dans le camp, se voyait au moment d'y être attaquée à son tour par la cavalerie marocaine, qui se massait en avant.

Sous la protection de l'artillerie et des bataillons, notre cavalerie put de nouveau reprendre l'offensive sur la rive gauche de l'Isly; dès ce moment (onze heures et demie), la retraite de l'ennemi fut complètement décidée. Il se retira dans le plus grand désordre sur la route de Fez ou vers les montagnes, au sud-ouest. La dernière charge de nos spahis, appuyés par la cavalerie française, ne joignit que quelques traînards. A midi, le ralliement fut sonné, et successivement les troupes vinrent en arrière camper sur le camp marocain. M. le Maréchal trouva réservée pour lui la tente du fils du Sultan. Dix-huit drapeaux et onze pièces d'artillerie furent ramassés, ainsi que le parasol d'honneur du Sultan.

Nos pertes sont très minimes, ce qui tient à ce qu'aucune charge des Marocains n'a pu venir jusqu'aux carrés, et aussi à l'absence de la majeure partie de leur infanterie.

Le matin, nous étions dans notre marche côtoyés à trois lieues par une grande ligne de poussière que nous avons appris plus tard être produite par un contingent de sept mille Beni Suarsen qui ralliaient un deuxième corps d'armée qui a fait, dit-on, retraite en apprenant la déroute du premier. Il est fort heureux qu'on se soit déterminé à venir chercher l'ennemi, qui comptait sur sa supériorité en cavalerie pour nous écraser. On eût de même remporté l'avantage, mais il eût été nécessairement payé beaucoup plus cher.

Gouyon.

153. — *Lettre du lieutenant-colonel Forey, du 58ᵉ de ligne.*

Kouba, le 24 août 1844.

Mon général,

Vous aurez eu sans doute connaissance d'une dépêche télégraphique annonçant une victoire signalée que le maréchal Bugeaud a remportée le 14 courant sur les Marocains, commandés par le fils de l'Empereur. Cette dépêche, parvenue à Alger le 20, au moment du départ du courrier, a probablement été envoyée directement en France par le Maréchal, en sorte que j'ai pensé qu'il était inutile de vous l'annoncer par le dernier courrier. Mais, ce que je serai peut-être le premier à vous apprendre, c'est qu'à la suite de l'affaire du 14, dans laquelle les Marocains ont fait des pertes considérables, surtout en matériel, des propositions sérieuses de paix ont été faites, et, hier, le colonel Eynard, aide de camp du Gouverneur, est arrivé à Alger, annonçant cette nouvelle et l'arrivée prochaine du Maréchal, en même temps qu'il a fait suspendre le départ du 26ᵉ déjà embarqué. Avec des Arabes rien n'est fini que quand les faits sont bien consommés, en sorte que je ne vous garantis pas encore le rétablissement des bonnes relations avec le Maroc, mais cela paraît cependant probable. Abd-er-Rhaman joue un trop gros jeu, et l'exemple d'Hussein-Dey doit être présent à sa mémoire; il faudrait qu'il soit bien aveugle et bien mal inspiré pour exposer sa couronne dans l'intérêt d'un homme comme Abd-el-Kader, qui est bien plus son ennemi que nous-mêmes.

Si ces bonnes nouvelles se confirment, j'en serai bien content à double titre : d'abord dans l'intérêt général, et ensuite parce qu'il est pénible de ne pas partager la gloire d'une armée dont on fait partie. Le 58ᵉ n'a pas de chance, et cependant c'est un bien bon régiment. Le corps d'officiers s'est singulièrement rajeuni depuis deux ans et peut être cité dans l'armée d'Afrique pour sa tenue, son instruction, son bon esprit, son union, résultat auquel je suis heureux d'avoir contribué. Je n'ai pas cru adresser de meilleur compliment au régiment, en le remettant au colonel, qui va le présenter ces jours-ci au général de Bar, qu'en lui disant « *que je le verrais sans crainte passer même votre inspection* ». La tenue est ce qu'elle serait en France et l'instruction ne laisse à désirer que peu de choses, c'est la part des sous-officiers; nous avons fait toutes les évolutions de ligne, et certes on ne s'en occupe guère en Afrique. Pour la théorie, les officiers sont aussi forts qu'en France. Enfin c'est avec joie que je vois approcher l'inspection, qui mettra le général de Bar en mesure d'apprécier le régiment à sa valeur, que l'on semble méconnaître en le laissant dans un injuste oubli.

Vous désirez, mon général, me voir nommer colonel, et cela vous fait dire que je le serai quand il y aura des vacances. Je crains bien que votre espoir ne soit trompé. Si vous saviez comme l'intrigue marche dans cette armée : le Prince (1), d'un côté, le Maréchal, de l'autre, sont assaillis de prétentions, et le mérite modeste est souvent victime dans cette lutte. Le commandant L'Heureux, aide de camp du ministre, à qui j'ai remis une carte topographique, me disait il y a quelque temps que le Maréchal, piqué de ce que les inspecteurs généraux lui avaient donné à entendre qu'il devait suivre le tableau dressé par eux, s'en écartait souvent dans le seul but de leur faire voir qu'il prétendait rester libre de ses choix. Les propositions spéciales venues d'Afrique sont, il paraît, à peu près les seules qui soient en faveur. Il y en a une, je pense, pour moi, mais les affaires du Maroc ont dû soulever des ambitions dans cette partie de l'armée, et, dans l'enivrement d'un succès, les absents peuvent être oubliés. J'ai envoyé au Gouverneur une copie de ma carte; cette attention lui fera plaisir, et je pense qu'il renouvellera ma proposition.

Pardonnez-moi, mon général, de vous entretenir si longuement de moi et de mes prétentions, mais si je tiens tant à avoir un régiment, c'est moins, je vous l'assure, par ambition personnelle que parce que j'ai la conscience de le mettre sur

---

(1) Le duc d'Aumale.

un beau pied, et, quand je vois tant de mauvais colonels, je
me dis que l'on pourrait cependant faire de meilleurs choix.
Tous mes malades sont sortis de l'hôpital, et nos deux bataillons qui sont ici présentent le beau chiffre de douze cents
hommes présents. Si, à la fin de chaque exercice, vous les
voyiez défiler par division, vous seriez content, mon général,
de leur aspect tout militaire. . . . .

Je suis avec respect, mon général,

Votre tout dévoué serviteur,

Le lieutenant-colonel du 58e,

FOREY.

154 — *Lettre du marquis Ernest de Castellane, lieutenant-colonel du 2e hussards.*

Tlemcen, 4 septembre 1844.

MON GÉNÉRAL,

Je n'ai pas pu vous écrire de Mascara, ainsi que j'en avais
le projet, n'étant resté que deux jours dans cette ville. Depuis
lors j'ai fait partie de la colonne du colonel Géry, du 56e, qui
avait été chargé par le Maréchal de parcourir le pays pour
empêcher diverses tribus non soumises de se porter vers le
Maroc, où il paraît qu'Abd-el-Kader leur avait donné rendez-
vous. Nous nous sommes promenés pendant seize jours sans
rencontrer âme qui vive, bien que nous ayons fait des marches
forcées de nuit pour nous porter vers les points où les espions
prétendaient que nous devions rencontrer les tribus; mais nos
renseignements étaient inexacts, l'ordre avait été donné trop
tard de les poursuivre, elles étaient en route depuis quatre
jours lorsque nous sommes sortis de Mascara, et il y avait plusieurs journées de marche pour atteindre leur point de départ.

Le colonel Géry connaît parfaitement la province d'Oran,
il conduit à merveille une colonne; c'est un fort bon officier,
actif, ferme et peu hâbleur, ce qui est rare en Afrique. J'aurais
aimé à rester sous ses ordres s'il avait dû se porter sur la

frontière du Maroc, mais comme il est destiné à Alger dans la
subdivision de Mascara, j'ai été enchanté de céder la place
au colonel Dubern et de me rendre à Tlemcen, qui est plus
près du théâtre de la guerre.

Malheureusement, je n'étais pas au combat de l'Isly; nos
deux premiers escadrons y étaient et ont fourni une charge,
ce qui leur vaudra quelques récompenses. D'après ce qu'ont
rapporté tous les officiers de toutes armes qui étaient dans le
Maroc, l'affaire de l'Isly a été moins brillante qu'on ne l'espérait, la cavalerie noire n'ayant pas tenu un seul instant.
Aussitôt que notre artillerie a commencé son feu, les Marocains se sont débandés; c'est alors que le Maréchal a fait
donner sa cavalerie, qui présentait un effectif de quinze cents
sabres, et la déroute a été complète; les ennemis n'ont pas
même fait mine de résister, ils ont pris la fuite sans qu'on ait
pu les atteindre ; les artilleurs seuls sont restés à leur poste
et ont été tués sur leurs pièces, ils n'avaient eu le temps de
tirer que trois coups.

On a évalué à huit cents hommes la perte des Marocains;
la nôtre n'a été que de vingt morts et quatre-vingts blessés,
mais depuis le 14 août, on enterre tous les jours trente ou
quarante Français qui meurent des suites des maladies qu'ils
ont contractées dans le camp de Lalla Maghnia, lieu fort
insalubre. . . . .

L'infanterie marocaine n'a pas paru à l'affaire du 14 août;
elle était à quelques lieues du champ de bataille, où elle n'a
pas eu le temps de se rendre. On évalue sa force à environ
seize mille hommes. La cavalerie noire et l'artillerie, ainsi
que les tribus et les Kabyles, donnaient un effectif d'environ
douze à quinze mille combattants: ce sont les seuls qui aient
assisté au combat. La puissante tribu des Angades, qui n'est
soumise ni au Maroc ni à la France, s'était jointe à une autre
tribu non moins puissante; elles formaient à elles deux
environ six mille combattants qui se tenaient sur notre flanc
gauche à quelques lieues en arrière, prêts à nous attaquer si
nous avions eu un échec. L'avantage nous étant resté, ces
tribus sont demeurées tranquilles.

Tous les traînards marocains ont été pillés et entièrement dévalisés par les Kabyles.

Le colonel Tartas a été proposé pour le grade de maréchal de camp; il a eu le bonheur de commander toute la cavalerie, le général Korte n'étant arrivé que deux jours après la bataille de l'Isly. . . . .

Ernest DE CASTELLANE.

155. — Lettre de M. Dussert, sous-directeur de la province de Philippeville et Constantine.

Philippeville, le 14 octobre 1844.

Ici, mon général, nous avons eu nos grands événements que les journaux vous ont fait connaître, le bombardement de Mogador et de Tanger, la bataille d'Isly, enfin le traité de paix avec le Maroc. On a dépensé à cet égard beaucoup d'enthousiasme; à une époque quelque peu petite, comme la nôtre, il n'y a pas grand mal à ce qu'on donne aux choses plus d'importance qu'elles n'en ont, mais encore ne faut-il pas que l'exagération dépasse toute limite. C'est une bonne chose que l'affaire d'Isly et à laquelle il faut applaudir. Mais quand on rappelle les batailles de l'Empire et qu'on donne des duchés à propos de huit cents Marocains tués, on s'expose à faire rire à nos dépens les Anglais qui se battent dans l'Inde et les Russes qui se battent dans le Caucase. Quant au traité de paix, c'est une malheureuse conclusion, car il est à craindre que cela ne finisse absolument rien. Qu'est-ce, en effet, avec des Barbaresques, qu'une paix sans garanties et sans caution? Qui peut répondre qu'Abd-er-Rhaman tiendra sa parole, et, quand il la voudrait tenir, qui peut assurer qu'il le pourra? Il est vrai que ce n'est pas au Maroc, mais à l'Angleterre, que nous avons cédé. Dieu veuille qu'on n'ait pas à s'en repentir!

Le duc d'Aumale nous a quittés le 6 au soir, se dirigeant sur Alger; il est arrivé ici le 4 et a passé quarante-huit

heures avec nous. Il s'est montré comme toujours affable,
distingué, charmant; il ne se contente pas d'être Prince, il
est avant tout un homme remarquable. La province entière le
regrette, parce qu'elle l'a apprécié à l'œuvre, parce qu'elle
sait le bien qu'il a voulu faire, celui qu'il a fait, celui qu'il a
essayé d'opérer. L'opinion en France n'a pas rendu à M. le duc
d'Aumale la justice qu'il mérite et qu'on lui rend hautement
ici. On a fait grand bruit de l'incident de Biskra, mais ce
qu'on ne dit pas, c'est qu'après tout, ses expéditions dans le
Sud ont été couronnées d'un plein succès, qu'il y a pacification
générale, que le commerce, habilement attiré à Constantine,
a commencé à en prendre la route, que le Prince a jeté les
bases d'une excellente organisation des indigènes, qu'il a fait
des projets de magasins d'abondance, qu'il a tâté tous les
besoins du pays et indiqué ce qu'il y avait à faire, qu'il a
mis en train les travaux de la route de Constantine à la mer
et qu'il s'est enfin montré en tout et sur tout un excellent
administrateur; il a donné la mesure de ce qu'il ferait ayant
les *bras déliés*. Il serait fâcheux qu'on eût d'autres idées en
France, car voilà le vrai, et je vous certifie, mon général,
que si, en plaçant M. le duc d'Aumale à Constantine, on a
voulu l'essayer comme administrateur, il a parfaitement réussi
auprès des gens sérieux. Il est vrai que l'opinion ne se forme
pas en général d'après ceux-ci.

DUSSERT.

EXPÉDITION EN KABYLIE

156. — *Lettre du lieutenant-colonel Forey,*
du 58ᵉ de ligne.

Dellys, le 25 octobre 1844.

Mon général,

Après avoir passé plusieurs mois dans la plus grande tranquillité à l'est de la régence, nous voici revenus à la guerre, guerre non plus de parade comme avec les Marocains, mais guerre sérieuse, difficile, dangereuse et qui, si le Maréchal ne la dirigeait pas lui-même et en confiait la conduite aux tristes généraux qu'il a ajoutés à la liste de l'état-major général, remettrait tout en question en Afrique. Vous lirez les rapports officiels, mais vous ne connaîtrez pas la vérité. Moi, je la dis toujours aux grands comme aux petits, et, comme je sais que vous vous intéressez vivement à l'Afrique et en particulier à quelques-uns des officiers qui y font la guerre, je vous donne ici des renseignements positifs sur la position actuelle.

Ben Salem et un certain Bel Cassem Ouli Cassi ayant cherché à exciter quelques tribus des environs de Dellys et à se porter même contre ce nouvel établissement, le Maréchal, qui fut prévenu de ces nouvelles au milieu d'une grande revue, envoya immédiatement à Dellys une colonne sous les ordres de M. le général Comman, homme d'une nullité parfaite, sans parler de ses autres qualités négatives. Les instructions du général étaient toutes pacifiques. Il devait se montrer dans le pays *soumis*, prélever les impôts, rassurer les tribus et éviter de s'engager dans les hautes montagnes qui touchent à la Kabylie. Jusqu'au 6 octobre, tout alla bien, les impôts rentraient, les populations, qui avaient d'abord fui, revenaient à leurs villages. Une fraction de tribu des Bou Ouachnoun seule ne voulut pas payer l'impôt et fut entraînée dans cette résistance par les Flisset-el-Bahr et les Beni-Djenad, leurs voisins. Je fus chargé de détruire le village d'Afir. J'y fis une razzia de quatorze cents têtes de bétail, je brûlai le village et, en me retirant, j'eus un engagement dans lequel je mis vingt hommes hors de combat, n'ayant moi-même que deux blessés. Si, ce jour-là même, le général eût fait une pointe contre les Flisset-el-Bahr et les Beni-Djenad pour les punir, cela eût été bien et à propos, parce que nous les eussions surpris, mais il rentra à Dellys, ayant eu lui-même un engagement d'arrière-garde, puis il revint près de ces tribus, fit des marches, des contre-marches, des séjours prolongés.

Pendant ce temps, les tribus appelèrent à leur secours les tribus voisines, même des Bougiotes, et le général, du reste très mal renseigné, fit la faute de vouloir attaquer un ennemi dix fois plus fort que nous, occupant des positions presque inexpugnables et rendues encore plus fortes par des redoutes. Ce fut avec douze cents ou quatorze cents hommes qu'il marcha à l'ennemi, fort de huit à dix mille Kabyles des plus braves et des plus fanatiques de l'Algérie. Quand on connaît le caractère du général Comman, on ne comprend pas une telle audace; il est vrai qu'il pensait n'avoir affaire qu'à deux mille hommes au plus. Il n'avait même emmené que dix paires de cacolets, qui, dans son idée, devaient lui servir à remporter l'argent des contributions.

Enfin, le 17 octobre, nous sommes partis de notre bivouac à six heures du matin, divisés en deux petites colonnes, l'une commandée par Saint-Arnaud et composée de deux bataillons du 53e et trois obusiers, l'autre, sous mes ordres, formée d'un bataillon du 58e, d'un bataillon du 26e, cent quarante chevaux du 1er chasseurs et un obusier. J'avais sept cents hommes environ. La colonne arriva à un piton appelé Tléta, qui couvrait le centre des Kabyles, sans qu'elle pût encore les apercevoir, et ce n'est qu'en montant sur une hauteur voisine que la cavalerie rendit compte que l'on voyait une véritable armée de huit à dix mille hommes nous attendant sur les crêtes. L'une de ces crêtes à partir du piton descend à la mer au nord ; l'autre va de l'ouest à l'est. Il y avait deux manières d'attaquer, en une seule colonne, ou en deux, dont l'une chercherait à tourner l'ennemi. La première attaque avait l'avantage de rester forts sur un point, mais par le nombre de l'ennemi, il était probable que le but que l'on se proposait, qui était de détruire les villages, ne pourrait être obtenu qu'après un engagement très sérieux ; nous serions alors obligés de regagner notre camp sous le coup d'un échec, ce qui pouvait avoir les conséquences les plus désastreuses, à cause de l'esprit peu bienveillant de toutes les populations voisines. L'autre manière était de diviser les colonnes afin de chercher à tourner l'une des ailes, et si cette manœuvre réussissait, nous rejetterions l'ennemi en désordre sur la mer. C'est celle que le général, à l'instigation de Saint-Arnaud, adopta, et je l'ai approuvée.

Saint-Arnaud attaqua donc le piton et l'enleva, mais il ne put pousser en avant et fut contenu toute la journée par des forces supérieures. Je pris sur la droite, à mi-côte des hauteurs occupées par l'ennemi, qui, laissant une partie de ses forces pour contenir Saint-Arnaud, fila sur la crête à mesure que j'avançais sur son flanc, rendant par là nulle la manœuvre que je faisais. Sa retraite avait en outre pour but d'aller défendre le village de Bezza, sur lequel me portait mon mouvement. L'ayant bientôt rencontré, je me trouvai dans l'alternative ou de l'attaquer audacieusement avec sept cents hommes contre quatre mille, ou de me replier sur Saint-Arnaud avec tout le monde sur les bras. Je pris le premier parti, et je réussis. M'étant emparé, pendant l'attaque, de la crête, j'opérai, quand j'eus rallié mes troupes, ma retraite en très bon ordre et je me réunis à Saint-Arnaud pour continuer à nous retirer ensemble au camp.

Ce dernier épisode fut très sanglant, parce qu'alors les deux fractions de l'ennemi s'étaient réunies et que nous n'avions pour battre en retraite qu'une arête de rochers où les soldats de tous les corps furent un instant mêlés pêle-mêle avec les Kabyles. Je mis l'épée à la main, cherchant à ramener les troupes en arrière ou plutôt en avant, mais nous manquions de cartouches, les hommes étaient extrêmement fatigués, et je dirai même un peu démoralisés par un combat de sept heures aussi inégal, et je ne pus jamais rétablir l'ordre. J'ai reçu deux blessures, heureusement peu graves, qui ne m'ont pas empêché de garder le commandement, et nous arrivâmes au camp, à une demi-lieue duquel l'ennemi nous lâcha, ayant vingt-six hommes tués et cent cinquante blessés.

Je ne vous ai pas parlé du général, parce qu'il n'a donné aucun ordre. M. Saint-Arnaud, qui s'est bien conduit, du reste, a fait le rapport du général, et, tout en me donnant des éloges dont je me soucie peu, parce que j'ai reçu ceux de toute ma colonne, il paraît que l'on a représenté mon mouvement comme trop large et compromettant, ce qui n'est pas vrai; je crois, moi, au contraire, que cela nous a tirés d'affaire, parce que nous n'avons battu en retraite que sous l'impression de ce succès, le seul que l'on ait obtenu. Le Maréchal m'en a même parlé, et, indigné de ce que l'on ait voulu s'excuser d'une faute à mes dépens, j'ai refuté en présence de tout l'état-major, de M. Comman et de M. Saint-Arnaud, et cela avec une extrême vivacité, ce qui avait pu être tourné contre moi. Le Maréchal m'a paru, du reste, m'en savoir gré, et je crois qu'il sait maintenant à quoi s'en tenir. Il n'en est pas moins vrai, mon général, que je suis dégoûté de toutes les intrigues qui s'ourdissent autour du Gouverneur.

L'on m'annonce de toute part ma nomination et l'on me place au 26ᵉ, qui doit rentrer en France. Si j'avais cette chance, je m'estimerais bien heureux de quitter ce pays, où les bavards et les intrigants ont tant de moyens de nuire aux hommes consciencieux.

A la première nouvelle de notre combat sanglant du 17, le Maréchal s'est embarqué avec cinq bataillons, et demain nous partons pour aller au même endroit (1), où les Kabyles, disent

---

(1) Le maréchal Bugeaud fit attaquer le 28 les Flisset-el-Bahr, à une lieue en arrière des positions qu'ils avaient si bien défendues le 17, et les culbuta. Il partit d'Alger le 16 novembre pour se rendre à Paris, laissant l'intérim du gouvernement au général de Lamoricière.

tous les renseignements, se réunissent plus nombreux encore et sont décidés à une résistance opiniâtre. Je vous tiendrai au courant de ce qu'il y aura d'intéressant. Nous avons douze bataillons, quatre cents chevaux et six obusiers; malheureusement, il faut pour cela un attirail de matériel immense, et cela rend les opérations d'autant plus difficiles qu'il n'y a pas d'eau dans ces montagnes.

Agréez, mon général, l'expression de mon respectueux dévouement.

Le lieutenant-colonel du 58ᵉ,

FOREY.

157. — Lettre de M. Bondurand, adjoint à l'intendance militaire.

Alger, 27 octobre 1844.

Mon général,

Je trouve en Afrique beaucoup d'officiers qui ont servi sous vos ordres, et il est remarquable que tous les hommes intelligents et aimant le service se rappellent avec bonheur le temps qu'ils ont passé dans votre division. Les bulletins de l'armée d'Afrique vous présentent tous les jours des noms dont vous aviez deviné l'avenir.

Le général Lamoricière me disait un jour :

« Je n'ai pas l'honneur de connaître le général de Castellane, mais je suis toujours sûr de trouver de bons officiers dans ceux qu'il a distingués. » . . . .

BONDURAND.

158. — *Lettre du lieutenant-colonel Dumontet, du 19ᵉ régiment d'infanterie légère.*

Du fort de Lalla-Maghnia, le 27 octobre 1844.

MON GÉNÉRAL,

Proposé de nouveau deux fois pour le grade de lieutenant-colonel, à la suite de la bataille d'Isly et des combats qui l'ont précédée, j'ai différé de jour en jour à vous écrire, désirant vous faire connaître par ma première lettre le résultat de ces deux nouvelles demandes.

Ce résultat est enfin obtenu, et je sais trop tout ce que je dois à votre bienveillant intérêt, dont j'ai reçu tant de preuves, je tiens trop à le conserver pour ne pas m'empresser de vous annoncer mon avènement au grade de lieutenant-colonel. Je suis nommé au 19ᵉ régiment d'infanterie légère, en garnison à Sétif, province de Constantine. J'avoue que j'eusse préféré l'être à l'un des régiments qui sont en garnison à Perpignan, mais on ne peut pas avoir tous les bonheurs à la fois.

Nous sommes sans aucun événement depuis la bataille d'Isly; les Marocains, mémoratifs de la leçon qu'ils ont reçue, restent tranquilles; ils ne paraissent pas avoir fait le moindre effort pour remplir la plus importante des conditions du dernier traité. Bien loin d'être interné, Abd-el-Kader est resté fort tranquille sur la Moulouïa, à deux journées de marche de notre frontière, et, depuis deux jours, il s'est remis en campagne à la tête de quatre à cinq cents cavaliers pour gagner le sud de nos possessions et y recommencer les interminables courses qu'il nous fait faire depuis quatre ans. A moins d'un événement heureux, de longtemps nous ne verrons la fin de cette éternelle partie de barres...

Veuillez agréer l'assurance du profond respect et du dévouement avec lesquels je serai toute ma vie, mon général,

Votre très humble et très obéissant serviteur,

DUMONTET.
Lieutenant-colonel au 19ᵉ d'infanterie légère.

159. — *Lettre du chef de bataillon Canrobert, commandant
le 5ᵉ bataillon de chasseurs à pied.*

Orléansville, le 1ᵉʳ janvier 1845.

MON GÉNÉRAL,

Dans votre bienveillance inépuisable pour moi, vous avez
maintes fois daigné agréer, au renouvellement de l'an, les
vœux que je forme pour votre bonheur. J'ose espérer que,
cette année comme aux précédentes, vous voudrez aussi les
accepter comme l'expression des sentiments sincères du respectueux autant qu'absolu dévouement et de la profonde
reconnaissance que vos bontés m'ont appris à vous porter.

Une longue course que j'ai dû entreprendre et poursuivre
pendant tout le mois dernier, a retardé pour moi la réception
de votre lettre du 11 novembre; je voudrais, mon général,
pouvoir vous remercier dignement de tout ce que vous êtes
assez bon pour m'y dire d'affectueux. Certes si le peu que j'ai
été appelé à faire dans notre noble profession avait droit à
une récompense, je la trouverais largement dans l'estime dont
vous daignez m'honorer et dont la manifestation de votre
part me rend aussi heureux que fier !

L'inspection générale de mon bataillon, retardée par des
circonstances impérieuses de guerre, a été close à la fin de
novembre. L'ordre laissé au corps par M. l'inspecteur général
est très flatteur pour moi et pour ceux que je commande.
M. le général de Bar, dans l'arrondissement duquel je me suis
trouvé, a bien voulu me témoigner verbalement un grand
intérêt, mais j'ignore entièrement ce qu'il a cru devoir faire
pour moi. Si mes nombreuses campagnes, mes quelques
actions de guerre, mes blessures et mes travaux dans ce pays
l'avaient engagé à me proposer pour le grade de lieutenant-
colonel, je serais doublement heureux, mon général, d'en être
par la suite redevable à votre puissante intercession.

La subdivision d'Orléansville a reçu depuis hier l'ordre de

fournir trois bataillons pour appuyer un mouvement offensif de M. le général de Bourjolly dans le Dahra, et moi-même je dois faire partie de cette petite colonne.

Il est toujours question d'attaquer, au printemps prochain, les nombreux Kabyles des environs de Bougie. Quatre colonnes, de cinq mille hommes chacune, pénétreraient dans leurs montagnes par quatre points différents et viendraient converger sur un point stratégique au cœur de cette population belliqueuse, où serait établi un vaste camp retranché destiné à servir de base d'opération avancée pour les opérations ultérieures de l'achèvement de la conquête. Vous penserez sans doute, mon général, que ce projet est un peu subordonné aux affaires du Maroc, qui sont loin d'être totalement réglées et qui pourraient fort bien nous susciter de nouveaux embarras.

Je suis avec respect et un profond dévouement, mon général,

Votre très reconnaissant et très obéissant serviteur.

Le chef de bataillon,

CANROBERT.

INSURRECTION GÉNÉRALE DE 1845.

160. — *Lettre du marquis Ernest de Castellane, lieutenant-colonel du 2ᵉ hussards.*

Tlemcen, 8 janvier 1845.

Mon général,

Vous voyez dans les journaux que l'Afrique est entièrement pacifiée, que tout y est parfaitement tranquille et que les tribus s'empressent de se soumettre ; n'en croyez pas un mot : ce sont autant de mensonges, comme certains bulletins. Nous sommes toujours à la veille d'un soulèvement presque général, du moins dans la province d'Oran, et cet invisible Abd-el-Kader, si souvent réduit aux abois, est fort tranquillement dans le Maroc, tout près de notre frontière, recrutant à force et n'étant pas du tout dans un état voisin de la misère, quoi qu'on en dise et qu'on se plaise à le publier. L'émir est en ce moment à la tête d'environ dix-huit cents cavaliers parfaitement montés, équipés et armés, rien ne lui manque, et, au printemps, il nous donnera de la tablature. Il lui est arrivé, il y a une vingtaine de jours, trois cents cavaliers venant du sud ; ce que je vous dis là de la position d'Abd-el-Kader est positif. Il y a quinze jours, le général Cavaignac fut prévenu qu'environ trois cents cavaliers de l'émir devaient faire une razzia sur une tribu soumise ; il s'y porta en toute hâte, parcourut le pays dans tous les sens et ne vit rien. Il partit pour revenir à Tlemcen, et le lendemain de son départ la razzia avait eu lieu.

Nous ne sommes occupés qu'à empêcher les tribus d'émigrer pour aller rejoindre Abd-el-Kader, métier fort peu amusant et très fatigant ; aussi hommes et bêtes sont sur les dents.

On apprit, il y a trois semaines, que la puissante tribu des Beni-Amer voulait émigrer. M. Cavaignac s'y rendit et ramena sept chefs comme prisonniers; ils ont été conduits avant-hier à Oran, je ne sais ce qu'on en veut faire, mais ce dont je suis persuadé, c'est que cette tribu ne tardera pas à aller rejoindre l'émir. La province d'Oran n'a pas fait le moindre progrès depuis quatorze ans, nous n'y avons pas d'amis parmi les Arabes, et cependant on dit et on écrit que c'est la province de la paix et que la colonisation y est fort avancée. Je l'ai parcourue dans tous les sens et je n'y ai pas encore aperçu un seul colon. Ceux auxquels on donne ce nom habitent les villes et sont tous, sans exception, marchands de tabac ou débitants de boissons plus ou moins empoisonnées (mais plus que moins), lesquelles font un mal affreux à nos soldats.

Tout cela est triste, mais est malheureusement trop vrai. Nous voyons de temps en temps dans les journaux de France, et surtout dans ceux du Midi, de longs articles sur nos progrès et nos hauts faits dans la subdivision de Tlemcen; du diable si nous nous en doutions avant d'avoir reçu la nouvelle officielle de Paris ! Il faut des bulletins à de certains individus, et ils ne s'en font pas faute, je vous assure.

E. DE CASTELLANE.

161. — *Lettre du marquis Ernest de Castellane,*
lieutenant-colonel du 2ᵉ hussards.

Tlemcen, 5 février 1845.

Mon GÉNÉRAL,

Il y a depuis quelque temps un rassemblement assez considérable de troupes marocaines autour de Fez. L'Empereur envoie chaque jour un de ses principaux officiers passer ces troupes en revue, et, lorsque cette opération est terminée, cet officier, avant de les quitter, leur dit de la part de son maître qu'ils sont tous des lâches, qu'ils ont fui sans combattre devant les chiens de chrétiens, qu'ils se sont rendus indignes du titre de vrais croyants et qu'ils ne le recouvreront que lorsqu'ils auront exterminé tous les Roumis. Cela n'a d'autre but que de les fanatiser et de les exciter contre nous. On prêche partout la guerre sainte dans le Maroc, et Abd-el-Kader, qui est toujours sur la frontière, voit se rallier autour de lui un grand nombre de fanatiques qui demandent à hauts cris à marcher contre les Roumis, qu'ils veulent exterminer jusqu'au dernier.

Tous les chefs influents, nos alliés, nous annoncent la guerre comme inévitable au printemps, et ils assurent que beaucoup de tribus soi-disant soumises, mais en réalité nos ennemies, n'attendent qu'un signal de l'émir pour se soulever et marcher contre nous.

Le 29 janvier, quarante cavaliers sont venus faire une razzia sur deux douars campés près de Sidi-Bel-Abbès et leur ont enlevé tous leurs troupeaux. Le caïd ayant été prévenu de cette razzia est sorti avec son goum, a atteint les voleurs, les a mis en fuite après en avoir tué quatre et a repris tous les troupeaux.

Le lendemain 30, à dix heures du matin, cinquante-huit Arabes ayant leurs armes cachées sous leurs burnous, précédés par quelques enfants et conduits par un marabout qui leur avait persuadé qu'il les rendrait invisibles et invulnérables aux balles des Français, se présentèrent à la redoute de Sidi-Bel-Abbès, à vingt-trois lieues de Tlemcen. Le factionnaire ne voulant pas les laisser entrer, le marabout lui dit qu'il venait, avec son douar, présenter une supplique au commandant supérieur, M. Vinoy, chef de bataillon au 32e de ligne. Le factionnaire ayant de nouveau refusé de le laisser entrer sans l'ordre de son chef de poste allait appeler celui-ci, lorsque le marabout le tua d'un coup de pistolet. Ils pénétrèrent alors dans la redoute en poussant d'effroyables hurlements et en tirant des coups de fusil sur les baraques et sur les hommes qui en sortaient. Le bataillon de la légion étrangère qui occupe la redoute de Sidi-Bel-Abbès prit les armes, tomba sur ces misérables et en eut bientôt raison. Ils étaient entrés au nombre de cinquante-huit, tous les cinquante-huit furent tués. Nous avons eu de notre côté huit hommes tués et vingt-six blessés, dont trois officiers. M. Dubois, capitaine au 10ᵉ bataillon d'Orléans, gendre de M. Melcion d'Arc, qui était depuis deux jours à Sidi-Bel-Abbès pour y remplir les fonctions de sous-intendant militaire, a reçu une balle dans le bras, qui a nécessité l'amputation.

Depuis cinq jours, il tombe de la neige avec abondance; nous en avons deux pieds dans la ville, et elle continue à tomber. Un soldat du 10ᵉ bataillon d'Orléans et un bourgeois ont été trouvés morts sur la neige à deux lieues de Tlemcen; ils sont morts de froid. Deux autres soldats faisant partie d'un détachement revenant de l'Amigher, à quatre lieues d'ici, ont disparu; on les croit ensevelis sous la neige. Un convoi civil, composé de trente-cinq voitures chargées de marchandises, a été obligé de s'arrêter entre Aïn Temouchen et l'Isser, à six lieues. Les voitures ont été confiées à la garde d'un douar, et hommes et chevaux sont venus à Tlemcen. Le courrier n'est pas encore arrivé; on croit ne pas le recevoir avant le départ de celui de Tlemcen.

E. DE CASTELLANE.

162. — *Lettre de M. Dussert, sous-directeur de la province de Philippeville et de Constantine.*

Philippeville, 14 février 1845.

MON GÉNÉRAL,

Il y a longtemps que je n'ai eu l'honneur de recevoir de vos nouvelles, ce qui me fait craindre que les deux dernières lettres que j'ai pris la liberté de vous écrire ne vous soient pas encore parvenues. Cela m'étonnerait peu, car depuis environ deux mois nous avons un temps horrible et, par suite, une désorganisation complète dans le service des bateaux. Nous avons maintenant deux fois par mois une ligne de courriers directs entre la France et nous, mais jusqu'à présent ils ont été toujours en retard. Il en est de même de ceux d'Alger, et même bien pis.

J'espère donc, mon général, que vous voudrez bien excuser les retards involontaires qu'a pu subir ma correspondance et qui m'ont privé de vos nouvelles, auxquelles ma vieille et sincère reconnaissance pour vos bontés me fait attacher un si haut prix.

Notre Algérie est toujours dans sa période de calme, il n'y a pas d'incidents nouveaux. Ce n'est pas cependant qu'il faille se faire illusion sur cette tranquillité et la regarder comme définitivement acquise au pays.

Il est arrivé ce qui devait arriver : la guerre, conduite avec toute l'activité que peuvent donner d'énormes moyens mis à la disposition des gens, a amené une pacification *provisoire*, comme elle l'eût amenée avec M. le maréchal Clauzel dans le temps, si M. le maréchal Clauzel eût eu les mêmes ressources et n'eût pas été acculé à la nécessité de faire tout avec peu ou avec rien. Il est juste aussi peut-être de dire que M. le maréchal Bugeaud a déployé dans tout cela une activité réelle. Mais maintenant le plus fort reste à faire, c'est-à-dire qu'il faut solidifier la pacification et administrer le pays. Or, si j'en juge par les derniers parlages de notre Gouverneur à la Chambre, nous ne sommes pas à la veille d'entrer dans une bonne voie, car c'est déjà mal comprendre la question que de se poser en *demi-dieu* et de jouer au triomphateur, quand on n'est pas même arrivé au trentième de la besogne.

La tête si exacte et si juste de M. le duc d'Aumale, sa haute personnalité eussent plus fait, selon moi, en un an, pour avancer ce pays, que tous les airs de matamore possibles ; il est fâcheux qu'on ait si vite renoncé à utiliser ici la capacité du Prince. Un volume d'arrêtés et d'actes gouvernementaux aurait moins fait que sa présence pour attirer ici les capitaux et y créer la confiance et le crédit. Or, tout se borne, d'une part, à assurer et à compléter les résultats de la guerre et à administrer sagement et progressivement les Arabes, et, d'autre part, à amener les capitaux, les bras et le crédit sur le sol. M. le duc d'Aumale, entouré de généraux comme, Dieu merci, nous en avons encore, constituait la meilleure combinaison à adopter. Elle avait d'ailleurs l'avantage de couper court aux dissertations oiseuses de gouvernement militaire et de gouvernement civil, en établissant le gouvernement royal, c'est-à-dire celui qui procède en vertu d'une double nature. Je regrette bien sincèrement pour mon pays d'adoption qu'on n'ait pas réalisé cette idée, dont j'attendais pour l'Afrique d'heureux résultats, surtout lorsque j'ai pu voir de plus près M. le duc d'Aumale.

Permettez-moi de vous quitter à la hâte; le bateau va partir pour la France et moi pour Constantine, où m'appelle une enquête administrative dont je suis chargé.

Veuillez, mon général, agréer l'hommage de mon respectueux et de mon inaltérable dévouement.

DUSSERT.

163. — *Lettre du chef de bataillon Canrobert, commandant le 5ᵉ bataillon de chasseurs à pied.*

Alger, 18 mars 1845.

MON GÉNÉRAL,

Je viens de recevoir la lettre que vous avez daigné m'écrire le 28 du mois dernier, dans laquelle vous voulez bien me donner une nouvelle preuve de cette bienveillance dont vous m'honorez depuis plus de treize ans et qui, en me soutenant à chacun des pas de ma carrière, ne me laisse que le regret de n'avoir pas encore été appelé à vous témoigner, par des faits, ma vive reconnaissance.

J'avoue, mon général, que, d'après les promesses solennelles qui m'avaient été faites, j'étais loin de m'attendre à ne pas figurer sur le tableau d'avancement de 1845. Je croyais aussi y avoir quelques droits, car jamais je ne me suis épargné; mais, puisque mes chefs ne m'ont pas encore jugé digne du grade de lieutenant-colonel, je dois savoir me résigner et comprendre que les éloges qui m'ont été maintes fois donnés, et la conscience d'avoir religieusement accompli les rudes tâches qui m'ont été imposées, sont pour moi une compensation aussi noble que suffisante.

La grande expédition contre la Kabylie se prépare, je fais ici tous mes efforts pour être appelé à l'honneur d'en faire partie. Le bataillon que je commande a un effectif très élevé, ses officiers et ses soldats sont aguerris par cinq campagnes et des travaux pénibles, nous sommes tous animés d'une ardeur belliqueuse au maintien de laquelle je ne cesse d'apporter mes soins ; peut-être prendra-t-on ces raisons en bonne considération et assignera-t-on au 5e bataillon de chasseurs d'Orléans une belle place dans une des colonnes actives. Si je rentre de nouveau dans l'arène, mon général, ce sera avec la volonté de m'y montrer toujours digne de votre confiance, digne de cette bonté dont vous daignez m'honorer et de laquelle je suis si fier, mais aussi avec l'amer regret de n'y être pas conduit par vous !

Je suis avec respect et un profond dévouement, mon général,

Votre très obéissant et reconnaissant serviteur.

M. CANROBERT,

Chef du 5e bataillon de chasseurs d'Orléans.

164. — *Lettre du colonel Roguet, commandant le 41e de ligne.*

Maghnia, 20 mars 1845.

MON GÉNÉRAL,

Le 18 mars à huit heures du matin, la convention de la délimitation des frontières a été signée par le général comte de La Rue, d'un côté, et Si Hamida, caïd d'Ouchda, fondé de pouvoir de l'empereur du Maroc, de l'autre. Il ne reste plus que l'échange des ratifications. Si Hamida, accompagné de Slooui, envoyé de l'Empereur, porteur de ses instructions et chargé d'en surveiller l'exécution, escorté de deux cent cinquante cavaliers à bonnets pointus rouges, montés sur de superbes chevaux, est venu dans la tente du général de La Rue, tout près du fort de Maghnia. Quatre cents hommes de cavalerie française étaient en bataille derrière la tente; plus en arrière et masqués, étaient deux bataillons et six pièces, prêts à marcher avec cinq jours de vivres.

Contrairement à ce qui a eu lieu dans les entrevues précédentes, aucun Arabe des tribus algériennes et marocaines n'a paru, il n'a pas été tiré de coups de fusil, tout s'est passé avec convenance, calme et solennité. Le café a été offert, des cadeaux ont été échangés, et, après une heure de conférence, la convention a été signée.

Les Marocains, au-devant desquels nous avions été, ont été reconduits. Des deux côtés, il y a eu échange de bons procédés.

La cavalerie marocaine, que nous venons de voir de plus près que dans la dernière campagne, est belle, bien montée. Elle est venue à nous, marchant en bataille, à grands intervalles et sur deux de profondeur, les caïds en avant du front; plus en avant, au centre, les sept drapeaux, signe du commandement. Au retour, elle a également marché en bataille, mais sur quatre ou six de profondeur. Elle fait ses mouvements avec facilité et promptitude. Il ne manque à ces gens-là qu'une organisation, des chefs, des états-majors et les armes accessoires.

ROGUET.

---

165. — Lettre du lieutenant général de Lamoricière, commandant la province d'Oran.

Oran, le 14 avril 1845.

MONSIEUR LE LIEUTENANT GÉNÉRAL,

Je viens de recevoir par le navire à vapeur *le Gomer* votre dépêche du... (1) avril, ainsi que les journaux et le travail sur

(1) La date est en blanc dans la lettre autographe.

Port-Vendres que vous avez eu l'aimable attention de m'envoyer. Je vous en remercie mille fois. Déjà le commandant de l'*Achéron*, qui vous a porté la nouvelle de la conclusion du traité avec le Maroc, m'avait remis une lettre de vous et quelques journaux. Plusieurs absences que j'ai faites m'avaient empêché de vous répondre plus tôt. Je vous prie de vouloir bien excuser ce retard. Je comprends tout l'intérêt que vous portez à Port-Vendres; c'est de tous nos ports celui qui est appelé à jouer le plus grand rôle en ce qui concerne les relations de l'Algérie avec la métropole. Longtemps avant la prise d'Alger, Vauban en avait reconnu l'importance. Aujourd'hui, il est devenu indispensable à la France, et il est bien à désirer que les Chambres se décident à donner des fonds pour le faire activer.

Depuis la dernière lettre que j'ai eu l'honneur de vous écrire, nous n'avons rien eu de nouveau dans la province. L'heureuse fin de la mission dont avait été chargé M. le général de La Rue porte déjà ses fruits. Les tribus frontières se réjouissent de la tranquillité qui a succédé à l'état d'hostilité dans lequel elles vivaient. Abd-el-Kader ne trouve plus chez elles les mêmes sympathies que par le passé, et il paraît certain aujourd'hui qu'elles cherchent à séparer leur cause de la sienne. Le Maroc refuse enfin de lui venir en aide. Tout le monde est dans l'attente du parti que va prendre l'ex-émir. Les uns assurent qu'il cherchera à passer au désert avec les restes qui lui sont restés fidèles; d'autres prétendent qu'il se contentera de lancer des partis de cavalerie dans toutes les directions pour inquiéter les populations soumises à la France. Quelques-uns affirment qu'il restera tranquille là où il est, en attendant des temps meilleurs. Dernièrement, il avait chargé des émissaires d'aller jusque dans l'intérieur de nos tribus prêcher de nouveau la révolte. Nous nous sommes aperçus à temps de ses projets, et il nous a été facile de les déjouer.

Aujourd'hui une colonne est partie de Mascara, sous les ordres du colonel Géry, pour aller détruire, à cent lieues environ au sud de la côte, un établissement important où les nomades du désert déposent leurs richesses et où ils tenaient jusqu'ici, à l'abri de nos coups, les fanatiques qui refusent encore de se soumettre (1).

Il faut prouver aux incrédules que, partout où iront les tribus du littoral, nous pouvons y aller et qu'elles n'auront de repos qu'en venant franchement accepter notre domination.

Recevez, Monsieur le lieutenant général, l'assurance de ma haute considération.

Le lieutenant général
commandant la province d'Oran,
De Lamoricière.

166. — *Lettre du capitaine Cler, du 2ᵉ bataillon d'infanterie légère d'Afrique.*

Cherchell, 16 avril 1845.

Mon général,

J'ai voulu, avant d'avoir l'honneur de vous écrire, connaître le sort réservé à mon bataillon à l'ouverture de la campagne du printemps. Le courrier nous a apporté aujourd'hui l'ordre de former un bataillon de marche et de partir pour arriver à la Maison-Carrée à la fin du mois. Mon corps fera partie de la colonne du centre, qui sera commandée par le colonel Pélissier, sous-chef d'état-major général.

Le 2 mai, quatorze bataillons, répartis dans trois colonnes commandées par le général Gentil, les colonels Pélissier et Gachot, attaqueront par l'est le massif du Jurjura. On pense que des colonnes parties de Médéah, Bougie et Philippeville attaqueront en même temps ces montagnes par le sud, le nord et l'ouest. Quant aux projets du Gouverneur, ils sont peu connus ; je crois même qu'ils seront souvent modifiés par les circonstances imprévues qui surgiront pendant la campagne. Les

---

(1) Le colonel Géry, dans cette expédition vers le sud, détruisit Rassoul et Brezina et rentra le 11 mai dans le Tell par Fremda.

craintes que nous avons toujours du côté du Maroc forceront probablement le Gouverneur à *écorner encore le fameux pâté* et à attendre des circonstances l'occasion de le soumettre entièrement. De toute manière, j'espère bien que les Kabyles ne laisseront pas ravager leur riche pays sans le défendre, et que le point d'honneur suffira seul pour les engager à échanger quelques coups de fusil avec nos colonnes. Je vous demande la permission, mon général, de vous tenir au courant de cette expédition, qui ne peut manquer d'offrir le plus grand intérêt.

J'ai vu avec un bien grand plaisir la nomination de monsieur votre fils, Pierre de Castellane, au grade de sous-lieutenant. Bien que je n'aie point encore eu le bonheur de le rencontrer et de lui serrer les mains, je suis cependant avec le plus grand intérêt tout ce qui lui arrive, et si j'ai craint un instant pour sa santé, je me suis félicité de l'avancement qui vient de lui être accordé.

J'ose espérer, mon général, que votre santé est rétablie et que cette lettre vous trouvera à Paris, où vous deviez vous rendre après votre entier rétablissement.

Je suis avec respect, mon général,

Votre très humble et très obéissant serviteur.

CLER.

167. — *Lettre du chef de bataillon Canrobert, commandant le 5ᵉ bataillon de chasseurs à pied.*

Bivouac sous Tenez, 26 avril 1845.

Mon général,

La nouvelle de la grande révolte des Arabes a commencé à vingt lieues ouest de Tenez (1) et s'est étendue avec rapidité dans la majeure partie de la subdivision d'Orléansville. On

_____

(1) Cette nouvelle insurrection était suscitée par Mohammed ben Abdallah, surnommé par les Kabyles : Bou-Maza, le père de la chèvre.

prétend que les montagnards de l'Ouarensenis et les Flittas sont également insurgés. Plusieurs colonnes sont en mouvement pour arrêter les progrès du mal; elles auront de la peine à réussir complètement. Le bataillon que je commande a eu l'honneur de recevoir les premiers coups des rebelles fanatisés; le 18 de ce mois, deux mille d'entre eux se sont rués sur moi dans un pays très difficile où j'avais reçu l'ordre de pousser une reconnaissance. Je n'avais que trois cent soixante-dix hommes sans artillerie ni cavalerie; j'ai été assez heureux pour recevoir peu de mal et leur en faire beaucoup.

Pendant notre éloignement des environs de Tenez, quelques centaines de révoltés ont surpris le camp, où une grande partie des effets de mon bataillon avaient été déposés sous la garde de soixante hommes. Bien que des renforts, accourus de la ville, soient parvenus à chasser les Arabes, ils n'en ont pas moins eu le temps d'enlever les petits ballots de mes compagnies et les malles de huit officiers. Cet événement se passait le 20 (1), nous étions à vingt-cinq lieues de là; dès que la colonne d'Orléansville l'a eu appris, elle s'est portée ici à tire d'ailes en deux jours. L'ennemi nous a tué quatorze hommes et blessé trente-cinq. Demain matin, nous marchons sur le foyer des insurgés; l'exaspération des officiers et soldats est grande, nous appliquerons dans toute sa rigueur le « malheur aux vaincus! »

CANROBERT.

168. — Lettre du capitaine Cler, du 2ᵉ bataillon d'infanterie légère d'Afrique.

Du camp des Gorges, le 16 mai 1845.

MON GÉNÉRAL,

La dernière fois que j'ai eu l'honneur de vous écrire, je m'attendais à partir avec mon bataillon pour l'est de la pro-

---

(1) Affaire du camp des Gorges, à une lieue de Tenez.

vince, où se réunissaient les troupes destinées à faire l'expédition
de la Kabylie. Les événements arrivés depuis dans l'ouest de
la province d'Alger ont changé cette destination première et
ont conduit mon bataillon dans la subdivision d'Orléansville.
Dans la nuit du 21 au 22 avril, un bateau à vapeur est venu
prendre à Cherchell un détachement de mon bataillon pour
le transporter à Tenez, où venait d'éclater une révolte dont les
branches s'étendaient jusqu'au Sâhara et sur les deux rives
du Chéliff.

A notre arrivée à Tenez, le 22 au soir, nous trouvâmes
cette place dans une vive agitation occasionnée par l'absence
des troupes mobiles, par le pillage et l'attaque du camp des
Gorges, placé en avant de Tenez, et enfin par l'assassinat récent de M. Béatrix, chargé du bureau arabe, et celui de
M. Commandeur, officier du génie. Mon commandant (1), en
l'absence du commandant supérieur, prit de suite le commandement du cercle et, ne comptant que sur ses cinq cents
hommes, n'hésita pas cependant à débloquer le camp des
Gorges et à faire une démonstration au cœur même du territoire insurgé, en jetant, en même temps, un convoi de vivres
dans la place d'Orléansville, qui était dans le plus grand dénuement.

Le 23 à midi, quatre cents combattants, tous du 2ᵉ bataillon
d'Afrique, sans artillerie ni cavalerie, avec vingt-sept voitures,
presque toutes civiles, partirent du camp des Gorges pour tenter l'opération projetée. A une lieue du camp, dans la vallée
de l'Oued-Alala, l'arrière-garde fut attaquée, et, en moins d'une
heure, l'escorte entière fut obligée de tenir tête à deux mille
Arabes ou Kabyles qui, attaquant de tous côtés, forcèrent cette
poignée d'hommes à occuper un *périmètre de position* de plus
d'une lieue d'étendue. Il me serait difficile, mon général, de
bien vous exprimer tout ce qu'il nous a fallu d'énergie et
surtout de sang-froid pour faire face, pendant cinq heures, à
des ennemis cinq fois plus nombreux, encouragés par des

(1) Le commandant Prévost, dont le rapport au colonel de Saint-Arnaud
est joint à cette lettre.

succès faciles obtenus dans les jours précédents et attirés par
l'espoir du pillage du convoi. Il est facile cependant de concevoir comment nous avons échappé à une mort ou à une
déroute (ce qui était pis) presque certaine, en se reportant
à l'organisation de nos bataillons, dont les cadres sont formés
de volontaires et dont les hommes, bien que *gens de sac et de
corde*, comptent dans leurs annales deux faits d'armes qui ont
eu un grand retentissement, la défense de Djumilla en 1839
et celle de Mazagran en 1840. Tous, du reste, étaient bien
pénétrés de leur position et savaient qu'ils devaient choisir
entre la mort du champ de bataille et l'affreux martyre que
les tribus Kabyles imposent aux malheureux qui tombent vi-
vants entre leurs mains.

A six heures du soir, nous parvînmes, en doublant les atte-
lages, à occuper un plateau et à disposer notre convoi en
carré en le faisant protéger en avant par les pelotons d'escorte. Cette opération, qui dura plus d'une heure, étant terminée, nous pûmes enfin, pour la première fois de la journée,
prendre un moment de repos et envisager nos pertes. Cinq
hommes avaient été tués, et cinquante-deux blessés grièvement
étaient couchés au centre du carré ; d'autres encore, atteints
plus légèrement, étaient restés à leur poste.

A la nuit, le caïd des Eumis, resté neutre pendant le combat, voyant que l'affaire tournait à notre avantage, vint nous
offrir ses services. Peu sûr de sa fidélité, notre commandant
se servit de lui pour tromper les Arabes qui nous observaient,
en le chargeant de prévenir le commandant supérieur d'Orléansville de notre position et de lui dire que nous attendions
son concours pour reprendre notre marche. Les feux furent
ensuite allumés et tout fut disposé pour tromper les Arabes.

Entre minuit et une heure, le convoi se remit en marche en
observant le plus grand silence ; défense avait été faite à l'arrière-garde de répondre au feu de l'ennemi. Pendant une demi-heure, rien n'inquiéta notre marche, et si une prolonge du
train ne s'était point cassée, il est plus que probable que les
hauteurs auraient été gagnées sans recevoir un coup de fusil.
Cet incident et le bruit fait pour réparer la prolonge attirè-

rent quelques maraudeurs, qui tirèrent sur la colonne et blessèrent quelques hommes.

A deux heures du matin, le convoi put enfin atteindre la Maison Blanche de Boubarrer, où il trouva le commandant supérieur d'Orléansville avec deux cents hommes qui renforcèrent l'escorte jusqu'à Orléansville, où nous arrivâmes vingt-sept heures après notre départ de Tenez.

Sans compter les pertes de l'ennemi (pertes évaluées par les Arabes à cent tués et deux cents blessés environ), notre combat a eu pour résultat de rompre la ligue préparée par les lettres et les émissaires d'Abd-el-Kader, ligue qui menaçait d'envahir tout le pays compris entre Milianah et Mostaganem, le désert et la mer. Le combat a encore prouvé aux Arabes et aux Kabyles qu'une poignée de Français, n'ayant pour auxiliaires que l'honneur national et une bonne organisation, pouvait impunément traverser les pays les plus difficiles sans être arrêtée par l'attaque de hordes insurgées maîtresses des positions et de l'initiative des mouvements. Il a amené aussi, de suite et aux conditions les plus dures et les plus humiliantes qui aient été imposées depuis la conquête, la soumission des tribus révoltées qui, depuis vingt-cinq jours, nous ont laissé ravager impunément leur territoire.

Voilà en quelques lignes, mon général, le résultat de notre petite campagne. Il ne nous reste plus qu'à faire acte de présence dans le Dahara, l'Ouarensenis, et à déposer ensuite l'épée pour reprendre la pioche.

Mon commandant, voulant me prouver toute sa reconnaissance pour le faible concours que je lui ai prêté pendant cette campagne et plus particulièrement au combat du 23, va me proposer pour le grade de chef de bataillon au tour de guerre. Je ne sais comment cette proposition, qui sera présentée au Gouverneur le 22, à Orléansville où se réuniront toutes les colonnes, sera accueillie par lui et plus tard par le ministre. Je suis dans ma quatrième année d'Afrique, et depuis un mois je suis entré dans ma cinquième année de grade de capitaine; j'ai aussi deux citations à l'ordre du jour de l'armée, et

j'ai rendu quelques services à mon bataillon. Peut-être réus-
sirai-je (1) !

Veuillez agréer, mon général, l'assurance du respect et de
la vive reconnaissance de votre très humble et très obéissant
serviteur.

CLER.

169. — *Rapport adressé par le commandant Prévost (2), du
2ᵉ bataillon d'infanterie légère d'Afrique, à M. le colonel de
Saint-Arnaud, commandant la subdivision d'Orléansville, sur
l'attaque du convoi parti de Tenès le 23 avril au matin.*

MON COLONEL,

Sachant que la route d'Orléansville était interceptée et que
cette place manquait de biscuit, je fis, le soir même de mon
arrivée à Tenès, organiser un convoi de douze prolonges auxquelles vinrent se réunir treize autres voitures chargées pour
le commerce, plus quelques bêtes de somme arabes portant
de la farine, et je me mis en route dès le lendemain 23, avec
quatre cent cinquante hommes du 2ᵉ bataillon d'infanterie
légère d'Afrique.

Nous avions à peine dépassé le petit camp pillé l'avant-
veille par les Arabes, que les hauteurs à notre gauche se
garnirent insensiblement de cavaliers poussant devant eux
une masse de Kabyles aux cris desquels répondirent bientôt,

---

(1) Voici ce que le maréchal de Castellane écrivait dans son Journal à
la date du 14 juin 1854. « Le colonel Cler, du 2ᵉ zouaves, a été longtemps
sous mes ordres, je le reconnus comme un homme distingué. Au bout de
deux ans de grade de sous-lieutenant, je le fis nommer lieutenant, au bout
de deux ans de grade de lieutenant, capitaine; c'est ainsi qu'il est arrivé
à être colonel encore jeune, et il sera, j'en suis persuadé, un des officiers
généraux les plus distingués de l'armée. » Le général de brigade Cler fut
tué à la bataille de Magenta.

(2) *Prévost* (Jacques-Marie-Toussaint), né à Toulouse le 21 décembre
1803, élève de l'École spéciale militaire le 14 novembre 1821, commandant
le 2ᵉ bataillon d'infanterie légère d'Afrique le 11 avril 1844, lieutenant-
colonel du 13ᵉ léger le 28 août 1846.

en nous attaquant vivement sur notre flanc droit, ceux qui descendaient des montagnes voisines. A une lieue et demie, nous étions pressés de tous côtés et déjà encombrés de blessés. Mon intention n'était point de m'arrêter pour livrer un combat, mais l'opiniâtreté de l'attaque m'obligeant à faire de fréquentes haltes et le transport de mes blessés dégarnissant par trop ma ligne de défense dans un moment où les forces de l'ennemi semblaient augmenter, je dus masser plusieurs fois mon convoi dans les plis de terrain pour revenir sur l'ennemi, qui s'en approchait avec une résolution faite pour inspirer de sérieuses inquiétudes, si j'eusse été moins bien secondé.

Après cinq heures de combat qui avaient totalement épuisé les forces de mes officiers et de mes soldats et une grande partie de mes munitions, j'arrivai à l'endroit ou l'Oued Allala, rétréci par la vallée, présente des bords très escarpés dominés de tous côtés par les positions que les Arabes occupaient en force. Mais au lieu d'engager le convoi dans la gorge que suit la route, je le jetai brusquement à droite, sur un piton autour duquel vinrent successivement converger toutes mes lignes de tirailleurs éparses sur un périmètre de près d'une lieue. L'ennemi, surpris par ce mouvement inattendu et tenu d'ailleurs en échec des divers points que je faisais occuper, cessa une attaque devenue inutile, se bornant à garnir toutes les crêtes environnantes pour nous disputer plus tard le passage de la gorge. Mes hommes exténués, sans eau, sans bois, s'assirent le fusil entre les jambes et restèrent tous en observation, pendant que mon aide-major, admirable de dévouement et d'abnégation, continuait à la lueur d'une lanterne les amputations et les pansements commencés sous le feu de l'ennemi.

Quand tous mes blessés furent pansés et convenablement établis dans les prolonges, déchargées à cet effet de leur fourrage, il était près de minuit. Les feux de l'ennemi s'étaient éteints, je repris silencieusement ma route et je serais arrivé sans encombre au sommet de la montagne, dite de plâtre, sans la rupture d'une flèche dont le remplacement, m'ayant fait

perdre un temps considérable, donna à quelques cavaliers le
temps de rejoindre mon arrière-garde. Celui-ci, conformément
à mes instructions, ne répondit pas un seul coup de fusil, ce
qui nous permit de gagner le territoire des Eumis, sur lequel
nous cessâmes d'être inquiétés et où j'opérai ma jonction avec
le commandant Tripier, venu d'Orléansville à la tête de deux
cents fantassins et de quelques cavaliers.

Le bataillon d'Afrique a perdu cinq hommes, il a eu cinquante-deux blessés, dont quatre officiers et sept sous-officiers. Ces chiffres vous prouvent, mon colonel, l'énergie de
l'attaque et la résolution de la défense. Mais ce que je dois
vous signaler, c'est en première ligne l'honorable conduite de
M. Strauss, chirurgien aide-major du bataillon, qui mérite
une mention spéciale.

Ma tâche a été rendue plus facile par le concours d'officiers
énergiques qui, quoique blessés et ne pouvant plus tenir
debout, sont retournés à cheval au milieu des tirailleurs. De
ce nombre sont MM. Guichard, Preslon et Gérard (qui s'est
encore fait tuer un cheval sous lui).

Le sergent-major Bilon, le sergent Vivien, le fourrier Caba-
ret se sont fait blesser en luttant corps à corps pour arracher
à l'ennemi un soldat blessé.

M. Cler, adjudant-major, s'est multiplié pour diriger les
tirailleurs dans des retours offensifs et pour offrir aux blessés
le secours de son cheval. Sa tâche a été partagée par
M. Picard, adjudant-major du 53ᵉ de ligne, qui rejoignait.
Nous avons eu aussi le concours d'un autre officier brillant
de courage, M. le lieutenant Robinet, du 53ᵉ de ligne.

Je suis, etc.

Le commandant,

Prévost.

170. — *Lettre du chef de bataillon Canrobert, commandant le 5ᵉ bataillon de chasseurs à pied.*

Au bivouac de Sidi-Aïssa, chez les Beni-Menad, le 5 juin 1845.

MON GÉNÉRAL,

Lorsque j'eus l'honneur de vous écrire le 26 avril dernier, l'insurrection venait d'éclater dans la partie du Dahra comprise entre Tenès et l'embouchure du Chéliff; déjà quelques engagements avaient eu lieu entre nous et les révoltés, qui, dans le cercle de Tenès surtout, s'étaient montrés entreprenants. Après avoir surpris et pillé notre camp de travailleurs (laissé par ordre supérieur sous la garde de peu de jeunes soldats), ils avaient vigoureusement attaqué un convoi que le 2ᵉ bataillon d'Afrique conduisait à Orléansville. Les troupes de la subdivision d'Orléansville avaient dû accourir en toute hâte, en laissant en feu le haut Dahra où elles agissaient. Depuis cette époque, mon général, nous n'avons pas eu un seul jour de repos, nous avons poursuivi sans relâche les révoltés et porté dans leurs âpres montagnes la dévastation et le massacre.

Nos premières opérations ont été heureuses, elles ont amené la pacification des tribus des environs de Tenès et le maintien de celles qui sont autour d'Orléansville. Les révoltés de ces contrées ont dû verser leurs armes entre nos mains, payer une forte contribution de guerre et mettre toutes leurs bêtes de somme à la disposition de l'administration.

Enfin la tranquillité a été rétablie entre ces deux points principaux, qui peuvent aujourd'hui facilement communiquer.

Mais si ces avantageux résultats ont été obtenus autour de Tenès et d'Orléansville, il est loin d'en être ainsi dans le haut Dahra, où les insurgés se réunissent plus menaçants que jamais. Depuis dix jours nous sommes au milieu d'eux, et M. le colonel de Saint-Arnaud leur a livré plusieurs combats qui, tout en faisant le plus grand honneur à la solidité et à l'élan des troupes, n'ont rien produit de décisif.

Pendant que notre petite colonne est seule aux prises avec les insurgés, celle aux ordres de M. le Gouverneur général en personne et celles de MM. les généraux de Bourjolly et Reveu opèrent excentriquement dans le Tell de la rive gauche du Chéliff. Si on ne se hâte de faire converger sur les points des Beni-Menad, Ouled Djounes et Cheurffas des forces imposantes, on aura donné à un second Abd-el-Kader le loisir de se créer une puissance qui, sans être aussi étendue que celle de l'ex-émir, n'en sera pas moins redoutable.

Étant sans nouvelles de ce qui se passe sur les autres parties de l'Algérie, je ne puis, mon général, avoir l'honneur de vous en entretenir, mais si les affaires ne vont pas mieux que dans celle-ci, M. le Maréchal gouverneur aura besoin de toutes ses ressources pour rétablir solidement notre domination.

Le bataillon que je commande a été assez heureux pour se faire distinguer favorablement dans tous les engagements auxquels il a pris part; malheureusement, c'est lui qui a éprouvé le plus de pertes.

Daignez agréer, mon général, l'expression des sentiments de respect, de dévouement et de vive reconnaissance de votre très obéissant serviteur.

CANROBERT,
Chef du 5e bataillon de chasseurs d'Orléans.

171. — *Lettre de M. Bouaissier de Bernouis, intendant militaire de la province de Constantine.*

Constantine, le 8 juin 1845.

MON GÉNÉRAL,

La province de Constantine offre de véritables ressources, et ses habitants ont un esprit de soumission beaucoup plus sincère que ceux du reste de l'Algérie; ce sont d'heureuses conditions qui ne nous dispensent cependant pas de l'obligation d'être les plus forts. M. le duc d'Isly a bien raison de l'être en ce moment de son côté pour châtier l'important démenti qu'il a reçu dans l'Ouest. Il paraît toutefois que son rude antagoniste lui donne encore fort à faire. Heureusement que le signal a été donné trop tôt ou mal compris, car si nous avions été engagés dans la Kabylie au moment de la levée de boucliers, il en serait certainement résulté de grands embarras. Mais les Arabes, malgré leur finesse, pécheront encore longtemps par le défaut d'ensemble. Le général Bedeau complète la soumission de l'Aurès ; il espère en avoir terminé le 1er juillet.

Les Kabyles se sont vaillamment défendus, mais en conscience leurs moyens de résistance sont insuffisants.

BOUAISSIER.

172. — *Lettre du capitaine Cler, du 2e bataillon d'infanterie légère d'Afrique.*

Au bivouac de l'Oued Sidi Habbad, le 14 juin 1845.

MON GÉNÉRAL,

J'ai reçu hier, au bivouac de l'Oued Dhalia, la lettre que vous m'avez fait l'honneur de m'écrire de Paris le 15 mai. Un courrier devant partir pour Tenès dans une heure, j'en profite pour vous remercier et pour vous écrire ce que nous faisons.

Dans ma dernière lettre, je vous donnais les résultats obtenus à la suite de la première partie de la campagne entreprise pour châtier les tribus insurgées de la subdivision d'Orléansville. Nous venions de parcourir et de recevoir la soumission de celles de ces tribus qui sont à l'est de Tenès, entre la mer et le Chéliff, et l'*aman* ne leur avait été accordé qu'aux conditions les plus dures. Il restait encore, pour comprimer entièrement la révolte, à parcourir les tribus de l'ouest.

Au centre du Dahara, près de la mer, se trouve un pays de

hautes montagnes boisées, rocheuses, d'un accès très difficile et habitées par des tribus guerrières. Les Kabyles qui
habitent ces montagnes, forts de leur position inexpugnable,
n'ont jamais voulu plier sous le joug du conquérant et payer
l'*achour* à l'autorité française. Dans la région la plus élevée de
ces montagnes et à la tête des tribus les plus turbulentes se
fait remarquer celle des Ouled Djounès, dont les habitants,
cruels et rapaces, connus comme les plus habiles détrousseurs
de cette partie de la Kabylie, n'ont point encore fait leur
soumission. Centre de l'insurrection, cette tribu a entraîné les
autres et a servi constamment de refuge au grand chériff (1).
Attaquée plusieurs fois par nos troupes, qui, dans quatre combats, lui ont fait éprouver des pertes sensibles, elle résiste
encore et ne paraît point disposée à nous demander l'*aman*.

Aujourd'hui nous retournons pour la quatrième fois dans
ce pays. Le général Bourjolly et le colonel Pélissier ont reçu
l'ordre d'opérer avec leurs colonnes dans cette direction ; ainsi
espérons que cette fois enfin nous aurons de bons résultats.
Le Gouverneur ou le ministre n'ont point encore voulu dire
ce qui se passe dans cette partie de l'Afrique qui, *il faut bien
l'avouer*, n'a jamais été soumise.

Ces raisons politiques font qu'après les promesses les plus
rassurantes, le rapport de mon commandant sur notre brillante
affaire du 23 avril, dont les détails vous ont été donnés dans
les dernières lettres, est encore dans les cartons du ministre.
Espérons qu'il verra le jour à la fin de la campagne.

Le colonel de Saint-Arnaud va faire partir par ce courrier
les mémoires de proposition qui seront adressés au ministre
à la fin de la campagne que nous terminons en ce moment.
Mon commandant est proposé pour lieutenant-colonel, et le
colonel de Saint-Arnaud appuie et approuve la proposition
pour le grade de chef de bataillon qui est faite en ma faveur
par mon chef de corps. Le Gouverneur connaît déjà ces deux
propositions et est bien disposé pour nous. Mon commandant,
qui a vingt-deux campagnes tient très peu à rester en

_____

(1) Bou-Maza.

Afrique. Pour moi, qui suis jeune et bien portant, je serais heureux de rester dans ce pays, qui est loin d'être pacifié et qui me donne en perspective de la gloire et de l'avancement.

Je vous remercie encore, mon général, des détails que vous me donnez dans la lettre que vous venez de m'envoyer, et surtout des marques de bienveillance que vous manifestez pour moi.

Je suis avec respect et reconnaissance, mon général, votre très humble et très obéissant serviteur,

CLER.

173. — *Lettre du chef de bataillon Canrobert, commandant le 5ᵉ bataillon de chasseurs à pied.*

Tenès, le 18 juillet 1845.

MON GÉNÉRAL,

M. le Maréchal gouverneur s'étant enfin décidé à envoyer simultanément dans le Dahra insurgé trois colonnes mobiles, nous avons pu venir à bout de ces fanatiques montagnards qui, depuis près de trois mois, nous harcelaient sans cesse malgré les coups que nous leur portions. L'insurrection arabe, dans le principe si menaçante, n'a pu résister au manque d'un chef unique, habile et influent; l'émir Abd-el-Kader lui a fait défaut. Les tribus n'obéissant pas à une seule impulsion n'ont pas su se prêter un appui mutuel; chacune cherchait à sauver ses têtes et ses biens, et chacune a été successivement accablée et désarmée.

Cette mesure du désarmement, imposée à toutes les peuplades qui avaient levé l'étendard de la révolte, est une des plus rationnelles qui aient été prises jusqu'à ce jour en Afrique : non seulement elle est une punition sévère, par l'humiliation qu'elle jette sur une race belliqueuse, mais elle a en outre l'immense avantage de mettre nos ennemis dans l'impossibilité matérielle de nous faire ultérieurement la guerre.

Malheureusement, elle ne s'est étendue que sur une fraction
des subdivisions d'Orléansville et de Mostaganem. S'il était
facile de l'imposer partout ailleurs, on devrait se hâter, car
nous ne pouvons pas nous dissimuler, mon général, que dans
la nation indigène nous ne comptons que des ennemis mortels.

Les officiers de l'armée d'Afrique, mon général, ont accueilli
avec reconnaissance les nobles paroles que vous avez fait entendre en leur faveur à la Chambre des pairs. Ceux d'entre
eux qui ont l'honneur d'avoir servi à votre école ont été fiers
de voir que sur la brèche parlementaire leur général portait
la tête aussi haute que devant ses troupes! Me permettez-vous
de vous dire, mon général, qu'en stigmatisant le triste
système des razzias, vous avez accompli un acte de grande
équité et de haute prudence? Acteur ou spectateur forcé dans
une multitude de ces drames, je n'ai que trop appris à reconnaître les désastreux effets de ce terrible et barbare moyen.
J'ai dû souvent gémir sur la démoralisation profonde qu'il jette
dans le cœur du soldat qui égorge, vole, viole et s'y bat pour
son compte particulier, devant ses officiers souvent impuissants à le retenir!

Daignez agréer, mon général, l'expression du respectueux
et reconnaissant attachement de votre très humble et très
obéissant serviteur,

CANROBERT,
Chef du 5ᵉ bataillon de chasseurs d'Orléans.

174. — *Lettre du capitaine Cler, du 2ᵉ bataillon d'infanterie
légère d'Afrique.*

Du camp des Gorges, sur l'Oued Allala, le 26 juillet 1845.

MON GÉNÉRAL,

J'ai reçu les deux lettres que vous m'avez fait l'honneur de
m'écrire de Paris, le 27 mai et le 1ᵉʳ juillet suivant. J'ai lu
aussi avec un bien grand intérêt le discours que vous venez
de prononcer à la Chambre des pairs. Mes camarades et mon

commandant plus particulièrement ont tous apprécié les motifs qui, en cette circonstance comme en toutes celles où les intérêts de l'armée sont mis en discussion, vous ont porté à être son généreux défenseur.

Bien que nous soyons tranquilles, nos affaires n'en vont pas mieux dans le Dahara, le Chéliff et l'Ouarensenis, où un de nos agas vient d'être assassiné sans que nous puissions en exiger satisfaction. Les tribus Kabyles n'ayant point été entièrement désarmées, il est à craindre qu'elles ne remuent encore après les moissons. Le Gouverneur, qui est en ce moment dans la kabylie de l'Est, a été obligé de dégarnir le centre de la province et de ne laisser que deux bataillons d'augmentation dans la subdivision d'Orléansville.

Nous sommes au bivouac, à une lieue de Tenès, sur la route d'Orléansville, où deux bataillons travaillent encore à trois lieues plus au sud. Nous terminons la position de cette route qui traverse les gorges profondes de l'Allala. Un canal souterrain conduit les eaux de cette rivière sur l'emplacement de la Tenès romaine et de la nouvelle ville française. Demain dimanche, après quatorze siècles d'interruption, le plateau sec et aride où s'élève notre nouvelle colonie sera arrosé par des eaux abondantes qui y porteront la vie et la fraîcheur. Ces travaux de routes et d'aqueducs sont gigantesques et font le plus grand honneur au génie militaire qui les a conçus et aux soldats qui les ont exécutés.

Je vois souvent le commandant Canrobert, du 5e bataillon d'Orléans, qui, comme moi, vous porte dans son cœur. Je suis heureux et fier de l'amitié de ce brave commandant.

Je ne sais comment vous remercier, mon général, de la bienveillante sollicitude et de l'affectueux souvenir dont vous n'avez cessé de m'honorer. Je saisirai toujours les occasions de mériter et de justifier une aussi haute protection.

Je suis avec respect et reconnaissance, mon général,

Votre très humble et très obéissant serviteur.

CLER.

(1) Assassinat par Bou-Maza, de El-Hadj-Ahmed. aga des Sendja, qui s'était réfugié chez les Ouled-Djounès.

175. — *Lettre du chef de bataillon Canrobert, commandant le*
5ᵉ bataillon de chasseurs à pied.

Tenès, le 3 août 1845.

MON GÉNÉRAL,

En vous écrivant le 20 du mois dernier, j'ignorais l'honneur que vous aviez daigné me faire en prononçant mon nom
devant la Chambre des pairs, dans la mémorable séance du
4 juillet. Aujourd'hui, je reçois le précieux cadeau de votre
discours, et ce n'est pas sans une émotion profonde que je
m'y vois figurer accompagné d'une épithète tellement élo-
gieuse qu'elle me rend confus. Lorsque le général de Castellane laisse tomber du haut de la tribune sur un pauvre officier l'appellation dont j'ai été l'objet, cet officier doit être
bien fort ou succomber sous son poids. Malheureusement,
mon général, souffrez que j'ose vous le dire, je ne possède,
pour me montrer digne de votre éminent patronage, qu'un
dévouement absolu au devoir militaire, un cœur de soldat et
le peu d'expérience que m'ont donné dix ans passés sur la
terre d'Afrique ; ces avantages sont loin d'être suffisants.

Le chériff Bou-Maza, le même qui, au printemps dernier,
était à la tête des insurgés du haut Dahra, après avoir disparu
pendant quelques jours, vient de reparaître. Accompagné de
peu de cavaliers hardis et bien montés, il a fait plusieurs
pointes sur des tribus alliées, il a surpris et massacré un aga
et trois caïds, sans que nos camps aient encore pu l'atteindre.
Ce système de faire payer aux chefs arabes nommés par nous
leur fidélité à notre cause, s'il recevait de l'extension, deviendrait très préjudiciable à nos intérêts et compliquerait singulièrement la difficulté déjà grande du gouvernement des
indigènes.

Le maréchal Bugeaud a, comme déjà vous devez le savoir,
mon général, réuni vers les frontières de la Kabylie plusieurs
bataillons. Si l'expédition se fait sérieusement, elle absorbera

tant de troupes que peut-être notre contrée et celle de l'Ouest ne s'en trouveront pas bien.

Hier, le bruit courait que votre jeune fils, qui commandait un peloton de chasseurs au Kramis des Beni-Ouragh, sur le Riou, avait eu à soutenir un vigoureux combat dont il s'était brillamment sorti, sain et sauf. J'attends impatiemment la confirmation d'une nouvelle qui ne me surprendra nullement, mais me comblera de joie.

Daignez agréer, mon général, l'expression du respectueux dévouement et de la reconnaissance sans bornes

De votre très humble et très obéissant serviteur.

CANROBERT,
Chef du 5e bataillon de chasseurs d'Orléans.

176. — *Lettre du capitaine de Wimpffen* (1), *des tirailleurs algériens.*

Blidah, 24 août 1845.

MON GÉNÉRAL,

Oui, on est peu généreux à l'égard des officiers de l'armée d'Afrique, et ils font ici la guerre à leurs frais. Depuis mon arrivée en Algérie, j'ai été, à l'époque de chaque expédition, obligé de venir en aide à mon lieutenant et à mon sous-lieutenant, qui ne tiennent honorablement leur rang qu'en s'imposant de très grandes privations. Tout en Afrique est fort cher, et on ne nous donne aucune augmentation de solde qu'on accorde en France pour le moindre déplacement. Du reste, tout ici concourt à nous ruiner. Notre départ est-il annoncé, les bêtes de somme nécessaires aux transports de nos vivres et de nos effets ne se vendent plus qu'à des prix très élevés. Au retour,

_____

(1) *Wimpffen* (Emmanuel-Félix de), né en 1811, élève de l'École de Saint-Cyr, capitaine en 1840, chef de bataillon aux tirailleurs algériens en 1847, colonel de ce régiment en 1853, général de brigade en 1855, général de division en 1859.

il n'y a plus d'acquéreurs, si l'on ne consent à perdre cinquante à soixante francs sur son acquisition. Les spéculateurs savent qu'en garnison il est impossible à un officier de nourrir longtemps un cheval ou un mulet nécessitant par mois une dépense de trente francs.

Je viens, mon général, de rentrer d'une expédition qui vous est aujourd'hui entièrement connue. Nous avons parcouru durant soixante-quatre jours les environs d'Orléansville, toutes les tribus révoltées ont été ravagées et soumises, mais il me semble, par tout ce que j'ai vu, qu'on n'a pu obtenir qu'une obéissance forcée, qu'une paix éphémère. Ce sont à mes yeux les Saxons de Charlemagne, toujours soumis après une lutte meurtrière et toujours prêts à profiter de la moindre occasion favorable pour se révolter; ou bien ce sont nos chrétiens d'autrefois ne demandant la trêve aux musulmans qu'afin de reprendre de nouvelles forces pour combattre.

Devant un ennemi pareil, on ne peut trop chercher à détruire la folle idée de diminuer l'armée; elle est à peine suffisante avec son chiffre actuel. Cent mille hommes suffiront, mais il nous faudra encore supporter de grandes fatigues pour conserver la paix. Après avoir détruit bien des moissons, abattu plusieurs milliers d'arbres, brûlé des douars, tué des Arabes, les colonnes à peine éloignées du théâtre de la guerre, un dernier détachement et un agent indigène sont massacrés aux environs d'Orléansville; il nous faut de nouveau envoyer des troupes sur ce point. Les spahis et un escadron de chasseurs en garnison à Blidah viennent de partir. Tout en étant d'avis de ne laisser impuni aucune révolte, je crois que certains moyens de répression doivent être rejetés comme peu propres à soumettre réellement les populations.

Les mesures que je voudrais voir supprimer sont la destruction des arbres et des habitations. Nous étions au pic de l'Ouarensenis, où l'ordre nous avait été donné de détruire de superbes champs de figuiers et d'oliviers. Nos soldats arabes se livraient mollement et avec répugnance à cette corvée. Je leur en fis le reproche; un d'eux, que j'affectionne à cause de sa bravoure, me répondit : « Pourquoi nous faire abattre ces arbres? Ce sont les hommes qui se sont révoltés contre nous qu'il faut combattre, il faut marcher contre eux, les atteindre et les punir. En détruisant ces arbres, tu punis aussi pour longtemps des femmes et des enfants qui ne vous ont rien fait; tu insultes Dieu et le marabout sous la protection duquel ces arbres sont placés, tous les gens de ce pays te maudiront; si tu coupais seulement quelques têtes de révoltés, tu aurais beaucoup moins d'ennemis. »

Aucune des maisons brûlées par nous n'a été rebâtie; j'ai repassé dans des villages que nous avions incendiés, aucun effort n'a été tenté pour réédifier ce que nous avions détruit. Les habitants de ces demeures ont préféré vivre sous la tente ou sous les rochers, soit par apathie, soit dans l'espérance de pouvoir mieux se mettre à l'abri de nos coups. Pour soumettre et punir les Arabes, je pense qu'on peut détruire les récoltes de l'année, exiger des contributions en argent et en nature, se faire remettre des chevaux et des mulets et leur laisser bœufs, chèvres et moutons, comme produit indispensable à leur existence et à la nôtre. La contribution en armes est aussi une bonne mesure, mais on ne doit pas en espérer un désarmement même partiel. L'Arabe a toujours en réserve un peu d'argent pour s'acheter de la poudre et des armes. L'homme dont vous aurez pris le fusil saura bien s'en procurer un autre, peut-être meilleur.

Mais ce à quoi on ne pense pas assez, c'est au bien-être de cette population qu'il faut absolument incorporer à nous. On fait tant de sacrifices pour installer ici des hommes venant de tous les coins du monde, pourquoi n'en fait-on pas quelques-uns pour les sujets appartenant au sol? Il faut faire construire des habitations commodes et appropriées aux mœurs de ces habitants de villages déjà établis au milieu de nous, il faut leur limiter leurs propriétés pour les mettre à l'abri des tracas que peuvent leur causer des envahisseurs rapaces, donner aussi des bœufs, des moutons, des charrues et des terres aux pauvres. Toutes ces choses peuvent se faire en intéressant à leur réussite les officiers chargés des affaires arabes.

Nous avons en outre de grands chefs arabes. Que n'exiget-on de ces hommes puissants une impulsion dans le sens de nos idées? Ils devraient, pour nous complaire, se construire de grandes et belles habitations et non point continuer à vivre sous la tente ou dans un misérable gourbi. Enfin, on devrait étendre davantage le système des otages. Si l'on réunissait les jeunes gens de bonne famille pour les élever en France dans nos maisons d'instruction, ils rapporteraient dans leur patrie des idées et des connaissances qui en feraient les ennemis de l'ordre de choses actuel. Quant à l'éducation à donner à ces jeunes gens, j'entends les arts et métiers et l'agriculture.

Je me suis étendu bien longuement sur un sujet que vous connaissez mieux que moi, mais si j'agis ainsi, c'est que je sens le besoin de vous témoigner, au moins par cette conversation expansive, ma reconnaissance. J'aurais bien le désir de vous parler du corps dans lequel je me trouve et dont on ne fait pas, à mon avis, tout le cas qu'il mérite. Souvent j'ai pensé aux améliorations qu'on pourrait y apporter et aux services qu'il peut rendre.....

WIMPFFEN.

177. — Lettre du lieutenant-colonel Dumontet, du 19ᵉ léger.

Sétif, 9 septembre 1845.

Mon général,

J'ai l'honneur de vous remercier d'avoir bien voulu m'envoyer les discours que vous avez prononcés à la Chambre des pairs. Je les ai lus avec un vif intérêt et les ai communiqués à plusieurs officiers du 19ᵉ, qui, ainsi que moi, ont applaudi aux vérités que vous avez dites sur l'Afrique. Malheureusement ces vérités sont mal comprises en France, et trop de gens y repoussent la lumière, les uns parce que l'erreur convient à leur intérêt, les autres parce qu'elle plaît à leur crédulité. C'est chose extraordinaire comme cette dernière classe est nombreuse, avec quelle foi profonde elle accueille tous les contes bleus, toutes les billevesées qu'on lui débite sur cette malheureuse colonie; avec quelle naïve confiance elle croit sur parole tous ces faiseurs de bulletins mensongers qui se proclament de grands hommes pour avoir brûlé des récoltes et volé des moutons, traqué et enlevé de misérables populations sans défense, qui font des batailles d'Austerlitz avec de puérils combats contre de méprisables sauvages, à peine armés, que le premier coup de canon suffit pour mettre en fuite !

Le peu de succès de leurs premières attaques contre le système de charlatanisme et de mensonge ne doit pas empêcher les hommes de cœur et de conscience comme vous, mon général, de poursuivre courageusement la tâche qu'ils ont entreprise. Un jour viendra, soyez-en sûr, et ce jour n'est pas éloigné peut-être, où le pays, éclairé enfin sur la vérité, remerciera ceux qui la lui auront fait connaître. Les officiers de l'armée d'Afrique vous doivent également des remerciements, mon général, pour le constant intérêt que vous mettez à venir chaque année réclamer à la tribune de la Chambre contre la modicité de leurs appointements et pour le constant intérêt que vous prenez à leur position. Votre persévérance n'échappe pas plus à leur attention qu'à leur reconnaissance. J'avoue que je ne comprends pas comment le gouvernement n'a point encore fait droit à une réclamation d'une justice aussi évidente et comment il refuse aux officiers de l'armée d'Afrique, qui ont deux fois plus de dépenses à faire que leurs camarades des garnisons de l'intérieur, une indemnité que toute troupe sur le pied de rassemblement obtient en France.

Nous sommes ici sans aucun événement, et, malgré la tartine d'amplification des faiseurs de bulletins des autres provinces, la sécheresse de leurs rapports prouve que la matière manque et qu'ils sont dans le même calme plat que nous....,.

Dumontet.

178. — *Lettre du capitaine Danner* (1), *du 56ᵉ de ligne.*

Mascara, 24 septembre 1845.

Mon général,

M. le général Bourjolly a eu deux engagements assez sérieux avec Bou-Maza, renforcé par les Cheurfas et les Flittas insurgés. A la première rencontre, les Arabes ont perdu soixante hommes et vingt chevaux; à la deuxième, qui a eu lieu avant-hier 22, nous avons perdu M. le lieutenant-colonel Berthier de Lasalle, du 4ᵉ régiment de chasseurs d'Afrique, tué dans une charge, et vingt-cinq hommes tués; le nombre des blessés est de cinquante. Les Arabes ont laissé deux cent soixante cadavres sur le terrain; nous nous attendons à partir (2).....

Danner.

179. — *Lettre du sous-lieutenant Pierre de Castellane,*
du 3ᵉ régiment de chasseurs d'Afrique.

Bel-Assel, 25 septembre 1845.

Vous recevrez à la fois deux lettres de moi, mon cher père, une où je vous annonce que je suis intact et bien portant, celle-ci où je vais vous donner quelques détails sur nos affaires des 19, 20 et 22 septembre.

Le 19, nous avions traversé un défilé difficile pour entrer dans les Flittas; une partie du pays est très accidentée et cou-

---

(1) *Danner* (Henri-Adolphe), né à Sarrebruck le 24 janvier 1807, sorti de l'École spéciale militaire le 24 novembre 1825, capitaine au 56ᵉ de ligne le 25 février 1838, colonel le 24 mars 1855, général de brigade le 12 août 1857, mort à Périgueux le 12 mai 1870.
(2) Le général de Bourjolly, à la suite de ces combats, s'était établi à Relizane, sur la Mina, dans une bonne position défensive. Le colonel Géry, parti de Mascara, et le colonel de Saint-Arnaud, parti d'Orléansville, pour le débloquer, ne purent parvenir jusqu'à lui.

verte d'un taillis de lentisques et de chênes verts extrêmement
touffus; vous comprenez combien grandes sont les difficultés
quand chaque buisson vous cache un homme embusqué.
L'autre partie du pays, formée de hauts plateaux, n'a point
un seul arbre. La partie boisée est habitée par des Kabyles
de la plus dure espèce, l'autre, remplie de cavaliers.

Le défilé du Tifour fut vivement disputé; on le passa pourtant sans trop de pertes, et nous fûmes conduits de buisson
en buisson jusqu'au camp. Cette journée fut remarquable par
une charge commandée par M. Paulze d'Yvoi. Le fourrier
Parisot a son cheval tué, le nommé Geffine, du 4ᵉ escadron,
le dégage et, voyant un drapeau, court au porte-étendard, le
tue, prend le drapeau et reçoit sept blessures : deux coups de
feu et cinq coups de yatagan; il tombe épuisé en serrant
contre lui le drapeau qu'il vient de prendre, et, en tombant,
il s'écrie : « Il est à moi! »

Le 20, le général, avec deux bataillons et soixante chevaux,
va au-devant d'une petite colonne venant du Khamis, la tire
d'embarras et revient à Bès Atia. Les 19 et 20, les turcos font
l'arrière-garde et se conduisent admirablement; ils ont vingt-
cinq blessés, un homme tué. La révolte gagne tout le pays
des Flittas; Bou-Maza, que l'on disait pris, est à leur tête.
Nous n'avons pas assez de vivres et de munitions; il faut de
plus combiner les mouvements avec les autres colonnes. On
se décide à aller s'établir à l'entrée du pays des Flittas.

Le 21, séjour.

Le 22, on se mit en route, en reprenant le même chemin;
les chasseurs d'Orléans étaient d'arrière-garde, mon escadron
en était aussi. Nous fûmes d'abord peu inquiétés, puis, à
chaque pas que nous faisions, l'ennemi augmentait; à la fin,
nous fûmes attaqués sur tous les flancs de la colonne par
environ un millier de cavaliers et quinze cents à deux mille
fantassins; tous les bois et broussailles en étaient blancs.
Nous fîmes une première charge le matin, conduits par le
lieutenant-colonel. Un peloton du 5ᵉ escadron se trouva vivement engagé un instant et perdit quatre chevaux. Après deux
heures environ de marche, nous arrivâmes à l'entrée d'un

petit bois de cinq cents mètres ; c'était une ramée très fourrée, traversée par un chemin creux très étroit. Toute la colonne l'avait déjà traversé et se montrait de l'autre côté, lorsque l'arrière-garde replia ses tirailleurs pour entrer dans le chemin, les Kabyles et les cavaliers se ruèrent sur elle, on se battait à bout portant.

En un instant le reste des cartouches est usé, on se bat à la baïonnette ; notre escadron, qui était déjà au milieu du bois, fait demi-tour et revient au galop pour dégager les chasseurs d'Orléans. A deux pas de la sortie du bois, le colonel, avec quelques hommes, prend à gauche pour dégager un capitaine de chasseurs d'Orléans qui était entouré, il pointe un Kabyle. Celui-ci en tombant lâche son coup qui porte dans l'estomac du colonel et l'abat ; le brigadier Vincent se jette à bas de cheval avec le chasseur Gueno, ordonnance du lieutenant-colonel. Deux Kabyles se jettent sur le corps pour l'enlever ; on le retient, et le brigadier les étend à côté du colonel. Le docteur Becour, qui suivait le lieutenant-colonel, s'était jeté à bas de cheval et le tenait dans ses bras, cherchant à arrêter le sang. J'étais du 2e peloton de charge. J'entends crier, à cinq pas du chemin sur la gauche, derrière un buisson de lentisques : « *Au colonel ! au colonel !* » Je fais peloton à gauche au galop, j'entre dans le bois, je le vois à terre ; je laisse six hommes pour le relever, avec le reste je me porte sur une petite crête. Il était temps : plus de cent Kabyles se glissaient dans les broussailles pour venir enlever le corps ; une ligne de tirailleurs protégea son enlèvement, puis mon peloton rejoignit les deux autres, qui, après avoir dégagé le commandant Clerc, avaient pris la ligne de tirailleurs.

Le commandant m'envoya deux fois au général pour chercher un bataillon de secours. Quatre fois, par conséquent, je traversai le bois, seul ; la dernière fois, il était coupé, et je fus canardé, les balles m'ont sifflé de près. Je rejoignis ensuite la ligne de tirailleurs de nos chasseurs et j'eus quatre hommes blessés près de moi.

Je n'ai rien vu de plus beau que ces chasseurs d'Orléans faisant le cercle autour de leur commandant, aussi calmes que s'il se fût agi de la parade, leurs baïonnettes rouges de sang : une dizaine de cadavres de chasseurs, une quinzaine de blessés, pleins de sang des chevaux tués, une quarantaine d'Arabes étendus morts. Le commandant Clerc avait le genou traversé d'une balle; il y avait une demi-heure qu'il l'avait reçue, et personne n'en savait rien. Le colonel Berthier vécut environ une demi-heure, puis expira étouffé par le sang. Le combat continua avec le même acharnement jusqu'au bivouac; une quarantaine d'obus furent tirés par M. de Berkheim.

Cette journée nous a coûté vingt-trois tués et cinquante-trois blessés. Le lendemain, séjour. Le 24, la colonne gagna Relizane pour prendre des munitions et des vivres et attendre une autre colonne pour entrer dans le pays. La cavalerie et les blessés vinrent donc à Bel Assel. Le corps du colonel Berthier, que nous sommes parvenus à conserver, a été porté le même jour à Mostaganem; un détachement de vingt-cinq chevaux commandé par M. de Canclaux l'attendait à Bel-Assel; il a été enterré ce matin.

Me voici maintenant de retour à la colonne. J'ai ainsi fait mes trente-six lieues en deux jours avec le même cheval. Ces combats nous ont coûté trente tués, quatre-vingt-dix blessés, presque tous gravement. Depuis bien longtemps on n'avait vu un semblable acharnement. C'est le Rhamadan, et ils sont fanatisés.

Maintenant plus que jamais je vous donnerai de mes nouvelles exactement. Je m'arrête.

Adieu, mon cher père.

Pierre DE CASTELLANE.

180. — *Lettre du sous-lieutenant Pierre de Castellane,*
du 3e régiment de chasseurs d'Afrique.

Mostaganem, 3 octobre 1845.

Je suis venu ici, mon cher père, escorter des officiers d'état-major; je ne puis donc satisfaire à votre désir en vous faisant connaître le numéro de la dernière lettre que j'ai reçue de vous.

Depuis ma dernière lettre, nous avons eu, nous autres chasseurs, une fort belle affaire. Le 29, la maison du khalifa a été brûlée. Bou-Maza et douze cents cavaliers couraient la plaine. Le général reçoit avis, le 30, que Bou-Maza se porte du côté du gué du Chéliff et que le khalifa, avec les deux cents cavaliers qui lui restaient, ne pouvait songer à se défendre. La cavalerie prend le trot et gagne trois lieues et demie sur l'infanterie; nous avions reçu des chevaux, et le colonel Tartas, et nous étions deux cent cinquante.

Dès que nous approchons, le khalifa vient au-devant du colonel et le conduit lui-même à un pli de terrain; nous apercevons les douze cents cavaliers de Bou-Maza arrêtés, nous attendant à deux portées de fusil seulement. Il ne fallait pas hésiter un instant, nous aurions été tous perdus. Le colonel Tartas fait prendre le pas, les deux escadrons marchaient parallèlement en colonne avec distance. Le colonel fait former les divisions, lui est entre les deux escadrons avec un peloton, et on continue de marcher au pas; à une portée de fusil, il commande sabre main, et tous mettent le sabre à la main comme un seul homme et on marche au pas; aux trois quarts de portée, on prend le trot, puis le galop; nous n'avons pas eu un coup de fusil. Le fusil haut, ces douze cents cavaliers nous attendent pour tirer à bout portant.

Déjà les extrémités de leur immense ligne se courbent pour former le 1er à cheval et nous envelopper. Tout à coup, à la vue de cet ordre admirable, de cette chaîne de fer qui s'avance, ils sont pris d'une terreur panique et s'enfuient; nous les poursuivons. Cent à cent quarante sont tués. Pour moi, en conscience, j'ai cru que nous perdrions cent cinquante hommes, tous en avaient la persuasion. Si le colonel Tartas ne nous avait pas si admirablement menés et ne les avait en quelque sorte fascinés, nous aurions été bien près de notre perte; de plus, il a sauvé Mostaganem de voir le feu à ses portes. C'est une bien belle affaire pour lui et pour le régiment. Il faut de fameuses troupes pour se conduire comme l'ont fait nos hommes l'autre jour.

Le colonel Tartas me charge de vous présenter ses devoirs; il n'y a sorte d'amabilité qu'il n'ait pour moi, il compte me proposer pour la croix; je suis le seul non décoré, avec le docteur Bécour, cité parmi les officiers de chasseurs. Du reste, vous devrez, quand vous recevrez cette lettre, avoir lu le rapport imprimé. J'ai fait depuis six jours quatre-vingt-cinq lieues avec mon peloton; nos chevaux sont admirables.

Adieu, mon cher père, je vous aime et vous embrasse de tout mon cœur et suis avec respect votre fils dévoué.

Pierre DE CASTELLANE.

P.-S. — Je me porte à merveille. Le vin n'est pas encore arrivé. Je suis ici avec un détachement pour escorter quelqu'un. Je pars demain.

181. — *Lettre du maréchal de camp Thiery* (1),
commandant à Oran.

Oran, 13 octobre 1845.

Mon général,

J'ai l'honneur de vous adresser ci-joint deux paquets destinés, l'un à M. le Maréchal ministre de la guerre à Paris, le second à M. le Maréchal président du Conseil, partout où il sera, auquel je vous prie de vouloir bien le faire parvenir, en quelque lieu qu'il se trouve.

Je profite de la circonstance pour vous faire part des événements qui ont eu lieu sur divers points de la province d'Oran. Dans la subdivision de Mostaganem, le général Bourjolly ayant été informé qu'une nombreuse cavalerie, com-

---

(1) *Thiery* (Jean-François-Victor), né à Château-Regnault (Ardennes) le 12 juin 1789, élève à l'École spéciale militaire de Fontainebleau le 27 novembre 1806, sous-lieutenant le 11 avril 1807, prisonnier à la capitulation de Dresde, colonel le 1er janvier 1838, maréchal de camp le 9 avril 1843, général de division le 17 août 1848.

mandée par Bou-Maza en personne, s'était dirigée sur le fort
de Bel-Assel, se porta à sa rencontre, et, malgré une dispro-
portion considérable entre les forces de l'ennemi et la sienne,
il fit déployer les escadrons de sa colonne commandés par le
colonel Tartas et fit charger les cavaliers ennemis. L'impé-
tuosité de l'attaque fut telle que la plaine fut débarrassée des
Arabes en un instant. Le général Bourjolly, qui lui-même s'était
porté à la suite de sa cavalerie avec deux bataillons sans sacs,
dans le cas où il deviendrait nécessaire de soutenir une
retraite, rentra à son camp dans la soirée avec toutes ses
troupes sans être suivi par un seul ennemi. Cette affaire eut
lieu le 30 septembre, un butin considérable fut fait ; quelques tribus s'empressèrent alors de venir aussitôt protester
de leur fidélité. Le général s'occupa de faire vider les silos de
celles qui étaient encore défectionnaires.

Le 5 octobre, la même colonne poursuivait une tribu dans
la montagne et était suivie par les cavaliers de Bou-Maza.
Le général Bourjolly attendit, pour se jeter sur eux, un terrain
favorable ; dès qu'il l'eut trouvé, il leur donna de nouveau une
chasse vigoureuse. Beaucoup furent tués ; Bou-Maza lui-même,
après avoir eu son cheval tué sous lui, reçut un coup de sabre
à l'épaule. Bien qu'il n'ait pas été empêché de monter à cheval, il a été cependant obligé de se retirer dans une tribu de
la montagne pour s'y faire soigner. Je suis heureux de pouvoir
vous annoncer que dans cette dernière affaire votre fils s'est
distingué, il est cité sur le rapport du général Bourjolly.

Les nouvelles de la subdivision de Mascara sont également
bonnes. Le colonel Géry, à la tête d'une colonne peu nombreuse, a eu à lutter contre des tribus insurgées. Ayant appris
que les habitants de Calah, petite ville, entretenaient des
relations avec des tribus qui nous avaient été hostiles et avaient
même fourni des subsides à nos ennemis, il se porta contre cette
ville ; ayant divisé ses forces en deux parties qui vinrent s'y
concentrer, elle fut prise et saccagée, le pillage dura deux
heures. Deux cent cinquante Arabes furent tués ; le colonel
avait ordonné d'épargner les femmes et les enfants, il empêcha la destruction des métiers. Depuis, le colonel Géry

a parcouru différents points de sa subdivision; l'insurrection
paraissait vouloir s'étendre. Il est forcé de courir le pays et
de se multiplier, afin de tranquilliser les esprits agités par les
écrits des émigrés qui jettent l'inquiétude chez leurs coreli-
gionnaires; aucune force cependant ne lui tient tête.

A la nouvelle des événements de l'ouest de sa province,
M. le lieutenant général de Lamoricière, gouverneur de
l'Algérie par intérim, qui était arrivé à Oran avec cinq bataillons d'infanterie et une section de montagne, partit le 2 octobre,
se dirigeant sur Tlemcen à la rencontre des cavaliers de l'émir,
qui s'étaient montrés nombreux de ce côté de notre territoire.
Il fit jonction à mi-chemin avec la colonne du général Korte,
forte de deux bataillons et de sept escadrons, que j'avais
envoyée en avant, aussitôt l'annonce des événements, pour
couvrir le pays.

M. le lieutenant général, qui s'est porté de Tlemcen sur
Djemaa Ghazaouat, m'écrit à la date du 10 octobre, de cette dernière place, dans laquelle il vient d'entrer. Aucune force ennemie
ne s'est encore présentée sur son passage, mais la colonne du
général Cavaignac, qu'il vient de joindre à la sienne, est tombée
le 7 sur la tribu des Djebala, complices des Souhalia dans le
guet-apens tendu au colonel Montagnac (1). Cent des gens de
cette tribu ont été tués, soixante-quatorze faits prisonniers, et
un troupeau composé de deux à trois cents bœufs et douze
cents têtes de menu bétail a passé en notre possession. La
colonne commandée par M. le lieutenant général de Lamoricière est forte de près de cinq mille baïonnettes, de dix pièces
de montagne et de quatre à cinq cents chevaux. Elle se dirigeait, à la date du 12, vers les montagnes des Traras, foyer
d'insurrection. J'espère qu'aujourd'hui ces tribus supportent
la vengeance que les Djebala ont ressentie les premiers.

Le 2 octobre, le chef de bataillon Billot, du 44e, et le lieutenant Dombasle, chargé des affaires arabes de ce côté,
avaient été appelés dans une tribu voisine du poste. Ces
officiers avaient été assez faibles pour s'y rendre avec quatre

(1) Combat du marabout de Sidi Brahim, où le lieutenant-colonel de
Montagnac avait été tué avec quatre cent treize hommes.

ou cinq hussards; tous ont été assassinés. Depuis ce guet-apens,
les Arabes ne se montraient plus aux environs du poste,
mais, cachés dans les bois et ravins environnants, ils attendaient la sortie des troupes et d'une portion de la garnison.
Lassés d'attendre pendant vingt-quatre heures, ils se ruèrent
sur le petit camp retranché; la fusillade dura de part et
d'autre depuis huit heures du matin jusqu'à une heure de
l'après-midi. Fatigués de l'inutilité de leurs efforts, ils son-
geaient à se retirer, lorsque le capitaine commandant le poste
fit sur eux une sortie à laquelle ils étaient loin de s'attendre.
Ils furent mis en désordre, laissant soixante-quinze morts;
les blessés doivent être en nombre considérable, car la mitraille et les obus se sont constamment mêlés aux balles de
l'infanterie. J'attends le résultat des opérations de M. le lieutenant général gouverneur. Je ne doute pas de leur réussite;
j'espère qu'elles apporteront du calme dans les esprits agités
et arrêteront les projets d'émigration.

Veuillez agréer,

THIERY.

182. — *Lettre de M. Dussert, sous-directeur de la province de
Philippeville et Constantine.*

Bagnères (Hautes-Pyrénées), 14 octobre 1845.

MON GÉNÉRAL,

Les feuilles publiques vous ont appris les affaires d'Algérie.
Certes, si quelqu'un devait être comptable de tous ces incidents fâcheux, c'est celui à qui l'on a tant donné en hommes
et en argent pour opérer la pacification et qui n'a pas su acquérir plus de résultats que ses prédécesseurs avec des ressources plus bornées que les siennes. Le maréchal Bugeaud,
après avoir désapprouvé et approuvé ensuite le traité du
Maroc, était si bien convaincu de la pacification, qu'il ne demandait plus qu'à la *compléter* par la guerre de la Kabylie. En

passant à Toulouse, il disait au corps d'officiers : « Nous nous reverrons en Afrique, quoiqu'il nous reste maintenant bien *peu de chose* à y faire... » Quinze jours après, Abd-el-Kader reparaissait et l'Ouest était en feu.

On aurait le droit assurément de qualifier tout cela d'une manière sévère, mais le gouvernement s'est laissé prendre aux phrases de M. Bugeaud et l'a renvoyé en Algérie, où M. de Lamoricière pouvait très bien se passer de lui et suffire à la besogne. On a tout pardonné au Maréchal, son insubordination, ses actes d'indiscipline, et, au lieu de le discréditer aux yeux du gouvernement, il semble que les derniers événements, loin de l'accuser, l'aient fait regarder comme indispensable. Ce n'est pas là tout : pour couronner l'œuvre, le Maréchal a écrit au préfet de Périgueux une lettre que ce dernier a fait publier dans le journal du département, et, dans cette lettre, tout le monde est attaqué, le gouvernement comme les autres. Sous un pouvoir régulier et fort, celui qui a écrit cette lettre serait immédiatement rappelé, mais notre gouvernement n'en fera rien, et M. Bugeaud fera le Scipion Africain tout à son aise; cela serait amusant si ce n'était triste. Mais il faut s'en affliger, parce qu'au bout de tant de faiblesse pour certains hommes, il n'y a qu'une chose à prévoir : l'anarchie et le désordre.

Mon congé finit le 22 novembre, et j'ignore encore si je retournerai en Algérie directement ou par Paris.

Veuillez agréer, mon général, avec l'hommage de mon respect, celui de mes sentiments inaltérables de dévouement.

DUSSERT.

183. — *Lettre du capitaine Cler, du 2ᵉ bataillon d'infanterie légère d'Afrique.*

Cherchell, 17 octobre 1845.

MON GÉNÉRAL,

J'ai reçu la lettre que vous m'avez fait l'honneur de m'écrire des Eaux-Bonnes le 12 août. J'étais alors à la redoute d'Aïn-

Méran, chez les Sbéa du Dahra. Le colonel de Saint-Arnaud
m'avait nommé commandant de place et sous-intendant militaire de ce poste retranché, dont la garnison était composée
de quatre escadrons, de six compagnies et du goum de Si-
Mohammed, notre nouvel aga du haut Dahra.

Le commandant Canrobert, qui y était avec moi, l'a quitté
dans les premiers jours de septembre pour profiter d'un
congé qu'il avait obtenu depuis quelque temps. En partant il me promit de passer à Perpignan, de vous y voir
et de vous dire combien je suis fier et reconnaissant de
votre brillant souvenir. Arrivé à Alger, il apprit les premières affaires de l'Ouest et n'hésita pas à laisser son congé
pour revenir à son poste. Nous n'avons point été étonnés de
cette détermination, connaissant tous combien le brave commandant Canrobert est chevaleresque et excellent militaire.

En lisant le récit des combats livrés par le général de Bourjolly, j'ai vu avec un bien grand plaisir que M. de Castellane,
votre fils, s'y était distingué d'une manière particulière, en
arrachant, à la tête de son peloton, des mains de l'ennemi le
corps de son colonel. J'aurais été fier de me trouver avec le
9ᵉ bataillon pour serrer la main de ce généreux et brave jeune
homme et pour lui adresser mes vives et amicales félicitations
sur sa belle action. Deux fois, pendant nos dernières expéditions
du Dahra, nous avons fait jonction avec la cavalerie de Mostaganem, et deux fois j'ai été assez malheureux pour ne pas le
rencontrer. J'en ai parlé souvent avec le commandant Canrobert, et je désire bien vivement trouver l'occasion de faire sa
connaissance.

Les événements qui viennent de se passer dans la province
d'Oran étaient prévus depuis longtemps, nous ne sommes étonnés ici que d'une chose, c'est qu'ils ne soient pas arrivés pendant
cette guerre du Dahra, qui a été si mal conduite et dont les
résultats sont encore bien problématiques. La province d'Alger
est heureusement tranquille. Si les Beni-Menasser, les autres
tribus du petit Atlas et les Kabyles de l'Est avaient pris part
à la révolte, je ne sais réellement comment nous pourrions
nous en tirer. Abd-el-Kader est probablement dans ce moment

bien loin de la frontière, et il est trop bón chef pour jouer sa fortune dans une bataille où il sera toujours le plus faible. Si le Gouverneur n'emploie pas les troupes qui lui ont été données à attaquer l'empereur du Maroc au cœur même de son territoire, ou si, nouveau Sylla, il ne l'amène pas à lui livrer le moderne Jugurtha, la campagne qui va s'ouvrir, sera comme tant d'autres, sans résultats. Malheureusement pour mon bataillon, il ne compte que des malades. Les expéditions du Dahra et les constructions des routes ont envoyé plus de douze cents hommes aux hôpitaux. Tous les officiers, *excepté moi*, ont été malades, et, dans ce moment, nous ne pourrions pas, avec un chiffre de deux mille hommes à l'effectif (y compris six cents qui sont à Teniet-el-Haad), mettre trois cents baïonnettes valides sur pied.

Je suis avec respect et reconnaissance, mon général,
Votre très humble et très obéissant serviteur.

CLER.

184. — *Lettre du maréchal de camp Thiery, commandant à Oran.*

Oran, 20 octobre 1845.

MON GÉNÉRAL,

Dans la lettre que j'ai eu l'honneur de vous écrire à la date du 14 courant, je vous annonçais que M. le lieutenant général de Lamoricière, à la tête d'une colonne, s'était porté dans l'Ouest pour châtier les tribus insurgées des montagnes. Un bateau à vapeur, que j'avais envoyé à Djemaa Ghazaouat, m'a apporté cette nuit la nouvelle des événements qui ont eu lieu de ce côté. Les journées des 12, 13, 14 et 15 courant ont été remplies de combats d'autant plus sérieux qu'à l'acharnement des Arabes se joignait la difficulté du terrain coupé de ravins inextricables. Abd-el-Kader, avec deux mille cavaliers, restait paisible spectateur des combats qu'il avait ordonné aux tribus de nous livrer. Dès le deuxième jour, le 13, lorsqu'il vit que le passage d'un défilé où s'était concentrée la plus grande résistance des Kabyles était franchi par nos troupes et qu'il se trouvait en danger d'être atteint, il prit la fuite en abandonnant les tribus insurgées. Les malheureux qu'il avait compromis poursuivirent sa fuite honteuse de leurs huées et de leurs imprécations. Après avoir défendu, autant qu'ils le pouvaient, leurs montagnes, les insurgés, jetés dans d'affreux ravins et acculés à la mer, se rendirent à discrétion (1).

Dans la subdivision de Mascara, M. le colonel Géry, qui s'était porté contre des tribus défectionnaires des environs de Tiaret, est rentré le 17 au chef-lieu de sa subdivision. Il a traversé dans son retour les tribus insurgées sur sa route et a triomphé, dans plusieurs combats, des rassemblements de Kabyles et de cavaliers qui s'étaient formés aux gués et aux défilés, l'attendant au passage. Il a même réussi à ramener à Mascara un nombreux troupeau appartenant aux Beni-Chougrans et Hachem Cheragas. Ces derniers, qui ont, en l'absence des troupes de Mascara, coupé les routes des environs, seront, je l'espère, bientôt châtiés.

Dans la subdivision de Mostaganem, M. le général Bourjolly et le colonel Saint-Arnaud ont fait jonction depuis quelques jours; ils attendent des renforts pour opérer dans les montagnes.

Dans la journée du 18, le cherif Bou-Maza vint, avec un goum de près de trois cents chevaux, attaquer une tribu sous les murs mêmes de Mostaganem. M. le lieutenant-colonel Mellinet, commandant supérieur à Mostaganem, s'empressa de réunir les cavaliers disponibles et se jeta à la rencontre de l'ennemi. A la suite d'un combat des plus glorieux, il parvint, malgré une grande infériorité de nombre, à chasser au loin les cavaliers ennemis et à rétablir les tribus placées sous sa protection.

Jusqu'à avant hier nous étions parvenus à maintenir sous notre autorité toutes les tribus de la subdivision d'Oran,

(1) Combat d'Aïn-Kebira, contre les Trara, les Beni-Amer et les Ghossel.

1.   28

mais dans la nuit du 18 au 19, trois tribus fortement excitées par les agents de l'émir ont fait défection; il est à regretter que les troupes qui nous sont arrivées cette nuit n'aient pu devancer leur entrée en Afrique de deux ou trois jours, car il est probable que ces tentes ne nous auraient pas quittés.

J'ai été bien étonné, mon général, d'apprendre par le *Labrador* que le *Grégeois*, parti d'ici le 14, n'était pas encore arrivé à Port-Vendres le 17 au soir; je le regrette bien sincèrement. Dans la dépêche pour vous, je vous priais de vouloir bien transmettre à M. le Ministre de la guerre une dépêche télégraphique par laquelle je lui demandais de vouloir bien ordonner que les troupes destinées pour Oran reçussent, avant de s'embarquer, des marmites, bidons, gamelles, sacs de campement, demi-couvertures, cartouchières, le magasin d'Oran n'étant pas suffisamment pourvu de ces effets pour en délivrer à toutes les troupes qui doivent venir à Oran. Le 1er bataillon du 5e de ligne, parti avant que M. le Ministre de la guerre ait pu donner des ordres, est arrivé ici sans être muni de ces effets : je vous prie, mon général, si vous le pouvez, en l'absence des ordres du Ministre, de vouloir bien prescrire, si c'est possible, que les troupes qui doivent s'embarquer pour Oran reçoivent les effets de campement nécessaires, sans cela nous serions dans le plus grand embarras.

Veuillez agréer, etc. THIERY.

185. — *Lettre du général baron Galbois* (1).

Oran, 28 octobre 1845.

MON GÉNÉRAL,

Voilà enfin les renforts venant de votre division qui commencent à arriver; il était bien temps, car on ne pouvait plus

(1) *Galbois* (Nicolas-Marie-Mathurin, baron), né à Rennes en 1778, entré au service en 1798, fait la plupart des guerres de l'Empire, colonel et créé baron en 1812, blessé à Waterloo. En disponibilité pendant la Restauration, il reprend du service actif après 1830, maréchal de camp en 1831 et lieutenant général en 1838.

sortir d'Oran; s'ils étaient arrivés plus tôt, ils auraient probablement empêché les défections des tribus les plus rapprochées;
maintenant il est trop tard pour cela. l'insurrection est générale dans la province d'Oran; il ne nous reste plus que les
Douairs et les Smélas, qui sont presque sous les murs de la
ville et qu'on a eu bien de la peine à retenir. Le plus grand
mal était dans la province d'Oran. On aurait dû commencer
par là; au lieu de cela, on a d'abord envoyé les troupes à
Alger et à Philippeville, où il y en avait moins besoin. Nous
avons ici le 5ᵉ de ligne et trois escadrons du 2ᵉ régiment de
chasseurs de France; le 16ᵉ va à Mostaganem. Le général Thiery,
qui commande à Oran, a déjà fait partir deux bataillons du
5ᵉ de ligne et deux escadrons du 2ᵉ de chasseurs sans leur
avoir laissé le temps de s'organiser un peu pour entrer en
campagne et même sans effets de campement; c'est très fâcheux, ces troupes-là vont souffrir beaucoup.

Le colonel Géry écrit qu'il a eu une affaire très chaude
près de Mascara; les Arabes l'ont attaqué avec une grande
intrépidité. Nous n'avons pas de nouvelles du général Lamoricière; il était, il y a quelques jours, à Sidi-Bel-Abbès; le
général Cavaignac observait Abd-el-Kader. Le maréchal Bugeaud est parti d'Alger, pour venir par terre dans la province
d'Oran et corriger en passant les tribus révoltées de la province
d'Alger; il est dans l'intention de les traiter sévèrement. On reconnaît bien aujourd'hui que cette fameuse paix si vantée
n'était que factice et que jamais l'Algérie n'a été dans une si
mauvaise position qu'elle l'est aujourd'hui. Quelque chose qu'il
arrive, on se ressentira longtemps de la crise qui a lieu maintenant; les renforts qui arrivent de France étaient indispensables,
et l'armée d'Afrique ne pourra pas être diminuée de sitôt, il
faut que la France en prenne son parti.

Le général Lamoricière sentait bien l'embarras de sa position en prenant le gouvernement par intérim de l'Algérie. Si
les choses allaient bien, on en attribuerait tout le mérite au maréchal Bugeaud, si au contraire elles tournaient mal (ce qui
ne pouvait pas manquer d'arriver), on pouvait dire que
c'était à cause de l'absence du Maréchal, que sa présence était

indispensable, etc., et certes *le Maréchal savait bien en partant qu'il laissait les choses en mauvais état*, il le disait lui-même et sa fameuse lettre le fait bien voir.

Quel contraste avec la province de Constantine, qui reste calme au milieu de l'orage! Je m'y attendais bien, car tous les chefs me l'avaient promis en parcourant dernièrement cette belle province où j'ai été si bien reçu : j'attribue plutôt les ovations dont j'ai été l'objet au système suivi pendant mon administration qu'à ma personne.

Je n'ai pas encore inspecté le 4ᵉ régiment de chasseurs à cheval d'Afrique, je vais m'en occuper très incessamment; les trois premiers sont inspectés; c'est une bien belle et bonne troupe que ces chasseurs d'Afrique. Ce que j'ai vu du 2ᵉ de chasseurs de France m'a paru bien.

Je viens d'organiser le 2ᵉ régiment de spahis d'Oran; c'est une mauvaise troupe dont la comptabilité était partout dans un grand désordre, il n'y a que les spahis de Constantine qui soient véritablement bien constitués et utiles.

Abd-el-Kader est occupé en ce moment à réunir autour de lui toutes les tribus émigrantes de la province d'Oran, afin de les mettre en sûreté et d'augmenter ses forces, afin de pouvoir venir nous attaquer ensuite avec plus d'avantage. Le général Lamoricière rôde autour de Mascara en attendant l'arrivée du maréchal Bugeaud. On dit qu'un prince du Maroc rassemble une armée non loin de nos frontières. Tout cela se complique de plus en plus : nous verrons ce que fera M. le maréchal duc d'Isly.

GALBOIS.

186. — *Lettre du lieutenant général de Lamoricière* (1), *commandant la province d'Oran.*

Au bivouac sur le Tlélat, le 28 octobre 1845.

Mon général,

Votre dernière dépêche m'est parvenue il y a trois jours seulement, au moment où je venais de quitter Tlemcen, à mon retour du pays des Traras, chez lesquels j'avais dû me porter pour en chasser Abd-el-Kader et venger en partie la trahison qui a coûté la vie à ce pauvre Montagnac et aux quatre cents braves qui sont morts avec lui.

Aujourd'hui, bien que toutes nos tribus ne soient point encore rentrées dans l'ordre, les Arabes commencent à se désabuser et à comprendre qu'ils ont été trompés. Nous en avons pour quelque temps avant d'avoir fini avec les nôtres et ce ne sera qu'après, seulement après, que nous pourrons, si telles sont les intentions du gouvernement, nous occuper sérieusement de nos relations avec le Maroc et de la conduite à tenir à l'égard de la deïra d'Abd-el-Kader.

Les journaux que vous avez eu toujours l'amabilité de m'envoyer sont venus, chaque fois, nous apprendre des nouvelles que, sans eux, je n'aurais sues que plusieurs jours après. Je vous en remercie mille fois, ainsi que des renseignements que vous m'avez donnés sur l'Espagne et de l'empressement que vous avez mis à faire parvenir mes dernières dépêches à M. le Maréchal ministre de la guerre.

Votre jeune sous-lieutenant s'est fort bravement et brillamment conduit le jour où son lieutenant-colonel fut tué.

---

(1) *Lamoricière* (Christophe-Louis-Léon *Juchault de*), né à Nantes en 1806, élève de l'École polytechnique et de l'École de Metz, lieutenant du génie en 1828, envoyé en Algérie dès 1830, lieutenant-colonel en 1835, colonel en 1837 après la prise de Constantine, général de brigade en 1840, général de division en 1843, reçoit la soumission d'Abd-el-Kader en 1847, ministre de la guerre en 1848.

Recevez, Monsieur le lieutenant général, l'assurance de ma haute considération.

Le lieutenant général commandant la province d'Oran,
DE LAMORICIÈRE.

187. — *Lettre du maréchal de camp Thiéry, commandant à Oran.*

Oran, le 30 octobre 1845

MON GÉNÉRAL,

Les frégates à vapeur *l'Asmodée, le Labrador* et *le Gomer* ont apporté à Oran les troupes dont elles avaient été chargées à Port-Vendres (le 3ᵉ bataillon du 5ᵉ de ligne), les recrues de différents corps, un escadron du 2ᵉ chasseurs, le 16ᵉ régiment de ligne. Je ne saurais trop vous remercier de l'empressement que vous avez mis à nous envoyer les renforts qui nous étaient destinés; leur prompte arrivée à Oran nous a fait, je vous assure, un grand bien. Depuis les événements malheureux qui s'étaient passés dans la province, nous voyions chaque jour au marché d'Oran les Arabes des environs vendre leur menu bétail, leurs provisions de grains, se défaire enfin de tout ce qui pouvait les retarder dans le cas d'une fuite; aujourd'hui, la vue de nouvelles forces a calmé les esprits, les ventes ont cessé.

Dans la lettre que j'eus l'honneur de vous écrire à la date du 2, je vous informais que l'émir Abd-el-Kader, après avoir soulevé et compromis les tribus des montagnes de l'Ouest, les avait lâchement abandonnées au milieu du danger pour descendre dans la plaine avec ses cavaliers. M. le général Lamoricière, venu le 17 sous Nedroma pour ravitailler sa colonne et prendre quelques escadrons de cavalerie qui lui avaient été inutiles dans les montagnes et qu'il avait laissés à Ghazouat à son passage, s'était lancé à la poursuite de cet ennemi infatigable. Marchant sur ses traces, il avait trouvé détruits les ponts que nous avions fait construire sur la Moulouïa et la Tafna,

puis, arrivé à la hauteur de Tlemcen, il avait appris que l'émir
s'était jeté vers l'Est pour s'efforcer de soulever les tribus qui
tenaient encore pour nous.

M. le lieutenant général sépara alors sa colonne : une partie
fut placée sous le commandement du général Cavaignac et
destinée à agir dans les montagnes du Sud ; la seconde partie
sous ses ordres se dirigea vers Sidi-Bel-Abbès, où elle arriva
le 24. Une des tribus voisines d'Oran, celle des Ghérabas de
la plaine du Sig, agitée depuis longtemps par les instigations
des Beni Chougrans ses voisins, qui ont abandonné notre
cause, menaçait de faire défection ; l'annonce de troupes nouvelles la retenait depuis près d'un mois ; sachant leur arrivée
et ne les voyant pas venir châtier les révoltés, elle était au
moment de nous abandonner. Je réunis aussitôt deux escadrons du 2e chasseurs, un bataillon du 5e de ligne (le 1er), j'en
formai un deuxième avec les détachements de différents corps
et je sortis d'Oran. Je devais rencontrer la colonne de M. le
lieutenant général, j'emmenais avec moi un convoi de vivres,
de munitions et d'effets ; le résultat de cette sortie fut immédiat, les principaux des Ghérabas vinrent me trouver dans
ma tente et s'engagèrent aussitôt à escorter une évacuation de
malades du camp du Sig, à amener à Oran un convoi de bêtes
de somme pour recevoir un chargement de denrées de l'administration et compléter l'approvisionnement de ce même
camp.

Ce convoi a été fait hier et avant-hier ; le 27, j'ai fait jonction avec M. le lieutenant général, lui ai remis la plus grande
partie des troupes que j'avais amenées avec moi et suis rentré
à Oran le 28.

Le général Korte avec quatre bataillons et quatre escadrons
rayonne aux environs de Sidi-Bel-Abbès. M. le lieutenant général avec le reste des troupes s'est dirigé vers Mascara ; il était
hier au Sig.

M. le colonel Géry, avec près de quinze cents hommes, entra
le 20 chez les Beni Chougrans ; durant deux jours, il a frappé
vigoureusement sur les insurgés, cependant il n'a pas obtenu
leur soumission ; leur fanatisme excité par un nouvel arrivant de

la deïra, soutenu par la difficulté de leur pays, a jusqu'ici résisté. Aujourd'hui les troupes de Mascara du côté de l'Est, celles de M. le lieutenant général du côté de l'Ouest, entrent chez eux; je pense que, dans peu de jours, ils seront à merci.

THIÉRY.

188. — *Lettre du lieutenant-colonel Canrobert, du 22ᵉ de ligne.*

Au camp sous Orléansville, le 17 novembre 1845.

MON GÉNÉRAL,

Rentré hier à Orléansville, après une absence de plus de quarante jours, j'y trouve la lettre que vous avez daigné m'écrire le 6 du mois dernier, les communications coupées depuis la révolte des Arabes m'ont privé du plaisir de la recevoir plus tôt; c'est sans doute aussi à la même circonstance que je dois attribuer le reproche bienveillant que vous voulez bien m'adresser de ne vous avoir pas donné de nouvelles depuis plusieurs mois !

Quelques jours après les terribles événements de l'Ouest et les chaudes affaires des Flittas, j'ai eu l'honneur de vous écrire; ma lettre portait la date du 2 octobre, elle aura malheureusement eu le sort de plusieurs dépêches qui ont été enlevées par l'ennemi.

La marche excentrique faite par la colonne d'Orléansville, pour renforcer celle de M. le général de Bourjolly, a produit des résultats bien déplorables. Le chérif Bou-Maza, que nous avions eu tant de peine à chasser de notre territoire, a su habilement profiter de l'absence des troupes pour soulever totalement les tribus de la subdivision; celles-ci, même celles sur lesquelles nous comptions le plus, se sont insurgées avec une rapidité d'autant plus grande qu'elles avaient cru à la perte de notre colonne et à l'arrivée du sultan Abd-el-Kader. A l'heure où j'ai l'honneur de vous écrire, mon général, la route de Tenès est si bien interceptée par les révoltés que, depuis plus de dix jours, nous sommes sans nouvelles de cette place, de laquelle nous devons cependant tirer toutes nos ressources. Quatre bataillons et deux escadrons partent cette nuit pour rétablir cette communication indispensable : peut-être lorsque ces forces, les seules à peu près dont dispose M. le colonel de Saint-Arnaud, seront loin de la vallée du Chéliff, leur action sera-t-elle devenue nécessaire sur les tribus du centre ou du sud, dont les dispositions sont très mauvaises pour nous.

Il est triste de l'avouer, mon général, mais nous avons en Afrique bâti sur le sable, et la conquête du pays par les armes, loin d'être terminée, ainsi qu'on le disait et écrivait naguères, est à recommencer.

Les Arabes, suivant la tactique de leur chef Abd-el-Kader, n'attaquent plus les colonnes un peu fortes, ils les harcèlent de loin, leur causent des fatigues inouïes, les forcent à se diviser et se ruent sur les petits détachements. Dans les circonstances actuelles, les provinces d'Alger et d'Oran nécessiteraient une multitude de colonnes mobiles assez fortes pour pouvoir résister chacune au choc toujours imminent, quoique fort rare, des révoltés ; mais l'armée d'Afrique, quelque énorme qu'elle soit, est encore insuffisante pour l'emploi de cette mesure. Nous en sommes réduits là, mon général, et cependant l'émir est encore retranché dans les montagnes du Riff, à l'extrémité de nos possessions ; que serait-ce s'il osait pénétrer au cœur !

On m'a remis hier mon brevet de lieutenant-colonel ; cette nomination me cause une joie d'autant plus vive que je m'y attendais moins. J'ai hâte, mon général, de vous parler de mon bonheur, à vous qui par votre puissante intercession et votre inépuisable bienveillance y avez tant contribué ; daignez de nouveau agréer mon immense reconnaissance, puissé-je un jour être appelé à vous en offrir les preuves.

Je suis nommé au 22ᵉ de ligne, mais, si je dois en croire certains bruits, je suis appelé à commander un régiment dit de marche dans la province d'Alger. Ce régiment est, dit-on, composé d'un bataillon du 22ᵉ et d'un du 31ᵉ de ligne.

Je suis avec respect et une profonde reconnaissance, mon général, votre dévoué serviteur.

CANROBERT,
lieutenant-colonel du 22e de ligne.

189. — Lettre du lieutenant-colonel Dumontet, du 19e léger.

Sétif, 18 novembre 1845.

MON GÉNÉRAL,

Nous voilà en Afrique à peu près dans la position où nous étions en 1840. Vous avez lu dans les journaux le récit des fâcheux événements de l'Ouest : l'insurrection commence à fermenter dans la province de Constantine, jusque-là si tranquille; il y a déjà eu des mouvements sur plusieurs points. L'édifice si laborieusement élevé et qu'on croyait si solide craque de toutes parts; toutes les colonnes sont en mouvement pour comprimer la révolte et arrêter sa propagation, nul doute qu'elles n'en viennent à bout et qu'après un temps plus ou moins long, nous ne parvenions à remettre les choses dans l'état où elles étaient il y a deux mois; mais combien de temps cela durera-t-il? Quelle confiance pourra-t-on avoir en cette nouvelle pacification? Quel avenir peut espérer une colonie établie sur de pareilles bases et où, tous les trois ans, il faut recommencer la conquête entière du pays?

Cette révolte inattendue qui vient d'éclater en Afrique, la rapidité avec laquelle elle s'est propagée, le secret profond qu'elle a su garder à notre égard et l'ignorance où elle nous a laissés de ses préparatifs jusqu'au moment de son explosion, doivent être le sujet de réflexions sérieuses de la part des hommes auxquels le pouvoir est confié en France.

DUMONTET.

190. — *Lettre du lieutenant général de Lamoricière,
commandant la province d'Oran.*

Mascara, le 18 novembre 1845.

MON GÉNÉRAL,

Vos deux lettres des 10 et 12 du courant m'ont été remises,
il y a trois jours, à Mascara, où elles sont venues m'apprendre
des nouvelles importantes que je n'aurais connues, sans votre
extrême obligeance, qu'à la fin du mois par les journaux qui
arriveront à Oran les 24 et 25 prochains. Je ne saurais trop
vous remercier de l'aimable attention que vous avez toujours
eue de profiter de toutes les occasions directes pour me tenir
au courant de ce qui se passe soit à Paris, soit en Espagne.

Je fais des vœux pour que notre nouveau ministre de la
guerre (1) soit aussi favorable à l'Algérie que l'était M. le Maréchal duc de Dalmatie. La nomination de M. le général
de La Rue à la Direction des affaires de l'Algérie ne peut
manquer d'apporter quelques modifications au système suivi
jusqu'à ce jour. Je crois que nous ne pouvons qu'y gagner.

Vous avez compris, Monsieur le lieutenant général, combien, après l'affreuse catastrophe de Djemaâ-Ghazouat, il
était nécessaire que nous eussions des renforts et combien
aussi il importait que ces renforts nous fussent envoyés dans
le plus bref délai. Le bon état et l'activité dans lesquels sont
tenues les troupes de votre division vous ont permis de les
embarquer presque instantanément. Elles ne se sont pas fait
longtemps attendre. Leur apparition subite à Oran a produit
le meilleur effet et m'a rendu un service dont je vous sais
personnellement le plus grand gré. Je voudrais pouvoir m'acquitter envers vous de tant d'amabilité et de tant d'empressement à seconder nos efforts. Je ne puis, en ce moment, que
vous prier de nouveau d'agréer tous mes remerciements, en

(1) Le général Moline de Saint-Yon.

attendant qu'une heureuse circonstance me mette à même de payer ma dette.

Après nos combats chez les Traras, combats dont vous avez connu les détails par les journaux, j'ai dû me porter, avec une partie de mes troupes, de la frontière de l'Ouest vers l'Est, où bon nombre de tribus étaient soulevées par les chérifs et où Abd-el-Kader semblait vouloir aussi se rendre pour profiter du premier moment de trouble. J'ai été assez heureux pour arriver avant lui à Sidi-bel-Abbès et empêcher de la sorte la défection des Arabes campés entre ce point et la mer. Abd-el-Kader continuant sa marche vers l'Est, je laissai le général Korte avec quelques bataillons et une nombreuse cavalerie pour couvrir le sud d'Oran; je renvoyai tous mes malades dans cette place et je me rendis en toute hâte à Mascara, où je voulais encore devancer l'émir et renforcer la colonne fort affaiblie du général Géry. Je suis arrivé fort à propos pour recevoir la soumission de tribus égarées un instant par le fanatisme et dont nous avons le plus grand besoin pour assurer nos communications entre Mascara, Oran et Mostaganem.

Aujourd'hui Abd-el-Kader est toujours dans notre Sud, où une colonne le suit à la piste. Il a le projet, dit-on, de s'avancer vers l'Est jusqu'au centre de la province d'Alger. Je doute que cela lui soit possible. Parti de la Moulouya avec des contingents assez considérables, il a été, chemin faisant, abandonné par tout ce qui était marocain (Kabyles et Arabes), et il en est réduit, à l'heure qu'il est, aux huit ou neuf cents réguliers. Il avait espéré trouver favorables à sa cause les populations soulevées par les chérifs. Mais, chose assez extraordinaire, ces populations, qui nous sont hostiles, refusent aussi de suivre l'émir et de s'expatrier. Les chérifs, en prêchant la guerre sainte, engagent les indigènes à se battre contre nous et à ne pas quitter leur pays. Abd-el-Kader veut emmener tout le monde au Maroc. De là désaccord entre l'émir et les chérifs, désaccord qui nous est avantageux et qui fera que chacun de ces partis sera trop faible pour nous résister, tandis que réunis ils auraient pu nous donner beaucoup d'embarras : somme toute, nos affaires sont en bonne voie. Beaucoup se repentent de ce qu'ils ont fait, on commence à ne plus croire aussi aveuglément aux prédications des marabouts, et la nécessité dans laquelle vont être les indigènes d'ensemencer leurs terres finira, nous devons l'espérer, par tout faire rentrer dans l'ordre.

DE LAMORICIÈRE.

191. — Lettre du général baron Galbois.

Mostaganem, le 22 novembre 1845.

MON CHER GÉNÉRAL,

Voilà donc un nouveau ministre de la guerre ! Je désire qu'il s'en tire bien, mais il prend les affaires dans un moment bien difficile. L'Algérie n'a jamais été dans un si mauvais état qu'aujourd'hui. Toute la province d'Oran est en insurrection. Abd-el-Kader brûle tous les ponts pour gêner nos communications; il se promène entre nos colonnes; emmenant toutes les tribus, les troupeaux et les grains dans sa daïra, à l'entrée du Maroc, où il se crée un petit royaume, il nous prive de toutes les ressources que nous trouvions chez les Arabes; nous sommes déjà obligés d'aller acheter des bœufs et des moutons en Espagne.

Pendant ce temps-là, le général Lamoricière fait son inspection d'infanterie à Mascara. Il est fort mal avec le maréchal Bugeaud. Ce dernier vient d'arriver, à onze lieues d'ici, à Bel Assel, pour se ravitailler; il va retourner ensuite en arrière pour corriger les tribus qui se soulèvent de nouveau après son passage et pour débloquer Tenès. Il se borne à la province d'Alger et laisse le général Lamoricière se débrouiller comme il l'entend dans la province d'Oran, avec trente-six mille hommes qui sont à sa disposition.

Adieu, mon cher général; je suis pressé de fermer ma lettre; je vais aller inspecter le 9e de chasseurs qui vient à Arzew, et je rentrerai ensuite à Alger.

Recevez la nouvelle assurance de mon ancien et sincère attachement.

Le lieutenant général,
Baron DE GALBOIS.

192. — *Lettre du lieutenant-colonel Canrobert,*
commandant supérieur de Tenès par intérim

Tenès, le 28 novembre 1845.

MON GÉNÉRAL,

L'empressement que vous avez daigné mettre à me complimenter sur mon nouveau grade est un nouveau bienfait que vous étendez sur moi. J'ose vous prier d'en recevoir mes vifs remerciements et ma profonde reconnaissance. J'ai déjà eu l'honneur de vous l'écrire souvent, avec toute la sincérité d'un soldat, vos bontés pour moi me laissent le regret de n'avoir pas encore été appelé à vous donner les preuves qu'elles ne sont pas tombées sur un ingrat.

En arrivant il y a trois jours à Tenès, je croyais pouvoir m'embarquer pour rejoindre mon nouveau poste dans la province de Constantine, mais le chef de la subdivision d'Orléansville en a décidé autrement. Ayant trouvé ici M. le lieutenant-colonel Claparède malade et toutes les tribus environnantes en pleine insurrection, tellement audacieuses que leur fusillade se faisait entendre aux portes de la ville maure, il m'a investi provisoirement du commandement supérieur du cercle de Tenès. Si les circonstances eussent été moins graves, mon général, j'aurais demandé instamment qu'un autre officier supérieur fût chargé de cette importante mission, car les actives campagnes que je viens de faire ont fort éprouvé ma santé, et quelques mois de repos me seraient nécessaires. Mais il s'agit ici pour moi de rudes et périlleux devoirs de guerre à accomplir; c'est donc avec empressement que j'en accepte la responsabilité, dans l'espoir de pouvoir être encore activement utile à mon pays.

Les ennemis dont je suis environné sont trop nombreux et la garnison de Tenès est trop faible pour que je puisse compter sur la réussite d'opérations conduites en plein jour. Mon projet est, par conséquent, d'agir de nuit, dans un rayon de quatre à cinq lieues de ma place; j'ai des espions adroits, intelligents et d'autant plus sûrs que leurs familles et leurs biens sont entre mes mains. Je les payerai largement, et ils me conduiront tantôt sur un point, tantôt sur un autre, sur les tribus éparses des insurgés. Je fondrai sur elles à la pointe du jour et je me hâterai de rentrer dans mes retranchements, sans laisser à tous les gens armés le temps de se jeter sur moi. Dans ma carrière en Afrique, j'ai eu plusieurs fois l'occasion d'agir ainsi, le succès a souvent couronné ces sortes de coups de main de partisan.

J'espère, avec l'aide de Dieu, la vigueur et la bonne volonté de mes troupes, venir à bout de la pacification de mon cercle. Je vous demande pardon, mon général, de vous entretenir si longuement de ces mesquins plans de campagne d'un officier bien peu important; je n'aurais pas osé vous en fatiguer si vous n'aviez pas maintes fois daigné prêter votre bienveillante attention à mes récits de notre guerre de guerillas.

Les dernières nouvelles reçues ici d'Abd-el-Kader nous annoncent son arrivée au sud de Médéah, non loin de l'immense et fort douteuse (sinon hostile) tribu des Ouled Nayl. Si cette marche audacieuse de l'ex-émir, de l'ouest à l'est, se confirme, nous ne tarderons pas à savoir qu'il a donné la main aux Kabyles de l'Est, où l'on compte plus de trente mille fusils prêts à se diriger contre nous. MM. les généraux de Bar et Gentil auraient, dans ce cas, de bien graves embarras sur les bras, l'un dans la plaine des Issers et même dans la Metidja, l'autre dans le Hamza.

Je suis avec respect et profond dévouement, mon général, Votre très reconnaissant serviteur.

Le lieutenant-colonel
commandant supérieur de Tenès par intérim,
CANROBERT.

193. — *Lettre du lieutenant-colonel d'état-major
de Martimprey* (1).

Nedroma, 2 décembre 1845.

MON GÉNÉRAL,

La vaste insurrection qui vient de s'étendre sur la province
d'Oran, et dans laquelle le fanatisme a joué un rôle presque
indépendant de l'existence d'Abd-el-Kader, paraît démontrer,
du moins pour l'ouest de l'Algérie, qu'il y a peu ou point à
fonder sur la race indigène, qui restera toujours à la merci
des marabouts. La tranquillité pourra se rétablir et avoir
quelque durée par la fatigue et la misère des populations,
mais il n'y faudra jamais compter. C'est donc vers un renouvellement des habitants, la masse des nouveaux venus dominant les indigènes, qu'il faut reporter ses espérances de domination réelle sur le sol conquis. C'est en un mot la colonisation vers laquelle tout doit tendre ; je crois que toutes les
théories applicables doivent se réduire là désormais.

Quoi qu'on fasse, il y faudra donner beaucoup du plus précieux des éléments pour les individus comme pour les peuples,
il y faudra donner beaucoup de temps, et ce côté de l'entreprise est autrement sérieux que le calcul des hommes et de
l'argent qu'elle coûte, dépenses qui en elles-mêmes ont du
reste leur compensation.

MARTIMPREY.

(1) *Martimprey* (Édouard-Charles *de*), né en 1808, sorti de l'École de
Saint-Cyr, conquiert tous ses premiers grades en Afrique, colonel
en 1848, après l'insurrection de juin ; général de brigade en 1852, général
de division en 1855, chef d'état-major de l'armée en Crimée et en Italie,
gouverneur de l'Algérie et sénateur en 1864, gouverneur général des Inva-
lides en 1867.

194. — *Lettre de M. Bouaissier de Bernouis,*
intendant militaire de la province de Constantine.

Constantine, 25 décembre 1845.

MON GÉNÉRAL,

Les choses sont loin d'être aujourd'hui en Algérie dans un
état brillant. Notre province de Constantine, qui ne demande
qu'à être conduite, n'est pas encore en combustion comme les
deux autres, mais elle fermente aussi depuis plusieurs mois et
finira par éclater à son tour, si elle n'est contenue par une
main ferme et habile. Il paraît cependant qu'on y songe assez
peu, puisque nous sommes privés depuis tantôt six mois de
notre lieutenant général. Pendant ce temps, Abd-el-Kader a
lancé une nuée de chérifs dans la province; leurs prédications n'ont pas encore produit d'explosion, mais elles excitent
et entretiennent une grande fermentation, surtout dans les
tribus kabyles qui n'ont pas jusqu'à présent épousé la cause
de l'émir. Si ces dispositions se maintiennent, nous aurons
de la besogne à notre tour. Jusque-là, le général Levasseur,
qui commande par intérim, s'en tient à de prudentes démonstrations : c'est dans ce but qu'il s'est récemment porté dans
le Hadno, où il a trouvé devant lui de nombreux rassemblements, sans se trouver en mesure de les aborder dans leurs
montagnes et dans cette saison surtout. Peut-être alors va-
lait-il mieux rester à Constantine?

DE BERNOUIS (1).

(1) *Bouaissier de Bernouis* (Émile-Julien-Joseph), né le 20 août 1795 à
Rennes, commis aux distributions et garde-magasin des fourrages de
la Grande Armée le 4 avril 1813, sous-intendant le 18 septembre 1822,
intendant militaire le 10 janvier 1844, intendant général inspecteur le
13 août 1857.

195. — *Lettre du capitaine de Wimpffen, du bataillon
des tirailleurs indigènes d'Alger.*

D'un camp sur l'Oued Bettin. — 1ᵉʳ janvier 1846.

MON GÉNÉRAL,

Vous savez combien depuis quelque temps Abd-el-Kader,
cet imitateur de Jugurtha moins la cruauté, nous donne
d'occupations : du sud au nord, de l'est à l'ouest, depuis le
Maroc jusqu'à la province de Constantine, les tribus se sont
agitées à l'annonce d'une nouvelle croisade commencée par
ce chef des croyants. De tous côtés, des marabouts et des chérifs se sont levés pour prêcher la guerre sainte, et c'est avec
peine, malgré nos cent mille hommes, si nous sommes parvenus à préserver du soulèvement la plaine de la Mitidja, qui
touche Alger.

Depuis le mois de septembre, la colonne dont je fais partie
a été occupée deux mois à soumettre les populations voisines
du Jurjura. Dans un combat au sommet de ces fameuses
montagnes, les Kabyles tiraient à brûle-pourpoint, faisant
rouler des pierres et des rochers pour nous écraser, se montrant pour cela entièrement à découvert. Sur cent cinquante
hommes de deux compagnies du bataillon indigène, vingt ont
été tués ou blessés, un des officiers français a été tué, un autre
blessé.

Vers la fin de novembre, cette colonne s'est portée à
marches forcées sur le désert pour empêcher Abd-el-Kader de
tout y soulever; nous l'avons poursuivi un instant sans l'atteindre. Dans cette contrée, au lieu d'infanterie, il faudrait
deux ou trois mille cavaliers pour combattre les Arabes avec
avantage, pour couper aux habitants de cette vaste plaine la
retraite avec leurs femmes, leurs enfants et leurs troupeaux.
Si notre colonne avance de vingt ou trente lieues, les Arabes
mettent promptement le même espace entre eux et nous. Le
désert étant productif en cette saison, ils n'éprouvent pas de
grandes privations en s'enfonçant vers le Sud; ils trouvent
au contraire une température plus chaude. Nous ne parvenons

donc à remplir que le rôle de gardien pour les tribus soumises, qui ne peuvent faire paître leurs troupeaux sans
craindre de razzia. Nos amis les Rhaman viennent de se voir
enlever cinq cents chameaux. L'été nous permettra de châtier
ces ennemis, si fiers aujourd'hui, le sable ne présentant plus
aucune ressource.

Wimpffen.

196. — *Lettre du lieutenant-colonel Dumontet, du 19ᵉ léger.*

Sétif, le 2 janvier 1846.

Mon général,

J'ai reçu votre dernière lettre et les jolies étrennes dont elle
était accompagnée. J'ai été extrêmement sensible à ce nouveau
témoignage de bienveillance, et je vous prie de vouloir bien
agréer à ce sujet tous mes remerciements. A propos de ce petit
souvenir que vous avez eu la bonté de m'envoyer, je suis bien
aise de vous rappeler qu'il en est un autre que j'ai reçu de
vous et de vous dire que je l'ai soigneusement conservé : je
veux parler de votre portrait lithographié que vous m'avez
donné en 1836. Entouré d'un beau cadre doré, je l'ai placé
dans la petite maison que je possède dans les montagnes
du Beaujolais, il fait le principal ornement de mon modeste
salon, et comme dans mon village on ne m'appelle que le
capitaine, vous y êtes universellement connu sous le nom du
général du capitaine.

Notre colonne n'est pas encore rentrée d'expédition. Elle
a eu le 22 et le 23 novembre deux nouvelles affaires dont vous
avez certainement vu les détails dans le rapport de M. le
général d'Arbouville. Les dernières nouvelles que j'ai reçues
de cet officier général sont du 9 décembre ; il était toujours
dans le Hamza, se contentant d'observer les Kabyles, qui, de
leur côté, ne faisaient aucun mouvement pour l'attaquer.
Depuis cette époque, la colonne de M. le général Bedeau a dû
se réunir à celle de M. d'Arbouville. Quel a été le résultat de
leurs opérations ? Je l'ignore complètement, mais je pense

qu'une partie des colonnes expéditionnaires qu'on a ainsi lancées sur tous les points ne saurait tarder à rentrer, car la campagne, tout au moins dans cette province, n'est pas tenable à cause de la rigueur de la saison et de la grande quantité de neige dont la terre est couverte.

6 janvier. — L'expédition de M. le général Levasseur dans le sud de la subdivision de Sétif, après avoir obtenu d'heureux résultats, s'est terminée par un triste dénouement. Cette colonne, ses opérations finies, est partie le 2 pour rentrer à Sétif : assaillie à son départ et pendant toute la route par une neige épaisse accompagnée d'un vent violent et d'un froid rigoureux, elle est arrivée ici le 4 dans l'état le plus pitoyable et après avoir laissé en arrière près de trois cents hommes dont une grande partie a pu heureusement se réfugier et trouver l'hospitalité dans les douars arabes. Depuis deux jours, la garnison et la population civile de Sétif sont en courses pour ramasser et ramener les malheureux soldats ainsi dispersés sur un espace de dix lieues. Il y a près de cinq cents hommes de cette colonne à l'hôpital, un très grand nombre avec les pieds gelés. Le nombre des hommes morts de froid sur la route, qu'on ne peut encore apprécier qu'approximativement, s'élève à cent cinquante au moins, celui des hommes estropiés et à réformer sera probablement plus considérable : c'est tout à fait un épisode de la retraite de Moscou.

7 janvier. — Je viens de recevoir des nouvelles de notre colonne à la date du 20 décembre; elle était dans les montagnes du Jurjura, à dix lieues d'Alger, où elle continuait à obtenir des succès dans ses fréquents combats contre les Kabyles.

Veuillez, mon général, agréer tous mes vœux de bonne année, être convaincu qu'il ne vous en sera pas adressé de plus vifs et de plus sincères et recevoir en même temps l'assurance des sentiments de respect et de dévouement avec lesquels

Je serai toute ma vie, mon général,

Votre très humble et très obéissant serviteur,

DUMONTET.

**197. — *Lettre du lieutenant-colonel Canrobert, commandant
supérieur du cercle de Tenès.***

Tenès, le 4 janvier 1846.

· Mon général,

Depuis la dernière lettre que j'ai eu l'honneur de vous
adresser au moment de ma nomination de commandant supérieur du cercle de Tenès, je n'ai cessé de mener la vie la
plus active. Plusieurs coups de main que j'avais tentés dans
le principe, pendant la nuit (car alors j'étais dépourvu de
troupes), ont été assez heureux : les Arabes ne venaient bientôt plus sous les murs de la place. Plus tard, on m'a renforcé
de deux bons bataillons, de deux obusiers de montagne et de
quarante-cinq chevaux; j'ai pu alors tenir au loin la campagne
avec onze cent cinquante hommes. Nos ennemis dans ce
pays-ci, mon général, ne sont ni Russes, ni Prussiens; avec
un peu d'activité et quelque connaissance de cette guerre de
guérillas, il ne m'a pas été difficile d'obtenir quelques petits
succès qui ont suffi pour amener la pacification à peu près
totale du cercle confié à mon gouvernement. J'espère dans
trois jours rentrer tranquillement à Tenès et y procurer à
mes pauvres soldats un repos dont ils ont un besoin réel.

Abd-el-Kader, avec sa cavalerie et son peu de bagages, continue à se promener entre les colonnes du maréchal Bugeaud,
du général Lamoricière, du général Yousouf et du colonel
Pélissier. Son habile système d'éviter les combats sérieux
fatigue énormément nos troupes et lui donne pour le printemps prochain les chances de n'avoir à lutter que contre des
fantassins exténués et des cavaliers sans chevaux. Si je dois
m'en rapporter aux paroles de quelques officiers de chasseurs arrivés récemment de la colonne du Maréchal, notre cavalerie est dans un état pitoyable, elle est trop peu nombreuse
et on en exige trop.

CANROBERT.

198. — *Lettre de M. Dussert,*
sous-directeur des affaires civiles de la province de Philippeville
et Constantine.

Philippeville, le 4 janvier 1846.

MON GÉNÉRAL,

J'ai retrouvé l'Afrique à peu près comme je l'avais laissée ; je me trompe, il y a progrès dans le tohu-bohu, dans l'anarchie, dans le désordre. A l'heure qu'il est, il n'y a plus, à vrai dire, d'administration pour les affaires de guerre ; le maréchal Bugeaud est on ne sait où, faisant on ne sait quoi et ne donnant pas signe de vie. On suppose qu'il cherche à soumettre les tribus pour ne pas être inquiété sur ses derrières, quand il ira dans le Maroc. Le lieutenant général Lamoricière et les autres officiers généraux manœuvrent avec de petits moyens d'un autre côté, mais de ce qu'ils font tous on n'a pour ainsi dire pas de nouvelles. On est réduit aux conjectures, et il est facile de supposer que si l'on n'annonce rien, c'est qu'au résumé il y a moins que rien à dire. Je crois, pour ma part, que la principale guerre qui se fait en ce moment est une guerre d'intrigues et de places. On cherche à se supplanter et à se dépopulariser réciproquement.

En attendant Abd-el-Kader poursuit son œuvre. Il s'est emparé d'une portion de territoire marocain considéré comme indépendant, et il y interne les tribus algériennes que M. de Lamoricière cherche à relever et que le Maréchal, au contraire, rase et chasse devant lui comme pour aider aux projets de l'émir. Celui-ci, ayant ainsi établi sa base d'opérations au Maroc de manière à doubler son autorité morale et à inquiéter sérieusement l'Empereur, sort de là de temps à autre pour venir faire acte de pouvoir chez nous et maintenir ainsi dans leur dévouement les Arabes d'Algérie.

L'échafaudage élevé à grands frais par M. Bugeaud tombe ainsi de tous côtés, et, après avoir dépensé Dieu sait combien

de millions et employé près de cent mille hommes dans
l'Ouest seul, il retrouve l'Ouest comme il l'avait pris, c'est-à-
dire avec des tribus révoltées et un pays en feu. Certes, dans
un royaume plus sérieux que le nôtre, le Maréchal aurait
un terrible compte à rendre aux Chambres, car il avait
annoncé la fin de la guerre et déclaré qu'il n'y avait plus
qu'à soumettre ce « petit coin de la Kabylie », comme il l'ap-
pelait. Or, les événements ont prouvé qu'il n'avait ni su, ni
prévu, et que ses dires étaient d'une fausseté absolue, mais
cela passera comme tant d'autres choses sont passées, nous
conserverons le Gouverneur indispensable et tout ira pour
le mieux dans le meilleur des mondes possible.

Quant à l'administration civile, c'est pis encore. On avait
fait une ordonnance d'organisation incomplète, mauvaise,
mais enfin elle était faite. Grâce à l'opposition des chefs de
service et au *veto* du Maréchal, le directeur général n'a pu
fonctionner et s'en va en congé. Il résulte de tout cela, vous
le devinez, un désordre, des points d'arrêt et une anarchie
inexprimables. Les intérêts souffrent, les capitaux se décou-
ragent, et, pour peu que cela dure, nous serons en pleine désorganisation. Voilà, mon général, le tableau non chargé de
l'Algérie actuelle. Vous voyez que cela n'est rien moins que
rassurant et qu'il est bien temps que les Chambres se mêlent
de la chose d'une manière sérieuse. Il s'agit, après tout, d'un
début de colonie qui nous a coûté déjà près d'un milliard.

Veuillez agréer, mon général, l'expression de mon respect
et de mon inaltérable dévouement.

DUSSERT.

199. — *Lettre du lieutenant-colonel Bosquet, du 15ᵉ léger.*

Du camp de Mendès
(Cercle de Mostaganem), du 5 janvier 1846.

MON GÉNÉRAL,

Je suis heureux de pouvoir vous donner aujourd'hui des
nouvelles de votre fils Pierre, dont je viens de recevoir une

lettre. Il se porte bien; la colonne de M. le général Yousouf, dont il fait partie, arrivait à Tiaret; les fatigues, la boue et le froid n'avaient aucunement altéré sa bonne humeur, et il était tout prêt à reprendre la charge sur l'émir aussi vigoureusement qu'il venait de le faire à Temda (1).

Son esprit distingué et exceptionnel ainsi que son bon cœur me l'ont fait prendre depuis longtemps en grande affection, et je me persuade, tous les jours, qu'il a devant lui un bel avenir. Personne, plus que moi, ne sera heureux d'applaudir aux succès qui l'attendent.

BOSQUET.

200. — *Lettre du capitaine Cler, du 2ᵉ bataillon d'infanterie légère d'Afrique.*

Camp de Kef-el-Fifa, sur l'Oued Besabir, le 18 janvier 1846.

MON GÉNÉRAL,

Parti dans les derniers jours de décembre, je n'ai pu vous écrire et vous faire parvenir à temps mes souhaits de nouvelle année. Depuis le 7, je suis arrivé à Teniet-el-Haad avec mon commandant, qui a pris le commandement supérieur du cercle, et, dans ce moment, je suis au camp de Kef-el-Fifa, à trois lieues au sud de Teniet. Ce poste provisoire est destiné à protéger le territoire des Ayades, qui jusqu'à ce jour nous sont restés fidèles.

Teniet-el-Haad est le point le plus élevé que nous occupions en Afrique. Son climat, à part quelques coups de soleil qui se ressentent du voisinage du Sahara, diffère peu de celui de la France. Le fort ou poste de ravitaillement, commencé au printemps de 1843, bien qu'occupant un emplacement peu

---

(1) Le 23 décembre 1843, la colonne du général Yousouf avait atteint l'émir à Temda, mais le combat n'avait pas été décisif. A ce moment, au contraire, Abd-el-Kader reçut la soumission de Bou-Maza et devint le chef incontesté des Arabes et des Kabyles.

militaire, barre cependant l'ouverture formée par le col qui
est le plus important de la chaîne de l'Ouarensenis. Trois vallées prennent naissance à peu de distance des murs du fort,
deux s'ouvrent au nord, sur le Chéliff; la troisième verse aussi
ses eaux dans le fleuve, qui, contournant la chaîne de l'Ouarensenis, remonte vers son embouchure et prend ses nombreuses sources dans ces montagnes, dans celles du Djebel-
Amour, au sud, et dans les chotts du plateau de Sersous.

Sur les hautes crêtes qui avoisinent et forment le col crois-
sent de magnifiques cèdres. Bien que ce bois soit peu solide, il
a cependant servi à la confection des charpentes des bâtiments
du fort. Sa légèreté, son incorruptibilité et l'odeur agréable
qu'il répand, le font rechercher pour la confection des meubles.
Ces forêts vierges et sauvages sont habitées par des animaux
féroces et plus particulièrement par le lion et la panthère. La
nuit, chassés par la faim de leurs repaires glacés, il se ha-
sardent quelquefois à venir autour des douars et du camp
pour y prendre quelques bêtes des troupeaux et les débris
d'animaux qui encombrent leurs abords.

Malgré une saison fort rigoureuse, nos colonnes continuent
à tenir la campagne, et tout semble annoncer qu'elles resteront dehors jusqu'au printemps prochain. Le général Marey
couvre, avec sa brigade, la subdivision de Médéah et observe
Ben-Salem, qui occupe les pentes méridionales du Jurjura. Le
Maréchal est près de Tiaret, sur le haut Riou, et communique
avec le lieutenant général de Lamoricière, qui doit tenir la
campagne avec sa cavalerie et protéger le sud et l'ouest de la
province d'Oran. Le général Yousouf, qui a *quitté trop vite* le
Sersous, se dirige sur Milianah où il laissera sa brigade légère,
et il rentrera de sa personne à Alger. En arrière de Teniet,
sur les pentes nord de l'Ouarensenis, entre l'Oued Deurdeur et
l'Oued El-Hargen, se trouve le lieutenant général Bedeau,
dont la présence protège les tribus et assure leur fidélité.
A sa droite, le colonel d'état-major Eynard observe avec
une faible brigade la vallée du Chéliff, entre l'El-Kantara et
Orléansville. Enfin, le colonel de Saint-Arnaud, puissamment
secondé par le lieutenant-colonel Canrobert, continue à guer-

royer dans sa subdivision et à maintenir les populations du haut Dahara.

Le point central de cette vaste zone d'opérations, dont les ailes embrassent les deux extrémités des monts Ouarensenis, est Teniet-el-Haad, qui, avec son poste avancé de Kef-el-Fifa, observe Abd-el-Kader et protège la tribu des Ouled-Ayades, trop fortement compromise par son bach-aga Ben-Ferach, pour essayer une défection. Telle est, mon général, la position de nos colonnes. Épuisées par les fatigues d'une campagne de trois mois, elles peuvent difficilement entreprendre de nouvelles opérations, et elles doivent se borner à garder ces positions, qui, en protégeant le Tell, arrêtent les entreprises d'Abd-el-Kader.

La campagne que vient de faire ce chef est admirée de tous les militaires qui ont quelque idée de la guerre, et tous aussi doivent malgré eux s'incliner devant son génie. Ennemi invisible et partout cependant, il embrasse dans sa ligne d'opérations la frontière saharienne, des pentes du Djebel Amour aux plaines du Maroc. Après avoir jeté sur la frontière de cet empire les populations de l'Ouest, il paraît tout à coup dans l'Est, rase nos alliés du Sahara et par d'habiles crochets passe avec ses quinze cents cavaliers entre nos colonnes, fait vingt lieues en une nuit et porte l'épouvante, l'incertitude et la révolte chez les tribus du Sersous, de l'Ouarensenis et même du Tell.

Qu'avons-nous à opposer à tant d'activité? Des généraux jaloux et qui ne veulent point s'entendre; des chefs de colonne incapables ou fatigués et dont les succès ressemblent trop à des échecs; des corps épuisés et découragés par des résultats négatifs. On cite tel escadron de spahis qui n'a plus que trois hommes et tel régiment d'infanterie, arrivé de France au mois d'octobre dernier, qui ne compte pas quinze cents hommes sous les armes. Nous autres qui avons jeunesse et avenir, nous ne nous décourageons pas, mais nous comptons plus, toutefois, sur le temps et nos forces que sur le génie de ceux qui nous commandent.

Je ne connais pas encore le résultat du travail d'inspection du lieutenant général de Bar. J'espère toujours être maintenu, soit pour major, soit pour chef de bataillon.

Si j'avais rencontré en Afrique le bienveillant intérêt que j'ai trouvé dans votre division active, j'aurais obtenu le grade pour lequel j'ai déjà été proposé *trois fois;* heureusement que je ne perds pas courage!

Je suis, avec respect, mon général,

Votre très humble et très reconnaissant serviteur.

CLER.

201. — *Lettre du général de division Changarnier.*

Paris, 25 janvier 1846.

MON GÉNÉRAL,

M. le maréchal Bugeaud, cette étoile qui file, voudrait bien, je crois, trouver un moment de replâtrage et de répit pour se retirer avec quelque honneur ; la possibilité de son remplacement a déjà préoccupé le ministère. Le général Lamoricière, ayant mal profité d'une occasion sans pareille, a baissé dans l'opinion de l'armée et dans la confiance du gouvernement, mais il a des amis fort actifs. Le maréchal Bugeaud ayant parlé de profiter de la première interruption des opérations pour venir défendre l'Algérie à la Chambre, on lui expédie M. Hamond, du cabinet particulier de M. Guizot, et on recommence à le cajoler pour le retenir dans son gouvernement. On hait beaucoup cet homme et on le craint encore un peu.....

CHANGARNIER.

202. — *Lettre du général de division Changarnier.*

Paris, 27 janvier 1846.

MON GÉNÉRAL,

Yusuf ayant à peu près complètement ruiné la cavalerie qu'on avait eu le tort impardonnable de remettre en de pareilles mains, votre cher fils va prendre un peu de repos.

L'opinion sur M. le duc d'Isly est bien retournée : au dernier spectacle de la Cour, on s'exprimait hautement à son égard en termes que je trouvais trop sévères; la ville ne lui est pas plus favorable.

L'opposition, sans espoir d'ébranler la majorité, mais pour agir sur les électeurs, suit ligne par ligne tous les paragraphes de l'adresse, dont la discussion ne semble pas près de finir.

On attend avec impatience le développement des projets de sir Robert Peel, qui auront probablement de l'influence sur nos relations commerciales.

Agréez, je vous prie, mon cher général, mille nouvelles assurances de mon affectueux dévouement.

CHANGARNIER.

203. — *Lettre du lieutenant général de Lamoricière, commandant de la province d'Oran.*

Au bivouac de Ifizet, le 30 janvier 1846.

MONSIEUR LE LIEUTENANT GÉNÉRAL,

Je viens de recevoir seulement il y a trois jours la lettre que vous m'avez fait l'honneur de m'écrire par le *Montezuma*, pour m'annoncer l'arrivée de sept cents mulets des remontes de Saint-Maixent et de Guéret. Ce renfort nous sera fort utile, surtout si ce sont des mulets courts de reins et habitués à porter. Malheureusement, on nous envoie souvent des mulets qui, *fort beaux et fort bons pour le trait*, ne peuvent nous rendre aucun service *sous le bât*. Et ce sont ces derniers qui nous manquent le plus habituellement. Ce que vous me dites de ce nouveau détachement me rassure tout à fait.

Nos effectifs, dans les corps les moins anciens en Afrique, sont toujours fort réduits. Aussi importe-t-il que de leurs dépôts en France on leur envoie tout ce qui est en état de

porter un fusil ou de monter à cheval, suivant l'arme. Vous
l'avez si bien compris que vous avez été le premier à demander au ministre l'autorisation de faire embarquer les hommes
du 44e et du 16e de ligne et ceux du 2e chasseurs à cheval qui
étaient dans cette situation. Je les attends avec impatience et
vous remercie, Monsieur le lieutenant général, de cette nouvelle marque d'intérêt que vous voulez bien donner à la
province d'Oran.

J'aimerais assez qu'Ibrahim-Pacha et notre ambassadeur du
Maroc pussent se rencontrer à Paris. Le premier, qui marche
franchement dans les eaux de la France, ne manquerait pas
d'influencer en notre faveur son coreligionnaire. N'est-il pas
naturel, en effet, que l'Orient se charge du soin de venir
éclairer l'Occident?

Vous me dites que les discussions sur l'Algérie seront vives,
cette année, à la Chambre, qu'on se préoccupe de ce qui arri-
verait pour l'Afrique dans le cas d'une guerre générale, et
qu'on veut demander au gouvernement au prix de quels sacrifices il serait possible de s'y établir de manière à n'être
point forcés d'évacuer dans des circonstances données. Une
marine plus considérable, un refuge aux îles Baléares et un
vaste port à Port-Vendres seraient, sans aucun doute, de puissants auxiliaires. Mais est-ce bien là ce qui, après la conquête,
peut, en tout état de cause, nous assurer la sûre possession
de l'Algérie? Je ne le pense pas. Suivant moi, on pourrait
presque dire que l'avenir de l'Afrique repose sur la rapide
implantation sur le sol d'une nombreuse population européenne. En effet, il y a ici deux choses essentielles à considérer :
*et l'armée chargée de défendre la colonie, et la nourriture de cette
armée, en cas de guerre maritime.*

1° Pourrons-nous toujours demander à la mère patrie toute
cette armée qui, un jour venu, devrait trouver dans la colonie
même assez de ressources pour suffire, en partie du moins,
à son entretien et à son recrutement? Le puissant concours que
devront nous fournir plus tard les milices africaines permettra au gouvernement de diminuer considérablement l'effectif
des troupes proprement dites. C'est dans ce sens et aussi

parce que les revenus seraient plus forts que, de fait, la colonie pourra suffire *presque seule* à sa propre défense. Mais pour cela, il nous faut des colons européens, car nous ne pourrons jamais avoir assez de confiance dans les indigènes, qui, au premier bruit de guerre, ne manqueraient pas de se révolter.

2° Nous devons tout faire pour retirer du pays même le blé, la viande, les fourrages, etc., nécessaires pour la nourriture de cette même armée. Les indigènes cultivent-ils assez, élèvent-ils assez de bestiaux, de chevaux, etc., pour suffire à tous nos besoins? *Non*, en supposant même qu'ils soient tous bien réellement soumis et qu'ils commercent avec nous. A plus forte raison, *non*, dans le cas d'une guerre générale, auquel cas, je l'ai déjà dit, ils nous abandonneraient bien certainement presque tous.

Entre la conquête et l'occupation réelle, la soumission des Arabes n'a qu'une transition indispensable. Une population *chrétienne agricole* peut *seule* nous permettre d'espérer qu'il nous sera possible, un jour, de nous maintenir en Algérie, sans être pour la France une charge telle qu'elle ne pourrait peut-être la supporter, en cas de guerre européenne.

Mais cette population européenne... a-t-on fait jusqu'ici ce qu'il fallait pour l'encourager à venir se fixer parmi nous? *Non*, mille fois *non*. Les longs retards que les colons riches ou pauvres rencontrent à Paris et à Alger les ont souvent dégoûtés et ont discrédité notre colonisation. En un mot, on n'a rien fait ou presque rien fait encore pour peupler l'Algérie et les *cent mille* colons que nous avons aujourd'hui sont venus pour la plupart comme cantiniers à la suite de nos régiments, j'oserais presque dire, malgré tout ce qu'on a pu faire pour les en empêcher, et non point comme colons dans la véritable acception du mot, car il en est bien peu encore qui se livrent à la culture.

Dans les discussions qui vont avoir lieu, bien des systèmes seront mis en présence. Le plus efficace, selon moi et en conséquence de tout ce que je viens de dire, sera celui-ci que je vais résumer en peu de mots.

Tout faire pour attirer le plus promptement possible en Al-

gérie le plus grand nombre de colons possible, les encourager
en leur donnant la terre aussitôt et au fur et à mesure qu'ils
nous arriveront. Leur fournir (attendu que pendant la première année ils ne peuvent rien récolter et qu'ils sont obligés
de se construire des abris) une sorte de première mise, soit en
numéraire, soit en vivres, soit en matériaux, dont la quotité
et le mode de versement seraient fixés par une ordonnance
royale. Quelque chose d'analogue, mais avec des inconvénients
qu'il faudrait éviter, a déjà été employé dans quelques villages civils des environs d'Alger. Je voudrais que ce fût un
système adopté en principe et mis partout en pratique et pour
lequel les Chambres voteraient annuellement des fonds.

Je vous demande pardon, Monsieur le lieutenant général, de
vous entretenir si longuement d'une opinion qui m'est personnelle. Vous m'avez mis sur la voie, et je n'ai pu résister
au désir de vous faire connaître ma pensée sur une question
que je n'ai pas la vanité de juger mieux que personne, mais
que j'ai la prétention d'avoir étudiée autant que qui que ce
soit au monde. . . . .
. . . .
La collection de journaux que vous avez bien voulu m'envoyer, comme toujours, nous donne amplement de quoi lire
depuis huit jours et nous fait fort agréablement passer les
loisirs, peu nombreux d'ailleurs, que nous laissent Abd-el-
Kader et toutes les tribus qu'il avait soulevées. Ces dernières,
qui sont sans cesse entre l'enclume et le marteau, commencent
à comprendre qu'elles ont été trompées et qu'elles ont tout
avantage à nous rester fidèles. Aussi nous sont-elles revenues
pour la plupart; elles ont repris leurs cultures et nous seront
soumises jusqu'à ce qu'un accès de fanatisme vienne encore
une fois leur faire perdre la raison.

Abd-el-Kader, chassé du Tell, s'est réfugié sur les hauts
plateaux. Il est en ce moment dans le sud de la province
d'Alger. Nous attendons qu'il dessine son mouvement, car si
sa daïra le rappelle au Maroc, il ne doit pas, dans son intérêt,
négliger d'aller se faire voir dans l'ouest de la province de
Constantine, où Ben-Salem soutient toujours sa cause. Nous

travaillons à lui rendre hostiles toutes nos tribus, à lui fermer
les portes du pays à blé et à le forcer d'aller, faute de vivres,
retrouver tout le monde qu'il a laissé sur la Moulouya.

Somme toute, notre situation s'améliore sensiblement. Peu
à peu les traces de la dernière insurrection disparaissent, et
nous avons tout lieu d'espérer qu'un moment de calme succé-
dera à la crise dont nous sommes à peine sortis.

Veuillez agréer, Monsieur le lieutenant général, l'assurance
de ma haute considération.

Le lieutenant général commandant la province d'Oran,

DE LAMORICIÈRE.

204. — *Lettre de M. Mallarmé, sous-intendant militaire.*

Bône, 5 février 1846.

MON GÉNÉRAL,

. . . .

J'ai lu une lettre écrite par le chef de bataillon qui, avec six
compagnies d'élite, commandait l'arrière-garde de la colonne
Levasseur; il assure avoir compté deux cent trente morts,
dont cinquante-quatre de son bataillon. Lui-même est au lit
depuis le 3 janvier, il espère ne perdre aucun de ses membres. Cet officier supérieur assure, et son opinion se trouve
confirmée par les officiers de santé, que sur les quatre cents
hommes entrés à l'hôpital, deux cents au moins seront incapables de servir; il ajoute que, sur cette colonne de trois mille
hommes, on peut, sans exagérer, dire que les douze ving-
tièmes sont perdus pour l'armée. C'est le plus grand désastre
qu'ait éprouvé l'armée d'Afrique depuis vingt-cinq ans. Cet
échec a eu du retentissement chez les Arabes amis ou ennemis.

La présence d'Abd-el-Kader à Bou-Sada a augmenté l'espèce
de fièvre qui s'est emparée des Arabes; aussi dans la province,
d'ordinaire si tranquille, on est inquiet; un bataillon de la
légion étrangère est parti précipitamment pour Constantine.
et M. le général Levasseur a donné l'ordre de tenir prêt un

autre bataillon. Dans une tribu au Raz-el-Akba, entre Mjez Ahmar et l'Oued Zenati, un cheik a été assassiné par sa tribu. Le caïd des Hanenchas, qui peut mettre trois mille cavaliers ou fantassins sur pied, est venu hier trouver le général Randon pour lui demander cent cavaliers, nécessaires, dit-il, pour assurer la tranquillité. Enfin, entre Sétif et Constantine, un convoi a été attaqué, nous avons eu un homme tué et quelques blessés. Vous êtes dans le vrai quand vous dites qu'au printemps Abd-el-Kader luttera avec avantage contre une infanterie exténuée et une cavalerie sans chevaux. La position est grave, la guerre est devenue plus sérieuse que jamais.

Mallarmé (1).

205. — *Lettre du lieutenant-colonel Canrobert, commandant supérieur du cercle de Tenès.*

Bivouac de Sidi Aïssa Ben Daout, 7 février 1846.

Mon général,

Après avoir réussi à pacifier l'est de mon cercle, j'étais, il y a peu de jours, occupé à recevoir les soumissions des tribus de l'Ouest que j'avais pu préparer par un coup de main heureux sur les Sbeas insoumis, lorsque le chérif Bou-Maza s'est avancé pour paralyser l'effet de nos petits succès. Le 29 janvier, il attaqua avec un grand acharnement une de mes reconnaissances, et, profitant habilement d'une faute commise par le capitaine qui la commandait, il lui tua sept hommes, en blessa vingt-cinq et dans une mêlée des plus sérieuses s'empara des mulets à cacolets qui étaient là pour prendre nos blessés. Bien que ce combat eût coûté au chérif quarante hommes tués, dont son kalifat Ben-Hinni et son aga de la

_____

(1) *Mallarmé* (Henry-Victor), né le 4 mai 1803 à Diest, département de la Dyle (Pays-Bas), engagé volontaire au 51ᵉ de ligne le 22 mars 1822, capitaine adjudant-major le 28 janvier 1836, entré dans l'intendance le 31 août 1840, intendant militaire le 21 mars 1855, intendant général le 17 avril 1863.

cavalerie Oulid-Derbal, il lui avait donné une confiance dont je me hâtai de profiter.

Dès le lendemain 30, m'étant porté en avant, je le rencontrai sur la rive droite de l'Ouled Brahim ; son infanterie, forte de quatre à cinq cents Kabyles environ, occupait une hauteur escarpée, en avant de moi et un peu sur ma gauche ; lui se trouvait à droite avec deux cents chevaux. Je dirigeai tous mes efforts sur son infanterie, que je fis aborder de front par le 5ᵉ d'Orléans, pendant qu'avec ma cavalerie (cent vingt chevaux) je passais entre le chérif et elle et parvenais par un brusque mouvement tournant à la placer entre mes chasseurs à pied et à cheval, sous les coups desquels plus du tiers resta. Bou-Maza ne fit aucun effort pour dégager ses fantassins et il s'enfuit honteusement. Depuis lors, mon général, je suis à sa poursuite et n'ai pu le rencontrer de nouveau.

J'avais opéré, le 3 de ce mois, ma jonction avec M. le colonel de Saint-Arnaud, mais un ordre pressant du Maréchal lui ayant prescrit de se porter *en toute hâte* vers les montagnes de l'Ouarensenis, je reste seul dans le Dahra avec onze cent vingt hommes de toutes armes, dont vingt-cinq chasseurs à cheval de France seulement et un goum sur lequel je compte peu.

Pourquoi donc n'avons-nous pas en Afrique dix mille cavaliers légers de plus ?

Daignez agréer, mon général, les expressions du respect, du dévouement absolu et de la reconnaissance de votre très humble serviteur.

Le lieutenant-colonel,

CANROBERT.

206. — Lettre du lieutenant-colonel Servier (1), du 43ᵉ de ligne.

Constantine, 16 février 1846.

MON GÉNÉRAL,

Vingt-cinq jours après le désastre Levasseur, il partait de Sétif une petite colonne commandée par M. le lieutenant-colonel Dumontet. Le 43ᵉ de ligne, qui, dans la première expédition, avait fourni sept cents hommes, n'a pu réunir que deux cents soldats, dont le tiers n'était pas encore remis de ses dernières fatigues. Neuf jours après, il partait d'ici une autre colonne de six cents hommes, commandée par le colonel Buttafocco. Le bataillon de la légion étrangère, venu de Guelma, doit se mettre en route avec cent cinquante cavaliers. Toutes ces troupes se réuniront à Sétif sous les ordres de M. le colonel Herbillon, le héros de la province. Le tout formera un corps de quinze cents fantassins et trois cents chevaux, avec artillerie, pour aller du côté de Biskra, dans le cas où Abd-el-Kader, qui est partout et nulle part, vienne avec ses huit cents chevaux y faire une apparition, comme celle qu'il vient de faire à seize lieues d'Alger, d'après les lettres que nous en recevons aujourd'hui, ce qui a jeté l'effroi parmi les commerçants de cette ville et donné un contre-coup au crédit public algérien. Comme vous le disiez fort bien, mon général, il faudrait des colonnes de cavalerie pour en finir et ne pas écraser en toute saison des soldats auxquels il manque ce qui leur est nécessaire, qu'on charge comme des mulets, en ajoutant à leurs vivres le bois nécessaire pour quatre à cinq jours pour faire cuire les aliments.

Ici, mon général, nous faisons, nous autres officiers, la guerre à nos dépens, et le Gouvernement ne l'ignore pas. Si

_____

(1) *Servier* (Georges), né à Avignon le 9 juin 1789, élève de l'École spéciale militaire le 12 octobre 1807, fait prisonnier à Pancorvo (Espagne) en 1813, lieutenant-colonel au 43ᵉ de ligne le 21 novembre 1841.

les officiers supérieurs sont remboursés de leurs vivres à raison de quarante francs, les malheureux officiers subalternes n'en retirent que vingt et un, et avec le genre de guerre d'aujourd'hui, l'achat des mulets pour porter pendant l'expédition vivres, effets, objets de campement, etc., il faut un argent si considérable que chacun de nous est endetté. L'officier supérieur ne peut se passer de deux chevaux et de deux mulets, c'est-à-dire deux mille francs, et ce qu'il y a de plus étrange, c'est la difficulté de trouver des logements, depuis que le Gouvernement s'est décidé à nous payer l'indemnité comme en France et que les Domaines se sont emparés de toutes les maisons appartenant à la conquête et dont on favorise les colons, composés de toutes les races européennes et de ce qu'il y a de moins honorable parmi elles, de sorte que les conquérants sont sur la paille et dans des bicoques, et ces gens-là dans des palais et sur des divans en soie et en velours.

L'absence de M. le lieutenant général Bedeau est fâcheuse pour tout le monde; on assure qu'il ne rentrera pas.

SERVIER.

207. — Lettre du lieutenant-colonel Westée, du 36ᵉ de ligne.

Douera, 19 février 1846.

MON GÉNÉRAL,

Pendant les quelques jours que j'ai passés à Alger, il y régnait une terreur panique, on craignait que Ben Salem ne se jetât dans la Metidja. Vers le soir, me promenant sur la place, plusieurs bourgeois que je ne connaissais pas sont venus me demander avec inquiétude ce que je croyais de quelques fortes lueurs qui paraissaient dans la direction de la Maison-Carrée; tant y a-t-il qu'on a armé les condamnés et que des troupes ont été envoyées la même nuit au Fondouk. Plusieurs fermiers avaient envoyé en ville demander des armes à leurs propriétaires, parce qu'ils avaient vu des Arabes rôder autour des maisons. Voilà où l'on en est avec cent mille hommes; il est vrai qu'un grand tiers est hors de service.

Vous avez vu que MM. les généraux Géry, Comman et Reveu rentrent en [France. Voilà quatre colonnes qui sont commandées par des colonels : Pélissier à Mostaganem, Saint-Arnaud à Orléansville, Eynard à Milianah et Ladmirault, la réserve à Blidah. Toute espèce de hiérarchie est bouleversée, les régiments sont éparpillés par bataillons et par compagnies pour pouvoir donner des commandements aux favoris.

WESTÉE.

208. — Lettre du colonel Grand (1), commandant le 2ᵉ chasseurs à cheval.

Bivouac d'Akbeil, le 20 février 1846.

MON GÉNÉRAL,

Les escadrons qui sont ici sont déjà réduits à soixante chevaux (2); vous avez eu la bonté de m'envoyer quatre-vingt-quinze hommes, mais je n'ai pas de chevaux et on n'en trouve plus dans la province d'Oran pour remonter la cavalerie; voici deux mois que je suis en campagne, il m'a été impossible d'acheter un cheval. Les officiers de la remonte, depuis le mois de janvier, ont acheté vingt mauvais chevaux.

Toutes nos courses n'ont pas encore eu de résultat, malgré les douze colonnes qui sillonnent le pays; l'émir nous échappe et passe entre nos jambes avec une adresse inconcevable.

(1) *Grand* (Louis-Claude), né le 24 mars 1797 à Paris; garde du corps de Monsieur le 16 juillet 1814, garde du corps du Roi avec le grade de chef d'escadron le 23 mai 1825, colonel du 2ᵉ chasseurs à cheval le 23 octobre 1845, maréchal de camp le 3 novembre 1846, général de division le 22 décembre 1851.

(2) Le 2ᵉ régiment de chasseurs à cheval et le 5ᵉ et le 16ᵉ de ligne avaient été pris à la division des Pyrénées-Orientales au mois d'octobre 1845.

Cette guerre est peu dangereuse, mais elle est fort pénible par les privations et la misère qu'on éprouve dans un pays dépourvu de toute espèce de ressources.

Notre cavalerie marche généralement bien, mais les hommes qui composent l'infanterie sont trop faibles pour supporter les marches avec leur bagage augmenté d'une tente et de six jours de vivres quelquefois.

Il est effrayant de penser que presque tous les régiments qui arrivent de France perdent, terme moyen, un tiers de leurs effectifs.

GRAND.

209. — Lettre du capitaine Cler, adjudant-major du 2ᵉ bataillon d'infanterie légère d'Afrique.

Camp de Kef-el-Fifa, 20 février 1846.

MON GÉNÉRAL,

Parmi les nombreux officiers sortis de votre division et qui sont aujourd'hui en Afrique, je serai certes le plus heureux si vous êtes appelé à remplacer le maréchal Bugeaud, qui ne demande qu'à rentrer en France. Tous les militaires qui ont l'expérience de la guerre d'Afrique pensent comme vous, mon général, et croient qu'en ce moment surtout un général de cavalerie, connaissant aussi l'infanterie, peut seul nous tirer de la fausse position où nous pataugeons depuis bientôt une année; mais avant tout, il faut songer à réorganiser et à augmenter notre cavalerie et surtout à lui donner d'autres généraux que ceux qui sont appelés à la diriger en ce moment. Il n'est aussi que malheureusement vrai que l'administration et la direction des affaires civiles et militaires sont souvent tombées dans des mains infidèles, et le Gouverneur n'est pas toujours heureux dans ses choix. Dans ce moment, trois des subdivisions de la province d'Alger sont commandées par des colonels qui ont été attachés à sa personne, comme officier d'ordonnance, aide de camp ou chef d'état-major. Ce dernier, bien qu'investi de doubles fonctions, continue à commander la subdivision de Mostaganem, qui appartient à la province d'Oran. Bien des officiers qui n'ont point eu l'honneur de servir sous vos ordres, mais qui connaissent votre brillante réputation militaire, la puissance de votre nom et surtout votre haute probité et votre justice, pensent que dans ces moments difficiles vous pouvez seul mener à bien une conquête commencée depuis seize années.

Dans la première quinzaine de ce mois, l'émir, que l'on croyait dans les tribus du Sahara, a brusquement quitté ses positions d'hiver et, par une marche des plus hardies, est venu se jeter en insurrectionnant les populations de l'Est sur le versant nord du Jurjura, au milieu des tribus Kabyles qui jusqu'à ce jour avaient refusé de reconnaître sa prépondérance ; ses éclaireurs sont arrivés jusqu'à vingt lieues d'Alger, où tout a été un instant dans l'épouvante.

Pendant que toutes les colonnes convergeaient vers l'Est, nous sommes restés avec une petite colonne de sept cents baïonnettes pour couvrir les tribus fidèles du versant sud de l'Ouarensenis. Le 17, aidés par cent cinquante cavaliers de notre bach-aga Ben-Ferach, nous avons rasé la tribu hostile des Ouled-Bessem. Après nous être battus pendant cinq heures pour couvrir notre convoi de cinq cents bêtes de somme chargées des grains pris dans les silos, nous sommes arrivés sur le territoire des alliés sans laisser une seule bête au pouvoir de l'ennemi, qui aidé par El-Hadj-el-Sghir, kalifat d'Abd-el-Kader dans l'Ouarensenis, a montré une grande opiniâtreté dans l'attaque. Ce coup de main nous a coûté vingt-six blessés et deux tués, il fait honneur à notre petite colonne ; il vous sera annoncé par les journaux, si toutefois la politique du jour en permet la publication.

Pardonnez-moi, mon général, le peu de régularité de mon écriture ; nous avons six centimètres de neige et j'ai les doigts gelés.

CLER.

210. — *Lettre du chef de bataillon Lenoble (1), du 16ᵉ de ligne.*

Bivouac de Frech el Rebaia, 23 février 1846.

MON GÉNÉRAL,

Notre marche sur Médeah aurait lieu peut-être de vous surprendre, si vous ne saviez déjà que c'est la démission du général Marey qui a forcé M. le Maréchal à appeler par ici le colonel Pélissier.

M. le Maréchal a écrit au colonel Pélissier qu'il venait de voir Abd-el-Kader lui passer devant le nez en filant sur les neiges des crêtes du Jurjura. On a voulu le couper et le serrer entre le Jurjura et la mer, mais il n'a pas été possible d'avancer. La province de Constantine n'ayant plus de troupes, on craint que l'émir n'y pénètre. Le maréchal Bugeaud écrit qu'il nourrit les soixante-quinze chevaux de sa colonne avec du biscuit.

Nous pérégrinons, non sans semer des hommes, car de quatre cent cinquante hommes, je n'en ai plus que trois cent cinq. Des pieds blessés en quantité ont fait sortir des rangs bien des hommes qui y seraient encore, si le transport des vivres n'exigeait pas l'emploi forcé de tous les mulets de la colonne; trente hommes à peu près ont eu les fièvres, cinq sont morts. On est émerveillé de la façon dont le bataillon soutient sa première campagne, tout en disant cependant qu'il faut attendre les chaleurs pour le bien juger. C'est peu rassurant, ce qu'on dit là, car ma réduction de quatre cent cinquante à trois cent cinq me semble bien forte. Le 9ᵉ chasseurs d'Orléans, le 32ᵉ, la légion étrangère fondent bien autrement que le 16ᵉ, et ils ont des figures, des figures, les hommes de ces corps, qui feraient reculer, tant elles sont tirées et pâles. « Nos hommes sont usés, voyez-vous, disent les chefs de ces corps, et il en sera de même des vôtres quand ils auront deux campagnes sur le dos. »

Un de mes soldats, bien mal tenu toujours et criant la faim

----

(1) *Lenoble* (Henri-Pierre-Adolphe), général de brigade le 31 décembre 1857.

depuis trois mois, s'est brûlé la cervelle au bivouac de Boghar. Chacun reconnaît que les hommes n'ont pas assez de leurs vivres et personne n'y remédie; c'est bien surprenant. Le biscuit porté dans les sacs se brise insensiblement, ce qui contribue à réduire encore la ration. Sur ce sujet, je vous ferai part d'une amélioration dont notre colonne jouit dans cette province-ci : le biscuit est porté dans des caisses en bois, d'où moins de bris dans les biscuits et, par conséquent, des parts plus fortes.

LENOBLE.

211. — Lettre du lieutenant général de Bar.

Alger, 28 février 1846.

MON GÉNÉRAL,

M. le Maréchal Gouverneur général est ici depuis le 24 au soir ; il compte repartir sous peu de jours pour reprendre la campagne, à moins qu'un très mauvais temps ne l'oblige à suspendre le cours de ses opérations. J'ai eu beaucoup à faire pendant son absence prolongée du chef-lieu de la colonie, mais les craintes dont il a été fait beaucoup de bruit sur les dangers immédiats que courait le centre de la province ont été fort exagérées. J'ai pu disposer d'assez de troupes pour le couvrir; le coup de main du général Gentil en est la preuve (1), et les derniers mouvements du Maréchal ont complètement changé la face des choses. Il faut avouer cependant que nous avons affaire à un ennemi plein de ressources puisées dans son infatigable activité, dans le fanatisme des populations et dont la rapidité dépasse tout ce qu'on peut imaginer. Abd-el-Kader paraissait vouloir se former une base solide de résistance et d'agression dans la Kabylie, à l'est d'Alger; il paraît à présent certain qu'il échouera dans ce projet, mais il fera

_____

(1) Voir plus loin, n° 220, la lettre du général Gentil, Alger, 9 mai 1846.

faire encore bien des courses à nos soldats et à nos chevaux avant d'être abattu.

Veuillez recevoir, mon cher général, l'assurance de ma haute considération et de mes sentiments les plus dévoués.

De Bar..

212. — *Lettre de M. Dussert, sous-directeur de la province de Constantine et Philippeville.*

Philippeville, 28 février 1846.

Mon général,

Jamais notre pauvre pays n'a eu plus besoin d'aide, car jamais il n'a eu à traverser une plus rude crise que celle-ci. Vous savez déjà que la première partie de la campagne est terminée, et il est facile d'en apprécier les résultats. Si l'on pouvait plaisanter sur un sujet aussi triste, on dirait qu'Abd-el-Kader joue à *cache-cache* avec nous; il se promène dans l'Algérie à peu près comme il l'entend. Après avoir fait une pointe dans la province de Constantine, du côté de M' Silah, il s'est porté vers Dellys et a assez inquiété la province d'Alger pour que le maréchal Bugeaud ait cru devoir donner l'ordre de mobiliser une partie de la milice; un autre ordre du même a défendu l'achat des chevaux par la population civile, et ces deux actes résument la situation mieux que toutes les paroles ne pourraient le faire.

On a donné à M. Bugeaud cent mille hommes et cent millions, deux ou trois fois plus qu'à ses prédécesseurs et, au bout de tout cela, il se trouve que notre cavalerie est détruite, notre infanterie exténuée, qu'aucun résultat n'est obtenu, que le désordre est partout dans la guerre, dans la politique, dans l'administration, et que le découragement s'empare de tous les esprits. Voilà le bilan de la situation, et certes, pour tous les hommes de sens, le système qui nous a conduits là est un système jugé, mais le maréchal Bugeaud ne ressemble à qui

que ce soit au monde; il se soutient par ses défauts comme
d'autres par leurs qualités, et je ne serais pas étonné qu'il nous
restât longtemps encore.

On annonce maintenant l'arrivée prochaine de M. le duc
d'Aumale, et l'on croit généralement que cette fois le jeune
Prince sera gouverneur général; mais cette combinaison sa-
tisfera peu. Comme gouverneur, M. le duc d'Aumale sera
sous les ordres du ministre, et l'on verra recommencer l'an-
tagonisme actuel entre Paris et Alger. Il le faudrait vice-
roi avec des agents responsables; c'est la seule position
logique et la seule aussi, je crois, dans laquelle il puisse
utiliser sa capacité et son désir du bien. Espérons qu'on en
viendra là et que notre Algérie, débarrassée de ceux qui
l'exploitent, pourra enfin se reposer un peu sous une bonne
administration.

DUSSERT.

213. — Lettre du colonel Dubern (1), commandant le 9ᵉ chasseurs à cheval.

Arzew, 4 mars 1846.

MON GÉNÉRAL,

Nos régiments sont désorganisés; il a fallu l'énergie des
officiers du 9ᵉ chasseurs, les bonnes habitudes de discipline
des hommes, l'excellente nature des chevaux, pour qu'il
subsiste encore des traces du régiment.

Le maréchal Bugeaud a été forcé lui-même de reconnaître
que les formes exactes, strictes, de servir en France, étaient
le seul moyen d'avoir des corps bien constitués et résistant aux
épreuves réelles de la guerre. Il a félicité le 9ᵉ de chasseurs
de la continuité de ses bons services, en opposition avec
l'éclat de peu de durée que jetaient les corps sans discipline.

Les tribus sont rentrées, dans la province d'Oran, dans un

(1) *Dubern* (Prosper-Eugène), général de brigade le 3 janvier 1852, général de division le 14 août 1860.

calme apparent; elles ne croient pas elles-mêmes que les Français aient confiance dans leur soumission. C'est donc à se demander comme le Bazile de Beaumarchais : « Qui trompe-t-on ici ? » Dans leurs transactions de terrain, nos plus dévoués, à titre de compromis, disent : « Ceci ne sera pas brûlé à la première guerre, parce que cela est placé sous la protection du canon français », considérant explicitement comme exposé tout le reste.

On persévère dans la mesure imprudente d'envoyer des colons dans les villes de l'intérieur; en cas de révolte, il faudra conduire des convois dans ces places pour nourrir les troupes et les habitants. On se crée d'avance un embarras que le premier soin d'un commandant de place investie est d'écarter, on accumule des bouches inutiles en cas de guerre.

Les chevaux, les bœufs et même les moutons vont manquer totalement : la guerre a détruit les premiers et entravé leur reproduction; les razzias alternatives des Arabes et les nôtres ont achevé l'extinction de la race bovine, déjà commencée par la consommation imprudente des veaux et des vaches; il en a été de même des moutons.

Au résumé, nous détruisons le pays que nous prétendons coloniser et civiliser.

DUBERN.

214. — Lettre du colonel Le Flô (1), commandant le 32ᵉ de ligne.

Au bivouac, sur l'Oued Djenan, est d'Alger, le 17 mars 1846.

J'ai quitté avant-hier, sur l'Oued Zeghroua, à vingt-cinq lieues au sud-ouest d'Alger, votre fils Pierre et je l'ai laissé aussi bien portant que vous pouvez le souhaiter. C'est un officier parfaitement posé dans son régiment, bon, spirituel et brave, et que j'ai rencontré avec grand plaisir, me rappelant

(1) Le Flô (Adolphe-Emmanuel-Charles), né à Lesneven (Finistère) le 2 novembre 1804, élève de l'Ecole militaire de Saint-Cyr, passe en Afrique comme lieutenant en 1831, chef de bataillon en 1836, colonel le 20 octobre 1844, général de brigade le 12 juin 1848. Représentant du Finistère, chargé d'une mission diplomatique en Russie en 1848, il est exilé le 9 janvier 1852; il rentre en France en 1859.

toujours avec bonheur vos anciennes bontés pour moi. Permettez-moi de vous complimenter à son sujet et à l'occasion de la décoration qu'il vient d'obtenir et qu'il avait noblement gagnée dans plus d'un combat très vif, et laissez-moi espérer aussi, mon général, que m'étayant ainsi d'une de vos plus chères préoccupations, vous ne songerez pas que j'ai été négligent bien longtemps, bien contre mon gré, je vous assure, et que vous m'accueillerez encore avec votre bienveillance d'autrefois.

Depuis un an j'ai rejoint à Mostaganem le 32e de ligne, dont j'avais été nommé colonel au mois d'octobre 1844, et, confiant dans une situation que tous les rapports de l'armée s'accordaient à représenter comme si prospère, j'ai fait la folie d'emmener en Afrique ma femme et ma petite famille, qui s'y est augmentée d'une fille née au mois de décembre dernier. J'avais conçu de cet événement prévu et de la réunion de mes plus précieuses affections de grandes espérances de bonheur, mais les événements du mois de septembre les ont détruites en partie, et les complications politiques et militaires qui en ont été la suite les ont changées en de bien douloureuses inquiétudes.

Votre fils, mon général, bien plus que les journaux, si mauvais appréciateurs de notre situation générale, et bien plus surtout que les rapports et les bulletins inexacts, a dû vous tenir au courant du véritable état des malheureuses affaires d'Afrique. A aucune époque, depuis 1830, cet état n'a été moins rassurant, et il l'est devenu d'autant moins dans ces derniers temps qu'il n'est plus possible de prévoir désormais quelle sera l'issue de la crise. Tant qu'on a pu songer qu'une question aussi vaste, aussi complexe que celle de l'Algérie pouvait se résoudre par une guerre heureuse et, par conséquent, par une force déterminée de l'armée, un espoir quelconque était permis. Mais il aurait fallu pour cela un plan, un système, une seule idée arrêtée au moins, et voilà ce qui manque malheureusement, et pour l'honneur de la France et pour l'honneur d'une armée réduite, malgré ses qualités, malgré son courage et son dévouement, à un excès de misère que nul, sans doute, en dehors d'elle ne soupçonne.

Un seul exemple vous donnera une faible appréciation du désordre dans lequel elle est tombée et du mépris coupable qu'on a fait de ses moindres besoins, de ses premiers intérêts. Je puise cet exemple dans le régiment même que je commande et qui, tout entier, me rendra certes la justice de dire que je n'ai pas manqué une minute à la sollicitude que je lui devais, à l'accomplissement de tous mes devoirs de chef de corps, et que je n'ai cessé de poursuivre de mes réclamations, aussi convenables qu'énergiques, une situation meilleure. Voici cette situation. Deux bataillons, sortis de Mostaganem le 16 septembre 1845, sont avec moi en ce moment dans le sud-est de la province d'Alger, sans qu'il m'ait été possible de renouveler un seul de leurs effets d'habillement. *Quatre cent vingt-trois* hommes forment aujourd'hui la totalité des disponibles de ces deux bataillons, dont l'effectif est de plus de douze cents, et ces hommes tombent littéralement de lassitude et d'épuisement. Les plus heureux ont conservé des haillons de pantalons, un bon nombre en ont fait avec des sacs de campement, et quelques-uns n'ont plus que des caleçons. Grâce à des emprunts faits à des Juifs et à des cantiniers, grâce à deux mille francs dont j'ai pu disposer moi-même, j'ai pu aligner à peu près la solde de la troupe jusqu'au mois de mars. Là se sont arrêtées mes ressources. Quant aux officiers, leur dénuement est inimaginable.

Mais, mon général, je passe à mon 3ᵉ bataillon, détaché dans la subdivision de Mascara au mois de janvier 1835. Il a été envoyé à cette époque sur la limite du Tell pour y travailler à une route, dite de ceinture, et les événements de septembre l'y ont trouvé. Depuis lors, ballotté d'une colonne à une autre colonne, passant successivement aux ordres d'une multitude de chefs, sans que jamais, un seul jour, il m'ait été possible de le rencontrer, ne touchant jamais à aucun point de ravitaillement, il est parvenu à ceci : que, depuis quatorze mois, il est au bivouac; que, depuis quatre trimestres complets, l'habillement lui est dû; que les officiers n'ont pas reçu d'appointements depuis trois mois et demi, que le prêt est dû à la troupe depuis le 25 décembre, et que, depuis deux mois,

officiers et soldats sont réduits aux simples rations réglemen-
taires, faute d'argent pour acheter des vivres d'ordinaire.
Dans ce moment, ce malheureux bataillon court, littéralement
nu, dans le Sud, à la suite de M. le général Yousouf, qui me le
rendra sans doute dans le même état qu'il a déjà rendu toutes
les cavaleries qui lui ont été confiées, mortes ou à peu près.

Un pareil état n'a pas besoin d'être commenté. Tout y est
en péril évidemment, la discipline, la police, l'administration,
l'esprit de corps, toutes les choses enfin qui constituent un
régiment ou une armée et dont l'absence doit amener la ruine.

Et encore, mon général, ce que je viens de vous dire n'est-il
qu'un détail; il faudrait voir par vous-même cette misérable
armée d'Afrique dispersée en mille colonnes particulières,
dont toutes les troupes sont distraites du commandement de
leurs chefs naturels pour être placées sous les ordres, ici, du
chef d'état-major général dont les fonctions ne sont plus
remplies; là, sous ceux de l'aide de camp de M. le Gouverneur. Que sais-je encore? Il faudrait voir par vous-même
toute notre cavalerie détruite sans avoir obtenu un résultat,
observer dans chaque colonne cette bigarrure d'uniformes et
cette confusion de numéros qui mêle ensemble, par exemple,
dans un poste de Médéah, un soldat du 13e léger d'Alger, un
soldat du 13e de Mascara et un chasseur du 19e léger de Sétif;
ce pêle-mêle de toutes choses enfin qui nous menace de ruine
et qui a jeté le dégoût et le découragement dans les cœurs les
plus énergiques et les plus dévoués.

Je vous assure que c'est un spectacle profondément affligeant
et humiliant pour des hommes de cœur, et, je le répète, pour
l'honneur de la France, pour l'honneur de l'armée, il est urgent
qu'on porte remède à un mal si grave. Il ne s'agit plus d'une
augmentation d'armée qui finirait par nous frapper de ridicule
par la pensée qu'elle donnerait de notre impuissance : deux
cent mille hommes, d'ailleurs, viendraient s'engloutir ici dans
le même gouffre où se perdent les cent mille d'à présent.

Ce qu'il faut en Afrique, c'est un plan, un système, c'est
de la probité, la moralité du commandement, l'ordre dans
l'armée, une direction générale, c'est le respect des droits,

l'observation des principes, des règlements militaires, toutes choses qu'on a mises au néant. Et ne croyez pas, mon général, que j'exagère rien ! Tout est malheureusement trop vrai. Dieu veuille que des inspecteurs généraux soient envoyés de France cette année et que le Gouvernement puisse être éclairé ainsi. C'est le vœu de tout ce qui conserve le sentiment de ses devoirs et de la dignité de notre noble profession.

Pardonnez-moi, mon général, de m'être laissé entraîner ainsi au delà peut-être des limites d'une modération nécessaire, mais je souffre, comme tous mes camarades, d'une guerre insensée qui, au lieu d'honneur, ne nous rapporte que confusion et misère. Je souffre de mon impuissance de chef vis-à-vis de tant de besoins auxquels je voudrais satisfaire, croyez-le bien ! je ne manque ni d'énergie, ni de courage, ni de dévouement. J'aime l'Afrique et j'aime mon état surtout, *avec passion*, je l'ai aimé toute ma vie et je l'aime encore plus aujourd'hui par reconnaissance des bénéfices honorables qu'il m'a apportés. C'est pour cela que je voudrais voir notre armée glorieuse fortement constituée et mise en état, afin de terminer une guerre devenue ridicule du moment que la véritable résistance de l'ennemi a cessé. Est-il honorable, en effet, de voir une armée de quatre-vingt-dix mille hommes tenue en échec par un partisan à la tête de cinq cents chevaux ? Et est-il possible, en présence d'un pareil fait, de convenir que le rôle de cette armée a continué d'être honorable ? Non, évidemment. Et pourtant, mon général, quels éléments admirables dans notre armée ! Quels braves et bons soldats ! Combien d'abnégation chez eux et de qualités attachantes ! Quels officiers dignes, faciles à conduire et pleins de patriotisme véritable et d'excellents sentiments !

Je termine, mon général; encore une fois pardonnez-moi et permettez-moi d'espérer que vous, dont je respecte tant le caractère, vous dont les nobles leçons ont commencé à former mes idées militaires, vous qui m'avez appris à honorer notre profession, vous accueillerez avec indulgence les plaintes qui me sont échappées.

Dans quelque temps, peut-être, pourrai-je avoir l'honneur

de vous adresser un mémoire que je m'occupe à rédiger et qui a pour sujet : *Des causes principales qui rendent impuissants les efforts de notre armée en Afrique et des moyens d'arriver à la fin de la guerre et à la domination complète du pays.*

Selon moi, je puis vous le dire dès à présent, les deux causes principales de cette impuissance tiennent à la dispersion extravagante de notre armée, divisée en une multitude de petites colonnes sans lien, sans force, manœuvrant au hasard, et aussi à l'absence de grands établissements militaires destinés à servir de centres particuliers d'opérations et à former, dans leur ensemble, une base générale de manœuvres. Le développement de cette double proposition m'amène à demander que l'armée d'Afrique soit maintenue, pendant un nombre d'années déterminé, à un chiffre de soixante-dix ou soixante-quinze mille hommes, vingt-cinq mille de moins qu'à présent. Et je pense que ce chiffre pourrait être réduit, après trois ou quatre années, à soixante mille hommes. J'espère que les circonstances me permettront d'achever mon travail, et je serai heureux de pouvoir vous l'adresser avant tout le monde.

Veuillez agréer encore une fois, mon général, avec l'expression de mon respect, l'assurance de mon entier dévouement.

Le colonel du 32ᵉ,

LE FLO.

215. — *Lettre du sous-lieutenant Pierre de Castellane, du 4ᵉ régiment de chasseurs d'Afrique.*

Camp de Bethoun, 17 mars 1846.

Nous voici revenus à la colonne Molière et à Bethoun, après nous être promenés à la pluie pendant quinze jours avec le colonel Pélissier : nous avons cruellement souffert du froid et des passages des rivières : l   (1) a été traversé soixante-

(1) Le nom est laissé en blanc dans la lettre.

seize fois en deux jours; il y avait trois pieds d'eau glacée, puis nous avons eu une marche par un vent mêlé de grêle et de pluie : nous avons laissé en route sept chevaux, quarante-quatre bœufs, quarante-huit caisses à biscuits. Notre malheureux escadron se soutient malgré tout, ce n'est point nous qui avons supporté ces pertes. Nous avons reçu quelques culottes et des bottes que des mulets nous ont apportées, et comme nos hommes sont excellents et nos chevaux passables, nous sommes, je crois, fort loin de revoir Mostaganem, voire même Alger, où notre régiment a en ce moment un petit dépôt.

Vous avez dû remarquer que, dans mes lettres, je ne vous parle jamais des affaires. J'aime en effet mieux m'abstenir et regarder que de me tromper dans mes jugements et pouvoir peut-être vous induire en erreur. L'armée est cependant dans un bien triste état. Que le maréchal Bugeaud prenne garde, il commence à l'indisposer vivement, et c'était là sa force. Enfin, il faudra peut-être qu'on change de système, mais en tout cas, il serait aussi mauvais de faire de la philanthropie, on en fait déjà trop; ce qui nous manque, c'est une volonté dirigeante ferme et soutenue.

Pierre DE CASTELLANE.

216. — Lettre de M. Dussert, sous-directeur des affaires civiles dans la province de Constantine et Philippeville.

Philippeville, 28 mars 1846.

MON GÉNÉRAL,

Nous n'avons pas ici d'incidents nouveaux. Le maréchal Bugeaud est rentré après une affaire dont les journaux ont fait grand bruit : on a repris à Abd-el-Kader le produit d'une razzia qu'il avait faite sur les tribus soumises, et, comme de coutume, on a été sur le point de le prendre lui-même (1).

(1) Abd-el-Kader avait été battu le 7 mars, entre Berouaghia et Boghar, par le colonel Camou, et le 13 mars par le général Yousouf, au sud-ouest de Bou-Saada. A la suite de ces deux rencontres, l'émir n'avait plus avec lui que quatorze fidèles.

En attendant, on va tâcher de profiter de la lassitude des Arabes et de la trêve forcée que l'épuisement et les récoltes imposent, pour annoncer la pacification et crier que tout est pour le mieux. On commence heureusement à se défier du bulletin, et on a raison.

M. le duc d'Aumale est arrivé avec M. le duc de Saxe-Cobourg, au moment même où le Maréchal y rentrait de son côté. On ignore ce que M. le duc d'Aumale est venu faire en Afrique; provisoirement on l'envoie commander Milianah et Médéah. Si tel est seulement le but de sa mission, ou si l'on a voulu simplement qu'il vînt faire la campagne du printemps, je crois que le ministre a eu tort de conseiller ce voyage à Son Altesse Royale; il serait temps qu'il prît ici une position plus nette; c'est peut-être rendre cette position plus difficile plus tard que de la différer ainsi.

DUSSERT.

217. — Lettre du chef de bataillon Lenoble, du 16e de ligne.

Bivouac près du camp retranché de Milianah, 31 mars 1846.

MON GÉNÉRAL,

Votre aménité contraste si fort avec le ton des chefs militaires de ce pays-ci que je me prends souvent à me demander si je sers le même roi, le même pays, la même patrie qu'il y a six mois. Est-ce au climat. est-ce à nos fatigues qu'il faut attribuer la brusquerie et la grossièreté des chefs de l'armée en Afrique?

On permet, grandement à tort selon moi. à MM. les officiers des chapeaux gris avec de belles plumes, des vestes en astrakan, des tuniques sur lesquelles des broderies plus ou moins multipliées remplacent les épaulettes. Les manches de ces tuniques plissées à la ceinture sont ouvertes au-dessous du bras d'une longueur suffisante pour recevoir six à huit boutons, dits à la hussarde. On voit des burnous blancs, noirs,

longs, courts, dans lesquels les officiers se drapent de leur
mieux; on porte encore des cabans garnis d'une multitude
d'olives en or de la grosseur d'un petit pois.

L'uniformité n'est pas mieux observée pour les pantalons :
les uns sont larges, d'autres sont garnis en cuir ou d'autres
encore basanés en drap. Comme voici l'été, il est probable
que le pantalon garance va disparaître. On ne tient nul
compte des ordonnances sur la moustache et la mouche; le
long poil l'emporte, et c'est, d'après moi, un vilain goût avec
notre bonne tenue française.

Les chevaux tolérés pour les commandants de compagnie
se multiplient à ce point que des sous-lieutenants ne marchent plus à présent qu'à cheval. On a beau dire, l'officier à
cheval ne fera jamais serrer le fantassin comme l'officier qui
marche lui-même. Un autre inconvénient grave ressort de
cette tolérance, c'est qu'en multipliant les parties prenantes
au fourrage, on fait pâtir les bêtes qui y ont droit : en outre,
beaucoup d'hommes quittent les rangs ou le camp sans ordres,
afin de fourrager pour leur propre compte : c'est du désordre
tout cela.

Nous sortons de faire des marches bien laborieuses, mon
général, sans qu'aucune sollicitude ait présidé plus qu'auparavant aux besoins nombreux des braves gens qui nous font
cependant ce que nous sommes. Les souliers ont manqué, la
disette presque a régné pendant quatre jours dans le camp ;
les officiers eux-mêmes ont été privés de pain, de graisse, de
sucre et de vin, pendant près de douze jours. En vain on se
fâche contre nos jeunes hommes qui mangent en cinq jours
les rations de neuf : 1° les rations sont insuffisantes; 2° on est
jeune et toujours en plein air et en plein exercice; 3° le pauvre diable n'est pas fâché d'alléger un peu son fardeau.

Il n'y a pas qu'à Paris qu'on soit mécontent du Maréchal;
on blasphème ici les propos les plus outrageants contre ce
chef.

Notre colonne échinée passe sous les ordres de S. A. R.
Mgr le duc d'Aumale, qui va opérer, mieux que M. Eynard sans
doute, dans l'Ouarensenis. Notre cavalerie file doucement sur

Orléansville, où elle nous attendra. Aurons-nous donc enfin des coups de fusil? On en doute très fort, tant on est convaincu que les Arabes sont décidés à ne plus se battre; nous verrons bien.

LENOBLE.

218. — *Lettre du colonel Camou, commandant le 33ᵉ de ligne.*

Bivouac d'El Beida, le 20 avril 1846.

MON GÉNÉRAL,

Ce n'est qu'hier que j'ai reçu votre lettre du 24 du mois dernier, par laquelle vous me félicitiez de mon avènement dans l'ordre de la Légion et de mon heureux combat du 7 mars. Je vous prie d'en recevoir tous mes remerciements et les témoignages de toute ma reconnaissance, car c'est à vous, mon général, que je dois ma haute position, qui est bien supérieure à celle que j'espérais, il y a neuf ans, capitaine au 17ᵉ de ligne.

Mon affaire du 7 mars a été très heureuse et a produit un bon effet sous le rapport moral, elle a redonné la confiance aux Arabes nos alliés fidèles et a diminué considérablement l'influence d'Abd-el-Kader, car ce qu'il y a eu de plus extraordinaire dans cette affaire, c'est que les Arabes qui étaient avec moi se sont battus contre l'ex-émir en personne avec un acharnement extraordinaire, et ces mêmes tribus, peu de jours avant, étaient presque décidées à faire défection; ce n'est donc qu'à la confiance qu'elles ont eue dans nos troupes que l'on doit leur brillante conduite.

Je ne vous donne point les détails de ce petit combat, parce que vous aurez vu, je pense, mon rapport, qui aura peut-être été publié par la presse, mais je vous dirai que, d'après les renseignements donnés par M. Lacotte, officier prisonnier, qui a été repris le 13 du mois dernier par le général Jusuf, et le dire de plusieurs Arabes, l'ennemi a éprouvé de bien plus

grandes pertes que celles que j'ai portées sur mon rapport :
d'abord le nombre des morts et la perte des chevaux est beaucoup plus considérable, et cinq personnages très importants
font partie des premiers, parmi eux Si-Mohammed-Ben-Abder-
rhaman (1). On prétend que cette perte est très sensible pour
l'ex-émir, car il était son grand kodja, son intime conseiller.

Depuis le 8 du mois dernier, je suis sous les ordres de M. le
général Jusuf, courant toujours après le même objectif qui fuit
à notre approche; mais cependant nos courses ne sont point
sans résultat, parce que nous l'empêchons de réorganiser ses
forces en séjournant dans le pays. Les populations des Ouled-
Naïl et du Djebel-Amour que nous parcourons commencent
à se lasser de sa présence et offrent de se soumettre, mais on
ne veut les écouter que lorsque notre ennemi acharné ne sera
plus dans le pays. On lui refuse déjà les vivres pour ses troupes et ses bêtes, et il n'a avec lui qu'environ trois cents cavaliers et fantassins. Le général Jusuf est parti hier soir avec
huit cents hommes d'infanterie, trois cents chevaux, et il
espère par deux marches de nuit l'atteindre à la position qu'il
occupe et qui est à vingt-deux lieues est d'ici. S'il ne le sur-
prend pas à son bivouac, il déterminera sans doute une nouvelle direction qui sera celle de l'ouest pour y rejoindre sa
deïra, ne pouvant plus continuer ses opérations dans le pays.

L'armée d'Afrique vous votera de bien grands remerciements si vous obtenez une augmentation de solde, car, depuis
le commencement de l'insurrection, toutes les troupes sont en
mouvement. Mon régiment est sous la tente depuis le 19 septembre de l'année dernière, les vivres que les officiers peuvent
se procurer sont à un prix exorbitant, cela se conçoit, attendu
que nous sommes à environ cent dix lieues d'Alger et à
soixante lieues du point de ravitaillement le plus près. L'usure
de l'habillement et de la chaussure et la perte des bêtes de
transport dans des courses aussi longues sont aussi une très
grande dépense....

---

(1) Le 7 mars 1846, Abd-el-Kader, qui venait de piller le Maghsen du
Titteri, fut atteint par le colonel Camou, qui lui tua 70 hommes, lui prit
250 chevaux harnachés, 1,000 chameaux et 25,000 têtes de bétail.

J'ai l'honneur d'être, mon général, votre très dévoué subordonné.

CAMOU.

219. — *Lettre du général de brigade Thiéry, commandant
à Oran.*

Oran, 5 mai 1846.

MON GÉNÉRAL,

La tranquillité de la province d'Oran s'est continuée, nos tribus de l'intérieur versent sans difficultés les impôts en argent et en nature, suivant la répartition faite. Celles de la frontière, maintenues par les colonnes commandées à Tlemcen par le général Cavaignac ; à Sidi-bel-Abbès, par le colonel Gachot ; à Saïda, par le colonel Giraudon ; à Tiaret, par le lieutenant général de Lamoricière, viennent aussi protester de leur fidélité. Quelques-unes qui hésitaient à se soumettre ont eu à supporter de très fortes razzias. Malgré les nombreux échecs qu'a éprouvés l'émir Abd-el-Kader dans l'Est, quoiqu'il y soit constamment poursuivi, il ne revient point encore vers sa deïra. De nombreuses lettres adressées aux tribus et surprises sur des courriers qu'il avait expédiés prouvent que son moyen d'action est de nous tenir continuellement en haleine, en divisant nos forces sur toute la ligne qu'il a parcourue et sur laquelle il peut se montrer d'un instant à l'autre. La difficulté est de le forcer à revenir sur ses pas. Avec son petit nombre de cavaliers, sa connaissance du pays et des lieux où se trouvent les ressources, avec l'influence qu'il exerce sur les Arabes, il peut toujours et malgré les nombreuses forces dont nous disposons échapper à nos coups.

THIÉRY.

220. — *Lettre du général Gentil, commandant à Alger.*

Alger, le 9 mai 1846.

MON GÉNÉRAL,

Que de bontés de votre part, bontés dont je me croirais indigne si l'on pouvait attribuer mon silence à d'autres motifs que la crainte de vous importuner. C'est par vous, mon général, que j'apprends tout ce qui m'arrive d'heureux. Après avoir tant contribué à me faire ce que je suis, vous me suivez encore dans toutes les phases de ma carrière. Tant de marques d'intérêt et de bienveillance ont mis le comble à ma reconnaissance, et, si je vous écris peu, croyez bien, mon général, que je n'oublierai jamais vos bienfaits.

Nous faisons depuis longtemps une rude campagne, vous en connaissez à peu près tous les détails. Il ne vous aura pas sans doute échappé que, parmi les résultats importants de cette campagne, trois reviennent à trois officiers du 17ᵉ de ligne que vous avez aidés de votre exemple, de vos conseils et de votre influence ; je veux parler, par rang de date, de ma surprise du camp d'Abd-el-Kader (1), du beau combat du brave colonel Camou et du fait d'armes de l'excellent Dumontet dans la province de Constantine. Tous les trois, nous venons d'obtenir de l'avancement dans la Légion d'honneur. La faveur dont j'ai été l'objet et que vous m'annoncez avec un empressement si bienveillant m'a été bien précieuse ; je n'y comptais plus, car cette faveur, étant la récompense d'un fait d'armes exceptionnel, aurait peut-être dû suivre de plus près le service rendu. Ne croyez pas, mon général, que je pense à réchauffer le fait en lui-même ; ce serait un manque de modestie que je

---

(1) Abd-el-Kader, ayant tourné le général Bedeau et le général Marey qui le cherchaient dans le Dabra, s'était joint à Ben Salem sur le bas Isser ; dans la nuit du 6 au 7 février, le général Gentil surprit le campement de Ben Salem et s'en empara, Abd-el-Kader s'enfuit à grand peine et se jeta dans le Djurdjura. La Métidja, un instant menacée, n'avait plus rien à craindre.

regarderais comme très coupable, mais comme aucun de mes
rapports n'a paru dans les journaux et que je tiens avant tout
à votre jugement personnel, permettez-moi d'entrer dans
quelques détails pour vous expliquer ma pensée.

Abd-el-Kader, ivre d'un succès passager et encouragé
par ces mêmes succès, pouvait entrer dans la Métidja,
où sa présence aurait produit un effet dont on ne peut
calculer les suites qu'avec effroi. Il avait échappé à toutes
les colonnes qui le poursuivaient et qui se trouvaient alors
loin de lui. Je jugeai donc qu'il n'y avait qu'un coup de
main hardi et vigoureux qui pût paralyser son élan, et j'allai
la nuit l'attaquer dans son camp, où j'arrivai sans obstacle
et avec un bonheur inespéré.

Le succès surpassa mon attente, et, après quinze heures de
marche, je rentrais dans mon camp avec les troupeaux que
j'avais repris, avec deux cents chevaux et tout le butin que
j'avais pu enlever. Faute de moyens de transport, j'avais fait
détruire plus de cinq cents armes, des selles, des harnache-
ments, etc. Cette déroute complète releva le moral de nos
alliés, détruisit l'influence qu'Abd-el-Kader venait de prendre
à la suite de ses premiers succès et le força à la retraite :
c'était sauver la Métidja. C'est le point de vue sous lequel
il faut envisager cette affaire, sans s'occuper de sa partie matérielle, au moment surtout où l'effroi commençait à gagner
la ville d'Alger.

Les troupeaux que j'ai repris ont été vendus pour indemniser
avec le prix de la vente (près de cinquante mille francs) les
malheureuses victimes de la razzia d'Abd-el-Kader. Veuillez
excuser mon bavardage sur des faits sans importance pour
vous, mais l'intérêt que vous ne cessez de me témoigner
me faisait un devoir de vous parler avec une entière franchise.

J'ai appris avec bonheur que votre santé était entièrement
rétablie ; j'avais appris votre état de souffrance avec une douleur qu'ont partagée vos nombreux élèves de l'armée d'Afrique. Nous parlons bien souvent de vous, mon général, nous
savons toute la bienveillance que vous nous conservez, même

après avoir cessé d'être sous vos ordres. Aussi serions-nous tous heureux de nous y retrouver encore.

Je suis, avec un profond respect, mon général, votre très humble et très obéissant serviteur,

GENTIL.

221. — *Lettre du commandant du bateau à vapeur* le Grégeois.

Port-Vendres, le 26 mai 1846.

MON GÉNÉRAL,

Mon retour à Port-Vendres a été retardé par un voyage à Djemmaa Ghazaouat, où le général Lamoricière m'avait envoyé éclaircir une triste nouvelle qui ne s'est que trop confirmée : nos deux cents prisonniers ont été massacrés par la daïra, à l'exception d'une dizaine d'entre eux, composée d'officiers, de sous-officiers et de quelques soldats qui ont été épargnés; d'autres, se jetant à la nage dans la Moulouïa, ont miraculeusement échappé à ce massacre.

La cause de cet acte de barbarie est un mouvement de dissolution dans la daïra : le kalifat Bou-Hamédi s'est placé sous la protection de Bou-Ziane, kalifat de Muley Abd-er-Rhaman, en flagrante défection vis-à-vis de l'émir. Mustapha Ben-Tami, resté avec une partie des Hachem seulement, aurait demandé des ordres à Abd-el-Kader relativement à nos prisonniers, dont l'entretien et la garde devenaient à charge à sa suite affaiblie; la réponse aurait été de mettre à mort tout ce qui gênerait, et il l'aurait exécuté. Peut-être y a-t-il lieu d'attribuer ce massacre à quelque pensée odieuse de politique. Contraint par les circonstances de congédier sa daïra, Abd-el-Kader aurait voulu, au moyen de ce crime, la lier indissolublement à sa fortune en la séparant à tout jamais de notre alliance par une mare de sang.

Je n'ai pu recueillir d'autres détails sur cette horrible scène.

222. — *Lettre du général de division Changarnier.*

Autun, le 1er juin 1846.

MON CHER GÉNÉRAL,

Après une halte de trois heures à Fontainebleau pour visiter le château, que je ne connaissais pas, j'ai gagné ma petite propriété par Nemours, Montargis, Nevers et Luzy. Je préfère cette route à la route trop souvent parcourue par Auxerre et Avallon. Ma paisible et douce vie, partagée entre la campagne et la petite ville où réside une partie de ma famille, n'est marquée par aucun incident qui vaille la peine d'être raconté.

Préparée et soutenue par d'excellents amis qui prétendent suppléer à ma philosophique inertie, ma candidature aux prochaines élections m'occupe moins que vous ne le supposez peut-être. Résolu à ne pas faire beaucoup de choses considérées comme nécessaires et auxquelles mon concurrent n'aura garde de manquer, je ne puis croire à un succès, mais je me consolerai facilement d'un échec qui ne pourra pas m'enlever les sympathies des hommes les plus honorables de ce pays.

On m'annonce que j'aurai décidément le dixième arrondissement d'inspection, qui me conduira dans la Côte-d'Or, le Doubs, le Jura, l'Isère et les Hautes-Alpes. Cela me convient d'autant mieux que je ne connais pas ces dernières contrées.

Les conjectures des journaux sur les causes du retour du général Magnan à Paris n'étaient pas fondées. Ce général, envoyé en Afrique sur la demande du Gouverneur, a trouvé à Alger un accueil très froid de M. le général de Bar et une correspondance télégraphique du Maréchal qui avait une apparence peu obligeante. Depuis son retour à Paris, tout s'est expliqué, et il va repartir. Je tiens ces détails d'un homme bien informé qui ajoute que le général de Lamoricière vient en France pour six semaines, puis retournera dans la deuxième quinzaine de juillet pour faire l'intérim en l'absence du maréchal Bugeaud, qui veut absolument venir en France pour les élections. Le général Bedeau demande sa rentrée définitive.

Voilà des nouvelles que je n'ai pas encore lues dans les journaux, souvent mal informés, mais que, sans doute, vous savez depuis longtemps.

Le massacre de nos malheureux prisonniers m'a vivement ému. Je ne puis croire qu'Abd-el-Kader ait donné un ordre qui le déshonorerait tout en lui enlevant un gage utile.

Quand vous aurez quelques nouvelles, n'oubliez pas que je les aime et que je n'en ai guère ici. Mais lors même que vous n'en auriez pas, souvenez-vous que vos lettres me font toujours beaucoup de plaisir.

Agréez, je vous prie, mon cher général, la nouvelle et bien sincère assurance de tous mes sentiments les plus dévoués et les plus affectueux.

Changarnier.

223. — Lettre de M. Mallarmé, sous-intendant militaire.

Bivouac de Kramissa, pays des Hanenchas, 7 juillet 1846.

Mon général,

Le 13 juin, le colonel comte de Buttafuoco est venu nous joindre avec mille hommes ; le 18, deux convois venant de Guelma et de Bône nous ont ralliés ; ces approvisionnements nous permettaient de tenir la campagne jusqu'au 15 juillet. Le 19, un chérif qui travaillait depuis plusieurs mois à soulever le pays a eu l'audace de prendre position à trois quarts de lieue du camp ; le général Randon a fait prendre les armes à la cavalerie, la soutenant par un beau bataillon du 2ᵉ régiment de la légion étrangère, on a marché à l'ennemi, qui couronnait divers mamelons (1) avec quatre cents cavaliers et six cents fantassins ; il ne tint pas longtemps ; le général Randon à la tête du 5ᵉ housards tourna leur position, les

---

(1) Le 1ᵉʳ juin, le général Randon, qui avait reçu la soumission de la tribu des Yaya-ben-Taleb, avait renvoyé à Bône un petit convoi de soldats malades ou libérables, qui furent massacrés par les Arabes. Le général se mit à la poursuite des Ouled-Yaya et les atteignit à El Goléah.

spahis et un bataillon d'infanterie poursuivirent les fantassins kabyles, le général Randon poursuivit vigoureusement les cavaliers pendant cinq heures et leur tua trente-cinq hommes. Les spahis se portèrent dans une gorge et se placèrent à cheval sur un ravin, le seul par lequel les Kabyles poussés par l'infanterie pouvaient s'échapper; les spahis, qui avaient mis pied-à-terre, en tuèrent plus de cent cinquante, leur prirent cinquante et un fusils, vingt yatagans et six pistolets. En revenant de poursuivre le chérif avec la cavalerie, le général Randon rasa cinq à six douars; on a vendu huit mille francs les troupeaux enlevés.

Ces deux affaires des 2 et 19 juin ont eu de bons résultats. Le général Randon a doublé les contributions à tous ceux qui avaient pris part directement ou indirectement à cette espèce de soulèvement; il a fait manger beaucoup de récoltes, car nous avions, tout compris, dix-huit cents chevaux. Le 24, il est arrivé dans le pays des Ouled-Yahia Sidi Ben Thaleb, où nos malheureux soldats ont été égorgés; les Ourfela, fraction de cette grande tribu qui a commencé l'attaque, se sont sauvés partie à Tunis, partie chez les Nemenchas. Les vingt tentes réfugiées sur les terres tunisiennes furent enlevées par notre goum dans la nuit du 25 juin, les autres se sauvèrent au désert.

Pour réussir en Afrique, il faut être fort et juste; les Ouled-Yahia ont été imposés à cinquante mille francs d'amende; il nous ont rendu soixante-dix mulets ou chevaux sur quatre-vingt-dix, douze fusils, trois sabres et cinq pistolets; ils nous ont livré les cinq grands coupables qui ont tué les officiers et fait feu les premiers; ils ont été dirigés le 6 juillet sur Bône, où ils seront jugés par un conseil de guerre. Les Ouled-Yahia ont été constitués de nouveau; nous les laissons appauvris, ce qui est une garantie pour l'avenir. La colonne ne rentrera à Bône qu'à la fin du mois de juillet. Nous n'avons plus maintenant d'autre ennemi à combattre que le soleil; il n'est pas le moins dangereux.

MALLARMÉ.

224. — *Lettre du colonel Clère* (1), *commandant
le 5ᵉ hussards.*

Bône, le 14 août 1846.

MON GÉNÉRAL,

J'étais en expédition, sous les ordres du général Randon,
lorsque m'est parvenue la lettre que vous m'avez fait l'honneur
de m'écrire le 30 mai dernier. Perpétuellement en mouvement
pendant deux mois, il ne m'a pas été permis de vous répondre,
et je vous prie, mon général, de vouloir bien me le pardonner.

Dans ma dernière lettre, mon général, je vous disais l'effet
qu'avait produit en Afrique l'arrivée de mes escadrons et surtout la beauté de nos chevaux. Hélas! je n'oserais pas aujour-
d'hui vous en dire autant.

Ceux des deux escadrons sous mon commandement pris au
collet, tout en débarquant, pour une expédition que l'on consi-
dérait comme devant être très courte et sans importance
sérieuse, ont eu, au contraire, à subir une campagne de deux
mois par des chaleurs surnaturelles, souvent privés d'orge,
ayant tantôt du vert en abondance, tantôt de la paille d'orge
ou du chaume, mais jamais leur nourriture n'a été propor-
tionnée à leurs besoins. Plusieurs maladies ont été la suite de
l'excès ou de la privation de nourriture, mais tous ont affreuse-
ment dépéri, et l'insuffisance bien constatée de la ration
pour des chevaux gros mangeurs, comme le sont nos chevaux
français, ne permettra pas qu'ils se refassent de longtemps.
J'ai sollicité, avec beaucoup d'instance, un supplément d'un
kilogramme de foin et un peu de paille de couchage; mais,
demander et obtenir quelque bien-être pour sa cavalerie sont,
en Afrique, deux choses qui ne se rencontrent pas plus que la
grande et la petite Ourse.

(1) *Clère* (Pierre-Gaspard), né le 27 février 1791 à Gray, chasseur au
26ᵉ régiment le 4 avril 1808, sous-lieutenant le 17 août 1813, blessé à
Pirna et à Montereau, capitaine le 22 avril 1824, colonel le 11 décembre 1840
au 5ᵉ hussards.

J'ai eu, pendant l'expédition, vingt-quatre chevaux tués ou morts de fatigue dans les escadrons sous ma main, et depuis notre rentrée (16 juillet) il en est mort plusieurs.

Pour avoir livré quatre combats et pour leur coup d'essai, j'ai eu beaucoup à me louer de l'élan et du courage de mes hussards. Les officiers ont été ce qu'ils devaient être, de braves jeunes gens, et j'en ai été parfaitement content.

Les journaux ont parlé d'une manière assez circonstanciée des affaires des 2 et 3 juin, parce que M. le général Bedeau a envoyé directement au ministre le rapport du général Randon ; mais du combat du 19 juin, dont les résultats ont eu tant d'importance pour la tranquillité de la province et peut-être même de l'Algérie, on n'a rien dit.

Le chérif Ahmed ben Ahmed prêchant la guerre sainte était venu à la tête de cinq cents cavaliers tunisiens et autant de Kabyles nous attaquer effrontément dans notre camp ; il avait promis à ses troupes qu'il leur livrerait aisément les chrétiens et qu'il n'en échapperait pas un seul. Il était midi lorsqu'il fit ses premières démonstrations d'attaque. Aussitôt le camp prit les armes. La cavalerie, composée de mes deux escadrons et de deux faibles escadrons de spahis, monta à cheval sans sonnerie et courut sur l'ennemi, qui, se voyant serré de trop près, prit le parti de se retirer. L'infanterie n'eut que le temps de se réfugier sur un mamelon planté d'oliviers où elle espérait faire tête et se mettre à l'abri de nos coups, mais les spahis mirent pied-à-terre et l'attaquèrent corps à corps. Cent Kabyles furent tués et leurs armes emportées. Mes deux escadrons s'engagèrent seuls avec la cavalerie tunisienne, et, pendant six lieues, nous les poursuivîmes l'épée dans les reins sans leur donner le temps de respirer. Le chérif fut blessé, son cheval fut pris. Nous prîmes son drapeau et lui tuâmes une quarantaine de cavaliers. Cette rude leçon et les précédentes amenèrent le calme et la tranquillité, et jusqu'à notre rentrée à Bône les Arabes n'osèrent plus nous attaquer.

Dans cette campagne, il y a eu quelques hommes blessés, mais le 1er juin, j'ai fait une perte cruelle : un capitaine et douze hussards malades ont été lâchement assassinés par une tribu qui, deux jours auparavant, nous avait fait toutes les démonstrations de la plus franche sympathie. Le surlendemain, nous avons tué trois cents hommes de cette tribu appelés les Ouled Sidi Yahia ben Taleb, la plus riche et la plus considérable de la province.

J'ai dit que l'affaire du 19 juin n'avait point été publiée par les journaux, et pourtant elle en valait bien la peine par son action vigoureuse et par ses résultats; mais tout ce qui se passe dans la province de Constantine reste inaperçu, on ne veut absolument pas qu'il soit dit que cette province est le moins du monde hostile, et le feu y fût-il aux quatre coins qu'on n'en conviendrait jamais. Cependant, il faut bien reconnaître qu'elle vient de donner la preuve d'une irréfragable hostilité.

La vérité est que, depuis que l'on guerroie en Afrique, jamais il ne s'est présenté d'affaire plus complètement et plus énergiquement décisive que celle du 19 juin, et ce sont quatre escadrons de hussards et de spahis qui, seuls, ont eu l'honneur de cette journée.

Ce jour-là, de midi à huit heures du soir, mes deux escadrons ont fait douze lieues, dont six au galop; huit chevaux en sont morts, le reste s'en ressentira longtemps, mais la vigueur de cette attaque et l'acharnement dans la poursuite ont eu un immense résultat moral sur les Arabes. Cet échec et ceux des 2 et 3 les ont terrifiés pour longtemps.

L'Algérie est calme en ce moment; mais qui peut répondre que ce soit pour longtemps? Un seul des deux escadrons qui sont à Sétif est à l'abri, l'autre est entravé à la corde, le soleil et les mouches tourmentent les chevaux et les trombes de poussière qui dispersent et souillent leurs misérables rations de foin ne permettent guère d'espérer de les voir se refaire. On promet une nouvelle écurie, mais les travaux à Sétif avancent très lentement, car on entreprend de tous côtés à la fois : casernes, magasins, bureau arabe et mosquée; on veut tout mener de front; c'est ainsi que l'on ébauche tout sans jamais rien achever. Depuis leur retour d'expédition, mes quatre escadrons ont, à l'époque d'aujourd'hui, cent quatre hommes à l'hôpital.

Tout ce que je viens de vous dire est peut-être bien long, bien fastidieux et je vous demande pardon de venir vous interrompre au milieu de vos pénibles travaux d'inspection; mais il le faut bien, mon général, le 5ᵉ hussards est votre œuvre (1) et nous voulons à toute force que ses succès vous intéressent encore.

Notre vieux Borschneck, votre maréchal des logis de planton à Perpignan, est mort au bivouac le 6 juillet, frappé d'insolation.

Daignez agréer l'expression du profond et respectueux dévouement avec lequel, je suis, mon général, votre très obéissant serviteur.

Le colonel,
Clère.

225. — *Lettre du général Thiéry, commandant à Oran.*

Oran, le 6 octobre 1846.

Mon général,

Les bruits de guerre qui s'étaient répandus sur la fin du Ramadan, au moment de l'exaltation annuelle du fanatisme arabe, se sont aujourd'hui tout à fait apaisés. Abd-el-Kader et son lieutenant Bou-Maza ont échoué dans leurs tentatives de soulever contre nous les tribus de la frontière marocaine; Bou-Maza est remonté vers le sud avec les quelques cavaliers dont il s'était entouré et Abd-el-Kader, avec les restes de sa daïra, a établi ses tentes sur le cours de la Moulouia, mais

---

(1) Le 27 novembre 1815, M. de Castellane avait été nommé colonel des housards du Bas-Rhin (5ᵉ housards), régiment à former; en dix-huit mois il en avait fait un régiment modèle et l'avait commandé jusqu'en septembre 1822. « J'ai formé ce brave 5ᵉ, j'ai pour lui un sentiment paternel », disait le maréchal de Castellane. (Voir *Journal du maréchal*, t. I, p. 304 et suiv.)

plus au sud que l'année dernière. D'après les derniers renseignements que nous donnait le commandant supérieur de
Djemma-Ghazaouat, trois colonnes marocaines commandées
par des chefs réputés, opéreraient à l'est de cet empire; Abd-
er-Rahman se serait décidément ému de l'influence qu'acqué-
rait chaque jour dans le Maroc celui qui est appelé par ses
fidèles le Sultan. Nous pourrions attribuer à cette réunion de
troupes le refus qu'ont fait les Beni-Snassen, si mal disposés
pour nous, de se jeter de nouveau au delà de leur frontière.

Nous nous occupons le plus possible de l'établissement de
nouveaux villages. Les neuf cents Prussiens qui ont été
envoyés dans la province d'Oran sont venus nous presser;
ils sont placés provisoirement dans des baraques près du port
de Mers-el-Kebir; ils reçoivent là, en attendant, les rations de
campagne. Le lieu que nous avons jugé le plus convenable
pour caser la majeure partie, est Stidia, à quelques lieues
ouest de Mostaganem; un bataillon de la garnison de cette
ville y a été détaché pour travailler aux constructions; il est
aidé par une vingtaine d'ouvriers d'art aussi Prussiens, qui
ont été s'y établir tout d'abord avec leurs familles. Un deuxième
village destiné à cette émigration sera construit à Sidi-May-
nen sur la route d'Oran à Arzew. Je ferai partir, le 8, un
bataillon du 44ᵉ de ligne pour les premiers travaux; ce dernier
emplacement est, je crois aussi, très favorable.

THIÉRY.

SITUATION DE L'ALGÉRIE EN 1846.

226. — *Lettre du médecin principal* (1) *Paul, faisant fonction de médecin en chef de l'armée d'Afrique.*

Alger, le 9 octobre 1846.

Mon général,

Tout ce qu'on voit ici, en arrivant, est fait pour attrister le cœur : une population indigène réduite au dernier degré de la misère se ruant dans un labyrinthe inextricable de ruelles sales et étroites ; tout à côté, une foule innombrable de prolétaires affamés de tous les pays ; des industriels qui cherchent à exploiter les arrivants ; le laisser-aller de tout le monde, militaire ou bourgeois, tout cela s'éloigne bien des mœurs polies et paisibles de nos villes de France.

Il faut avouer cependant qu'on a déjà beaucoup fait pour changer la face de cette ville ; peut-être ne l'a-t-on pas toujours fait avec bonheur, dans l'intérêt de la population, sous le rapport hygiénique. Déjà quelques belles et larges rues ont été ouvertes dans la partie inférieure de la ville, et de très hautes et magnifiques maisons s'élèvent de toutes parts ; mais dans ces rues, la poussière et le soleil y dévorent une population haletante et dans ces immenses maisons, rien n'est disposé pour y garantir l'habitant de la chaleur. Les maisons mauresques, si bien arrangées pour y respirer un air frais et pur, disparaissent chaque jour ; la fièvre de construction s'est

(1) **Paul** (Marius-Nicolas), sous-aide-major le 18 décembre 1808, fait toutes les campagnes de l'Empire, médecin-adjoint pendant la campagne de Morée en 1821, médecin principal à Perpignan de 1832 à 1845, faisant fonction de médecin en chef de l'armée d'Afrique, le 27 juillet 1846.

emparée des spéculateurs; déjà une crise fâcheuse paraît prochaine. On voit de tous côtés, dans des rues d'un mètre de large et sur les parties les plus élevées de la ville, des maisons de cinq à six étages s'élever au risque d'écraser les habitants à la moindre secousse de tremblement de terre, ce qui n'est pas rare ici. On pourrait croire, d'après cela, qu'il est bien facile de trouver des logements commodes et peu coûteux : déception complète! Dans ces maisons à perte de vue, véritables casernes, tout est divisé pour faire le plus de chambres possible, véritables nids où l'on peut à peine se mouvoir; avec cela, les loyers sont à des prix fabuleux : un appartement au quatrième étage, où j'ai reçu l'hospitalité, coûte deux mille quatre cents francs. Toutes les dépenses sont en proportion, on peut juger par là du sort de l'officier ou du fonctionnaire qui arrive en Afrique avec la solde d'Europe, faiblement accrue par de bien légers suppléments.

Vos réclamations à la Chambre des pairs n'ont jamais eu pour objet un sujet plus juste; malheureusement, elles n'ont point encore été entendues, il faudra bien qu'on ouvre enfin les yeux sur la misère de tous et qu'on rende supportable le séjour de cette terre à ceux qui sont appelés à y faire chaque jour acte d'abnégation de leur vie. Personne ne doute que votre persévérance bien connue ne parvienne à faire améliorer le sort de l'officier et du soldat en Afrique; vous aurez ainsi acquis un titre de plus à leur reconnaissance. L'état sanitaire des troupes s'améliore, dit-on, cependant; il y avait, le 7, encore dix-sept cent soixante-huit malades dans les hôpitaux d'Alger et dix-sept cent quinze, le 8.

Paul.

227. — *Lettre de M. Dussert, sous-directeur des affaires civiles dans la province de Constantine et Philippeville.*

Blidah, 17 octobre 1846.

Mon général,

Les affaires de notre pauvre Algérie vont fort mal en ce moment. Alger, Blidah et toute cette province sont travaillées par une crise financière très violente, et il est probable que de nombreuses faillites vont avoir lieu. Il y a quelque chose de plus alarmant encore, c'est l'état moral des esprits en ce pays; le découragement y est profond et universel, on ne croit plus à l'avenir, et ce sentiment est partagé à peu près par tout le monde, militaires, fonctionnaires et colons. Les maisons de Marseille ont, pour la plupart, ou retiré leur crédit, ou demandé des règlements de compte, circonstances qui, en ébranlant le crédit local, témoignent aussi d'un défaut de confiance dans les destinées de l'Afrique. Les arrivages de France diminuent, l'émigration se déclare sur certains points; l'interruption complète des travaux publics crée la misère et détache du sol la classe ouvrière; tout languit et tout souffre. A quelles causes attribuer cette situation qui a pris un caractère de gravité extrême? Est-ce à la levée de boucliers de l'an dernier, qui a démontré ce qu'il y avait de factice et d'illusoire dans cette paix tant prônée? Est-ce à la mobilisation de la milice? Est-ce aux mille mesures entamées par le Gouvernement, puis quittées, puis reprises, puis quittées encore? Je crois pour ma part que c'est à toutes ces causes réunies et à d'autres encore qu'il faut attribuer le mal.

Depuis dix-huit mois on ne se sent pas gouverné en vérité, les fluctuations semblent être à l'ordre du jour, et l'on ne sait pas sur quoi compter. A force de tergiversations sur les hommes et sur les choses, à force de faiblesses et de velléités de vigueur suivies de nouveaux accès de faiblesse, le Gouvernement semble avoir tué dans tous les esprits la confiance dans l'avenir. On a vu, par exemple, M. Bugeaud désapprouvé et maintenu, une organisation promise, ensuite refusée; les Chambres semblent vouloir se mêler de nos affaires et reculent presque aussitôt devant leur propre volonté, et l'on en est venu à douter de tout, à ne plus compter que sur le hasard, s'il nous vient en aide.

Le voyage de M. le comte de Salvandy avait réveillé quelques espérances : on croyait qu'un ministre du Roi, visitant le pays, tiendrait à l'étudier d'une manière sérieuse et sur toutes ses faces. M. de Salvandy n'a fait que le traverser en compagnie du Maréchal, ne voyant, dans le tourbillon qu'on a fait passer sous ses yeux, que ce qu'il a convenu à certaines personnes de lui faire voir. Cela a été une seconde édition du voyage de Catherine en Crimée, quand on dressait sur sa route des villages d'opéra, habités par des populations d'emprunt. La tournée de M. de Salvandy n'était donc pas faite pour rassurer les Africains. Quoi qu'il en soit, jamais, depuis quinze ans, je n'ai vu, je le répète, plus de détresse et plus de méfiance au fond de tous les esprits.

Quant à la partie politique et militaire de la chose, les Arabes se tiennent en repos et n'ont pas bougé pendant le Rhamadan. MM. Bugeaud et Lamoricière sont absents, ce qui, par parenthèse, démontre que la présence ou l'éloignement de ces messieurs importe fort peu en cette matière; on sait du reste ce que vaut cette tranquillité, et qu'au moindre souffle elle peut être troublée comme l'an passé.

On annonce le retour du maréchal Bugeaud pour les premiers jours de novembre, et l'on ajoute qu'il revient muni de pouvoirs exorbitants. Ce n'est pas le pouvoir qui lui avait pourtant manqué jusqu'à présent, et, malgré cette omnipotence, la question véritable, la question définitive n'a pas beaucoup marché depuis 1841. Puisse 1847 nous dédommager! mais j'en doute.

Dussert.

228. — *Lettre de M. Dussert, sous-directeur des affaires civiles dans la province de Constantine et Philippeville.*

Blidah, 1er janvier 1847.

MON GÉNÉRAL,

Notre nouvel an, à nous, s'annonce comme 1846; nous sommes toujours en pleine anarchie administrative. Cette anarchie est bien plus sensible encore de ce côté que dans les autres provinces, où on n'en a guère que le ricochet. Ici, nous touchons au centre, et Dieu sait quel travail on impose et quelle attitude on fait à notre pauvre administration civile. Pour ma part, j'éprouve si fort le contre-coup du décousu qui nous régit que j'aspire ardemment au jour où il me sera possible d'aller utiliser en France, si on peut l'utiliser quelque part, l'expérience que m'ont donnée quinze ans de pratique des choses d'Afrique.

Nous sommes, quant aux événements, au calme plat. Le colonel Cognord et les autres prisonniers sont rentrés (1); les Arabes sont tranquilles comme ils le sont toujours quand ils sèment. M. le Maréchal travaille, dit-on, à son projet de colonisation militaire; plusieurs députés sont venus visiter l'Algérie, on les a promenés au milieu de toutes les fantasmagories de la fantasia arabe, on leur a jeté (c'est le mot) de la poudre aux yeux, et ils s'en sont allés, persuadés qu'ils avaient vu et peut-être même qu'ils connaissaient un pays dont ils ne savent même pas la première syllabe. Je n'en connaissais qu'un, M. de Tocqueville, homme fort distingué et qui a la bonté de me témoigner de l'estime. Celui-là s'est dérobé seul, tant qu'il l'a pu, aux stratégies officielles, mais sa position de membre du centre gauche nuira peut-être à l'autorité de sa parole, et puis, même pour lui, une course

(1) Le lieutenant-colonel Courby de Cognord et dix autres officiers et soldats, seuls survivants du massacre des prisonniers par la daïra, avaient été rachetés à Abd-el-Kader au mois de novembre 1846.

rapide à travers l'Algérie ne suffit pas : il faudrait une résidence plus longue. Et pourtant cette malheureuse question s'embrouille tous les jours davantage, et elle coûte cent millions par an à la France.

Nous attendons, demain ou après-demain, le Maréchal, qui vient faire, dit-on, une visite approfondie des villages. C'est vous dire d'avance que nous sommes tous en émoi... Puisse cette visite donner un peu de confiance à nos travailleurs ruraux, qui n'en ont guère! Notre pauvre ville de Blidah se dépeuple et les lacunes qui se font dans la population ne sont pas comblées par de nouveaux arrivants.

Une chose digne de remarque et qui devrait frapper les Chambres françaises, c'est que, pendant qu'à Alger, centre de l'occupation et siège de nos dirigeants, de pareils résultats affligent l'œil, les deux autres provinces sont loin d'être dans le même état. Celle de Constantine ne se ressent nullement de la crise. Le commerce d'exportation de Philippeville double, triple, grandit à vue d'œil. Bône marche à petits pas, mais d'une manière sûre et continue. Le général Bedeau dirige sagement son œuvre, il s'entend à merveille avec les fonctionnaires civils et les idées civiles, et, comme l'action d'Alger est à distance, le bien se fait sans que rien le contrarie; les résultats ont le temps de se produire avant que, comme ici, par exemple, une boutade, une brutalité, un caprice viennent les déraciner.

Dans la province d'Oran, le contraste est bien plus saisissant encore. Là, les intérêts européens sont bien reçus; les émigrants, bras ou capitaux, sont accueillis avec sympathie, aussi la population augmente; les campagnes, dont le sol est bien moins favorable qu'ailleurs, se couvrent de maisons, le pays marche à grands pas. Oran, que j'ai laissé avec huit mille âmes de population en 1841, en compte près de vingt-cinq mille aujourd'hui. Ces résultats, n'en déplaise à Alger, honorent M. de Lamoricière et témoignent en sa faveur.

Je reviendrai sur ce sujet, mais vous pouvez dès à présent, mon général, apprécier le coup d'œil d'ensemble des trois provinces; deux vont bien, la troisième semble agoniser, et cette troisième est celle où l'on sent le plus directement et le plus inévitablement la main du *maître suprême*. Qu'on conclue !...

Veuillez agréer, mon général, la nouvelle expression de mon respect et de mon inaltérable reconnaissance.

Louis DUSSERT.

229. — *Lettre du lieutenant-colonel Canrobert, commandant supérieur à Tenès.*

Tenès, 1er janvier 1847.

MON GÉNÉRAL,

Nous jouissons d'une assez grande tranquillité qu'il faut attribuer bien plus à la lassitude momentanée des Arabes et à leur obligation de labourer leurs terres qu'à l'ascendant moral que nous avons pris sur eux. Il serait, je crois, imprudent de nous reposer loin de nos armes et d'imaginer que le feu est éteint parce qu'il est sous la cendre ! De temps à autre, quelques faits surviennent qui nous donnent la mesure de la confiance à placer dans les indigènes. Il y a peu de jours, un de nos caïds les plus braves, chef dévoué à notre cause, a été assassiné en plein jour par les membres de la djemma (conseil municipal) de sa tribu, dont une grande partie redoutant, non sans cause, un terrible châtiment, s'est dispersée dans les lieux les plus retirés et les plus inaccessibles des montagnes du Dahra.

J'ai appris avec plaisir que votre fils Pierre, mon jeune, intrépide et brillant compagnon d'armes, après avoir été passer quelques jours en France, était revenu en Afrique comme officier d'ordonnance de M. le lieutenant général de Lamoricière; il est là à une des meilleures écoles du pays d'Afrique, et son esprit vif autant qu'observateur trouvera à s'exercer. Je serais bien heureux si les circonstances de guerre me rapprochaient encore de lui.

Je me sens si coupable de négligence à votre égard, mon

général, que je n'ose vous demander la faveur de daigner me donner de vos nouvelles, mais je ne puis résister au besoin de vous exprimer la respectueuse et vive reconnaissance de Votre très dévoué et très obéissant serviteur.

Le lieutenant-colonel du 64ᵉ de ligne.

CANROBERT,

Commandant supérieur à Tenès.

230. — *Lettre du lieutenant-colonel Canrobert,*
commandant supérieur à Tenès.

Tenès, le 14 mars 1847.

MON GÉNÉRAL,

Vous me disiez qu'il ne fallait pas trop compter sur la sécurité dont nous jouissions ici, parce que les Arabes étaient seulement fatigués, mais non encore totalement domptés; je reçois à l'instant des nouvelles qni semblent devoir confirmer votre opinion à cet égard. Le chérif Bou-Maza, repoussé de l'Est, a reparu dans le sud de la subdivision d'Orléansville. On craint de le voir pénétrer dans le Dahra, où ses partisans sont encore nombreux et où règne, depuis plusieurs jours, une fermentation qui vient de se traduire en coups de fusil sur la limite ouest de mon cercle. Après-demain, M. le colonel de Saint-Arnaud et moi partirons d'Orléansville et de Tenès pour nous réunir vers le haut Dahra et chercher à étouffer les germes de révolte chez les montagnards incorrigibles de cette contrée difficile (1). J'espère que nous réussirons, malgré la faiblesse numérique de nos petites colonnes qui, réunies, donnent à peine douze cents hommes disponibles. Il est vrai que nous laisserons, dans les deux places de la subdivision et sur la route d'Orléansville, les troupes nécessaires pour y assurer

(1) Bou-Maza, traqué par le lieutenant Margueritte, puis par le colonel de Saint-Arnaud, se rendit à ce dernier, le 13 avril 1847.

le service et ne pas interrompre les grands travaux de terrassement.

Vous allez bientôt, mon général, avoir à vous prononcer sur le système de colonisation à appliquer à l'Algérie. Le peuple belliqueux et toujours frémissant au milieu duquel on veut transporter nos colons, semble exiger que ces laboureurs soient aussi de vigoureux soldats. Si MM. le maréchal Bugeaud et le général de Lamoricière s'attaquent à la tribune, comme ils ont déjà commencé dans la presse, ce sera pour nous, vieux officiers d'Afrique, un affligeant spectacle...

Daignez agréer, mon général, avec l'expression de mon profond respect, celle du dévouement absolu de votre très obéissant serviteur.

Le lieutenant-colonel,
CANROBERT.

EXPÉDITION DE 1847 EN KABYLIE

231. — *Lettre du chef de bataillon de Wimpffen, des
tirailleurs algériens.*

Bougie, 25 avril 1847.

MON GÉNÉRAL,

Après la destruction d'un village des Mezzaïa d'en haut,
toutes les populations placées sur les montagnes qui entourent
notre plaine de Sétif avaient donné des signes de soumission.
Les chefs de chacune de ces petites républiques étaient accourus demander des burnous d'investiture; le fameux Ameziane,
l'assassin de M. Salomon de Musis, avait lui-même envoyé ses
neveux, ses fils, afin d'obtenir son pardon et l'assurance de
conserver son autorité employée à notre service. Ces événements, survenus si rapidement, avaient besoin, aux yeux du
Maréchal, d'être confirmés par une personne étrangère à la
localité. M. le colonel de Barral vint en mission, après lui
M. le colonel Daumas, pour s'assurer de leur importance politique et donner une organisation solide au pays; les journaux
vous ont appris ces voyages et ceux faits à Alger par les chefs
kabyles.

Après ces progrès réels, afin de maintenir nos nouveaux
alliés dans la voie qu'ils venaient d'adopter, il fallait, je pense,
leur prouver l'impossibilité de revenir à l'ancien état des
choses; il suffisait pour cela d'augmenter d'un ou deux bataillons la garnison de Bougie, il nous était alors possible de
recommencer, avec assurance de succès, ce que nous avions
exécuté par surprise; nous pouvions nous montrer aux gens
nouvellement soumis et même aller jusque chez Ameziane.

Des efforts continus de Bougie et de Sétif, unis à une politique conciliante, nous auraient non seulement permis de renouveler des convois, mais encore d'établir avant peu, à l'aide de postes arabes surveillées par les chefs, une communication de tous les jours entre ces deux points ; on atteignait ainsi, sans qu'il eût été question de la conquête de la Kabylie, un but vivement désiré. Cette augmentation de troupes n'a pas eu lieu, dit-on ici, par une considération de personnes ; le commandant supérieur n'était que chef d'escadron (1), et on ne pouvait mettre sous ses ordres plusieurs bataillons, l'on n'a pas voulu le remplacer. Si cela est vrai, il est fâcheux qu'un grand intérêt ait été sacrifié à un intérêt personnel.

Qu'arrive-t-il aujourd'hui ? Les Arabes doutent tellement de l'exécution de nos projets que nos alliés se refroidissent ; notre marché du jeudi est moins fréquenté que les premières fois ; les Toudja et les Mezzaïa d'en haut ne reconnaissent déjà plus notre autorité ; les Ouled Tamzalt et leur chef Ameziane semblent se retirer. Ce dernier, après avoir obtenu l'aman, devait se rendre à Alger, puis à Bougie ; il ne l'a point fait, prétendant qu'il serait dangereux pour lui de s'éloigner de son territoire.

Le 19 avril, dans l'espérance de le forcer à se présenter à nous, notre petite garnison a été jusqu'aux limites des Beni Ben Meçaoud, peu distantes de chez lui. Après une halte de deux heures, nous avons dû nous retirer avec ces paroles de ses envoyés : « Les populations voisines vous sont ennemies, les Toudja, les Mezzaïa d'en haut vous recevront à coups de fusil si vous entrez dans leurs terres. Ameziane répond de la tranquillité si vous n'allez pas plus loin ; ce serait dangereux pour son autorité de venir vous voir, mais croyez à son dévouement. » Ce langage peut se traduire de cette manière : « Si le projet de M. le Maréchal ne s'exécute pas, si vous ne cherchez pas à conquérir la voie de Sétif, si enfin vous continuez à rester ainsi faibles en présence de nos tribus, je ne veux point me compromettre davantage avec vous. »

(1) Le chef d'escadron de Wengy.

Ces opérations qu'on va faire ne porteront des fruits que si on a la ferme volonté d'en profiter pour ouvrir les routes de la mer à l'intérieur; sans cela la soumission de la Kabylie importe peu : ce ne serait qu'un nouvel épisode glorieux de nos campagnes d'Afrique et une occasion d'accorder des récompenses.

WIMPFFEN.

232. — Lettre du lieutenant général de Bar.

Alger, le 5 mai 1847.

MON GÉNÉRAL,

Des troupes tirées des différents points vont se diriger sur Hamza, au sud du Djurjura; le maréchal Bugeaud, qui n'est cependant pas très bien remis de sa grave indisposition, partira après-demain pour se mettre à leur tête et les conduire par la vallée de la Summan sur Bougie. Cette opération militaire a pour but essentiel de consolider la récente soumission des tribus kabyles qui sont entre Bougie et la ligne du Tell, et tout porte à croire que la marche de la colonne sera pacifique. On n'entrera pas dans la partie de la Kabylie qui est au nord du Djurjura; l'arrivée à Alger des chefs de cette contrée et son organisation récente n'en font pas une nécessité. On sera peut-être étonné, à Paris, de cette opération, mais elle était une conséquence même de tout ce qui vient de se passer. Il fallait ouvrir définitivement et avec l'appareil convenable les portes de Bougie, si longtemps fermées, et faire communiquer cette place avec Sétif, qui en tirera une nouvelle vie.....

DE BAR.

233. — *Lettre du lieutenant-colonel Canrobert,*
commandant supérieur à Tenès.

Tenès, le 14 mai 1847.

Mon général,

Le signe de l'honneur ne saurait briller trop large sur votre noble poitrine; aussi le Roi, en vous élevant au grade de grand-croix, a-t-il comblé de joie tous les bons officiers de l'armée, qui attendaient depuis déjà longtemps cette récompense due provisoirement à vos éminents services! Que leurs vœux soient accomplis, mon général, et la haute dignité qui couronne en France les grandes et utiles carrières militaires ne manquera pas au général qui a été le guide de la majeure partie de notre armée!

. . . .

Nous sommes ici très tranquilles : la reddition de Bou-Maza a produit un grand bien, les troupes continuent leurs travaux de routes, de terrassements et de moissons. Ces derniers rapporteront beaucoup à l'État. Nous avons aussi enfin compris qu'il était ridicule que, dans des contrées où le foin abonde, l'administration militaire payât vingt à vingt-cinq francs la quantité de fourrage qu'elle peut se procurer sur les lieux pour sept ou huit francs; nous ferons donc beaucoup de foin, la colonie et le budget vont y gagner.

Daignez agréer, mon général, l'expression du respectueux et absolu dévouement de votre très reconnaissant serviteur.

Le lieutenant-colonel,
CANROBERT.

234. — *Lettre du colonel de Mirbeck, commandant le 3ᵉ chasseurs à cheval.*

Bivouac devant Bougie, 24 mai 1847.

Mon général,

J'ai pensé que vous ne seriez pas fâché d'avoir quelques détails sur cette fameuse expédition dite de la Kabylie, qui est si diversement jugée (1). Une colonne forte de près de sept mille baïonnettes, trois cents sabres et six pièces de campagne est partie de Sétif sous les ordres de M. le lieutenant général Bedeau, avec instructions de se diriger sur Bougie. Ces deux points ne sont guère qu'à vingt à vingt-cinq lieues l'un de l'autre en considérant leurs degrés, mais les montagnes de formes particulières qui commencent à quelques lieues de Sétif pour ne se terminer qu'à la mer en rendent le trajet extrêmement difficile, même pour le voyageur. Jugez ce que c'est pour une petite armée. Nous avons mis neuf jours, et toujours les marches ont été longues. Les Romains comptaient cinquante-quatre milles ce qui ne ferait que quatre-vingt-deux kilomètres. Je crois que c'est une erreur de l'*Itinéraire d'Antonin*, ou bien la route passait par une autre direction que celle que nous avons suivie.

Les peuples de ces montagnes ne ressemblent pas du tout aux Arabes; ils habitent de charmants villages composés de maisons très confortables et très propres, tous situés dans des positions de défense naturelle, presque toujours à cheval sur un éperon escarpé; ils sont nombreux; la population peut être évaluée à la moyenne de celle de nos départements de France; les petits cours d'eau sont nombreux, la culture admirable. Rien n'est inculte : le Kabyle honore le travail, il est propriétaire; les ventes des terres se font comme en Europe, ils ont,

---

(1) Une dépêche ministérielle du 30 avril 1846, en conformité d'un ordre du jour voté par la Chambre, avait blâmé cette entreprise avant qu'elle fût commencée.

quant à ces transactions, conservé le droit romain, les marabouts sont les notaires. Par quatre à cinq villages, il y a une
mosquée et, dans chacun, une maison publique toujours
ouverte au voyageur; elle est la plus grande du village, ayant
toujours sur le devant une galerie couverte formée d'arcades.

Nous avons eu deux jours de combats assez vifs, les villages
ont été pris et brûlés, c'est-à-dire huit à neuf, le reste a
demandé grâce. Ils se battent bien, mais il n'y a pas de natio-
nalité ou, pour mieux dire, il n'y a que de petites nationalités
ayant des intérêts différents, en guerre continuellement entre
elles; nous avons trouvé plusieurs villages détruits par leurs
faits de guerre. Une des plus grandes agglomérations, les
Herboula, qui passait pour l'une des plus fortes et qui fabrique
de très bonne poudre à tirer, a fait une vigoureuse défense,
mais, vaincue, les autres se sont soumises, excepté une autre
agglomération qui, le surlendemain, a eu le même sort et a
amené les mêmes résultats. C'est une organisation ayant
quelque chose de notre moyen âge, ce qui en a rendu la conquête moins difficile, mais il n'en sera pas de même de la
conservation; il faudra souvent y revenir. M. le Maréchal a
presque toujours suivi une grande vallée; une rivière suit
cette vallée, qui forme un jardin continu des plus beaux.

Maintenant, qu'il me soit permis de traiter une grande
question, sans qu'on m'accuse de vouloir juger M. le Maréchal.

La discipline est perdue dans sa division, tout ce qui faisait
une partie de notre gloire en dehors des combats n'existe
plus; nous avons fait le dernier jour de marche avec cette division, que nous avons rejointe à quelques lieues d'ici. Depuis
notre arrivée, le 22, il n'y a eu ni réveil, ni retraite. On appelle
cela des *jours de repos* : ce sont des *jours de saturnales*. La ville de
Bougie, qui est à trois quarts de lieue de notre bivouac, se sou-
viendra longtemps du passage de ces troupes indisciplinées; on
ne rencontrait qu'hommes ivres, blessés et quelques membres
cassés; les habitants avaient fermé les portes et les volets; la
gendarmerie a été rossée, les femmes insultées, les maisons
pillées; toute la nuit on n'entendait que cris. Tout notre camp
touchant à celui du Maréchal a passé la nuit sur pied pour

défendre ses places et déblayer les ivrognes, qui goguenardaient nos soldats sur le peu de liberté qu'ils avaient, et cela finissait par : « *Vive le père Bugeaud !* » C'est acheter la popularité un peu trop cher.

Si cela continue, il n'y a plus d'armée possible ; la tenue, on s'en inquiète peu, les soldats circulent en chemise et en caleçon, du camp à la ville ; raccommoder, on ne sait ce que c'est, cela est une bande de déguenillés. Il faut avouer que sur les soldats de notre division cela fait le même effet, pour le moment, que celui que se proposaient les Spartiates en soûlant leurs esclaves pour les faire voir à la jeunesse. Mais tout se gagne, la peste et l'indiscipline ; il me tarde de sortir de ce chaos, dont je n'ose vous faire qu'une faible peinture. M. le lieutenant général Bedeau gémit et conserve sa division dans une voie relativement admirable.

Vous qui avez, en plusieurs circonstances et chaque fois que vous l'avez pu, pris la défense et plaidé les intérêts de l'armée, sachez que l'officier se ruine : pour ces courses longues, il est obligé de faire des provisions, de les faire transporter ; il est toujours couché sur terre, ne pouvant, comme en Europe, se passer d'une multitude de choses qu'on trouve là-bas partout et ici nulle part. Un officier reçoit une entrée en campagne, il reste dix ans et n'a reçu que cette entrée ; ne serait-il pas juste de la renouveler tous les trois ans au moins ?

De Mirbeck.

235. — *Lettre du chef de bataillon de Wimpffen, des tirailleurs algériens.*

Bougie, le 22 mai 1847.

Mon général,

Vous avez été le premier à m'instruire des succès inespérés qui sont successivement venus récompenser mes efforts à parcourir honorablement la carrière militaire. Maintenant que

j'ai cette épaulette tant ambitionnée, je comprends encore
plus le pas immense que je viens de franchir. Malgré tout ce
que j'ai pu faire, je n'aurais point encore obtenu cet avancement si je n'avais eu votre bienveillant appui. Veuillez donc
agréer, de nouveau, l'expression de ma vive reconnaissance et
croire que je continuerai à faire tout ce qui dépendra de moi
pour me montrer digne de votre intérêt.

Les colonnes (1) étant arrivées sous Bougie et plusieurs camarades m'ayant rendu compte des événements survenus dans
la Kabylie, je vais, mon général, chercher à vous transcrire
leurs récits.

L'armée de M. le Maréchal à Hamza, le 13 mai, se porta le
14 vers les Beni-Manzour, placés au pied des Bibans; le 15,
elle laissa cette contrée à droite et pénétra sur le territoire
des Beni-Abbès. Dans la soirée, vers neuf heures, ces Kabyles
vinrent tirer sur le camp avec l'espérance d'y faire naître le
désordre et de forcer à une retraite dans laquelle ils espéraient
nous détruire. Ce résultat avait été, dit-on, obtenu par eux sur
les Turcs. Le camp ne bougea point, ce qui détermina l'ennemi
à se retirer vers deux heures du matin. A quatre, les troupes
furent dirigées sur les montagnes, où se voyaient de superbes
villages échelonnés et progressivement plus élevés. Après
une courte distance parcourue, M. le duc d'Isly laisse les
bagages et des troupes sur un plateau, fait déposer les sacs à
neuf bataillons et les lance sur les points habités. Les villages,
malgré la résistance des habitants, sont promptement enlevés;
on y fait, surtout dans les derniers, un butin immense. Je vous
ai signalé les Beni-Abbès comme les gens les plus industrieux
de la Souman; ils n'avaient point cru devoir enlever ou cacher
leurs richesses. On m'assure qu'un grand nombre de soldats
ont des centaines de douros, d'autres des tapis, des bracelets
en or et en argent, de superbes burnous, une grande quantité
de beaux fusils, des objets de toutes sortes. Cette affaire brillante était terminée à neuf heures du matin. Ces détails vous

_____

(1) Deux colonnes avaient pris part à l'expédition de Kabylie : la première, partant de Hamza, sous les ordres du Maréchal; la seconde, partant
de Sétif, sous les ordres du général Bedeau.

sont sans doute déjà connus, car un courrier de M. le Maréchal est arrivé ici deux jours avant lui, et un bateau à vapeur
a porté immédiatement ses dépêches à Alger.

Les Beni-Abbès, le soir même du combat, vinrent implorer
leur pardon. La route, dans la vallée de la Souman, a été parcourue sans aucune autre attaque, si ce n'est quelques coups
de fusil dans une des premières journées et qui firent tuer
une douzaine de Kabyles. Des Beni-Abbès à Bougie, plusieurs
officiers m'assurent qu'il n'y a qu'une distance de quinze à
seize lieues. C'est, disent-ils, une vallée admirable; à les
croire, il n'y a point en Algérie un pays aussi beau et aussi
riche. Les arbres y sont magnifiques, la culture aussi bien
entendue que dans les pays les plus avancés, les maisons
construites avec un confort et une solidité que l'on ne rencontre que dans les villes. Cette route n'offre pas le moindre
obstacle de terrain, les mulets ont pu constamment y marcher
sur quatre de front.

La colonne de Sétif, à son début, n'eut aucun combat à
livrer. Le troisième jour, ayant laissé sur la gauche la vallée
de l'Adjeb, les troupes furent attaquées par les Reboula.
M. le général Bedeau fit établir de suite son camp et porter
en avant sa cavalerie et une partie de son infanterie; l'ennemi
fut repoussé au loin. L'on découvrit dans cette course une
belle contrée où se trouvaient groupés de jolis villages, on s'y
rendit de nouveau le lendemain. Les habitants occupaient les
pentes situées en avant de leurs villages et faisant face à nos
troupes. M. Bedeau, ayant remarqué derrière les Kabyles un
chemin conduisant à leurs habitations, y lance sa cavalerie;
celle-ci, par une marche rapide de près d'une heure, tourne
l'ennemi et s'empare des villages avant qu'on ait pu y organiser la moindre résistance. Nos adversaires, pris entre deux
feux, fuient; bon nombre restent dans un terrain difficile qu'ils
avaient choisi pour combattre. Après cette affaire, la colonne
rejoignit l'armée de M. le Maréchal sans rencontrer d'autre
obstacle.

Les chefs des tribus sur le territoire desquelles on est passé
se sont soumis, un assez grand nombre sont même venus sous

Bougie trouver le Maréchal. Je considère ces soumissions comme un bien médiocre résultat, si l'on ne prend point d'autres mesures que celles adoptées au moment de mon départ. La garnison de Bougie devait être changée. M. le colonel de Barral était nommé commandant supérieur; deux bataillons du 38ᵉ restaient avec lui. Vingt-quatre heures n'étaient point écoulées qu'on prenait une décision contraire. M. de Wengy restait à son poste avec une troupe encore affaiblie, deux compagnies de tirailleurs étant remplacées par une compagnie du 51ᵉ. Le 26 mai, les colonnes doivent reprendre la route de la Souman. Les mesures propres à amener des relations commerciales entre Sétif, Aumale et Bougie sont abandonnées. Il ne faut pas compter, malgré le dire des journaux et des rapports, sur les traités d'alliance assurant aux Européens la libre circulation dans les montagnes kabyles. La pacification n'est même pas complète sur les voiés que nos armées viennent de parcourir; le grand chef Ameziane s'est en outre retiré chez les Beni Selimen pour ne point se compromettre davantage avec les chrétiens. Du reste, les rapports entre les Européens et les Arabes sont tellement peu possibles sans l'appui d'une troupe ou d'une population française, que peu de particuliers osent à peine traverser une route de communication facile, placée dans un pays soumis depuis longtemps. Il est rare de voir la route de Dellys à Alger parcourue individuellement; je crois même cette route interdite, crainte d'accidents. Comment peut-on croire facile ce qu'on redoute à nos portes et chez une population à nous depuis de longues années?

Je pense qu'il fallait au moins laisser une colonne soumettre toutes les montagnes kabyles entre Djijelly, Bougie, et Sétif; j'aurais voulu qu'on établît des troupes sur la communication la plus importante pour la rendre praticable par une garde active et des travaux. Une garnison raisonnable, deux ou trois bataillons à Bougie, auraient concouru efficacement à ce résultat.

Je n'ai pu, mon général, continuer cette lettre qu'à Blidah, que je vais quitter pour me rendre à Oran.

Le Maréchal s'embarque le 5 de ce mois, avec la ferme intention de ne plus revenir, à moins de circonstances urgentes. On vient de me donner à lire ses nouveaux adieux à l'armée. Le colonel Claparède, commandant supérieur de Blidah, a réuni hier les chefs de corps et les a engagés à se trouver à Alger, le jour de l'embarquement de M. le duc d'Isly. On désigne comme futur gouverneur M. de Rumigny, puis M. Sebastiani, qui viendrait en attendant l'organisation d'une vice-royauté. Je pense que la présence d'un prince peut seule détruire cette lutte qui semble devoir s'établir entre l'autorité militaire et l'autorité civile. Mgr le duc d'Aumale occupe une position tellement élevée qu'aucun administrateur n'osera viser à l'indépendance et prétendre à la première place. Avec notre esprit remuant et ambitieux, les gouverneurs deviennent aussi impossibles en Algérie que le serait en France une royauté élective; il nous faut donc un vice-roi.

Si des faits dignes d'intérêt se passent dans la nouvelle province que je ne vais point tarder à parcourir, j'essayerai de vous en rendre compte. Je ne puis ¡vous témoigner autrement ma vive affection et ma reconnaissance pour ce que vous faites en ma faveur. Je continuerai, je l'espère, à mériter cette bienveillance sans laquelle je serais encore capitaine.

Veuillez bien agréer, mon général, l'expression sincère du respectueux attachement de votre très humble et très dévoué serviteur.

F. DE WIMPFFEN.

Blidah, le 3 juin 1847.

236. — *Lettre du lieutenant-colonel Canrobert,*
commandant supérieur à Tenès.

Tenès, le 28 juin 1847.

MON GÉNÉRAL,

L'armée d'Afrique est dans l'impatiente attente du général
en chef que le Roi va lui donner (1). Les hauts prétendants au
gouvernement de l'Algérie ne manquent sans doute pas, mais
les immenses obligations auxquelles obligent cette charge
élevée en restreindront peut-être le nombre. Vous êtes dans
cette dernière catégorie, mon général, vous dont la noble et
chaleureuse éloquence a si souvent défendu nos intérêts à la
tribune et qui avez été le grand maître de la majeure partie
d'entre nous. Fassent le Ciel et le Roi que nos destinées soient
mises en vos mains expérimentées !

Le long rapport de M. de Tocqueville sur les choses d'Afrique
a été trouvé, ici, très judicieux ; les observateurs impartiaux
ont cependant trouvé qu'il était l'œuvre d'un homme plus
théorique que pratique. . . . .

Les Arabes sont tranquilles et entièrement occupés à leurs
moissons, dont l'abondance contraste, cette année, avec la
pénurie des récoltes précédentes. Mais ce calme apparent ne
doit pas nous engager à fermer les yeux : ces gens-là nous
détestent, et ils ont leurs regards tournés vers l'Ouest, où ils
savent que se trouve cet habile, tenace et infatigable Abd-el-
Kader devant qui tremblent, en ce moment, les troupes marocaines, auprès duquel arrivent les habitants de la frontière
et dont une seule pointe rapide, au milieu de certaines de nos
tribus, pourrait derechef les jeter dans la révolte.

Mon proche et bon parent le général Marbot a bien voulu
m'écrire dernièrement pour me faire connaître les motifs de

(1) L'intérim du gouvernement de l'Algérie fut confié au général Bedeau,
par une ordonnance royale du 29 juin 1847.

son refus d'accepter le portefeuille de la guerre, qui, nous avait-on dit, vous avait été également offert.

Peut-être, mon général, daignerez-vous apprendre avec un peu d'intérêt que j'ai été proposé trois fois pour le grade de colonel.

Daignez agréer, mon général, les sentiments de respect, de dévouement absolu et de reconnaissance de votre très obéissant serviteur.

Le lieutenant-colonel,
CANROBERT.

237. — Lettre du général de division Changarnier.

Bayonne, le 11 juillet 1847.

MON CHER GÉNÉRAL,

Votre si intéressante lettre du 4 juillet, que j'ai reçue à Limoges, a devancé de beaucoup les journaux relativement aux combinaisons algériennes, suite de la démission de M. le maréchal Bugeaud. Permettez-moi, je vous prie, de m'éclairer sur quelques questions restées sans solution pour moi et sur lesquelles je courrais risque d'être longtemps réduit aux conjectures, si vous n'étiez assez bon pour me venir en aide.

La nomination du général Bedeau n'a-t-elle pas semblé désobligeante pour le général de Lamoricière, et celui-ci retournera-t-il dans la province d'Oran pour y inspecter les troupes d'infanterie?

Est-ce avec l'agrément du général Mangin qu'on l'a remplacé à Nantes par le général de Bar, et compte-t-on lui donner un dédommagement?

Bien que je ne sois ici que depuis bien peu de temps, j'ai déjà pu remarquer combien le général Rachis est utile à cette division, qui est loin de l'organisation de la 21ᵉ (1). Je serai

(1) Le maréchal de Castellane avait eu sous ses ordres le général Rachis en Espagne, à Puerto Santa Maria, en 1826, quand celui-ci n'était que capitaine; il l'avait pris en grande estime et l'avait rapidement poussé au grade de lieutenant-colonel. Le général Rachis lui succéda à Perpignan en 1847, comme général de division.

heureux de saisir l'occasion de contribuer à faire connaître les excellents services de ce maréchal de camp, un des meilleurs de l'armée.

Je ne crois pas qu'on ait ici des nouvelles très intéressantes d'Espagne; si j'en apprenais qui fussent dignes d'attention, je me hâterais de vous les transmettre.

L'intérêt du public de province est presque exclusivement concentré sur les débats devant la Cour des pairs.

Votre lettre du 2 n'est partie de Paris que le 4. Quand votre si bonne obligeance vous fera trouver le temps de répondre à mes questions et de me donner quelques-uns de ces renseignements que les journaux laissent ignorer, je vous prie, au lieu de faire passer votre lettre par le ministère, de la contresigner comme inspecteur général et de me l'adresser directement. Je suis encore à Bayonne et environs pour une vingtaine de jours.

Agréez, mon cher général, la nouvelle assurance de tous mes sentiments les plus affectueusement dévoués.

CHANGARNIER.

238. — *Lettre du lieutenant-colonel Canrobert,*
commandant supérieur à Tenès.

Tenès, le 8 août 1847.

MON GÉNÉRAL,

J'ai reçu votre bonne lettre du 14 juillet dernier, et, en vérité, je ne sais comment vous remercier de l'honneur et du plaisir que vous daignez me faire.

Jusqu'à présent, tout est ici à l'intérim : gouverneur, commandants des provinces, chefs de subdivision, et c'est un état fâcheux qu'il serait peut-être sage de faire cesser, car, mon général, vous connaissez mieux que moi le cœur humain, et vous savez qu'il est dans sa nature de ne pas apporter aux choses intérimaires la même ardeur, la même foi qu'à celles qui sont positives et durables. La stabilité des commandements serait d'autant plus à désirer que l'Algérie, quoique paisible aujourd'hui, semble encore menacée de nouveaux orages.

Vous avez eu connaissance de l'affaire dans laquelle Abd-el-Kader a surpris le camp d'un des neveux de l'empereur Abd-er-Rhaman et fait décapiter le caïd qui le commandait, sous ses ordres. Voici l'origine de cette lutte entre le chef arabe et l'empereur de l'Ouest : Abd-el-Kader s'était porté dans le Riff et y levait paisiblement l'impôt dit *rekkat*, il a voulu étendre son revenu aux dépens de Muley-Abd-er-Rhaman, et exiger l'*achour* des peuplades en avant du Riff. Cette prétention a paru trop exorbitante au sultan de Maroc, qui a envoyé contre lui, d'abord un petit corps de cavalerie dont l'action devait nécessairement être nulle, puis une colonne trop peu nombreuse sous les ordres de son neveu, celle-là même qui a été surprise. Abd-er-Rhaman est peut-être un homme politique et influent pour la religion; mais, à coup sûr, il n'est pas un guerrier habile, et s'il continue à ne vouloir opposer à son ennemi que des petits paquets, il n'est pas au bout de ses défaites! Abd-el-Kader est toujours près du Riff; il est entouré de nombreux partisans, son influence s'étend sur l'empire marocain, et, s'il faut s'en rapporter aux nouvelles arabes, les habitants de Fez lui auraient envoyé leur soumission, qu'il n'aurait pas cru devoir encore accepter. En attendant, le moderne Jugurtha organise ses forces, et ses émissaires sondent nos tribus. Le Rhamadan approche, c'est l'époque de l'exaltation religieuse, et, comme dit un proverbe turc, « l'Arabe est, comme le chacal, impossible à apprivoiser ». Toutes ses récoltes sont aujourd'hui faites, il a peu à perdre matériellement, l'occasion peut lui paraître belle pour recommencer la guerre. J'espère, mon général, que cela n'aura pas lieu, mais je suis convaincu que nous devons nous tenir sur nos gardes.

Daignez.....

Le lieutenant-colonel,
CANROBERT.

J'ose vous remercier, mon général, d'avoir bien voulu me donner des nouvelles de mon excellent et proche parent le général Marbot.

GOUVERNEMENT DU DUC D'AUMALE

239. — *Lettre du général de division Changarnier.*

1er septembre 1847.

Mon cher général,

Il m'en a bien coûté de garder avec vous le secret qu'on avait réclamé et que je n'aurais pu rompre sans une haute inconvenance. Depuis près de six semaines, je sais que je serai appelé au commandement de la division d'Alger, la seule vacante, puisque les deux autres conservent leurs titulaires actuels, MM. de Lamoricière et Bedeau. Il n'y aura pas de major général.

Dans soixante heures, je serai dans mon logement, rue du Faubourg-Saint-Honoré, 3, pour un nombre de jours fort limité, mais que je ne puis fixer d'avance. Si occupé que j'y puisse être, comptez sur moi pour les commissions que vous voudrez bien me confier. Je vous écrirai certainement avant mon départ définitif.

Agréez mille assurances nouvelles de mon vieux et inébranlable attachement.

CHANGARNIER.

240. — *Lettre du général de division Changarnier.*

Alger, le 22 octobre 1847.

Mon général,

Je ne saurais vous dire combien la fin de votre lettre m'a péniblement affecté. J'ai pour vous un attachement trop sincère pour ne pas prendre une part bien vive au cruel malheur dont vous êtes menacé (1). Je vous adresse ceci à Perpignan, où je m'efforce d'espérer que de meilleures nouvelles de Roche-cotte vous auront retenu.

Alger, qui compte soixante-douze mille âmes dans son enceinte et quatre-vingt mille en comprenant les habitations isolées et les hameaux de la commune, avait déployé toutes ses pompes et revêtu ses habits de fête pour recevoir le Prince (2). On reconnaissait néanmoins, sous ce masque doré, une misère profonde dont la fin n'est probablement pas pro-chaine, malgré l'heureuse influence de la présence de Mgr le duc d'Aumale. Dans les longues conférences qui ont réuni les commandants des trois provinces, le directeur général et les trois directeurs, le nouveau Gouverneur a dirigé et résumé les discussions avec un aplomb et une loyauté qui ne m'ont pas étonné, moi qui l'avais longtemps pratiqué, mais qui n'ont pu être méconnus par personne. Malheureusement, il ne peut dépendre de lui de mettre un terme à la crise financière qui, tant qu'elle désolera Londres et Paris, empêchera les capitaux de prendre la route de l'Algérie.

La question des tarifs est la plus sérieuse pour ce pays. L'agriculture produisant à plus de frais qu'en Europe a besoin d'être protégée; d'un autre côté, comment attirer les Euro-péens, si on ne commence pas par leur rendre la vie facile et peu coûteuse?

Vous ne doutez pas, j'espère, que je ne m'occupe très sérieusement de la discipline et de la tenue des troupes. Sans précipitation, sans à-coups, je crois avoir obtenu déjà quel-ques bons résultats. La garnison d'Alger laisse, dès à présent, peu à désirer. Malheureusement, les évacués, les convalescents de l'Ouest et de l'Est, en traversant cette ville dans les costumes les plus irréguliers, donnent aux étrangers et aux militaires français qui nous visitent momentanément une idée fâcheuse et erronée de notre tenue.

(1) Le fils aîné du général de Castellane, Henri de Castellane, député du Cantal, était mort le 16 octobre, à son château de Rochecotte, en Touraine, âgé seulement de trente-trois ans.

(2) Le duc d'Aumale avait été nommé gouverneur général de l'Algérie, le 11 septembre 1847.

L'état-major et un bataillon du 7ᵉ léger partent dans le port. Je vais vous quitter pour veiller à leur installation; j'accepte avec une véritable reconnaissance les renseignements détaillés que vous avez bien voulu me faire espérer sur les corps d'officiers de ce régiment et du 8ᵉ de ligne.

Mme la duchesse d'Aumale sera ici dans la première quinzaine de novembre. Elle espère avoir auprès d'elle, pendant une grande partie de l'hiver, Mme la princesse de Joinville, à qui les froids et les brouillards de Paris ne conviennent guère. Mme la princesse Clémentine de Cobourg a aussi envie de venir. Avec de telles visites et le savoir de Mme la duchesse d'Aumale, il semble que les femmes les plus mijaurées pourront se résoudre à accompagner leurs maris employés en Afrique.

Recevez, je vous prie, la nouvelle assurance de mon attachement le plus dévoué.

CHANGARNIER.

Vous savez que mon séjour ici n'est que provisoire, mais le Ministre et le Gouverneur ne sont pas encore d'accord sur le choix de l'emplacement du quartier général de la division.

241. — *Lettre du colonel Canrobert, commandant le 2ᵉ de ligne.*

Tenès, le 25 novembre 1847.

MON GÉNÉRAL,

En daignant me complimenter sur mon nouveau grade, vous avez ajouté beaucoup à la joie que j'en éprouve. Veuillez, je vous prie, agréer mes vifs remerciements et ma profonde reconnaissance. Je n'oublierai jamais, mon général, que vos bontés ont aplani pour moi les abords du premier rang de la hiérarchie régimentaire, et, comme militaire, il ne me reste plus qu'un vœu à former, celui d'être rappelé à l'honneur de servir sous vos ordres et de pouvoir vous offrir les preuves de mon absolu et affectueux dévouement...

Mgr le duc d'Aumale vient de m'annoncer que j'étais retenu en Afrique comme colonel du 2ᵉ régiment de ligne, dont le chef, M. de Buttafuoco, permute d'office avec moi et passe au commandement du 3ᵉ léger 'en France. Cette permutation m'honore, mais elle me condamne à séjourner pendant plusieurs années encore dans un pays où se sont déjà écoulées près de douze années de mon existence! Je vais me rendre à mon nouveau poste à Batna, au fond de la province de Constantine, non loin des monts Aurès, dont les habitants, toujours inquiets et prompts à la révolte, me réservent peut-être le rôle que j'ai eu à jouer l'an dernier dans le Dahra.

Daignez agréer, mon général, la franche expression du respect, du dévouement et de la reconnaissance sans bornes de votre très obéissant serviteur.

Le colonel CANROBERT,

du 2ᵉ de ligne.

242. — *Lettre du colonel Camou, commandant le 33ᵉ de ligne.*

Médéah, le 30 décembre 1847.

MON GÉNÉRAL,

Je viens vous prier de recevoir mes vœux de bonne année; c'est un cœur reconnaissant de vos bienfaits qui parle avec toute sa sincérité...

Je vous remercie de l'intérêt que vous portez à ma promotion de maréchal de camp. Je ne suis pas pressé, je me crois très heureux d'être à la tête d'un beau et bon régiment. S. A. R. le duc d'Aumale vient d'obtenir un bien beau résultat dans la soumission d'Abd-el-Kader (1); cela nous assure une

---

(1) L'émir Abd-el-Kader, après plusieurs combats malheureux contre les Marocains, s'était réfugié sur le territoire algérien, en passant la Moulouia à son embouchure. Le général de Lamoricière l'ayant empéché de regagner le Sud, il demanda l'aman et se rendit au général, le 23 décemb e1847, devant le marabout de Sidi-Brahim.

longue paix en Afrique. Difficilement il surgira un indigène qui aura une aussi grande influence parmi les populations.

J'ai l'honneur d'être avec respect, mon général, votre très subordonné.

Le colonel,
CAMOU.

243. — *Lettre du lieutenant-colonel de Pontevès* (1), *commandant à Tiaret.*

Tiaret, 11 janvier 1848.

MON GÉNÉRAL,

Je viens bien tardivement vous remercier de votre lettre de décembre...

La nouvelle de la reddition d'Abd-el-Kader nous est parvenue ici au moment où nous nous attendions à le voir traverser rapidement notre Sud pour aller attendre des temps plus heureux dans quelque oasis ou dans quelque ville musulmane de l'Est. Le général de Lamoricière lui en a habilement coupé le chemin.

Nous aurons la paix pendant quelque temps, ce qui ne veut pas dire que nous ayons un ennemi de moins dans la population arabe. Que la réduction de l'armée ne soit pas trop forte. Si l'armée n'a plus à combattre, la colonisation, plus difficile que la conquête, a besoin d'être aidée par elle.

J'ai appris avec plaisir, mon général, que le Roi vous avait investi d'un commandement qui convient davantage à vos obligations législatives (2). Ces voyages qui vous faisaient traverser la France dans sa plus grande longueur étaient par

---

(2) *Pontevès* (Jean-Baptiste-Edmond, comte *de*), né à Marseille en 1805, élève de l'École de la Flèche, puis de Saint-Cyr, sous-lieutenant en 1824 dans la garde royale, colonel en 1849, général de brigade en 1852, tué à Sébastopol, le 8 septembre 1855, en attaquant le redan du Carénage.

(2) Le général de Castellane venait d'être nommé à Rouen au commandement de la 14e division militaire, par ordonnance royale du 7 novembre 1847.

trop pénibles et rendaient plus pénibles encore vos tournées d'inspection dans un pays de montagnes.

Veuillez agréer, mon général, l'assurance bien vive des sentiments de respect et de dévouement de votre très humble et très obéissant serviteur.

E. DE PONTEVÈS,
lieutenant-colonel commandant à Tiaret.

244. — *Lettre du colonel Canrobert, commandant le 2ᵉ de ligne.*

Constantine, le 20 janvier 1848.

Nommé provisoirement commandant de la subdivision de Batna, où se trouve mon régiment, je n'ai pu, jusqu'à ce jour, rallier mon nouveau poste, tant le temps qui règne ici est affreux; plusieurs pieds de neige couvrent les montagnes et les cours d'eau sont des torrents impétueux. Je regrette d'autant plus cette circonstance que le commandement dont je suis investi est un des plus importants de la province, au point de vue arabe. L'autorité du chef de la subdivision de Batna s'étend sur Biskra et Tugurt, à plus de cent quatre-vingts lieues dans l'intérieur du pays.

Nous sommes encore sans renseignements sur ce que le Gouvernement va faire d'Abd-el-Kader. Si l'on exécute les conventions du général de Lamoricière, l'ancien et redoutable agitateur de l'Algérie y reparaîtra avant deux ans, suivi d'une foule de fanatiques dont déjà bon nombre des plus influents se trouvent à Alexandrie, à la Mecque ou à Saint-Jean d'Acre.

Daignez agréer, mon général, les expressions du respect, du dévouement et de l'attachement que vous a voués votre très humble serviteur,

Le colonel du 2ᵉ de ligne
commandant par intérim la subdivision de Batna,

CANROBERT.

245. — *Lettre du général de division Changarnier.*

Alger, le 7 février 1848.

MON BIEN CHER GÉNÉRAL,

Je vous prie d'avoir l'obligeance de m'envoyer, sous le couvert du ministre, le tableau des capitaines proposés pour le grade de chef de bataillon, comme vous m'avez envoyé le tableau des deux grades supérieurs. La lecture m'en a attristé. Non seulement les éléments en sont pour la plupart médiocres ou au-dessous du médiocre, mais mal classés. Savez-vous que M. le général Gazan, dont l'arrondissement comprenait, avec quatre régiments, le 1er et le 7e bataillon de chasseurs, n'a proposé dans ces deux derniers corps encombrés de sujets distingués personne pour le grade de chef de bataillon, de major et de lieutenant-colonel. Il a préféré des hommes usés et incapables. C'est un véritable méfait envers l'armée et l'État.

Vos réflexions sur l'élection des officiers supérieurs par le comité des inspecteurs généraux et sur la perte de la prérogative royale qui doit s'ensuivre sont profondément justes. Sur presque toutes les questions, c'est le propre de la politique actuelle de compromettre l'avenir pour conserver la fausse tranquillité du moment. L'Europe me semble comme à vous dans un grave paroxisme d'agitation. Les causes et même les éléments de guerre se montrent presque à tous les points de l'horizon. Nous seuls affectons une sécurité qu'au fond nous sommes loin d'éprouver. Mais je suis bien loin pour voir et juger et je ne puis que vous supplier, vous si bien placé et si sagace, de ne pas me refuser, quand vous en aurez le temps, quelques pages comme celles auxquelles je réponds et qui m'apprennent plus sur la situation vraie que tous les journaux ensemble.

Après une traversée très douce et très rapide, le prince et la princesse de Joinville sont arrivés hier à huit heures du matin en fort bonne santé. De telles visites seront d'un exemple très heureux pour l'Algérie, où elles doivent en attirer beaucoup d'autres. Le Prince s'est toujours montré fort gracieux pour moi; je suis donc doublement satisfait de le voir ici.

Mon anthrax est si complètement guéri que j'ai failli oublier de vous en parler. Quand l'avenir semble montrer un visage plus gracieux, je ne sais pas garder rancune à un passé maussade. Je suis récompensé, en ce moment, de ma persistance à donner des décisions et à vaquer aux principaux devoirs du commandement, même au milieu des souffrances les plus aiguës. Je suis de nouveau au courant de ma besogne que l'administration du territoire, mixte et arabe, et l'avis que je dois émettre sur tous les projets concernant le territoire civil compliquent beaucoup.

On dit que vous avez déjà réveillé la 14e division de la torpeur dans laquelle elle était plongée comme presque toutes les autres.

Conservez-moi votre amitié qui m'est si précieuse, mon cher général, et ne cessez jamais de compter sur tous mes sentiments les plus sincèrement et les plus affectueusement dévoués.

CHANGARNIER.

RÉVOLUTION DE 1848

246. — *Lettre du chef de bataillon Cler.*

Avignon, le 1er mars 1848.

MON GÉNÉRAL,

Je viens de lire dans un journal que vous étiez gardé à vue dans votre hôtel par la garde nationale de Rouen (1); j'ose espérer qu'il n'en est rien et qu'à l'arrivée de cette lettre, vous serez libre et toujours à la tête de la 14e division militaire. Dans toutes les circonstances de votre vie, je n'oublierai pas, mon général, que vous avez été pour moi le plus bienveillant des protecteurs et que je vous dois l'amour du plus noble de tous les états.

La République a été proclamée à Avignon sans amener des troubles et des conflits entre la troupe et la population ; mes officiers et mes soldats sont généralement aimés par les habitants, et j'espère que ces bonnes relations se maintiendront.

Dès que notre frontière sera menacée, je demanderai au ministre de la guerre de vouloir bien me donner le commandement d'un bataillon. M. le sous-intendant militaire Cristiani de Ravaran me charge de vous offrir l'expression du plus respectueux et du plus sincère dévouement. Quant à moi, mon général, ce sera toujours avec la reconnaissance la plus vive et l'affection la plus respectueuse que je me dirai

Votre très humble et très obéissant serviteur.

CLER.

(1) Le fait était inexact : le général de Castellane, menacé par soixante mille ouvriers, était sorti de Rouen avec les quinze cents soldats qui composaient la garnison, et il avait pris position sur le mont Riboudet. L'honneur de ses troupes resta intact. Sur la conduite du général de Castellane à Rouen pendant les événements de février 1848, voir son *Journal*, tome IV, p. 11 à 60.

247. — *Lettre du médecin principal Paul, faisant fonction de médecin en chef de l'armée d'Afrique.*

Alger, le 1ᵉʳ avril 1848.

MON GÉNÉRAL,

J'étais sur le point de vous écrire pour vous faire agréer mes regrets sur la mesure qui vient de vous priver de votre commandement (1), lorsque j'ai reçu la lettre que vous m'avez fait l'honneur de m'écrire et qui m'est parvenue hier. Vous voulez bien me faire le récit de ce que nous avions appris, déjà en |partie, de votre conduite ferme et digne pendant le cours des événements très critiques qui se sont passés sous vos yeux. Là, comme dans tout le cours de votre carrière militaire et politique, vous avez acquis des droits à la reconnaissance du peuple, et la ville de Rouen, en particulier, vous doit des témoignages de la sienne pour l'avoir préservée des malheurs qui la menaçaient. Le peuple vous l'a témoigné par ses acclamations. Vous avez donc résigné le commandement avec les honneurs de la guerre, fort de votre conscience et heureux d'avoir noblement rempli vos devoirs jusqu'au dernier moment. Le gouvernement de la République, une fois bien consolidé, ne peut manquer de reconnaître les services que vous avez rendus et apprécier ceux que vous pouvez lui rendre encore.

La frégate à vapeur *l'Albatros* est arrivée le 30 à minuit; le général Changarnier était à bord; mais notre Gouverneur le général Cavaignac, n'acceptant pas le ministère de la guerre, ne veut pas quitter le commandement de l'Afrique (2). D'un autre côté, des manifestations sérieuses de la population civile d'Alger, exprimées dans des clubs, se sont élevées brus-

(1) Le 3 mars 1848, le maréchal de Castellane avait été mis en disponibilité par le Gouvernement provisoire et remplacé par le général Ordener.
(2) Du 3 mars au 22 septembre 1848, l'Algérie n'eut pas moins de cinq gouverneurs, Changarnier du 3 au 10 mars, Cavaignac du 10 mars au 11 mai, Changarnier du 11 mai au 22 juin, le général Marey du 22 juin au 22 septembre et enfin le général Charon qui resta deux ans.

quement contre le général Changarnier, qu'elle ne veut pas recevoir comme gouverneur général, de sorte qu'il n'a pas cru devoir quitter le bord et que, vu ces circonstances auxquelles il ne s'attendait sans doute point, la frégate, qui ne devait partir que demain 2, s'en retourne dès aujourd'hui à midi, remportant notre nouveau gouverneur. M. Vaïsse, notre ex-directeur général, s'en va aussi par ce bâtiment; il rentre dans sa famille à Marseille, où il va vivre dans l'éloignement des affaires; toutes les émotions de ces derniers jours l'ont rendu un peu malade. Son successeur a reçu avant-hier les visites des autorités civiles et des divers corps militaires. C'est un très jeune homme peu connu, un des rédacteurs du *National;* on le verra à l'œuvre.

Déjà, dit-on, certain club occulte ne trouve pas assez de fermeté au général Cavaignac; on lui reproche de n'avoir pas fait, dès son arrivée, acte de bon citoyen en faisant des destitutions en masse; on va jusqu'à dire que ce club le dénonce au Gouvernement et qu'il demande son remplacement. Voilà où en sont les hommes du pouvoir, en butte aux dénonciations secrètes. Comme vous le dites, mon général, le commandement n'est pas chose facile par le temps qui court.

Ma femme vous prie d'agréer ses remerciements pour vos bien affectueux souvenirs; moi, je vous prie de recevoir la nouvelle assurance du profond respect avec lequel je suis votre très humble et très obéissant serviteur.

PAUL.

248. — *Lettre du colonel Canrobert, commandant le 2ᵉ de ligne.*

Batna, le 2 avril 1848.

MON GÉNÉRAL,

Je viens de recevoir la lettre que vous m'avez fait l'honneur de m'écrire sous la date du 5 mars. Je connaissais le noble exemple que vous aviez donné à l'armée française, en conservant pures les armes des soldats qui avaient le bonheur d'être sous vos ordres à l'époque des événements de Février.. Pourquoi donc, mon général, n'avez-vous pu faire passer votre énergie dans l'âme de tous les chefs de notre armée? Nos fronts de soldats n'auraient pas eu à rougir de honte. Je ne puis m'accoutumer à la pensée que nos régiments se sont laissé désarmer!

La mesure qui vous frappe, mon général, ne saurait être de longue durée, vous êtes trop nécessaire à l'armée pour en rester éloigné pendant trop longtemps, et les gouvernants de la France, quels qu'ils soient, s'ils aiment l'honneur et la gloire de leur patrie, ne peuvent la priver de vos éminents services.

Je suis toujours à la tête de la subdivision de Batna et de mon régiment. Nous attendons avec calme notre future destinée. Les soldats sous mes ordres sont parfaits de discipline et d'obéissance dévouée.

Daignez agréer, mon général, l'expression de la respectueuse et reconnaissante affection de votre dévoué serviteur.

Colonel CANROBERT.
2e de ligne.

249. — Lettre du lieutenant-colonel Dumontet, du 19ᵉ léger.

Philippeville, le 7 avril 1848.

MON GÉNÉRAL,

J'ai appris par les journaux, en même temps que par votre lettre du 9 mars, la nouvelle de votre révocation du commandement de la 14ᵉ division; je viens vous exprimer la peine profonde que m'a causée cet événement, auquel j'étais loin de m'attendre. Votre conduite, aussi sage que digne au milieu des circonstances difficiles où vous vous êtes trouvé, devait

vous mettre à l'abri d'une pareille disgrâce. Je suis convaincu
qu'on ne tardera pas à revenir sur cette mesure, qu'on sen-
tira que, quelle que soit la forme qu'il plaise au pays de donner
à son gouvernement, il ne saurait placer sa défense en des
mains plus sûres qu'en celles des militaires de la vieille
école, en celles des hommes de règle et de devoir ; que ce sont
ceux-là sur lesquels on peut compter et que toujours l'on
trouvera prêts à verser leur sang pour la France, quelles que
soient les couleurs de son drapeau.

La nouvelle des grands événements qui se sont accomplis
en France n'a pas jeté la moindre perturbation dans l'excellente discipline du 19e léger ; tous les officiers ont donné leur
adhésion aux nouvelles institutions que le pays a adoptées, et
la proclamation de la République a eu lieu sans le plus léger
désordre soit dans la troupe, soit dans la population. Je commande en ce moment ce brave régiment et j'en achèterais avec
un vif empressement le commandement définitif par deux
ans encore d'activité dans le grade de lieutenant-colonel. Sans
les événements qui viennent de s'accomplir, je devais être
nommé colonel à la fin de février et obtenir le commandement
du 31e. M. le général Gazan l'avait annoncé à M. le général
d'Arbouville, mais aujourd'hui notre pauvre armée est tombée
si bas, tant de gens et, il faut bien l'avouer, avec une apparence de raison, la proclament inutile qu'il y a plutôt pour
chacun de nous une réforme à craindre que de l'avancement
à espérer.

Je n'ai aucune nouvelle à vous donner du pays que j'habite,
et puis, que sont aujourd'hui nos pauvres événements d'Afrique
à côté de ceux qui s'accomplissent en France? Ils ont si peu
d'intérêt que ce n'est pas la peine d'en parler.

Veuillez agréer l'assurance des sentiments de respect et de
dévouement avec lesquels je serai toute ma vie, mon
général, votre très humble et très obéissant serviteur.

DUMONTET.

250. — *Lettre du colonel Sauboul, commandant le 52ᵉ de ligne.*

Versailles, le 12 avril 1848.

Mon général,

J'ai dans mon régiment cent dix-sept hommes de la Seine-Inférieure ; j'ai appuyé votre candidature auprès des soldats de ce département, je ne doute pas qu'ils vous donnent leurs voix.

Il y a quelques jours, je me suis présenté à votre hôtel, à Paris, pensant que j'aurais l'honneur de vous y rencontrer ; c'est par votre valet de chambre que j'ai appris que vous étiez fixé maintenant à Rouen. J'avais à cœur de vous dire, mon général, que bien que quelques journaux, sans trop savoir comment, nous eussent donné le titre de premier régiment de la République, nous nous étions comportés dans la journée de Février avec honneur et fidélité et que, rentrés dans la caserne de la Pépinière, les seuls non désarmés de la garnison de Paris, nous avons conservé nos armes jusqu'au 25 février à cinq heures du soir, malgré les tentatives continuelles de la foule effervescente, et que nous n'avons déposé les armes que sur un ordre formel que je transcris ici sans commentaires.

« 1ʳᵉ division militaire.
État-major général.

« Paris, le 25 février 1848.

« Le colonel du 52ᵉ rendra immédiatement ses armes au « peuple.

« Le lieutenant général commandant la 1ʳᵉ division militaire.

« Signé : Bedeau. »

L'original de cet ordre est entre mes mains ; mon intention est de lui donner de la publicité par la voie de la presse, devrait-il s'ensuivre la perte de mon état ; en attendant, mon général, je vous prie de me garder le secret.

Agréez, je vous prie, mon général, l'assurance de mon respectueux dévouement.

Le colonel du 52ᵉ de ligne,

SAUBOUL.

251. — *Lettre du colonel Camou, commandant le 33ᵉ de ligne.*

Alger, le 29 avril 1848.

MON GÉNÉRAL,

J'aurais dû vous écrire après votre remplacement dans le commandement de votre division, mais les nombreuses affaires de service et la pensée que ceci était une mesure générale momentanée ont été les principales causes de ce retard; mais aujourd'hui que je vous vois dans le nombre des officiers généraux en retraite, mon cœur reconnaissant reçoit une blessure inguérissable.

Vous recevrez sans doute un grand nombre de manifestations de la part des heureux que vous avez faits pendant votre longue vie militaire, mais vous n'en recevrez pas de plus sincère que la mienne, et je vous renouvelle ici, mon général, mon dévouement et ma reconnaissance.

J'ai l'ordre de m'embarquer pour la France avec le régiment que je commande; je présume que nous ferons partie de l'armée des Alpes.

Le général Cavaignac, gouverneur de l'Afrique, doit se rendre, dit-on, en France; je ne sais s'il reviendra, mais je crois que c'est l'homme qui convient pour commander ici : il a la connaissance du pays et du peuple arabe, il aime l'ordre et le devoir.

J'ai appris avec grand plaisir la nomination du bon Dumontet au grade de colonel; je félicite le 43ᵉ régiment de cette acquisition.

Je vois presque tous les jours M. le général Gentil, nous parlons toujours de notre bienfaiteur, le général de Castellane.

Veuillez agréer, mon général, l'assurance de mon respectueux dévouement.

Le colonel,

CAMOU.

252. — Lettre du colonel Canrobert, commandant le 2ᵉ régiment de la légion étrangère.

Batna, le 3 mai 1848.

MON GÉNÉRAL,

En même temps que je recevais la lettre que vous m'avez
fait l'honneur de m'écrire le 14 avril dernier, je lisais dans les
journaux que vous étiez admis à faire valoir vos droits à la
retraite! La mesure inique qui vous frappe, plonge dans l'af-
fliction et la surprise les milliers d'officiers et soldats dont,
pendant tant d'années, vous fûtes le noble et habile guide et
qui auraient tous été heureux et fiers de vous suivre sur les
champs de bataille où la Patrie peut les appeler. Pour mon
compte particulier, mon général, j'en suis cruellement désolé
et ne puis croire que ce soit de sang-froid que les hommes qui
président aujourd'hui aux destinées de la France aient voulu
ainsi la priver d'un de ses plus glorieux et expérimentés
défenseurs. Vous nous serez rendu, mon général, permettez-
moi d'en conserver le ferme espoir!

Le ministre de la guerre, Arago, vient de me retirer le commandement du 2ᵉ régiment de ligne pour me donner celui du
2ᵉ régiment de la légion étrangère; je connaissais déjà mon
régiment, j'avais en lui une grande confiance et comptais le
ramener en Europe, où j'aurais été heureux de marcher à sa
tête. Si c'est une disgrâce que le citoyen ministre a prétendu
m'infliger, je ne la mérite pas, car j'ai la conscience d'avoir
rudement accompli toutes les missions qui m'ont été confiées
en Afrique depuis plus de douze ans, et mes chefs comme mes
soldats le savent également. Si, au contraire, on a voulu me

maintenir indéfiniment en Algérie parce que l'on a quelque foi dans les services que je puis encore y rendre, je prévois que mon sort sera celui d'un cheval de guerre qui, usé avant terme, est mis de côté dès que l'on en trouve un meilleur.

Les événements de France ont eu un assez fâcheux retentissement chez les Arabes : ceux qui ne nous aiment pas, et Dieu sait combien en est grand le nombre, ont fait courir le bruit qu'étant en guerre avec toute l'Europe et surtout avec les Anglais, nous ne pouvions rester en Algérie. Pour calmer l'agitation dans ma subdivision, j'ai dû sortir avec seize cents hommes, et je vais pénétrer chez les montagnards de l'Aurès avec une colonne de plus de trois mille hommes de diverses armes.

L'Aurès est une vaste contrée d'un accès difficile dans laquelle nos armes n'ont paru qu'une seule fois, lorsqu'en 1845 M. le général Bedeau y conduisit une colonne forte de dix bataillons.

Daignez agréer, mon général, l'expression du profond respect, du vif attachement et de la reconnaissance de votre tout dévoué serviteur.

Colonel CANROBERT.

253. — Lettre du colonel Dumontet, commandant le 43ᵉ de ligne.

Philippeville, le 6 mai 1848.

MON GÉNÉRAL,

J'ai reçu la bienveillante lettre de félicitations que vous avez eu la bonté de m'adresser au sujet de ma nomination au grade de colonel. Je m'empresse d'y répondre et de vous témoigner de nouveau combien je suis reconnaissant du chaleureux intérêt que vous n'avez cessé de prendre à mon avancement et de vous en remercier du plus profond de mon cœur.

Je n'oublierai jamais tout ce que vous avez fait pour moi; je n'oublierai jamais que c'est vous qui m'avez tiré de la

foule des capitaines et fait chef de bataillon; que c'est ce premier pas qui a amené les autres et auquel je dois la position
que j'occupe aujourd'hui. Ce que j'oublierai bien moins
encore, c'est la bienveillante affection que vous m'avez constamment témoignée et dont j'ai reçu tant de marques. Veuillez,
mon général, me continuer ce sentiment qui m'est bien cher,
et croyez bien que personne au monde ne vous est plus sincèrement attaché que moi. J'aime à vous le dire, aujourd'hui
surtout que mes expressions ne sauraient être attribuées à un
motif intéressé, je désire vivement qu'elles vous apportent
quelque consolation dans les peines de toute nature auxquelles
vous êtes en butte depuis quelque temps et auxquelles je
prends une vive part. Vous avez trop de fermeté, mon
général, pour ne pas supporter avec courage le dernier coup
qui vient de vous atteindre, et puis j'aime à croire que la
mesure qu'on a prise à votre égard n'est pas irrévocable (1);
j'espère qu'on aura égard à vos justes réclamations, qu'on ne
privera pas la France de vos bons et utiles services.

Mon brave 19ᵉ léger est au moment de s'embarquer pour
rentrer en France; je le quitte, le cœur gros de regrets, et je
fais mes préparatifs pour rejoindre à Batna mon nouveau
régiment. Batna est un camp assez mal installé, situé à sept
journées de marche de Philippeville, dans l'intérieur des terres.

Quoiqu'un pareil séjour n'ait rien de bien attrayant, je
l'accepte cependant sans répugnance par la perspective de
deux grands avantages qui m'ont fait regretter le séjour de
Sétif : ceux d'avoir tout mon régiment réuni et mes hommes
bien portants, avantages dont nous ne jouissons pas à Philippeville, où le régiment était fractionné en plusieurs détachements et encombré de fiévreux dont il m'arrivait assez souvent
de grossir le nombre. Du reste, je ne me propose pas de faire
un bien long séjour encore en Afrique, et je ne tarderai vrai-
semblablement pas à demander à entrer dans l'état-major des
places.

_____

(1) Le général de Castellane avait été mis illégalement à la retraite, le
18 avril 1848. Il fut réintégré dans les cadres de l'armée active, sous la
présidence du prince Louis-Napoléon, le 11 août 1849.

Veuillez continuer, je vous prie, à me donner quelquefois de vos nouvelles et agréez la nouvelle assurance des sentiments de respect avec lesquels je suis, mon général, votre très humble et très obéissant serviteur.

Colonel DUMONTET.

Lettre de l'émir Abd-el-Kader, à Son Excellence M. le maréchal de Castellane, commandant en chef l'armée de Lyon.

GLOIRE A DIEU SEUL.

A Sa Seigneurie éclatante et glorieuse, le maître des gens de guerre, le plus généreux des hommes de son temps, le seigneur maréchal de Castellane.

Arrivé à Brousse, après un très heureux voyage, nous chantons les louanges du sultan Napoléon le troisième (Dieu éternise sa victoire), et de ses nobles lieutenants qui l'aident à faire triompher la justice.

Nous vous remercions en particulier de la considération que vous avez bien voulu nous accorder et du magnifique spectacle auquel vous nous avez fait assister. Jamais nous n'oublierons ce témoignage de votre estime, et nous serons fidèles à votre amitié jusqu'à la mort.

Salut d'ABD-EL-KADER, fils de Mahhi-Ed-Din, le dernier jour de Rebia-el-haut.

De la ville de Brousse, 1267 (1853).

Lettre de l'émir Abd-el-Kader, à Son Excellence M. le maréchal de Castellane.

GLOIRE A DIEU.

A Son Excellence le généreux, l'éclairé, le sage, le vaillant, le seigneur maréchal de Castellane.

Après m'être informé de votre noble santé et de votre situation qui m'intéresse par-dessus toutes choses, je désire vous féliciter et vous adresser mes souhaits de bon augure à l'occasion de la nouvelle année et je demande à Dieu, qui est le souverain des protecteurs, de vous accorder pendant sa durée toute sorte de prospérités et d'éloigner de vous tout dommage et tout revers. Je veux aussi vous remercier encore de vos bontés dont je conserverai toujours le souvenir. Salut.

Écrit au commencement du second mois de Djinmad (janvier 1861).

De la part de celui qui est dévoué à tout jamais.

ABD-EL-KADER ben Mahy-ed-din,

1277.

TABLE ALPHABÉTIQUE

TABLE DES MATIÈRES

FIN DE LA TABLE

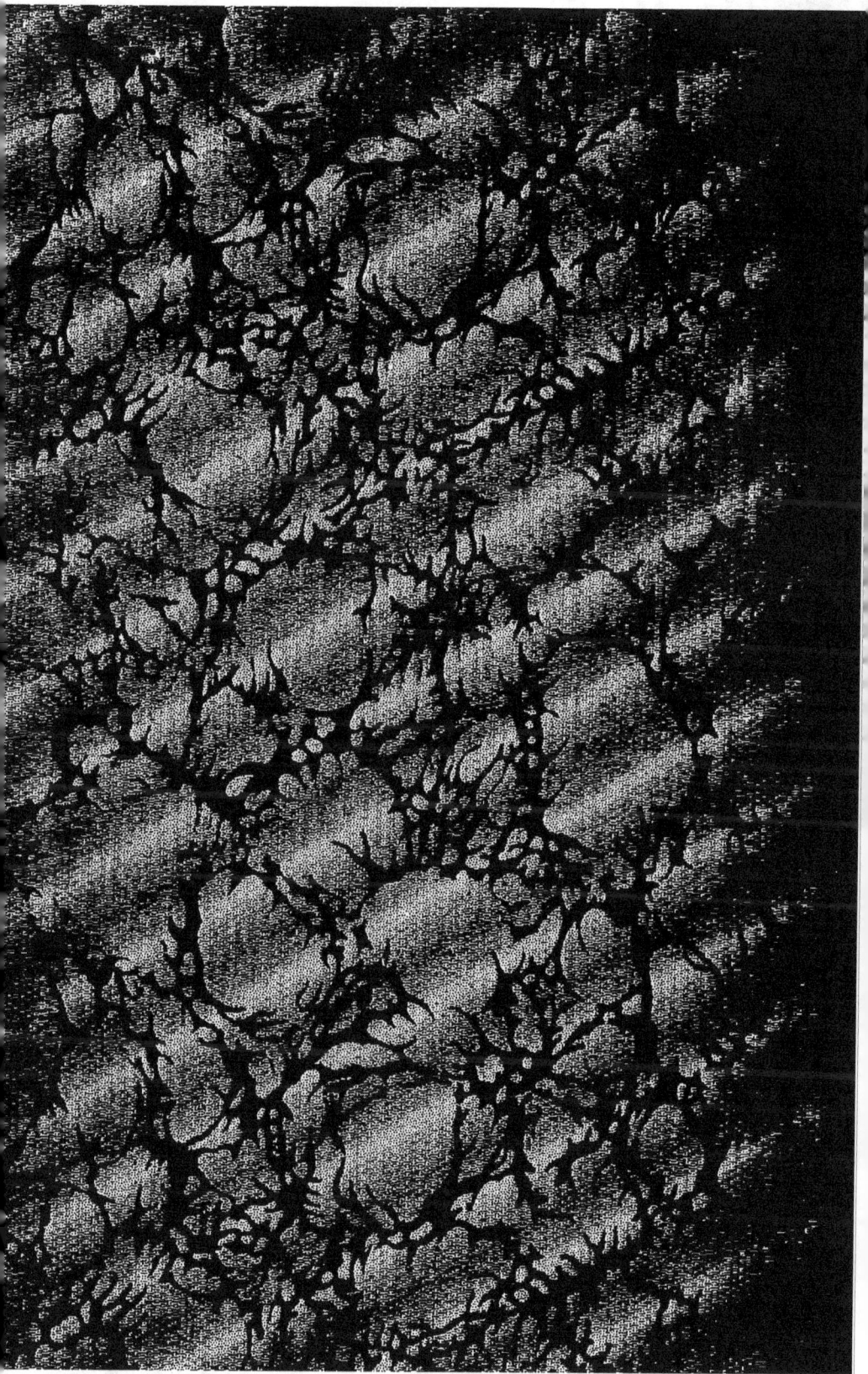

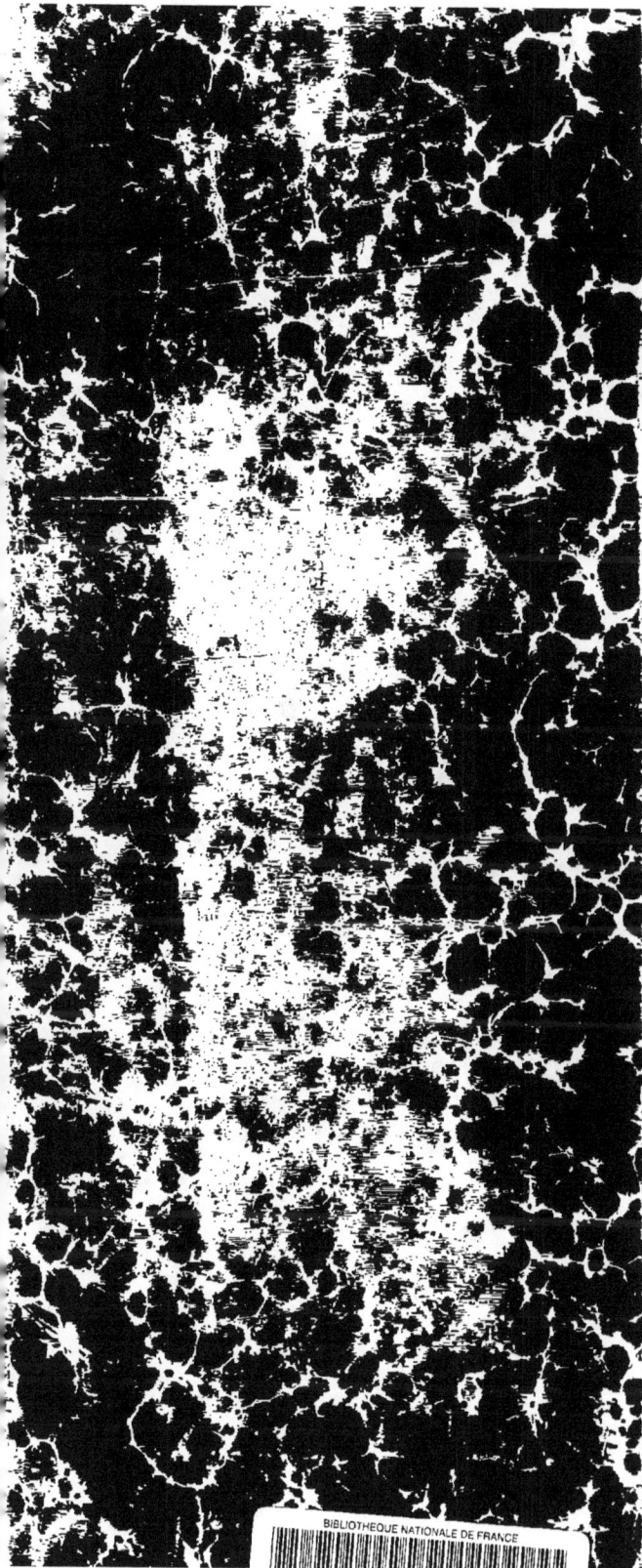

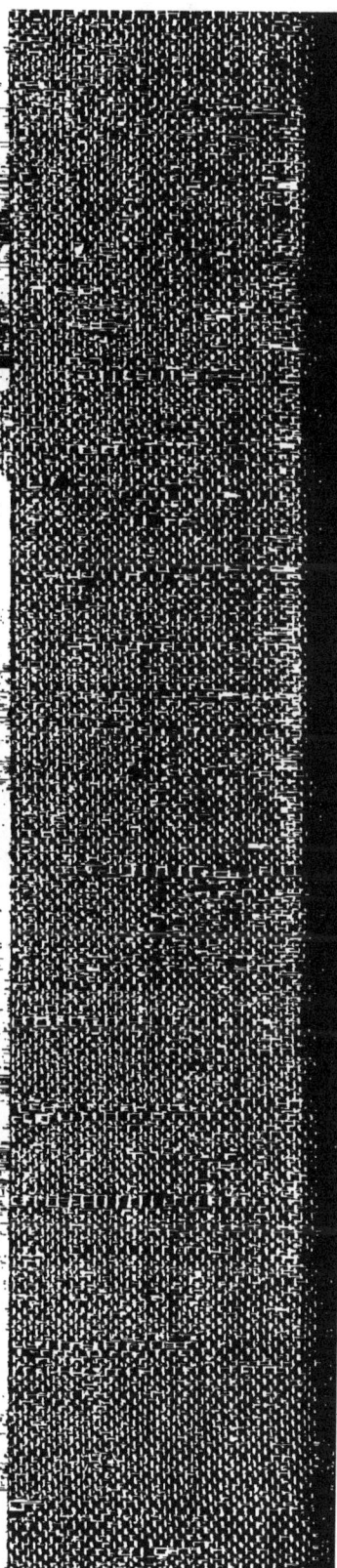

www.ingramcontent.com/pod-product-compliance
Lightning Source LLC
Chambersburg PA
CBHW070615270326
41926CB00011B/1698

Sylvii (Fr.) commentarii in Sanctum Thomam. Antuerpiæ, 1684 et 1698, 6 vol. in-fol. 72 fr.

Tertulliani opera, ex editione N. Rigaltii. Parisiis, 1664, in-fol. 12 fr.

Theodoreti opera, gr. et lat. ex edit. Jac. Sirmondi. Parisiis, 1642, 4 vol. in-fol. — Auctuarium operum, gr. et lat. à Jo. Garnerio editum. Parisiis, 1684, in-fol. Les 5 vol. 92 fr.

— Eadem, 5 vol. charta magna. 130 fr.

Thomassini (Ludovici). Dogmata theologica. Parisiis, 1683, 3 vol. in-fol. 54 fr.

— Vetus et nova ecclesiæ disciplina. Parisiis, 1688, 3 vol. in-fol. 30 fr.

Tourneux (N. le). L'Année chrétienne. Paris, 13 vol. in-12. 27 fr.

Tricalet. Bibliothèque des Pères de l'Eglise. Paris, 1758, 9 vol. in-8°. 36 fr.

Wallemburch (Adriani et Petri de). Tractatus generales de controversiis fidei. Coloniæ Agr. 1670, 2 vol. in-fol. 48 fr.

Le même Libraire a aussi nombre d'articles rares et recherchés qu'on n'indique pas ici, parce qu'il se passe quelquefois plusieurs années sans les rencontrer dans les ventes publiques, et que n'ayant qu'un seul exemplaire de ces sortes d'ouvrages, qui peut être vendu d'un instant à l'autre, il est presqu'impossible de les porter sur un catalogue. Le susnommé prévient les amateurs d'ancienne littérature, qu'ils trouveront chez lui les bonnes éditions des ouvrages français les plus importans et les plus recherchés; les auteurs classiques grecs et latins, in-4°.; ceux ad usum Delphini, in-4°.; les auteurs cum notis variorum, in-8°.; ceux imprimés par les Elzevirs; les Lexiques grecs, latins et arabes, les plus recherchés, tels que le Trésor de la Langue grecque par H. Estienne, plusieurs autres ouvrages grecs et latins imprimés par les Estienne; le Scapula, le Constantin, le Robertson, le Trésor de la Langue latine de R. Etienne; celui publié par Gessner, Golii Lexicon arab. lat. etc. etc. On trouve aussi chez le même, les meilleurs éditions gr. et lat. in-fol. de Démosthènes, Pausanias, de l'Hérodote de Wesselingue, de Thucydide de Duker, etc.

Il se chargera de procurer aux personnes qui l'honoreront de leur confiance, ceux des articles qu'il n'auroit pas dans son assortiment; son activité, son discernement dans le choix des éditions des livres anciens lui donnent l'avantage de procurer, à un prix raisonnable, les ouvrages les plus estimés en ce genre. Il achète, vend et échange les bons livres grecs et latins, se charge de faire les ventes et prisées des bibliothèques, fait la commission en librairie ancienne et moderne; il se charge aussi des abonnemens à tous les journaux, fournit avec célérité et aux prix annoncés dans les papiers publics ou sur les catalogues de ses confrères, tous les ouvrages nouveaux qu'on y annonce; il les envoie par la poste, par les diligences, ou par telle autre voie qu'on lui indique. Enfin il se charge de tout ce qui concerne la librairie, fait des envois dans toute la France et à l'étranger. Les personnes qui lui feront des demandes sont priées d'affranchir leurs lettres, et de lui faire passer franc de port le montant de leurs demandes, ou d'indiquer une maison à Paris pour le toucher. En se conformant à ces conditions, les demandes seront expédiées sans le moindre retard.

Contraste insuffisant

NF Z 43-120-14